BIBLIOTHÈQUE
DE L'ÉCOLE

DES HAUTES ÉTUDES

PUBLIÉE SOUS LES AUSPICES
DU MINISTÈRE DE L'INSTRUCTION PUBLIQUE

SCIENCES HISTORIQUES ET PHILOLOGIQUES

DEUX CENT TRENTE-QUATRIÈME FASCICULE

RECUEIL
D'ÉTUDES ÉGYPTOLOGIQUES

DÉDIÉES À LA MÉMOIRE
DE

JEAN-FRANÇOIS CHAMPOLLION

À L'OCCASION DU CENTENAIRE

DE LA LETTRE À M. DACIER

RELATIVE À L'ALPHABET DES HIÉROGLYPHES PHONÉTIQUES

LUE À L'ACADÉMIE DES INSCRIPTIONS ET BELLES-LETTRES

LE 27 SEPTEMBRE 1822

Ouvrage illustré de 16 planches hors texte

PARIS

LIBRAIRIE ANCIENNE HONORÉ CHAMPION

ÉDOUARD CHAMPION

5, QUAI MALAQUAIS

1922

BIBLIOTHÈQUE
DE
L'ÉCOLE DES HAUTES ÉTUDES
PUBLIÉE SOUS LES AUSPICES
DU MINISTÈRE DE L'INSTRUCTION PUBLIQUE

SECTION DES SCIENCES HISTORIQUES ET PHILOLOGIQUES

LISTE DES FASCICULES PARUS
De l'origine (1869) à 1921
(Les prix sont majorés de 50 °/₀ jusqu'au fascicule 233)

RECUEIL

D'ÉTUDES ÉGYPTOLOGIQUES

DÉDIÉES À LA MÉMOIRE

DE

JEAN-FRANÇOIS CHAMPOLLION

PARIS

IMPRIMERIE NATIONALE

RECUEIL
D'ÉTUDES ÉGYPTOLOGIQUES

DÉDIÉES À LA MÉMOIRE

DE

JEAN-FRANÇOIS CHAMPOLLION

À L'OCCASION DU CENTENAIRE

DE

LA LETTRE À M. DACIER

RELATIVE À L'ALPHABET DES HIÉROGLYPHES PHONÉTIQUES

LUE À L'ACADÉMIE DES INSCRIPTIONS ET BELLES-LETTRES

LE 27 SEPTEMBRE 1822

Ouvrage illustré de 16 planches hors texte.

PARIS

LIBRAIRIE ANCIENNE HONORÉ CHAMPION

ÉDOUARD CHAMPION

5, QUAI MALAQUAIS

1922

BIBLIOTHÈQUE
DE L'ÉCOLE
DES HAUTES ÉTUDES

PUBLIÉE SOUS LES AUSPICES

DU MINISTÈRE DE L'INSTRUCTION PUBLIQUE

SCIENCES HISTORIQUES ET PHILOLOGIQUES

DEUX CENT TRENTE-QUATRIÈME FASCICULE

RECUEIL
D'ÉTUDES ÉGYPTOLOGIQUES
DÉDIÉES À LA MÉMOIRE

DE

JEAN-FRANÇOIS CHAMPOLLION

À L'OCCASION DU CENTENAIRE

DE LA LETTRE À M. DACIER

RELATIVE À L'ALPHABET DES HIÉROGLYPHES PHONÉTIQUES

LUE À L'ACADÉMIE DES INSCRIPTIONS ET BELLES-LETTRES

LE 27 SEPTEMBRE 1822

Ouvrage illustré de 16 planches hors texte.

PARIS
LIBRAIRIE ANCIENNE HONORÉ CHAMPION
ÉDOUARD CHAMPION
5, QUAI MALAQUAIS

1922

À LA MÉMOIRE

DE

JEAN-FRANÇOIS CHAMPOLLION

1790-1832

TABLE DES MATIÈRES
PAR ORDRE ANALYTIQUE.

VI. LETTRES ET SCIENCES.

VII. MAGIE ET RELIGION.

VIII. PHILOLOGIE ET PAPYROLOGIE.

IX. BIBLIOGRAPHIE DE CHAMPOLLION.

I

DOCUMENTS INÉDITS DE CHAMPOLLION

INVENTAIRE

ANALYTIQUE

DE QUELQUES LETTRES NOUVELLES

DE CHAMPOLLION LE JEUNE

ET DE PLUSIEURS DOCUMENTS INÉDITS

CONCERNANT L'HISTOIRE DE L'ÉGYPTE

TIRÉS DES ARCHIVES DE M. LE DUC DE BLACAS,

PAR

M. LOUIS DE BLACAS.

INTRODUCTION.

Les deux volumes consacrés à J.-F. Champollion par Mlle Hartleben ont mis en lumière les obstacles dressés à chaque pas sur la route de son héros, comme aussi les appuis fidèles qui l'aidèrent à vaincre. C'est ainsi que le duc de Blacas, 1er gentilhomme de la Chambre des Rois Louis XVIII et Charles X, apparaît dans cette biographie comme le protecteur toujours actif de l'Égyptologue. Dès sa première rencontre avec Champollion (début de janvier 1823[1]), Blacas le prend sous son égide; et, se trouvant d'année comme premier gentilhomme, lui ménage une audience de Louis XVIII, et, en même temps que la faveur du monarque, lui obtient une première récompense officielle. Puis, c'est la mission de Champollion à Turin, son voyage à Rome, sa nomination de

____

(1) Cf. Hartleben, *Champollion, sein Leben und sein Werk*, Berlin, 1906, 2 vol., I, p. 450 et suiv.

1.

conservateur, son expédition d'Égypte : autant d'occa-
sions où Blacas agit de près comme de loin sur les
puissances du jour, en faveur du savant, si passionnément
et si injustement combattu. Un intérêt confiant porté à
l'Égyptologie et à son fondateur a laissé des traces docu-
mentaires dans les papiers encore subsistants du duc de
Blacas. Ce sont ces documents que son petit-fils, le duc
actuel, a bien voulu nous confier le soin de faire connaître. La *Revue Égyptologique* a promis de leur faire
accueil et en donnera, le moment venu, le texte intégral.
Toutefois, il n'est peut-être pas inutile d'insérer dès
maintenant, dans ce «Recueil» dédié à Champollion
le Jeune, une analyse de ces pièces dont plusieurs le
touchent de si près.

I. LETTRES DE CHAMPOLLION LE JEUNE
AU DUC DE BLACAS.

1° *Paris, 29 janvier 1823.* — Envoi d'une lettre incluse pour Louis XVIII, à lui être remise par Blacas.
— Champollion redoute «les lenteurs infinies du ministère de l'Intérieur[1]», et a besoin de Blacas pour
cueillir le fruit espéré de la bienveillance royale, c'est-
à-dire obtenir la création en sa faveur d'une chaire au
Collège de France. — Moyens financiers : «L'important,
c'est que le ministre sache que le Roi veut.» Champollion
demande à Blacas de joindre à la lettre de Champollion
pour le roi, le «Précis du Cours» que Champollion pro-
jette de faire, précis déjà confié à Blacas. — Droit de
nomination directe du Roi aux chaires créées. — Précédents.

En *P.-S.*, Champollion annonce pour bientôt des
détails précis sur des stèles de Marseille.

2° *Paris, 16 mars 1823.* — Envoi à Blacas du catalogue de la deuxième collection Thédenat du Vent,

[1] Occupé alors par M. de Corbière.

composée « d'objets de choix ». — Champollion en suggère soit l'achat par Blacas pour son cabinet d'antiquités, soit l'acquisition par l'État. Champollion sollicite pour cette deuxième solution l'appui de Blacas auprès du ministre de l'Intérieur. — Prix et modalités de payement. — Champollion a rédigé très soigneusement ce catalogue[1]. Il a ajouté quelques notes aux objets les plus importants.

3° *Paris, 6 avril 1824*. — Acquisitions faites par Champollion à la première vacation de la vente Raffaelli pour le compte du cabinet d'antiquités de Blacas (dont « le collier portant la légende royale de Sésostris »). — Rendez-vous proposé pour voir ces objets. — Envoi à Blacas d'une « demande à M. de Corbière pour le voyage de Turin ». — Champollion sollicite l'intervention de Blacas à l'appui de sa demande.

4° *Paris, 2 mai 1824*. — « Monsieur le Duc, j'ai l'honneur de vous adresser la réponse *négative*[2] de M. de Corbière : Je ne sais comment la concilier avec ce qu'il m'a dit lundi dernier. Il y a vraisemblablement, dans ces hautes régions, des moyens de mettre d'accord des promesses et des refus; et j'y vois la confirmation entière de tout ce que vous aviez prévu. C'est, du reste, une décision analogue à bien d'autres émanées de la même source. Il faut que les Lettres soient bien vivaces pour résister à de tels mépris et à de si directes répulsions. Heureusement qu'il reste pour les Lettres une voie de salut dans l'auguste protection du Roi, et dans la bienveillance active dès personnes qui, comme vous, Monsieur le Duc, sont animées de son esprit. Je n'hésite donc point à recourir à cette source inépuisables [*sic*] de grâces; et je crois prendre le parti que vous jugerez le plus convenable, en adressant directement ma demande à Sa Majesté. J'ose espérer de vos bontés que vous voudrez bien prendre

---

[1] Voir ci-dessous : Document N° 25.
[2] A la « demande pour le voyage de Turin ».

ma supplique sous vos auspices. J'aurai l'honneur de Vous l'adresser demain matin. Veuillez pardonner à mes habituelles sollicitations, et agréer... »

5° *Turin, 15 juin 1824.* — Remerciements à Blacas pour ses encouragements. — Regrets de voir la France privée de la collection Drovetti. — « Ce n'est pas seulement à la vue des colosses des anciens Dieux et des vieux Pharaons, que ceux de nos gouvernants qui n'ont point su dépenser à propos quatre cent mille francs me paraissent petits, et j'oserai même dire coupables d'un crime de lèse-science nationale... » — Impossibilité de refaire désormais au même prix une collection pareille. — Rapide aperçu de ses richesses. — Accueil favorable reçu à Turin grâce aux recommandations de Blacas. — Annonce de l'envoi prochain à son destinataire de la première « Lettre à M. le Duc de Blacas ». — Demande de l'agrément de Blacas pour la publication de ces « Lettres ».

6° *Rome, 17 juin 1825.* — Champollion remercie Blacas de lui avoir donné les encouragements et moyens nécessaires à ses voyages et travaux. — Champollion a terminé ses copies des obélisques de Rome. — Traduction et publication projetée de ces textes. — Champollion en a réclamé à Rome la reproduction par la gravure. — Obélisque du duc de Laval. — Notice raisonnée des manuscrits égyptiens de la Vaticane. — Conférence chez M. de Funchal sur l'écriture hiéroglyphique. — Absence de l'abbé Lanci. — Pamphlet de celui-ci énonçant contre Champollion une accusation très grave : « celle que mon système, s'il était vrai, tendrait au renversement de l'histoire telle que les livres saints nous la représentent ». — Champollion y a répondu. — Bon accueil du Pape et du Cardinal Zurlo. — Ce dernier « sait fort bien aussi que mes découvertes ne peuvent avoir d'autre résultat que de démontrer encore davantage l'authenticité des livres sacrés par les moyens mêmes sur lesquels on comptait naguère pour les attaquer ». — Départ pour Florence. — Champollion espère qu'il pourra voir à Livourne « l'immense recueil d'objets égyptiens qui viennent d'y arriver[1] ». — Acquisitions éventuelles pour Blacas, dont il attendra les instructions à Turin, sauf démêlés persistants avec le Directeur du musée de cette ville. — Remise prochaine à Blacas par Champollion-Figeac de la deuxième « Lettre à M. le duc de Blacas ».

7° *Turin, 26 octobre 1825.* — Accusé de réception d'une lettre. — Champollion qui, par suite d'un contre-temps, n'a pu prévenir Blacas, redoute que celui-ci, sur l'avis favorable duquel il comptait, n'ait point visité la collection égyptienne déposée à Livourne. — Supério-rité de celle-ci sur celle de M. Passalaqua, laquelle, « composée en totalité de petits objets, convient beaucoup plus à un simple particulier qu'à un Roi tel que le nôtre ». ... « Il faut s'attacher aux grands monuments et aux sé-ries les plus complètes : il n'est plus question, comme jadis, de composer un *cabinet* égyptien ; l'état de la Science et ses besoins demandent qu'on crée un véritable *musée* d'objets égyptiens, de tous les genres, de toute propor-tion ; et sous ce rapport la collection de Livourne ne laisse rien à désirer. » — Description sommaire de la collection Salt. — « Objets d'études. » — « Monuments d'apparat. » — Champollion propose d'en faire un rapport détaillé au Duc de Doudeauville[2], et presse l'achat de la collection. — « Il serait bien aisé... de réparer le temps perdu, et de rendre à notre pays la direction de ces études si nou-velles. » — Esquisse d'une défense de l'Égyptologie contre ses détracteurs. — Utilité qu'il y aurait à développer cette science pour l'« opposer aux systèmes dangereux que le demi-savoir a déjà tenté d'établir ». — Projet de musée égyptien, à baptiser : Musée Charles X. — Prix demandé de la collection de Livourne et modalités de payement. — Champollion annonce son retour en France avec le résul-tat de quinze mois de travaux.

[1] C'est la collection Salt.
[2] Ministre de la maison du Roi.

8° *Vif, 24 janvier 1826.* — Apprenant de Paris que le Roi vient d'approuver le projet d'acquisition de la collection de Livourne, Champollion remercie Blacas à l'intervention duquel il attribue la décision royale, si profitable pour ses études. — Modalités de payement. — Champollion va partir pour Livourne afin de dresser l'inventaire de la collection, l'emballer, et l'expédier à Paris. — Il demande à Blacas de le recommander aux diplomates français de Florence et de Livourne. — Réclame l'appui de Blacas auprès du duc de Doudeauville, pour obtenir la place de conservateur du nouveau musée. — Mention d'une lettre antérieure de Blacas parlant de cette candidature comme envisagée déjà par le fils du ministre Doudeauville. — Allusion aux concurrents.

9° *Livourne, 26 mars 1826.* — Arrivée le 15 mars à Livourne après un court séjour à Turin. — Un examen détaillé a confirmé l'opinion de Champollion sur l'importance et la beauté des objets que renferme la collection. — Il a fini l'inventaire des manuscrits et des bronzes. — Notes sur les papyrus égyptiens et grecs, sur les textes démotiques, sur des fragments du manuscrit de l'Iliade appartenant à M. Banks, sur les bronzes.

10° *Livourne, 23 avril 1826.* — (La copie ou minute de cette lettre a été publiée par Hartleben, *Lettres de Champollion le Jeune*, t. I, p. 318 et suiv.). — Sous la date du 27 avril. La lettre originale se distingue par de nombreuses variantes, notamment : Allusions aux détracteurs de la collection Salt. — Paragraphe sur dix-sept blocs de grès «formant une inscription de 15 à 18 pieds de large sur beaucoup plus de hauteur, contenant une statistique de différentes contrées soumises aux pharaons de la XVIIIe dynastie, etc.... ». — A propos de la collection Passalacqua Champollion donne l'avis de M. Durand et attaque M. de Forbin, M. Raoul Rochette et M. Jomard. — L'abbé Lanci nommé dans la minute, au dernier paragraphe, ne l'est pas dans celui de la lettre, sans doute par une courtoisie de Champollion envers Blacas qui protégeait aussi Lanci, mais les allusions à cet abbé n'en sont pas moins claires.

11° *Livourne, 28 mai 1826.* — La copie ou minute de cette lettre a été publiée par Hartleben, *Lettres de Champollion le Jeune*, t. I, p. 347, sous la mention « fin de mai ». — Variantes de rédaction n'affectant pas l'essentiel du contenu.

12° *Livourne, 25 juin 1826.* — Copie ou minute publiée par Hartleben, *Lettres de Champollion le Jeune*, t. I, p. 360. — Variantes légères n'affectant pas le sens.

13° *Bologne, 4 octobre 1826.* — Retard dans l'impression d'une lettre de Champollion sur le système de MM. Spohn et Seyffarth. — Achèvement à Florence de la Notice raisonnée des monuments égyptiens de la Galerie.— Publication de la lettre susdite et son envoi à Blacas. — Retour immédiat de Champollion à Paris en raison de difficultés avec M. de Forbin au sujet de l'installation du musée égyptien, et de la décoration dudit musée. « J'espère cependant que je parviendrai à faire comprendre la nécessité de décorer à l'égytienne, et non à la grecque ni à la romaine, le local destiné à recevoir les objets égyptiens. . . . . autant vaudrait placer la scène du Sacrifice d'Iphigénie dans une cathédrale gothique. »

14° *Paris, 17 février 1827.* — Lettre au sujet de son échec à l'Académie des Inscriptions.

15° *Paris, 26 mai 1827.* — Demande de recommandation auprès de M. de La Bouillerie, nouveau ministre de la maison du Roi. — Champollion redoute auprès de ce ministre des influences malveillantes envers lui-même, envers M. Dubois et le Musée égyptien, et réclame la protection de Blacas pour « tous les trois ».

16° *Paris, 30 juin 1827.* — Champollion demande un rendez-vous à Blacas pour l'entretenir de son projet de voyage en Égypte, qu'il désire hâter en raison de la position précaire du pacha d'Égypte. — Champollion compte sur Blacas « pour faire comprendre qu'il s'agit ici de faciliter une entreprise à la fois utile à la science et glorieuse pour le gouvernement du Roi». — Champollion a proposé un plan d'expédition[1]. Si la somme demandée est trop forte, « je tâcherai de redoubler de zèle à mesure qu'on diminuera mes moyens. Je ferai même seul le voyage d'Égypte ». — Toutefois, Champollion ne cache pas qu'il aurait besoin de plusieurs assistants pour que l'expédition donne ses pleins résultats.

17° Note sans date de la main de Champollion : Fonds nécessaires pour l'exécution du voyage. — Le total s'élève à 99.000 francs. — A noter : « Indemnités à payer au retour : (total, 22.000 francs) à M. Champollion le Jeune o pour mémoire »; nourriture de onze personnes pendant une année, 12.000 francs. — Passage demandé à l'aller et au retour sur les bâtiments du Roi.

18° *Paris, 26 août 1827.* — Excuses de Champollion pour un rendez-vous manqué par méprise. — Demande d'une nouvelle audience. — Difficultés rencontrées pour le voyage d'Égypte. — Champollion envoie à Blacas une lettre « désespérante » de M. de La Bouillerie[2]. — Déceptions. — Espoir de convertir M. de Corbière, si ce dernier sait que : 1° Le voyage projeté n'a rien de commun avec la « Description de l'Égypte » que Champollion juge sévèrement; 2° Grâce aux offres des libraires, Champollion ne causera pas de frais au gouvernement, en publication de résultats, et pourra même, s'il le faut, lui rembourser les frais de l'entreprise. — Le refus actuel de M. de Corbière dû à Jomard. — Champollion réclame la bienveillance de Blacas, « au nom de l'Égypte suppliante (et boîteuse comme les prières d'Homère tant qu'on la laissera sous la direction de M. Jomard) », pour parer aux suites du refus opposé à sa demande.

19° État des objets antiques en or offerts au Roi par

[1] Cf. le document N° 17.
[2] Cf. Document N° 31.

M. Drovetti de la part du vice-roi d'Égypte. — Liste
de quarante-deux objets, et reçu, délivré à Blacas par
Champollion, et daté de Saint-Cloud, 3o août 1827.

20° *Paris, 3 octobre 1827.* — Champollion déconseille
à Blacas d'acheter quatre bagues égyptiennes proposées par Drovetti, et dont les montures ont été reconnues
fausses. Il a rendu compte à M. de La Bouillerie de l'avis
de Blacas relatif au mode d'acquisition de la nouvelle
collection Drovetti.

21° *Paris, 11 juillet 1828.* — Champollion remercie
Blacas d'une lettre. — Champollion annonce que son
départ de Paris est fixé au 16 juillet et son départ de
Toulon au 3o, sur la corvette l'*Églé*, le passage aux
frais du Roi ayant été accordé à l'expédition sur la
demande de Blacas. — Champollion aurait voulu, avant
de partir, pouvoir faire une visite à Blacas en Provence,
mais n'ose y compter. — Projets de fouilles en Égypte. —
Champollion se recommande, pendant son absence, à la
protection de Blacas. — Son frère Champollion-Figeac
donnera à Blacas des nouvelles du voyage et Champollion écrira lui-même à Blacas. — Lecollier de M. Sallier à Aix.

22° *Paris, 14 juillet 1829.* — Champollion remercie
Blacas attribuant à son influence les ouvertures de crédit
consenties pour le voyage d'Égypte par les ministres des
Affaires Étrangères et de l'Intérieur, ainsi que par la
Maison du Roi. — Passage demandé sur un bateau de
la flotte, pour la Commission Toscane en même temps
que pour la Commission Française.

23° *Rade de Toulon, 15 janvier 183o.* — Champollion,
retour d'Égypte, aurait voulu montrer à Blacas les
résultats de son expédition. — Compliments. — Retour
à Paris fixé pour fin février. — Champollion a écrit à
Blacas deux lettres d'Égypte, l'une de Thèbes en novembre 1828, l'autre à son retour de Nubie, en février
1829. Champollion y rendait compte des « premiers

succès de mes recherches en Thébaïde et entre les deux
cataractes [1] ». ---- Analyse des résultats obtenus en Thébaïde : Copies d' « un nombre immense d'inscriptions ».
— « Analyse détaillée de tous les bas-reliefs de chaque
monument. » — Copie des bas-reliefs les plus intéressants. — Portefeuille des bas-reliefs purement historiques. — C'est « un recueil unique jusqu'ici ». Au total :
1,500 dessins. — Champollion a « presque complatté
et rectifié le canon des dynasties égyptiennes à partir
de 2200 avant Jésus-Christ, époque antérieurement à
laquelle ne remonte aucun monument public de l'Égypte ».
— « Portraits de la plupart des Pharaons et de leurs
épouses. » — Fort des preuves trouvées en Égypte,
Champollion maintient intégralement sa doctrine hiéroglyphique. — Allusion aux libelles et aux intrigues
hostiles. — Publication annoncée d'une grammaire hiéroglyphique. — Fouilles et acquisitions pour le Louvre. —
Sarcophage, statuette de reine incrustée d'or, ornements
« de la *Nourrice* du Roi *Tahraka* l'Éthiopien, conquérant
mentionné dans la Bible ».

II. ÉCRITS DE CHAMPOLLION LE JEUNE.

24° Notice manuscrite de la main de Champollion sur
« quatre vases Égyptiens d'albâtre oriental déposés au
Musée Royal de Naples ». Ils « rappellent deux individus
différents : ceux à tête de *singe* et *d'épervier* accompa-
gnaient la momie d'un certain *Psénisis*... Les légendes
gravées sur les deux autres vases... mentionnent un
défunt nommé *Psammitichos fils de Thaoua* ».

25° « Catalogue des antiquités Égyptiennes qui composent la seconde collection de M. Thédenat du Vent. » —
Manuscrit de vingt-trois pages contenant la description
de 530 objets. Il n'est pas de la main de Champollion. —

[1] Ces deux lettres ne se retrouvent pas dans les papiers laissés par leur
destinataire.

Toutefois, on peut admettre que cette pièce a été soit dictée par Champollion, soit copiée sur son propre manuscrit, si l'on se réfère au *N° 2* du présent inventaire où l'on voit que Champollion dit avoir envoyé à Blacas un catalogue fait par lui de la collection Thédenat.

III. PIÈCES DIVERSES CONCERNANT CHAMPOLLION.

26° [1823.] Rapport de Blacas au roi Louis XVIII (de la main d'un secrétaire) proposant au souverain de donner à Champollion « en témoignage de Sa Royale satisfaction une boîte en or de la valeur de 1,500 francs [1] ».

Sans date. — La pièce porte au bas et de la main du roi : « Approuvé. Louis. »

27° *Paris, 31 mai 1823.* — Réponse signée de M. de Corbière à une lettre de Blacas, appuyant la demande faite à ce ministre par Champollion d'un exemplaire de la « Description de l'Égypte » [1].

28° *Turin, 13 janvier 1826.* — Lettre de M. de Chatenay à Blacas lui donnant quelques détails sur les mouvements de Champollion.

29° *Paris, 22 mai 1826.* — Lettre du duc de Doudeauville à Blacas, relative à la nomination de Champollion au poste de conservateur du Musée Égyptien.
Oppositions et dénonciations [1].

30° *Naples, 6 juin 1826.* — Brouillon ou minute de la main de Blacas d'une lettre à Champollion le félicitant de sa nomination de conservateur du Musée Égyptien. — Champollion et la Chronologie Biblique. — L'abbé Lanci. — Allusion aux difficultés signalées par Doudeauville [2].

[1] Cf. HARTLEBEN, *Champollion*, t. I, p. 452.
[2] Cf. HARTLEBEN, *Champollion*, t. II, p. 32.

31° *Paris, 21 août 1827*. — Lettre *signée* de M. de La Bouillerie à Champollion, lui annonçant le refus de divers ministres, ainsi que le sien propre, de contribuer aux frais du voyage de Champollion en Égypte [1].

IV. LETTRES DE CHAMPOLLION-FIGEAC
AU DUC DE BLACAS [2].

32° *Paris, 23 septembre 1823*. — Billet à Blacas, lui adressant une note séparée contenant « quelques observations sur un projet d'ordonnance qui intéresse les Lettres et qui doit être incessamment soumis au Roi ».

Champollion-Figeac a confiance dans le Roi, mais les ministres ne savent pas tout et « des intérêts particuliers peuvent se cacher sous les apparences de l'intérêt public ». — Champollion-Figeac ne fera pas d'autre usage de la note jointe et ne désire pas qu'on sache qu'il en est l'auteur.

33° *Paris, 27 mai 1824*. — Champollion-Figeac a trouvé enfin « les antiquités Égyptiennes de la rue de Cléry » — dont il adresse la notice sommaire à Blacas (4 canopes, des pyramides, et un beau cercueil de momie en pierre). — A écrit à son frère Champollion le Jeune. Prix des objets, que Blacas pourrait peut-être acquérir pour son cabinet. — Champollion-Figeac a reçu de M. Saulnier le dessin d'une colonne en granit rose de Bubaste inscrite et sculptée. Le propriétaire veut s'en défaire, l'enverrait en France, pourrait en fournir deux semblables. — Champollion-Figeac veut consulter Blacas à ce sujet.

A cette lettre sont jointes : 1° Une note sur les antiquités Égyptiennes de la rue de Cléry, N° 96 ; 2° une note

____

[1] Cf. *supra*, Doc. N° 18.

[2] Quatre de ces lettres renferment des Extraits ou des Copies de Lettres de J.-F. Champollion à Champollion-Figeac. Il est très curieux de constater les variantes très considérables qui séparent les « Copies » des originaux publiés par Mlle H. Hartleben (Paris, Leroux, 1909, 2 vol.).

supplémentaire concernant les quatre canopes; 3° un
« *extrait* » de la lettre de Champollion le Jeune à Champollion-Figeac datée de Grenoble, 31 mai 1824 (publiée
par Hartleben, *Lettres C. J.*, t. 1, p. 5). — On relève dans
cet extrait quelques variantes, retouches de style, suppression de détails techniques.

34° *Paris, 17 juin 1824.* — Champollion-Figeac
annonce l'arrivée de son frère à Turin le 7 du mois. —
Débuts de Champollion à Turin. — Découverte fortuite
d'une statue de Sésostris et de la Reine Ari dans la cour
de l'Université. — Augure heureux. — Champollion-
Figeac demande la permission de communiquer directement à Blacas la prochaine lettre de Champollion.

35° *5 août* [1824]. — Blacas étant à Saint-Cloud,
Champollion-Figeac lui envoie des « extraits » de lettres de
à son frère, dont l'un annonce la première des « Lettres au
duc de Blacas ». — Champollion-Figeac indique aussi,
comme jointe, une note sur les antiquités existant chez
M. Saulnier, et propose de mener Blacas les voir. —
Propositions relatives à la publication de la toilette romaine
appartenant à Blacas.

A cette lettre sont jointes : 1° la *Copie* d'un fragment
de lettre de Champollion à Champollion-Figeac, datée de
Turin, 14 juin 1824 [1]; 2° des *Extraits* de diverses lettres
de Champollion à Champollion-Figeac datées de Turin,
7, 14 et 23 juillet 1824 [2].

36° *Paris, 27 octobre 1824.* — Envoi d'Extraits des
dernières lettres de Champollion. — Annonce de la
remise prochaine du premier exemplaire imprimé de la
Lettre à M. le duc de Blacas. — Vente des monuments
de la rue de Cléry confiée à M. Dubois.

A cette lettre sont jointes des *Copies* d'extraits des

---

[1] HARTLEBEN, *Lettres*, t. I, p. 19 et suivantes. — La Copie présente
quelques variantes et des compliments à l'adresse de Blacas.

[2] HARTLEBEN, *Lettres*, t. I, p. 25, 27, 30. — Tous ces extraits présentent des variantes, certaines assez curieuses.

Lettres de Champollion du 6 octobre, du 16 octobre, et du 20 octobre [1].

37° *Paris, 2 novembre 1824.* — Lettre au sujet des antiquités de la rue de Cléry. — A cette lettre est jointe une note d'une autre écriture : « Antiquités à vendre chez Mr Brindeau, rue de Cléry, N° 96 », avec les prix demandés.

38° *Paris, 5 novembre 1824.* — Envoi à Blacas, conformément aux « intentions positives » de Champollion, de la copie d'une lettre de ce dernier, datée de Turin 30 octobre [2].

39° *Paris, 12 novembre 1824.* — Négociations pour l'achat de la collection Durand. Champollion-Figeac prévoit l'organisation d'un musée « qu'on nommera Musée de Charles X » ; et il suggère le nom de son frère et le sien propre pour être appelés aux fonctions d' « antiquaires du Musée ».

40° *Paris, 27 novembre 1824.* — Envoi de quelques exemplaires des « Lettres » sur le Musée de Turin. — Candidature de Champollion-Figeac à l'Académie des Inscriptions. — Demande d'appui à Blacas.

41° *Paris, 8 juin 1825.* — Nouvelles de son frère. — Catalogue des papyrus de la Vaticane. — Projets.

42° *Paris, 13 juillet 1825.* — Champollion-Figeac prévient Blacas que le propriétaire des antiquités de la rue de Cléry lui a remis une note détaillée de ces antiquités, rédigée par M. Dubois. — Envoi de cette note. —

---

[1] HARTLEBEN, *Lettres*, t. I, p. 64, 69, 72. — L'extrait de la lettre du 6 présente de grosses variantes avec le texte original donné par Hartleben. — Les extraits des deux autres lettres diffèrent encore davantage des originaux surtout l'extrait de la lettre du 16 octobre, qui, avec beaucoup d'additions, constitue une refonte totale.

[2] HARTLEBEN, *Lettres*, t. I, p. 78 et suivantes. — Nombreuses variantes dans la copie. — Champollion-Figeac a généralement soin d'adoucir les vivacités de langage et de pensée de son frère, et supprime ou résume les parties trop techniques.

Prix demandé. — Champollion est parti de Florence pour Turin, où il désire recevoir des instructions de Blacas pour des recherches à faire à Marseille [1]. — En *P.-S.* : Projet de visite de la collection Passalacqua.

A cette lettre est jointe une « Notice d'antiquités Égyptiennes » d'une main différente, avec annotations de la main de Champollion-Figeac. — C'est sans doute la notice rédigée par Mr Dubois.

43° [*Paris,*] *19 juillet 1825.* — Champollion-Figeac a reçu une lettre de Champollion, datée de Gênes 11 juillet [2] (1825), et relative à la collection Salt visitée par Champollion à Livourne. — Mention du Rapport de Mr de Montmorency Laval [3] au Ministre des Affaires Étrangères sur le séjour de Champollion à Rome et la bienveillance du Pape à son endroit.

44° *Paris, 26 août 1825.* — Champollion « fort en peine relativement à la collection de Livourne ». Incertitude où on le laisse. — Quelques détails sur cette collection [4]. — Appel à la bienveillance de Blacas en vue d'en hâter l'acquisition par le Gouvernement français.

45° *Paris, 7 juin 1826.* — Champollion-Figeac a envoyé à Naples pour Blacas le catalogue de la collection Denon, mise en vente. — La deuxième « Lettre à Blacas » vient de paraître.

Champollion-Figeac en a expédié un exemplaire à Blacas par la poste. — Remerciements au sujet de la nomination de Champollion à la place de conservateur du Musée Égyptien.

46° *Paris, 12 avril 1827.* — Audience royale sollicitée en faveur de M. Pacho, désireux de présenter au Roi la première partie de la Relation de son voyage à la Cyré-

---

[1] Cf. *supra,* Doc. N° 6 et aussi HARTLEBEN, *Lettres,* t. I, p. 221 (lettre du 5 juin 1825).

[2] Cf. HARTLEBEN, *Lettres,* t. I, p. 238 et suivantes.

[3] Cf. HARTLEBEN, *Ibid.,* p. 228.

[4] Cf. HARTLEBEN, *Ibid.,* p. 252 et suivantes.

naïque. — Détails sur l'auteur et son œuvre. — En *P.-S. :*
annonce d'une visite de Champollion-Figeac et de Champollion pour la semaine suivante.

47° *Paris, 11 octobre 1829.* — Avis de réception de deux lettres d'Égypte de Champollion, datées du 26 mai, 18 juin et 4 juillet [1]. — Détails d'après ces lettres sur les travaux et projets de son frère. — Celui-ci a écrit à Blacas deux lettres de Thèbes [2].

V. DOCUMENTS DIVERS POUVANT INTÉRESSER L'HISTOIRE DE L'ÉGYPTOLOGIE.

48° *S. d.* — Quatre feuilles de papier à décalquer portant des listes de noms et de mots en hiéroglyphes, avec leurs équivalents ou supposés tels, en français et en démotique. — Les caractères et les lettres ont d'abord été tracés au crayon. Sur une des feuilles, ils ont été repassés entièrement à l'encre ; sur deux feuilles, ce travail n'a été fait qu'en partie. — Il y a dix listes notées de A à K : Dieux, Rois, Personnes particulières, Animaux, Objets inanimés, Attributs et actions, Rapports, Temps, Nombres, Sons. — Et, pour finir, en onzième lieu : « Alphabet supposé enchorial. »

Ces tables renferment un assez grand nombre de lectures erronées ou incomplètes, dont plusieurs coïncident avec celles que l'on peut relever dans les essais de déchiffrement de Champollion le Jeune [3].

D'autre part, certains détails orthographiques des mots français donnent l'idée d'une copie faite par une main anglaise. — Ces quatre feuilles, si, d'une part, elles ne semblent pas être l'œuvre même de Champollion, pour-

---

[1] Cf. HARTLEBEN, *Lettres*, t. II, p. 281 et suivantes ; 308, 328 et suivantes ; 385 et suivantes.

[2] Ces deux lettres ne figurent pas dans les Archives de M' le duc de Blacas.

[3] Bib. Nat. : Fr. nouv. acquis, 20303 à 20381.

raient bien néanmoins se rapporter en quelque manière
à ses travaux de déchiffrement.

49° *Firenze, 27 mai 1823.* — Lettre de G. Nizzoli,
chancelier secrétaire de la légation d'Autriche en Égypte
pour proposer sa collection à Blacas. Pièce jointe à la
précédente [1]. — « Sommaire et description succincte des
pièces composant le cabinet d'antiquités Égyptiennes, en
possession de M. G... Nizzoli, chancelier du Consulat
Impérial Royal d'Autriche au Caire, réuni par lui au
moyen de fouilles et d'achats. » — 10 pages.

50° *S. date* [*fin 1825 ou 1826*]. — Mémoire anonyme, supposé de l'abbé Lanci (?), contre Champollion.
— Manuscrit de 35 pages in-folio. — Une petite feuille
volante s'y trouve jointe, d'une écriture différente et qui
résume assez exactement dans les termes suivants la substance de l'ouvrage : « Le but du mémoire sur les écrits
de M. Champollion est de faire voir que le fond de son
système (qui, du reste, n'a rien de commun avec ses
découvertes de la lecture des hyéroglyphes [*sic*]) tend à
renverser la vérité de l'Écriture Sainte, en supposant
fausse la Chronologie sacrée, tant de la Vulgate que des
Septante. Comme il prétend remplir, par les découvertes
faites et à faire des monuments égyptiens, le canon tout
entier de la Chronologie de Manéthon, qui seule s'étend
au-delà de la création du monde, même selon les
Septante, il ne s'en contente pas et dit positivement que
la Nation égyptienne n'est pas une nation mère, mais une
fille de la nation éthopienne ; par là, il laisse la création
à une époque indéfinie et impossible à fixer.

51° *Paris, 22 janvier 1827.* — *Copie.* « Trois propositions définitives soumises à M^r le Vicomte de La Roche-
foucauld pour l'achat de ma collection d'Antiquités Égyptiennes. — Signé : Joseph Passalacqua. »

[1] L'une et l'autre sont écrites en italien.

52°. *Paris, 1er octobre 1829.* — Lettre de Letronne à Blacas, relative à une publication projetée des papyrus du Musée Royal égyptien. — Pièce jointe. — Notice manuscrite de Letronne sur le même sujet.

II

ARCHÉOLOGIE

SIGNA VERBA.

LES JEUX D'ÉCRITURE DANS L'IMAGE,

PAR

M. GEORGES BÉNÉDITE.

> ...Quid signa sagacis
> Aegypti valeant...
> C. CLAUDIANI,
> *In Rufinum, Carmen III.*

L'art plastique de l'ancienne Égypte se divise en deux domaines limitrophes et très nettement distincts en dépit d'une frontière parfois mal tracée, l'un qui est l'art libre et populaire, l'autre l'art canonique et hiératique [1]. Ceci posé, il convient de rechercher comment les Égyptiens ont été conduits à une séparation qui leur est très particulière [2] et ne s'observe pas notamment dans l'art chaldéo-assyrien, art à beaucoup d'égards congénère de l'art égyptien.

---

[1] Cette théorie a été exposée par G. Bénédite dans *Une statuette de Reine de la Dynastie Bubastite* (*Gazette des Beaux-Arts*, 1896, p. 481-482) et dans *Égypte* (collection des Guides-Joanne), 1900, p. 110-111. Elle a été reprise sous des appellations un peu différentes (notamment *officiel* au lieu de *hiératique*) par M. W. SPIEGELBERG dans *Geschichte der Ägyptischen Kunst*, 1903, p. 22-23. — Remarquons que la même division s'observe dans la langue, l'écriture et même la religion.

[2] Nous voudrions pouvoir reconnaître cette division dans les termes dont se sert l'artiste Mériré, prêtre de Mât, qui décora sous le règne de Ramsès IX la tombe de Sétaou à el-Kab, quand il se vante de n'avoir pas reçu le ⸢𓏞⸣ «la règle», d'un ⸢𓏞⸣ «maître» et d'être un ⸢𓏞⸣ ⸢𓏞⸣ «artiste habile de ses doigts et bien doué pour tous travaux», mais il faudrait pour cela attribuer

D'instinct on se tourne vers l'écriture hiéroglyphique, également propre à l'Égypte, et l'on se rend compte qu'elle n'a pu être pratiquée d'une manière aussi constante sans donner naissance à un procédé conventionnel de représenter les images-signes, en les schématisant et en les stylisant; on en arrêta ainsi la forme pour satisfaire à ce besoin de clarté, d'harmonie et d'équilibre, qui est l'un des traits les plus marquants du génie égyptien [1]. En outre, tout ce qui s'enseigne a tendance à se codifier, à se fixer, et toutes ces raisons furent dominées par la raison religieuse.

Le formalisme religieux s'exerça de la même manière dans les représentations figurées, qui n'étaient pas à proprement parler de l'écriture, mais qui lui étaient étroitement apparentées. L'intimité de leur rapport éclate quand on compare un idéogramme de l'écriture, celui qui désigne par exemple une divinité ou un roi, avec les représentations plastiques de cette divinité ou de ce roi [2]. Le signe graphique et l'image plastique coïncident exactement. A-t-on, d'autre part, remarqué que la direction de l'écriture de droite à gauche, qui a pour conséquence l'orientation de toutes les figures vers la droite, est également la *loi des bas-reliefs?* La jambe gauche des figures

comme l'a fait M. Spiegelberg (*Rec. Trav.*, XXVIII, 1906, 180), le sens de «canon des proportions» à 𓏥, inapplicable à ce mot dans tous ses emplois.

Quant à la stèle C 14 du Louvre dont on ne peut se flatter de saisir toutes les nuances, parce qu'elle est émaillée de termes d'atelier, il semble bien, en tout cas, qu'elle exprime dès le début de la profession de foi du 𓏥 *mr ḥmtw sš-msntj* ʾIʀᴛᴊsɴ (Irtisen), l. 6 et 7, les mots par lesquels on définissait l'art hiératique : *sšt꜍ n mdw-t ntr, sšmw-t nw ḥbj-t* «le mystère de la langue sacrée» (l'écriture hiéroglyphique) et «les images des fêtes» (la figuration du cérémonial). Irtisen affirme qu'il connaît cette branche de l'art à fond, qu'il en sait toute la technique.

[1] Cette harmonie et cet équilibre font nettement défaut à l'écriture hiéroglyphique hétéenne.

[2] Bien qu'étroitement mêlée à mon sujet, je ne soulève pas ici la question des *anaglyphes* qui m'entraînerait à un développement excédant le cadre qui nous est fixé; mais je compte la reprendre en élargissant le travail dont je ne donne ici que les lignes générales.

en marche y est représentée en avant comme dans les statues [1], ce qui prouve que cette direction est la direction normale, la disposition symétriquement opposée pour l'ordonnance de la décoration étant anormale et secondaire.

Cette parenté, qui se traduit dans la langue égyptienne par le même mot, ⸻ « écrire, dessiner », ainsi établie, est le point de départ d'une autre enquête qui est précisément celle à laquelle nous allons nous livrer et qui peut s'énoncer de la manière suivante : étant donné ses affinités avec l'écriture, l'art hiératique n'aurait-il pas été sous la dépendance de l'une des deux lois essentielles qui ont présidé à la formation et au développemement de l'écriture hiéroglyphique, c'est-à-dire de l'*idéographie* ?

L'art hiératique nous est parvenu sous ses deux formes constitutives, la sculpture proprement dite (ronde bosse) et le bas-relief, auquel se lie étroitement la peinture, car sa technique le fait rentrer dans la catégorie du dessin.

De toute manière, ces deux formes sont régies par les mêmes principes, malgré les différences qu'en comporte l'application. Mais pour la démonstration que nous avons en vue, nous devons nous en tenir au bas-relief où se trouvent réunies toutes les données du problème.

Nous rappellerons d'abord que Rochemonteix [2] a démontré que, sous l'influence de la doctrine héliopolitaine qui *solarisa* toute la religion égyptienne, le temple se transforma d'habitation de la divinité conçue sur le modèle de l'habitation royale, en demeure du Soleil, c'est-à-dire en une sorte de microcosme de l'univers, d'où la division non seulement du temple, mais encore de cha-

---

[1] La question se pose même, sur ce point, de savoir si la position de la jambe gauche dans les statues debout n'aurait pas pour cause originelle le canon traditionnel scriptural en vertu duquel tous les membres du côté gauche se détachent en avant, non seulement chez l'homme, mais encore chez les animaux, ce qui fait que tous les quadrupèdes sans distinction marchent l'amble.

[2] *Le Temple égyptien.* (*Revue internationale de l'Enseignement*, 15 juillet 1887), réimprimé dans *Bibliothèque Égyptologique*, t. III, p. 1-38.

cune des chapelles en deux « aterti » (*itr-tj*), l'adoption du
ciel étoilé et de thèmes astronomiques pour la décoration
des plafonds (les thèmes astronomiques étant réservés à
la salle hypostyle ⌸ , *ḥnt*) et de la végétation du Nil
et des marais (les fourrés de papyrus) ou de thèmes figuratifs se rapportant aux produits du sol pour le soubasse-
ment. Entre ces deux éléments s'étale toute la décoration
qu'on pourrait appeler spécifique, car c'est cette décoration
qui prétend exprimer la destination et le rôle de la
chambre où elle est gravée. Une première impression s'en
dégage : il n'existe aucune discordance dans le jeu des
conventions entre les éléments figuratifs et les éléments
non figuratifs de cet ensemble. Toutes ces grandes vignettes
qui se font suite, registre par registre, et qui représentent,
comme on sait, les diverses phases du cérémonial accomplies par le roi, où chaque figure se trouve à son poste
et se profile dans l'espace restreint que lui laisse les
champs d'hiéroglyphes, se révèlent, au premier coup
d'œil, comme les parties d'un ensemble dont aucun élément n'est négligeable, ni arbitraire. La fantaisie de
l'artiste en est sévèrement exclue.

Après avoir observé qu'en chacun des « aterti » le roi
tourne le dos à l'entrée, tandis que les dieux lui font face
pour exprimer qu'ils sont « chez eux », examinons les éléments les plus nettement graphiques et communs à tous
les tableaux. A la partie supérieure de chaque tableau,
s'étirant sur toute la longueur, règne l'hiéroglyphe ⸺ du
Ciel. Etoilé ou non, il n'est pas une image au sens ordinaire du mot, mais un idéogramme et ne paraîtra jamais
en des tableaux extra-canoniques, bien que les scènes
représentées aient pu se passer *sub divo* [1]. De même, le
sol y est son tour figuré par l'un ou l'autre des hiéroglyphes employés pour exprimer l'unité, la dualité ou la

---

[1] Dans les bas-reliefs des temples funéraires de la Ve dynastie, le signe
céleste est limité à la représentation du dieu et du roi et ne s'étend pas sur
les autres personnages; cf. BORCHARDT, *Das Grabdenkmal des Königs Sa-
hu-re*, t. II, pl. I, V, IX, XIX, XX, XXVIII, XXXI et principalement
XXXIII, etc.

pluralité territoriale du royaume —, ⚌, ☰. Il arrive aussi que les deux côtés d'un tableau soient formés par les deux sceptres-supports [1].

Entrons dans un monde plus réel, en abordant les personnages de cette mise en scène, sans toutefois se départir de l'idée que ce monde est celui des dieux. Comme ils sont humanisés, réprésentés à la même échelle et vêtus de la même manière que le roi, il y a là une présomption pour que ces images nous donnent le maximum de réalité ou de vraisemblance. Cependant un premier examen nous avertit que nous sommes devant un monde idéal, non selon la conception grecque, c'est-à-dire parfaitement beau, mais selon une conception d'un caractère tout à fait abstrait.

Le Roi. — On observe d'un tableau à l'autre que son corps a été divisé en parties interchangeables d'une figure à une autre. Le torse et la tête, susceptibles d'inclinaisons quelque peu nuancées dans le bas-relief thébain, ne l'est plus que d'un petit nombre d'attitudes à l'époque gréco-romaine. Les bras et les jambes ne s'articulent pas à volonté comme chez un mannequin, mais forment des angles et des ouvertures réglées d'avance. Une ouverture du bras et de l'avant-bras convient à trois ou quatre poses ou actes différents. Au moyen d'un certain alphabet des formes corporelles, on combinait toutes les attitudes qui peuvent se classer sous cinq chefs : l'« approche » ou la « sortie », l'« adoration », l'« offrande », le « sacrifice des captifs », les « rites spéciaux » tels que celui de la « fondation des temples » et de la « course rituelle ». Ces attitudes mettaient le roi debout, en marche, courant, agenouillé, les bras tendus ou demi-tendus, dans la prière, la présentation d'une offrande déterminée, brandissant la massue, etc. [2].

---

[1] Mariette. *Monuments divers*, pl. XXIII (petit temple d'Assouan). J'en ai vu maints exemples à Philae.

[2] C'est là probablement ce qu'il faut reconnaître dans le passage suivant de la stèle C 14 du Louvre, l. 9 et 10 : (et non comme

Les dieux. — **Dans** la plupart des cas, leur attitude, qui est celle de l'immobilité, dressée ou assise, n'en est que plus régie par le même canon. On va voir jusqu'où pouvait aller sa rigueur. Le roi devant être vu au même niveau que les dieux de par sa nature divine, on avait eu soin que la tête, les épaules, et le torse de tous les personnages du tableau fussent placés à la même hauteur, et, quand les dieux étaient assis, on avait mesuré le gradin supportant leurs sièges de manière à ce qu'il n'excédât pas la perte de hauteur résultant de la position assise. En somme, tous ces personnages sont groupés et arrangés comme de véritables hiéroglyphes, ou, pour s'exprimer à la moderne, comme des lettres mobiles d'imprimerie.

Ce qui contribue à accentuer ce caractère, c'est cet autre principe essentiel qui n'est jamais violé. Les personnages, dieu ou roi, n'ont pas d'âge. Tous éphèbes ou plus exactement faux éphèbes, y compris Horus enfant, le plus remarquable des dieux sous le rapport idéographique, car pour bien établir, malgré ses proportions d'adulte, qu'il est encore un nourrisson, il porte l'index à la bouche et garde parfois de sa position assise sur les genoux d'Isis ou sur la fleur de lotus, l'attitude repliée, sans siège, dans le vide, comme s'il était l'hiéroglyphe de l'enfant.

Il est une autre particularité du dessin dans ces représentations qui les rattachent directement à l'écriture hiéroglyphique. L'idéographie y prédomine à ce point que l'artiste qui travaillait avec ou sans ses poncifs, ayant à tracer les deux bras et les deux jambes d'une même figure, reproduisait le même bras et la même jambe.

a lu Maspero, *T.S.B.A.*, t. V, 559), [hiéroglyphes] que je crois pouvoir rendre ainsi : « [Je sais] appliquer la règle exacte de l'allée et venue [sans allusion au *Livre des Morts*] jusqu'à l'aller de chaque membre à sa place. Je sais la démarche d'une figure humaine, l'allure d'une femme... » [hiéroglyphes] me paraît répondre à l'expression [hiéroglyphes] «recht machen» *Br. W.*, Suppl¹ 287. Nous perdons beaucoup à ne pas pouvoir suivre dans tous ses détails cet important document.

Dans l'écriture c'est la règle et l'exemple le plus typique d'un pareil procédé est le mot *'r-tj* « mâchoires » déterminé par deux mâchoires inférieures, ⟨⟨.

La position des mains faisant l'offrande est non moins à retenir : les deux mains sont non seulement la répétition d'une même main, mais elles n'opèrent aucun mouvement de préhension de l'objet présenté, placé simplement au-dessus. L'image n'est donc plus celle de la réalité, mais une sorte de combinaison algébrique : idée de main + idée d'offrande.

Les attributs officiels et religieux. — L'étude de ces attributs qui englobent le costume, nous conduit aux mêmes résultats. La *shendit* ou pagne, dont se composent en son entier le vêtement divin et non moins fréquemment le vêtement royal, n'avait pas plus de vraisemblance historique que le costume du César romain sur le corps d'un souverain des temps modernes [1]. Cette invraisemblance est soulignée par la suppression des sandales. Dans l'Olympe de la sculpture aussi bien que dans l'écriture, rois et dieux vont déchaus. A la partie postérieure du ceinturon pend un appendice si peu réel qu'on n'a jamais pu s'entendre au sujet de l'animal auquel il aurait été emprunté. Aux époques thinite et préthinite, une véritable queue en fourrure complétait le costume royal; elle faisait même partie de l'équipement des guerriers. Les rois des temps proprement historiques depuis la IV⁰ dynastie, l'ont-ils vraiment portée? Les faits que nous passerons en revue nous incitent à la considérer sous son tracé habituel comme un signe qui a pris naissance de la même manière que les autres, dans l'imagerie hiéra-

---

[1] Les vêtements et accessoires, les uns réels, les autres purement symboliques de la royauté, se trouvent catalogués, comme on sait, dans la frise ou bandeau placé à l'intérieur des sarcophages du Moyen Empire. On y constate une assez grande variété de types pour chaque objet, qui contraste avec l'uniformité du costume et des attributs adoptés dans la sculpture hiératique. Nous renvoyons, à ce sujet, à un ouvrage nouvellement paru : G. JÉQUIER, *Les Frises d'objets des sarcophages du Moyen Empire* (tome XLVII des *Mémoires de l'Institut français d'archéologie orientale du Caire*).

tique et dans l'écriture. Le signe écrit s'est interposé entre
l'objet signifié, tombé en désuétude, et son dérivé.

Avant d'aborder les sceptres et les diadèmes, il importe de s'arrêter sur le signe ☥ tenu en main par les
dieux et les rois. En dehors du syllabaire, il n'a pas
d'existence ou du moins son existence primitive (le lien
de la sandale) a pris fin : entre les mains divines et
royales, il n'est plus qu'un signe d'écriture. Même observation pour l'objet ⌐, tenu en main par d'honorables
défunts n'ayant pas droit au ☥. On y a reconnu le signe
d'écriture ∫ [1] lettre initiale du mot ∫—⌐☥ qui exprime
une idée voisine de celle du mot ☥ « sain », et qui ne peut
que jouer le rôle d'amulette. Le curieux, c'est le parti
qu'en ont tiré les artistes : ils en ont fait un linge, une
façon de mouchoir, comme s'il y avait eu adaptation
d'un objet réel et usuel à la simple notation d'une idée.

Par ces deux exemples, nous sommes dûment avertis
du rôle que va jouer l'amulette dans les représentations
figurées et une vive lumière va en jaillir sur les autres
symboles tenus en mains par les images divines et royales.
Et d'abord les signes ∫ et ∣, qu'on leur a donnés comme
sceptres. Le premier est le signe-mot ∬∫ *wзś* qui
exprime une idée de « force », de « grandeur », de « splendeur », qui se retrouve dans le nom de Thèbes ∫⊙ *wзśt*
« la forte, la splendide » et n'a pas plus la valeur d'un
sceptre authentique que ∤, le bâton ∤∫⌐ *wśr* n'exprime
l'idée de bâton aux mains de la déesse *Mзˁt*, dans la
combinaison *wśr mзˁt* qui rentre dans quelques cartouches
des rois ramessides et d'autres encore [2]. Le signe ∣

---

[1] M. A. JACOBY, *Über ein Herrschaftsymbol* (*Recueil des Travaux*, XXI,
p. 24-26), a bien reconnu après E. de Rougé et autres interprètes, le rapport qu'avait le symbole en question avec le signe ∫, et, quand il a signalé
son pouvoir d'échange avec le signe ☥ à la main des rois, il est passé,
à notre avis, près du but; mais, faute d'une vue générale de la question,
il l'a manqué.

[2] Le sceptre-symbole ∫ est attribué aux divinités et génies féminins
dans les représentations des temples funéraires des rois de la Ve dynastie,
à l'exception de la déesse Sekhmet (*Grabdenkmal des K. Sa-hu-re*, t. II,

a encore moins de réalité que les deux bâtons ⌐ et ⌐
qui furent des objets matériels préexistant à la dénomination qu'ils reçurent et qui leur survécut. C'est une
amulette tirée de l'idée de verdeur, de fraîcheur et partant
de jeunesse, exprimée graphiquement par le signe-mot
⌐ *w3ḏ;* on comprend sans peine que les Égyptiens en
aient étendu l'application bien au-delà des limites assi-
gnées à ⌐. Comme ce signe, il est devenu sceptre et support non seulement dans l'image, mais dans l'architecture
(il est le prototype de la colonne campaniforme); enfin
il a pris place dans le répertoire des principaux amulettes.
Le crochet ⌐ *ḥḳз-t,* le flagellum ∧, *nḫḫ* (cf. ⌐ Pyr.,
p. 669, N. 708, ⌐ M. 780, «être fort, dominer»[1]), la
massue ⌐, *sḫm* (cf. ⌐ ⌐ «être puissant» ⌐ «les forts»,
⌐ «les deux forts = Horus et Set»[2], ⌐ «le grand fort =
Osiris»[3]) sont dans le même cas. Il faut voir en ces
objets, qui sont des *mots-signes* et non des *déterminatifs,*
autant de mots exprimant des idées dont on ne saurait
dire qu'ils n'étaient que les symboles, car le symbole
est susceptible de se traduire par des mots variés; mais

pl. V, XIX, XX, XXI, XXII, XXVI, XXVIII, XXIX, XXX et XXXI;
Grabdenkmal des K. Ne-user-re, pl. XIV, XV et fig. 73; *Grabdenkmal des
K. Nefer-er-ke-re,* fig. 30).

[1] Il y a un verbe ⌐ «protéger» qui pourrait être une forme
niphal de ⌐ qui a le même sens. Il est bon de remarquer que le
flagellum apparaît encore ici avec la valeur d'un mot-signe, auquel s'attache,
par conséquent, l'idée de «force» et de «protection».

[2] Le groupe ⌐ s'échange dans les livres des Pyramides avec le
groupe ⌐ *зḫ-w,* les *vexúes,* les mânes. En conséquence tout
mort de marque aspirait à devenir un ⌐; d'où l'idée de se faire représenter
avec le ⌐ en main. Nous trouvons encore ce mot employé avec le sens de
«image, statue», ce qui se déduit logiquement de tout ce qui vient
d'être dit.

[3] Thot est aussi qualifié de *sḫm* des dieux et une représentation du
temple de Séthôsis Ier, à Abydos (CAULFEILD, *The Temple of the Kings,* pl. II),
le représente sous la forme d'un ⌐ avec les deux yeux ⌐. M. Spiegelberg
(*Rec. de Trav.,* XXVIII, 164) part de cette image pour admettre la réalité
concrète d'un ⌐ dans lequel se serait incorporé (selon l'idée égyptienne)
le dieu. A ce compte les ⌐ seraient des bâtons divinisés! Un ⌐ qui a

ils étaient des mots exprimés phonétiquement et s'adressant à tous ceux qui savaient lire. Le symbole n'a pu exister que pour les illettrés.

L'image royale ou divine (c'est-à-dire le roi ou le dieu) était ainsi qualifiée par des signes représentant des objets matériels qui, assurément, avaient eu une réalité dans le temps très éloigné où ils étaient les attributs de la forme primitive du pouvoir qui précéda la royauté.

L'épithète contenue dans l'expression *sḫmwi* (qui a même été adoptée comme « nom de Ka », par deux rois de la IIe dynastie et qui entre comme élément constitutif dans plusieurs noms de rois et de particuliers) est passée dans l'appellation des « Deux Couronnes », *sḫm-tj* « les deux fortes », qui s'est corrompue ensuite en *sḫnt* ⎯⎯, le ψχεντ de la *Pierre de Rosette* (1. 44).

Ces deux diadèmes avaient-ils plus de réalité que les sceptres. Leur juxtaposition ⧄ est une combinaison graphique qui serait absurde sur la tête royale, si les deux objets étaient encore, lors d'un tel emploi, une réalité. Certes, à l'origine, elles furent l'une et l'autre de véritables coiffures comme les couronnes royales et nobiliaires des temps modernes, comme les chapeaux de cardinal, mais elles dégénèrent si complètement en signes, qu'il serait matériellement impossible de les reconstituer même en s'aidant de toutes les représentations y compris celles des statues. Leur galbe est le fait d'une calligraphie qui s'est fixée avec la constance d'un hiéroglyphe, alors que s'il s'était agi d'une réalité, la forme en aurait varié d'époque en époque, comme c'est le cas pour le ⬡ *ḫprš* et pour le *nmś*, qui, dans les limites imposées aux représentations, n'en ont pas moins varié parce qu'ils étaient,

---

des yeux n'est pas moins pour cela un simple signe d'écriture qu'un ☥ ou un ⸙ qui ont des bras et un ⸷ qui a, en plus des bras, la couronne osirienne. Nous aurons occasion de démontrer dans un autre travail comment s'est constitué le cippe funéraire osirien. M. Spiegelberg cite également sur une indication de M. Moret, un ⸷ au nom d'Anubis : ici, encore le caractère idéographique de l'image est flagrant.

non de purs symboles, mais des objets réellement vesti-
mentaires [1].

L'argument idéographique tiré de la combinaison des
insignes trouve encore son application dans la réunion de
ces éléments aux mains d'un personnage. C'est ainsi que
les dieux mummiformes, Osiris, Ptah et Khonsou déga-
gent leurs mains des bandelettes pour tenir non en un
faisceau, ce qui serait logique, quoique contraire à la
vraisemblance, mais dans la position canonique, les
signes ⳤ, Ⳣ, ⳦, ce dernier combiné avec ⳧ et ⳨.

Que penser du Ⳣ suspendu dans le vide au-dessus
du bras levé du dieu Mîn, du ⳧ placé sur le dos de l'oie
ou du bélier d'Amon et n'ayant d'autre valeur que celle
de *caché*, signification théologique (par jeu de mots) du
nom d'Amon, et du chacal accroupi avec le ⳗ autour du
cou pour exprimer la locution *imj-wt* «qui est dans les
bandelettes. N'est-ce pas là de l'écriture? Écriture encore,
le roi recevant en plein visage les signes-mots que lui
envoie la divinité. Une des combinaisons graphiques les
plus courantes est celle du signe ⳧ transformé en sceptre
à la main de Thot ou de Seshat et portant suspendus et
accrochés l'un à l'autre les signes ⳧⳧⳧⳨⳨⳨ ▨ ▨ ▨, le
tout agencé dans l'image comme s'il s'agissait d'une réalité. Ces faiseurs de rébus savaient donner une structure
logique aux choses les plus irréelles.

Il serait superflu de passer en revue toutes les mani-
festations de cet ordre : elles sont innombrables. Chacun
des actes officiels ou liturgiques accomplis par le roi est
noté par ce procédé. S'il sort du palais, sa demeure devient l'idéogramme ▨; les porteurs d'enseignes qui le
précèdent seront souvent non des êtres vivants, mais les

<hr>

[1] Les hymnes aux couronnes (papyrus Golenischeff : Erman, *Hymnen
an das Diadem der Pharaonen*, dans les *Abhandlungen der Königl. Preuss.
Akademie der Wissenschaften*, année 1911) et les développements littéraires auxquels elles ont donné lieu n'infirment en rien cette théorie. Bien
au contraire, le double diadème y apparaît comme une entité du même
ordre que le diadème Atef (*ȝtf*) ou telle autre coiffure divine, assemblage
mystique d'éléments graphiques, déterminant ce qu'on pourrait appeler les
composantes de la divinité.

trois signes ☥, 𓋹, 𓊽 munis de jambes et de bras. S'il pénètre dans le temple, il est aspergé par Horus et Thot
d'une pluie de signes de Vie et les offrandes qu'il présen-
tera aux dieux seront figurées par un signe qui pourra
être la représentation directe de l'objet, mais le plus
souvent son signe hiéroglyphique : tels que 𓎛𓎛 ou ‖
représentant des pièces de toile de lin, ou ᵟ𓌟 et 𓌟 qui
est l'équivalent de 𓉐 ; puis la série des signes correspondant à des vœux 𓂀, 𓎛𓌸, 𓎟 les signes du pouvoir 𓌀,
𓊽, de la terre cultivée 𓈅, les pierres précieuses ✶✶ et
bien d'autres.

    La course du Roi. — Mais parmi les thèmes liturgiques,
il n'en est pas de plus intéressant, ni de plus probant en
matière d'idéographie, que celui de la *course du Roi*, que
M. Kees a étudiée dans son ouvrage si documenté et si
consciencieux intitulé *Der Opfertanz des Aegyptens Königs* [1].
Se fondant sur la nature des objets que le roi tient en
main, dans ce que nous appelons sa course et M. Kees sa
danse, il prétend avoir affaire à quatre rites différents :
la *course à l'oiseau*, la *course aux vases*, la *course à la rame*
et la *course de la fête Sed.*

    La *course à l'oiseau* n'apparaît pas avant le règne d'Hat-
Shepsitou (NAVILLE, *Deir el-Bahari*, IV, 97) et elle devient une course à l'oiseau sans oiseau dans le Louqsor
d'Aménophis III (GAYET, *Luxor*, pl. LXX) pour reparaître
sous sa forme primitive à la basse époque (ROCHEMON-
TEIX-CHASSINAT, *Edfou*, pl. XXX*b*, MARIETTE, *Denderah*, II,
54). Quant aux oiseaux 𓅿, 𓅆, 𓅓 perchés au sommet
des trois sceptres couronnés des signes ☥, 𓋹, 𓊽, ils deviennent 𓅿 𓅿 𓅿. Pas une fois ne reparaît le signe 𓅓
et pour cause : c'est en effet la préposition 𓅓 *m* « comme,
à l'état de » et la formule composée des trois signes n'avait
pas d'autre sens que *faire l'acte iḫ* ou *être à l'état de iḫ
comme Horus.* Quant aux sceptres, ils servent simplement
de support aux épithètes laudatives ☥𓋹𓊽 du roi.

    S'il y avait eu réellement une course ou une danse

____

[1] Voir aussi *Ä. Z.*, Bd 52 (1915), p. 61-72 : *Nachlese zum Opfertanz
des ägyptischen Königs.*

comportant l'existence d'un oiseau, M. Kees n'aurait pas été obligé d'attribuer la disparition de ce thème à son incompréhension après le règne de Thoutmôsis III, lors même qu'il l'aurait considéré comme un legs du Moyen Empire tombé dans l'oubli par suite de la rénovation artistique d'Aménophis III. Faute d'avoir compris le sens de la scène dont la légende *iṯṯ gst n* exprime une action de mouvement en correspondance avec la légende *iṯṯ ḫpt* de la *course à la rame* (dont l'analyse va suivre), il estime que la réponse divine la plus explicite (SETHE, *Urk.*, IV, 579) : «*Bienvenu* (bis), *viens vite, mon fils aimé*» n'en éclaircit pas le sens. Ce n'est pas notre avis. Pour la même raison, il est inutile de corriger ⟨hiéroglyphes⟩ en ⟨hiéroglyphes⟩ et de remplacer une clarté par une obscurité. L'auteur du *Der Opfertanz* est allé chercher dans les textes des Pyramides une explication mystique fondée sur un rapport entre l'idée exprimée par *iḫw* et la déesse Hâthor. Rien dans le discours de celle-ci ne permet de l'établir (*L.D.*, III, 576 et SETHE, *Urk.*, IV, 579). En attribuant à ⟨hiéroglyphe⟩ l'un de ses sens les plus habituels, celui qui sous sa forme factitive désigne le culte rendu à un dieu ou à un ancêtre, on aura résolu l'énigme et rétabli la parenté de ce thème avec les autres.

La *course au vase* qui apparaît liée à partir du Nouvel Empire à la *course à la rame* a eu antérieurement une existence indépendante. Ce sont les nécessités de la décoration, le besoin de symétrie qui les ont réunies sur le linteau des portes de temple au temps d'Aménophis III. Quelle en est la signification ? Le vase étant le signe de la libation, il fallait s'attendre à ce que la légende du thème qui s'y rapporte l'exprimât d'un mot : ⟨hiéroglyphes⟩. Mais le roi ne répand pas le liquide : il porte les deux vases du même geste dont il porterait tout autre attribut et l'idée de libation y était si peu attachée que la légende ⟨hiéroglyphes⟩ a pu se changer en ⟨hiéroglyphe⟩ [1]. Et cette observation trouve sa

[1] Le flottement résultant de la diversité des formules qui s'observe depuis le début jusqu'à l'époque gréco-romaine et qui va même jusqu'à admettre qu'on apporte de l'eau fraîche à la divinité, l'eau symbolique du

confirmation dans l'absence du bec latéral qui appartient au vase [hiéroglyphe] [1]. Le vase du tableau en question est le vase [hiéroglyphe] *ḥsj* qui tient lieu du verbe [hiéroglyphes] exprimant le mouvement de la course royale, ou du verbe [hiéroglyphes], exprimant l'idée de chanter, louer, célébrer, en d'autres termes, un sens voisin de celui qui est contenu dans le signe [hiéroglyphe] et qui répond au verbe [hiéroglyphes].

Que le vase ait donné lieu à une pareille méprise et qu'il faille en revenir à sa valeur scripturale, c'est ce que prouve le thème jumeau de la *course à la rame*, si jumeau que les deux thèmes se combinent en un seul dans lequel le roi courant tient d'une main le vase et de l'autre la rame. Dans la course à la rame, la valeur scripturale des attributs est si manifeste que M. Kees lui-même n'a pu l'éluder. On sait que le roi tient d'une main la rame [hiéroglyphe] et de l'autre le signe [hiéroglyphe], et que ces deux objets ont, en tant qu'hiéroglyphes, l'un et l'autre la valeur phonétique *ḥpt*, et qu'ils s'équivalent au point de se remplacer réciproquement. Nous sommes ainsi ramenés au verbe [hiéroglyphes] ([hiéroglyphes] ou [hiéroglyphes] et [hiéroglyphes], [hiéroglyphes]) « courir » dont le sens est encore souligné par un troisième jeu d'écriture, *ḥpj* [hiéroglyphes] sous sa forme de taureau ou de veau bondissant, à une échelle réduite, dans la même scène. Si l'on prenait les choses en s'inspirant du rationalisme qui a prévalu dans l'interprétation des scènes et des textes religieux de l'ancienne Égypte, alors que Renan concluait à l'inanité d'un pareil point de vue dans l'étude de l'Ancien Testament, on admettrait dans la cérémonie de la prétendue course à la rame l'existence du bœuf Hapis [2] !

Nil, idée sans rapport avec l'eau lustrale du cérémonial habituel, montre à quel point le sens primitif de ce thème était perdu.

[1] Ce n'est que très exceptionnellement et par erreur et principalement dans les représentations d'époque tardive que le [hiéroglyphe] a pris la place du [hiéroglyphe]. C'est la conséquence inévitable de la méprise à laquelle a donné lieu, dans les divers thèmes, le signe hiéroglyphique, qui était à la fois signe et image. L'exemple le plus ancien du [hiéroglyphe] pour le [hiéroglyphe] est fourni par le temple de Séthos Ier à Abydos.

[2] Ici encore, nous constatons l'existence d'une méprise involontaire ou peut-être même intentionnelle : la rame à la main du roi est devenue une

En définitive, qu'il s'agisse de course [1] ou de danse de l'offrande, comme le veut M. Kees, un seul élément est stable dans ces trois ou quatre thèmes, la représentation du mouvement : le roi *court* et là est certainement le rite. Est-il nécessaire de le rattacher au cérémonial de la fondation ? Nullement. Cette course a pu, à l'occasion de nombreuses fêtes, s'exécuter à l'intérieur du mur d'enceinte ; mais il est également admissible qu'elle était tombée depuis longtemps en désuétude et n'existait plus que par et dans l'image, perpétuant le souvenir d'un rite archaïque institué pour chasser les mauvais esprits du pourtour du sanctuaire.

La décoration intérieure du temple thébain et intégrale du temple d'âge postérieur ne faisait que reproduire les vignettes de rituels perdus pour nous [2]. Ces rituels variaient plus ou moins d'une région à l'autre, mais comme ils rééditaient traditionnellement de très anciens livres, ils contenaient des rites entièrement périmés ou considérablement rajeunis et transformés dans leur célébration. L'image ainsi gravée sur le mur ne répondait pas plus à la réalité que l'accomplissement de tout le cérémonial par le roi.

Dans ces rituels, l'acte de la course était énoncé tantôt par le signe 𓅪, tantôt par le signe 𓏤 ou par les signes 𓏤 et 𓂝 ainsi que par le fouet 𓌂, soit qu'il résulte d'une confusion avec 𓂝, soit qu'il exprime l'idée contenue dans le verbe 𓎛𓅱𓇋 *ḥwj* «protéger» qui répond complètement

---

véritable rame et le roi va jusqu'à traîner sur le rivage un bateau (la barque divine) dans une représentation du temple de Nekhébet à El Kab (Champollion, *Mon.*, II, 140), cf. Kees, *op. cit.*, p. 85 et pl. IV.

[1] L'idée de *course* est celle qui a été acceptée par la plupart des égyptologues ayant traité de ce rite : Ad. Erman, Lefébure, Maspero, A. Moret, Naville, Wiedemann.

[2] Les rituels non illustrés de Berlin (*Hieratische Papyrus aus den K. Museen zu Berlin*, Bd I [1901], nᵒˢ 3055, 3014 et 3053), ne peuvent être donnés comme la preuve contraire, car on a bien l'impression devant les représentations du temple de Sethos Iᵉʳ à Abydos, qui sont conformes, qu'elles ne font que reproduire les vignettes d'un papyrus. Sur leur conformité, cf. A. Moret, *Le rituel du culte divin journalier en Égypte*, 1902.

au sens de la course périphérique. Que ce rite ait été compris dans le cérémonial de la fête Sed, c'est incontestablement la preuve de sa très haute antiquité et peut-être doit-on considérer la légende ⸺ de cette scène comme la plus authentiquement originelle; et là est peut-être la raison de son obscurité ⸺ malgré sa clarté apparente.

Aborder tous les points par lesquels se justifie la théorie qui fait l'objet de cet exposé, nous entraînerait loin. Il est pourtant deux questions essentielles qui ont entre elles quelque rapport et qui ne sont pas à négliger. La première est celle des signes-noms et coiffures; la seconde celle des dieux zoocéphales et, d'une manière générale, des divinités hybrides. Il y a là un filon idéographique d'une grande richesse.

Les coiffures et les signes-noms. — Nous noterons d'abord que dans les représentations de l'art hiératique, la tête des personnages divins ou royaux est devenue, sous le calame ou le pinceau, un véritable foyer de graphisme et d'idéographisme. Nous avons déjà signalé l'invraisemblance de la double coiffure qui apparaît déjà comme une combinaison graphique sur la tête du roi Ousaphaïs (Petrie, *R. T.*, I, pl. XIV, n° 7); mais que dire alors des assemblages du disque solaire, des cornes de bélier, des plumes d'autruche et des uræus? Tout cet appareil ne doit-il pas rejoindre les signes , , , , , , , , , , dans le répertoire de l'idéographie pure? On arrive, en effet, à les décomposer aisément en leurs éléments constitutifs qui ont chacun leur valeur propre. On en dira de même de l'élégante coiffure divine d'Isis-Hâthor tirée de l'image du vautour : qu'elle ait été réalisée par l'orfèvre pour coiffer l'épouse du pharaon, il n'y a rien là d'inadmissible; il n'en est pas moins vrai qu'elle fut avant tout un thème graphique qui avait déjà fait son apparition dans les bas-reliefs des temples funéraires d'Abousir. On pouvait tout aussi bien réaliser par l'aiguille ou le pinceau sur le tissu les ailes enveloppantes de la déesse Ma-t pour en revêtir la reine Karomama; mais l'application industrielle du thème n'enlève rien à sa préexistence ni à son caractère originel.

A l'inverse de l'opinion la plus généralement reçue, nous admettons, en effet, que la fabrication des objets symboliques, dont nous croyons avoir établi le caractère scriptural, a été consécutive et non antérieure au signe graphique. L'objet primitif, qui a été la source première du signe, n'avait plus de réalité depuis l'âge préhistorique et ne se survivait plus (combien déformé!) que dans l'écriture.

Inutile d'énumérer les hiéroglyphes placés sur la tête d'un certain nombre de divinités : c'est là un fait trop universellement admis, bien qu'on n'en ait pas tiré toutes les conséquences. Terminons cet exposé par quelques considérations sur les divinités hybrides : animaux androcéphales et humains zoocéphales.

Les divinités hybrides. — La zoolâtrie a eu pour conséquence, à partir du moment où se fit sentir le besoin d'humaniser le panthéon, de créer ces combinaisons hybrides d'hommes et de femmes à têtes d'animaux. C'est ainsi que le faucon Horus en se solarisant (il n'était pas Soleil à l'origine) passa ses ailes au disque solaire et sa tête d'oiseau au dieu Râ et reçut en échange un corps humain. De la même manière, les têtes du crocodile, du bélier, du chacal, du taureau furent attribuées à des divinités qui ne cessent de nous apparaître, au cours de tout le paganisme, sous les images de l'animal intégral. Il est donc flagrant que la zoocéphalie est un pur graphisme [1]. Que cette

______

[1] Un exemple vraiment typique de ces graphismes mythologiques est la réunion en une seule figure de la triade memphite *Ptah-Sekhmet-Nefertoum* : Ptah a fourni le corps mummiforme, Sekhmet la tête léonine, Nefertoum le petit faucon coiffé d'une fleur de lotus qui est posé sur la tête de la déesse (MARIETTE, *Abydos*, I, pl. XXXIX). Le dessin scriptural, par la variété de ses combinaisons, a joué dans la religion égyptienne le rôle que la déformation orale a joué en d'autres religions. Le syncrétisme touffu

scriptura ait fait naître dans l'esprit populaire l'idée de divinités aussi hétérogènes, cela n'est pas pour nous étonner, étant donné l'action exercée sur l'esprit par l'image.

L'androcéphalie est plus restreinte : les deux principaux cas (si nous négligeons les représentations infernales) sont le *sphinx* et l'oiseau *bꜣ* . Le sphinx, en d'autres termes le lion androcéphale, n'est pas une figure isolée dans la mythologie figurée de l'ancienne Égypte : il rentre dans la donnée des lions gardiens de l'horizon, c'est-à-dire de la porte du Ciel dans les textes des Pyramides. Il échange d'ailleurs ce rôle avec le taureau et tous deux sont représentés sous les espèces doubles conformément au concept binaire qui domine la doctrine héliopolitaine. En vertu de ce dualisme, on les a amputés de leur train de derrière et, en assemblant leurs protomes, on a créé le signe sur lequel est posé le disque solaire , comme nous le voyons posé sur le signe et comme il apparaît en réalité à son lever et à son coucher sur la montagne de l'horizon : on a même combiné les protomes des deux types et le double gardien de la double porte du Ciel est devenu un lion soudé à un taureau.

De cette donnée des gardiens des portes célestes est sortie celle des gardiens des portes du temple et c'est ainsi que, d'une part, les deux barres de fermeture qui s'enfoncent dans l'ébrasement [1] pour l'ouverture furent ornées à leur extrémité extérieure du protome léonin en question et que, d'autre part, l'avenue ou dromos conduisant au temple fut garnie latéralement de deux rangées de lions à tête divine, images d'Harmachis, l'Horus horizonien (*Ḥr ꜣḫtj*), le gardien par excellence des véritables portes du Ciel. La réunion de la tête royale avec le corps léonin dépend de l'idée primordiale que Harmachis, au

auquel aboutissent les croyances de l'Égypte est né avant tout d'une imagerie idéographique vraiment luxuriante.

[1] Cf. *Dictionnaire des antiquités grecques et romaines*, s. v. *Sera* (R. Vallois).

titre d'Horus, est le roi ancestral. Tout roi terrestre était, par ce motif, aussi susceptible d'être *harmachisé* sous les espèces du Sphinx que de se transformer en Osiris ou en Horus tout court.

L'ensemble des faits que nous venons d'observer se rapporte également, dans la limite du réalisable, à la sculpture proprement dite. Le caractère hiératique et scriptural s'y affirme au même degré. L'influence exercée par le bas-relief s'y manifeste d'ailleurs visiblement. N'est-il pas remarquable, en effet, que, dans les statues royales et divines, les attributs distinctifs sont fréquemment traités en bas-relief, c'est-à-dire entièrement plaqués sur la figure et quelquefois même épousent la rotondité des formes auxquelles ils adhèrent. En bas-relief aussi sont souvent traités les personnages secondaires, fils et filles du pharaon, gravés sur les côtés du siège en vertu d'une idée étroitement liée à celles qui viennent d'être exposées : l'image-signe, écriture plastique, chaînon intermédiaire entre le signe-mot et l'image pour l'image.

Il est de règle, par application de nos tendances esthétiques, de considérer l'art hiératique comme une routine de pur métier à laquelle nous préférons les créations individuelles de l'art laïque et libre. Les Égyptiens pensaient le contraire [1]. En fait, pour porter un jugement sain et équitable sur cette branche de l'art, il faut l'abstraire de tous les bas produits qui encombrent la plupart des musées et la considérer dans ses chefs-d'œuvre.

On comprendra alors, en présence des bas-reliefs de Karnak et d'Abydos, de statues comme le Khonsou du Caire, l'Amon protégeant Toutankhamon du Louvre, le Ramsès II de Turin, que là, en vérité, est la création la

---

[1] Quand un artiste comme Mériré (voir p. 23, note 2) se vante de n'avoir pas eu de maître, il n'insinue pas que l'art noble de la décoration religieuse devait le céder à l'art libre de la décoration des tombes civiles, mais il nous dit que dans cette dernière catégorie, pour laquelle existait également un enseignement, il devait son talent à l'habileté de ses doigts et à son tempérament.

plus originale du génie plastique égyptien, celle qui n'a son équivalent dans aucun des arts plastiques de l'Occident. C'est là qu'il faut aller chercher le premier canon des proportions et l'effort le plus soutenu vers la réalisation de la beauté avant Polyclète.

LES

EXPRESSIONS � ET 𓃀

PAR

M. CHARLES BOREUX.

Les légendes relatives à la manœuvre qui accompagnent ordinairement, dans les scènes nautiques des tombes égyptiennes de l'Ancien Empire, les représentations de bateaux ne font guère que répéter, pour la plupart, sous une forme variable et plus ou moins développée, les termes ⸢𓏤⸣ et ⸢𓏤⸣. Les sens respectifs «tribord» et «babord» de l'un et de l'autre sont suffisamment établis : mais peut-être est-il possible, en serrant ces sens de plus près, d'arriver du même coup à une détermination plus précise des évolutions auxquelles ces termes eux-mêmes correspondaient dans la réalité [1].

L'explication étymologique des groupes *imj wr(t)* et *ts-wr(t)* n'a jamais été tentée, croyons-nous, que pour le premier d'entre eux. On sait que celui-ci ne signifie pas seulement «côté droit d'un édifice ou d'un objet quelconque» — d'où, lorsqu'il est appliqué à une embarcation, «côté tribord» de cette embarcation —, mais qu'il sert encore à désigner l'Ouest [2] : l'opinion la plus généralement admise veut même que ce soit de cette acception primitive qu'il ait tout naturellement passé à celle de «côté droit» ou «côté tribord», les Égyptiens paraissant avoir eu de tout temps l'habitude, lorsqu'ils voulaient

---

[1] Il semble qu'il n'y ait rien à tirer, à ce point de vue, des constatations auxquelles donne lieu la comparaison entre les commandements formés avec les expressions 𓏤 et 𓏤 et le sens dans lequel sont tournées les barques auxquelles se rapportent ces commandements.

[2] Brugsch, *Wörterb.*; p. 1522.

s'orienter, de se tourner dans la direction du Sud. Telle est sans doute la raison qui a conduit Erman à proposer, pour le groupe *imj wr(t)*, la traduction « (l'endroit) dans lequel (réside) la grande (*s. c.* : déesse, c'est-à-dire Hathor [1]) ». Du point de vue grammatical, la construction, pour assez singulière qu'elle paraisse au premier abord, est tout à fait analogue à celle qu'on relève dans le mot 𓏤𓅊𓈘, lequel signifie « inventaire, catalogue » [*ppt* : « (l'endroit) dans lequel (se trouve) son nom [2] »]; et, par ailleurs, l'expression périphrastique « l'endroit de la grande (déesse) » s'appliquerait très heureusement à la région occidentale, puisque c'est à l'ouest du Nil que se trouvaient le plus souvent les nécropoles, dont on peut dire en effet, étant donné le rôle funéraire bien connu d'Hathor, qu'elles constituaient le domaine de cette déesse. L'interprétation d'Erman ne semble cependant pas devoir être retenue, parce que l'étude, tant des termes 𓏤𓅊 et 𓂋𓅊 pris en eux-mêmes [3], que des locutions plus complexes dont ces termes constituent la partie essentielle, en même temps qu'elle montre que les groupes *imj-wr(t)* et *ts-wr(t)* sont construits d'une façon tout à fait symétrique, montre aussi qu'il doit y avoir lieu d'attribuer la même valeur aux éléments semblables dont ils sont composés. En d'autres termes, une telle explication n'aurait chance d'être la véritable que si le sens présumé « grande (déesse) » du mot 𓅊 pouvait être assuré pour celui-ci, non seulement dans le groupe *imj wr(t)*, mais aussi dans le groupe *ts wr(t)* : or, on voit mal comment ce sens pourrait se concilier avec la signification certaine « bâbord » de ce dernier [4].

[1] *Aegypt. Grammatik* [3], § 230, note 1.

[2] *Idem.*

[3] Pour 𓏤𓅊, cf. STEINDORFF, *Ti*, pl. LXXVII (légende au-dessus de l'arrière de la barque) et 81; MAR., *Mast* (= D. 39) donne la variante 𓏲𓏤𓅊. L'expression 𓂋𓅊 ne se rencontre que sous la forme [𓏲]𓂋𓅊 (avec ou sans la variante 𓈐; cf. la note 1 de la page 262).

[4] BRUGSCH (*W. B.*, p. 1522) traduit l'expression *ts-wrt* par « grande terre ».

Il convient de remarquer, à ce propos, d'abord que
╎ ⸗ est infiniment plus fréquent, dans les inscriptions,
que ⁚ ⸗, et aussi — exception faite pour [⸗] ⸗,
qu'on observe concurremment avec ⸗ ╎ ⸗ [1] — que
les formes développées des types ⁚ ╎ ⸗ [2], ⸗ ⁚
╎ ⸗ [3], etc. [4], sont toutes composées avec ╎ ⸗. En réalité,
si l'expression ⁚ ⸗ n'apparaît qu'assez rarement dans
les représentations, c'est sans doute parce que les barques
figurées dans les tombes sont presque toutes des barques
funéraires, c'est-à-dire qui comportent un barrage en
quelque sorte symbolique à tribord, parce qu'elles se
dirigent soit vers la nécropole, soit vers Abydos, autrement dit, vers l'Occident ou vers une région mystiquement
assimilée à l'Occident. D'un autre côté, si cette même
expression ⁚ ⸗ se rencontre d'ordinaire sous la forme
la plus concise, c'est vraisemblablement parce que tous
ces commandements de direction s'étaient simplifiés de
très bonne heure : et l'on doit même penser que les locutions complexes ⁚ ╎ ⸗, ⸗ ⁚ ╎ ⸗, ou autres formules
analogues, n'ont dû qu'à leur caractère pour le moins
aussi religieux que nautique d'être ainsi conservées traditionnellement, sur les murailles des mastabas, longtemps après qu'elles avaient en réalité cessé, elles aussi,
d'être en usage dans la terminologie navale courante.
Mais cette survivance même des formes *ḥr imj wr-t* et
irj ḥr imj wrt garantit suffisamment, semble-t-il, l'existence, aux plus anciennes époques, des formes correspondantes *ḥr tȝ-wrt* et *irj ḥr tȝ-wrt;* et il est légitime,
croyons-nous, lorsqu'on examine de plus près celles-là,

---

[1] Morgan, *Dashour* (1895), pl. XIX et XXI; L. D. II, 96; Steindorff, *Ti*,
pl. LXXVIII et LXXIX (ces deux derniers exemples donnent la variante
╎ ⸗ ⸗ ⸗).

[2] *L.D.*, II, 43 *a*.

[3] Holwerda-Boeser, *Beschreibung der ägypt. Sammlung... in Leiden,
Die Denkmäler des alten Reiches*, pl. IX (?); *id.*, pl. XX (= M. M., D. 60);
Steindorff, *Ti*, pl. LXXXI; M. M., D. 11, etc.

[4] Ces différentes formes ont été réunies par Erman, *Reden, Rufe und
Lieder auf Gräberbildern des alten Reiches*, p. 53-54.

d'étendre à celles-ci les conclusions auxquelles conduit cet examen. Or, ces conclusions s'imposent pour ainsi dire d'elles-mêmes. Puisque les légendes de direction à formule développée comportent, comme éléments communs, les mots ⌣, ⌣ et ⌣, il en résulte, en premier lieu, que c'est spécialement aux mots � et ⌐ que doivent être liées les idées de «tribord» et de «bâbord», c'est-à-dire les idées de conversion à droite et de conversion à gauche. Étant donné, d'autre part, que ces conversions sont avant tout des conversions de barrage, il est à présumer que les légendes qui s'y rapportent les décrivent comme des conversions exécutées, dans les deux directions ainsi distinguées par les mots � et ⌐, au moyen d'un objet qui, même si le nom n'en est pas donné, ne peut être que le gouvernail. Enfin, les sens «intérieur» et «terre» de ces deux mots étant bien connus, on peut dire que l'opération désignée par les expressions ⌣ ⌣ ╎ ⌣ et ⌣ ⌣ ⌐ ⌣, ou autres locutions similaires plus ou moins abrégées, était, en dernière analyse, une opération consistant essentiellement à diriger ce gouvernail tantôt «vers l'intérieur» et tantôt «vers la terre». S'il est permis de discuter, en effet, sur l'interprétation grammaticale qu'il convient de donner des mots ⌣ et ⌣, ainsi que sur le rapport qui les unit l'un à l'autre, encore une fois, la signification «vers l'intérieur» et «vers la terre» des groupes ♦╎ et ♦⌐ ne paraît pas douteuse[1]. Elle n'éclaire pas, malheureusement, la signification de l'opération elle-même; mais n'y aurait-il pas moyen de la préciser davantage, grâce à ce que nous pouvons déjà

---

[1] ERMAN (*l. l.*) les explique cependant d'une façon très différente, et paraît faire de ♦, non pas une préposition, mais un substantif signifiant «l'avant du bateau». Il traduit donc la légende ⌣ ╎ ╎ ⌣ de *L. D. Ergänz.* 20 par «Place l'avant vers l'Ouest!», et voit dans ⌣ ⌣ ╎ ⌣ (MAR., *Mast.*, D. 39 : *Ti*, pl. LXXVII, etc.) une forme abrégé de cette même légende, ayant le sens de «l'avant vers l'Ouest!» En réalité, le terme servant à désigner habituellement la proue d'un bateau n'est pas ♦, mais ⌣ ; et, par ailleurs, l'⌣ qui suit ♦ dans ces différents exemples peut tout aussi bien jouer le rôle d'un complément phonétique.

connaître ou deviner, par ailleurs, des procédés du barrage égyptien?

Les Égyptiens, on le sait, dirigeaient leurs barques non pas au moyen d'un gouvernail à proprement parler — c'est-à-dire d'un appareil spécial, composé d'une mèche et d'un safran [1] —, mais à l'aide d'un ou de plusieurs avirons de gouvernail, tout à fait semblables de forme aux avirons de nage, et qui s'en distinguaient seulement par une pale plus large et par un manche plus long. Ce mode de barrage est bien connu, et certains peuples, aujourd'hui encore, gouvernent ainsi leurs embarcations, mais ils font alors passer l'aviron par l'arrière [2], ou s'efforcent, en tout cas, de l'éloigner le moins possible de celui-ci, lorsqu'une circonstance quelconque — en général, le peu de largeur de l'étambot — les oblige à le faire passer de côté [3]. Au contraire, les avirons de barrage employés par les Égyptiens étaient le plus souvent, tout au moins jusqu'à l'époque des XIe-XIIe dynasties, assujettis sur le côté [4], à une distance parfois assez grande de l'extrémité de l'étambot [5]; et sans doute est-ce dans cette particularité qu'il faut chercher l'explication des deux expressions servant à désigner respectivement le barrage à droite et le barrage à gauche.

Supposons en effet un aviron de gouvernail ainsi disposé sur le côté droit d'une barque tournée dans la direction du Sud. Tant que cette barque était au repos, ou qu'il n'y avait pas lieu de changer le sens de sa marche,

---

[1] Sur ces deux éléments essentiels du gouvernail moderne, cf. JAL, *Glossaire nautique*, p. 796.

[2] Cf. PÂRIS, *Essai sur la construction navale des peuples extra-européens*, pl. XXXI, 3 (Bateau indien des bouches du Gange); XXXII, 1 (Bauléa du Bengale); XXXII, 3 (Dinghi de Calcutta), etc.

[3] *Id.*, pl. XXXIX (Pirogue Doonga des bouches du Gange).

[4] Le fait tient peut-être à ce que les plus anciennes embarcations égyptiennes — lesquelles ont plus ou moins servi, par la suite, de modèles à toutes les autres — étaient des embarcations de papyrus, aux deux extrémités relevées, dont l'arrière ne présentait pas une largeur suffisante pour qu'on pût y adapter un gouvernail axial.

[5] *L. D.*, II, 64bis *a*, 96 (2e barque); STEINDORFF, *Ti*, pl. LXXIV-LXXXI, etc.

la pale de l'aviron était maintenue parallèle à la muraille; aussitôt qu'il s'agissait, au contraire, de faire exécuter à l'embarcation une conversion dans un sens ou dans l'autre, on tournait cette même pale autour de l'axe de l'aviron, de façon à la présenter transversalement, c'est-à-dire dans un plan plus ou moins franchement perpendiculaire à celui de la muraille : et c'est cette opposition de la pale qui produisait les mouvements cherchés. Ceux-ci étaient donc assez analogues à ceux qui, dans le cas d'un gouvernail axial — c'est-à-dire fixé dans le prolongement de l'axe longitudinal de la barque — sont effectués par le safran; mais, tandis que ce dernier se déplace toujours extérieurement à l'embarcation, des avirons de barrage latéraux manœuvrés à tribord ne pouvaient produire, par opposition de la pale, un mouvement de conversion à droite qu'à la condition d'exécuter un déplacement d'avant en arrière tendant à les rapprocher le plus possible de la muraille, en d'autres termes, de l'intérieur () de l'embarcation. C'est seulement lorsqu'ils avaient à produire un mouvement de conversion à gauche qu'ils exécutaient leur déplacement, d'arrière en avant, extérieurement à cette même muraille : ils devaient alors être écartés de celle-ci, et tournés au dehors, en direction, par conséquent, de la rive du fleuve ou du marais sur lesquels naviguait la barque : l'expression *  correspondrait très précisément à cette dernière manœuvre.

Une semblable explication ne saurait évidemment être considérée que comme hypothétique; mais l'hypothèse s'accorde de façon au moins curieuse avec la technique du barrage égyptien, telle qu'on peut essayer de la reconstituer d'après les monuments figurés; et, pour ce qui est des deux conditions qu'elle implique nécessairement — orientation de la barque vers le Sud, et disposition des avirons de gouvernail, à l'origine, sur le côté droit de la coque [1] — la première répond, nous l'avons vu, à une très

[1] Les représentations figurées ne fournissent malheureusement aucune indication à cet égard : les avirons de gouvernail y sont invariablement placés sur le côté du bateau qui est visible pour le spectateur.

ancienne coutume des habitants de la vallée du Nil, et la
seconde est parfaitement plausible. Il faut reconnaître,
néanmoins, que la traduction ici proposée des termes
⟺ † et ⸭ ⟺ soulève un assez grand nombre d'objections.

On peut laisser de côté celle qui consisterait à vouloir
chercher, pour le premier de ces termes, une signification en rapport avec le signe † lui-même. Bien qu'il n'ait
jamais été identifié avec une entière précision, l'objet
dont ce signe est l'image figure sûrement, en effet, une
pièce de charpente ou de menuiserie [1]; et l'on pourrait
être tenté, dès lors, de le rapprocher du mâtereau vertical auquel sont attachés, dans de très nombreuses
représentations, les avirons de gouvernail. En réalité,
outre qu'il n'est pas prouvé qu'il y eût rien à tirer de ce
rapprochement, celui-ci serait tout à fait arbitraire, car
le mâtereau de gouvernail n'apparaît pas avant la V° dynastie, tandis que le signe † se rencontre déjà dans les
inscriptions du tombeau de]⟺ [2]. Certaines objections
d'ordre grammatical paraissent au contraire assez sérieuses.
Elles ont trait principalement au sens qu'il convient de
donner, dans les locutions composées avec les termes ⟺ †
et ⸭ ⟺ — ceux-ci étant supposés, encore une fois,
signifier respectivement «vers l'intérieur», c'est-à-dire
dans la direction de la coque de la barque, et «vers la
terre», c'est-à-dire dans la direction de la rive du fleuve
— aux deux mots ⬳ et [⟺]. Le premier ne peut être que
l'impératif du verbe ⬳ «faire, agir», ici, par conséquent,
«manœuvrer, diriger»; mais quelle valeur faut-il attribuer au second? L'on s'attendrait qu'il servît à désigner
l'objet au moyen duquel s'exécutait l'action exprimée par
le verbe ⬳; nous aurions alors affaire à un mot d'origine
sans doute fort ancienne, mais tombé de bonne heure
en désuétude, signifiant la «rame de gouvernail» —;
rame à laquelle les premiers navigateurs égyptiens

---

[1] Griffith, *Hieroglyphs*, fig. 78 et 169, et p. 37.
[2] *Id.*, p. 37.

auraient appliqué le terme expressif de «la grande»,
à cause des dimensions considérables qu'elle présentait
en effet par rapport aux rames ordinaires. Il est vrai que
cette signification n'est prouvée jusqu'ici par aucun texte,
mais le vocabulaire nautique égyptien nous fournit par
ailleurs, à ce qu'il semble, l'exemple d'un mot formé
d'une façon assez analogue; déterminé par la représentation d'un flotteur, ce même mot ⩠ s'applique en effet,
sous l'Ancien Empire et jusqu'à l'époque de la XII° dynastie, à des embarcations qui paraissent avoir été, suivant les cas, des radeaux de papyrus [1] ou des barques en
bois [2], c'est-à-dire dont la seule grandeur constituait le
trait caractéristique, et justifiait l'appellation qui leur était
donnée. D'autre part, si le mot *wrt*, dans les légendes
irj ḥr imj-wrt et **irj ḥr tз-wrt*, est bien véritablement un
adjectif à valeur de substantif, jouant le rôle d'un complément direct du verbe *irj* (*pp^i* : «dirige vers l'intérieur
la grande rame, dirige vers la terre la grande rame»),
le rejet de ce complément direct à la suite des compléments circonstanciels *ḥr imj* et **ḥr tз* de ce même verbe,
pour irrégulier qu'il apparaisse à première vue, s'explique
au contraire assez aisément. Comme les indications de
direction *ḥr imj* et **ḥr tз* des commandements *irj ḥr imj*
wrt et **irj ḥr tз wrt* résumaient l'essentiel de ceux-ci,
il est naturel que ce soient celles qu'on ait pris très vite
l'habitude de donner les premières au barreur. En outre,
très vite aussi, les expressions *ḥr imj* et **ḥr tз* ont dû se
fondre avec le verbe *irj* en une sorte de locution toute
faite, dans laquelle la valeur propre de ce verbe avait
pratiquement disparu, et qui ne signifiait rien de plus,
dès lors, que ce que signifiaient ces expressions elles-
mêmes, lorsqu'on les employait toutes seules. Le rapport
de dépendance de l'ancien complément direct *wrt* à l'égard
de cette locution devait s'en trouver singulièrement amoin-
dri, comme aussi, du même coup, l'importance de la

____

[1] Cf. Mar., *Mast.*, pp. 195 et 210.
[2] Cf. la l. 22 de la stèle de *I-cher-nofret* du musée de Berlin (*L. D.*,
II, 135 *h* = Schäfer, *Untersuch.*, IV, 2, p. 31).

place occupée, dans l'ensemble de la phrase, par un mot
si évidemment sous-entendu, d'ailleurs, qu'on aurait
même presque pu le supprimer : et les commandants de
barque égyptiens en étaient sans doute venus à dire «vers
l'intérieur, la rame de gouvernail!», tout à fait de la
même façon que des commandants modernes peuvent
dire «à tribord, la barre!» aussi bien que «la barre à
tribord!»

Une autre interprétation du mot ≟ serait également
possible. Les avirons de gouvernail égyptiens, du moins
à l'origine, ne comportaient pas de barre de manœuvre
(c'est sous la Ve dynastie, dans les barques de charge du
tombeau de *Ptḥ-ḥtp* [1], qu'on relève pour la première fois
la présence de traverses de bois attachées dans le voisinage de la partie supérieure de l'aviron, perpendiculaire-
ment au manche de celui-ci); ils ne comportaient pas non
plus d'estropes [2], et n'étaient pas assujettis à un mâtereau planté dans le pont [3]. C'est donc par la seule force
de leur poignet que les barreurs devaient les faire tourner
autour de leur axe, et les maintenir, aussi longtemps
qu'il était nécessaire, dans la position voulue. On devine
l'effort qu'exigeait une telle manœuvre, effectuée dans de
pareilles conditions; et il est même à présumer que,
lorsqu'il s'agissait de faire opérer une conversion un peu
prononcée par une barque de dimensions considérables,
l'action de l'homme de barre avait besoin d'être appuyée
par celle d'autres barreurs exécutant, sur le côté opposé
de l'embarcation, des mouvements complémentaires appro-
priés. Ces mouvements secondaires, d'ailleurs, présentaient les mêmes difficultés que ceux du barreur principal,
et pour les mêmes raisons; aussi fallait-il vraisemblablement tenir sans cesse ces différents barreurs en haleine,

---

[1] *L. D.*, II, 101 *b*, 103 *b*, 104 *b*.

[2] Les estropes n'apparaissent pas, à ce qu'il semble, avant la IVe dynastie (cf. *L. D.*, II, 28 = tombe n° 45 de Gîzeh).

[3] Les premiers exemples de mâtereau de gouvernail s'observent au
tombeau de *Ptḥ-ḥtp* (*L. D.*, II, 104 *b*; cf. GRASER, dans *Dümichen-Resultate*,
p. 4).

et les rappeler à l'obligation qui leur incombait d'agir de
toutes leurs forces sur leurs avirons de gouvernail, afin
de maintenir ceux-ci le plus complètement possible tantôt
contre la muraille et tantôt en dehors d'elle. Si cette
hypothèse est fondée, le mot 𓃀 pourrait être considéré
comme un adjectif ayant la valeur, non plus d'un substantif, mais d'un adverbe[1], et signifiant « grandement,
tout à fait »; les commandements 𓂀 et * 𓂀
𓃀 devraient alors se traduire « agis (sc. : avec ta
rame) vers l'intérieur (i. e. : à tribord) complètement »;
« agis (sc. : avec ta rame) vers la terre (i. e. : à bâbord)
complètement », et seraient assez comparables, cette fois,
aux commandements modernes « barre à droite, toute ! »,
« barre à gauche, toute ! »

Des divers problèmes qui se posent à propos de l'interprétation ici suggérée des locutions 𓃀 et * 𓃀,
le plus délicat est assurément celui que soulève l'étude
de deux variantes qu'on rencontre quelquefois pour la
seconde d'entre elles. L'une de ces variantes paraît bien
venir à l'appui de la thèse soutenue plus haut. En effet, si
le mouvement décrit par l'aviron de gouvernail éloignait
celui-ci de la barque lorsqu'il s'agissait de barrer à gauche,
on comprend que le groupe 𓃀 puisse avoir été, dans
certains cas[2], remplacé par 𓃀 : le signe 𓉗 n'est
sans doute qu'un équivalent de 𓉐; et, s'il ne constitue pas
une simple variante graphique de 𓏏, née de la valeur
*ʒ[jʒ] de l'hiéroglyphe 𓉐, il s'explique tout naturellement
par la signification « partie extérieure, dehors d'un édifice » de celui-ci[3]. Au contraire, la présence d'un signe
𓂝 dans quelques-unes de ces légendes de barrage est
beaucoup plus malaisée à comprendre. Ce signe, à ce
qu'il semble, n'est en rapport, lui aussi, qu'avec la locution 𓃀. Un texte du tombeau de 𓃀 à Sakkarah[4]
donne en effet 𓃀 « dirige à bâ-

<hr>

[1] Erman, *Aegypt. Grammatik*[3], § 438 c.
[2] *Deir el Gebrawi*, II, pl. VII.
[3] Cf. aussi le sens « dehors, en dehors » du signe 𓉐 = rwt.
[4] *L. D.*, II, 96.

bord (*pp⸍* : fais bâbord) pour (?) descendre le courant
— Fais ce qu'on te dit (*pp⸍* : ce qui t'est enseigné)*n*; et,
d'autre part, la légende, trois fois répétée, du tombeau
de *Ti* : [⸻] [1], ne peut guère se traduire autrement que « dirige à bâbord » : le signe ⸺, dans le premier cas, sert de déterminatif à la locution ⸺, et
remplace, dans le second, l'élément essentiel de celle-ci.
On ne saurait le considérer, cependant, comme une
variante d'écriture du signe ⸳⸳, car la valeur phonétique
en est très différente; nous avons certainement affaire ici
à une forme archaïque, mais très aisément reconnaissable
néanmoins, du signe ⸺ = *sṯ*. Il est assez difficile d'identifier exactement l'objet représenté par ce signe : on peut
le rapprocher toutefois de l'espèce de boucle, ou, plus
vraisemblablement, de fermoir qu'on voit encore, à
l'époque de la IVᵉ dynastie, retenir, sur la poitrine ou au-
dessus de l'épaule, les manteaux de [⸻] et de
[⸻] des bas-reliefs B 1 [2] et B 51 du Louvre, ou ceux de
[⸻] et de [⸻] des musées de Leide et de Berlin [3].
Ce fermoir paraît être constitué par un coulant de forme
oblongue, à l'intérieur duquel passent deux cordons
d'attache (?) dont les extrémités retombent symétriquement à droite et à gauche : s'il figure bien réellement
le même objet que celui dont le mot ⸺ de la locution
[⸻] reproduit l'image [4], il faudrait alors supposer que

---

[1] Steindorff, *Ti*, pl. LXXVIII et LXXIX. Dans les deux exemples de la
pl. LXXVIII, la légende est complétée par les mots [⸻] « voici le
bon chenal (*pp⸍* : la vraie eau)*n*; cf. Erman, *Reden, Rufe und Lieder*, p. 55.

[2] E. de Rougé, *Notice*, p. 54.

[3] Stèle V, 121 du musée de Leide (= Capart, *Recueil de mon. égypt.*,
pl. I = Holwerda Boeser, pl. XXIII); bas-relief n° 8800 du musée de Berlin (= *Aegypt. u. vorderasiat. Alterthümer aus den Kgl. Museen zu Berlin*,
pl. LXXXIX) — cf. Capart, *op. cit.*, texte de la pl. I.

[4] Capart (*l. l.*, note 2) compare ce fermoir supposé — dans lequel
il voit une boucle — non pas avec le signe ⸺, mais avec le signe [⸻] =
kȝp. Du point de vue qui nous occupe ici, la distinction n'a qu'une importance relative, l'un et l'autre signe reproduisant, en tout cas, un détail de
costume, et le second différant seulement du premier en ce qu'il ne comporte, à ce qu'il semble, qu'un cordon — au lieu de deux — retombant de
chaque côté.

c'était un fermoir mobile, indépendant du manteau lui-même, et dont le possesseur pouvait, lorsqu'il se trouvait à bord d'un bateau, se servir occasionnellement, comme d'un instrument de signalisation, pour commander un mouvement à gauche. Il est vrai qu'on ne relève aucune signalisation de cette nature dans les barques des tombeaux de  et de 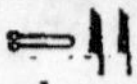; en relèverait-on, d'ailleurs, qu'il resterait toujours à expliquer pourquoi ces signalisations n'intéressaient que les manœuvres de conversion à bâbord, à l'exclusion des autres. Mais enfin l'hypothèse, en soi, est suffisamment plausible, étant donné que très souvent, en Égypte, les chefs chargés de commander ou de rythmer un mouvement quelconque employaient, à cet effet, non seulement la parole, mais les gestes, et qu'ils exécutaient ceux-ci à l'aide des objets les plus variés, et parfois les plus inattendus [1]. C'est ainsi que, dans les scènes de tenderie [2], le personnage auquel incombe la responsabilité de saisir l'instant précis où il convient de refermer le filet donne régulièrement le signal de l'opération en élevant à deux bras au-dessus de sa tête une longue bande d'étoffe qui pourrait fort bien, dans la circonstance, n'être autre chose que sa ceinture. Dans une scène de navigation, empruntée précisément au tombeau de *Ti* [3], on retrouve de même une écharpe assez analogue entre les mains d'un homme debout à l'avant du bateau, et qui s'apprête sans doute à la déployer, le moment venu, pour transmettre ses indications aux barreurs, placés très loin derrière lui, à l'autre extrémité de l'embarcation. Ce ne sont d'ailleurs pas seulement les étoffes, mais aussi les cordes qui devaient jouer un rôle dans ces signalisations nautiques. Le prorète, et surtout le quartier-maître chargé de répéter les ordres de celui-ci manient

(1) Au tombeau de *Ti*, par exemple, un moissonneur dirige, à ce qu'il semble, le travail de ses compagnons en battant véritablement la mesure au moyen d'une gerbe qu'il brandit à bout de bras (Steindorff, *Ti*, pl. CXXIII).

(2) Sur ces scènes, cf. G. Bénédite, *Ä. Z.*, XLVIII, pp. 1 et suiv., et Montet, *B. I. F. A. O.*, XI, pp. 145 et suiv. Pour les références, cf. L. Klebs, *Die Reliefs des alten Reiches*, pp. 70-71.

(3) Steindorff, *Ti*, pl. LXXVI.

très souvent une sorte d'élingue, dont ils tiennent les
deux bouts réunis et serrés entre leurs doigts, tandis que
la partie principale, formant boucle, pend verticalement,
en arrière ou en-dessous de leur main [1]; on le voit, rien
ne s'oppose *a priori* à ce que l'objet ⤚ ait pu être, dans
certains cas, l'instrument d'une signalisation du même
genre [2].

En résumé, les expressions † [⸗] et ⁓ [⸗] paraissent
être des expressions empruntées au plus ancien vocabulaire nautique des Égyptiens, et s'être appliquées exclusivement, à l'origine, aux mouvements que l'homme de
barre exécutait avec un aviron de gouvernail disposé sur
le côté droit de l'embarcation. Quand cet aviron était
manœuvré dans la direction de l'intérieur (⸗ †) de la
barque, celle-ci effectuait une conversion à tribord; elle
effectuait, au contraire, une conversion à bâbord quand
l'aviron était manœuvré dans la direction de la rive la
plus rapprochée du barreur (* ⸗ ⁓), et, peut-être aussi,
quand il était mis en action à un signal déterminé, signal
que le quartier-maître ou le prorète donnaient alors en élevant en l'air un objet convenu, une écharpe par exemple,
ou bien encore leur ceinture, ou tel autre accessoire
de leur vêtement (⤚). Par la suite, l'acception de ces
termes † [⸗] et ⁓ [⸗] s'est singulièrement généralisée.
Comme la valeur propre des différents éléments qui constituaient, au début, les commandements ⤚ ⸗ † ⸗ et
* ⤚ ⸗ ⸗ s'était sans doute perdue assez rapidement,
et que les expressions † ⸗ et ⁓ ⸗, dans lesquelles un
certain nombre de ces éléments avaient disparu, étaient
devenues des locutions toutes faites, présentant la même
signification que les locutions plus complètes qui leur
avaient donné naissance, les Égyptiens ne se sont
pas contentés d'appliquer ces expressions aux côtés tri-

----

[1] *L.D.*, II, 64ᵇⁱˢ *a*; Steindorff, *Ti*, pl. LXXIV-LXXV et LXXVIII-LXXXI;
Capart, *Une Rue de Tombeaux*, pl. CVI, etc.

[2] Son nom s'explique peut-être par la rapidité avec laquelle il devait
être brusquement projeté en l'air; cf. le sens originel «jeter, lancer» du
mot ⤚ = ⚶ (Brugsch, *W. B.*, p. 1335).

bord et bâbord d'une embarcation, ils les ont encore
étendues aux côtés droit et gauche d'un édifice, par
exemple, c'est-à-dire — puisque nous avons vu qu'ils
s'orientaient en se tournant vers le Sud — aux côtés
Ouest et Est de cet édifice. Par ailleurs, le déterminatif
⌐, qui caractérise souvent les mots ⌐⌐⌐ et ⌐⌐⌐,
lorsqu'ils sont employés dans ce sens, montre que ceux-ci
pouvaient avoir aussi une valeur purement géographique,
et s'appliquer à des régions ou à des localités situées à
droite ou à gauche, c'est-à-dire, ici encore, à l'Ouest ou
à l'Est. Il est probable, enfin, qu'on ne doit pas chercher
ailleurs, au moins primitivement, les raisons de la signification *nécropole* du mot ⌐⌐⌐ [1], et que cette signification découle uniquement du fait que les nécropoles
égyptiennes, le plus souvent, étaient aménagées en effet
à l'ouest des villes dont elles dépendaient. Ainsi les
diverses acceptions des mots ⌐⌐⌐ et ⌐⌐⌐ paraissent
bien dériver toutes des acceptions « *tribord* » et « *bâbord* »
de ces deux mots, c'est-à-dire que celles-ci, très vraisemblablement, représentent l'acception originelle de l'un
et de l'autre; il y aurait donc là, en dernière analyse,
un exemple caractéristique de l'influence exercée en
Égypte, sur le langage courant, par le vocabulaire maritime, influence toute naturelle, au surplus, si l'on songe
au rôle prépondérant que la navigation a dû forcément
jouer dans ce pays dès les plus anciennes époques.

[1] Sur cette signification, cf. Brugsch, *W. B.*, p. 1522, et Dümichen,
Resultate, p. 1.

CHAMPOLLION ET L'ART ÉGYPTIEN,

PAR

M. JEAN CAPART.

Tous ceux qui ont lu la biographie de Jean-François Champollion, écrite d'une manière si consciencieuse par Mlle Hartleben[1] ont pu se rendre compte clairement de ce fait que la mort est venue frapper brutalement le génial traducteur des hiéroglyphes, au moment précis où, en possession des éléments recueillis au cours de sa mission d'Égypte, il allait pouvoir enfin donner toute la mesure de son talent et imposer au monde entier l'importance de ses résultats. Quelques-uns avaient pu l'entrevoir : l'archéologue Panofka écrivait que c'était un second Christophe Colomb et qu'à côté de ses découvertes les recherches de bien des savants étaient absolument insignifiantes[2]; le grand astronome Biot qui étudiait avec Champollion les documents astronomiques des tombeaux royaux de Thèbes, au moment où l'apoplexie le terrassa, n'hésitait pas à écrire : «En m'initiant aux secrets du monde antique [il] m'a certainement offert un des objets de réflexion et d'étude qui m'ont le plus intéressé en ma vie[3]. »

Parmi les sujets qui se présentaient en foule à l'esprit de Champollion, il y en avait un, l'Art, sur lequel il revenait constamment, à tel point que Mlle Hartleben a pu l'appeler son thème favori[4]. Malheureusement si l'on veut savoir ce que Champollion pensait de l'art de l'au-

[1] CHAMPOLLION, *Sein Leben und sein Werk*, Berlin, 1906.
[2] HARTLEBEN, t. II, p. 430.
[3] *Ibid.*, t. II, p. 463 (note 1).
[4] *Ibid.*, t. II, p. 263.

cienne Égypte, il faut aller chercher l'expression de ses idées à travers toute son œuvre qui fut, avant tout, consacrée au déchiffrement des hiéroglyphes. Il y aurait certainement un travail intéressant à faire soigneusement le relevé de toutes ses phrases qui touchent au problème de l'art pharaonique et de présenter d'une manière systématique ce qu'on pourrait considérer comme le schéma de l'ouvrage que Champollion n'aurait pas manqué d'écrire si la mort n'avait brisé prématurément dans sa main la plume qui allait révéler des mystères. Je regrette bien vivement de n'avoir pas trouvé moi-même le temps de faire toutes les recherches nécessaires dans ce but et de devoir me borner à des remarques générales et à quelques citations rapides.

Le premier point sur lequel Champollion aimait à insister, c'était l'insuffisance des documents qui avaient été jusqu'alors livrés à l'étude. Dans une lettre du 10 février 1829, il charge son frère de dire à leur ami Dubois « que nos Égyptiens feront à l'avenir, dans l'histoire de l'art, une plus belle figure que par le passé ; je rapporte, ajoute-t-il, une série de dessins de grandes choses, capables de convertir tous les obstinés ». On est littéralement stupéfait lorsqu'on examine les reproductions des monuments de l'art égyptien publiés jusqu'à l'époque du voyage en Égypte de Champollion et l'on comprend son indignation, lorsqu'il écrivait au même Dubois : « Je vous dirai cependant d'avance que toutes nos idées sur *l'art égyptien* (n'en déplaise au savant Rochette et au grand Quatremère) sont désormais pour moi qui ai vu — *ce qu'on appelle vu* — des vérités démontrées. Et vous trouverez dans mes portefeuilles, qui ne renferment pas moins de quinze cents dessins dont une grande partie est *coloriée* sur place, de quoi vous convaincre vous-même. Mes jeunes peintres ont travaillé en conscience, et j'ose affirmer qu'ils ont rendu avec une scrupuleuse fidélité le style vrai et *si varié* que présentent les monuments égyptiens des différentes époques. J'ai été obligé de faire *redessiner* à peu près tout ce que la

Commission avait publié de capital, surtout les *bas-reliefs historiques*, dont j'ai la collection complète, et que vous ne verrez point sans surprise, parceque rien jusques à présent n'a pu vous en donner idée, même approximative.....
Il faudrait fouetter sur place publique la *Commission d'Égypte*, Gau et les Anglais qui ont osé publier des croquis si informes de ces grandes et belles compositions[1]. »

Ce qui excitait l'indignation de Champollion, c'est qu'il avait reconnu depuis longtemps déjà la perfection classique de l'art égyptien pharaonique. Dans ses lettres au duc de Blacas sur le musée de Turin, il manifeste une admiration qui, certes, devait paraître à ses contemporains le résultat d'une exaltation désordonnée, tandis que nous avons le devoir d'y reconnaître une intuition vraiment surprenante. « L'étude assidue des monuments que renferment les collections publiques ou particulières de Paris, écrivait-il [2], et l'examen de ceux de tous genres qu'on y transporte journellement et en si grand nombre, avait pu suffire pour me donner une connaissance générale de l'art égyptien; je croyais même avoir acquis déjà la conviction que certaines opinions relatives à cet art si antique, et qui, parmi les savants et les artistes, passent aujourd'hui pour des vérités démontrées, devaient être discutées de nouveau, et modifiées au moins d'une manière notable. Mais c'est seulement dans le Musée Royal de Turin, au milieu de cette masse de débris si variés d'une vieille civilisation, que l'histoire de *l'art égyptien* m'a semblé rester encore entièrement à faire. Ici tout montre que l'on s'est trop hâté d'en juger les procédés, d'en déterminer les moyens, et surtout d'en assigner les limites.

« La théorie créée par Winckelmann et professée de nos jours d'après l'unique autorité du maître, n'a été fondée que sur la vue d'une très petite série de monuments réunis par le hasard, sans choix comme sans dis-

---

[1] *Lettres et journaux de Champollion*, recueillis et annotés par H. HARTLEBEN, Paris, 1909, t. II, pp. 217 et 455.
[2] *Première lettre*, Paris, 1824, p. 4 et suiv.

tinction, dans les musées de l'Italie, monuments dont on s'est empressé de peser le mérite avant d'en connaître ni le sujet, ni l'époque, ni la destination primitive. Quelle idée juste pouvait-on en effet acquérir de la sculpture égyptienne, lorsque les seuls produits qu'on en possédait alors en Europe sortaient, pour la plupart, des catacombes les plus vulgaires, n'étaient, plus souvent encore, que de pures décorations architecturales, ou même n'appartenaient véritablement à l'Égypte que par la matière seule dont ils étaient formés ?

« L'ensemble des statues égyptiennes provenant de la collection Drovetti, prouve surtout, contre l'opinion générale, que les artistes égyptiens ne furent point tenus d'imiter servilement un petit nombre de types primitifs, en donnant aux personnages qu'ils devaient représenter, soit dieux, soit simples mortels, cette figure de convention et toujours la même, dont il a plu à un examen superficiel de supposer l'existence obligée...

« Mais si, dégagés de toute prévention trop exclusive en faveur de l'art grec, nous mettons à l'épreuve les préceptes de Winckelmann par un examen impartial des têtes de ces mêmes statues si semblables d'ailleurs par leur pose, nous resterons frappés de l'extrême variété des physionomies, et des différences tranchées qu'elles présentent, soit dans la coupe de l'ensemble, soit surtout dans les formes de détail. On chercherait vainement à retrouver parmi elles ce prétendu type obligé, sur lequel les sculpteurs égyptiens devaient, dit-on, et conformément aux lois, modeler tous leurs ouvrages. »

Champollion note *l'air de famille* que présentent généralement les têtes et il l'explique par le fait que « les artistes s'efforçant d'imiter les formes qu'ils avaient perpétuellement sous les yeux, les têtes de leurs statues durent toutes porter les traits caractéristiques de la race égyptienne ». Aussi ne faut-il point juger l'art égyptien et l'art grec suivant le même idéal. Mais « les têtes humaines de la collection Drovetti, sont en général d'une très bonne exécution, et plusieurs d'entre elles d'un style

grandiose, pleines d'expression et de vérité. L'on n'observe
enfin dans aucune ce *visage mal contourné*, cette *face
presque chinoise* que Winckelmann regardait comme le
caractère distinctif des statues véritablement égyptiennes ».
Suivent quelques remarques très justes sur la dispropor-
tion incontestable entre l'exécution des têtes et des corps.
Après avoir ainsi exposé quelques idées générales, Champollion analyse toute une série de sculptures en s'occupant
principalement de dégager les renseignements historiques
que fournissent les inscriptions qu'elles portent. Mais il
ne manque jamais de souligner de quelques traits nets et
précis la beauté artistique de ces statues, dont, après un
siècle, on nous doit encore de bonnes reproductions.
Voici par exemple l'Aménophis I⁰ʳ : « La tête est si bien
traitée et avec tant d'esprit, qu'un pareil morceau suffi-
rait, à lui seul, pour donner une haute idée de l'art
égyptien : son expression est douce et gracieuse ; les traits
du visage sont rendus avec une vérité naïve, qui est loin
de manquer d'une certaine élégance [1]. » La reine Nefertari
est caractérisée comme suit : « La tête, le torse, les mains
et les pieds de cette petite statue, sont taillés avec une
franchise admirable et d'un travail également bon et soutenu [2]. » « J'ai admiré, dit-il, en parlant de Thoutmès III
la beauté d'exécution de cette tête sur laquelle on né
remarque aucun des grossiers caractères de la race nègre ;
dite aussi éthiopienne, qu'on a cherché à reconnaître
dans tous les ouvrages égyptiens du premier style. L'angle
facial de cette statue est, à très peu de chose près, celui
des belles statues grecques : le nez est long, fin et légèrement arqué ; les narines peu ouvertes, les lèvres un
peu fortes, mais parfaitement découpées. Le menton est
petit et bien arrondi ; les yeux m'ont paru grands, très
ouverts et saillants, les pommettes peu proéminentes, et
les sourcils fortement indiqués ; mais les oreilles, d'une
belle forme, sont, comme dans toutes les têtes de véritable

[1] *Loc. cit.*, p. 21.
[2] *Loc. cit.*, p. 22.

travail égyptien, remóntées au point que la ligne de l'œil passe vers le milieu de leur conque[1]. » Le merveilleux groupe d'Amon et d'Horemheb donne lieu aux notations suivantes : «Le roi des dieux est figuré avec une tête humaine dont les traits, pleins de grandeur, sont exécutés avec une admirable finesse de travail... La figure du roi Horus, taillée dans la même masse que celle du dieu, n'a que quatre pieds de haut ; mais elle est exécutée avec la même recherche, et ses pieds, partie ordinairement si négligée dans les sculptures égyptiennes, sont d'une belle forme et d'une bonne proportion[2]. » Et enfin lorsque Champollion étudie la belle statue de Ramsès II, son enthousiasme déborde. Dans la lettre au duc de Blacas il s'exprime en termes mesurés comme on va le voir, mais à Dubois il écrit : « Quand je considère la beauté et l'admirable perfection de cette figure colossale, je regrette de n'en avoir pas assez dit dans ma *Lettre*, en faveur de l'art Égyptien. Cette statue vous enchanterait, et vous diriez avec moi sans aucun doute :

> Depuis six mois entiers chaque jour je la vois,
> Et crois toujours la voir pour la première fois !

Bref, j'en suis amoureux, et j'arriverai à Paris avec un bon plâtre du buste entier de cette statue. Vous verrez alors si ma passion n'est point légitime. La tête est divine, les pieds et les mains sont admirables, le corps est moëlleux ; je l'appelle l'Apollon du Belvédère Égyptien[3]. » Avec le duc de Blacas le ton est plus calme : «La face de cette statue, travaillée comme toutes les autres parties avec un soin extrême, est d'une perfection que je ne m'attendais point à rencontrer dans un ouvrage égyptien d'aussi ancien style. L'expression en est à la fois douce et fière, et un examen très rapide suffit pour convaincre que c'est là un véritable portrait. » Il décrit les yeux, le nez, la bouche. «Des joues pleines et un menton arrondi

[1] *Loc. cit.*, pp. 28 et 29.
[2] *Loc. cit.*, p. 46 et 47.
[3] HARTLEBEN, *Lettres de Champollion le Jeune*, t. 1, Paris, 1909, p. 104.

donnent à l'ovale de la face une élégance et une grâce dignes de remarque. Les oreilles d'une excellente forme[1]. » Dans la seconde lettre publiée en 1826, il revient sur le sujet : « On peut juger aujourd'hui si ce que j'ai avancé sur la beauté du travail et sur la pureté des formes de ce colosse, est fondé sur la réalité, ou n'est de ma part que le fruit d'une sorte de préoccupation en faveur de ce qui appartient à l'Égypte. Je ne crains point de répéter qu'à la vue seule de cette image de *Ramses*, tout homme de goût et sans préjugés systématiques abjurera bien vite la doctrine courante, qui a résolu de ne point accorder la connaissance de l'art, proprement dit, à la vieille Égypte, et qui s'obstine à ranger toutes les créations de la sculpture égyptienne parmi les produits informes de ce qu'on a voulu appeler *l'art sans imitation*. J'admire les chefs-d'œuvre de la sculpture grecque ; je suis entraîné par le charme de leurs inimitables perfections, sans être Phil-hellène au point de croire que la Grèce seule fut, exclusivement à toute autre contrée, le berceau et la patrie des beaux-arts. Je crois aussi, avec les anciens Grecs eux-mêmes, et contradictoirement à l'opinion qu'on tente d'établir de nos jours, que les plus anciens artistes de la Grèce, architectes, xyloglyphes, toreuticiens, statuaires et sculpteurs, reçurent les premières leçons des Égyptiens[2]. »

Ces idées de Champollion sur la perfection de l'art égyptien se renforcent encore au cours de son voyage en Égypte, et la vue des temples des grandes époques fait monter son enthousiasme jusqu'à un lyrisme que comprendront tous ceux qui connaissent les originaux. Il est impossible de ne pas reproduire la page consacrée à la salle hypostyle de Karnak :

J'allai enfin au palais ou plutôt à la ville de monuments, à Karnac. Là m'apparut toute la magnificence pharaonique, tout ce que les hommes ont imaginé et exécuté de plus grand. Tout ce

[1] *Première lettre*, Paris, 1824, p. 70.
[2] *Ibid.*, p. 66 et suiv.

que j'avais vu à Thèbes, tout ce que j'avais admiré avec enthousiasme sur la rive gauche, me parut misérable en comparaison des conceptions gigantesques dont j'étais entouré. Je me garderai bien de vouloir rien décrire; car de deux choses l'une, ou mes expressions ne rendraient que la millième partie de ce qu'on doit dire en parlant de tels objets, ou bien si j'en traçais une faible esquisse, même fort décolorée, on me prendrait pour un enthousiaste, tranchons le mot, — pour un fou. Il suffira d'ajouter, pour en finir, que nous ne sommes en Europe que des Lilliputiens et qu'aucun peuple ancien ni moderne n'a conçu l'art de l'architecture sur une échelle aussi sublime, aussi large, aussi grandiose, que le firent les vieux Égyptiens; ils concevaient en hommes de cent pieds de haut, et nous en avons tout au plus cinq pieds huit pouces. L'imagination qui, en Europe, s'élance bien au-dessus de nos portiques, s'arrête et tombe impuissante au pied des cent quarante colonnes de la salle hypostyle de Karnac[1].

A Ibsamboul, il regrette «de n'être point muni de quelque lampe merveilleuse» pour transporter à Paris les colosses de Ramsès II «afin d'écraser ainsi d'un seul coup tous les détracteurs de l'art égyptien[2]». C'est dans cet état d'esprit qu'il suggère de rapporter en France les obélisques de Louksor «il ne serait pas mal, dit-il, de mettre sous les yeux de notre nation un monument de cet ordre, pour la dégoûter des colifichets et des fanfreluches auxquels nous donnons le nom fastueux de monuments publics, véritables *décorations de boudoirs*, allant tout à fait à la taille de nos grands hommes, dignes conceptions de nos architectes, méticuleux imitateurs de toutes les pauvretés du Bas-Empire. On a beau dire, *le grand* sera toujours dans *le grand*, et pas ailleurs. Les masses seules en imposent et frappent fort sur l'esprit et les yeux. Une seule colonne de Karnac est plus *monument* à elle seule que les quatre façades de la Cour du Louvre, et un colosse comme celui du Rhamesséion placé sur le terre-plein du Pont-Neuf en dirait plus que trois régiments de statues équestres de la taille de celle de Lemot[3]».

Champollion avait très bien vu les rapports étroits

---

[1] Hartleben, *Lettres et journaux de Champollion*, t. II, p. 160.
[2] *Ibid.*, p. 209.
[3] *Ibid.*, p. 387.

qui unissaient en Égypte l'art et l'écriture. Dans la première édition de son *Précis du système hiéroglyphique* il revient à deux reprises sur cette question : «L'éclat des couleurs variées ajouté aux signes hiéroglyphiques, et la nature matérielle de ces signes, prouvent que l'art de l'écriture fut, en Égypte, essentiellement lié à l'art de peindre; ou plutôt ce n'était qu'un seul et même art, arrivant au même but par les mêmes moyens, l'imitation des objets[1]. » Après avoir résumé «les rapports théoriques et matériels qui liaient les diverses parties du système graphique des anciens Égyptiens», il continue : « Ce système si étendu, figuratif, symbolique et phonétique à la fois, embrassait, soit directement, soit indirectement, tous les arts d'imitation. Leur principe ne fut point en Égypte celui qui, en Grèce, présida à leur extrême développement : ces arts n'avaient point pour but spécial la représentation des belles formes de la nature; ils ne tendaient qu'à l'expression seule d'un certain ordre d'idées, et devaient seulement perpétuer, non le souvenir des formes, mais celui même des personnes et des choses. L'énorme colosse, comme la plus petite amulette, étaient des signes fixes d'une idée; quelque finie ou quelque grossière que fût leur exécution, le but était atteint, la perfection des formes dans le signe n'étant absolument que très secondaire. Mais en Grèce la forme fut tout; on cultivait l'art pour l'art lui-même. En Égypte, il ne fut qu'un moyen puissant de peindre la pensée; le plus petit ornement de l'architecture égyptienne a son expression propre, et se rapporte directement à l'idée qui motiva la construction de l'édifice entier, tandis que les décorations des temples grecs et romains ne parlent trop souvent qu'à l'œil, et sont muettes pour l'esprit. Le génie de ces peuples se montre ainsi essentiellement différent. L'écriture et les arts d'imitation se séparèrent de bonne heure et pour toujours chez les Grecs; mais en Égypte, l'écriture, le dessin, la peinture et la sculpture marchèrent constamment de front vers

[1] Paris, 1824, p. 262.

un même but; et si nous considérons l'état particulier de
chacun de ces arts, et surtout la destination de leurs produits, il est vrai de dire qu'ils venaient se confondre dans
un seul art, dans l'art par excellence, celui de l'*écriture*.
Les temples, comme leur nom égyptien l'indique, n'étaient,
si l'on peut s'exprimer ainsi, que de grands et magnifiques
caractères représentatifs des demeures célestes : les statues,
les images des rois et des simples particuliers, les bas-
reliefs et les peintures qui retraçaient au propre des
scènes de la vie publique et privée, rentraient, pour
ainsi dire, dans la classe des caractères *figuratifs*; et les
images des dieux, les emblèmes des idées abstraites, les
ornements et les peintures allégoriques, enfin la nombreuse série des anaglyphes, se rattachaient d'une manière
directe au principe *symbolique* de l'écriture proprement
dite. Cette union intime des beaux-arts avec le système
graphique égyptien nous explique sans effort les causes
de l'état de simplicité naïve dans lequel la peinture et la
sculpture persistèrent toujours en Égypte. L'imitation des
objets physiques, poussée à un certain point seulement,
était suffisante pour le but proposé; une plus grande recherche dans l'exécution n'eût rien ajouté à la clarté ni
à l'expression voulues de l'image peinte ou sculptée, véritable signe d'écriture, presque toujours lié à une vaste
composition dont il n'était lui-même qu'un simple élément [1]. »

C'est de cette manière que Champollion justifiait avec
une étonnante pénétration ce qu'on appelle volontiers les
défauts du dessin égyptien. Dans son journal de voyage,
resté inédit, j'ai relevé le passage suivant : «Parmi les
tombeaux que nous avons visités dans la plaine, il s'en
trouve dont la conservation est parfaite et le travail sur-
prenant de délicatesse. C'est principalement dans le dessin des animaux que les artistes égyptiens excellaient; il
est impossible de rendre avec plus de finesse et de précision le caractère propre à chaque espèce; nous avons sur-

[1] *Ibid.*, p. 364-366. Voir également *Première lettre à M. le duc de Blacas*, p. 9-10.

tout admiré le sentiment de la nature avec lequel ils peignaient les bœufs, les gazelles, les oiseaux; mais il faut dire aussi qu'ils ne les représentaient pas autrement que de profil et cela s'explique par le but qu'ils se proposaient : l'art du dessin n'était généralement employé que comme moyen d'écrire; il s'était agi en principe de consacrer les formes, et le mode de représentation des objets sous l'aspect le plus propre à en faire saisir les contours est la silhouette remplissant ces conditions; aussi les Égyptiens ont-ils toujours évité le raccourci et nous devons dire évité plutôt qu'ignoré; car il y a autre chose, ce semble, que de la naïveté, à représenter un homme avec ses membres et la tête de profil, les épaules et la partie haute du corps étant vus de face et ils n'ont jamais fait autrement [1]. »

On chercherait en vain dans tous les ouvrages publiés depuis cent ans sur l'art égyptien une appréciation plus juste et plus précise de la limitation de l'art du dessin en Égypte, par les principes mêmes qui se trouvaient à la base de son invention. L'habitude de la perspective est si grande chez nous, que nous avons peine à concevoir la perfection absolue d'un dessin établi sur un autre procédé et il nous sera toujours difficile de ne pas appeler des défauts ce qui, dans l'art égyptien, ne correspond pas exactement à notre conception moderne. Champollion s'y laissait prendre lui-même, comme on peut le voir par l'appréciation qu'il portait sur les bas-reliefs du Rames-seum : « J'ai voulu donner une idée des bas-reliefs histo-riques dont on décorait les grands monuments de l'Égypte, de ces compositions immenses que je me plais à nommer des *tableaux homériques* ou de la sculpture héroïque, parce qu'ils sont pleins de ce feu et de ce désordre sublimes qui nous entraînent à la lecture des batailles de l'Iliade. Chaque groupe considéré à part sera trouvé certainement défectueux dans quelques points relatifs à la perspective ou aux proportions comparativement aux parties voisines,

____

[1] Ms. 20.077, pp. 137-138.

mais ces petits défauts de détails sont rachetés, et au delà,
par l'effet des masses, et j'ose dire ici que *les plus beaux
vases grecs*, représentant des *combats*, pèchent précisément (si péché il y a) sous les mêmes rapports que ces
bas-reliefs égyptiens [1]. »

Champollion, pour qui la perfection de l'art égyptien
était un dogme, qu'il espérait bien faire admettre généralement par l'évidence des faits, reconnaissait cet état
de perfection dans les plus anciens documents que sa découverte ouvrait à l'étude. Dans la préface de la première
édition du *Précis du système hiéroglyphique des anciens
Égyptiens* [2] il écrivait : « L'historien verra dans les plus
anciens temps de l'Égypte, un état de choses que le cours
des générations n'a point perfectionné, parce qu'il ne
pouvait pas l'être : l'Égypte est toujours elle-même à
toutes ses époques; toujours grande et puissante par les
arts et par les lumières. En remontant les siècles, on la
voit toujours briller de la même splendeur, et rien ne
manque pour satisfaire notre curiosité, que la connaissance de l'origine et des progrès de sa civilisation. » C'est
certainement l'écho de l'enseignement du maître que nous
recueillons dans la déclaration que faisait Nestor Lhôte :
« Plus on remonte dans l'antiquité vers les origines de
l'art égyptien, et plus les produits de cet art sont parfaits, comme si le génie de ce peuple, à l'inverse de celui
des autres, se fût formé tout à coup... De l'art égyptien
nous ne connaissons que sa décadence [3]. »

Champollion semblait ressentir comme une injure personnelle l'opinion de ceux qui prétendaient que seule
l'influence grecque avait pu donner à l'art égyptien quelque perfection. Quand il vantait au duc de Blacas la
belle tête de la statue de Thoutmès III de Turin, il saisis-
sait immédiatement l'occasion de remettre les choses au
point [4] : « L'excellent travail de la tête de cette statue eût

[1] Hartleben, *Lettres et journaux de Champollion*, t. II, p. 314.
[2] Paris, 1824, p. x.
[3] Perrot et Chipiez, *Histoire de l'art*, t. I, p. 677.
[4] *Première lettre*, Paris, 1824, p. 29-30.

suffi naguère pour la faire ranger parmi les ouvrages appartenant à ce qu'on nommait le second style égyptien, c'est-à-dire qu'on l'aurait assignée au temps des rois grecs d'Égypte, ou des empereurs romains, sous la domination desquels on croyait que l'art égyptien, sortant de sa vieille enfance, avait fait certains progrès en cherchant à se rapprocher des chefs-d'œuvre de l'école grecque. Mais des faits du premier ordre prouvent invinciblement contre ce système : l'ensemble des temples de *Philæ*, d'*Ombos*, d'*Edfou*, d'*Esné* et de *Dendera*, que les résultats concordants des recherches de M. Letronne et des miennes ont prouvé avoir été construits par les Égyptiens sous les Lagides et les Césars, montre, de l'avis même de deux habiles architectes, MM. Huyot et Gau qui en ont examiné et étudié toutes les parties, que, pendant la durée de ces gouvernements étrangers, l'art égyptien était au contraire considérablement déchu, et que sous le rapport de la pureté des formes et de la beauté d'exécution soit des masses architecturales, soit des sculptures de détail, les édifices précités ne pouvaient soutenir le parallèle avec les palais de *Karnac*, de *Louqsor*, de *Kourna*, les restes du *Memnonium*, *Medinetabou* et les temples d'*Ibsamboul*, monuments des anciens Pharaons, et pour la plupart antérieurs de quinze siècles aux constructions Égyptio-grecques et Égyptio-romaines. »

Lorsqu'il parcourt l'Égypte, il n'a pas assez de dédain pour ce qu'il appelle la *deuxième édition* de l'art égyptien. L'architecture du temple de Dendéra le transporte d'admiration : « Ce qui était magnifique à la clarté de la lune l'était encore plus lorsque les rayons du soleil nous firent distinguer tous les détails. Je vis dès lors que j'avais sous les yeux un *chef-d'œuvre d'architecture*, couvert de sculptures de détail du plus mauvais style. N'en déplaise à la *Commission d'Égypte*, les bas-reliefs de Dendéra sont détestables, et cela ne pouvait être autrement : ils sont d'un temps de décadence. La sculpture s'était déjà corrompue, tandis que l'architecture, moins sujette à varier puisqu'elle est un *art chiffré*, s'était soutenue digne des dieux de l'Égypte et de l'admiration de tous les siècles[1]. » On sera frappé, à lire ses lettres d'Égypte, de son dédain du *moderne*. A Beit el-Oually ses yeux « se sont consolés des sculptures barbares du temple de Kalabschi, qu'on a faites *riches* parce qu'on ne savait plus les faire *belles*[2] ». Du temple d'Edfou, il écrit : « Ce monument imposant par sa masse porte cependant l'empreinte de la décadence de l'art égyptien sous les Ptolemées, aux règnes desquels il appartient tout entier. Ce n'est plus la simplicité antique; on y remarque une recherche et une profusion d'ornements bien souvent maladroites, et qui marque la transition entre la noble gravité des monuments pharaoniques et le papillotage fatigant et de si mauvais goût du temple d'*Esné*, construit du temps des empereurs[3]. » C'est la même décadence qu'il signalait dans les papyrus de période tardive : « A mesure que les corps embaumés appartiennent à une époque plus rapprochée de nous, on observe que les manuscrits funéraires deviennent plus rares, moins étendus et infiniment négligés sous le rapport calligraphique. On reconnaît aisément que cette influence, qui amena la décadence complète de l'art égyptien, agit en même temps et d'une manière tout aussi fâcheuse, et sur l'attachement du peuple aux croyances de ses ancêtres, et sur l'accomplissement des coutumes religieuses qui, pour l'Égypte, étaient l'une des principales conditions de son existence politique et sociale. Cette contrée, soumise à la domination étrangère, vit ses arts se corrompre à mesure qu'on abandonna peu à peu les pratiques en vigueur aux anciennes époques... Cette corruption des arts et des pratiques religieuses de l'Égypte, à l'époque même où le système jadis dominant parmi les archéologues modernes voudrait placer au contraire le perfectionnement de l'art égyptien par l'influence de l'art grec, restera désormais invinciblement prouvée par la découverte faite dans la nécropole

---

[1] HARTLEBEN, *Lettres et journaux de Champollion*, t. II, p. 153.
[2] *Ibid.*, p. 232.
[3] *Ibid.*, p. 256-257.

de Thèbes, d'un hypogée renfermant plusieurs momies d'une famille gréco-égyptienne... [1]. »

A Deir-el-Bahari, Champollion relève quelques bas-reliefs de la XVIIIᵉ dynastie. Il pénètre dans le sanctuaire et constate que cette dernière salle du temple « est couverte de sculptures d'un travail ignoble et grossier; mais la surprise que j'éprouvai à la vue de ces pitoyables bas-reliefs, comparés à la finesse et à l'élégance des tableaux sculptés dans les deux salles précédentes, cessa bientôt à la lecture de grandes inscriptions hiéroglyphiques, constatant que cette *belle* restauration-là avait été faite sous le règne et au nom de Ptolemée Evergète II et de sa première femme Cléopâtre. Voilà une des mille et une preuves démonstratives contre l'opinion de ceux qui s'obstineraient encore à supposer que l'art égyptien gagna quelque perfection par l'établissement des Grecs en Égypte.

« Je le répète encore : *l'art égyptien ne doit qu'à lui-même* tout ce qu'il a produit de grand, de pur et de beau et, n'en déplaise aux savants qui se font une religion de croire fermement à la *génération spontanée* des arts en Grèce, il est évident pour moi, comme pour tous ceux qui ont bien vu l'Égypte, ou qui ont une connaissance réelle des monuments égyptiens existants en Europe, que les arts ont commencé en Grèce par une imitation servile des arts de l'Égypte, *beaucoup plus avancés* qu'on ne le croit vulgairement, à l'époque où les premières colonies égyptiennes furent en contact avec les sauvages habitants de l'Attique et du Péloponèse. La vieille Égypte enseigna les arts à la Grèce, celle-ci leur donna le développement le plus sublime, mais, sans l'Égypte, la Grèce ne serait probablement point devenue la terre classique des beaux-arts. Voilà ma profession de foi tout entière sur cette grande question. Je trace ces lignes presque en face de bas-reliefs que les Égyptiens ont exécutés, avec la plus élé-

____

[1] *Notice sur le papyrus hiératique et les peintures du cercueil de Petame-noph, extrait du voyage à Méroë, par* CAILLIAUD, Paris, 1827, pp. 4-6.

gante finesse de travail, dix-sept cents ans avant l'ère chrétienne. Que faisaient les Grecs alors?... [1]. »

C'est la même conviction qu'il exprime dans sa leçon d'ouverture du cours d'archéologie égyptienne du collège de France. Il affirme de nouveau que « les monuments égyptiens des temps les plus antiques ne montrent aucune trace de l'enfance de l'art; tous le manifestent au contraire à un âge adulte et plein d'expérience... Les premiers essais de sculpture, de peinture et d'architecture [disparurent et furent remplacés] par des produits de ces arts déjà développés, régularisés, et empreints d'un caractère de simplicité grandiose qu'on ne saurait trop admirer... C'est dans cette contrée que nous devons chercher les origines de la civilisation comme des arts de la Grèce, et par suite le point de départ de notre civilisation moderne.

« On reconnaîtra dans les portiques de Beni-Hassan, et dans les galeries de Karnac, exécutés par les Égyptiens bien avant l'époque du siège de Troie, l'origine évidente de l'architecture dorique des Grecs; en examinant sans prévention les bas-reliefs historiques de Nubie et de Thèbes, on se convaincra que l'art des Grecs eut des sculptures égyptiennes pour premiers modèles; que d'abord il les imita servilement, et se pénétra de la sage simplicité de leur style; qu'enrichi de ces moyens, l'art grec, adoptant un principe qui ne fut jamais celui de l'art égyptien, l'imitation et la reproduction obligées des belles formes de la nature, s'éloigne de plus en plus de son caractère primitif et s'élève à cette sublimité où n'atteindront peut-être jamais les efforts des artistes modernes [2]. »

J'ai cherché, par ces quelques citations, à montrer aussi nettement que possible quelles furent les idées fondamentales de Champollion sur l'art de l'ancienne Égypte.

---

[1] *Ibid.*, p. 335-336.

[2] *Grammaire égyptienne*, Paris, 1836, p. xxii. J'ai fait quelques légères corrections d'après le manuscrit autographe déposé à la Bibliothèque Nationale, n° 20.343, pp. 31-32.

On s'étonnera certainement de voir à quel point elles
sont restées, dans l'ensemble, d'accord avec les résultats
des études les plus récentes sur cet art. Je ne voudrais
pas terminer cette simple esquisse sans exprimer le vœu
qu'elle puisse inspirer à quelque travailleur le désir de la
reprendre et de nous donner une image plus complète
des idées du maître sur un sujet aussi passionnant. Je
puis lui assurer qu'à scruter attentivement les œuvres de
Champollion il trouvera, à chaque page, plaisir et profit; s'il a la patience d'explorer la précieuse mine que
constituent les manuscrits autographes de la Bibliothèque
Nationale, il s'assurera la vive reconnaissance de tous les
égyptologues.

LÉGENDES
DE SCÈNES AGRICOLES

AU

TOMBEAU DE PETOSIRIS,

PAR

M. GUSTAVE LEFEBVRE.

Les murs est et ouest de la première chambre du
Tombeau de Petosiris comportaient chacun, outre le sou-
bassement, quatre registres décorés de scènes agricoles;
de ces huit tableaux trois ont disparu. J'ai déjà sommairement décrit les cinq qui nous sont parvenus intacts[1].
Je voudrais faire connaître ici, dans leur détail, les
légendes accompagnant les scènes et les personnages
gravés sur trois de ces registres, deux du mur ouest,
un du mur est.

Si les motifs des sujets représentés sont, comme de
coutume[2], inspirés (mais sans servilisme dans l'exécution) des scènes qui décorent les parois des tombeaux de
l'Ancien et du Moyen Empire, les textes, eux, sont entièrement nouveaux; aucun n'est la copie, même lointaine,
des discours et légendes que nous lisons par exemple —
pour ne pas sortir de la Moyenne Égypte — à Beni-
Hasan, à Meïr, à Gebraoui[3]. C'est dire que, si l'étude

---

[1] *Annales du Service des Antiquités d'Égypte*, XX, 1920, p. 70-78.
[2] Cf. ERMAN, *Aeg. Zeitschrift*, 52 (1914), p. 90.
[3] Outre les éditions et travaux de Champollion, Newberry, Montet
(Beni-Hasan), Blackman (Meïr), N. de G. Davies (Gebraoui), voir
ERMAN, *Reden, Rufe und Lieder auf Gräberbildern des alten Reiches*, Berlin,
1919.

de ces textes est particulièrement intéressante, elle est
aussi pleine de difficultés. Il ne m'en coûte pas d'avouer
qu'il y a des phrases dont le sens m'échappe, d'autres que
je n'interprète qu'en hésitant. Je publie néanmoins mes
traductions, dans l'espoir qu'elles pourront être de quelque utilité à ceux qui reprendront cette étude, et je me
permets de réclamer pour elles l'indulgence qu'on accorde généralement à une *editio princeps*.

I. LES VENDANGES.

Le registre inférieur du mur ouest est consacré aux
vendanges et à la fabrication du vin. Une longue inscription horizontale[1] court à la partie supérieure du registre
[Inscr. 43; sens de la lecture →] :

[inscription hiéroglyphique]

Les jardiniers du clos de vignes (*sc.* les vignerons) disent :
« Viens, notre maître, que tu voies tes vignes et que ton cœur en
soit réjoui ! Les jardiniers sont devant toi en train de les vendanger.
Nombreux est le raisin sur sa tige, et abondant le jus qui est en
lui, plus que l'autre année. Bois, enivre-toi, ne cesse pas de faire
ce que tu aimes, et que (le vin[2]) t'advienne comme tu le souhaites,
ô Grand des Cinq, maître des sièges, Petosiris, *n. im.* Que l'enfant seigneur de Buto[3] te fasse riche (*śwr k*) en vin (*ìrp*), selon
(ton) désir, tandis que tu te donneras du bon temps.

---

[1] En ce qui concerne les inscriptions *horizontales*, j'ai reproduit, dans
la mesure du possible, les signes tels que sur l'original.

[2] Le sujet de *ḫpr sn* paraît être ∿∿∿ « le jus » de la vigne.

[3] Ou « le fils de la déesse de Buto ». Cf. Brugsch, *Dict. géogr.*, p. 1120.

Le mot ⯑, généralement déterminé par ⯑ et ⯑, est le nom de ceux qui prennent soin d'un verger d'arbres fruitiers (Louvre A 93 = *Thesaurus*, p. 1254 : ⯑ ..... ⯑ ... «je fis pour lui un verger (d'arbres fruitiers), et il y avait là des jardiniers (venus des pays étrangers)»; Mar., *Abydos*, II, 37, l. 14, etc.)[1]. Dans ces vergers, comme dans les grands jardins des *ezbehs* modernes, les treilles, les vignes en berceaux tenaient une place considérable : d'où le sens ordinaire de *ḥšp* «vignes, clos de vignes» (ci-dessous ⯑, et inscr. 44 (1), (6) 1, (7) 1), mais le mot s'applique aussi bien à un verger, à un παράδεισος, renfermant d'autres arbres ou arbustes fruitiers[2] que les ceps de vigne; et c'est sans doute pour en préciser le sens qu'on a employé au début de notre texte l'expression ⯑ «le clos de vigne». Le mot ⯑ (pour ⯑ *i[ꜣ]rrt*) paraît avoir dans cette expression sa signification habituelle de «ceps, vignes» (cf. *Ouni*, éd. Tresson, l. 26); partout ailleurs, dans cette inscription, comme dans l'inscription 44 (1), il est synonyme de ⯑ *i[ꜣ]rr* «raisins, grappes de raisins».

L'expression habituelle pour «vendanger» est ⯑ ⯑ (Montet, *Rec. Trav.*, XXXV, p. 118). Le mot *wḥꜣ*, signifiant «cueillir», ou «arracher» (*wḥꜣ mḥ* «arracher le lin», *Admonitions*, 5, 13; *wḥꜣ mnw* «arracher des arbres», *Piankhi*, 132), conviendrait à merveille dans cette inscription, car les vendangeurs sont représentés tenant à pleine main la grappe, et brisant le pédoncule avec leurs doigts,

---

[1] Un synonyme fréquent de ⯑ est ⯑ (ainsi, *Harris*, vii, 10; xxvii, 10), mot dérivé de ⯑ jardin.

[2] Par exemple, dans l'inscription de *Zed-her* le Sauveur (*Annales*, XVIII, p. 145, l. 84), où l'on trouve l'intéressante graphie ⯑, le déterminatif indiquant que, tout comme le ⯑, le mot *ḥšp* désigne un «clos». — Comparer d'ailleurs cette phrase de notre inscription 81, l. 86 (*Annales*, XXI, p. 242) : ⯑ ⯑.

sans l'aide d'aucun instrument tranchant. Et cependant,
au lieu de *wḥꜣ*, ce sont les verbes *ḥm* (ci-après, et inscr.
44 (4) 2) et *dm* ou *swꜣ* ⌒ (paragraphe (1) de l'inscr. 44),
qu'a employés le rédacteur de l'inscription, malgré leur
impropriété.

⸗ *s(w)j tw*; *tw*, pronom absolu, employé comme
sujet de l'impératif (cf. Junker, *Grammatik*, § 163).

L'inscription 58, l. 32, donne de cette phrase une
version un peu différente : [hiéroglyphes],

Tout à la fin, il manque après un signe *vertical*, étroit.
Il est donc impossible de restituer ▬; et il faut compléter
par |, comme l'indique l'inscription 58, l. 15, qui donne
cette version : [hiéroglyphes]
(*ḥrwk nfr*, dans les deux textes 43 et 58, est une proposition nominale, littéralement «ton jour étant heureux»;
cf. *Gram.*³, § 367).

LÉGENDES ACCOMPAGNANT LES SCÈNES
ET LES PERSONNAGES (INSCR. 44).

I. A droite du registre, on voit une grande treille disposée en berceau et soutenue par trois étais; cinq vendangeurs cueillent avec leurs doigts, comme je l'ai dit,
les belles grappes pendues à la treille; quatre d'entre
eux sont suivis d'un enfant portant une corbeille. Une
légende en une ligne horizontale court au-dessus de la
vigne (→) :

44 (1)  [hiéroglyphes]

Les jardiniers de la vigne sont en train de couper les grappes,
tandis que l'enfant de (chacun d') eux porte (*fꜣ*) sa corbeille (*dnw f*).
C'est la huitième heure du jour qui (les) enveloppe (dans) ses
bras (?).

〔⸻〕 devrait être suivi d'un régime direct, et 〔⸻〕 devrait être précédé de 〔⸻〕 (cf. *Tomb of Amenemhet*, pl. X et p. 48 : 〔⸻〕 « que je puisse t'envelopper dans mes bras »). La phrase, qui n'est pas claire, n'a sans doute pas d'autre objet que d'indiquer que la journée s'avance et qu'il faut hâter les travaux (cf. texte (4) ci-après).

Plus à droite encore, tout à l'extrémité du registre, un homme appuyé sur un bâton surveille la vendange. Au-dessus de lui, un texte de trois petites lignes verticales (dont la seconde a totalement disparu), qui paraît être une brève allocution de ce contremaître (→) :

44 (2)   〔⸻〕 ¹〔⸻〕 ²[lacune] ³〔⸻〕

Jardinier habile (?) [. . . . . le raisin ?] mûr; emportes-en (*im f*).

II. La scène de la vendange est suivie du transport des grappes dans la cuve et du foulage du raisin. J'ai décrit ailleurs la cuve et les foulons (*Annales*, XX, p. 77). Une légende verticale est gravée au-dessus des petits vignerons qui vont jeter leur récolte sous les pieds des fouleurs (→) :

44 (3)   〔⸻〕

Les jardiniers (de la vigne) portant leur corbeille (*tnw s*).

La cuve est surmontée de deux lignes horizontales, petit discours prononcé sans doute par l'un des fouleurs (→) :

44 (4) ¹〔⸻〕 ²〔⸻〕 (*sic*)
〔⸻〕

La nuit vient. Abondante est la rosée du ciel sur les raisins. Qu'on les coupe en hâte, et qu'on (les) porte à la maison de notre maître.

❘❘ lire *idt* (cf. Junker, *Grammatik*, p. 10 : ❘❘). —
 est à lire *ḥm sn*.

III. La quatrième opération de la fabrication du vin
(Montet, *Rec. Trav.*, XXXV, p. 117), à savoir le pressurage, n'est pas représentée ici. Nous passons donc de suite
au remplissage des amphores et à leur transport au cel-
lier. — D'une gargouille léontocéphale pratiquée dans
la cuve, du côté opposé à l'escalier, le jus s'échappe à
flots : un serviteur le recueille dans une amphorisque.
Au-dessus de lui ces paroles, en deux lignes verticales (→) :

44 (5)

Toute (cette) récolte a été produite avec l'aide de Dieu; aussi
notre maître la boira avec joie, en Lui rendant grâces (*sc.* à
Dieu).

Je suppose que l'hiéroglyphe a le même sens que
, qui s'emploie soit comme déterminatif de *swj* (Maspero, *Études Égypt.*, 1, p. 187 :), soit seul
comme signe - mot signifiant «boire» (Piehl, *Inscr. hiér.*,
III, pl. XXXIX, 4).
 le «*ka* de Dieu», Dieu. Cet exemple montre bien
que l'expression *dwȝ nṯr n* avait alors complètement perdu
son sens primitif «prier Dieu pour»; elle ne signifiait
plus que «remercier quelqu'un», «rendre grâces à quelqu'un». — Pour l'emploi du mot *ka*, cf. *Annales*, XXII,
p. 35.
Le vin ainsi recueilli est versé par deux serviteurs dans
de grandes amphores pointues, dont trois sont posées sur
des bâtis à claire-voie, qui paraissent être quadrangu-
laires plutôt qu'en forme de tronc de pyramide, et cinq
sont fichées en terre. Deux lignes verticales sont gravées

au-dessus de la scène, — paroles prononcées par l'un de ces serviteurs (⟵) :

44 (6

(Qu'on fasse) une libation (*wdn*) avec lui (*sc.* avec ce vin) au bon génie de la vigne, afin qu'il donne que le vin (*irp*) soit plus abondant que l'autre année !

Ici, ⟋ (Ἀγαθὸς Δαίμων), le dieu agraire, est invoqué comme protecteur particulier, comme «bon génie» d'une certaine vigne, celle de Petosiris.

⟋ (cf. inscr. 43 ci-dessus) «l'autre année», c'est-à-dire l'année dernière.

Les amphores sont emportées à dos d'hommes dans les celliers. Au-dessus des porteurs, ces paroles, que prononce sans doute le scribe, en une ligne horizontale (⟶) :

44 (7)

Attention ! vos deux bras sous elles (*sc.* sous les amphores), en (les) portant au magasin.

⟋ pour ⟋ *srw* (cf. *Annales*, XXI, p. 235). — Peut-être faut-il lire ⟋ *it t(n)* «portez-(les)», ⟋ pour ⟋ (comme on a, si fréquemment, — pour ⟋). — ⟋ *r pr ḥd* (sur le sens de ce mot, cf. MASPERO, *Journ. asiat.*, 1890, p. 251).

Un scribe, drapé dans un large manteau, tablette et calame en mains, rend compte à son maître de l'état de la récolte. Une ligne verticale (⟶) lui donne son titre :

44 (8)

Le scribe de la vigne.

Enfin voici Petosiris, vêtu de l'himation à bordure cré-
nelée, assistant au défilé des porteurs d'amphores. Au-
dessus de lui, ses titres, son nom, son ascendance, en
trois lignes verticales (⟵) :

44 (9) [hiéroglyphes]

Le Grand des Cinq, maître des sièges, le prophète Petosiris, fils
du Grand des Cinq, maître des sièges *Sishou* et de la dame *Nofri-
renpet*.

II. LE BÉTAIL.

Des scènes d'élevage du bétail sont gravées au second
registre du même mur ouest. Légende générale, en une
ligne horizontale (inscr. 45; sens de la lecture (⟶) :

[hiéroglyphes] [lacune de o m. 25] [hiéroglyphes] (sic) [hiéroglyphes]

Les pâtres accompagnant (leurs troupeaux) disent : «O notre
maître, notre maître, viens, que tu voies tes vaches, et que tu te
réjouisses de leurs petits! Elles travaillent pour toi, [toutes, afin
que tu aies,] éternellement, tes greniers pourvus (du produit) de
leur travail, dont tu disposeras selon ton désir, ô Grand des Cinq,
maître des sièges, prophète Petosiris, *n. im.* Et que ces choses
soient pour ta maison (*pr k*), éternellement, pour faire vivre quiconque viendra sur la route!»

[hiéroglyphe] est à lire [hiéroglyphe] *mjnww* «pâtres» (cf. inscr. 44 (7)
ci-dessus et 46 (5) 1, [hiéroglyphe] pour *s‹w*). — Il manque un
régime après [hiéroglyphe]; *s‹* ou *m s‹*, suivi d'un complément, signifie «prendre soin de», métaphore qui précisément,

---

[1] [hiéroglyphe] pour [hiéroglyphe], graphie courante dans ces inscriptions.

comme le remarque Gardiner (*Rec. Trav.*, XXXIV, p. 62),
est empruntée à la vie agricole, et rappelle le pâtre marchant derrière ses troupeaux.

[hiéroglyphes] désigne les vaches laitières; le même mot se rencontre à l'inscription 58, l. 26, avec le déterminatif [hiéroglyphe] :
[hiéroglyphes] « que tes vaches mettent au monde
pour toi des veaux ».

La lacune peut être comblée par une phrase comme
[hiéroglyphes] « pour que tu
en (*im*) distribues selon ton désir (ou : à qui tu veux) ».

[hiéroglyphes] fait sans doute allusion à tout passant qui rece-
vra l'hospitalité dans la demeure de Petosiris. Cf. inscr.
58, l. 24 : [hiéroglyphes]

LÉGENDES ACCOMPAGNANT LES SCÈNES
ET LES PERSONNAGES (INSCR. 46).

1. A l'extrémité de droite du registre, un homme
s'avance portant un veau dans ses bras; il est suivi de
deux vaches que pousse un autre pâtre, le bâton en main.
Au-dessus du groupe, deux inscriptions horizontales superposées (→) :

46 (1)　[hiéroglyphes]

(Action d') emmener le petit (*š*) de la *dorée* devant celle-ci,
aux champs (*r š*); (action de) pousser (les vaches) qui lui
répondent (*sc.* qui répondent au petit veau).

[hiéroglyphe] et [hiéroglyphe] dans ce texte, [hiéroglyphe] 46 (2) et (7), [hiéroglyphe] 46
(4), [hiéroglyphe] 46 (6) sont des infinitifs que le grec et l'alle-
mand traduiraient littéralement, en faisant précéder l'infinitif de l'article neutre.

On donnait aux vaches des noms qui étaient des épithètes, désignant soit les qualités de ces bêtes ([hiéroglyphes] « les
belles » 46 (7); 48 (4) 1, 2; 48 (8); [hiéroglyphes] « la bril-

6.

lante » 48 (7) 1), soit, comme ici (et probablement aussi 46 (8) ci-après), la couleur de leur robe.

Le veau porté dans les bras du pâtre appelle sa mère (*la dorée*) qui le suit ; elle répond à ses cris, et l'autre vache beugle également par sympathie, toutes deux semblant ainsi répondre au petit veau (*wšbw f*).

46 (2)

Descente pour brouter dans les champs.

II. Une scène de vêlage suit : la vache a la tête dressée et semble pousser un beuglement de douleur. Un pâtre met au monde le veau, sous la surveillance d'un autre paysan, debout, appuyé sur son bâton. Légende en trois lignes horizontales (→) :

46 (3)

. . . . pleine (*bkt*), (la) délivrant de son veau (*bḥs š*) là . . . .

Je ne comprends pas les lignes 1 et 3.

III. La vache délivrée est devenue laitière ; un pâtre accroupi la trait ; un autre, debout, élève d'une main un vase de lait, et tient de l'autre l'extrémité d'une corde qui enserre les pattes de derrière de la vache peu commode. Le veau est attaché au cou de sa mère. Deux légendes, disposées horizontalement, surmontant cette scène (→) :

46 (4)

Traite de la récalcitrante.

Pour le mot *rkt*, voir Gardiner, *Rec. Trav.*, XXXIII, p. 69.

46 (5)

Ses pattes sont liées, pour éviter ($s_ɜw$) qu'elle ne regimbe (ʿ$ḥ$ʿ)
contre celui qui la trait.

Ou peut-être est-ce une interpellation : « Lie ses pattes,
et prends garde qu'elle ne se relève (ʿ$ḥ$ʿ) pendant que
($\Longleftrightarrow$ pour iw) on la trait. »

La vache peut enfin allaiter son veau. Légende expli-
cative en une ligne verticale ($\longrightarrow$) :

46 (6)

Allaitement de son petit, après qu'on l'a traite.

pour désigner le veau : cf. ci-dessus, 46 (1)   , et
45,   .

IV. Viennent ensuite deux vaches, liées par les cornes,
qu'un pâtre pousse vers une touffe d'herbes, figuration
naïve du pâturage où elles se rendent. Au-dessus du
groupe, une légende en trois lignes horizontales ($\longrightarrow$) :

46 (7)

Elles s'en vont pour manger de l'herbe dans les champs, les
belles [*littéralement* : descente . . . . . par les *belles*].

introduit le sujet logique de l'infinitif   (cf. *Gram.*[3],
§ 416).

V. A l'extrémité de droite du tableau, nouvelle scène
de vêlage, surmontée d'une inscription de trois lignes
verticales :

46 (8)   [la-
cune : 2 groupes ?]

Les hommes (nr), les bestiaux connaissent ($\check{s}\check{s}_ɜ$ m) ses charmes

magiques qui *font* vivre ses *dorées* (= ses vaches) parmi (*m ḫnt?*)
[leurs ennemis?].

Légende obscure qui ne paraît avoir aucune relation
avec la scène de vêlage. On ne voit pas à quel substantif
se rapporte le suffixe (*f*) de . Le sens est peut-
être que pâtres et bêtes savent faire, aux champs, la distinction entre les plantes qui peuvent être nuisibles, et
celles qui sont bienfaisantes aux vaches (appelées les
dorées; cf. 46 (1), ci-dessus).

III. LES MOISSONS.

Les scènes de moissons du blé sont gravées au registre supérieur du mur est. Une légende générale,
en une ligne, les surmonte [inscr. 51; sens de la lecture ⟵] :

Je suis le cultivateur habile qui porte le grain, et qui, (même)
pendant les mauvaises années, grâce au travail de ses deux bras,
remplit au profit de son maître (*n nb f*) les deux greniers de tous
les bons herbages (*šm*) des champs, quand vient la saison *šḥt*.
O Grand des Cinq, maître des sièges, prophète Petosiris, vie,
santé, force, prends pour toi (*m nk*) ces choses (*nf*) qui sortent
des champs, tous les fruits exquis qui sont sur le dos de la terre,
tous les produits excellents, pour que ta maison en (*im w*) soit remplie à profusion (*bˁḥ*)!

Je traduis par « cultivateur habile ». Pour justifier cette interprétation, il importe d'abord de rapprocher des mots le début des légendes gravées

au-dessus des deux autres registres du même mur (labour et cueillette du lin) :

Inscr. 47 〈hiéroglyphes〉

Inscr. 49 〈hiéroglyphes〉

Je suis le cultivateur habile de (son) bras, qui recherche le profit de son maître. — Je suis le cultivateur habile de (ses) bras, beau de visage.

Le mot 〈hiéroglyphes〉 se rencontre encore dans une phrase de l'inscription 49 : 〈hiéroglyphes〉 « tous les travaux du cultivateur »; dans l'inscription 50 (1) 2 « contremaître regardant ce qui est fait dans les champs 〈hiéroglyphes〉 par les cultivateurs »; dans l'inscription 50 (2) 1 〈hiéroglyphes〉 « arrachage du lin par les cultivateurs habiles de (leurs) bras »; et dans l'inscription 52 (3) 3 ci dessous, avec l'orthographe 〈hiéroglyphes〉, qui indique la lecture probable de ce mot, — au singulier *ḥwt*, ou plutôt *ḥwtj*.

Le mot 〈hiéroglyphes〉 doit donc se lire *ḥwtj*, et nous ne pouvons qu'y reconnaître une graphie du mot classique *iḥwtj*, qui s'écrivait régulièrement 〈hiéroglyphes〉 ou 〈hiéroglyphes〉. Le *j* final est resté inexprimé, et 〈signe〉 initial est tombé, comme il est tombé par exemple dans 〈hiéroglyphes〉 pour 〈hiéroglyphes〉 « musicien » de notre inscription 61, l. 7 (*Annales*, XX, p. 81).

〈hiéroglyphes〉 « sous le grain », « portant le grain », si, comme je le crois, 〈hiéroglyphes〉 est à rapprocher du mot connu 〈hiéroglyphes〉, et du mot 〈hiéroglyphes〉 que nous trouvons à l'inscription 48 (3) et (5) 1, dans l'expression, dont le sens n'est par douteux, 〈hiéroglyphes〉 « semer (τὸ σπείρειν) toute espèce de grain ».

La seconde phrase me paraît devoir se construire *mḥ....m śm bnr n šḫt*. On notera la graphie du mot 〈hiéroglyphes〉 écrit exclusivement au moyen de signes phonétiques. La graphie 〈hiéroglyphes〉 — avec, en plus, le déterminatif 〈hiéroglyphes〉 — se rencontre dans les *Pyramides*, 1187 *b*, 1743 *a*, etc.

⟨hiero⟩ *m ij sht* ou bien *m sp sht;* dans cette phrase, la traduction « inondation », ou « saison de l'inondation » pour le mot *sht* serait un non-sens, tous les travaux décrits et figurés sur les trois registres de ce mur, semailles, labour, récoltes, engrangement, se faisant *après* l'inondation, une fois que les eaux se sont retirées. C'est alors la grosse période d'activité pour le fellah moderne du Saïd; c'était pratiquement la seule pour le paysan de l'Égypte ancienne qui ignorait toute autre culture que celle des plantes appelées aujourd'hui *chitaoui*, fèves, lin, froment, orge, etc. « En Haute-Égypte, les semailles commencent dès la mi-octobre; en Moyenne-Égypte, de Siout au Caire inclusivement, dans les premiers jours de novembre… La durée de la période qui s'étend des semailles jusqu'à l'engrangement définitif peut s'évaluer partout à quatre mois. En conséquence, la récolte hibernale est terminée en Haute-Égypte vers la mi-février, en Moyenne-Égypte vers le milieu de mars… [1]. »

⟨hiero⟩ doit donc désigner ici tout simplement une quelconque des trois divisions de l'année vague. Faut-il rappeler, en effet, qu'au cours des 1460 années d'une période sothiaque, les noms des trois saisons perdaient leur sens étymologique, devenaient purement conventionnels, et ne concordaient plus avec les progrès de la nature qu'ils étaient censés définir [2]? A quel moment précis de la période sothiaque qui nous intéresse — celle qui avait eu pour point de départ le 19 juillet 1321 — la saison dite *sht* a-t-elle correspondu aux travaux agricoles qui se pratiquaient à Hermopolis (Moyenne-Égypte) de la mi-novembre à la mi-mars? Nous savons qu'en 401 avant J.-C., le 1er Thot (début de la saison *sht*) est tombé le 1er décembre julien, en 357 le 20 novembre, en 337 le 15 novembre, en 301 le 6 novembre [3] : c'est donc vers la fin du IVe siècle que la saison *sht* a compris la période mi-novembre mi-mars. Et nous trouvons là une confir-

---

[1] Steindorff, *Manuel Baedeker,* éd. franç., de 1898, p. LXXI.
[2] Meyer, *Chronologie,* trad. Moret, p. 13.
[3] Brandes, *Abhandlungen zur Geschichte des Orients,* 1874, p. 136.

mation de la date que j'ai déjà, pour d'autres raisons, attribuée au tombeau de Petosiris[1].

⸺ *m nk nj prj m šꜣ* «prends pour toi (*Gram.*[3], § 384) ces choses qui sortent (ou : quand elles sortent) des champs». *Prj*, pseudo-participe, remplaçant une proposition relative : *Gram.*[3], § 336. Quant à *nj*, il faut voir dans ce mot non pas le datif de la 1re personne (qui ne donnerait aucun sens), mais une graphie du pronom démonstratif pluriel ⸺, employé au sens neutre, substantivement. Cette curieuse graphie se rencontre plusieurs fois dans les inscriptions du tombeau de Petosiris : voir les exemples que j'en ai signalés dans *Annales*, XXII, p. 38-40.

LÉGENDES ACCOMPAGNANT LES SCÈNES
ET LES PERSONNAGES (INSCR. 52).

I. A l'extrémité du tableau, un homme barbu, vêtu d'une courte tunique brune et coiffé d'un chapeau conique[2], surveille les moissonneurs. Légende en deux lignes horizontales (→) :

52 (1)   ¹ 𓏤𓏤𓏤𓏤 ² 𓏤𓏤𓏤 𓇳

Intendant dirigeant les travaux pendant la saison *ꜣḥt*.

II. Un premier champ de blé, qu'un homme moissonne à la faucille. Derrière lui, une glaneuse; elle porte un sac en sautoir et tend une gerbe d'épis à un enfant

---

[1] *Annales*, XX, p. 117.

[2] J'ai comparé jadis (*ibid.*, p. 72) cette coiffure à la κυνῆ grecque, bonnet de peau de chèvre ou de cuir des travailleurs agricoles et des marins. Mais d'une part il est possible que la κυνῆ ait été faite en paille ou en papyrus : cf. PERDRIZET, *Terres cuites Fouquet*, n° 465. D'autre part un bonnet pointu, *en paille*, a été trouvé par Möller dans un tombeau thébain datant d'environ 700 av. J.-C. (SCHÄFER, dans *Berliner Museen*, XLII, octobre-novembre, 1920, p. 16). Le chapeau conique de nos paysans est donc vraisemblablement en paille, et égyptien.

nu. Une inscription de deux lignes horizontales surmonte
le champ; une autre de trois lignes horizontales est
gravée au-dessus de la glaneuse (←) :

52 (2)   *[hiéroglyphes]* (sic)   *[hiéroglyphes]*

Dès le matin, (je) moissonne (*išḥ*)[1], quand la fraîcheur tombant
du ciel saisit (*itj?*) (encore) la terre (*tꜣ?*); (maintenant) le brillant
soleil va inonder la terre (*littéralement* : à travers (*ḫt*) la terre).

Je suppose ces paroles prononcées par le moissonneur.
On pourrait cependant suppléer devant ⁚ le pronom absolu de la 3ᵉ personne. — *[hiéroglyphes]* = *r*, marquant le futur.

52 (3)   ¹ *[hiéroglyphes]*   ² *[hiéroglyphes]*   ³ *[hiéroglyphes]*

[hiéroglyphes]

«Comme ils sont heureux (*ršwi ś*) ceux qui (peuvent) pro-
fiter(?) de ce jour des champs(?). Ils mettent de côté (*littéralement* :
ils mettent derrière eux *mkḥꜣ sn*) ce qu'ils font», disent les cultiva-
teurs(?).

[hiéroglyphes] hrw šꜣ «journée passée aux champs»? — Les
deux verbes de la seconde proposition étant accompagnés
chacun du suffixe *sn*, il est impossible de leur donner
pour sujet *[hiéroglyphes]*... Je suppose donc l'ellipse de *ḏd* :
*Gram.*³, § 501, et mets cette phrase dans la bouche des
moissonneurs.

Si cette interprétation est exacte, la femme qui ramasse
les épis n'est pas associée au travail des moissonneurs,
mais c'est une glaneuse, qui travaille à son profit dans le
champ moissonné par d'autres.

III. Deuxième champ de blé. Un homme moissonne,
courbé sur le champ; il tient sa faucille de la main droite,
et passe, de la main gauche, une gerbe d'épis à un enfant

____

[1] *išḥ* au lieu de la forme ancienne *ꜣsḥ* (*Gebraoui*, II, pl. 6; *L. D.*, II,
pl. 106-107, etc.).

nu, portant un sac en sautoir, et qui a déjà une gerbe
dans chaque main. Une légende de trois lignes horizontales surmonte le champ; une autre de trois lignes verticales est gravée au-dessus du groupe (←) :

52 (4) [hiéroglyphes]

[hiéroglyphes]

Une petite gerbe dans la journée, (c'est peu, mais au moins)
travailles-y! Si tu t'appliques à moissonner cette gerbe (*iš̱ m d̲rt
tn*), les rayons du soleil descendront sur nous pour remplir à profusion (*bʿḥ*) notre.....

[hiéroglyphe], cf. ci-dessus, inscr. 51 et 52 (2) 2. Je ne connais pas le mot [hiéroglyphe], qui paraît être un susbtantif.

[hiéroglyphe] paraît devoir se lire *d̲rt*. L'hiéroglyphe a la même
forme que les gerbes que tient l'enfant; ce serait une
variante graphique de [hiéroglyphe].

Le maître n'est pas très exigeant, et pour encourager
l'enfant à faire le peu qu'il lui demande, il lui affirme que
son travail, si modeste qu'il soit, ne sera pas sans utilité.
Mais l'enfant ne s'exécute pas docilement, et le moissonneur le chasse (légende suivante) :

52 (5) [hiéroglyphes]

Va-t-en avec (le peu) que tu as en main! fais attention, on est
puni pour cela!

IV. Troisième champ de blé. Le moissonneur se repose
et boit. Un homme se tient derrière lui, un paquet d'épis
en main. Deux petits discours disposés horizontalement
commentent cette scène (←) :

52 (6) [hiéroglyphes]

Sois généreux pour (moi) le paysan (*littéralement* : donne beaucoup *im ḳn* au paysan), et donne-moi de l'eau, fais que j'étanche
ma soif!

⌣ impératif. Cette forme d'impératif se rencontre, quoique rarement, même à la bonne époque : *Bauer*, B 1. 152 ; *Prisse*, 18, 7.

L'autre lui répond :

52 (7) [hieroglyphs]

Le soleil brille (*pś*[*ḏ*]), fais attention, on n'a (encore rien) reçu de tes mains! As-tu fait une gerbe (*ḏrt*), (alors) ne cesse pas de boire ; (mais en fait) tu n'as pas travaillé aujourd'hui.

m33 nś « vois à cela » ; cf. ci-dessus, paragraphe (5). — [hieroglyph] interrogatif, *Gramm.*³, § 505. — *m ʒb r swj* à comparer avec *m ʒb r irj* de l'inscription 43 ci-dessus.

V. Scène de dépiquage du grain (voir *Annales*, XX, p. 74, et pl. III). Légende horizontale (←) :

52 (8)   [hieroglyphs]

, O *rḫtj*, dis : En avant dans le champ (?).

Le mot *rḫtj* « foulon, laveur » s'appliquerait-il également à ceux qui dépiquent le grain? Le terme usuel pour « battre le blé » est *ḥn* [hieroglyph] ×, *Bauer*, R, 62 (VOGELSANG, p. 49).

Peut-être est-ce le début d'un chant populaire « le chant du *foulon* ». Il se trouverait fort à propos sur les lèvres de paysans dépiquant le grain, avec des gestes cadencés et rythmés précisément comme ceux des foulons.

Le Caire, septembre 1921.

____

[1] La ligne 4 gravée verticalement.

LA
MOSAÏQUE DE CHEIKH ZOUÈDE,

PAR

M. PAUL PERDRIZET.

A quatre ou cinq lieues à l'ouest d'El Arich, au bord de la mer, sont des vestiges anciens, que M. Jean Clédat a explorés en 1913. Les résultats de ces recherches ont paru dans le tome XV des *Annales du Service des Antiquités de l'Égypte*, sous le titre : *Fouilles à Cheikh Zouède*.

Le plus intéressant[1] des monuments exhumés à Cheikh Zouède est, sans contredit, le tapis de mosaïque en *opus vermiculatum*, long de 4 m. 75, large de 3 mètres, dont M. Clédat, avec son talent connu, a fait le relevé au trait reproduit ici à la planche II : relevé très exact, comme on s'en rendra compte en le comparant aux trois excellentes phototypies qui accompagnent le rapport de M. Clédat, et qui reproduisent respectivement le haut, le milieu et le bas de cette belle mosaïque. Je dis belle, en raison surtout de sa conservation : il n'y manque pas un cube.

Elle se compose de trois tableaux superposés.

En haut, la triste histoire de Phèdre et d'Hippolyte. La vieille nourrice, ΤΡΟΦΟC, à qui ΕΡѠC, volant au-dessus d'elle, indique d'un geste impératif la détestable mission qu'elle doit remplir, apporte à ΙΠΠΟΛΥΤΟC une tablette où est écrit le nom ΦΕΔΡΑ, cependant que la

---

[1] Le bracelet en plomb, reproduit par Clédat, p. 41, fig. 16, porte une inscription en relief qui, évidemment, doit être lue : ἔξω βάσκανος «Oust! hors d'ici le jeteur de sorts!» L'adverbe ἔξω a le même sens qu'en rhomaïque ὄξω.

reine (ΦΕΔΡΑ), assise dans son palais, sur un fauteuil
à haut dossier ovale, regarde avec inquiétude du côté de
la nourrice, et que deux chasseurs, ΚΥΝΑΓΟΙ, sous les
arbres de la forêt, attendent leur jeune maître, et contiennent son destrier qui piaffe.

Au-dessus, dans un long cartouche à queues d'aronde,
tenu par deux Amours volant, cette inscription métrique,
dont la lecture est certaine, comme celle des deux autres
inscriptions de la mosaïque. Cette première inscription
débute par un mot, ΝΑΟΙΣ, qui est manifestement une
erreur du mosaïste, lequel était, je pense, un ouvrier
égyptien, peu au fait du style poétique grec et même,
peut-être, des écritures grecques, minuscule et majus-
cule. Je propose de lire ΙΔΟΙΣ [1]; l'inscription se rapportait au portrait du fondateur, ce portrait devait décorer
un des panneaux de la grand'salle dont M. Clédat a ex-
humé le pavement :

$$[\H{ι}δ]οις\ Νέστορα\ τὸν\ Φιλόκαλον\ κτίστην.$$

C'est, soit un sénaire iambique, si l'on admet qu'en
raison de l'accent, Φιλόκαλον ait pour quantité ◡ _ ◡ _,
soit un iambique sénaire catalectique, avec césure au
troisième pied :

$$◡ \_ \_ ◡◡ \_ ◡◡◡ \_ \_ \_$$

Le premier et le troisième pieds seraient des iambes,
le deuxième un trochée, le quatrième un tribraque, le
cinquième un spondée.

Il résulte, de ce vers, que le personnage qui fit
construire l'édifice où se trouvait notre mosaïque s'appelait Nestor. Qu'un Égyptien riche et distingué, probablement fonctionnaire, au iiie ou au ive siècle de l'ère
chrétienne, ait porté comme *cognomen* le nom d'un des

---

[1] En cours d'impression, je prends connaissance d'une note de Plassart
sur les inscriptions de la mosaïque de Cheikh Zouède (*Bull. de corr. hell.*,
1916, p. 359). Plassart voit dans ΝΑΟΙC une graphie iotacisante de
Ναΐs, et dans l'inscription qui commence par ΝΑΟΙC une dédicace, faite
par une dame du nom de Ναΐs.

principaux personnages de l'épopée homérique, c'est l'indice, entre tant d'autres qu'on pourrait rassembler, de ce désir nostalgique qui ramenait l'Hellénisme moribond vers ses origines comme vers une Fontaine de Jouvence. Non que notre Nestor fût nécessairement de sang grec : sa famille était peut-être égyptienne, mais l'éducation, les traditions, le milieu social l'avaient hellénisée.

Sous l'histoire de Phèdre et d'Hippolyte, en deux lignes, une inscription métrique, formée comme le numéro 113 du recueil de Kaibel[1], d'un hexamètre, suivi de trois pentamètres :

> δεῦρ' ἴδε τὰς χάριτας χαίρων, φίλε, ἅς τινας ἡμῖν
> τέχνη ταῖς ψήφοις ἔμβαλε, πηξαμένη
> τὸν Φθόνον ἐκ μέσσου καὶ ὄμματα Βασκανίης,
> τῆς ἱλαρῆς τέχνης πολλάκις εὐξάμενος.

Ici vois avec plaisir, ami, les charmantes choses que pour nous l'Art a formées avec les cubes du mosaïste, à la stupeur (πηξαμένη) complète (ἐκ μέσσου) de l'Envie aux yeux jaloux...

J'arrête ma traduction à la fin du deuxième pentamètre, ne voyant pas à quoi se rapporte le troisième.

Deuxième tableau. — La pompe de Dionysos. Le dieu, ΔΙΟΝΥϹΟϹ, est assis dans un char dont ΕΡѠϹ est le cocher, et que traînent un Centaure et une Centauresse. Celle-ci joue de la grande lyre, celui-là de la flûte phrygienne[2]. L'inscription ΤΕΛΕΤΗ, entre Dionysos et le Centaure, est-elle le nom de la Centauresse, ou s'applique-t-elle à la fête orgiastique que le tableau représente ? J'opterais pour la première hypothèse[3]. A côté du char de Dionysos court une panthère, elle semble lapper le vin qui tombe de la cruche du dieu. Derrière la

---

[1] Cette épigramme a été copiée par Fränkel à la villa Gilloteau à Nice (*Arch. Ztg.*, 1874, p. 148). «*Prope Nicaeam Italorum*», écrivait Kaibel en 1878. Ce *prope Nicaeam Italorum* en dit long sur les sentiments gallophobes de ce professeur de l'Université allemande de Strasbourg : il ne pouvait les contenir, même dans une compilation épigraphique !

[2] *Dict. des Antiq.*, s. v. TIBIA, p. 312.

[3] *Lexicon* de Roscher, s. v. TELETE.

panthère, un pampre. Devant le char, Silène, en tunique, portant une outre sur les épaules, et tenant une tasse de la main droite. Devant Silène, dansent un Bacchant, **CKIPTOC**, ceint de la nébride, et une Bacchante quasiment nue : le Bacchant fait sonner des cliquettes, la Bacchante des crotales. Rangée inférieure : à gauche, un cratère, puis **HPAKΛHC** (peau de lion, massue) ivre et titubant; un jeune Satyre (petites cornes pointant sur la tête, pedum) le soutient. Ensuite, panthère et canthare. Ensuite, Pan le chèvre-pieds (grandes cornes de bouc et nébride), une grappe dans une main, cliquettes dans l'autre. Puis, dans le champ, syrinx et cliquettes. Puis, un Bacchant nu (nébride, pedum), qui souffle dans une corne. Enfin, une Bacchante décemment vêtue (chiton et manteau) qui danse, le thyrse dans une main, dans l'autre le tambourin.

Troisième partie. — Moins haute que les deux autres, elle est formée d'un grand *titulus* à queues d'aronde (une couronne dans chacune), entouré d'une zone d'oiseaux, tant sauvages que domestiques, à la picorée parmi les herbes du Nil (à gauche en bas, une oie picore les graines d'un lotus). Le *titulus* renferme quatre lignes qui sont autant d'hexamètres :

Εἴ με φιλεῖς, ὤνθρωπε, χαίρων ἐπίβαινε μελάθρων,
ψυχὴν τερπόμενος τεχνήμασιν οἷσιν ποθ' ἡμῖν.
Πέπλον ἱμερόεντα Χαρίτων ἡ Κύπρις ὕφανεν
λεπταλέῃ ψηφῖδι, χάριν δὲ ἐνεθήκατο πολλήν.

Si tu es un ami, ô homme, entre, le cœur joyeux, dans cette grand' salle, pour avoir le plaisir de regarder les travaux d'art qui sont ici.

Le voile charmant des Grâces, c'est Cypris elle-même qui en a figuré le tissu en menus cubes de mosaïque, et elle a donné à son ouvrage beaucoup d'agrément.

Le dernier distique, qui ne se rapporte pas au pavement où il est écrit, concernait-il une autre mosaïque contenue dans la même salle ou dans le même édifice, et

Mosaïque de Cheikh Zouède

(d'après le dessin de J. Clédat).

qui aurait été peut-être comme le portrait de Nestor, non
pas un pavement, mais une décoration murale ? Je n'ose
décider. Les inscriptions de notre mosaïque, avec la graphie erronée NAOIC et le vers faux ou incomplet de la
première, avec le dernier vers de la deuxième, lequel ne
se rapporte à rien, avec le distique final de la troisième,
semblent indiquer que Nestor ne fut pas tout à fait capable
de diriger le travail de son mosaïste. Peut-être, malgré
son nom et son goût pour l'art grec et la mythologie hellénique, ne comprenait-il pas très bien le grec, du moins
le grec poétique.

Cette mosaïque est certainement d'époque assez basse.
On s'en rend compte d'abord à la forme des lettres —
ensuite à l'orthographe ΦΕΔΡΑ — enfin à certains détails
archéologiques, notamment aux cercles brodés sur la
tunique d'Hippolyte et sur celle de Silène : des broderies
de cette forme sont caractéristiques du Bas-Empire : on en
a retrouvé sur les tissus coptes, on en voit sur des terres
cuites [1] et sur des fresques [2]. Tout à fait intéressante,
pour dater approximativement notre mosaïque, la figure
de Phèdre : le laticlave [3] de sa robe (détail pour lequel
on se reportera à la planche III du mémoire de M. Clédat),
le fauteuil où Phèdre est assise [4], la façon dont elle est
coiffée, le double rideau suspendu par des anneaux à une
tringle [5], tout indique le commencement du Bas-Empire.

Je ne puis apprécier, n'ayant pas vu l'original, n'en
ayant même pas vu de reproduction coloriée, ce que valait
la mosaïque de Cheikh Zouède au point de vue de la
qualité et de l'harmonie des tons. Les mosaïques étant
avant tout des tableaux en couleur, on ne saurait les
juger équitablement si l'on n'en connaît que des reproductions en noir sur blanc.

[1] Perdrizet, *Terres cuites grecques d'Égypte de la coll. Fouquet*, p. 6,
pl. VI.

[2] J. Clédat, *Le Monastère de Baouît*, pl. LV (tunique de Saint Sisin-
nios).

[3] *Dict. des Antiq.*, s. v. CLAVUS, p. 1224.

[4] *Terres cuites grecques d'Égypte*, p. 58.

[5] Cf. la mosaïque de Théodora, à Saint-Vital de Ravenne.

A ne tenir compte que de la composition, soit de la mosaïque entière, soit de chacune de ses parties, et que du dessin, soit de la tresse qui encadre l'ensemble, soit des personnages, force nous est de reconnaître que cette mosaïque, si précieuse par sa conservation, si intéressante par ses sujets et ses inscriptions, n'est pas, au point de vue artistique, un monument de premier ordre. Non que l'art fût alors incapable de s'élever plus haut; mais parce que Nestor, si loin des grandes villes, si loin de Gaza et d'Alexandrie, ne devait avoir à sa disposition qu'un praticien assez médiocre.

Le principal intérêt de la mosaïque de Cheikh Zouède, ce sont, ai-je dit, ses inscriptions et ses sujets.

Quant aux sujets, je me permettrai de présenter quelques remarques.

Celui du bas ne surprend pas dans une mosaïque trouvée à la frontière d'Égypte, et qui, vraisemblablement, est l'œuvre d'un ψηφοθέτης égyptien. On sait le rôle que les oiseaux ont joué de tout temps en Égypte dans les compositions pittoresques à sujets nilotiques. Ils abondent en Égypte, ils donnent à ce pays une partie de sa vie, de sa gaieté et de son charme. D'autre part, comme j'ai tâché de le montrer ailleurs, sa basse-cour a toujours fourni à l'Égypte une partie de sa subsistance [1]. C'est à l'Égypte, à l'art alexandrin que les mosaïques d'Occident [2] ont emprunté sinon les poncifs, du moins l'idée de leurs collections d'oiseaux et d'animaux.

C'est, je crois bien, la première fois que l'on trouve, traitée en mosaïque, la tragique histoire de Phèdre et d'Hippolyte. Faut-il, nous rappelant la vogue dont le théâtre d'Euripide a joui dans l'Égypte grecque et le fait que la tragédie d'*Hippolyte Porte-Couronne* était, après l'*Hécube*, l'*Oreste* et les *Phéniciennes*, l'une des plus goûtées de ce théâtre [3], faut-il, dis-je, faire de la mosaïque de

---

[1] *Terres cuites grecques d'Égypte*, p. 32.

[2] *Dict. des Antiq.*, s. v. MUSIVUM OPUS, p. 2120, n. 11.

[3] Τὸ δρᾶμα τῶν πρώτων, lit-on à la fin de l'ὑπόθεσις d'*Hippolyte*. Cette appréciation serait d'Aristophane de Byzance (WEIL, *Sept tragédies*

Cheikh Zouède un des anneaux de la chaîne qui relie la pièce d'Euripide à la *Phèdre* de Racine? Ce serait une erreur, la mosaïque de Cheikh Zouède ne se rattache pas à la pièce d'Euripide, elle raconte l'histoire de Phèdre et d'Hippolyte selon une version probablement alexandrine. La nourrice, sur la mosaïque, remet à Hippolyte une tablette sur laquelle est écrit le nom de Phèdre, ce qui nous donne à entendre que la tablette portait une lettre de Phèdre à Hippolyte : le nom ΦΕΔΡΑ est, non pas la signature de cette lettre, les anciens ne signaient pas leurs lettres, mais le premier mot de la suscription [1]. Ainsi, la nourrice, sur la mosaïque, apporte à Hippolyte un message écrit de Phèdre, contenant l'aveu de son amour. Nous sommes loin de la pièce d'Euripide, où la passion de Phèdre est, contrairement à la volonté de celle-ci, révélée oralement à Hippolyte par la nourrice. L'idée de faire connaître à Hippolyte l'amour de Phèdre par une lettre d'elle que remet la nourrice semble d'origine alexandrine : elle a fourni à Ovide le thème d'une de ses *Héroïdes* [2], a été illustrée par les sculpteurs de sarcophages [3]. Rohde l'attribue à Lycophron [4] : quoi qu'il en soit de cette hypothèse, elle est bien de la période alexandrine, où, par désir de nouveauté, les littérateurs s'ingénient à varier les vieux thèmes.

d'Euripide, p. 12). Δῆλα δέ, καὶ ὅστις Βαρβάρων γλῶσσαν ἔμαθεν Ἑλλήνων, ὅ τε ἔρως τῆς Φαίδρας καὶ τῆς τροφοῦ τὸ ἐς τὴν διακονίαν τόλμημα : ce passage de Pausanias, I, 22, 1, ne s'applique pas mal à Nestor, le φιλόκαλος κτίστης de Cheikh Zouède, qui n'était sans doute pas de vraie souche grecque.

[1] Cf. les *Epistulae privatae*, éd. WITKOWSKI, ou les suscriptions des *Héroïdes* d'Ovide (par exemple la quatrième, *Phaedra Hippolyto*).

[2] Le sujet de la lettre de Phèdre à Hippolyte, imaginé probablement à Alexandrie bien avant Ovide, dut être souvent traité après lui : il y a, dans l'*Anthologie latine*, n° 279 RIESE = BAEHRENS, *Poetae lat. min.*, IV, p. 360, une lettre de Phèdre à Hippolyte.

[3] O. JAHN, *Arch. Beiträge*, p. 310; Carl ROBERT, *Die antiken Sarkophagenreliefs*, III, 2. Je dois dire que pour Robert, l'*Hippolyte Stéphanéphore* serait l'unique source littéraire des représentations de la légende de Phèdre et d'Hippolyte sur les sarcophages, le motif de la lettre aurait été inventé par les sculpteurs des sarcophages pour faire comprendre l'histoire qu'ils avaient à reproduire.

[4] *Der griech. Roman*, 2° éd., p. 38, n. 6.

Comme le tableau de Phèdre et d'Hippolyte, celui de
la pompe de Dionysos [1] a sa source lointaine, non pas
dans quelque production de la période classique, mais
dans les poèmes composés en Égypte à l'époque ptolémaïque et à l'époque impériale. Au IIIe siècle de notre
ère, Sôtérichos de l'Oasis avait écrit l'épopée des *Bassa-
riques* [2]. Cent ans plus tard, Nonnos le Panopolitain composait, en 48 chants, ses interminables *Dionysiaques* [3].
Le nom CKIPTOC, que notre mosaïste a donné à l'un de
ses Bacchants, se retrouve, porté par un satyre, dans le
poème de Nonnos [4]; sans doute, ce nom, qui rappelle les
cabrioles et les gambades des chèvres-pieds, est bien plus
ancien que le Bas-Empire : s'il ne s'est pas encore rencontré sur les vases peints, par contre une épigramme de
Dioscoride parle d'une statue du satyre Scirtos qui servait
de $\mu\nu\tilde{\eta}\mu\alpha$ à la tombe du poète dramatique Sosithée [5];
mais il est certain qu'à la basse époque impériale, le nom
de Scirtos a joui d'une faveur spéciale, chez les poètes
mythologiques et les mythographes [6].

En somme, je tiens la mosaïque de Cheikh Zouède
pour un travail gréco-égyptien, autrement dit alexandrin,
de basse époque impériale, du IIIe ou du IVe siècle de notre
ère, d'une époque où, comme l'a remarqué Eunape [7],
les habitants de l'Égypte étaient toqués de poésie et de
mythologie grecques.

[1] Comme les mosaïques analogues trouvées en Occident, par exemple
celle de Sousse : *Musée de Sousse*, pl. VI, 1; cf. *Dict. des antiq.*, s. v.
MUSIVUM OPUS, 2118, n. 9.

[2] M. Croiset, *Litt. gr.*, V, p. 805.

[3] Id., *ibid.*, V, p. 995.

[4] *Dionys.*, XIV, p. 111.

[5] *Anth. Pal.*, VII, 707, avec le commentaire de Dübner. Sosithée, l'un
des sept poètes de la Pléiade tragique alexandrine, avait remis en honneur,
au IIIe siècle avant notre ère, le drame satyrique (Christ, *Griech. Litt.*,
6e éd., II, p. 172; Susemihl, I, p. 270).

[6] Cornutus, ch. 30; Malalas, t. II, p. 17 de l'éd. de Bonn; Cedrenus,
p. 24. Ces trois textes reproduits dans l'*Aglaophamus* de Lobeck, p. 1311.
Cf. encore le *Lexicon* de Roscher, au mot *Skirtos*.

[7] *Vie des Sophistes*, p. 492 du Philostrate de Didot : τὸ δὲ ἔθνος ἐπὶ
ποιητικῇ σφόδρα μαίνοντα.

III

CALENDRIER ET CHRONOLOGIE

LE
CALENDRIER DES TOURISTES

DANS

LES SYRINGES THÉBAINES,

PAR

M. JULES BAILLET.

Sur son séjour dans la Haute-Égypte et à Thèbes, Champollion consacra trois mois, du 23 mars 1829 au mois de juin, à la Vallée des Rois et à ses tombeaux. Nul visiteur, dans l'antiquité et jusqu'à lui, n'en fit autant. Il s'était installé dans la Syringe de Ramsès IV Hiq-Mâït, la seconde à gauche dans la vallée, palais magnifique pour l'esprit, mais refuge éloigné de toute ressource matérielle : « Assez d'air et de lumière », dit Champollion; oui, à l'entrée, mais un air embrasé et une lumière aveuglante contrastant avec la nuit des galeries souterraines. Champollion s'y déclarait « logé à merveille »[1]. Il y fit, avec Rosellini et ses autres acolytes, une ample moisson de portraits historiques, de tableaux religieux et de textes hiéroglyphiques. Mais il ne négligea pas de recueillir quelques échantillons des nombreux graffiti grecs incrustés de ci de là au milieu des textes sacrés. Sa récolte de soixante-deux inscriptions dépassait de beaucoup celle de ses prédécesseurs Pococke, Cooke, Jomard et Hamilton qui, à eux tous, n'en avaient publié qu'une quinzaine, et

[1] *Lettres écrites d'Égypte et de Nubie*, 1833 : XII⁰ lettre, 25 mars 1829, p. 179; édition Hartleben (*Bibliothèque égyptologique*, t. XXXI), p. 246; cité par Letronne, *Recueil des inscriptions d'Égypte*, II, p. 287.

celle de ses contemporains Salt et Wilkinson qui en rapportèrent l'un 53, l'autre 17. C'est donc marcher de loin, mais pieusement, sur ses pas que d'étudier les graffiti grecs des Syringes thébaines.

On ne peut pas visiter prudemment l'Égypte, et en particulier Biban-el-Molouk en toute saison. Dans cette gorge resserrée, dès le mois de mars, précisément à la date où Champollion vint y établir son chantier de travail, la chaleur, que ne tempèrent ni pluie ni brise, devient accablante. En avril 1910, le second Congrès d'archéologie grecque se tint à Alexandrie et au Caire; puis les congressistes, par bandes, allèrent visiter toute la vallée du Nil. Thèbes et la Vallée des Rois figuraient au programme, mais non sans inquiéter vivement M. Maspero, alors Directeur général des Antiquités, qui se tenait pour responsable non seulement de la réussite du Congrès, mais de la satisfaction et de la santé même des voyageurs : il se tranquillisa seulement après qu'on lui eut annoncé que le dernier congressiste avait quitté Louqsor sans aucun accident d'insolation ou d'étouffement dans la visite des tombes royales.

Éprouvait-on de semblables appréhensions dans l'antiquité ?

Nous pouvons nous en rendre compte en consultant les graffiti grecs datés, la plupart inédits jusqu'à ces dernières années. Le nombre en est relativement restreint, mais suffit pour donner quelques indications. Sans doute le hasard a pu fausser un peu les proportions; nulle loi ne présidait à la répartition des signatures entre les diverses formules à adopter; mais aussi rien n'obligeait de mentionner tel ou tel mois de préférence et l'on peut admettre que les plus souvent nommés avaient bien amené le plus grand nombre de visiteurs.

1. L'année fixe égyptienne, aux temps de l'empire romain et depuis les Ptolémées, commençait à la date du 29 août par le mois de *thot*, Θῶθ ou Θωϋθ, en copte ⲐⲞⲞⲨⲦ ou ⲐⲰⲞⲨⲦ, en hiéroglyphes ⌐ � ☉, le pre-

mier mois de la saison des marécages ou de l'inondation. C'est le mois où le soleil et l'humidité rendent le climat le plus dur à supporter pour les étrangers. Il ne faut pas s'étonner que les visiteurs aient été rares. Nous en relevons un seul, Papirius Domitianus, stratège du nome Ombite :

Παπείριος Δομιτιανὸς στρατηγὸς [Ὀμβείτ]ου [ε]ἰστόρησα, καὶ τὸ προσκύνημα ἐποίησα τῆς συ[μ]βίου καὶ τῶν τέκνων, L͞IE, θῶθ I͞Ο [1].

C'est un fonctionnaire d'un nome voisin. Sa dignité le retenait à son poste toute l'année : il y vivait en famille. Sans doute une affaire l'aura appelé à Thèbes et il en aura profité pour visiter toutes les curiosités de l'antique capitale. Il n'a pas reculé devant une excursion pénible. Du moins, il n'y traîne pas avec lui sa femme et ses enfants; il les aura laissés dans l'ombre de sa demeure d'Ombos, ou chez son collègue thébain, et se contente de faire des adorations en leur nom.

2. Le second mois, *phaophi*, Φαωφί, ⲡⲁⲟⲡⲓ, ⲡⲁⲁⲡⲉ, septembre-octobre, n'est guère plus favorable. Nous n'y rencontrons que deux visiteurs qui, probablement, voyageaient ensemble, car ils inscrivirent à peu de distance leurs graffiti et usèrent de la même formule [2] :

Φιλόεξνος Φιλοέξνου ἱστόρησα πάσας τὰς συρίνγας (*sic*), L͞IA, Φαωφὶ K͞.
et : Μάρκος Καίλιος Σαραπίων ἰσ̓όρησα πάσας [τὰς συρίνγας], L͞IA, Φαωφί.

<hr>

[1] Salt, *Transactions of the R. Society of Litterature*, 1828, vol. II, n° 18; Letronne, *Transactions*, II, 1834, p. 72; *Statue vocale de Memnon, appendice*, p. 248, n° 18; *Recueil des Inscriptions grecques et latines d'Égypte*, II, n° 290, pl. n° 71; Boeck, *Corpus Inscriptionum græcarum*, n° 4811; Cagnat, *Inscriptiones graecae ad res romanas pertinentes*, I, fasc. V. *Ægyptus*, n° 1221; J. Baillet, n° 1669.

[2] *Mémoires de l'Institut français d'Archéologie orientale au Caire* : J. Baillet, *Inscriptions grecques et latines des Tombeaux des rois ou Syringes à Thèbes*, 1er fasc., n°ˢ 825 et 836.

L'un était un Grec; l'autre, un Romain d'une famille
établie en Égypte, ou un Gréco-Égyptien romanisé. Leurs
conditions nous restent inconnues, ainsi que les motifs
de leur présence à Thèbes. Nous constatons seulement
leur ardeur de touristes : malgré la température excessive,
ils ont voulu tout voir et ils ont visité toutes les Syringes.
Ils y ont eu du mérite. Reconnaissons-leur le droit de s'en
vanter.

3. Le mois d'*athyr*, ἀθύρ, ⲋⲁⲧⲱⲣ, ⲗⲟⲱⲣ, octobre-
novembre, est encore assez chaud, mais déjà plus sup-
portable. Les voyageurs commencent à venir en Égypte.
C'est le mois où Hadrien, Sabine et leur cour visitent
Thèbes : Balbilla date des 24 et 25 athyr les vers
qu'elle grave sur le Colosse de Memnon [1]. Un graffito des
Syringes, assez mal conservé, date des temps ptolémaïques :

M . . . . . . : Ἡρα[κλείδου] ἀθύρ [. . ∟ . .] Πτολεμ[αίου τοῦ] Πτο-
λε[μαίου] [2].

— Un autre, plus anciennement connu, date du règne
de Commode, d'une année dont la lecture est douteuse
et du 14 athyr. Il est dû aussi à un fonctionnaire qui a
consciencieusement tout vu, le tribun de la IIᵉ légion,
Claudius Commodianus :

Κλ. Κομμοδιανὸς, χειλίαρχος λεγ(εῶνος) Β Τραϊανῆς Ἰσχυρ(ᾶς),
πάσας τὰς σύριγγας ἰδὼν, ἐθαύμασα, Ⳑ︤Ⳁ︥ [M.] Αὐρηλίου Κομμό-
δου τοῦ κυρίου, ἀθὺρ ⲓ̄ⲇ̄ [3].

— Deux autres graffiti, naguère inédits, situés à moins
d'un mètre de distance l'un de l'autre, portent la même

<hr>

[1] LETRONNE, *Recueil*, II, p. 364-367, n° 346; BOECK, *C.I.G.*, n° 4727;
LEPSIUS, *Denkmaeler*, VI, n° 91.

[2] J. BAILLET, *Inscriptions des Syringes*, I, n° 66.

[3] SALT, *Transactions*, n° 25; LETRONNE, *Transactions*, p. 72; *Statue*,
p. 250, n° 25; *Recueil*, n° 295, pl. n° 77; BOECK, *C.I.G.*, add. n° 4768,
p. 1207; CAGNAT, *Inscriptiones*, n° 1216; J. BAILLET, *Syringes*, II,
n° 1678.

date et usent d'une même formule qui ne se retrouvera
point ailleurs; ce sont donc des compagnons de route qui
les tracèrent : l'an 21, le 8 athyr : un fils d'Égyptios,
Denys, fils de Moschion, et Moschion, fils de Denys,
d'Héraclée [1] :

. . . ων [Αἰ]γυπτίου, Κύριου · εἴ με ζώ[ειν] ἅπαντα χρόνον;
L$\overline{KA}$, ἀθὺρ $\overline{H}$.

Διονύσιος Μοσχίωνος [καὶ] Μοσχίων Διονυσίου Ἡρακλειώτει[ς] ·
ζώ[ε]ιν τὸν ἅπαντα χρόνον; L$\overline{KA}$, ἀθὺρ $\overline{H}$.

On voit que les trois amis, sans comprendre le texte de
la Litanie du Soleil au milieu de laquelle ils inscrivaient
leur attestation et leur prière, avaient été vivement
frappés des tableaux relatifs aux Enfers Égyptiens qu'ils
venaient de contempler. Ils ont médité sur la mort; mais
leur pensée a pris une couleur chrétienne, qui s'est reflétée
dans le style de leur brève invocation au Seigneur :
« Qu'il me donne la vie éternelle ! » Sur le Colosse, il est
vrai, le païen Duilius Petronianus [2] requiert bien, en
vers élégiaques, le roi Memnon de lui accorder longue
vie :

Ἀλλά σύ μοι ζώειν δηρὸν, ἄναξ, χάρισαι.

Mais que réellement ici nous n'ayons pas affaire à des
païens, malgré le caractère ancien et indifférent des noms,
la preuve ressort non seulement de la distinction entre la
vie éternelle et une longue vie que souhaitent pourtant
d'autres chrétiens dans la même Syringe [3], mais péremp-
toirement de la position des graffiti sur la muraille et du
voisinage d'inscriptions indubitablement chrétiennes [4].

4. La température devient très douce en *choïak*, χοίάκ,

---

[1] J. BAILLET, *Syringes*, I, n°ˢ 238 et 241.

[2] LETRONNE, *Recueil*, II, n° 377; BOECK, *C.I.G.*, n° 4749.

[3] J. BAILLET, *Syringes*, I, n°ˢ 302 et 304 : l'inscription d'Artémidora
et Paphnuce, χαρίσασθαι ζωὴν εἰς ὀλίγον χρόνον, et celle d'Ammonios et
Isidore, Κύριος χαρίσεται τὴν ζωὴν εἰς ἀκρότητα.

[4] Voir la disposition sur les planches IX et X.

ⲬⲞⲒⲀⲔ, ⲔⲒⲀⳞⲔ, novembre-décembre. Cependant, seulement deux graffiti grecs sont datés de ce mois. L'un est
d'un Apollonide le jeune, qui voyageait peut-être avec un
frère et se montre heureux de son voyage : le texte, très
mutilé, n'en laisse pas deviner davantage [1] :

Ἀπο[λλωνί]δης νεώτερος, [κ]αὶ . . . . [ἀ]δε[λφ]ὸς, — . . .
— ἐπ' ἀγαθῷ, [L.] χοιάχ.

— L'autre, qui éternise l'admiration de Macarius
Proximus et d'Harpocration, est daté du 17 de ce mois,
avec une variante d'orthographe [2] :

Μακάριος Πρώξιμος εἰδὼν ἐθαύμασα· Ἀρποκρατίων, κοιὰχ Ι͞Ζ.

— Il faut y joindre le graffito latin du tribun militaire
des légions viie et iiie, Marcus Ulpius Antiochianus Pulcher,
qui visita les Syringes sous le consulat d'Apronianus et
de Paulus, consul pour la deuxième fois, c'est-à-dire en
168 après J.-C., la veille des ides de novembre, avec le
percepteur Epictète et un nommé Dionysios, et s'en
déclara très heureux :

*M. Ulpius Antiochianus Pulcher, domo Hemesa, tribunus mil(itum),
leg(ionum) vii Gem(inae) Fel(icis) et iii Aug(ustae), inspexi, Aproniano
et Paullo ii (iterum) co(nsulibus), pr(idie) idus novembres, feliciter, cum
Epicteto actori* [3].

Διονύσιος ἔνταδε (sic) ἐγενόμην, μετὰ Ἀντιοχιανοῦ [4].

5. Le mois suivant, *tybi*, τυϐί, ⲦⲰⲂⲒ, ⲦⲰⲂⲈ,
décembre-janvier, inaugure la saison d'hiver ou plutôt
de printemps, le *Germinal* égyptien, ⲁⲟ͞ C'est
aujourd'hui le mois où, après Christmas, arrivent les

---

[1] J. BAILLET, *Syringes*, I, n° 78.
[2] J. BAILLET, *Syringes*, II, n° 1376.
[3] SALT, *Transactions*, n° 21; WILKINSON, LETRONNE, *Transactions*, p. 72;
Statue, p. 249, n° 21; *Recueil*, n° 208, pl. n° 74; LEPSIUS, *Denkmaeler*,
VI, p. 101, n° 45; *C.I.L.*, III, 67; J. BAILLET, *Syringes*, II, n° 1448.
[4] *Syringes*, II, n° 1435.

plus nombreuses caravanes. Neuf et peut-être onze de nos graffiti, presque tous nouveaux, se classent dans ce mois :

Le 4 tybi de l'an 4 de César (Auguste), un nommé Héraclès est venu :

Ἡρακλῆς ἥκω, L[Δ̄] Καίσαρος, τυϐὶ Δ̄ [1].

— Le 4 tybi de l'an 6 d'Hadrien (122 après J.-C.), Pétrone, fils d'Andromachos, a admiré :

Πέτρωνις Ἀνδρομάχου ἐθαύμασα, Lϛ̄ Ἀδριανοῦ, τυϐὶ Δ̄ [2].

— Le 4 tybi de l'an 3, le maître de poste Diogène a visité :

Διογένης ἰστατιώναρις (sic) ἱστόρησα, LΓ̄, τυϐὶ Δ̄ [3].

— Le 5 tybi de l'an 25, Protarchos, fils de Ptolémée :

Ἔτους Κ̄Ε̄, τυϐὶ Ē, Πρώταρχος Πτολεμάου (sic) [4].

— Le 6 tybi de l'an 5, Ktôs a visité et adoré :

Κτῶς ἱστόρησα καὶ προσεκύνησα LĒ, ..., τυϐὶ ϛ̄ [5].

— Peut-être à la même date, l'an 5 d'Antonin, visite d'Ariston :

Ἀρίστων ἱστόρησα, LĒ Ἀντωνίνου, τυ[ϐὶ ?] σα (?) [6].

[1] *Syringes*, II, n° 2001.
[2] Salt, *Transactions*, n° 16; Letronne, *Transactions*, p. 71; *Statue*, p. 248, n° 16; *Recueil*, n° 288, pl. n° 69; Boeck, *C.I.G.*, n° 4765; Deville, *Archives des Missions*, 1865, n° 25; Cagnat, *Inscriptiones*, n° 1222; J. Baillet, *Syringes*, I, n° 59.
[3] *Syringes*, II, n° 1241.
[4] *Syringes*, I, n° 831 *bis*.
[5] *Syringes*, II, n° 1439.
[6] *Syringes*, II, n° 1625.

— Le 11 tybi, graffito presque illisible d'un voyageur, au nom mutilé :

Ἀρι...ρα... [ἐθαύ]μασα, τυϐὶ Ι̅Α̅ ...... [1].

— Peut-être au même jour, un Ptolémée :

Πτολεμαῖος (?), Ι̅Α̅ τυϐι΄ [2].

— Le 20 tybi, Olympios de Cyrène et Apollonia :

Ὀλύμπιος Κυρηνουπο[λίτης], Ἀπολλωνία ..... τυϐὶ Κ̅ [3].

— Le 25 tybi, l'an 20 d'Antonin, Apollophanès, fils d'Hiérax est venu, a vu, visité et admiré :

Ἀπολλοφάνης Ἱέρακος Λυκοπολίτης ἰδὼν ἱστόρησα, [ἐθαύμ]ασα ἥκων, L̅Z̅ Ἀντωνίνου, τυϐὶ Κ̅Ε̅ [4].

— Enfin, un certain Nicaise a daté de l'an 21 ou 24, le 5 tybi.

Νικάσιος, L̅Κ̅Α̅ (ou Κ̅Δ̅), τυπὶ Ε̅ (sic) [5].

Aucun de ces individus n'intéresse particulièrement. Le Pétrone, fils d'Andromaque, qui admire en l'an 6 d'Hadrien, peut-il être confondu avec le préfet d'Égypte Petronius Mamertinus qui entendit le Colosse de Memnon en 134 ap. J.-C. [6] et fut préfet du prétoire en 140 ? Pour ces hautes dignités, on ne prenait que des Romains de

---

[1] *Syringes*, II, n° 2028.
[2] *Syringes*, I, n° 1503.
[3] *Syringes*, I, n° 785.
[4] *Syringes*, I, n° 193.
[5] Deville, *Missions*, n° 21; Preisigke, *Sammelbuch Griechischer Urkunden*, n° 1757; J. Baillet, *Syringes*, I, n° 57.
[6] Nordern, *Voyage*, pl. 111, p. 169; Pococke, *East*, pl. II, p. 85; Salt, *Transactions*, n° 20; Orelli, *Collectio*, 523; Letronne, *Statue*, p. 184; *Recueil*, p. 375-376, n° 355; Bailie, *Fasciculus inscriptionum*, 1849, p. 300; Lepsius, *Denkmaeler*, VI, 101, n° 7; Mommsen, *C.I.L.*, III, 44.

souche authentique; il faudrait supposer que, né en Italie
d'un affranchi grec, il serait parvenu à l'ordre équestre,
aurait fait son chemin dans l'administration et serait déjà
venu une première fois en Égypte et à Thèbes comme
préfet de l'annone; à la rigueur tout cela n'est pas absolument impossible, mais se heurte cependant à des objections : comment le préfet de l'annone, au lieu de se parer
de son titre, aurait-il rappelé le nom grec, peu honorifique, de son père? Et serait-il vraisemblable ensuite
que Marc-Aurèle ait choisi pour gendre le petit-fils d'un
Andromachos?

6. Le mois de *méchir*, janvier-février, μεχείρ ou μεχέρ,
ⲙⲉⲭⲓⲣ, ⲙⲱⲓⲣ, est le plus agréable pour les touristes.
Cependant, ils n'ont laissé que trois graffiti datés de ce
mois. Encore l'un des trois est-il d'un fonctionnaire astreint
par ses fonctions à séjourner en Égypte, un médecin militaire de la ⅱᵉ légion Trajana Fortis, Asclépiadès, qui a
fait mémoire le 1ᵉʳ méchir de l'an 10 d'Antonin (147
ap. J.-C.) :

[Ἐ]μνήσθη Ἀσκληπιάδης, ἰατρὸς λεγεῶ(νος) B̄ Τρα(ϊανῆς) Ἰσχυ-
ρᾶς, L̄Ῑ Ἀντωνίνου, μεχεὶρ Ā [1].

— Les autres sont d'inconnus, un Achillianos qui admira
l'an 6, le 13 de méchir, et un Horus dont les patrony-
miques sont de lecture difficile et, sans doute, d'origine
égyptienne :

Ἀχιλλιανὸς ἐθαύμασα, L̄ϛ, μεχεὶρ Ῑ̄Γ [2].
Ὧρος Τιθοέους, ὁ Πυαρασέθου (?) υἱὸς, ἥκω, καὶ Πέτρος ἦλθεν
ὧδε, L̄Κ̄Θ Καίσαρος, μεχείρ [3].

[1] *Description de l'Égypte*, V, 56, 4; Wɪʟᴋɪɴsoɴ; Saʟᴛ, n° 6; Lᴇᴛʀoɴɴᴇ,
Transactions, 71; *Statue*, 246, n° 6; *Recueil*, n° 207, pl. n° 60; Boᴇᴄᴋ,
C.I.G., n° 4766; Lᴇᴘsɪᴜs, *Denkmaeler*, VI, 76, n° 51; Dᴇᴠɪʟʟᴇ, *Missions*, n° 196; Cᴀɢɴᴀᴛ, *Inscriptiones*, n° 1212; J. Bᴀɪʟʟᴇᴛ, *Syringes*, II,
n° 1575.
[2] *Syringes*, II, n° 1648.
[3] *Syringes*, II, n° 1443.

La date de l'an 29 de César semble ne convenir qu'à Auguste ou à Constantin : Καίσαρος désigne habituellement Auguste; le caractère cursif de l'écriture et le nom chrétien de Pierre feraient attribuer le graffito au règne de Constantin; mais encore, en cumulant les années de Marc-Aurèle et de Commode, on pourrait compter un an 29 et apparenter notre Horus à Pachnoumis, fils de Tithoès qui signa dans les carrières d'Hammamât et à Harpocras, fils de Tithoès, qui fit la peinture et la sculpture du petit temple d'Esneh, l'an 10 d'Antonin [1].

— Il faut probablement rattacher à ce mois la visite d'Exémisès Kronidès qui vint l'an 59 de Dioclétien (l'an 343 sous Constant et Constance), le 14 de με— : on peut compléter μεχείρ ou μεσορί. Ce voyageur, lettré et enthousiaste, traduisit poétiquement ses impressions [2] :

Ὡς δ᾽ εἶδον, θυμός μευ ἀγάσσατο, καὶ τάδ᾽ ἔγραψα.
Ἐξεμίσης Κρονίδης, ..., ἔτους Διοκλητιανοῦ L N̄Θ̄, με Ῑ Δ̄,
ἰνδ(ικτίονος) Ῑ Η̄.

7. Le vent sec et poussiéreux du sud, le *khamsin*, infeste quelques journées de *phaménoth*, février-mars, Φαμενώθ, ⲪⲀⲘⲈⲚⲞⲐ, ⲠⲀⲢⲘⲌⲀⲦ. Cependant il n'y a pas encore de quoi arrêter les voyageurs. Nous en comptons cinq :
— Sans quantième, Clément, fils de Sérénus, a visité l'an v :

Κλήμης Σερηνοῦ ἱστόρησα, L Ē, Φαμ(ενώθ), [? καὶ Διδο.?] ἱστ(όρησα) [3].

— Le 5 phaménoth, an 5, Oeididios Nelon ou Ven-

[1] Letronne, *Recueil*, I, 199, n° 18; II, 417, n° 446; *G.I.G.*, add. n° 4831, 7 et 4716 *d*, 29.
[2] Deville, *Missions*, n° 226; J. Baillet, *Syringes*, II, n° 1319.
[3] Salt, *Transactions*, n° 26; Letronne, *Transactions*, 72; *Statue*, 250, n° 26; *Recueil*, n° 296, pl. n° 79; Boeck, *C.I.G.*, n° 4801; J. Baillet, *Syringes*, II, n° 1670.

tidius Néro, dont le nom est douteux, mais se retrouve peut-être après celui de Clément [1] :

Ὀειδίδιος Νέλων ἱστόρησα, L̄Ε̄, φαμενὼθ Ē.

— Le 7, an 4 de Claude, sont venus Sotérikhos et Héraclidès [2] :

Σωτήριχος καὶ Ἡρακλείδης ἥκαμεν ὧδε, L[Δ̄] Κλαυδίου, φαμενὼ[θ] Z̄.

— Le 8, an 21, ont visité Ammonius et Verus [3] :

Ἀμμώνιος, Οὐῆρος ἱστορήσαμεν, L̄Κ̄Ā, φαμενὼθ H̄.

— Le 11, sans chiffre d'année, visite de Didymos Hélicôn [4] :

Δίδυμος Ἡλίκων ἱστόρησα, L[.], φαμενὼθ ῑᾹ.

8. Trois ou quatre voyageurs seulement ont signalé leur passage en *pharmouti*, mars-avril, Φαρμουθί, ϦΑΡΜΟΥΘΙ, ΠΑΡΜΟΥΤΕ. Ce sont :

— Le 22 pharmouti, l'an 15 d'Antonin, Apollonius, fils d'Apollonius, peut-être le stratège du nome Ombite, fonctionnaire [5] :

Ἀπολλώνιος Ἀπολλωνίου ἐγενόμην, Φαρμουθὶ ῑΒ̄, L̄ῑΕ̄ Ἀντονίνου.

---

[1] *Syringes*, II, n° 1860.
[2] *Description de l'Égypte*, V, 56, 1; Letronne, *Recueil*, n° 309, pl. n° 118; Boeck, *C.I.G.*, n° 4762; Deville, *Missions*, n° 167; J. Baillet, *Syringes*, II, n° 1679.
[3] Champollion; Letronne, *Recueil*, n° 211; Boeck, *C.I.G.*, n° 4773 c; J. Baillet, *Syringes*, II, n° 1902. Champollion avait lu Οὖρος ἱσΊορησάμην; Letronne corrigeait en Σύρος et devinait ἱσΊορήσαμεν. Pour la date, le Corpus hésite entre les règnes d'Aulète, Auguste et Tibère : je crois qu'il faut aller jusqu'à celui d'Antonin dont l'an 21 correspond à 159 ap. J.-C.
[4] Deville, *Missions*, n° 132; Preisigke, *Sammelbuch*, n° 1850; J. Baillet, *Syringes*, I, n° 893.
[5] *Syringes*, II, n° 1500. Cf. *C.I.G.*, n°⁸ 5076, 5077, 5078.

— En pharmouthi, l'an 14 d'Auguste, Eutechnos d'Alexandrie, avec Helladios, fils d'Antimaque [1] :

Εὔτεχνος Ἀλεξανδρεύς, [L]ῑΔ Κ[αὶ] σαρο[s, φ]αρμ[ουθ]ί.
Ἑλλάδιος Ἀντι[μ]ά[χο]υ, [ἔτου]s ῑΔ Καίσαρος.

— Un quatrième touriste, sans révéler son propre nom, s'est contenté d'écrire isolément celui du mois φαρμωντέ, forme intermédiaire entre celles des dialectes thébain et memphite [2].

— Peut-être un autre encore, Isidoros, a-t-il noté en abrégé le 8 pharmouti [3] :

Ἰσίδωρος — ?? — Φὰρ η(?) ἱστόρησα.

9. La saison d'été ⏤〰〰☉, le *Messidor* égyptien, commence avec le mois de *pachôn*, ϖαχών, ΠΑΧШΝ, ΠΑϢΟΝϹ, avril-mai. Nous n'y notons qu'une seule visite : le 14, en l'an 5, Eubius le *singularis*, c'est-à-dire soit le secrétaire d'un administrateur |civil, soit le cavalier de la garde d'un grand chef militaire [4] :

Εὔϐις σινγούλαρις, Lῑ̄Ē, ϖαχὼν Δῑ.

10. Il vient encore quelques voyageurs en *payni*, ϖαϋνί, ΠΑШΝΙ, ΠΑϢΝϹ, mai-juin :

— Le 21, an 10, le médecin Saprion [5] :

Σαπρίων ἰατρὸς ἱστόρησα, Lῑ, ϖαϋνὶ ΚΑ.

<hr>

[1] *Syringes*, II; nᵒˢ 1491 et 1492.
[2] DEVILLE, *Missions*, n° 236; PREISIGKE, *Sammelbuch*, n° 1915; J. BAILLET, *Syringes*, I, n° 651.
[3] *Syringes*, II, n° 1774.
[4] *Syringes*, II, n° 1473.
[5] LEPSIUS, *Denkmaeler*, VI, 76, n° 56; DEVILLE, n° 206; PREISIGKE, n° 1899; J. BAILLET, *Syringes*, II, n° 1525.

— Le 23, an 45, probablement de Ptolémée Aulète, le Mysien Hipparque, fils de Ménédème [1] :

Ἵππαρχος Μενεδήμου Μυσὸς ἥκω, L̅M̅E̅, ϖαϋνὶ K̅E̅.

— Un autre graffito très confus semble renfermer encore le mot ϖαϋνί [2].

11. Je ne relève aucune visite au mois d'*épiphi*, ἐπιφί, ⲉⲡⲓⲡ, ⲉⲡⲉⲡ, juin-juillet. La chaleur qui règne alors l'explique surabondamment.

12. Enfin *mésori*, μεσορή [3], ⲙⲉⲥⲱⲣⲏ, juillet-août, dernier mois d'été, voit reprendre les excursions aux Syringes :

— Le 6 mésori de l'an 14 d'Auguste, vint Anicérôs, fils d'Ammônios, dont un camarade romain, Appius, signant à côté, écorche doublement le nom, apparenté sans doute à celui d'Annicérios l'Éginète qui racheta Platon vendu comme esclave à Syracuse [4] :

Ἀνισέρως Ἀμμονίου ἦλθον, L̅I̅Δ̅ Καίσ(αρον) μησ(ορὶ) ϛ̅.
Ἄπιος σὺν Νεικέρωτε, L̅I̅Δ̅.

— Le 6 de l'an 37 d'Auguste, un Gaïus Julius, dont le surnom Paispartos ou Paipitos prête à discussion [5] :

Γαῖος Ἰούλιος Παίσπαρτος ἥκω, L̅Λ̅Z̅ Κα(ί)σαρ(ο)ς, μεσορὶ ϛ̅.

— Le 17 de l'an 32, Sosipatros est venu [6] :

Σωσί[π]ατρος ἥκω, L̅Λ̅B̅, μεσορὴ I̅Z̅.

[1] Deville, *Missions*, nº 54; Preisigke, *Sammelbuch*, nº 1782.
[2] *Syringes*, I, nº 763.
[3] Notons les variantes ; μησ⸍ (nº 1206), μεσορή (nº 1149 et 975), μεσορί (nº 371), μεσορά (nº 1862).
[4] *Syringes*, II, nºˢ 1206 et 1205.
[5] Hamilton, *Ægyptiaca*, 161, nº 8; Letronne, *Recueil*, nº 323; Boeck, *C.I.G.*, nº 4798; Deville, *Missions*, nº 100; Baillet, *Syringes*, I, nº 371, cf. nº 520.
[6] *Syringes*, II, nº 1149.

. — Le 22 de l'an 25, Héraclidès a vu [1] :

Ἡρακλείδης εἶδον, μεσορὴ $\overline{KB}$, L KE (?).

— Le 29 de l'an 8 de Trajan, Potamôn a visité avec son père Potamon et a fait ses dévotions au nom de toute la famille [2] :

Ποτάμων ἱστόρησα σὺν Ποτάμων πατρὶ, L$\overline{H}$ Τραιανοῦ Καίσαρος τοῦ κυρίου, μεσορὰ $\overline{K\Theta}$, καὶ τὸ προσκύνημα πάντων τῶν ἀδελφῶν καὶ τῆς κυρίας μητρὸς, καὶ τῆς ἀδελφῆς, L$\overline{H}$....... $\overline{K\Theta}$.

— Plus haut, nous avons vu que dans certain graffito l'abréviation με‿ pouvait se lire au choix μεχείρ ou μεσορί.

— Enfin, nous devons ajouter à cette liste le Rhodien Euphranor, fils de Philon, celui de nos visiteurs qui a inscrit la date la plus ancienne, l'an 7 de Ptolémée, fils de Ptolémée, au mois de Panémos, vraisemblablement sous le roi Aulète, c'est-à-dire l'an 75 avant J.-C. Il ne se donne aucune qualification : nous ignorons s'il était militaire, fonctionnaire ou trafiquant; nous voyons seulement qu'il n'avait pas craint la chaleur d'août auquel correspond à peu près le mois dorien de Panémos [3] :

Εὐφράνωρ Φίλωνος Ῥόδιος, ἐπὶ Πτολεμαίου τοῦ Πτολεμαίου, L$\overline{Z}$, μῆνος Πανήμου.

En résumé, nous relevons onze visites dans les quatre mois d'automne, vingt-deux dans les mois d'hiver, onze dans les mois d'été, dont sept pour le dernier seul. C'est

[1] *Syringes*, I, n° 975.
[2] SALT, double copie n°ˢ 3 et 42; LETRONNE, *Transactions*, 70; *Statue*, 244, n° 2; *Recueil*, n°ˢ 279 et 280, pl. n°ˢ 57 et 103; BOECK, *C.I.G.*, n° 4763 *a* et *b*; CAGNAT, *Inscriptiones*, n° 1223; BAILLET, *Syringes*, II, n° 1862.
[3] HAMILTON, *Ægyptiaca*, 161, n° 5; CHAMPOLLION; LETRONNE, *Recueil*, n° 259, pl. n° 17-18; BOECK, *C.I.G.*, n° 4789 *b*; LEPSIUS, *Denkmaeler*, VI, 76, n° 33; DEVILLE, *Missions*, 161, n° 16; BAILLET, *Syringes*, II, n° 30. Champollion, Lepsius et Deville ont noté le nom du mois comme mutilé; Euphranor avait écrit πανήμου au lieu de πανέμου.

une proportion à peu près normale, quoique la répartition
entre les mois paraisse un peu différente de celle qu'on
observerait aujourd'hui. L'été, avril-août, nous semble
favorisé : épiphi est vide, mais mésori amène des visiteurs.
L'automne, août-décembre, a sans doute à se plaindre du
hasard : son dernier mois, choiak, le plus agréable, n'est
pas des plus riches. Enfin, nous trouvons tout naturel que
les touristes se pressent surtout à la saison printanière,
de décembre à avril, et surtout dans ses deux premiers
mois.

Les dates gravées par les visiteurs du Colosse de
Memnon correspondent à peu près à ces données. Trente
et une inscriptions sont datées et contiennent 44 dates.
Les mois de phaophi et de mésori sont vides tandis qu'épiphi reçoit une visite. Les mois les plus courus sont méchir
(11 visites) et phaménoth (10 visites), janvier-mars.
L'automne compte onze visites; l'hiver-printemps en
compte vingt-six; l'été seulement 7, ce qui rapproche
davantage des habitudes modernes [1].

La *Saison* commençait en athyr, novembre, et expirait
en pharmouthi, mars-avril, juste au moment où Champollion, peu soucieux de sa santé et atteint déjà du mal
qui devait l'emporter trois ans plus tard, s'installait dans
les Syringes.

Pourquoi la saison fraîche n'était-elle pas seule fré-
quentée? La raison que nous laissent soupçonner nos
inscriptions semble celle-ci : les touristes à proprement

[1] Voici la répartition par mois avec les numéros des inscriptions dans
le recueil de Letronne et dans les Corpus. Thot : n° 337 (*C.I.G.*, 4722).
— Athyr : 327 (*C.I.L.*, III, 33), 330 (*C.I.G.*, 4719), 346 (2 jours,
C.I.G., 4727), 329 *a* (*C.I.L.*, III, 34). — Choiak : 329 *b* (*l. c.*), 332
(*C.I.L.*, III, 36), 350 (*C.I.G.*, 4732), 351 (*C.I.G.*, 4733), 357
(*C.I.G.*, 4736). — Tybi : 329*c* et *i*. — Méchir : 329*d*, *e*, *f*, *g* et *j* (*l. c.*)
331 (*C.I.L.*, III, 35), 334 (*C.I.L.*, 38), 335 (*C.I.L.*, 39), 358 (*C.I.L.*,
46), 362 (*C.I.L.*, 51), 408 (*C.I.L.*, 49). — Phamenôth : 325 (*C.I.L.*,
30), 329 *h* et *k*, 333 (*C.I.L.*, 37), 336 (*C.I.L.*, 40), 341 (*C.I.L.*, 41),
353 (*C.I.L.*, 43), 355 (*C.I.L.*, 44), 364 (*C.I.L.*, 53), 411 (*C.I.L.*,
50). — Pharmouthi : 328 (*C.I.L.*, 32), 329 *b*, 391 (*C.I.G.*, 4761 *d*).
— Pachôn : 361 (*C.I.G.*, 4738), 382 (*C.I.G.*, 4753), 356 (*C.I.L.*, 45).
— Payni : 329 *m*, 342 (*C.I.L.*, 42), 405 (*C.I.L.*, 60). — Epiphi :
339 (*C.I.G.*, 4723).

parler, les étrangers qui voyageaient par agrément ou pour s'instruire, ceux qui pouvaient choisir leur temps, étaient plus rares qu'aujourd'hui. Y avait-il une saison morte pour le commerce? C'est probable, mais les trafiquants ne nous l'ont pas fait connaître. Les visiteurs d'été étaient, sans doute, surtout des fonctionnaires attachés toute l'année au pays et que leurs affaires conduisaient en Haute-Égypte et à Thèbes en toute saison, en dépit des ardeurs du soleil et de l'humidité chaude de la terre.

A CHRONOLOGICAL PROBLEM,

BY

C. C. EDGAR.

Some years ago I attempted, with the new material furnished by the Zenon papyri, to show the relation between the Egyptian and the Macedonian calendars in the reign of Ptolemy Philadelphos [1]. My contention was that a month was intercalated biennially in the Macedonian calendar, so that the year was alternately 354 and 384 days long. M. Lesquier, whose untimely death we all deplore, has more recently devoted a long and sympathetic article to the same subject [2], reviewing all the evidence and warning us against drawing hasty conclusions from the few facts which are clearly established. Without disregarding this exhortation to caution, I think it is practicable, and may be useful, to carry the inquiry a little farther and to examine the question whether the double dates from the reign of Euergetes are in agreement with the scheme proposed for the reign of Philadelphos. But before attacking the main subject it is necessary to make some preliminary observations.

I

We find as a general rule that demotic documents of this period are dated by the Egyptian civil year beginning on the 1st of Thoth, which for convenience I shall call the canonical year, while Greek documents are dated

---

[1] *Annales du Service des Antiquités*, XVII, 209 and XVIII, 59.
[2] *Revue Égyptologique*, II, 128.

differently. This is shown very clearly by three bilingual receipts, unpublished, from Zenon's archives, belonging to the reign of Philadelphos. They are dated in Greek as follows : year 29, Payni 29; year 29, Mesore; year 29, Thoth 25; and the corresponding dates in the demotic versions are : year 28, Payni 29; year 28, Mesore; year 29, Thoth 25. Whenever then in a bilingual document we find that the Greek year differs from the Egyptian, we may reasonably suppose that the latter is the canonical year. It is true that there are some apparent inconsistencies in these bilingual datings. For instance the demotic contract *P. Cairo* 30604, from the reign of Euergetes, is dated year 15, Phamenoth, while the Greek docket has year 16, Phamenoth 20; but in *P. Eleph.* 26, which belongs to the same reign, the demotic text and the Greek docket alike bear the date year 24, Phamenoth 20. In both these cases it is probable that the Egyptian scribe was reckoning by the canonical year and that the inconsistency is due to the Greek scribes. But I am not maintaining that demotic papyri are invariably dated by the canonical year. All we can say is that this was the system which the native scribes naturally and generally followed.

It will be observed that in the above-mentioned receipts the year by which the Greek scribe has dated began some time before the 1st of Thoth. But unfortunately there is reason to believe that the Greeks themselves used more than one system of reckoning. In some documents we find them reckoning by a year which, as Mr. Smyly has shown[1], began on or about the 1st of Mecheir. This is probably the year specified occasionally as ὡς αἱ πρόσοδοι and we therefore call it the financial year; but we must not assume that it was only used in financial documents; on the contrary its use appears to have been quite general. According to this system the

[1] *Hermathena,* 1906, p. 106. *P. S. I.* 583 and an unpublished account in Cairo corroborate the previous evidence.

2nd year of the king began on the 1st of Mecheir following his accession, while according to the Egyptian system his 2nd year began on the 1st of Thoth following the accession [1].

But we know also that in the reign of Philadelphos many or most of the Greeks, including the διοικητής in Alexandria and no doubt the king himself, dated by a year which began on a certain point in the Macedonian calendar and which, as far as one can see, had no fixed relation to the other systems or to the natural seasons. To take one example, we learn from the Zenon papyri that the 29th Macedonian year began either before or not later than the 10th of Phamenoth, while year 32 did not begin till after the 1st of Pharmouthi [2]. The difference is of course due to the fact that the Macedonian year was on an average considerably longer than the Egyptian at this period.

It has often been assumed, by myself among others, that the starting-point of the Macedonian year was the anniversary of the king's accession, — a survival or revival of one of the old Egyptian ways of reckoning. Year 1 would on this assumption be the period between the accession and its first anniversary on the Macedonian calendar; and the financial and canonical years would both be in advance of the Macedonian year by as many months as their starting-points preceded the anniversary. Towards the end of the reign of Philadelphos in particular the canonical year would have been about seven months in advance of the Macedonian year. I had gradually become convinced on general grounds that this was not really the case [3], and quite lately a piece of evidence has come to light which seems to me decisive. In one of

[1] Ferraboni's theory that the Egyptian years at this period were postdated, like those of the Persian kings, conflicts with the evidence of the papyri and is moreover improbable on general grounds (see MEYER, *Chron. ég.*, tr. MORET, pp. 71, 270).

[2] *Annales*, XVIII, p. 59.

[3] See *Annales*, XXI, p. 97.

the fine demotic papyri discovered this year at Thebes by Mr. Fisher, and not yet published, a Greek docket has been observed with the double date L κβ μη(νὸς) Λωίου ιθ, Αἰγυπτίων δὲ L κα μη(νός) Ἐπεὶφ ιβ. Now this date agrees exactly with the concordances proposed in my table in the *Annales* for year 22 of Philadelphos, showing that these concordances are in fact correct. But what is more important, it proves that the Macedonian year to which the concordances of Apollonios apply was in advance of the canonical year. In other words, the year by which Apollonios dated his letters did not commence later than the canonical year, but earlier [1]. Therefore it cannot have been a so-called regnal year starting from the anniversary of the accession; or, to put the matter more precisely, year 1 of Philadelphos cannot have been the period between his accession and its first anniversary [2]; for if it had been so, the canonical year would necessarily have been in advance of the Macedonian year.

I believe then that in the later years of Philadelphos there was a financial year starting on the 1st of Mecheir, that the Macedonian year began a little later, about the 1st of Xandikos, and that the canonical year began still

---

[1] We can thus date the Zenon papyri more accurately than before, which is an important gain for Ptolemaic chronology. It is now clear, for instance, that the marriage of Berenike took place in the spring of 252 B. C. (*Annales*, XIX, p. 93). Again, we can now say that the eighth celebration of the Penteteris was held in the autumn of 251 B. C., about the beginning of Loios (*P. S. I.* 364), though it is not quite clear how we are to reconcile this fact with the generally accepted theory that the festival described by Kallixenos as having taken place in the middle of winter was the second celebration of the Penteteris. It was no doubt on the occasion of the eighth Penteteris that the cavalrymen of *P. Fribourg* 7 were expected to go down to Alexandria to be reviewed by the King, καταβαίνειν ωρὸς τὸν βασιλέα ἔφιπποι κτλ.

[2] I leave aside the question whether Philadelphos was at first merely co-regent with Soter. Rubensohn's argument (*P. Eleph.*, p. 27) is based on the assumption that the Elephantine dates are canonical dates, which is almost certainly wrong; and the sequence of months which he gives for year 41 of Soter (Thoth 1 — Artemisios X — Hyperberetaios X — Tybi 23) is manifestly improbable. One must admit, however, that, though the argument is faulty, his general conclusion may be right.

later, on the 1st of Thoth. This theory would explain
some discrepancies which have been observed in the datings of the Zenon papyri. For instance the year 30 in
which we find an intercalated Peritios might very well be
the financial year, equivalent at that particular season to
the 29th Macedonian year. But I do not care to dwell
on this point, for it is only too probable that many such
inconsistencies are simply errors on the part of the
scribes.

It is certain that the Greeks in the χώρα had adopted
the Egyptian calendar long before the middle of the 3rd
century B. C. and used it in ordinary intercourse much
more than they did the Macedonian calendar. It is more
difficult to discover when they began to date by the
Egyptian or canonical year. At the period with which we
are dealing it seems to me evident that the Greek scribes
had not begun to do so as a general rule. In bilingual documents the foreigners and the natives usually adhere to
their own systems, though *P. Eleph.* 26, as already mentioned, may be a case in which the Greek date is copied
from the demotic. But the one or two Greek documents
in which the date is specified as L *ια, ὡς δὲ αἱ πρόσοδοι* L
ιβ are on a different footing. Is there any reason to suppose that either of these dates refers to the canonical
year? If the documents in question had belonged to the
reign of Philadelphos, I should have said without hesitation that neither date was an Egyptian one. We are not
so well fixed about the habits of the scribes in the reign
of Euergetes; but here too the probability is that the year
defined as *ὡς αἱ πρόσοδοι* was the one by which the foreigners in the χώρα were accustomed to reckon, and
that the other was the year recognized by the Court;
and I believe that not only private persons but also the
officials in the nomes frequently dated by the former and
had some difficulty in following the royal example.

II

We have rejected the theory that the starting-point of the Macedonian year was the anniversary of the king's accession, but it is not easy to find another explanation. Practically all we know about the matter is that in the later part of the reign of Philadelphos the year began between the 24th of Dystros and the 2nd of Xandikos and that the month which was then intercalated biennially came after Peritios. Putting these facts together I formerly conjectured that the year began in the last week of Dystros rather than on the 1st of Xandikos, as it seems natural that the intercalation should take place just before the month in which the new year started. We know also that at another period, probably in the reign of Philopator, the intercalated month came after Panemos. That the intercalation was regulated by the natural seasons is indeed possible, but there is no evidence that it was. On the whole it seems more probable that the starting-point varied from reign to reign and that the intercalation varied accordingly.

M. Lesquier has thrown out the interesting suggestion, which I only wish he had developed more fully, that the starting-point was the king's birthday [1]. Thus if the king succeeded to the throne at the age of thirty he would complete the first year of his reign on his own thirty-first birthday. There is nothing inherently improbable in this theory, it seems to me; and in fact we can point to an historical parallel. In the time of Augustus the province of Asia adopted a reformed calendar in which the Emperor's birthday was taken as the starting-point of the year [2]. As the edict runs in the Greek text, δοκεῖ μοι πασῶν τῶν πολιτειῶν εἶναι μίαν καὶ τὴν αὐτὴν νέαν νουμηνίαν τὴν τοῦ θειοτάτου Καίσαρος γενέθλιον ἐκείνηι τε

---

[1] *Rev ég.*, II, p. 146.
[2] *Ath. Mitth.*, p. 275 et suiv.

πάντας εἰς τὴν ἀρχὴν ἐνβαίνειν. Moreover the theory is in accord with what we know about the reign of Philadelphos. As has just been said, the Macedonian year began then about the end of Dystros, and that is the month in which his birthday fell, though the exact date of it has not yet been ascertained [1]. In *P. S. I.* 514, a letter written by Apollonios on Peritios 28 and received by Zenon on Phamenoth 7 (= Dystros 3, to within a day or two, in this particular year), the latter is ordered to dispatch the gifts for the *stephanephoria* and to proceed next to send down the offerings for the king's birthday. From this it seems probable that the birthday fell in the second half of the month, for we must allow some time for preparation and for the journey to Alexandria. Again, in Phamenoth of year 31 (see *P. S. I.* 347) Epharmostos asks Zenon to speak to Apollonios on his behalf on the propitious occasion of the king's birthday; and we know from the Cairo texts nos. 33-35 that in fact Apollonios was in the neighbourhood of Philadelphia in the last week of Dystros in that year (Macedonian reckoning). There is little doubt then that in the reign of Philadelphos the birthday festival, whether by accident or by custom, closely coincided with the beginning of the new year.

I quite admit that an exact coincidence is not proved and that it may have been by accident that the two events corresponded so closely. Nevertheless I propose to adopt the above theory as a possible hypothesis in examining the question whether the double dates of Euergetes ac-

[1] That the birthday was reckoned by the Macedonian year is presumable *a priori* and is clearly indicated by a comparison of the dates in the papyri. This point seems to have been overlooked by Wilcken, who writes in *Archiv*, VI, p. 396 : «Wenn nach diesem Text und 347 der Geburtstag des Philadelphos in den Mai fiel, so ist er 308 und nicht 309 geboren (Mar. Par. 309-8).» He was not born in May, but in Dystros. At the time of his accession Dystros was a winter month. If the same scheme of intercalation prevailed in the reign of Soter as in the reign of Philadelphos, he must have been born in the autumn of 309 B. C. But as yet we have no reliable evidence about the length of the Macedonian year in the reign of Soter.

cord with the principle of biennial intercalation. We must of course bear in mind that the Macedonian year may have begun some months earlier than is supposed in the following table. But if the known concordances are quite irreconcilable with our scheme, I feel sure that we should get no better results by shifting the starting-point of the year to another month. In other words, the theory that a month was intercalated every second year would have to be rejected.

The reign of Philadelphos ended on the 25th Dios of his 39th canonical year. For the probable equivalent to this date in the Egyptian calendar I must refer to the table of concordances given in the *Annales*, XVII, p. 223. On the hypothesis that the first day of the Macedonian year was the anniversary of the accession, the 25th Dios of the 39th canonical year would be the 17th of Choiak. But on the hypothesis, which we have seen good reason for adopting, that in the reign of Philadelphos the Macedonian year was in advance of the canonical it would correspond with the 6th of Choiak. Euergetes ascended the throne on the 25th of Dios and his birthday was the 5th of the same month, so that his first Macedonian year according to our scheme would be nearly a complete year. It would be several months behind the canonical year and seven more months behind the financial year.

To test the theory of biennial intercalation I go back to the double dates of Apollonios for the years 29-32 and take these as the basis of the scheme. And as we are supposing the new year of Euergetes to have begun in Dios, I place the intercalated month between Hyperberetaios and Dios and give it a length of 30 days as in the former table. The new table shows the supposed relation between the two calendars during the first two years and the other years which interest us, the intervening ones being omitted. Nor do I consider the cases in which the papyri give only a general concordance between an Egyptian and a Macedonian month (see *P. Hib.*, pp. 342, 343); it is sufficient to say that in only one case is there

any immediate difficulty in reconciling these concordances with those of the table.

The years for which we have definite double dates
are 8, 9, 16, 21 or 22, and 25. Of these the most
important is the double date of the Kanopos decree, year
9, Apellaios 7 = Tybi 17, as there is little likelihood of
error in a monumental decree of this sort. Whether
the date in the protocol refers to the Macedonian year
by which the Court reckoned or to the canonical year by
which the priests themselves reckoned is a question which
we do not need to discuss here; for in the month of Tybi
these two years were equal, not only according to our
table but according to any probable scheme. The difference between the equation in the inscription and that of
the table amounts to two days only. Recalling the fact
that in the years in which we have definite evidence of
biennial intercalation we find small differences of one or
two days between the dates of Apollonios himself, I do
not hesitate to claim the date in the decree as a remarkable confirmation of our theory.

Turn now to year 25, for which we have the equations
Apellaios 11 = Pharmouthi 6 (*P. Petr.*, III, 28 *b*) and
Loios 26 = Choiak 13 (*P. Magd.*, *passim*). The differences here amount to 9 and 10 days respectively if we
take year 25 to be a Macedonian year according to our
scheme. But it has been already suggested that officials
in the nomes were much inclined to follow the custom
of their compatriots and to date by the financial year;
or, to put the point in a more general form, I have little
doubt that the dockets in the above-mentioned papyri
are dated by a year that was several months in advance
of the canonical year. In that case the differences between our concordances and those of the papyri are
reduced to 2 days and 1 day respectively.

For the double date of year 21, or 22, Smyly's commentary on *P. Gurob* 2 must be consulted. In the two
copies of the document the date is variously given as year
22 (?), Dystros 16 = Payni 19 and year 21, Dystros 16

= Pachon 19. The protocol again is dated year 22, while the trial seems to have taken place in year 21. The most probable explanation of these inconsistencies is, I think, that the official date was year 21, but that the scribe was more accustomed to reckon by the financial year and sometimes wrote 22 inadvertently in place of 21; Pachon is a slip for Payni; and the correct date is year 21 (= financial year 22), Dystros 16 = Payni 19. Our table differs from this by four days.

An unpublished Tebtunis papyrus (*P. Hib.*, p. 342) gives the equation year 8, Gorpiaios 2 = Phaophi 7. If this is a financial date, it differs from our table by 10 days; if a Macedonian date, by 9 days.

For the 16th year *P. Petr.*, III, 53 (*s*) gives the equation Gorpiaios 4 = Choiak 11. The difference here is considerable, amounting to at least 21 and perhaps to 40 days [1].

What can we conclude from the above evidence? Εὖγ᾽ ἐμὸς Ἑρμᾶς, says Kallimachos, εὖγ᾽ ἐμός · οὐ παρὰ τὰς εἴκοσι μεμφόμεθα. Like the poet I have no fault to find except for those twenty days in *P. Petr.*, III, 53 (*s*). The general result is this. From year 22 of Philadelphos to the end of the reign of Euergetes we find that the Macedonian year was on an average four days longer than the Egyptian. As therefore we know that from year 27 to year 33 of Philadelphos a month was intercalated every odd year in the Macedonian calendar, making the average length of the year 369 days, and as we find that the average length of the year for the ensuing period up to the death of Euergetes was exactly the same as this, it seems a

[1] It may occur to the reader, as it has to me, that 16 might be a slip of the scribe for 26, in which case the concordance would suit our table exactly. But it is doubtful if Euergetes was still alive in Choiak of his 26th financial year. According to the canon he died in his 26th canonical year and according to the evidence of the papyri in his 26th financial year (*P. Petr.*, III, 119, *verso*, col. II, 9; see also Smyly in *Hermathena*, 1906, p. 115). As it is certain that the financial year was in advance of the canonical in his reign, we are obliged to conclude that he died in the winter of 222-221 B. C.

highly probable inference that the same system of intercalation had remained in force. We have seen again that
four of the six double dates mentioned above agree more
or less closely with the concordances in our table. In the
other cases there are differences of ten and twenty days.
But as we know from Zenon's dates that officials in the
provinces found it difficult to keep count in both calendars and were apt to get their equations wrong, it seems
to me much more likely that these differences are simply
errors than that the system of intercalation had been
changed.

It may be objected that our concordances are based
on a quite unproved hypothesis about the starting-point
of the Macedonian year and would work out differently if
we shifted the starting-point to another month. That is
true to some extent. I do not regard the said hypothesis
as more than a possibility. But if we draw up a similar
table on any other hypothesis that is at all probable and
which does not conflict with such evidence as we possess,
I think it will be found that the differences between such
a table and the double dates are on the whole much the
same as they are in the above scheme.

My conclusion is that the double dates from the reign
of Euergetes are sufficiently and most naturally explained
by the theory of biennial intercalation. But I do not
pretend to understand the relations between the two
calendars during the following period.

See Scheme, pages 130-131.

	Year 1.	Year 2.	Year 7.	Year 8.	Year 9.	Year 15.	Year 16.	Year 20.	Year 21.	Year 22.	Year 24.	Year 25.
Dios 5		Choiak 5.	Choiak 10.	Choiak 29.	Choiak 18.	Tybi 12.	Mecheir 1.	Mecheir 17.	Mecheir 6.	Mecheir 25.	Pham. 3.	Mecheir 22.
Apellaios 1	Choiak 11.	Choiak 30.	Tybi 5.	Tybi 24.	Tybi 13.	Mecheir 7.	Mecheir 26.	Pham. 12.	Pham. 1.	Pham. 20.	Pham. 28.	Pham. 17.
Audnaios 1	Tybi 11.	Tybi 30.	Mecheir 5.	Mecheir 24.	Mecheir 18.	Pham. 7.	Pham. 26.	Phar. 12.	Phar. 1.	Phar. 20.	Phar. 28.	Phar. 17.
Peritios 1	Mecheir 10.	Mecheir 29.	Pham. 4.	Pham. 23.	Pham. 12.	Phar. 6.	Phar. 25.	Pach. 11.	Phar. 30.	Pach. 19.	Pach. 27.	Pach. 16.
Dystros 1	Pham. 10.	Pham. 29.	Phar. 4.	Phar. 23.	Phar. 12.	Pach. 6.	Pach. 25.	Payni 11.	Pach. 30.	Payni 19.	Payni 27.	Payni 16.
Xandikos 1	Phar. 9.	Phar. 28.	Pach. 3.	Pach. 22.	Pach. 11.	Payni 5.	Payni 24.	Epeiph 10.	Payni 29.	Epeiph 18.	Epeiph 26.	Epeiph 15.
Artemisios 1	Pachons 9.	Pachons 28.	Payni 3.	Payni 22.	Payni 11.	Epeiph 5.	Epeiph 24.	Mesore 10.	Epeiph 29.	Mesore 18.	Mesore 26.	Mesore 15.
Daisios 1	Payni 8.	Payni 27.	Epeiph 2.	Epeiph 21.	Epeiph 10.	Mesore 4.	Mesore 23.	Thoth 4.	Mesore 28.	Thoth 12.	Thoth 20.	Thoth 9.
Panemos 1	Epeiph 8.	Epeiph 27.	Mesore 2.	Mesore 21.	Mesore 10.	Epag. 4.	Thoth 18.	Phaophi 4.	Thoth 23.	Phaophi 12.	Phaophi 20.	Phaophi 9.
Loios 1	Mesore 7.	Mesore 26.	Epag. 1.	Thoth 15.	Thoth 4.	Thoth 28.	Phaophi 17.	Athyr 3.	Phaophi 22.	Athyr 11.	Athyr 19.	Athyr 8.
Gorpiaios 1	Thoth 2.	Thoth 21.	Thoth 26.	Phaophi 15.	Phaophi 4.	Phaophi 28.	Athyr 17.	Choiak 3.	Athyr 22.	Choiak 11.	Choiak 19.	Choiak 8.
Hyperber. 1	Phaophi 1.	Phaophi 20.	Phaophi 25.	Athyr 14.	Athyr 3.	Athyr 27.	Choiak 16.	Tybi 2.	Choiak 21.	Tybi 10.	Tybi 18.	Tybi 7.
Embolimos 1	Athyr 1.	....	Athyr 25.	....	Choiak 3.	Choiak 27.	....	....	Tybi 21.	....	....	
Dios 1	Choiak 1.	Athyr 20.	Choiak 25.	Choiak 14.	Tybi 3.	Tybi 27.	Tybi 16.	Mecheir 2.	Mecheir 21.	Mecheir 10.	Mecheir 18.	

LA
CRONOLOGIA EGIZIANA
E L'IPOTESI SOTIACA,

OSSERVAZIONI DI

ERNESTO SCHIAPARELLI.

L'ipotesi che pone a base della cronologia egiziana il periodo sotiaco riposa sopra un fatto astronomico costante, — il sorgere di Sirio all'orizzonte insieme al sole — combinato con un fenomeno fisico particolare all'Egitto, e anche questo meravigliosamente regolare e costante, l'inondazione del Nilo.

Questa incomincia a vedersi al Cairo verso il 20 Giugno, ma solo verso il 10 di Agosto il Nilo esce dalle sue rive; d'altra parte il 20 Luglio alla latitudine di Alessandria, e il 13 a quella di Assuan, in media il 16 Luglio per l'Egitto, si verifica il sorgere eliaco di Sirio : per cui questo fenomeno, che si manifestava in un punto intermedio fra l'inizio della inondazione e il momento in cui quella si compiva, bene poteva essere preso, e infatti fu preso dagli Egiziani come l'annunzio, come il principio della inondazione, e al tempo stesso come il principio dell'anno.

Ciò si è verificato in Egitto fin da tempi antichissimi, anteriori ad ogni monumento; e fin da remotissimi tempi si solennizzò in detto giorno il principio della inondazione e al tempo stesso il principio dell'anno.

Stabilito questo punto fisso di riscontro per il principio dell'anno, il primo giorno del medesimo e, conseguentemente, le feste solenni relative, sarebbero indefinitamente cadute nel medesimo giorno del sorgere eliaco di Sirio, se l'anno egiziano fosse stato precisamente della lunghezza dell'anno solare. Ma invece, essendo stato l'anno egiziano sempre più corto dell'anno solare, incominciò subito, fin dalla prima istituzione del calendario, a venir meno questa coincidenza; e il giorno nel quale si solennizzava il cominciamento dell'anno nuovo, venne sempre più allontanandosi, ossia veniva sempre più anticipando su quello nel quale si verificava il sorgere eliaco di Sirio; ricorrenza questa che veniva essa pure celebrata con feste solenni.

Da ciò lo sdoppiamento di una festa, originariamente unica, in due feste, che si andavano progressivamente allontanando l'una dall'altra.

L'anno egiziano fu in origine di 12 mesi lunari di 30 giorni ciascuno, e cioè di 360 giorni; ed è credibile che l'anno di 360 giorni sia rimasto assai lungamente in uso, come potremmo arguire dal fatto che l'anno di 360 giorni era talmente penetrato nelle consuetudini che, almeno nelle amministrazione di alcuni templi, vi si era mantenuto certamente fino alla dodicesima Dinastia.

A ogni modo, in un periodo pur sempre antichissimo, all'anno di 360 giorni furono com'è noto aggiunti 5 giorni, detti «i 5 giorni in più dell'anno». È ragionevole il supporre che questa riforma del calendario sia stata introdotta nel punto in cui, dopo uno o più cicli di 69 anni e mezzo, il primo dell'anno egiziano ritornò a trovarsi in coincidenza col giorno del sorgere eliaco di Sirio; ma anche ciò supposto, poichè l'anno di 365 giorni rimaneva pur sempre più corto dell'anno solare di circa sei ore, ricominciò a verificarsi, per quanto in minori proporzioni di prima, l'allontanamento delle due feste, colla differenza che, mentre prima tale allontanamento era di circa 5 giorni e un quarto ogni anno, si ridusse a circa un giorno ogni 4 anni, e il ciclo necessario a riaversi la coincidenza delle due feste, invece di circa 69 anni e mezzo, divenne di 1460 anni; derivandone, per conseguenza, il fatto che una volta sola ogni 1460 anni il primo giorno dell'anno egiziano coincidesse col sorgere eliaco di Sirio, e le due feste si ricongiungessero nella originaria unità.

Edoardo Meyer, nel suo magnifico lavoro, *Die Ægyptische Chronologie* (in *Abhandl. der K. Preuss. Akad. der Wissensch.*, 1904, 1907, e *Zeit. f. Ægypt. Spr.*, 1907, p. 115), pensa che questo sistema calendarico rimase fermo, immutato, senza nessuna modificazione, durante tutta la durata della civiltà egiziana, dai suoi primordi nel periodo predinastico fino alla sua fine. E poichè, secondo la indicazione di Censorino, che scriveva nell'anno 238 dell'èra cristiana, una coincidenza sotiaca èra avvenuta nell'anno 139 dell'èra nostra, il Meyer fissa una seconda coincidenza nell'anno 1321 avanti l'èra medesima, la terza nell'anno 2781, la quarta nell'anno 4241; e questo egli opina sia stato il punto di partenza, la data cioè della istituzione in Egitto del calendario sulla base dell'anno di 365 giorni.

Tutto ciò premesso, poichè una nota scritta sul *verso* del papiro Ebers e una lettera di uno ad altro sacerdote, contenuta in uno dei papiri di Kahun, hanno dato le precise indicazioni che nell'anno 9 del regno di Amenofi I la festa del sorgere di Sirio si celebrava, non nel primo giorno dell'anno, ma il giorno 9 dell'undecimo mese, ossia in ritardo di 309 giorni sulla festa del primo dell'anno, e che nell'anno 7 di Usortesen III la stessa festa sotiaca cadeva nel giorno 17 dell'ottavo mese, ossia in ritardo di giorni 227, con un semplice conto si stabilisce che l'anno 9 di Amenofi I cadeva precisamente nell'anno 1546 avanti l'èra cristiana, e l'anno sette di Usortesen III nell'anno 1877.

E poichè il Meyer ritiene che dall'anno sette di Usortesen III al principio della dodicesima Dinastia erano passati 133 anni, e dal medesimo anno 7 di Usortesen III al fine della Dinastia medesima passarono 86 anni, e che dall'anno nove di Amenofi I al principio della diciottesima passarono circa 34 anni, resta agevole per il Meyer stabilire che :

il principio della XII Dinastia cadeva nell'anno 2000;

il principio della XIII Dinastia cadeva nell'anno 1790;

il principio della XVIII Dinastia cadeva nell'anno 1580;

che quindi l'intervallo fra il fine della dodicesima e il principio della diciottesima, si aggira in sui 210 anni.

E stabilito il principio, questi calcoli dovrebbero tornare matematicamente.

Questa, in pochi cenni, l'ipotesi sotiaca nella sua essenza e nei suoi risultati : ipotesi che già per il passato aveva sedotto altri valenti studiosi, i quali però non erano potuti venire a risultati egualmente concreti, perchè ancora mancavano le indicazioni del papiro Ebers e del papiro di Kahun. D'altra parte Edoardo Meyer ha trattato l'argomento con tanta larghezza e profondità di ricerche, con tanta meravigliosa copia di dottrina, con tanta maestria, che questa ipotesi è divenuta nelle sue mani una vera opera d'arte. E perciò non è a meravigliarsi se la insigne autorità dell'Uomo, l'armonia e la bellezza di questa trattazione veramente degna della sua mente quadrata, abbiano sedotto molti studiosi, specialmente nel campo della storia e della archeologia classica. Voglio qui ricordare solamente Oscar Fimmen, il quale nel suo bellissimo per quanto giovanile lavoro « sul tempo e la durata della civiltà cretese-micenea », la pone come base cronologica delle sue ricerche e delle sue conclusioni, fino ad affermare che soltanto il sistema cronologico del Meyer, che riduce a poco più di due secoli la distanza fra il fine della dodicesima Dinastia e il principio della diciottesima, sia in grado di corrispondere alla cronologia dei monumenti cretesi.

Ora io non so se tutti gli studiosi della civiltà cretese dividano col Fimmen tale persuasione; bensì io credo di non dire cosa irragionevole affermando che ogni ipotesi che si voglia costruire sulla cronologia egiziana, pure potendo ricevere luce ed appoggio dalla storia di altre civiltà, debba innanzi tutto spiegare la storia dell'Egitto e corrispondere alle notizie dei suoi monumenti.

Senonchè per questo riguardo, per quanto il Meyer,

che già coltivò con onore anche gli studi speciali dell'antichità egiziana, sia bene in grado di possedere cognizione piena e diretta dei monumenti egiziani, nondimeno non potrei dissimulare che la sua teoria cronologica lascia per questa parte molti dubbi e grande perplessittà. Ed è incontestabile che, fra gli studiosi della antichità egiziana, pure non essendo mancate alla teoria sotiaca del Meyer assai autorevoli adesioni, nondimeno essa non trovò nè l'entusiasmo, nè il largo consenso che essa ebbe presso altre categorie di studiosi : anzi, uomini della autorità del Maspero, del Naville, del Wiedemann, del Krall, del Bissing ed altri vi si mostrarono risolutamente contrari. Per verità, allo stato presente delle nostre cognizioni, la teoria sotiaca non solo non si presenta, secondo il mio modesto parere, corredata di quelle prove sicure che si debbono esigere in una ipotesi che dovrebbe avere risultati matematici, ma parrebbe invece in contrasto con notizie e prove monumentali di irrefragabile importanza. Perciò, pure colla riverenza che è dovuta, e che io sento viva e profonda per cosi insigne Maestro, accennerò brevemente i motivi che ci debbono tenere perplessi nell'accettarne le conclusioni.

Innanzi tutto, se è cosa acquisita alla scienza che il sistema calendarico egiziano aveva per base l'anno di 365 giorni, e cioè un anno più breve dell'anno solare, con tutte le conseguenze che abbiamo sopra accennate, non è punto certo, nè in alcun modo provato che quel sistema non abbia mai subito mutamenti, aggiustamenti, correzioni, colle quali si sia tentato di renderne meno stridente il contrasto col movimento delle stagioni. Almeno una volta ciò è stato certamente tentato, come è espressamente detto nel decreto di Canopo, da Tolomeo Evergete I, nel quale decreto è formalmente detto (linea 18) che nell'anno nono del regno di quel sovrano, cadendo la festa di Sothis nel primo giorno del decimo mese, affinchè la festa medesima fosse arrestata negli anni venturi alla medesima data, eliminando ulteriori spostamenti, si prescriveva di intercalare ogni quattro anni un giorno.

Noi ignoriamo se e per quanto tempo questa prescrizione sia stata osservata : se dovessimo ritenere come cosa certa ciò che dice Censorino, che cioè nell'anno 129 dell'èra cristiana si era avuta la coincidenza del periodo sotiaco; dovremmo credere che quel decreto di Tolomeo non abbia avuto seguito alcuno : ma sulla attendibilità dell'affermazione di Censorino, che visse un secolo dopo la data del supposto avvenimento, è lecito avere dei dubbi, sia se si consideri che in quel periodo la discussione e la creazione di teorie astronomiche erano all'ordine del giorno, sia che si tenga conto essere poco probabile che un decreto così solenne, come quello di Tolomeo, sia rimasto assolutamente senza efficacia alcuna.

Ora, se non nella medesima forma, di intercalare cioè un giorno ogni quattro anni, sotto altre molteplici forme, può essere stato modificato, e arrestato od anche ricondotto in senso inverso questo spostamento delle stagioni, coll'intercalamento, sia pure solo saltuario, anche di parecchi giorni : i quali, venendo dichiarati giorni di festa, avevano per effetto di sospendere temporaneamente il corso del calendario, che riprendeva poi il suo corso regolare a festa finita. Per chi sia bene addentro negli usi, nelle tendenze e nella mentalità degli antichi Egiziani, simile ipotesi apparirà perfettamente ragionevole ed ha d'altra parte il suo riscontro negli stessi « cinque giorni in più dell'anno »; però prove assolutamente sicure che la corroborino non possiamo dire di averne, pure non mancando indizi meritevoli di molta attenzione.

Fra questi, per non parlare di varie feste periodiche che si ripetevano a giusti intervalli, accennate nella pietra di Palermo ed in altri noti monumenti, è a ricordare un fatto, segnalato dal Gardiner, e largamente discusso anche dal Meyer, che cioè il mese di Mesori, il quale, in documenti della diciottesima Dinastia, era il primo mese dell'anno egiziano, a cominciare da Ramesse II, in tutte le rappresentazioni monumentali e particolarmente nel soffitto del Ramesseo, era invece indicato come l'ultimo mese dell'anno; e il mese di Thot che nei documenti anteriori era il secondo vi è dato come primo, ed il terzo diviene secondo, e cosi di seguito fino all'ultimo; il che non si saprebbe spiegare meglio se non supponendo che, per reagire contro lo spostamento delle stagioni, vi sia stato, al tempo di Ramesse II, l'intercalamento di un mese intero, e si sia avuto cioè un anno di 13 mesi, nel quale il mese di Mesori sia stato ripetuto due volte, al principio èd al fine del medesimo. Bene è vero che sebbene il soffitto del Ramesseo e le iscrizioni di Medinet-Abu del regno di Ramesse III e tutte indistintamente le indicazioni monumentali posteriori ci dieno Mesori come ultimo mese dell'anno, e il mese di Thot come primo mese, un papiro di Torino, della ventesima Dinastia, segnalato dal Gardiner medesimo, ci dà ancora il mese di Mesori come il primo dell'anno; ma questo potrebbe anche solamente provare che la inveterata consuetudine di chiamare Mesori il primo mese dell'anno sia sopravissuta nell'uso popolare ancora per parecchie diecine di anni, dopo che ufficialmente tale denominazione era stata mutata; fenomeno che avrebbe il suo riscontro nel fatto che nella amministrazione dei templi di Assiut e del Fayum, ancora al tempo della dodicesima Dinastia, era in uso l'anno di 360 giorni, sebbene da almeno due millenni il calendario egiziano avesse l'anno di 365.

A ogni modo, qualunque sia la spiegazione che di ciò si voglia dare, questo mutamento nell'ordine dei mesi rimane pur sempre, pare a me, un indizio indiscutibile di rimaneggiamenti avvenuti nel calendario egiziano all'incirca al tempo della diciannovesima Dinastia; e ognuno comprende che anche solo la possibilità che rimaneggiamenti sieno avvenuti scalza alla base la teoria sotiaca, la quale *riposa tutta sull'assioma che il sistema calendarico egiziano sia rimasto sempre e assolutamente immutato.* Per cui, messo fondatamente in dubbio questo carattere di continuità assoluta e di regolarità matematica, che costituisce l'essenza e la bellezza dell'ipotesi sotiaca, essa non può più rappresentare una ipotesi capace e sufficiente a darci dei punti matematicamente fissi nella storia dell'Egitto, ma essa ci dà semplicemente delle indicazioni che, caso per caso, vanno esaminate in relazione colle notizie monumentali.

Ora, se male non mi appongo, le notizie monumentali non concordano coi risultati dell'ipotesi sotiaca, quali sono matematicamente fissati da Edoardo Meyer; poichè se la data dell'anno 1580 per il principio della diciottesima Dinastia si può, per molteplici notizie monumentali, supporre troppo bassa, la limitazione a circa 210 anni dell'intervallo che intercede fra il principio della diciottesima ed il fine della dodicesima Dinastia, è, a mio parere, assolutamente inammissibile.

In ordine al primo punto ho usata una espressione dubitativa, perchè, sebbene il tratto di storia egiziana che giunge fino alla diciottesima Dinastia sia a noi relativamente vicino e più di ogni altro ricco di monumenti, nondimeno esso presenta, per il periodo che passa fra il regno di Sesonchi I e quello di Amosi, alcuni punti tuttora assai oscuri. Se noi infatti conosciamo oramai quasi tutti i nomi dei Faraoni che si succedettero in quel periodo, però solamente di pochi di essi sappiamo con precisione la durata del regno : per i più sappiamo solo che hanno regnato almeno un certo numero di anni, ma ignoriamo se, oltre a queste date che rappresentano un termine minimo, quanto altro tempo abbiano regnato; e per parecchi, poi, sulla durata del cui regno non abbiamo indicazione alcuna, ci dobbiamo ridurre a fare delle congetture in relazione colla importanza e col numero dei monumenti dai medesimi lasciati.

Ciò spiega il perchè non si possa, dalle notizie monumentali di questo periodo, trarre conclusioni recise pro o contro l'ipotesi sotiaca, per quanto io ritenga come sommamente probabile, che il principio della diciottesima Dinastia debba protrarsi di parecchie diecine di anni, forse di quasi un secolo, al di là del termine fissato dall'ipotesi sotiaca : e cioè, invece che nell'anno 1580, io ritengo che il principio del regno di Amosi debba portarsi, al minimo, verso l'anno 1650, e forse anche più oltre : cosa del resto che era anche ritenuta come probabile da Edoardo Meyer prima che l'ipotesi sotiaca venisse a costringerci a contenere la storia dell'Egitto dentro le colonne d'Ercole delle deduzioni astronomiche.

Ma il contrasto fra l'ipotesi sotiaca e i monumenti diviene, a mio credere, di singolare evidenza nel periodo anteriore fra il principio della XVIII ed il fine della XII Dinastia.

Secondo la tradizione manetoniana, quello sarebbe stato un periodo lunghissimo, estendentesi per oltre 16 secoli, e comprendente oltre 200 Re; e che questa tradizione avesse in qualche modo fondamento, almeno nel numero dei Re nelle notizie monumentali, può inferirsi, oltrechè dalla lista dei Re di Karnak, che ci dà un ragguardevole numero di Faraoni da essere collocati nel detto periodo, dal gran numero di nomi reali, pure da riferirsi a questo periodo, che si trovano su monumenti di varia mole e nello stesso papiro di Torino : il quale, sebbene anche in questo punto sia ridotto a pochi frammenti, lascia nondimeno arguire che originariamente esso contenesse in detta sezione forse più di 150 nomi reali colla durata dei rispettivi regni.

In relazione colla tradizione e con queste dirette notizie monumentali e documentarie, il Petrie, che è seguace dell'ipotesi sotiaca, riconoscendo impossibile contenere il detto periodo nel corso di 210 anni, ha creduto mettere d'accordo le due esigenze intercalando in questo punto un intero ciclo sotiaco di 1460 anni : per cui, secondo il Petrie, l'intervallo in discorso sarebbe, non di 210 ma di 1670 anni.

Questo accomodamento non ha trovato nè poteva trovare favore; poichè, se indubbiamente assai numerosi sono stati i Faraoni di quel periodo, molti di essi ebbero, come si può inferire dal papiro di Torino, regni assai brevi, e d'altra parte è cosa acquisita che, per qualche tempo si ebbero sovrani a Chois nel basso Egitto, e poi altri a Tebe che regnarono contemporaneamente ai Re

Pastori di Avaris. Per cui, tenendo conto di questa e di altre circonstanze, era prevalsa negli egittologi la persuasione che il detto intervallo fra la dodicesima dinastia e la diciottesima corrispondesse a un periodo di circa 5oo anni, durante i quali si sarebbe avuta la Dinastia XIII con sede a Tebe e con circa 6o Re, regnanti su tutto l'Egitto, quindi la XIV con sede a Chois e con un numero di sovrani quasi corrispondente, e durante la quale sarebbe avvenuta l'invasione dei Re Pastori in Egitto : questi poi costituirebbero la decimoquinta Dinastia, parallela a parte della decimaquarta, e la decimasesta; quest'ultima parallela alla decimasettima che regnava a Tebe, ed alla quale immediatamente si attacca la decimottava.

Contro questa ipotesi di una durata di circa 5oo anni per il detto periodo sta l'ipotesi sotiaca di Edoardo Meyer, che la riduce a circa 21o anni, e per giustificarla egli ha inteso provare :

1° Che l'invasione degli Hyksos è avvenuta già in sul finire della XIII Dinastia, ed a prova di questa affermazione adduce il fatto che, sopra un blocco di Tanis, il terz'ultimo Faraone della tredicesima, Nehesi, è detto « amato dal Dio Set », e su una di lui statua trovata a Tell el Mokdam, è detto « amato da Set, signore di Avaris » : ora, poiché, dice il Meyer, Set non fu adorato in Tanis se non dopo l'invasione dei Pastori, e la città di Avaris era la capitale fondata dai medesimi, ne conseguirebbe che Nehesi abbia regnato nella qualità di vassallo degli Hyksos dopo che questi avessero occupato l'Egitto.

2° Che la Dinastia XIII, per quanto anche al dire del Meyer, comprenda 6o Re, non avrebbe però durato che 128 anni all'incirca;

3° Che la permanenza dei Re Pastori in Egitto sarebbe durata meno di 9o anni, e nel medesimo tempo si avrebbe avuto, nel basso Egitto, la Dinastia di Chois con circa 7o Re, e a Tebe la Dinastia decimasettima;

4° Che per tutti i detti periodi si hanno scarsissimi monumenti;

5° Che nè nell'arte, nè nella lingua, nè in nessuna

parte della vita egiziana vi è alcuna differenza fra la dodicesima e la diciottesima Dinastia: per cui parrebbe assurdo supporre fra esse un intervallo di maggiore durata.

A noi non pare di poter ammettere nessuna delle dette giustificazioni.

E in primo luogo il nome di Avaris, nominato sulla statua di Tell el Mokdam, vi è stato inciso, come osservò il Naville che studiò direttamente il monumento, non al tempo di Nehesi, ma più tardi, quando il Faraone Menefta usurpò la medesima statua, facendovi aggiungere il proprio nome. Per cui l'argomento della menzione di Avaris perde ogni valore : ma non ha, io credo, valore maggiore l'ipotesi che, prima dei Pastori, il Dio Set non potesse essere adorato a Tanis.

Senza tener conto che Set, durante l'antico impero e segnatamente fino alla quinta Dinastia ebbe nel basso Egitto culto pari a quello di Oro, e che, proprio nel periodo della XIII Dinastia il culto di Set fu in grande onore a Gau nell'alto Egitto, come è risultato dall'esplorazione fatta dalla nostra Missione Archeologica delle tombe dei grandi Sacerdoti di Set, viene naturale il supporre che nei centri più vicini alla frontiera orientale, ove affluivano molte popolazioni della Siria, fosse ivi pure e specialmente in onore, e fino da tempo antichissimo, il Dio Set, che con Baal della Siria aveva analogie maggiori di ogni altra divinità dell'Egitto.

Posto dunque che Nehesi sia stato realmente il terz'ultimo Faraone della decimaterza Dinastia, — il che può essere, ma non è certo, — dai due monumenti sopraindicati non si potrebbe ricavare l'indicazione voluta dal Meyer.

In secondo luogo, la durata di 128 anni che il Meyer assegna alla XIII Dinastia pare a noi un'opinione personale o meglio una necessità imposta dalle esigenze della ipotesi sotiaca, in diretto ed evidente contrasto colle indicazioni dei monumenti e del papiro di Torino. Questo infatti ci conserva, per undici Re su sessanta, e cioè per quelli che portano i numeri 15, 20, 21, 26 a 32 e 60, l'indicazione della durata del regno, che è complessivamente di circa 64 anni : e poiche non ci è nota alcuna ragione per la quale la media del regno degli altri 49 sovrani sia inferiore a quella degli undici ora accennati, razionalmente dobbiamo supporre che la serie intera di 60 re possa coprire a un di presso un periodo da 300 a 350 anni.

La decimaquarta Dinastia rappresenta senza dubbio uno dei momenti più oscuri di questo oscurissimo periodo, pel quale, scarseggiando i monumenti, la principale e quasi esclusiva fonte rimane la tradizione conservata da Manetone. Secondo la tradizione medesima, nel testo dell'Africano, si ebbero per la XIV Dinastia 76 Re con una durata di 484 anni; per la XV che è quella perzialmente parallela, 6 Re Pastori con 260 anni di regno; per la XVI sono dati 32 Re Pastori con una durata di 251 anni. Alla XVI dovrebbe essere contemporanea la XVII Dinastia tebana, ma di questa, nessuna traccia è rimasta nella tradizione; la quale colle Dinastie XVII e XVIII abbracia solamente i sovrani della XVIII Dinastia.

Facendo astrazione dalle cifre riguardanti la durata dei regni, è incontestabile che la tradizione, in ciò che concerne il numero dei Re da attribuirsi a quel periodo, corrisponde nelle linee generali a quelle indicazioni che possono ricavarsi dal papiro di Torino; il quale, in questo punto in uno stato veramente pietoso, lascia nondimeno arguire che in questa sezione esso comprendeva una assai lunga serie di nomi reali : dalla quale constatazione non può che aversi nuova conferma che la tradizione di Manetone, per quanto manomessa e alterata poi nelle cifre, fu però originariamente attinta agli annali dei templi, coi quali doveva corrispondere nella sua parte sostanziale.

Ciò premesso, e facendo pur sempre astrazione dai particolari sulla durata dei singoli regni, si può però constatare che alla Dinastia XIV è attribuita durata quasi doppia di quella della decimaquinta che ad essa è collaterale, derivandone la conseguenza che, secondo la tradizione manetoniana, che presenta per questo riguardo elementi di credibilità, l'inizio della decimaquinta, ossia l'ingresso dei Re Pastori in Egitto, sarebbe all'incirca avvenuto verso la metà della decimaquarta Dinastia, che, pel rimanente del tempo, avrebbe continuato a regnare o con dominio ristretto a una sola parte dell'Egitto, o come vassalla dei Re Pastori, fino a che questi, estesa l'autorità loro su tutto il paese, estinsero e raccolsero in sè tutte le signorie locali.

Che vi sia stato un periodo nel quale l'autorità dei Pastori si estendesse anche all'Alto Egitto emerge da alcuni, per verità assai scarsi, monumenti, quali le due iscrizioni provenienti dal santuario di Hathor a Ghebelein, al sud di Tebe, che ci dettero i nomi del Re *Chian*, che si ritiene dai più che appartenga alla Dinastia dei Pastori, e di Apapi I quest'ultimo senza alcun dubbio uno dei Pastori.

Perciò, questi due punti, che l'invasione dei Pastori siasi iniziata a circa metà della Dinastia XIV, e che i Pastori medesimi, o in sul finire della loro Dinastia decimaquinta, che coinciderebbe col fine della XIV, ovvero nei primi tempi della Dinastia XVI abbiano regnato per qualche tempo su tutto l'Egitto, possono considerarsi come elementi storici acquisiti, con quel maggiore carattere di probabilità che le nostre presenti cognizioni consentono.

Altro fatto che, più ancora che probabile può ritenersi certo, perchè oramai provato direttamente dai monumenti, è quello che contemporaneamente, se non a tutta, almeno a parte notevole della XVI Dinastia dei Pastori, si affermava a Tebe la XVII Dinastia, coll'inizio della quale dovette cessare la sovranità dei Pastori su parte notevole dell'Alto Egitto, fino a che la lunga lotta ingaggiata contro di essi dai predetti sovrani di Tebe ebbe il suo compimento nel principio della diciottesima colla cacciata dei Pastori dall'Egitto.

Ora noi ben vogliamo ammettere che la durata delle Dinastia XIV e XVI, quale ci è data nel testo di Manetone, possa essere notevolmente ridotta, ma ci parrebbe davvero irrazionale il pensare che tutto lo svolgersi di avvenimenti che è rappresentato dalle Dinastie XIV a XVII abbia potuto compiersi in meno di un secolo, come il Meyer asserisce, senza altro argomento che quello delle esigenze della ipotesi sotiaca, partendo dall'assioma che a ogni costo i monumenti egiziani debbano concordare con quella.

Dopo quanto abbiamo detto, non vorremmo però da parte nostra opporre alla affermazione precisa del Meyer, altra affermazione che, volendo essere egualmente precisa, sarebbe altrettanto inaccettabile; ma in via di semplice congettura, osserverei che una durata di un secolo e mezzo a due secoli per tutto il periodo dalla XIV alla XVIII, debba parere se non inferiore, non certo superiore alla realtà, conseguendome giustificata, dentro quei limiti che le cognizioni attuali lo consentono, l'ipotesi di un periodo di non meno di cinque secoli per l'intervallo fra la XII e la XVIII Dinastia.

Parlando dei monumenti da attribuirsi al detto periodo intermedio, il Meyer testualmente dice che il periodo stesso « all'infuori di un paio di monumenti dei Sebekhotep e dai Noferhotep, e loro discendenti, non ha lasciato altri ricordi che delle miserabili tombe e degli scarabei »; — la quale affermazione del Meyer, presa alla lettera, ha potuto ingenerare in taluni una persuasione profondamente errata. Poichè se è verissimo che il periodo in discorso non fu, fra i varii periodi della storia egiziana, uno dei più ricchi di monumenti, esso non è nondimeno ridotto, per tal riguardo, a tanta miseria : e infatti, oltre a un centinaio di scarabei, documenti nemmeno essi disprezzabili, esistono, da riferirsi quasi esclusivamente alla XIII Dinastia, 25 statue reali o frammenti delle medesime, 23 stele storiche o frammenti, e una sessantina di altri oggetti e iscrizioni varie, tutte con nomi reali di quel tempo, e cioè sarcofagi, tavole di offerte, graffiti incisi sulle rupi del Wadi Hammamat, o presso Gebel Silsilis, o nelle isole delle cateratte o nella Nubia, senza tener conto di alcune diecine di statue di privati e di diverse centinaia di private iscrizioni sepolcrali, provenienti principalmente da Abido. Oltre a questo materiale, certo rag-

guardevole e meritevole di essere tenuto in conto, vi sono
ancora altri elementi che dal Meyer non poterono essere
conosciuti, perchè venuti in luce solo in seguito agli scavi
della Missione archeologica italiana; i risultati dei quali
scavi non furono ancora da noi pubblicati. Senza tratte-
nermi sui resti della XIII Dinastia rinvenuti dalla nostra
Missione nella esplorazione del santuario di Hathor a
Ghebelein, e in una delle vicine necropoli, mi fermerò
soltanto sui nostri scavi nella necropoli di Gau nell'Alto
Egitto, nella quale la nostra Missione ha esplorato un
gruppo di tombe della decimaterza Dinastia, tre delle
quali, per ampiezza, ricchezza e magnificenza d'arte egua-
gliano, se anche non superano quanto di più bello, in
fatto di tombe private, sia finora conosciuto in Egitto.
Più grandi e più belle di quelle di Beni-Hassan, di Assiut,
di Tell-el-Amarna, di Tebe, le tombe di Gau non ebbero
eguali se non in pochi dei maggiori *mastaba* di Sakkara,
coi quali gareggiavano per quantità e magnificenza di
bassorilievi e di statue. Queste tombe appartenevano a tre
grandi Sacerdoti del Dio Set, figlio l'uno dell'altro, —
Uahka I, Abu figlio di Uahka, e Uahka II figlio di Abu
— e rappresentano quindi fra tutte almeno il corso di
un secolo. Tutte queste tombe sono scavate nel monte a
varia altezza dal piano coltivato, al quale erano unite da
una spaziosa gradinata, che dai campi saliva a ciascuna
di esse : ognuna di queste poi, oltre alla parte scavata nel
monte e comprendente grandi sale dalle pareti coperte
di pitture, e pozzi, o piani inclinati con appartamenti sotterranei, aveva una parte esterna che comprendeva due
tribune costruite lateralmente alla porta di ingresso, sos-
tenute da pilastri di finissimo calcare, coperti di iscrizioni,
finemente cesellate, e dalle quali tribune i parenti assis-
tevano alle cerimonie funebri che si compivano sul piazzale della tomba : davanti e unito a questo piazzale era
un portico, costruito anche questo con blocchi di finissimo
calcare bianco, sostenuto da colonne di tipo dorico ovvero
terminanti in una cintura di bottoni di loto in alto rilievo
che sostituiva il capitello; la parte interna del portico era

poi coperto da bassorilievi fra i più belli che abbia prodotto l'arte egiziana, e con svariate pitture era decorato il soffitto.

Disgraziatamente, in un periodo che non si è potuto precisare, ma che deve essere il medesimo nel quale l'immagine ed il nome di Set sono stati martellati nei bassorilievi e nelle iscrizioni tebane, queste splendide tombe, perchè appartenenti a grandi sacerdoti della divinità proscritta, e perciò considerati come eresiarchi, sono state devastate a furore di popolo : scrostate quasi ovunque le pitture, demoliti i porticati e le tribune, e ridotti in frantumi le colonne, i bassorilievi ed i soffitti, frantumati in piccoli pezzi le diecine e diecine di statue in granito e in calcare, i sarcofaghi, ecc., saccheggiati i sotterranei e disperse le mummie e la ricchissima suppellettile funebre, ebbe luogo colà una devastazione vandalica che non risparmiò nulla : per cui, quando la nostra Missione esplorò quel cumulo di rovine, sulle quali erano state nel periodo greco e cristiano innalzate altre costruzioni, non trovò quasi più nulla di intero; — il sarcofago del principe Abu in calcare istoriato e dipinto, frammenti di quello, che doveva essere stupendo, di Uahka II, simile a quelli della quinta Dinastia, una statua di Uahka II, tronchi e minuti frammenti di statue, alcuni noteveli frammenti di bassorilievi, di soffitti, di pilastri e di colonne, e una infinità di minuti pezzetti con resti di bassorilievi e di pitture, scheggie di sarcofaghi in legno, di grandi e piccole statue di ebano, e un frammento di oggetto per *toilette* in avorio, di bellezza meravigliosa; non potendo, da ciò che ancora si trovò rimanere alcun dubbio che queste tombe di Gau eguagliassero in magnificenza e in ampiezza le più belle tombe private di Sakkara e superassero ogni altra, fra quante o prima o dopo di esse, furono costruite in Egitto.

Queste tombe sono da attribuirsi, come dissi, alla tredicesima Dinastia, per lo stile delle sculture, e segnatamente di alcune statue, che non lasciano in proposito alcun dubbio. Poichè è bene ricordare, che la Dinastia XIII ha una propria maniera d'arte, bene distinta da quella dei periodi anteriori, non esclusa quella della dodicesima, e molto diversa da quella della diciottesima. Oltre al peculiare acconciamento dei capelli e degli abiti, dalla quale singolarità anche chi sia appena iniziato nella storia della antichità egiziana agevolmente riconosce le statue della tredicesima, queste hanno una individualità realistica così spiccata, un vigore muscolare pieno di tanta energia, che non hanno riscontro in nessun periodo dell'arte egiziana, nemmeno nell'antico impero, sebbene all'arte di quel periodo essa si riattacchi più che ad ogni altro.

È inoltre a notare che se questo carattere particolare della tredicesima Dinastia si rivela evidente tanto nella tomba più antica di Uahka I che nella più recente di Uahka II, quest'ultima però è molto più grande e bella della prima, e più grande anche ed altrettanto bella quanto la seconda, quella di Abu : per cui possiamo arguire che, nell'ambito della Dinastia XIII, almeno per un secolo, l'arte egiziana si è mantenuta in un altissimo grado di fiore, senza traccia ed accenno alcuno a decadenza, in singolare contrasto colla condizione politica dell'Egitto in quel periodo che, data la brevità del regno dei sovrani di quella Dinastia, si dovrebbe ritenere periodo di discordie, di turbolenze, di usurpazioni e di conseguente debolezza politica.

Però, o godesse l'Egitto ancora delle conseguenze del periodo glorioso precedente, o che, per circostanze speciali, che a noi non sono note, il frequente succedersi di nuovi Faraoni, parecchi dei quali risulta che non erano nemmeno di lignaggio reale, fosse unicamente dovuto a turbolenze politiche interne, senza conseguenze immediate per la sua potenza, sta il fatto che la potenza dell'Egitto fuori dei proprii confini non era di molto diminuita. E infatti del Faraone Ugaf abbiamo una statua a Semneh, presso Wadi-Halfa, di Amenema-Sebekhotep abbiamo iscrizioni incise sulle stesse rupi di Semneh e della vicina Kummeh, e di altro Sebekhotep abbiamo una statua nell'isola di Argo, al di là della grande cateratta di Nubia; non avendo alcun fondamento la supposizione, che è stata espressa da qualcuno, che quella statua sia stata portata ad Argo in un periodo posteriore. D'altra parte, alcuni frammenti di bassorilievi del portico di Abu, che felicemente si sono potuti riunire, ci danno una scena di caccia alla gazzella sulle rive del mar Rosso, in mezzo ad alberi simili a quelli dell'*anti*; abbiamo cioè una rappresentazione del paese di *Punt*.

L'Egitto adunque, durante la tredicesima Dinastia non era il debole, povero e miserabile paese che si è potuto supporre : era paese ancora potente che estendeva la sua autorità alla Nubia superiore e alle rive del mar Rosso, e che bene aveva potuto non solo continuare ma anche più intensificare quei rapporti colle Cicladi e con Creta che erano stati avviati durante la dodicesima. Io credo anzi che le future scoperte sempre più dimostreranno che il periodo rappresentato dalla tredicesima Dinastia, e che si prolungò per circa tre secoli, fu uno dei più insigni nella storia dell'arte egiziana e che fu precisamente quello, e fu quasi il solo, che abbia direttamente influito a fecondare i germi di civiltà del medio periodo minoico, che nel periodo miceneso ebbero così meraviglioso sviluppo.

Ritornando ora al punto di partenza, al quesito cioè propostoci se l'ipotesi sotiaca, così mirabilmente formulata da Edoardo Meyer, possa essere presa a base della cronologia egiziana, dopo quanto abbiamo detto, più ancora che dubitativamente, dovremmo rispondere negativamente. Come ci pare dimostrato, l'ipotesi sotiaca, nei termini nei quali attualmente si presenta, colle scarsissime cognizioni che abbiamo sul funzionamento del calendario durante il lungo periodo della storia egiziana, non pare a noi che abbia intera e sicura corrispondenza coi monumenti; e le applicazioni della medesima sembrano a noi in diretto contrasto con quelle induzioni più certe, o almeno più probabili che si possono ricavare dalle notizie monumentali.

Non sembra quindi ancora venuto il momento di poter

dare alla cronologia dell'Egitto una base sicura, precisa, matematica, e di farla come il fulcro della cronologia del l'antico Oriente mediterraneo : a questo punto, se ci si potrà più o meno avvicinare, sarà solo colla scoperta di nuovi elementi storici, di monumenti analoghi alla pietra di Palermo, da essere utilizzati con lunghi e faticosi studi, come quelli nei quali Edoardo Meyer è maestro. Allo stato presente delle nostre cognizioni dobbiamo, io credo, rinunziare, al disopra del primo millenio, a precisare le date : possiamo solo dire in via approssimativa, colla approssimazione di alcune diecine di anni, che la Dinastia XX incominciava circa l'anno 1270; circa l'anno 1400 la diciannovesima; circa l'anno 1660 la diciottesima. Al di là l'approssimazione non è più di diecine di anni ma di secoli, e con questa espressa riserva diremo che il principio della XIII non crediamo possa essere sotto l'anno 2200, verso l'anno 2420 il principio della dodicesima, e verso il principio del quarto millenio il regno di Mene.

CHRONOLOGIE
ET SOURCES ÉGYPTIENNES
DE LA XIXᵉ DYNASTIE [1],

PAR

M. VALDEMAR SCHMIDT.

On doit au translateur français d'Hérodote, Larcher, la découverte, dans un manuscrit grec à Paris, du nom jusqu'alors inconnu d'un ancien pharaon, Menophrès, qui a occupé le trône d'Égypte à l'époque du renouvellement de la période Sothiaque, qui, comme on le trouvera ci-après, eut lieu en 1321 avant notre ère. Comme l'auteur du manuscrit, le mathématicien et l'astronome Théon d'Alexandrie, le père de la malheureuse Hypatia, dont nous savons qu'il fit une observation en 365, écrit en grec, le nom du roi égyptien est donné dans la forme en usage chez les habitants de l'Égypte qui se servaient de la langue grecque. Le nom égyptien de l'ancien roi nous paraît facile à reconnaître. Laissons de côté la terminaison grecque du nominatif *s*, il reste *meno-ph-ré*, ce qui n'est pas bien éloigné de ⊙ ▰ ꜉ *men(o)-peh-ré* ou *men(o)-pekh-ré*, le nom bien connu dont Ramsès Iᵉʳ, le fondateur de la XIXᵉ dynastie, fit choix pour nom officiel ou nom

[1] Abréviations :
C. R. A. I. = Comptes rendus de l'Académie des Inscriptions et Belles-Lettres (Paris).
R. A. = *Revue Archéologique* (Paris).
J. A. = *Journal Asiatique* (Paris).
J. E. A. = *The Journal of Egyptian Archaeology* (Londres, 1917, etc.).
A. B. A. = Mémoires de l'Académie de Berlin (*Abhandlungen d. Preussischen Ak. d. Wissenschaften*).
S. B. = Comptes rendus de la même Académie (*Sitzungs-Berichte*), Berlin.

solaire, lorsqu'il monta sur le trône, événement qui doit avoir eu lieu en 1321. Ramsès Ier, dont une inscription datée dans sa 2e année (aujourd'hui au Louvre[1]) fut observée déjà par Champollion près de Wadi Halfa, ne régna que peu de temps, probablement 1 an 2 mois, comme seul roi. Il s'associa bientôt son fils Sethos Ier. En effet on lit chez Josèphe[2] un extrait de Manéthon, donnant la liste des rois de la XVIIIe et de la XIXe dynastie, peu exacte du reste, dans laquelle se rencontrent plusieurs chiffres qui paraissent exacts. Ramsès II y est dit avoir régné 66 ans 2 mois, et en effet, l'inscription de Ramsès IV à Abydos, découverte par Mariette, atteste que Ramsès II a régné 67 ans[3]. Le successeur de Ramsès II, qui est appelé généralement Ménephtah, a probablement régné 19 ans 6 mois, comme on lit dans le texte[4]. Tout fait donc présumer que les chiffres 1 an 2 mois sont très exacts pour Ramsès Ier, mais tout l'extrait est bien loin d'être exact. Il y a là des fautes grossières. On cherche en vain le roi Sethos Ier, le fils et successeur de Ramsès Ier. Il a été complètement omis dans cette liste. D'autres monuments ne remédient pas à ce défaut. Il nous devient donc impossible de préciser la chronologie du reste de la XIXe dynastie. Nous avons deux dates de l'an ix de Sethos Ier, mais aucune date postérieure. Le roi est probablement mort bientôt après. La chronologie du royaume des Khétas, ou des Héthéens, de Bogaz-Koej en Asie Mineure, qui se base sur des documents contemporains, découverts assez dernièrement, ne paraît pas nous permettre d'attribuer à Sethos Ier un règne d'une certaine longueur. Ce roi a peut-être régné seulement une dizaine d'années (1320-1310 environ).

Quant à l'ère de Ménophrès, nous sommes à même de donner une preuve indirecte, mais décisive, de l'exacti-

---

[1] Champollion, *Mon.*, I, 2.
[2] Jos., *C. Ap.*, I, 15, § 97, éd. Niese.
[3] Pierret, *Revue Archéol.*, N. S., XIX (1869), pl. VIII, l. 23, p. 273-283; Mariette, *Abydos*, II, pl. 34-35.
[4] Comp. Meyer, *Chronologie* (*Akd. Berl.*, 1904), p. 74.

tude de l'an 1321 et de la fausseté de toutes les autres
années, proposées par divers savants. Notons d'abord que
c'est un fait indiscutable que le renouvellement suivant
de la période Sothiaque eut lieu en l'an II du règne d'Antonin le Pieux, qui commença en Égypte le 29 août 138
et dura jusqu'au 28 août 139. Le 1ᵉʳ Thot, d'après l'ancien calendrier civil égyptien de 365 jours, et le 1ᵉʳ Thot,
d'après le calendrier Sothiaque de 365 jours 1/4, se place
alors le 20 juillet 139, lorsque Sothis (l'étoile Sirius)
eut son lever héliaque le matin. En ce jour coïncidèrent
donc, pour la première fois après 1456 ans, les deux
années égyptiennes, la civile et la Sothiaque. Cette coïncidence des deux années égyptiennes eut lieu encore en
l'an III, IV et V d'Antonin en Égypte (140-142); mais
en l'an VI (143), les deux années ne coïncidèrent plus
complètement. Le premier jour (1ᵉʳ Thot) était le même
d'après les deux calendriers et tous les jours suivants,
jusqu'au Vᵉ épagomène inclus, également. Mais le dernier
jour de l'an Sothiaque, le jour intercalaire, l'épagomène
VI de l'an VI était d'après le calendrier civil le premier
Thot de l'an VII d'Antonin.

Nous allons maintenant donner nos preuves : ce sont
les monnaies, frappées en Égypte dans les ans II–VI d'Antonin, découvertes à notre époque et recueillies dans les
cabinets de médailles de l'Égypte et de l'Europe. Nous
renvoyons tous à la grande et belle collection Dattari, qui
a été publiée par ce savant numismate [1].

Citons d'abord une monnaie, frappée en Égypte, l'an
du renouvellement de la période Sothiaque, en l'an II
d'Antonin. Sur l'un des côtés figure l'image d'Antonin,
accompagné de son nom; sur l'autre : l'oiseau Phénix,
avec les légendes L B (l'an II) et AIΩN (ère). La monnaie
de l'an VI, dernière année pendant laquelle les jours
des deux calendriers coïncidaient, se trouve décorée d'une
manière analogue à celle de l'an II; d'un côté : l'image
d'Antonin, de l'autre : l'oiseau Phénix, AIΩN et L S

---

[1] Dattari, *Numi Aug. Alex.*, nᵒˢ 2428-2430 et fol. 32 (1890).

(l'an vi). La solution définitive de cette question, long-temps discutée, est due avant tout au Dr L. Borchardt[1] de Berlin, qui dans son intéressant mémoire chrono-logique a publié les monnaies en question, d'après les beaux exemplaires du cabinet des médailles de Berlin.

Les monnaies égyptiennes d'Antonin que nous venons de passer en revue ne sont pas les seules preuves dé-montrant que le renouvellement de la période Sothiaque eut lieu la dernière fois en l'an ii d'Antonin, soit en l'an 139 de notre ère, tandis que l'avant-dernier renouvelle-ment arriva en 1321 avant notre ère, sous Menophrès (Ramsès Ier). Consorinus, dans le livre publié par lui en 238 : *De die natali*, écrit que, en cette année, le 1er Thot, — le premier jour de l'an civil des Égyptiens — coïn-cidait avec vii Kal. Jul. (23 juin), et que cent ans aupa-ravant, l'an sous lequel Antonin le Pieux était consul pour la deuxième fois avec Brutius Præsens, le 1er Thot avait coïncidé avec xiii Kal. Aug. (19 juillet 139), le jour du lever héliaque de l'étoile Sothis, au matin[2]. Censorinus est revenu, dans le même petit livre, encore une fois sur la période Sothiaque. Il dit[3] : « La grande année des Égyp-tiens, en grec *κυνικόν*, en latin *canicularis*, commence le premier jour de Thot, le premier mois de l'an égyptien, jour du lever héliaque de l'étoile caniculaire. Cette grande année est appelée, en outre de *caniculaire* et *solaire*, aussi *l'an de dieu*. »

Il est donc définitivement établi que le dernier renou-vellement de l'ère Sothiaque a eu lieu le 19 juillet 139 de notre ère, et, par conséquent, que le 19 juillet 1321 avant notre ère est le jour où se renouvela la période Sothiaque sous Ménophrès, dont parle Théon.

Toutes les autres dates, proposées par divers savants à des époques où les matériaux étaient moins abondants qu'aujourd'hui, doivent être rejetées comme erronées.

---

[1] L. BORCHARDT, *Die Annalen und die zeitliche Festlegung des alten Reichs,* dans les *Quellen und Forschungen,* I, p. 55 (Berlin, 1917).
[2] CENSORINUS, *De die natali,* XXII, 10-11 (p. 46, éd. Hultsch, 1867).
[3] CENSORINUS, *loc. cit.,* XVIII, 10 (p. 38-39, éd. Hultsch).

Cela prouve aussi que Ramsès I⁰ʳ monta sur le trône
d'Égypte en 1321. Son prédécesseur, Armaïs (*Har-m-
haïb*), qu'on regarde ordinairement comme le dernier roi
de la XVIII⁰ dynastie, est probablement mort la même
année (1321), en tout cas pas longtemps auparavant.

Les dates données dans les travaux historiques, publiés
dans les dernières années par de savants égyptologues,
ne diffèrent pas beaucoup des dates auxquelles nous
sommes parvenus dans nos présentes recherches, qui,
comme on vient de le voir, sont bien motivées et établies.
Petrie[1] place la mort du roi Armaïs et la fin de la
XVIII⁰ dynastie en l'an 1328 et Ramsès I⁰ʳ de 1328 à
1326. Il ajoute : cela le rapproche de Menophrès et de
l'an 1322 (qu'il faut corriger en 1321). Le professeur
Eduard Meyer donne la même date; il écrit en 1904 :
« depuis Menophrès, peut-être depuis Ramsès I⁰ʳ, 19 juillet 1921 »[2], ce qui est très exact. Le même savant donne,
dans son dernier mémoire chronologique (1907), les dates
suivantes qui nous paraissent fort probables : Séthos I⁰ʳ
(1320-1310), Ramsès II (1310-1244)[3]. La sortie des
Israélites sous Moïse paraît donc avoir eu lieu en 1242
environ. Le professeur J. H. Breasted donne, dans ses
Ancient Records, les années 1315-14 comme l'époque du
règne de Ramsès I⁰ʳ [4]. La différence n'est pas bien grande
entre ces égyptologues et nous.

Le commencement de la XVIII⁰ dynastie et du Nouvel
Empire, qui fut marqué par la prise de la ville d'Avaris
et par la réunion de toute l'Égypte sous le sceptre du roi
de Thèbes Amosis (*Ahmès*), ne peut être déterminé aussi
exactement que la fin. Il est cependant clair que cet événement n'est que très peu d'années postérieur à l'an 1580.

---

[1] Petrie, *Hist.*, III, p. vii : « The lengths of the reigns show, that the
close of the XVIIIᵗʰ dyn. must be about 1328 B. C. As this puts Ramessu I
to 1328-26, it agrees nearly with his being Menophres, who was reigning
at the Sothiac period of 1322. »

[2] Meyer, *Chronologie (Abh. Berl.* 1904), p. 68.

[3] Meyer, *Nachträge (Abh. Berl.*, 1907), p. 42, note 1.

[4] J. H. Breasted, *Ancient Records of Egypt*, I, p. 43 (Chicago, 1906).

Deux monuments qui donnent les dates égyptiennes de l'observation du lever héliaque de Sothis, nous apprennent qu'on observa ce phénomène pendant les quatre années 1474-73 jusqu'à 1471-70, et que le même phénomène avait été observé dans les quatre années 1550-49 à 1547-46, dans l'an ix d'un roi qui ne peut être autre que le roi Aménophis (*Amenhotep*) Ier, mois iii de *shmw*, jour ix (le 9 Epiphi)[1]. Ce roi est donc monté sur le trône d'Égypte dans une des années 1558-57 à 1554-53. Comme son prédécesseur Amosis a régné 22 ans, celui-ci est donc devenu le roi d'Égypte dans la période 1580-1575 environ.

L'autre document est connu depuis longtemps et se trouve exposé au Louvre : c'est le fragment d'Éléphantine [2] qui provient du mur du quai de l'île, et qui porte la date de : mois iii de *shmw*, jour xxviii (le 28 Epiphi). Le lever héliaque a été observé le 27 et le 26 août. Mais aucune inscription ne nous apprend, ni dans quelle année, ni par quel roi, le monument dont il faisait partie, un calendrier de fêtes, a été construit. Cependant, il est presque certain qu'il est dû au grand roi Thotmès III qui mourut en l'an liv de son règne[3].

Quant au passage de Théon, découvert par Larcher, dans lequel l'ère de Ménophrès est citée, il se rencontre dans deux manuscrits de Paris, cod. 2390 et 1038 (A et B). Larcher en parle dans la seconde édition de la traduction d'Hérodote. Il en copie une partie d'après cod. A [4]. Biot cite également le fragment dans deux de ses écrits [5]. Lepsius cite aussi le texte grec de Théon [6], qui du reste

---

[1] Voir Meyer, *Chronologie* (*Abh. Berlin*, 1904), p. 46-48. Le document se lit sur l'extérieur du célèbre Pap. Ebers.

[2] Lepsius, *Denkm.*, III, 43 e; Brugsch, *Thesaurus*, p. 363; Meyer, *Chronol.* (*Abh. Berl.*, 1904), p. 48-49.

[3] Meyer, *Chronol.*, *loc. cit.*, p. 68.

[4] Larcher, *Hérodote*, II, p. 553 (1802).

[5] Biot, *Recherches sur plusieurs points de l'astronomie ancienne égyptienne*, p. 303 (1823) et : *Sur divers points d'astronomie ancienne*, p. 130 (1846).

[6] Lepsius, *Kœnigsbuch*, p. 123 (1858).

n'est pas bien clair. Théon parle de l'ère d'Auguste qui se
termina le 13 juin 284. Alors commença l'ère de Dioclétien. Le but du passage, cité par Théon, est de démontrer comment on trouve la date du lever héliaque de
Sirius en une année déterminée, par exemple l'an 100
de l'ère de Dioclétien. Il ajoute donc 1605 et arrive à
l'an 1321 avant notre ère.

Après ces notices chronologiques sur les périodes les
plus importantes du Nouvel Empire, la XVIIIe et la XIXe
dynastie, nous allons jeter un coup d'œil rapide sur les
sources historiques qui restent à notre disposition pour
l'étude de cette période, et en général, pour l'étude de
l'histoire de l'ancienne Égypte.

Notons d'abord, en passant, que nos sources historiques égyptiennes ne sont pas exactement de la même nature et qualité que les sources dans lesquelles nous puisons
pour nos recherches sur les peuples modernes, et sur les
peuples anciens que nous font connaître les Grecs et les
Romains. Les écrits historiques des peuples sémitiques de
l'antiquité qui ont été conservés jusqu'à notre époque, et
qui nous ont été rendus accessibles, les produits littéraires des Assyriens et des anciens Israélites, se rappro-
chent beaucoup plus de notre littérature historique que
les écrits des anciens Égyptiens. Les monuments littéraires
égyptiens dans lesquels nous puisons nos renseignements
historiques sur l'ancienne Égypte ne peuvent pas toujours
être appelés littéraires : ils sont plutôt statistiques. Citons
par exemple : la pierre de Palerme dont le texte a été
composé dans la Ve dynastie; les annales de Thotmès III,
aussi appelées : la table statistique de Karnak; les listes
royales monumentales, sculptées dans les temples d'Abydos
et de Karnak, ainsi que dans un tombeau de Saqqarah,
découvert par Mariette; le Papyrus royal de Turin, malheureusement si mal conservé, mais, comme tous les
documents que nous venons de citer, d'une grande valeur
historique. Le grand Papyrus Harris I, au Musée Britannique, qui fait l'éloge des magnifiques dotations du roi

Ramsès III aux plus importants temples du pays, avec un petit nombre de notices historiques, nous paraît également plutôt de nature statistique que littéraire. Du reste, on rencontre aussi, sculptées dans des tombeaux de particuliers et dans des chapelles funéraires, des biographies d'Égyptiens, qui ne sont pas très détaillées mais qu'on regarde, avec grande raison, comme étant au nombre de nos meilleures sources de connaissance de l'ancienne histoire de l'Égypte. Ces biographies ont évidemment une valeur littéraire. Nous devons aussi attribuer à la même classe de littérature un petit nombre de descriptions d'exploits militaires, comme la tablette Carnarvon qui rend compte d'une victoire gagnée par le roi Kamosis sur le royaume du Nord quelque temps avant la dernière guerre avec les Hyksos, dont le résultat fut la prise d'Avaris et la réunion de toute l'Égypte sous le sceptre du roi de Thèbes[1]. La plupart de nos sources historiques, surtout les monuments officiels, accompagnés d'illustrations, ne sont pas littéraires, mais plutôt statistiques. Il y a bien souvent, dans les monuments publics officiels, de longs textes qui glorifient le roi, mais excepté la ligne bien connue de l'inscription du roi Menephtah, qui cite le nom d'Israël[2], ces textes ne donnent jamais aucun renseignement historique d'aucune valeur.

On voit donc que la littérature de l'ancienne Égypte, qui nous fournit nos meilleures informations sur l'histoire du pays, a été plutôt de nature statistique que de caractère littéraire; mais, d'un autre côté, des écrits historiques littéraires ne manquaient pas complètement. Ils étaient, paraît-il, peu fréquents. Le fait était que la majorité du peuple trouvait la vraie histoire trop sèche, trop peu intéressante; on préférait l'extraordinaire, le fantastique, le merveilleux. Tous ceux qui avaient du goût litté-

---

[1] Une savante édition en est due à Alan H. GARDINER, *The Defeat of the Hyksos by Kamose. The Carnarvon Tablet*, I, *J. E. A.*, III, p. 95-110 (1916).

[2] Voir Ed. NAVILLE, *Did Menephtah invade Syria? J. E. A.*, II, p. 195-201 (1915).

raire désiraient lire des relations de ce genre. La critique
historique n'était pas goûtée. Des écrits plus ou moins
fantastiques étaient la lecture en faveur à toute époque.
Aussi des fragments de ce genre, datant de diverses époques, ne manquent point.

Mais il faut retourner aux documents qui nous fournissent les meilleures informations sur les événements des
temps anciens. Ce sont les inscriptions et les monuments
officiels, construits par les rois. On les rencontre bien des
fois sur les murs des temples. Tantôt on voit les rois
apporter des offrandes aux divinités; tantôt ils sont en
train de vaincre les ennemis, de s'emparer de places fortes,
de gagner des batailles navales; ou bien, on les voit
revenir en triomphe, emmenant des captifs et du butin.
Tout cela est de haute importance, mais on ne rencontre
jamais, à aucune époque de l'histoire d'Égypte, sur aucun
monument, la moindre mention d'un événement malheureux, d'une défaite, d'une perte d'aucune sorte. Heureusement, les monuments publics avec leurs tableaux, inscriptions, ne sont pas les seuls documents qui aient été
conservés jusqu'à aujourd'hui. Notons d'abord qu'il y avait
autrefois, dans le pays, des bureaux, archives ou institutions de même nature, dans lesquels on notait dans
l'antiquité des faits de toute sorte et non pas seulement
heureux. Toutes les notices de ce genre ont disparu; mais,
comme on le verra tout de suite, la littérature grecque
nous a conservé quelques fragments qui attestent la
présence de documents de ce genre dans l'antiquité.
Vient ensuite la littérature proprement dite de l'ancienne
Égypte, dont peu à peu des restes considérables ont été
découverts et mis à la disposition du monde savant. Nous
ne pouvons entrer ici dans les détails; nous observons
seulement que tous ces écrits sont de grande valeur pour
notre connaissance de la condition de l'ancienne Égypte.
Citons seulement les nombreuses lettres, remontant à la
grande époque de Thèbes, dont le Musée Britannique et
le musée de Leide sont si riches; ensuite, les papyrus judi-
ciaires et les papyrus médicaux; et enfin, les restes de

la littérature proprement dite : le voyage de Sineha au Nord de l'Arabie et les autres papyrus conservés au musée de Berlin; le voyage du Mohar en Syrie, expliqué si bien par Chabas, le voyage en Phénicie d'*Unamon*, découvert et interprété par Golénischeff avec les autres papyrus importants de Pétrograd[1]. Enfin, il faut nous arrêter aux papyrus qu'on a appelé philosophiques et qui nous ont révélé des périodes bien tristes de l'histoire de l'Égypte, dont aucun monument officiel ne fait la moindre mention. Avant tout, il faut citer ici le papyrus 344 de Leide, document mal conservé, difficile à lire et encore plus difficile à comprendre. Heureusement, grâce aux travaux excellents d'éminents égyptologues de notre époque, H. O. Lange à Copenhague[2], Alan H. Gardiner en Angleterre[3] et Ad. Erman à Berlin[4], ce papyrus n'est plus énigmatique. Au contraire, il nous donne de nombreux tableaux les plus vivants de la ruine de l'ancienne civilisation de Memphis qui fut remplacée, après le long règne de Pepi II (Phiops), par une anarchie qui présente une certaine analogie avec l'anarchie que nous avons vue dans les dernières années, et que nous voyons encore aujourd'hui, en Russie.

La littérature hellénistique de l'Égypte a conservé un souvenir de cet épisode extraordinaire de l'histoire du pays, mais arrangé et présenté d'une manière analogue à celle dont est traitée l'histoire d'autres périodes. La période figure chez Manéthon comme une dynastie (VIIe). On lit chez le chronographe G. le Syncelle[5], après la liste des rois de la VIe dynastie : Dyn. VII, 70 rois, 70 jours. Cette notice a été puisée dans l'Africain, le chronologiste chrétien qui fit — moins d'après l'original que

---

[1] Comp. Alan H. Gardiner, *New Litterary works from Ancient Egypt*, *J. E. A.*, I, p. 20-36 et 100-116 (1914).

[2] Lange, *Prophezeiungen*, *S. B. B.*, 1903, p. 601.

[3] Alan H. Gardiner, *The admonitions of an Egyptian Sage* (Leipzig, 1909).

[4] Erman, *Mahnworte eines ägypt. Propheten*, *S. B. B.*, 1919, p. 804-815.

[5] Syncelle, p. 58 c.; *F. H. G.*, II, p. 555.

d'après un extrait antérieur — un extrait de Manéthon, donnant les listes des rois dans leur ordre chronologique, avec quelques dates sur la longueur de leurs règnes. Quant à Manéthon, on sait qu'il a puisé à une bonne source, les annales officielles de l'Égypte, et on peut être sûr que cette petite notice sur l'anarchie de Memphis se base sur des documents conservés dans les archives intimes de l'Égypte. Il va sans dire que la description du Syncelle n'est pas exacte; les historiens ne pouvaient pas révéler trop clairement les détails des événements tristes; mais la description n'est pas fautive. On pourrait bien désigner les dominateurs pendant l'anarchie comme des rois qui ont régné simultanément. Sans doute leur pouvoir n'a pas duré longtemps, tout au plus quelques mois. Il peut donc être regardé comme certain que la notice chez Manéthon se base sur des documents faisant partie des archives du royaume. Eusèbe, lequel comme tout le monde à son époque, n'avait aucune connaissance réelle de l'histoire de l'Égypte, ne comprenait pas ce qu'il lisait chez l'Africain, d'après Manéthon, sur la VII⸱ dynastie. Il espérait pouvoir corriger le texte et en faire sortir quelque chose de raisonnable. Il parle de 5 rois pendant 75 jours. Il va sans dire que les savants modernes, comme Bunsen et Boeckh et d'autres, qui n'avaient aucune idée de la véritable histoire de l'Égypte, n'ont rien écrit qui compte dans leurs spéculations sur cette époque.

Quant aux annales officielles de l'Égypte, qui ont disparu complètement depuis longtemps, on peut être sûr qu'elles n'étaient accessibles à personne, excepté aux plus hauts fonctionnaires du pays, aussi longtemps que la monarchie des Pharaons resta debout. Lorsque le pouvoir passa aux Perses, la différence n'était pas bien grande, paraît-il. Les Perses ne s'intéressaient pas beaucoup à l'histoire de l'Égypte dans les temps passés. Ils la laissaient sans doute aux Égyptiens eux-mêmes; mais la vie scientifique des Égyptiens se trouvait alors en pleine décadence. Sous la domination des Saïtes, et plus encore sous les Perses et Macédoniens, l'érudition et l'éducation savante en Égypte étaient peu répandues. D'un autre côté, on peut être sûr qu'il y avait encore dans le pays quelques hommes qui savaient lire les hiéroglyphes et qui étaient à même de comprendre les papyrus hiératiques et démotiques, conservés dans les archives de temples et autre part. Sous les Macédoniens, il était probablement plus facile, notamment aux Grecs, d'être admis aux archives qu'il n'avait jamais été sous le gouvernement national. Les rois Macédoniens avaient certainement le droit d'ouvrir à tous les archives à leur gré. Le roi Ptolémée Ier, qui s'intéressait vivement à l'histoire d'Égypte, avait évidemment confié la direction des principales archives nationales de l'État à des Égyptiens compétents, bien versés dans la littérature ancienne du pays, et qui, en même temps, possédaient une certaine connaissance de la langue grecque. En effet, nous rencontrons dans les restes de la littérature grecque, parvenus jusqu'à nous, un fragment qui date du règne de Ptolémée Ier, et dont une certaine partie doit provenir des annales officielles du royaume à l'époque des anciens rois. Il va sans dire que l'auteur grec en question n'a pas puisé directement dans les annales, dont il ne comprenait rien. La relation doit lui avoir été communiquée d'une manière indirecte. L'auteur est Hécatée d'Abdère, qui fit un séjour en Égypte sous le règne de Ptolémée I[er][1]. Hécatée n'était pas historien, mais plutôt philosophe; il s'intéressait vivement au peuple égyptien et faisait des études sur la vie et la condition du peuple dans les différentes périodes des temps passés. Ses œuvres sont perdues, sauf quelques fragments. Il paraît cependant avoir publié un ouvrage d'un caractère assez particulier, une espèce d'histoire idéale d'un peuple imaginaire, laquelle malheureusement a entièrement disparu. Mais l'ouvrage paraît, jusqu'à un certain degré, avoir été basé sur l'histoire réelle de l'Égypte. Les événements décrits présentaient probablement certaines analogies avec des faits véritables,

[1] *F. H. G.*, II, p. 384-396.

qui avaient eu lieu autrefois en Égypte, mais qui avaient
été plus ou moins idéalisés par Hécatée. Diodore puisa
plus tard, pour son *Histoire Universelle*, souvent dans les
écrits d'Hécatée, notamment pour la description de
beaucoup d'affaires intérieures égyptiennes, mais cette
partie de Diodore a été perdue, aussi bien que l'ouvrage
d'Hécatée qui lui servait d'original. Nous possédons du
reste encore un fragment, conservé par Diodore et puisé
dans Hécatée : la description d'un monument égyptien,
appelé par lui *le tombeau d'Osymandyas* [1], qui est pour nous
le Ramesseion (autrefois Memnonion). La comparaison
des ruines avec la description de Diodore nous donne
une idée de la manière dont Hécatée a idéalisé ses descriptions.

Au nombre des questions sur lesquelles Hécatée cher-
cha des informations particulières en Égypte, se trouvait
celle de l'origine du peuple juif. Il avait appris, probablement pendant ses séjours en Égypte et en Syrie, que
les Juifs, qui habitaient la Judée, et dont, au cours des
deux derniers siècles, un nombre assez considérable s'était
fixé en Égypte, entre autres pour y servir comme soldats
mercenaires, provenaient primitivement, d'après leurs
anciennes traditions sacrées, de l'Égypte : ils avaient,
au dire de leurs anciens écrits religieux, passé autrefois
bien des années en Égypte, mais à une certaine époque
ils avaient quitté le pays et s'étaient établis en Syrie.
Hécatée avait pendant son séjour en Égypte reçu une
réponse affirmative [2]. En effet, les ancêtres des Juifs
avaient autrefois habité l'Égypte, mais ils avaient été
forcés par les Égyptiens eux-mêmes à quitter le pays et à
se rendre dans d'autres régions. Le motif de cette décision
des Égyptiens était une forte peste qui avait envahi
l'Égypte, et qui, d'après l'opinion générale de la population, était due au séjour dans le pays d'étrangers nombreux, qui adoraient d'autres divinités et apportaient des

---

[1] Diodore, I, 46, 6-I, 49; *F. H. G.*, II, p. 389-391.
[2] Diodore, XL, 3 (*Exc. Photii*, p. 542-543); *F. H. G.*, II,
p. 391-393.

offrandes aux dieux de leurs ancêtres, sans s'occuper le moins du monde des divinités de l'Égypte, le pays dans lequel ils vivaient. Les dieux de l'Égypte étaient donc irrités contre les habitants de l'Égypte, en voyant que des divinités étrangères étaient favorisées en Égypte, aux dépens des dieux nationaux. Ceux-ci avaient donc envoyé la peste dans le pays comme châtiment. Il était donc nécessaire pour le gouvernement du pays de purifier le pays en expulsant des étrangers qui avaient offensé si grandement les dieux nationaux. Les étrangers furent expulsés, et la peste cessa. On ne rencontre chez Hécatée aucun renseignement sur l'époque où eut lieu cet événement. Mais il ne faut pas oublier qu'il n'était pas possible alors de donner des dates chronologiques. Il n'existait pas encore une histoire de l'Égypte. Ce ne fut que sous le successeur du roi, qu'un ouvrage sur l'histoire de l'Égypte fut publié. Les relations sur l'origine des Juifs que nous venons de donner d'après Hécatée, ne peuvent pas provenir des Juifs. Elles doivent lui avoir été fournies par des Égyptiens, et comme l'événement datait d'une époque assez éloignée, les relations qu'il reçut doivent avoir été puisées dans des archives, probablement dans les archives officielles du royaume ou dans des dépôts du même genre.

On ne rencontre pas seulement chez Hécatée ces relations sur l'expulsion des étrangers qui étaient si désagréables aux divinités de l'Égypte et au nombre desquels se trouvaient les ancêtres des Juifs; il nous décrit également le sort ultérieur de ces peuplades, relation qui ne peut provenir, comme celles qu'on vient de lire, des annotations anciennes des Égyptiens. Elle est évidemment d'une date postérieure. Il est clair qu'Hécatée a recueilli ces relations chez ses contemporains, les Hellénistes de l'Égypte et de la Syrie. Hécatée raconte ensuite qu'une partie des peuplades chassées, et la partie la plus noble, conduite par Kadmos et par Danaos, s'en alla en Grèce et s'y fixa. Le reste, la grande masse, se rendit en Palestine, sous la direction de Moïse qui fut leur lé-

gislateur et l'organisateur de leur État, avec, comme
capitale, Jérusalem, où fut construit un temple très
renommé. Hécatée décrit succinctement la législation des
Juifs, d'une manière assez favorable et nullement injuste.
Cependant il est clair qu'il n'a pas puisé directement à
une source juive. Il leur reproche de n'être pas hospi-
taliers envers les étrangers, et de ne jamais s'allier avec
d'autres nationalités. Cependant, il ne peut être contesté
que la position des Israélites était tout exceptionnelle
dans le monde ancien. Leur devoir principal était de conserver leur monothéisme à l'abri de tout contact avec le
polythéisme qui existait chez tous les autres peuples de
l'antiquité. Le résumé que donne Hécatée sur l'histoire
des Juifs est du reste très peu exact. Il ne sait pas que les
Juifs, sortis de l'Égypte, ne se fixèrent pas tout de suite
à Jérusalem. Ce ne fut que plus de deux siècles après
l'exode que Jérusalem fut leur capitale. Il ne sait pas non
plus qu'ils avaient vécu longtemps sous le gouvernement
de rois, avant l'introduction de la constitution sous
laquelle ils vivaient à l'époque où Hécatée visita l'Égypte
et la Syrie. La description des lois de Moïse et de l'origine
des Juifs, puisée dans Hécatée, se lisait dans le dernier
livre (XL) de Diodore, comme introduction à son compte
rendu de la guerre des Romains contre les Juifs, par
l'armée commandée par le grand Pompée[1]. Remarquons
ici que cet événement eut lieu en 63, et non pas en 64,
comme on le suppose généralement. Nous devons cette
rectification chronologique et d'autres découvertes analogues dans les temps voisins du commencement de notre
ère, dont les sources chronologiques sont si troublées,
au regretté savant suédois Nils Wilhelm Liungberg, qui,
par une mort prématurée, fut empêché de publier les
résultats importants de ses études chronologiques[2].

Mais retournons à nos recherches sur les notices rela-

---

[1] Diod, XL, 3 (conservé dans l'excerpt. de Photios, p. 542-543),
F. H. G., II, p. 391-392.

[2] P. Wulff, *Ur N. W. Liungbergs Papper : De romerske Kejsarnes
Kronologi* (Lund, 1918).

tives à la sortie des Israélites dans les anciens documents officiels des Égyptiens. Après Hécatée le Grec, il faut citer Manéthon l'Égyptien, né à Sebennytos et grand prêtre à Héliopolis, qui, probablement avant l'an 250, publia en langue grecque une histoire d'Égypte depuis les temps les plus anciens jusqu'à Alexandre le Grand[1].

L'ouvrage de Manéthon sur l'histoire de l'Égypte a été perdu. Il ne fut jamais recopié en entier. On se contentait d'extraits, énumérant les noms des plus importants pharaons, arrangés d'après leurs familles ou dynasties, et accompagnés des chiffres indiquant la durée totale des règnes de chacune des dynasties et la durée du règne de chacun des rois cités. Ces listes ont été souvent reproduites au cours des temps, mais ordinairement avec très peu de soin. On observe aussi qu'un lecteur a ajouté quelquefois, dans l'extrait, après le nom d'un roi, une petite notice historique, d'après une autre source[2]. Probablement aucune de ces notices ajoutées ne provient de Manéthon. Deux listes des rois d'Égypte, tirant leur origine de Manéthon, ont été conservées jusqu'à notre temps. Elles sont dues aux chronologistes chrétiens, Jules l'Africain et Eusèbe[3]. Aucun fait historique, pas même les plus importants, n'est mentionné dans ces listes : seulement des noms de rois et des chiffres. Mais un écrit, antérieur de plusieurs siècles, nous a conservé quelques sections d'extraits de Manéthon, avec des noms de rois et des chiffres, et de plus avec quelques notices historiques. L'auteur de ces extraits est Josèphe, l'historien juif bien connu, qui les a insérés dans son mémoire contre l'antisémite Apion l'Oisite. Josèphe prétend qu'il les a puisés lui-même dans l'ouvrage de Manéthon; mais la critique a établi que Josèphe n'a jamais eu Manéthon en main[4]. Toutefois, il ne peut être contesté que l'auteur, ou les

---

[1] *F. H. G.*, III, p. 511-616.

[2] On rencontre des exemples de notices ajoutées dans la liste des rois de la XVIIIᵉ dynastie chez Eusèbe, *F. H. G.*, II, p. 577.

[3] *F. H. G.*, II, p. 511-616.

[4] Ed. MEYER, *Chronologie*, p. 72.

auteurs des écrits cités par Josèphe comme provenant de
Manéthon, ont véritablement puisé dans son *Histoire*,
mais non directement. Josèphe nous décrit d'abord[1]
l'invasion de l'Égypte par des ennemis venant d'Asie;
après de nombreuses destructions, ceux-ci restent dans
le pays, qui devient une des plus importantes parties d'un
empire fondé par eux. Josèphe donne ensuite la liste de
six rois de cet empire, qui paraissent avoir résidé en
Égypte et possédé le pays, ou du moins une grande partie
du territoire[2]. Cette dynastie se rencontre aussi chez
l'Africain (sous le nº XV)[3]. Eusèbe cite encore les noms
de quelques-uns de ces rois[4]. Divers monuments, dus à
des rois qui doivent être identiques à ces envahisseurs, ont
été découverts, peu à peu, dans différentes localités, en
Égypte et autre part, même dans des contrées aussi
éloignées que l'île de Crète et la Babylonie. Il paraît donc
certain que ces rois ont possédé un empire assez vaste, qui
a subsisté quelque temps. Après la notice sur ces rois,
Josèphe nous apprend que ces étrangers qui s'étaient
emparés de l'Égypte se nommaient les *Hyksôs*, ou rois
Pasteurs[5]. Il donne ensuite quelques autres renseignements de différente valeur[6] et, enfin, un résumé
sur l'histoire des Hyksôs en Égypte[7]. Le tout est très incorrect; beaucoup de noms sont corrompus, les chiffres
augmentés. La durée de la domination des Hyksôs sur
l'Égypte est estimée à 511 ans. On parle aujourd'hui d'une
centaine d'années ou un peu plus. Les autres chiffres donnés
dans le chapitre, 480,000 et 240,000, sont également
sans valeur historique. Des monuments contemporains,
datant du commencement de la XVIIIᵉ dynastie, nous
donnent les moyens de contrôler les relations et les
descriptions de Manéthon chez Josèphe. Le nom du roi

<hr>

[1] Jos., *C. Ap.*, I, 14, § 75-76, éd. Niese (*F. H. G.*, II, p. 566-567).
[2] Jos., *C. Ap.*, *loc. cit.*, § 77-82 (*F. H. G.*, II, p. 567).
[3] *F. H. G.*, II, p. 568.
[4] *F. H. G.*, p. 570.
[5] Jos., *C. Ap.*, I, 14, § 82.
[6] Jos., *loc. cit.*, § 83.
[7] Jos., *loc. cit.*, § 94.

170 V. SCHMIDT.

vainqueur des Hyksôs, qui mit fin à leur royaume en s'emparant de leur capitale Avaris, était Amosis, comme nous l'apprennent la biographie d'Ahmès à El-Kab et l'historien Ptolémée de Mendès[1]. Mais on l'appelle ici d'un nom erroné, Misphragmouthosis, fils de Thetmosis[2]. Toute la relation est très inexacte.

Après ces notices dont nous pouvons nous passer de nos jours, depuis que les découvertes ont mis à notre disposition des monuments contemporains de la plus grande valeur, datant de cette époque, Josèphe retourne encore deux fois à ses extraits de Manéthon, qu'il a transformés d'après son opinion sur l'identité des Hébreux avec les habitants de la ville d'Avaris, lesquels, d'après lui, ont été expulsés d'Égypte après la prise de la ville pour s'établir plus tard à Jérusalem. On lit ensuite chez Josèphe[3] : «Après la sortie du peuple des Pasteurs expulsé par Thetmosis vers Jérusalem, celui-ci régna 25 ans 4 mois.» Il donne ensuite[4] la liste de ses successeurs, dont le dernier est appelé Aménophis, qui régna 19 ans 6 mois. Son nom véritable était Ménephtah; il succéda à Ramsès II. Après cet Aménophis, on trouve[5] une notice de peu de valeur historique sur Sethos et Armaïs, qui est identifié à Danaos.

Plus loin, dans le livre contre Apion, se rencontre encore une relation d'une certaine longueur que Josèphe dit avoir copiée d'après Manéthon[6]. Évidemment, cela n'est pas exact. La plus grande partie ne provient pas directement de Manéthon, mais elle présente un caractère égyptien assez prononcé, et il est fort probable que l'auteur inconnu a puisé à des sources dérivées de Manéthon, du moins indirectement. La plus grande partie du chapitre[7] ne paraît pas de grande valeur historique; elle se compose de

[1] Voir ci-après.
[2] Jos., *C. Ap.*, I, 14, § 88.
[3] Jos., *C. Ap.*, I, 15, § 94.
[4] Jos., *loc. cit.*, § 95-97.
[5] Jos., *loc. cit.*, § 98-102.
[6] Jos, *C. Ap.*, I, 26, § 227-250.
[7] Jos., *loc. cit.*, § 230-250.

récits plutôt problématiques. Mais, en revanche, on rencontre ici une relation d'un très grand intérêt[1] qui provient, paraît-il, sans beaucoup de changement, de l'ouvrage de Manéthon, dont elle est la seule partie pour ainsi dire littéraire qui ait été conservée jusqu'à nos jours. Tous les autres extraits de Manéthon que nous possédons aujourd'hui sont entièrement statistiques, ne donnant que des noms de rois et des chiffres. Comme nous venons de le dire, aucun fait historique n'a été décrit dans les autres extraits. On lit dans la relation en question, qu'il y avait *autrefois* — l'époque n'est pas déterminée dans le texte — en Égypte, des peuplades qui souffraient de la lèpre et d'autres maladies contagieuses et dangereuses. Ces peuplades furent expulsées du pays dans le but de protéger les habitants contre la contagion menaçante. Il est évident que les peuplades en question ne sont autres que le peuple d'Israël, les ancêtres des Juifs, lesquels dans les derniers temps de leur ancien séjour en Égypte avaient été forcés de faire divers travaux publics, comme ouvriers, sans recevoir d'autre rétribution que la nourriture journalière. Ils étaient pour ainsi dire des esclaves d'État, dont la présence dans le pays était d'une certaine valeur pour leurs maîtres, les Égyptiens. On ne pouvait donc pas leur donner la permission de quitter le pays, seulement parce qu'ils le désiraient. L'orgueil national des Égyptiens le défendait. Mais la condition du pays et de sa population était tout autre, lorsque ces peuplades qui devaient travailler pour les Égyptiens souffraient elles-mêmes de la peste, qui pouvait facilement devenir dangereuse pour les Égyptiens. On devait donc avant tout protéger les habitants du pays contre la peste par l'expulsion des peuplades chez lesquelles la maladie dangereuse avait son centre, d'après ce qu'on supposait. On peut être sûr que la sortie des Israélites a été décrite de la même manière dans les annales officielles du royaume, qui ont servi à Manéthon de source principale.

---

[3] Jos., *loc. cit.*, § 229. Voir ci-dessus, p. 168.

Remarquons ici que les trois documents anciens qui s'occupent de l'exode des Israélites, la Bible, Hécatée et Manéthon, font mention de la peste comme fournissant au gouvernement de l'Égypte un motif pour l'expulsion des Hébreux; mais ils ne sont pas d'accord sur les détails. D'après les deux premières sources, c'étaient les Égyptiens qui étaient affectés; d'après Manéthon, c'était le peuple d'Israël qui souffrait de la peste. Notons encore que divers monuments, outre la Bible, nous attestent que des étrangers, vivant en Égypte, étaient forcés sous Ramsès II de faire des travaux pénibles dans le pays, lorsque le gouvernement fit construire des édifices et monuments, ce qui eut lieu souvent sous la XVIIIe et dans les premiers temps de la XIXe dynastie. Deux lettres égyptiennes du musée de Leide, datant du règne de Ramsès II, étudiées par François Chabas, font mention, l'une (*Pap. Leide*, 1, 348) des *Aperoui* ou *Ibri*, probalement des Hébreux, qui « traînent des blocs de pierre au grand fortin de Ramsès II »; l'autre (*Pap. Leide*, 1, 349), « du froment apporté aux hommes, aux soldats et aux *Aperoui* ou *Ibri* (Hébreux) qui traînent des blocs de pierre au soleil de Ramsès II (sans doute le nom d'un monument en construction) au sud de Memphis[1] ». La fabrication de briques, qui d'après la Bible était un travail forcé imposé aux Israélites[2], est mentionnée également dans divers documents égyptiens, par exemple dans le *Pap. Anastasi* III[3], comme un travail exécuté par différents individus dans le pays. On sait que des briques séchées au soleil se rencontrent partout en Égypte en grandes masses; elles datent de toutes périodes, et entre autres, du règne de Ramsès II.

Bien que la peste et d'autres maladies mauvaises aient joué probablement un certain rôle dans les motifs qui, d'après les comptes rendus officiels du gouvernement

---

[1] Leemans, *Monuments*, II, pl. CXLVIII et II, pl. CLV-CLVI; comp. Chabas, *Mélanges*, II, p. 148 (1864).

[2] *Exode*, 5, 7-10.

[3] *Select Papyri*, pl. LXXVI; comp. Chabas, *Mélanges*, II, p. 123.

égyptien, le déterminèrent à donner au peuple d'Israël la permission de quitter l'Égypte, nous sommes persuadés que le vrai motif a été tout autre.

Ce n'est que peu à peu que la situation intérieure de l'ancienne Égypte devient plus claire pour nous. La situation politique était quelquefois bien critique : une période très dangereuse marquait ainsi le dernier temps du long règne du roi Ramsès II qu'on a appelé le Grand, mais sans beaucoup de raison. Les années qui suivaient la mort de ce vieux roi comptent parmi les plus critiques. Le pays avait été inondé d'ennemis nombreux et vigoureux qui s'étaient avancés bien loin dans l'intérieur. Les Libyens étaient entrés dans les parties ouest de l'Égypte; les tentatives pour les repousser avaient toutes échoué. La côte nord fut en même temps souvent visitée par des pirates, venus sur leurs navires de l'autre côté de la Méditerranée. Mais ce qui était presque le plus angoissant, la fidélité de tous les habitants du pays n'était pas sûre. La population sémitique dans les régions est ou nord-est du pays désirait vivement quitter l'Égypte et retourner en Asie, qui d'après leurs traditions religieuses était leur vraie patrie, et dont la partie sudouest, la terre de Kanaan, était leur terre promise. Ces tribus sémitiques, qui s'appelaient Israël ou Ibri, possédaient à cette époque des chefs habiles, instruits et qui connaissaient bien, non pas seulement l'Égypte, mais aussi les contrées limitrophes de l'Asie, les déserts et leurs oasis, ainsi que les tribus différentes qui fréquentaient ces régions.

La grande question pour les Égyptiens était de réunir toutes les forces armées pour la protection du pays et de ses habitants contre les ennemis qui devaient être écrasés à tout prix.

On devait faire des sacrifices. Il était nécessaire de céder aux demandes des sujets sémitiques qui désiraient émigrer pour se fixer en Asie. La permission fut donnée. Les peuplades sémitiques, qui formèrent dès lors le peuple d'Israël, quittèrent l'Égypte et réussirent à trouver autre part des localités propices pour un séjour provisoire.

L'Exode eut donc lieu une des premières années du règne du successeur de Ramsès II, probablement vers l'an 1244.

Ce grand sacrifice des Égyptiens fut largement récompensé. On réunit une force suffisante pour écraser les ennemis. L'Égypte était sauvée! Diverses inscriptions rendaient compte de la grande victoire; mais beaucoup de monuments, faisant l'éloge du roi victorieux, ont disparu. Les inscriptions les plus détaillées se trouvaient sans doute à Memphis. Il n'en reste presque rien. En effet, nous ne sommes pas bien renseignés sur les détails de l'invasion et du combat. On ne sait pas où se trouvait la localité dans laquelle les ennemis arrivés de l'Ouest, les Libyens, avaient fixé leur quartier général. On ne peut avec certitude déterminer le lieu où il faut placer cette localité où la victoire fut remportée.

Au nombre des monuments qui font l'éloge du roi Ménephtah et de sa grande victoire, il ne faut pas oublier l'inscription que le roi fit sculpter sur le verso de la belle stèle dont le roi Aménophis III avait décoré son Memnonion ou monument funéraire à Thèbes, mais que Ménephtah enleva pour s'en servir dans le Memnonion qu'il construisit pour sa résidence d'outre-tombe. Ce ne fut pas là que la stèle fut découverte par Flinders Petrie, mais à un autre endroit, auquel elle avait été transportée autrefois. Comme dans presque toutes les inscriptions égyptiennes, le résultat historique de l'étude de l'un et l'autre des textes, très riches en mots, est minime, sauf deux lignes de l'inscription de Ménephtah. Ces lignes, dans lesquelles pour la première et unique fois le nom d'Israël apparaît, décrivent la situation de l'Égypte comme très favorable après la grande victoire sur les Libyens; les pays et peuples limitrophes se trouvaient alors en difficultés. La situation du peuple d'Israël, envers lequel on n'était sans doute pas bien disposé en Égypte, n'était ni prospère, ni pleine de promesses, ce qui devait sonner agréablement aux oreilles des Égyptiens. Ils se trouvaient dans un pays stérile, sans récolte [1].

Malheureusement, les temps suivants ne furent ni glorieux ni heureux, comme on l'espérait en Égypte après la victoire de Ménephtah. L'époque brillante de l'Égypte était finie !

La vie scientifique n'existait pas non plus dans le pays ; en tout cas elle était très faible. L'histoire était très peu connue, et il était bien difficile, pour ceux qui désiraient savoir quelque chose de certain sur les temps passés, de trouver un Égyptien à même de lui donner des renseignements de valeur. De cela Hérodote est un bon exemple. Il ne put recueillir que des fables. Il y avait probablement en divers endroits des Égyptiens instruits qui savaient lire les papyrus conservés dans les archives, mais en faire sortir quelque chose était chose difficile.

Les Égyptiens qui avaient reçu une certaine instruction n'ignoraient probablement pas que l'Égypte, autrefois, avait joué un certain rôle sur le théâtre du monde comme puissance militaire. Plusieurs pharaons avaient régné sur des pays voisins, comme la Syrie et la Nubie, et même, croyait-on, sur des pays bien plus éloignés. Mais les détails de toute sorte manquaient. Les noms des pharaons renommés avaient été oubliés. On les réunit dans une seule figure. On ne parlait que de Sésostris, le grand guerrier. Encore sous Ptolémée I᷎ᵉʳ, on ne savait pas grand chose, mais, comme nous avons vu plus haut, il était possible, même à un étranger, de se procurer des informations, il est vrai un peu vagues, mais nullement fausses sur un événement assez ancien.

Un grand progrès fut marqué par la publication de l'Histoire de Manéthon. Nous sommes persuadé cependant que l'ouvrage ne pourrait soutenir une critique, ou analyse moderne scientifique. L'auteur avait trop puisé dans les écrits anciens des Égyptiens, où les événements des temps

[1] Comp. ED. NAVILLE, *Did Menephtah invade Syria?* *J. E. A.*, II, p. 199.

passés avaient été décrits d'une manière plus ou moins fantastique, et qui étaient grandement en faveur chez la population et dont quelques fragments ont été conservés jusqu'à notre époque. Cependant, Manéthon s'était aussi servi, comme base de son livre, des annales officielles de l'ancien royaume et d'autres documents authentiques. Nous devons donc regretter profondément la perte de l'ouvrage qui aurait été une source de grande valeur pour l'étude de l'histoire de l'Égypte, comparée avec les documents originaux conservés sur les monuments contemporains. Le livre de Manéthon fournit certainement aux habitants grecs et égyptiens du pays les moyens de connaître bien mieux que jusqu'alors l'époque glorieuse des rois du Thèbes de la XVIII° dynastie et des premiers temps de la XIX°. Mais, à partir de cette période, la décadence commença à se manifester, pour se continuer presque dans tout le temps suivant, à l'exception de quelques courtes périodes. Cette époque glorieuse n'était pas la seule dont on apprit l'existence par Manéthon. On fut aussi instruit sur les temps immédiatement antérieurs, dont aucun souvenir ne paraît avoir survécu. Ces temps avaient été peu heureux. L'Égypte avait été vaincue par des Asiatiques, auxquels on n'avait pu résister. Ces ennemis formidables, appelés Hyksôs par Manéthon, ont été mentionnés plus haut dans nos remarques sur les extraits [1] de Manéthon chez Josèphe. On avait alors depuis longtemps tout à fait oublié l'invasion des Hyksôs, mais les Égyptiens avaient également oublié complètement, paraît-il, que ces conquérants asiatiques, après s'être établis dans le pays et après être restés là pendant un certain temps, avaient été égyptianisés. Ils avaient oublié la langue de leurs ancêtres, appris la langue égyptienne et, en même temps, adopté le civilisation de leur nouvelle patrie. Le peuple des Hyksôs s'était effacé comme peuple. Il avait disparu et n'exista plus après la perte de leur capitale, Avaris.

---

[1] Voir ci-dessus, p. 169-170.

Ce fait a été complètement méconnu dans l'antiquité, à l'époque où l'Égypte grecque apprit que l'Égypte d'autrefois avait été vaincue et conquise par les Hyksôs, aussi bien que de nouveau à notre époque, lorsque l'étude de l'histoire de l'Égypte fut reprise. Dans les derniers siècles de la domination des Ptolémées et sous les premiers empereurs romains, on se demanda quelquefois dans les cercles scientifiques et littéraires de l'Égypte, après avoir été instruit surs l'époque des Hyksôs : où se trouvent maintenant les descendants de ces vaillants conquérants? On avait oublié que les descendants des Hyksôs depuis assez longtemps ne se distinguaient pas des autres habitants du pays. Ils parlaient l'égyptien et vivaient à la manière égyptienne. Les preuves ne manquent pas. Notre source principale pour l'étude des premiers temps du Nouvel Empire, la biographie d'Ahmès, le chef des nautonniers, qu'on lit dans son tombeau à El-Kab[1], nous donne une liste des noms des prisonniers de guerre [2] pris par lui dans la ville d'Avaris et dans d'autres villes et districts faisant partie du royaume du Nord, qui fut la continuation de l'empire des Hyksôs. Quelques-uns de ces rois nous ont laissé des inscriptions hiéroglyphiques; divers monuments, découverts peu à peu, citent les noms de quelques-uns d'entre eux. Plusieurs petits monuments, sur lesquels ont été gravés, mais pas toujours très distinctement, des inscriptions hiéroglyphiques, présentant souvent des noms étrangers, ont été découverts en Égypte au cours des dernières années. Ces inscriptions attestent suffisamment que les conquérants étrangers se servaient en Égypte de l'écriture et de la langue égyptiennes[3]. Les noms des prisonniers de guerre d'Ahmès sont, excepté trois, tous égyptiens. La langue de la ville était en conséquence

---

[1] La dernière édition de ce texte important, publié déjà par Champollion, est due à Kurt Sethe (*Urkunden,* IV, p. 1 et suiv.).

[2] SETHE, *Urkunden,* IV, p. 11.

[3] R. WEILL, *Quelques lumières sur l'histoire des scarabées Hyksôs, J. A.,* XI· Série, t. 1, p. 552-563 (1913). Comp. R. WEILL, *Période comprise entre la XII· dynastie et le Nouvel Empire, J. A.,* XI· Série, t. VI, p. 1-150; t. IX, p. 1-143 et p. 193-256 (1915-1917).

l'égyptien. Or c'est à l'époque hellénistique qu'on voyait affluer en Égypte de nombreux Juifs, venant principalement de Judée. On les rencontrait dans presque toutes les contrées de l'Égypte jusqu'à la frontière sud. Nous trouvons une colonie militaire juive dans l'île d'Éléphantine. Comme presque tous les Juifs en Égypte, les membres de cette colonie étaient fortement attachés à leur patrie et nationalité, conservaient leur langue araméenne et aimaient toujours leur ancienne littérature religieuse, en même temps qu'ils se servaient de l'araméen pour la rédaction de divers actes et écrits, dont quelques-uns, datés de l'an 407, ont été découverts et publiés dernièrement[1].

La communauté juive d'Éléphantine prospérait si bien, qu'elle pouvait faire construire à son dieu un temple couvert d'un plafond précieux en cèdre; mais cet édifice fut détruit par les prêtres du temple de Khnoum dans l'île, ce que n'empêcha point le gouvernement du roi des Perses.

Plus tard, après la fondation d'Alexandrie, de grandes masses de Juifs se fixèrent dans cette capitale, où ils apprirent la langue grecque, dont ils se servirent pour la création d'une littérature judéo-grecque, à côté de laquelle se forma bientôt une littérature chrétienne fort remarquable.

Revenons maintenant aux derniers siècles avant notre ère, et aux savants hellénistes de l'époque, qui savaient bien que les Juifs étaient persuadés que leurs ancêtres provenaient d'Egypte, d'où ils étaient autrefois sortis pour se fixer en Palestine. Nous les voyons, dans leur ignorance complète du vrai développement des événements, poser cette question superflue : Où sont les descendants des Hyksôs ? En réponse, on émit l'opinion suivante : Les ancêtres des Juifs, qui autrefois habitaient l'Égypte, mais

---

[1] Sayce-Cowley, *Aramaic Papyri discovered at Assuan* (London, 1906); E. Sachau, *Drei aramäische Papyrusurkunden* (*A. B. A.* 1907); Clermont-Ganneau, *Répertoire d'épigraphie sémitique*, I, p. 371-384 (491-496); Paris, 1900.

qui en sortirent à une certaine époque, ne sont autres que
ces Hyksôs qui autrefois avaient conquis l'Égypte, mais
qui plus tard en disparurent.

«Une seule explication est possible», dirent alors
les savants hellénistes de l'époque. Les Hyksôs doivent
avoir été chassés d'Égypte par le roi Amosis, lequel,
comme on le sait, s'empara de leur capitale, la ville
d'Avaris. Les habitants chassés d'Égypte doivent s'être
rendus en Syrie pour y fonder un nouvel état indépendant.
Cette opinion sur le sort des descendants des Hyksôs fut
évidemment admise par beaucoup d'hellénistes, entre
autres par des Juifs. Il est vrai que les Juifs possédaient
eux-mêmes des traditions sacrées, qu'ils appréciaient
beaucoup et qui décrivaient leur origine d'une tout autre
manière, plus modeste. C'était bien plus flatteur pour
l'orgueil national juif de descendre du peuple valeureux
et victorieux qui avait vaincu complètement les pharaons
et leur peuple, lequel se regardait comme le plus fort
et le plus noble de tous les habitants du globe. Josèphe,
qui du reste connaît bien la Bible et les traditions sacrées
de son peuple, admet sans réserve cette opinion. Il est très
irrité contre Manéthon, parce que celui-ci attribue aux Juifs
une tout autre origine[1]. Il ne comprend pas que les
Égyptiens avaient été dans la nécessité absolue de peindre
les Juifs sous des couleurs fort noires, pour démontrer
au peuple égyptien qu'il avait été inévitable de les éloigner
du pays, malgré les grands services qu'ils lui rendaient
en accomplissant des travaux pénibles sans recevoir
aucune rétribution. Mais toute cette hypothèse sur les
Hyksôs considérés comme les ancêtres des Juifs est erronée
et ne repose sur aucune base solide. La seule source
ancienne en est Josèphe. Son témoignage est péremptoire;
il en est tout à fait certain lui-même; mais il ne fournit
aucune preuve de valeur. L'affaire est au contraire très
claire. Les Hyksôs avaient été égyptianisés. Ils se trouvaient
bien comme habitants de l'Égypte, même comme sujets

____

[1] Jos., *C. Ap.*, 1, 26, § 229. Voir ci-dessus, p. 171 et suiv.

de leurs anciens adversaires, les rois de Thèbes. Cela n'exclut du reste pas que certains individus, intimement attachés à la famille royale dépossédée, ont pu préférer quitter l'Égypte. L'idée précitée que le peuple d'Israël ait été un rejeton des Hyksôs, doit être rejetée comme complètement erronée. L'hypothèse de quelques savants modernes, que les survivants des Hyksôs ont été chassés d'Égypte après la prise d'Avaris par le roi de Thèbes, doit également être rejetée décidément. Flinders Petrie la suppose certaine[1]. Mais il ne donne aucune preuve. D'autres savants modernes ne donnent pas de détails. Ils parlent comme d'une chose certaine que les Hyksôs ont été chassés d'Égypte[2]. Au contraire, on peut en être sûr, les habitants d'Avaris n'ont pas été chassés; aucun document n'en parle; il n'y a pas la plus petite allusion nulle part.

Voici les faits : le roi résidant à Avaris, qui était le souverain d'une partie du Nord de l'Égypte, — nous ne savons pas la grandeur de son royaume — fut vaincu, sa capitale prise et probablement détruite, comme le dit Tatien, d'après Ptolémée de Mendès; mais, comme la langue parlée de la ville, et probablement de tout le royaume du Nord, était l'égyptien, il n'y eut pas de motif de chasser les vaincus hors du pays. Ils pouvaient faire de bons sujets égyptiens.

L'Histoire de Manéthon doit avoir été riche en informations précieuses sur les événements du temps glorieux de la XVIIIᵉ dynastie; mais elle a été perdue, sauf les listes des plus importants rois. Il y avait du reste d'autres histoires d'Égypte en grec, mais elles ont également disparu, excepté quelques lignes de Ptolémée de Mendès et d'Apion. Elles ont été conservées par Tatien, qui nous apprend que le roi Amosis s'empara de la ville

---

[1] Petrie, *History of Egypt*, II, p. 16 : «the expulsion of the Hyksos»; p. 18: «For the period of the actual expulsion of the Hyksos...»; p. 35 : «in chasing them across the desert in Palestine».

[2] Sethe, *Urkunden*, IV, p. 1 : «Zeiten der Hyksosvertreiber»; p. 3: «Vertreibung der Hyksos»; Breasted, *Ancient Records of Egypt*, II, p. 3 : «the expulsion of the Hyksos».

d'Avaris, qui fut détruite à l'époque où régnait Inakhos à Argos[1]. Le roi donna ensuite, dit Ptolémée, la permission de sortir de l'Égypte aux Juifs, qui quittèrent le pays sous la conduite de Moïse. On voit donc que ces auteurs anciens ont regardé les Juifs comme des descendants des Hyksôs. Mais les anciens écrits égyptiens ne connaissent pas ces traditions, qui ne se formèrent que peu de temps avant notre ère.

[1] TATIEN, c. 38, éd. Otto; comp. *F. H. G.*, III, p. 509; IV, p. 585.

IV

GÉOGRAPHIE

LE SITE D'AVARIS,

PAR

M. JEAN CLÉDAT.

Un des problèmes les plus intéressants, et aussi un
des plus obscurs, de l'histoire et de la géographie égyptiennes est celui de l'invasion de peuplades sémitiques,
connue sous le nom d'«Invasion des Hyksôs» ou des
«Pasteurs». Leurs souverains avaient pris pour capitale
Avaris. C'était une ancienne ville, dit Manéthon [1], que le
roi Salatis rebâtit, fortifia de murailles solides et dans
laquelle il installa une garnison de 240,000 fantassins.
«Elle était, ajoute Manéthon, très avantageusement située
à l'est de la branche bubastite..... Il (Salatis) y venait
au temps de l'été, tant pour distribuer le blé et payer la
solde, que pour exercer assidûment les troupes afin d'inspirer de la crainte aux étrangers [2]. »

Ce texte montre qu'Avaris était : 1° un grand camp
retranché de la frontière orientale; 2° une ville de plai-
sance où le roi venait passer les plus chaudes journées
de l'été. Nous constaterons en outre que : 3° Avaris était
le centre du culte de leur dieu, *Soutekh*, et 4° un port
sur un canal, ou un lac.

Il reste maintenant à trouver une place convenable qui
dans l'antiquité remplissait les conditions que je viens
d'énoncer. Je n'hésite pas à reconnaître *Avaris* dans les
ruines de l'ancienne *Zarou*, aujourd'hui El-Qantarah sur

---

[1] Pour le texte Manéthonien, je me suis servi généralement des citations de R. WEILL, *Les Hyksôs et la Restauration nationale*, extrait du *Journal asiatique*, vol. XVI et XVII.

[2] WEILL, *Hyksôs*, p. 72.

le canal de Suez. La ville de Zarou était exactement située à trois kilomètres est du canal actuel, sur la côte
septentrionale du lac de Ballah, l'ancien *Shihôr*, que les
auteurs arabes connaissaient sous le nom de *lac de Zar* [1]
(fig. 1).

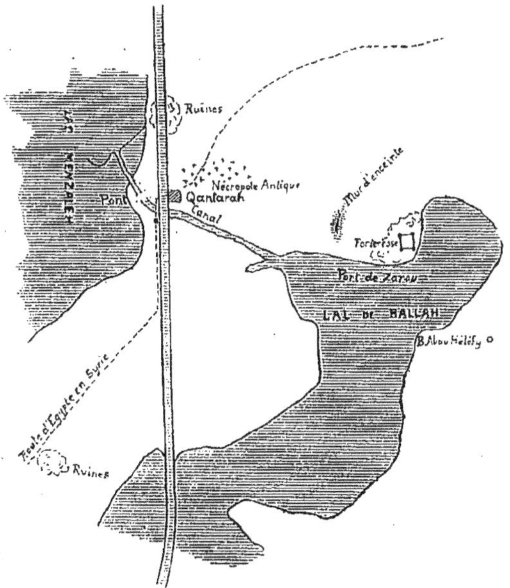

Fig. 1. — État avant le percement du canal.

Avant d'essayer de résoudre ces divers problèmes, il
est, je crois, nécessaire de donner quelques indications
sur les Hyksôs et leur situation en Égypte.

Quel que soit le sens accordé au mot *Hyksôs*, l'explication
qu'en donne Josèphe (WEILL, p. 73) nous intéresse particulièrement : «Manéthon dit que ce peuple nommé «les
Pasteurs» était appelé «les Captifs» dans les livres sacrés;
et cela est très exact; car nos premiers ancêtres s'adon-
naient par tradition à l'élève des troupeaux et menaient

[1] J. CLÉDAT, *Notes sur l'isthme de Suez*, chap. XIII, CHÎHÔR, dans *Bull. Inst. fr. du Caire*, tome XVIII, p. 169.

une vie nomade, d'où leur nom de Pasteurs; d'autre part, ce n'est pas sans motif qu'ils étaient appelés captifs par les Égyptiens, puisque notre ancêtre Joseph dit au roi d'Égypte que lui-même était captif, et fit venir ses frères par la permission royale. » Cet exposé est absolument conforme aux indications fournies par les documents égyptiens contemporains, et par les récits bibliques. Contrairement à la tradition égyptienne postérieure, et aussi à la tradition grecque, l'invasion Hyksôs ne fut pas, comme on le croit trop souvent, la suite d'un bouleversement politique, mais la conséquence logique d'une pénétration lente et continue de populations sémites, paraissant avoir commencé dès la XIᵉ dynastie. L'histoire d'Abraham et de Jacob sont deux exemples célèbres de ce genre d'immigration. La peinture du tombeau de Khnoumhotep, à Béni-Hassan, montrant une tribu de nomades sémites à la cour de ce prince, donne également une idée parfaite de ces peuplades en mouvement, venant commercer en Egypte, et même s'y installer, comme le montrent de nombreux documents égyptiens de toutes les époques. La faiblesse du gouvernement et l'incurie de l'administration, avaient fait que « les tribus nomades s'étaient établies sur le sol égyptien » ou bien, ainsi que le dit un autre document : « les terres cultivées vont à l'abandon et les Bédouins s'y installent [1] ».

Dans les textes égyptiens, ces nomades sont appelés généralement ⟨hiéroglyphes⟩ *Amou;* dans l'inscription du Spéos Artémidos, ils sont associés aux ⟨hiéroglyphes⟩ *Shemamou,* autres tribus asiatiques. Le déterminatif qui accompagne souvent les deux noms indique des peuples pasteurs. A ces tribus, on pourrait joindre les ⟨hiéroglyphes⟩ *Shasou,* qui sont d'autres Bédouins habitant le désert d'Arabie et de Syrie. Les *Amou* et les *Shasou* sont les deux principaux peuples asiatiques que l'on trouve en rapports avec les Égyptiens.

[1] Voir à ce sujet l'analyse pénétrante de R. WEILL, *Les Hyksôs*, p. 3o et suiv.

L'histoire de la domination Hyksôs a fait l'objet de nombreux et intéressants travaux, dont le résumé a été donné par Ed. Meyer dans son *Histoire de l'Antiquité*, à la fin du tome II de la traduction A. Moret. Ces études nous ont appris, à peu près exactement, quelle a été l'étendue de leur pouvoir en Égypte, et les limites approximatives du sol égyptien soumis à leur domination. J'examinerai rapidement ce dernier point.

A première vue, et on l'a cru, les Hyksôs semblent avoir possédé toute l'Égypte. Mais il n'est pas certain que le fait d'avoir trouvé quelques monuments à leurs noms dans la Haute-Égypte ait donné aux rois Hyksôs des droits absolus sur l'Égypte. La tradition égyptienne qui prétend « que tout le pays leur payait tribut » n'est pas davantage concluante [1]. Le scribe égyptien a seulement voulu montrer, par simple effet littéraire avec la marche de son récit, l'anarchie profonde dans laquelle se trouvait l'Égypte au moment de sa restauration. Du reste, l'inscription du Spéos Artémidos dit explicitement : « alors que les Amous résidaient au milieu du pays du Nord ». Mais l'expression « pays du Nord » est encore exagérée. L'examen des documents montre avec évidence, je le crois, que la suprématie des Hyksôs ne s'exerçait effectivement que sur la partie orientale du Delta. Sur les autres régions de l'Égypte, leur pouvoir ne fut jamais reconnu; lorsqu'ils tentèrent un effort au delà de la région de l'Est, les Hyksôs furent toujours très vivement combattus. Et comme ils n'ignoraient pas les haines qu'ils soulevaient, ils prirent d'utiles précautions contre les surprises pouvant venir de l'intérieur ou de l'extérieur du pays. C'est pour cela qu'ils fortifièrent tout spécialement le territoire occupé par eux, et plus particulièrement Avaris, située sur la frontière, d'où l'on pouvait tenir en échec

---

[1] Le papyrus Sallier, après avoir dit que « tout le pays payait le tribut », ajoute un peu plus loin cette réserve : « et les gens leur apportaient les produits de la Basse-Égypte ». Un autre document déclare que « les gens du désert sont maîtres des travaux du Pays du Nord ». L'inscription de Kamès dit que ce roi vivait en « association avec un Asiatique et un Nègre ».

pendant longtemps l'ennemi, et, si besoin était, se réfugier dans le désert où il était très difficile de les poursuivre.

Nous savons que toutes ces tribus nomades s'installèrent en Égypte avec la permission du roi. Celles venues d'Asie occupaient des terres autour de Zarou, dans le Ouadî Toumîlât et jusqu'aux portes d'Héliopolis. Dans ces lieux, ils possédaient d'importants établissements qu'ils devaient à la générosité du pharaon. Peu à peu ces tribus se répandirent et s'implantèrent de l'autre côté de la branche Pélusiaque. Quelques-uns de ces nomades entrèrent dans l'administration du roi, et plusieurs occupèrent, comme Joseph, une place prépondérante dans le gouvernement. C'est alors, suivant le *Livre des Admonitions*, que «le malheur était entré dans le Pays».

Enfin, il résulte de l'ensemble des récits appartenant à cette période historique, que la puissance des rois Hyksôs ne s'étendit pas au delà de la province orientale, ou *Khent-àbet* «le pays en face de l'Orient», selon la dénomination des Égyptiens. Partout ailleurs, leur passage fut temporaire [1] et leur influence absolument nulle. Même dans le territoire du *Khent-àbet*, habité par eux, il y aurait peut-être quelques réserves à faire sur la colonisation du nome pendant leur administration [2]. C'est ainsi que la plus grande partie des gros monuments, trouvés dans cette région, mentionnant «Seth ou Soutekh maître d'Avaris», auraient, selon moi, une origine commune qui serait Avaris. Leur dispersion daterait de la XXIe ou XXIIe dynastie, au temps des rois Tanites, dont la capitale Tanis avait accaparé les plus beaux morceaux pour être employés dans l'ornementation du temple. C'est pourquoi on ne trouve plus de gros monuments dans les ruines d'Avaris qui, selon moi, sont celles de Zarou.

M. Daressy a très justement montré que Tanis était à rayer des centres artistiques de l'Égypte, contrairement

---

[1] Ils possédèrent assez longtemps Memphis; mais ils ne paraissent pas s'être rendus maîtres de la ville religieuse d'Héliopolis.

[2] DARESSY, *L'Art tanite*, dans *Annales du Service des Ant. de l'Égypte*, 1917, p. 164-176.

à la théorie préconisée par M. Maspero [1]. C'est le premier
sacrifice fait à la légende qui entoure Tanis. Quand nous
connaîtrons mieux les monuments, je ne doute pas qu'il
faudra corriger d'autres points de l'histoire de cette ville.

Un autre point se rapporte à « Seth maître de Hât-
ouart », que l'on a l'habitude de traduire par « Seth seigneur de Tanis » : ce qui est absolument faux. Ces
inscriptions portent *Hât-ouârt* ou *Zarou*, et jamais Tanis,
dont le nom égyptien est ⟨hiéroglyphes⟩ *Zân*.

La célèbre stèle de l'an 400, trouvée à Tanis par
Mariette, est le meilleur exemple. Le monument a été
dressé par ordre de Ramsès II, à la mémoire de ses aïeux
par le ⟨hiéroglyphes⟩

⟨hiéroglyphes⟩

⟨hiéroglyphes⟩

⟨hiéroglyphes⟩ « chef de la ville, le *Zat*, le flabellifère à la droite
du roi, le chef des archers, le chef des pays étrangers, le
chef de la forteresse de Zarou, le grand des Mâzaou, le royal
scribe, le chef de la cavalerie, le *premier prophète du dieu
Seth*, le chef de tous les prophètes et prophétesses, Sétî,
fils du prince, du chef de la ville, le *Zat*, le chef des
archers, le *chef de la forteresse de Zarou*, le royal scribe,
le chef de la cavalerie, Pa-Ramsès, né de la dame . . . . .
Tàa ». Séti n'oublie pas, en commençant et en terminant
la dédicace, d'adresser un hommage à son dieu Seth
représenté dans le tableau, en face de Ramsès II, qui fait
l'offrande du vin. Donc, il est certain que le dieu Seth,
dont Séti était le premier prophète, avait son sanctuaire
à Zarou, et non à Tanis, comme on l'a pensé jusqu'à ce
jour [2].

---

[1] Je rappellerai l'obélisque d'El-Qantarah, que j'ai publié dans le *Recueil de travaux*, vol. XXXI. Ce monument, comme la stèle, a été élevé,
par Ramsès II, à la mémoire de ses aïeux. L'origine du monument est
certaine. Mais le dieu invoqué, au lieu d'être Seth, est « Horus maître
de Mesen » ou de Zarou.

[2] M. DARESSY, *L'Art tanite*, p. 168, admet encore que Seth est originaire de Tanis. M. Ed. MEYER, *Histoire de l'Antiquité*, trad. Moret, p. 351,

Ce document serait suffisant pour prouver l'identité de Zarou et d'Avaris, mais je crois pouvoir fournir d'autres arguments en faveur de la thèse que je soutiens[1]. Comme on va le voir, les témoignages de l'histoire sont absolument d'accord avec les données topographiques.

Nous examinerons, d'abord, les fragments de Manéthon, qui représentent la tradition égyptienne. Ces témoignages sont garantis par des documents égyptiens contemporains ou à peu près.

1° L'Africain, d'après Manéthon, rapporte que les envahisseurs étaient des Phéniciens «qui occupèrent Memphis et bâtirent une ville dans le nome Séthroïte».

2° Josèphe, d'après Manéthon, donne une version sensiblement différente : (le roi Salatis) «ayant découvert dans le nome saïte une ville très avantageusement située à l'est de la branche bubastite et nommée d'après une ancienne tradition théologique Avaris».

L'interprétation de ces deux textes présente de sérieuses difficultés. Le nome *Séthroïte* (*Saïte* de Josèphe) est, d'après Ptolémée, à l'est de la branche bubastique, dans laquelle on reconnaît généralement la branche pélusiaque. La capitale du nome était *Héracléopolis*, identifiée, par beaucoup de savants, avec Tell el-Chérîg, au nord-est de Tanis; selon moi, ce seraient les ruines de Tennîs, au sud de Port-Saïd. Quoi qu'il en soit de ces divergences d'opinions, il est certain qu'*Héracléopolis* était située à

parlant de la stèle de l'an 400, dit qu'elle est dédiée à *Seth de Tanis*. On ne comprend pas cette interprétation du document, puisque, à la page 178, il reconnaît, comme tout le monde du reste, l'identité de Zarou, marqué sur la stèle, avec Tell Abou-Seïfeh, proche d'El-Qantarah.

[1] Avaris a été identifié : avec Héroopolis (Tell el-Maskhoutah) par Champollion; avec Tanis, par Mariette, de Rougé et Brugsch; avec Péluse, par Zoéga, Ebers et Alan Gardiner; avec Tell el-Her, par Ebers, Lepsius et Chabas. Ed. Meyer avait pensé autrefois à Daphnae, mais dans son Histoire il abandonne cette hypothèse et pense qu'Avaris est «à l'extrémité orientale du Delta, sur la route militaire qui conduit en Asie et près du lac Menzale». Mais cette description ne peut convenir qu'à Zarou et dans aucun cas à une autre localité. Alors comment expliquer : Seth de Tanis? Enfin R. Weill propose Héliopolis, avec réserve, comme étant le site d'Avaris.

droite de la branche tanitique. En conséquence, il résulte d'après cette observation que la branche pélusiaque n'est pas la branche de Bubaste, ou il faut admettre que le nome Séthroïte était à cheval sur la branche pélusiaque[1]. Il y a là un petit problème géographique assez important à élucider. D'autre part, si Avaris est Zarou, il faut bien admettre que le nome Séthroïte, gréco-romain, est l'équivalent du nome Khent-âbet égyptien, avec changement de capitale. En effet, si Zarou reste toujours, pour les listes égyptiennes, chef-lieu du nome, elle cesse de l'être, ou n'apparaît jamais comme telle, dans les listes grecques. C'est à ce moment que Tanis et Péluse brillent dans l'histoire politique de l'Égypte[2].

3° Josèphe, d'après Manéthon, dit que le roi Salatis «venait au temps de l'été, tant pour distribuer le blé et payer la solde, que pour exercer assidûment les troupes afin d'inspirer la crainte aux étrangers».

Avaris, nous l'avons vu, était une ancienne ville, rebâtie par Salatis. L'origine de cette ville date, pour le moins, du Moyen Empire. Il n'y a dans l'isthme que deux villes-forteresses qui peuvent prétendre à une antiquité aussi haute : *Tekou* (Tell el-Maskhoutah) et *Zarou*. Péluse, politiquement, est de fondation récente; son histoire ne commence qu'à partir du viie ou viiie siècle, c'est-à-dire à une date postérieure de plusieurs siècles à la domination des Hyksôs. Pour cette seule cause, l'identification Avaris-Péluse serait à rejeter. Les ruines de Tell el-Maskhoutah, à l'extrémité orientale du ouâdî Toumîlât, représentent l'emplacement de la ville grecque *Héroopolis*, et avec

---

[1] A. H. GARDINER, *The Delta Residence of the Ramessides*, dans *Journal of Egyptian Archaeology*, vol. V, 1918, p. 249, pense que la branche bubastite séparait les nomes Séthroïte et Tanite.

[2] M. GARDINER, *The Delta*, carte, pl. XXXV, commet une erreur, contraire à l'opinion de Manéthon, en marquant Péluse = Avaris = Pa-Ramsès, à gauche de la branche pélusiaque; les ruines sont au contraire situées sur la rive droite. Du reste, Ptolémée (liv. IV, ch. 5) cite Péluse entre la branche pélusiaque et Gerron. Je pense que M. Gardiner a été influencé par la *Table de Peutinger* et la *Carte de Madeba*: ces deux documents mettent en effet Péluse à l'occident du fleuve.

beaucoup de vraisemblance, la ville égyptienne de *Tekou*,
— Souccoth de la Bible, — suivant la proposition de
M. Naville. C'est l'Avaris de Champollion. Mais les raisons
qui me portent vers Zarou, et dont la plupart ne peuvent
s'appliquer à la position de Tekou, m'obligent à rejeter
cette autre hypothèse.

Avaris, dit Manéthon, était la résidence d'été du roi
Salatis. Mais nous savons aussi, par les documents
égyptiens, que Pa-Ramsès (le palais ou la demeure de
Ramsès II), que j'ai identifié avec Zarou, était la ville
choisie par les souverains de la XVIIIe-XIXe dynasties. C'était
aussi le lieu de concentration des troupes, et le point de
départ des armées pour toutes les expéditions vers l'Asie.
Et à ce sujet, je crois nécessaire de faire remarquer que
le nom égyptien d'Avaris, ⬚⬚⬚⬚⬚, écrit quelquefois ⬚⬚⬚⬚ avec le déterminatif des pays étrangers,
Hat-ouâri, signifie «le Château du départ», expression
qui convient très bien au rôle militaire joué par Zarou
pendant toute la durée de la monarchie égyptienne [1].
Ramsès II y avait fait construire un palais, dont on n'a
plus que le souvenir, et qu'on appelait pour cela
Pa-Ramsès. Peu après, Zarou porta le nom de «Pa-
Ramsès». Elle était située, dit le papyrus Anastasi III,
7, 4 : ⬚⬚⬚⬚⬚⬚⬚⬚⬚⬚⬚⬚ «au com-
mencement des pays étrangers, à la fin de l'Égypte» [2].

4° Josèphe, d'après Manéthon, raconte : «Après un
assez long temps de souffrances passé dans les carrières,
le roi consentit à leur donner (aux Impurs et Lépreux)
pour retraite Avaris alors déserte, autrefois habitée par les
Pasteurs.» Avaris était donc un lieu de rélégation.

Une autre tradition, rapportée par Josèphe, d'après

----

[1] Le *papyrus Anastasi* III, pl. 7, l. 6-7, dit au sujet de *Pa-Ramsès* :
(c'est) «la principale place de ta cavalerie (celle de Ménephtah), le point
de concentration de tes troupes, le port de tes vaisseaux». Cette description
est parfaitement conforme à ce que nous savons de Zarou et d'Avaris.

[2] A noter la position de Pa-Ramsès entre *Zahi* (l'Asie) et *Ta-meri*
(l'Égypte) signalée par le *pap. Anastasi* IV, pl. 6, l. 1 ; et ⬚⬚⬚⬚⬚
⬚ «sur le bord du *An*» (*Anastasi* IV, pl. 6, l. 10).

Choerémon (*Contra Apionem*, I, 32), nous dit que les Impurs se rendirent à Péluse et y trouvèrent 380,000 hommes laissés par Aménophis (cf. les 240,000 hommes de Salatis). D'autres légendes citent Rhinocorura comme lieu de détention (Strabon, XVI, 2 ; Hérodote, II, 137 ; Diodore, I, 60 et 65). Enfin, suivant une tradition arabe, citée par Le Mascrier (*Desc. de l'Égypte*, II, p. 3-4), Memphis aurait été à l'origine un lieu de détention.

Ces différentes versions montrent que, déjà à l'époque grecque, on avait perdu la notion exacte de l'emplacement de ce lieu de relégation. Heureusement pour nous, un décret de réformes du roi Horemheb, gravé sur l'un des murs de Karnak, résout d'une façon certaine ce petit problème, en même temps qu'il apporte un nouvel élément en faveur de l'identité Zarou-Avaris. L'un des articles du décret interdit et punit sévèrement la rapine, l'oppression des pauvres, la prévarication ; selon la loi, les coupables avaient le nez coupé et étaient déportés pour la vie à Zarou [1].

En dehors de ces documents, il reste à examiner deux autres textes qui présentent une grande valeur pour élucider cette intéressante question.

Le premier est connu depuis longtemps. C'est le récit d'un capitaine de vaisseau Ahmès, fils d'Abana, vivant à l'époque du roi Ahmès Ier, qui participa à la prise d'Avaris. On sait que le siège suivi de la prise de la ville mit fin à la domination asiatique. Ahmès fait l'historique de ses campagnes ; il raconte surtout ses exploits et les faveurs royales obtenues à chacune de ses prouesses ; il ignore totalement le travail de ses collègues sur terre et sur l'eau. C'est donc un simple épisode de ce mémorable siège, parmi beaucoup d'autres, qui nous est parvenu.

Cela dit, voici le passage du récit d'Amès relatif à Avaris [2] : « On mit le siège devant la ville d'Avaris (*Hat-ouârt*). J'accomplissais des actes de bravoure devant Sa Majesté.

---

[1] Max Müller, *Egyptological researches*, pl. 97, l. 16-23.

[2] V. Loret, *L'inscription d'Ahmès, fils d'Abana*, tome troisième de la *Bibliothèque d'étude* de l'I. F. A. O.

Voici, j'étais désigné pour (diriger) le vaisseau *Khâ-em-men-nefer*. On combattait sur l'eau, ⸺ *dans le Zedkou de la ville d'Avaris*... On combattait *dans la région méridionale de cette ville*. Voici, j'amenai un prisonnier vivant, homme. Je descendis dans l'eau; *voilà qu'il fut conduit à l'état de prisonnier sur la route de la ville. Je traversai l'eau sous lui* (c'est-à-dire que le prisonnier était sur Ahmès). »

Dans cette partie de l'inscription d'Ahmès, trois points, que j'ai soulignés, sont à considérer particulièrement :

1° « On combattait, sur l'eau, dans le *Zedkou* de la ville d'Avaris. » Ce passage montre qu'Avaris était située sur le bord d'une voie ou d'un bassin navigable, que le texte appelle *Zedkou*, que l'on traduit ordinairement par « canal ». Malheureusement ce mot n'est connu que par cette inscription, et son sens est absolument douteux. M. Loret (*loc. cit.* au *vocabulaire*) rend *Zedkou* par « canal ». Selon M. Gardiner qui identifie Avaris avec Péluse, le *Zedkou* représenterait la branche Pélusiaque, ou la partie voisine qui touche Péluse [1]. Mais, d'autre part, il donne à la section comprise entre Daphnae et l'embouchure du fleuve le nom de *Shîhôr*. J'ai montré ailleurs [2], que le *Shîhôr* « l'étang d'Horus », et non pas « eaux d'Horus » comme traduit M. Gardiner, représentait le lac de Ballah. Le *Shîhôr* produisait du sel et des joncs [3]; il ne pouvait pas, pour cela, être une rivière d'eau courante.

Si maintenant l'on accepte mon hypothèse, à savoir : Zarou = Avaris, on se trouverait en présence d'une double dénomination pour désigner le canal du Nil à Zarou, ou plus exactement au *Shîhôr*, dans lequel il se déversait : d'abord ⸺ *ta denât* « le fossé », dont

---

[1] Alan H. GARDINER, *The Defeat of the Hyksôs by Kamôse : The Carnarvon Tablet N° 1*, dans *Journal of Egyptian Archaeology*, vol. III, 1916, p. 99; *The Expulsion of the Hyksôs*, ibid., 1918, p. 53; *The Delta Residence of the Ramessides*, ibid., vol. V, 1918, Carte et p. 251.

[2] *Notes sur l'Isthme de Suez*, chap. XIII.

[3] GARDINER, *The Delta*, p. 185.

le sens a été précisé par M. Gardiner[1]. On sait que ce canal traversait la ville de Zarou; il est figuré dans le grand tableau de Karnak, représentant Séti Ier de retour de sa campagne de Syrie; ensuite, *Zedkou*, de l'inscription d'Ahmès, dont la signification est obscure.

Le début de la phrase d'Ahmès : « on combattait sur l'eau », montre que le lieu du combat était assez vaste, pour permettre aux navires d'évoluer à l'aise devant la forteresse. Est-ce qu'un canal, dont la largeur ne dépassait pas certainement 30 mètres (d'après la largeur du canal des pharaons), était suffisant pour assurer la liberté des mouvements, obligée dans un siège, de ces navires? J'en doute. L'examen de la carte (fig. 1) fera comprendre le sens qu'il faut attribuer à *Zedkou*. Le canal débouchait dans le lac de Ballah; ce lac, probablement moins étendu qu'il ne l'est aujourd'hui, était situé au sud de la citadelle d'Avaris. Devant la ville et dans le lac, un port avait été aménagé, comme cela est prouvé par les *Mémoires de Sinouhit*, par le papyrus Anastasi III, cité plus haut, et aussi par le scarabée de la reine Tiî, femme d'Aménophis III. C'est en cet endroit qu'on embarquait les denrées apportées par les caravanes de Syrie ou d'Arabie, ou bien qu'on déchargeait les céréales provenant d'Égypte, que ces mêmes caravanes emportaient dans les pays d'où elles étaient venues. Cela suppose un trafic assez considérable. Il était, par conséquent, urgent qu'un point de la côte septentrionale du Shîhôr, auprès de Zarou, fût aménagé pour recevoir les navires de commerce et aussi les navires de guerre, dont le séjour dans le port pouvait se prolonger plusieurs mois. Enfin, il fallait pouvoir entrer et sortir dans le canal aisément et sans encombre. C'est, je crois, cet établissement qui portait le nom de *Zedkou*. Le canal ou le fossé s'appelait *Tadenat*.

« On combattait dans la région méridionale de cette ville. » Le texte porte ⸻ « dans (le

---

[1] *The Ancient military Road between Egypt and Palestine*, dans *Journal of Egypt. Arch.*, vol. V, 1920, p. 104, note 5.

quartier de) l'Égypte méridionale de cette ville ». Un
quartier de la ville d'Avaris, portant le nom de l'Égypte,
est bizarre. Et puis, un quartier « Égypte méridionale »
entraîne forcément un quartier « Égypte septentrionale » !
Évidemment, le texte, à cet endroit, est fautif; le signe
■ est de trop. Par cette suppression on obtient une leçon
parfaitement correcte et régulière « dans la ☉, *région*

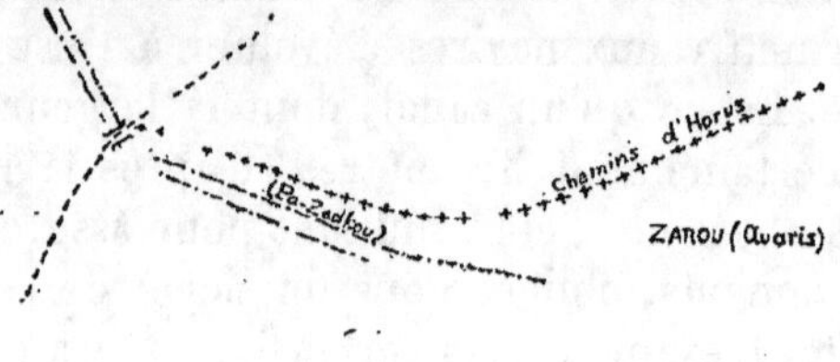

Fig. 2.

méridionale de cette ville ». Peut-être ☉, *nout* est ici
pour ☐ *hat*, mot qui sert à désigner un « château fort » [1]. Mes fouilles, en effet, ont montré que le
château ou la forteresse de Zarou était édifié au midi
de la ville et sur les bords du lac [2]. C'est ainsi qu'Ahmès,
lui et son navire, étaient placés devant la forteresse de
Zarou, remplie de soldats sémites.

Après avoir donné cette indication topographique du
lieu du combat, Ahmès poursuit son récit par la mention
d'une capture : « Voici, j'amenai un prisonnier vivant,
homme. Je descendis dans l'eau; voilà qu'il fut conduit
à l'état de prisonnier sur la route de la ville. Je traversai
l'eau sous lui (c'est-à-dire que le prisonnier était sur son

____

[1] Maspero, *Sur le sens des mots* nouit *et* hâit, dans *Études d'archéologie
et de mythologie*, vol. IV, p. 351 et suiv.

[2] *Nécropole de Qantarah* (fouilles de mai 1914), dans *Rec. de Trav.*,
vol. 38.

dos). » Le *Zedkou* étant situé au sud du château, Ahmès
est nécessairement conduit vers le nord pour atteindre
son but; en conséquence, il me semble que la route
devait être proche et latérale au *Zedkou* et au *Ta-denât*.
C'est exactement la situation de Zarou, du canal et de la
route de Syrie (fig. 2). Maintenant, si l'on se transporte à
Péluse, l'explication du texte, que je viens de donner, est

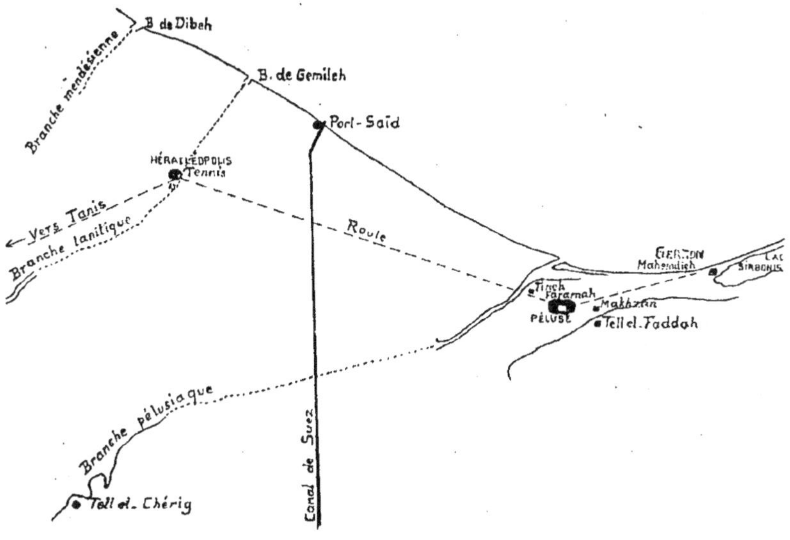

Fig. 3.

absolument impossible à appliquer. En effet, la carte
(fig. 3) montre : d'abord, que la branche du Nil est à
l'occident de Péluse, et non au sud de la ville, comme
l'indique Ahmès; que la route croisait le fleuve perpendi-
culairement; enfin, que la situation du « château », appelé
aujourd'hui Faramah, est très éloignée de l'eau, ce qui
rendait le transport d'un homme, sur le dos, pénible. Du
reste, l'attaque du château de Péluse, en barque, était
impossible, à cause de cet éloignement qui était d'un
kilomètre au moins.

Le dernier document que j'apporterai dans la discussion est un fragment de stèle, très endommagé, appar-

tenant à M. Gardiner. Le savant anglais l'a publié et commenté, dans son étude : *The Defeat of the Hyksôs by Kamose*, p. 100. Ce qui reste de l'inscription est assez obscur. Elle émane d'un personnage qui vivait au temps des Hyksôs, portant le titre de *ouârtou* «le coureur» du prince de la table. Il se nommait [hiéroglyphes], peut-être «Za(r)ou». Le nom du roi était dans la partie supérieure de la stèle. Zarou(?) racontait les choses accomplies par le roi; il mentionne, entr'autres, les limites du royaume : [hiéroglyphes] «il a fait (le roi) son nord jusqu'au pays de *Hat-ouârt;* (il a fait) son midi jusqu'au pays de *Koush*». M. Gardiner a très bien saisi tout l'intérêt de ce document; en outre, il a parfaitement vu juste lorsqu'il dit à la page 99 : «The chances are, accordingly, that Avaris lay quite close to the caravan-route to Syria, which is now known to have started somewhere near Kantarah; and there are reasons which urge us to seek it as far north as possible, and as nearly as possible on the fringe of the desert, *i. e.* any where between Kantarah and Pelusium.» C'était aussi la pensée de M. Ed. Meyer, pour qui Avaris était sur «les Chemins d'Horus» (fig. 2), près du lac Menzaleh. Mais M. Gardiner a été plus loin; il a reconnu Avaris dans Péluse, la ville la plus septentrionale de l'Égypte. Mais cette opinion, séduisante *a priori,* présente plus d'une objection, dont la principale est que la ville de Péluse n'existait pas au temps des Hyksôs. Elle a été fondée, avec sa citadelle, par les Grecs de Psamétiq Ier. Avant cette date, il n'y avait qu'un hameau agricole, appelé *Sin,* et, autour du village, des champs de céréales, des vignobles, mais point de constructions militaires et encore moins de camp de concentration.

Au lieu de la ville, je pense que le texte désigne simplement le territoire d'Avaris, comme le montre le déterminatif [hiéroglyphe], qui indique les pays étrangers ainsi que les régions bordant les frontières de l'Égypte. Je crois aussi que c'est le même sens qu'il faut donner au passage de l'inscription du Spéos Artémidos : [hiéroglyphes] «les Amou avaient soumis le pays du Nord, (dans la région) d'Avaris ». Le pays d'Avaris correspondrait alors au nome du *Khent-âbet*, le plus septentrional de l'Égypte. Cette interprétation a l'avantage d'expliquer d'une façon satisfaisante la phrase de la stèle de M. Gardiner, en opposant un territoire à un territoire, tous les deux aux extrémités de l'Égypte. D'autres fois, ce sont deux villes qui sont opposées. Le fait est constant, et je ne connais pas de mélange. Du reste, voici quelques exemples de ces deux formules : «..... des vaincus du Sud et du Nord, depuis cette terre de Koush (*ta pen en Kesh*) jusqu'au territoire de Naharina (*tesh n Naherin*) » (Lepsius, *Denk.*, III, pl. 77); Paheri est prince du pays, «depuis la ville de An (Hermonthis) jusqu'à la ville de Nekhab » (Lepsius, *Denkm.*, pl. 13, *a*); au temple d'Edfou (texte cité par Gardiner, *The Delta*, p. 251), on lit : «Tes libations sorties d'Éléphantine arrivent à Chet-Hor (un des noms de la ville de Zarou emprunté au nom qui servait à désigner le lac Ballah) »; dans les Instructions d'Amenemhât Ier ce prince dit : «J'ai envoyé mes messagers à Abou (Éléphantine) et mes courriers descendent à Athou (ville du nord de l'Égypte, dont la position est inconnue) ». Ce n'est que plus tard, dans un document démotique, que Sîu apparaît pour désigner la limite septentrionale de l'Égypte. Dans ce texte, il est dit que le roi Petoubastis, de la XXIIIe dynastie, envoie des guerriers dans la province d'Égypte «depuis Éléphantine jusqu'à Soun ». On pourrait multiplier les exemples; mais ils ne nous apprendraient rien de plus. Ce qui est à retenir, c'est que les rois égyptiens, pour fixer les limites de leur pouvoir ou bien de leurs expéditions, employaient *ad libitum* deux noms de pays ou deux noms de villes, sans que ces noms déterminent d'une manière absolue les limites de leur puissance. C'est dans ce sens, je crois, qu'il faut comprendre le passage de la stèle de M. Gardiner. Le roi (peut-être Ahmès Ier) avait étendu son pouvoir «depuis l'Ethiopie jusqu'au territoire de *Hat-ouârt* »; il aurait tout aussi bien pu dire : jusqu'à la Méditerranée.

Tels sont, en attendant de nouvelles découvertes, les

principaux résultats de mes recherches autour d'Avaris,
basés sur la topographie des lieux. Les documents apportés
sont d'inégales valeurs et leurs interprétations — je ne le
conteste pas — sont quelquefois sujettes à caution. Cependant, je ne pense pas que de nouveaux documents modifieront ma pensée. Au contraire, ils feront mieux connaître
cette énigmatique Avaris, qu'on ne peut expliquer qu'en
la rapprochant de Zarou, et dont le rôle politique fut
prépondérant pendant toute la durée de l'Égypte pharaonique, surtout pendant le Nouvel Empire.

Bouch, 10 octobre 1921.

THE GEOGRAPHY OF THE EXODUS,

BY

ALAN H. GARDINER.

The immortal discovery of Champollion owes no small part of its intellectual significance to the fact that it was achieved in the very teeth of tradition. The greater bulk of classical authority, inflated by the obscurantist preferences of medieval mystery-mongers, had misconstrued Egypt into a home of recondite wisdom and its hieroglyphic inscriptions into symbols of deep hidden truths. To such views as these — except in circles deliberately hostile to the results and methods of science — the decipherment of the hieroglyphs put an end for ever. A century of research based upon that decipherment has taught us that it is to the monuments and their inscriptions, rather than to tradition, that we must look for authentic historical information, and the credit of authority has sunk with the progress of archaeology. Only in one field, namely that of the Biblical relations of Egypt, does traditional authority still exercise an undue influence. It is, therefore, in the spirit of Champollion (who, despite his deep interest in ancient geography, never seems to have attacked this particular theme) that I shall attempt to estimate the value of the Hebrew tradition as to the route of the Exodus through a comparison with the facts revealed by recent research.

It is not to be denied that much honest endeavour and critical acumen have been devoted to the elucidation of the Exodus problems with the help of archaeology, and not least of all by such enlightened theologians as, for example, the late Canon Driver. But when all is said, the spirit of tradition still lies heavy upon the subject and enforces concessions which would not be tolerated in historical fields uncompromised by religious conservatism. It has become the fashion solemnly and conscientiously to debate the very *fact* of the Exodus and finally, with many reservations, to pass the verdict that a legend presenting the early history of Israel in so inglorious a light must have had *some* basis in reality. But then, with singular inconsequence, the same authors proceed to treat of the Exodus geography just as though they were discussing the details of an indubitable and well-attested historical event.

It does not enter into my plan to elaborate the case for or against the historicity of the Exodus, but it will conduce to clearness if I outline the opinions which I hold upon the subject. That Israel was in Egypt under one form or another no historian could possibly doubt; a legend of such tenacity representing the early fortunes of a people under so unfavourable an aspect could not have arisen save as a reflexion, however much distorted, of real occurrences. But the Hyksos invasion and the subsequent expulsion of the Hyksos afford quite sufficient basis for the origination of the legend. Nor would it make the slightest difference to this assertion should it be proved that the Hyksos were racially quite unrelated to the Israelites, for nations inherit with all possible ease the traditions of the lands which in course of time they come to occupy. Would it not, indeed, be strange if the whole episode of the Hyksos had left no trace in Hebrew legend? When, further, it is taken into consideration that the date of Joseph, according to any reasonable computation, falls within the Hyksos period, surely little doubt can be entertained but that the fortunes of the Shepherd kings are somehow imaged in the Exodus story.

But the mention of the town of Raamses-Rameses introduces an ingredient of later date, and it is not impossible that, as the quotations from Manetho and Chaeremon in Josephus suggest, some further events at the beginning of

the Nineteenth Dynasty may have become blended with
the memory of the Hyksos. Illustrative material indicating
the kind of relations existing between Egypt and the
Beduin tribes on its borders is found in the papyri, for
example in Anastasi VI. But not a vestige of evidence
points to any serious occupation of Egyptian territory
such as could have resulted in a drama resembling that
enacted in the book of Exodus. Until there emerges evidence of a character wholly different from that already
available, I submit that the details of the story ought to
be regarded as no less mythical than the details of the
creation as recorded in Genesis. At all events our first
task must be to attempt to interpret those details on the
supposition that they are legend.

Instead, therefore, of comparing each place-name as
it occurs with some supposed corresponding site in Egypt
or the desert, I shall first survey the legend as a whole,
and attempt to discern the general movement underlying
it. The relevant passages will be quoted in succession,
Driver's improvements [1] on the Revised Version being
incorporated; but no regard will be paid to the sources
as distinguished by modern critics, my aim being to understand, so far as possible, the legend in the form in which
it is presented in the completed Pentateuch.

a. *Ex.*, xii, 37. And the children of Israel journeyed from
Rameses to Succoth.

b. *Ex.*, xiii, 17-18. And it came to pass, when Pharaoh had let
the people go, that God led them not by the way to [2] the land of
the Philistines, although that was near; for God said, lest perad-
venture the people repent when they see war, and they return to
Egypt: but God led the people about, in the direction of [3] the
wilderness to [4] the Sea of reeds [5].

[1] In his work entitled *The book of Exodus* (*Cambridge Bible for Schools
and Colleges*), 1911.
[2] R.V.: «of».
[3] R.V. : «by the way of».
[4] R.V. : «by».
[5] R.V. : «the Red Sea».

c. *Ex.*, xiii, 20. And they took their journey from Succoth, and encamped in Etham, in the edge of the wilderness.

d. *Ex.*, xiv, 1-4. And the Lord spake unto Moses, saying, Speak unto the children of Israel, that they turn back and encamp before Pi-hahiroth, between Migdol and the sea, before Baal-zephon: over against it shall ye encamp by the sea. And Pharaoh will say of the children of Israel, They are perplexed [1] in the land, the wilderness hath shut them in. And I will harden Pharaoh's heart, and he shall follow after them.

e. *Ex.*, xiv, 9 foll. And the Egyptians pursued after them.... and overtook them encamping by the sea, beside Pi-hahiroth, before Baal-zephon.

What follows may be paraphrased. The children of Israel cry out unto the Lord saying that it would have been better to serve the Egyptians than to die in the wilderness.

After the Lord had bidden the Israelites to go forward :

f. *Ex.*, xiv, 21 foll. Moses stretched out his hand over the sea; and the Lord caused the sea to go back by a strong east wind all the night, and made the sea dry land, and the waters were divided. And the children of Israel went into the midst of the sea upon the dry ground.

The Egyptians do likewise, and Moses stretches his hand over the sea and the sea returns to its wonted flow (v. 27) :

.... when the morning appeared; and the Egyptians were fleeing [2] against it; and the Lord shook off [3] the Egyptians in the midst of the sea.

g. *Ex.*, xv, 22-23. And Moses led Israel onward from the Sea of reeds, and they went out into the wilderness of Shur; and they went three days in the wilderness, and found no water. And when they came to Marah, they could not drink of the waters of Marah...

[1] R.V. : «entangled».
[2] R.V. : «fled».
[3] R.V. : «overthrew».

h. *Ex.*, xv, 27-16, 1. And they came to Elim, where were twelve springs of water, and threescore and ten palm trees : and they encamped there by the waters. And they took their journey from Elim, and all the congregation of the children of Israel came unto the wilderness of Sin, which is between Elim and Sinai, on the fifteenth day of the second month after their departing out of the land of Egypt.

We need pursue the story no further. Hereafter come the incidents of the quails (xvi, 13) [1] and the manna (xvi, 14), the smiting of the rock by Moses, the battle with the Amalekites at Rephidim (xvii, 8) and finally the arrival at mount Sinai (xix, 1-2). At this point the book of Exodus abandons geography for other interests, and the story of the Israelitish wanderings is not resumed until the book of Numbers. *Num.*, xxxiii, reiterates the early stages without serious variation [2]; I shall only quote :

i. *Num.*, xxxiii, 8. And they journeyed from before Hahiroth, and passed through the midst of the sea into the wilderness; and they went three days' journey in the wilderness of Etham [3], and pitched in Marah.

If *b* is temporarily left out of account, the remaining passages present a coherent and intelligible narrative. The *leit-motif* of the dangers of the desert alternates with that of the hated Egyptian bondage. Two successive

---

[1] It seems to have been Mr. Villiers-Stuart who first pointed out the importance of the quail incident as favouring the «northern» theory of the Exodus. I quote from Sir W. Willcocks' suggestive but utterly uncritical book *From the Garden of Eden to the crossing of the Jordan*, 1919, p. 69 : «That the Israelites were encamped on the shore of the Mediterranean sea after their delivrance is proved by the fact that quails fell into their camp. This has been insisted on by Mr. Villiers-Stuart, and is absolutely unanswerable. Quails fly across the Mediterranean and drop down nearly exhausted on the southern shore in myriads. That any quails would be idiotic enough to leave the scrub and shelter of the Mediterranean shore and fly over the desert of Sinai to drop down on the shores of the Gulf of Suez in absolutely desert land is not to be accepted for a second.»

[2] It is impossible to discuss here the strange statement *Num.*, xxxiii, 10 : «And they journeyed from Elim, and pitched by the Sea of reeds.»

[3] No importance is to be attached to this variant of «the wilderness of Shur» (*g*); LXX has αὐτοί, presupposing an original reading *hêm*.

marches, from Rameses to Succoth and thence to Etham, bring the children of Israel to the edge of the wilderness. We may imagine them looking out upon the desert with sinking hearts, and then retiring into the more hospitable Egyptian territory. The latter movement is depicted (*d*) as a plan on the part of the Almighty to deceive Pharaoh, making him think that the Israelites cling so desperately to the soil of Egypt («perplexed in the land») that they will never venture to face the desert («the wilderness hath shut them in»). The direction of the retirement is indicated in reference to three new place names (Migdol, Baal-zephon and Pi-hahiroth), but a more important point is that the new element of the «sea of reeds» now comes into play for the first time. Henceforth there is presented with all possible clearness the conception of an Egypt separated from the wilderness by the «sea of reeds»; the Israelites succeed in surmounting this obstacle where the Egyptians fail, and, the sea once crossed, they find themselves at last face to face with the dreaded dangers of the desert (*g*, *i*).

It is strange that the one definite geographical clue has been persistently misrepresented by commentators : the mention of Rameses as the starting-point of the Exodus. Driver and others have clearly recognized that the recital of the plagues involves two separate and incompatible views of the whereabouts of Israel. According to the one account (ascribed by Driver to J) [1] the Israelites were isolated in the land of Goshen, where the plagues could not touch them; according to the other they were living in the very midst of the Egyptians, and indeed in the neighbourhood of Pharaoh. It is the latter standpoint which is presupposed by the narrative of the Exodus (see especially *Num.*, xxxiii, 3-4), and the localization of Goshen is wholly irrelevant to the problem before us [2].

[1] But see *Journal of Egyptian Archaeology* (henceforth quoted as *J.E.A.*), V, 265, n. 1.

[2] For the various questions connected with Goshen, see my article *J.E.A.*, V, 218-223.

The journey from Rameses to Succoth follows immediately upon the smiting of the first-born :

And Pharaoh rose up in the night, he, and all his servants, and all the Egyptians; and there was a great cry in Egypt; for there was not a house where there was not one dead. And he called for Moses and Aaron by night, and said, Rise up, get you forth from among my people, both ye and the children of Israel; and go, serve the Lord, as ye have said (*Ex.*, xii, 3o-3i).

After a few words describing the spoiling of the Egyptians (possible, of course, only if the children of Israel dwelt among them) follows the statement that the children of Israel journeyed from Rameses to Succoth (*a*).

That Driver and others have not realized the motive for naming Rameses as the starting-point is truly strange. Naturally it is because Rameses was the northern capital of Pharaoh; naively enough, the Israelites are pictured as fleeing from the actual city where Pharaoh dwelt. Here then we have a direct appeal to archaeology; where was Rameses or Pi-Ra'messe, the Delta residence of the Pharaohs, situated? In the exhaustive investigation which I have devoted to this problem [1] the conclusion is reached that Pi-Ra'messe must have lain at or near the later Pelusium, possibly indeed on the very site of Avaris, whence the Hyksos were actually expelled by Amosis I. I pass over the latter suggestive point, and will only insist that the position of Rameses not far from the sea near the mouth of the Pelusiac branch of the Nile is as well established as the position of any town not located by ruins can hope to be. Our next step, therefore, is to ask ourselves to what extent the Biblical account of the Exodus accords with this preliminary identification. The answer is : very ill indeed. The book of Exodus assumes that two days' march was required to bring Israel to the edge of the wilderness. But Pi-Ra'messe is described as « the forefront of every foreign land, the end of Egypt » (*Anast. III*, 7-4) [2];

[1] *J.E.A.*, V, 127-138; 179-200; 242-271.
[2] *J.E.A.*, V, 186.

obviously it was itself on the very edge of the desert. Nor
does the supposition of a «sea of reeds» severing Egypt
from the wilderness receive any confirmation in actual
facts if we imagine the Hebrew author to have located
Rameses near Pelusium. The only possibility in that case
would be to fall back upon Brugsch's old identification of
the «sea of reeds» with Serbonis, the Sabkhat Bardawîl.
For all the scorn which has been poured upon it, this remains a conjecture worth weighing. But the Sabkhat Bardawîl must always have been imagined by those who knew
of its existence at all as lying in the midst of the desert.
For this reason I prefer to fall back upon a different hypothesis.

It must not be forgotten that we are dealing with tradition, with legend, and that the Hebrew author who
attempted to give to this a concrete geographical form
may have been very ignorant of actual geographical facts.
I have long had a suspicion that the author of the Exodus
narrative *wrongly* identified Rameses with Tanis. Two days'
journeying might then be supposed to take the Israelites
to the well-known «bridge» between the lakes at el-Ḳanṭareh (ancient Sile-Thel)[1]. Here they would look out
upon the wilderness itself and might well turn back dis-
mayed at the dreary expanse which unfolded itself before
their eyes. A north-westward retirement would find them
separated from the desert by the marshy and watery
region which now forms the southern extremity of Menzaleh. This watercovered district, which seems to be
depicted as such in the Karnak reliefs of Sethos I[2], would
constitute the «Sea of reeds»; passing beyond it the
Israelites would at once be launched upon their desert-
wanderings [3].

<hr>

[1] See especially *J.E.A.*, VI, 104-105.

[2] *Ibid.*, and p. 106, top.

[3] Passage *f* states that the going back of the waters was caused by a
strong east wind. How exactly the writer imagined the situation is not
clear. In point of fact, on the hypothesis I am advocating, Menzaleh would
stretch not only to the east but also northward and north-westward of the
Israelites. Did the writer have before his mind a picture of the east wind

Now it may seem a venturesome theory to assume that the Hebrew writer confused Tanis and Pelusium, identifying Rameses with the former instead of the latter, as he should have done. But there are several considerations which lend to this hypothesis a plausibility which otherwise it might lack. In the first place Tanis was the northern residence of the Pharaohs in the Twenty-second Dynasty, and one has only to read the story of Unamūn to realize the importance which that city may have assumed in the eyes of any Palestinian from the eleventh century onwards. Further, there is the much neglected tradition of Psalm LXXVIII, with its reiterated reference to «the marvellous things» (*i. e.* the plagues) which God wrought «in the land of Egypt, in the field of Zoan». The term «Field of Zoan», Greek πεδίον Τανέως, is, as I have shown [1], a translation of the Egyptian ▯▯▯ or ▯▯▯ and appears to have been a rather wide expression signifying the region of Lake Menzaleh. In the Egyptian texts «Field of Tanis» is associated with the XIVth. nome, in which Pi-Raꜥmesse (Pelusium) must have lain; on the other hand it contains the actual name of Tanis, and any Hebrew author who had heard the tradition that the plagues were inflicted upon «Field of Tanis» would naturally combine this with his knowledge that Rameses was the residence-city of the Pharaoh, and would conclude that Rameses was Tanis.

The notion that the «Sea of reeds» was a sheet of water lying between Rameses and the desert is certainly suggested by Ex. x, 19, where it is recounted that the Lord sent an exceeding strong west wind that drove the locusts into the «Sea of reeds». This statement would be strange if the «Sea of reeds» were the Red Sea, as the favourite theory supposes; it is quite comprehensible if Rameses is equated with Tanis and the «Sea of reeds» with the south-eastern portion of Menzaleh.

sweeping the waters north-westward past the left flank of the Israelites and so leaving to them a dry passage?

[1] *J.E.A.*, V, 246-248.

No Egyptologist can read the Hebrew name of the « Sea of reeds », יַם־סוּף *yam sūph*, without recalling the geographical term 𓄿𓏏𓈖𓇼𓆰𓈗 « the papyrus-region » (Coptic has ϫⲟⲟⲩϥ « papyrus ») which, in the description of Pi-Raʿmesse contained in the papyrus Anastasi III (2, 11-12), is actually parallel to 𓅃𓈗 « the water of Horus », the Hebrew Shihōr, this last undoubtedly designating the lower reaches of the Pelusiac Nile-arm [1]. The other passages where *Pꜣ-ṯwfy* is named [2] throw no distinct light upon its localization, but it is clear that it lay in the north of the Delta. This again points to *yam sūph* as the Hebrew name for part of Menzaleh; *Pꜣ-ṯwfy* can have nothing to do with the Sabkhat Bardawîl, and still less with the Red Sea. To the identification of *yam sūph* with the Red Sea there is the unanswerable objection that no reeds could grow in the salt water [3].

On the hypothesis here advanced Migdol, which there is really no serious reason for disassociating with the similarly named place mentioned by the prophets, must have been transferred by the fancy of the Hebrew writer, together with Pi-Raʿmesse, to the west of Menzaleh. Its actual position seems to have been near Tell el-Ḥêr [4], about midway between Sile (el-Ḳanṭareh) and Pelusium (Pi-Raʿmesse). Of the other places mentioned in the same context (*d*) the situation of Baal-zephon is unknown; a god of the same name is known at Tyre, and a female (?) counterpart is mentioned in a list of the deities of Memphis [5]. If the name really means « Baal of the North », this certainly inclines one to seek the correspond-

---

[1] *J.E.A.*, V, 251-252.

[2] *J.E.A.*, V. 186, n. 1.

[3] In 1 Kings, 9, 26 and some other passages the *yam sūph* is apparently the Gulf of ʿAkabah, and hence it has been concluded that the name designated the Red Sea as a whole, including both its northern prolongations. How the different meanings desiderated in the Old Testament are to be reconciled is to me just as difficult a problem as the reconciliation of the Egyptian Goshen with that named in the book of Joshua.

[4] *J.E.A.*, VI, 108-109.

[5] See Driver, *op. cit.*, p. 123.

ing geographical site as far north as possible, at all events not near the Wâdy Ṭûmîlât; but conjecture on this point is worthless. Pi-hariroth is unknown; the element *pi-* is of course the Egyptian 〔𓉐〕 «house of» found in the names of various towns; I have sometimes wondered whether this place-name might not be a corruption of 𓉐𓉐𓄿𓏏𓆇 *Pr-Ḥtḥrt* «House-of-Hathor», mentioned in the description of Pi-Raʿmesse in Anastasi III (3, 3) [1]. This, however, is the merest conjecture and in no case to be used even as corroborative evidence. Of the other names mentioned in the narrative of the Exodus the identification of Succoth with 𓏏𓎡𓅱 *Theku*, *i. e.* Tell el-Maskhûteh, must be definitively abandoned [2]. It had plausibility only so long as Rameses was believed to lie in the Wâdy Ṭûmîlât, and the « Sea of reeds » was interpreted as the Red Sea; from the outset a popular etymology conforming the Egyptian name to the Hebrew *sukkôth* « booths » had to be assumed. With the name Etham nothing serious can be done.

Now the theory here propounded comes into conflict with a view which has genuine ancient authority, namely the view advocated by the Septuagint. In rendering *yam-sūph* by ἐρυθρὰ θάλασσα « Red Sea » and by their insertion of « at Heroonpolis into the land of Ramesses » in Gen., XLVI, 28-9, the Septuagint translators seem to stand committed to the belief later advocated by the Abbess Aetheria. As I have pointed out elsewhere [3], this belief arose directly from the passage Ex. I, 11 : « And they built for Pharaoh store cities, Pithom and Raamses. » The argument started from the known fact that Pithom was the same as Heroonpolis, the chief city of the Wâdy Ṭûmîlât. From the considerations (*a*) that the children dwelt apart in the land of Goshen, and (*b*) that Pithom and Raamses are associated in Ex., I, 11, it was concluded

[1] *J.E.A.*, V, 186.
[2] See *J.E.A.*, V, 266, n. 1, where the old identification, though already doubted, is still wrongly retained.
[3] *J. E. A.*, V, 263.

that Rameses was situated near Pithom in the Wâdy Ṭûmîlât. Possibly the identification of the «Sea of reeds»
with the Gulf of Suez was largely due to this «southern»
hypothesis of the route of the Exodus.

The Septuagint interpretation too clearly bears the
mark of its harmonistic origin to be admitted as carrying
on the authentic old Hebrew tradition. Nevertheless it is
a conceivable theory that the author responsible for the
Biblical account of the Exodus may likewise have had the
Wâdy Ṭûmîlât and the Gulf of Suez in view. Let us examine this hypothesis. If the author in question knew the
true location of Rameses near Pelusium, the hypothesis
would assume for the first two days an impossibly circuit-
ous route through the cultivated land *via* Safṭ el-Ḥenneh
to beyond Theku. If the Wâdy Ṭûmîlât theory is to be
retained, we must necessarily suppose that the Hebrew
author erroneously postulated Tell el-Kebîr or Tell el-
Retâbeh as the site of Rameses, and this supposition has
all the disadvantages and none of the advantages of my
contention that he erroneously fixed that site at Tanis.
For when Etham was reached — hypothetically at the east
end of the Wâdy Ṭûmîlât — any retirement except back
in the direction of Succoth could not fail to take the
Israelites out into the desert, and the story as outlined
above presupposes that this was just what they wished to
avoid — the Israelites clung to the Egyptian soil because
they were frightened of the desert. Nor indeed could they
reach the Red Sea without crossing a tract of desert [1],
and this the story forbids. To me it appears certain that
the Hebrew author cannot have had the Wâdy Ṭûmîlât
in his mind.

To sum up : the legend of the Exodus, in the form in

---

[1] Küthmann (*Die Ostgrenze Ägyptens*) is undoubtedly right in contend-
ing that there are no grounds for supposing that the Gulf of Suez extended further north than Suez in the Egyptian New Kingdom. Even with
this supposition in the modified form supported by KITTEL, *Geschichte des
Volkes Israel*, 3rd. ed., 542-544, we should have to conceive of the
extended arm of the sea as surrounded on *both* sides by desert,

which it has come down to us, assumes first a longish
journey over Egyptian territory to the desert, then a
short diversion in a backward direction which placed the
« Sea of reeds » between the Israelites and the wilderness,
finally the crossing of the sea by the Israelites and the
overwhelming of the Egyptian host by the returning waters.
This picture accords but extremely ill with the real geographical facts, the one certain detail of which is the localization of Rameses at Pelusium. In any case, therefore,
the geography of the Exodus must display a semi-legend-
ary, fanciful character, exactly as the event itself, as described in the Old Testament, appears to be quite unhistor-
ical. If the Hebrew writers had any distinct geographical
theory in their minds, the easiest hypothesis is to assume
that they identified Rameses with Tanis and Etham with
el-Ḳanṭareh. Migdol is also displaced in a westerly direction
and on the other side of Menzaleh, and Menzaleh (or
whatever corresponded to it in antiquity) may be pre-
sumed to have supplied the notion of the « Sea of reeds »
wherein the Egyptians were drowned.

It will be noted that in this theory no use has been
made of passage *b*, which states that the Israelites avoid-
ed the Ḳanṭareh–Gaza road. The reason given — the
hostile attitude of the Philistines — is in any case an ana-
chronism. But there is another puzzling detail : the statement that the Israelites were led about « in the direction
of the wilderness to the Sea of reeds » suggests, though in
an obscure way, that a desert tract intervened between the
end of the Egyptian soil and the shore of the « Sea of
reeds »[1]. If this is really what is meant, then passage *b*
represents a different tradition from the remaining passages which I have discussed.

[1] . So Driver supposes; see his note on Ex. , xiii, 18.

LE TERME GÉOGRAPHIQUE

𓇓 «HAUTE-ÉGYPTE» ET LE TITRE 𓊹𓇓,

PAR

M. HENRI GAUTHIER.

Le signe hiéroglyphique 𓇓, servant à écrire le mot
«Haute-Égypte», et qui a été pendant longtemps et à
tort appelé «la plante du Sud», n'a pas encore été scientifiquement identifié. M. Griffith, en 1896[1], a proposé
d'y reconnaître une laîche (*sedge*), et M. Spiegelberg,
en 1904[2], y a vu «eine Pflanze aus der Leinwand oder
ein anderer Stoff bereitet werden kann, also in weiterem
Sinn, eine Spinnfaserpflanze», une plante textile[3]. Mais
les plantes textiles susceptibles d'avoir été cultivées sur
le sol de l'antique Égypte ne sont pas nombreuses : le lin
s'appelait *maḥ* (ⲙⲁ2ⲓ), le chanvre n'était pas connu des
anciens habitants de la vallée du Nil, et l'on ne voit pas
trop quelle autre plante textile pourrait avoir été le végétal 𓇓.

[1] *Beni Hasan*, Part III, p. 40 et pl. III, fig. 20.

[2] *Recueil de travaux*, XXVI, p. 165-166.

[3] Voir le cadeau de «beau tissu de Haute-Égypte pour vêtements»
(𓇓𓏏𓈖𓏭) offert par le roi Pépi II au notable Zâou (SAYCE, *Rec.
de trav.*, XIII, p. 66; MORET, *ibid.*, XIX, p. 134; SETHE, *Urk. des Alten
Reichs*, p. 146; DAVIES, *Deir el Gebrâwi*, Part II, pl. XIII, l. 13, et p. 13 :
«fine linen of the south» for cloth). Voir aussi *Pap. Harris n° 1, passim*, et
Pap. n° 3055 de Berlin (rituel d'Amon), où le mot est écrit 𓇓𓈖𓏭, 𓇓𓏭
ou 𓇓𓈖. Voir enfin, parmi les vingt-quatre noms d'étoffes relevées
par M. Jéquier sur les frises d'objets des sarcophages du Moyen Empire,
les trois noms 𓏥 (var. 𓇓), 𓏏𓈖 et 𓏏𓏥, qu'il n'est pas parvenu,
du reste, à identifier de façon précise.

En tout cas, la plante est très nettement différenciée dès la IV⁰ dynastie, dans les mastabas de Guizeh, de la plante ⸸ *sou* (⸸ *r-sou, rs*) servant à écrire le mot «sud» qui a été identifiée avec le «souchet» par M. Loret et avec le «jonc» («die Binse») par M. Sethe[1]. Aussi la phrase suivante, écrite en 1916 par M. Blackman, «*Ny-św-t*, as Sethe points out, means «belonging to the *św-t* plant», the *św-t* being the badge of Upper Egypt»[2], ne me paraît-elle pas absolument satisfaisante, car elle laisse supposer une confusion entre les deux plantes ⸸ et ⸸[3].

La plante ⸸ avait été lue d'abord ◂▸ — *qmâ* par Brugsch; mais à cette lecture paraît bien devoir être préférée celle de ━▸— *chmâ*, qui est clairement donnée dans un tombeau de Deir el Gebrâwi[4] (━▸—⸸), et qui a été admise par M. Erman[5] et par la majeure partie des égyptologues[6]. De nombreuses variantes orthogra-

[1] *Zeitschrift für äg. Spr.*, XLIX, p. 18-19.

[2] *Rec. de trav.*, XXXVIII, p. 69.

[3] M. H. E. Winlock (*Bas-reliefs from the temple of Rameses I at Abydos*, New York, 1921, p. 34) pense que la plante ⸸, qui caractérise le sud de l'Égypte en opposition avec la plante ⸸ (le papyrus des marais du Nord), était *le lis*. Y aurait-il donc quelque relation entre les deux plantes ⸸ et ⸸, dont la forme de la fleur, sinon celle des tiges, paraît être assez analogue; le signe ⸸ représenterait-il, à une certaine étape de son développement, une tige unique de lis, et le signe ⸸ serait-il un bouquet de trois tiges de lis? C'est une hypothèse de plus à ajouter aux autres; mais, d'une part, elle vient à l'encontre de l'idée de Spiegelberg suivant laquelle la plante ⸸ serait une plante textile, et, d'autre part, nous ne savons pas si le lys vivait en Égypte à l'époque des Pharaons.

[4] Davies, *Rock Tombs of Deir el Gebrâwi*, Part II, pl. VII. Voir aussi, sous la XVIII⁰ dynastie, au tombeau d'un certain ⸸ au Gebel Silsileh, ⸸ (Champollion, *Not. descr.*, I, p. 649). N'est-il pas piquant de constater, dans ce travail écrit spécialement à l'intention du centenaire de Champollion, que le grand créateur de l'égyptologie avait déjà fourni la preuve, trop longtemps méconnue de ses successeurs, de la véritable lecture qu'il convenait d'attribuer au signe qui nous occupe?

[5] Cf. *Aegypt. Glossar*, 1904, p. 129, et *Aegypt. Grammatik*, 3⁰ édit., 1911, p. 301, n° 26. Cf. aussi Erman-Grapow, *Aegypt. Handwörterbuch*, 1921, p. 182.

[6] Voir, par exemple, Sethe, *Zeitschrift*, XLIV, 1907, p. 9, qui fait, au sujet de la lecture première possible du signe, la réserve suivante : «Es

phiques, empruntées à des textes de toutes les époques
à partir du Moyen Empire, montrent d'autre part, que le
mot qui servait à désigner la Haute-Égypte admettait un
𓅱 ou final, *šmʿw* (Sethe), *Chmâou* : voir, par exemple, le
titre de 𓍯 dans son tombeau de Silsileh, déjà mentionné, 𓏤𓏏𓈀, et ce membre de phrase du corridor X
du temple de Séthôsis Ier à Abydos, ⸺ [1].
En ce qui, d'une part, concerne la désinence féminine ⸗,
ajoutée à partir du Nouvel Empire, et principalement dans
les manuscrits hiératiques des XIXe et XXe dynasties, donnant naissance aux formes 𓈀, 𓈀, 𓈀, etc., *Chmâ-t*,
et, d'autre part, l'emploi de la plante 𓇅 à la place de la
plante 𓈀 (par analogie avec la plante de la Basse-Égypte 𓇅
et seulement dans les cas où l'on parle à la fois de la Haute
et de la Basse-Égypte, 𓇅𓇅 ou 𓇅𓇅), je ne puis mieux
faire que de renvoyer aux judicieuses observations de
M. Sethe[2].

*
* *

Le signe 𓈀 « Haute-Égypte » entre dans la composition
d'un très grand nombre de titres, dont le plus élevé dans
la hiérarchie administrative paraît avoir été celui de 𓏏𓈀
imi-ra Chmâ (*Chmâou*, puis *Chmâ-t*). Je me bornerai ici
à l'étude de ce titre, espérant avoir bientôt l'occasion de
traiter ailleurs des autres.

Les orthographes sous lesquelles se présente ce titre
sont très nombreuses :

A. *Ancien Empire* : 𓏏𓈀, 𓏏𓈀, 𓏏𓈀,

besteht übrigens die Möglichkeit, dass das ⸺ *š*, hier, wie sooft, ein ⸺
ḥ vertrete. » M. Jéquier, pourtant, reste fidèle à l'ancienne lecture *qmâ*
(voir *Les frises d'objets*, 1921, p. 355).

[1] Mariette, *Abydos*, I, pl. 44. On trouve aussi les formes
𓈀𓅱, 𓈀𓅱 et 𓈀𓅱. M. Loret a bien voulu attirer mon
attention sur une cypéracée portant le nom arabe *sammâr* ou *summâr*
(Schweinfurth), qui pourrait, pense-t-il, être rapprochée de la plante
égyptienne 𓈀 *chmâou*.

[2] *Zeitschrift*, XLIV, p. 9-10. Le lecteur trouvera, du reste, dans cet
excellent mémoire, intitulé *Die Namen von Ober- und Unterägypten und die*

[hiéroglyphes], [hiéroglyphes] et [hiéroglyphes] (la confusion de [hiéroglyphe] avec le signe [hiéroglyphe] ou [hiéroglyphe] *rs* apparaît, dans ce groupe, dès la VIe dynastie);

B. *Moyen Empire :* [hiéroglyphes], [hiéroglyphes], [hiéroglyphes] et [hiéroglyphes] [1];

C. *Nouvel Empire et après :* [hiéroglyphes], [hiéroglyphes], [hiéroglyphes], [hiéroglyphes], [hiéroglyphes], [hiéroglyphes] et [hiéroglyphes] [2].

En 1890, M. Sethe (*Zeitschrift*, XXVIII, p. 46-47), à l'exemple des savants antérieurs, traduisait encore ce titre par « Vorsteher des Südens »; il montrait, en outre, qu'il apparaissait dans les textes à la même époque qu'un autre titre de formation analogue, [hiéroglyphes], c'est-à-dire dans la seconde partie de la Ve dynastie. En 1904, M. Erman (*Aegypt. Glossar*, p. 129) ajoutait à l'acception « Süden » (sud) jusqu'alors attribuée au mot *šmaᶜ* une nouvelle acception, « Oberägypten » (Haute-Égypte), alors que Maspero, dès 1895, au tome 1er (p. 423) de son *Histoire ancienne des peuples de l'Orient*, avait déjà rendu le titre en

---

Bezeichnungen für Nord und Süd, les renseignements les plus utiles sur une foule de points intéressant le mot [hiéroglyphe].

[1] Au Moyen Empire, la Haute-Égypte commence à ne plus être appelée seulement *Chmâou (Chmâ)*, mais aussi [hiéroglyphes] *Ta-chmâ* (par analogie avec *Ta-meḥ*, la Basse-Égypte); cf. par exemple la stèle 140 du British Museum, dont le propriétaire nous apprend qu'« il dirigea des travaux dans la Haute-Égypte », [hiéroglyphes]. Et ce fut cette nouvelle désignation qui devint la plus fréquente à partir du Nouvel Empire, sous les formes [hiéroglyphes] et [hiéroglyphes].

[2] Le mot *Chmâou, Chmâ,* est, originairement, du genre masculin, comme le prouvent les expressions [hiéroglyphes], [hiéroglyphes] et [hiéroglyphes], [hiéroglyphes] et [hiéroglyphes], auxquelles viendront, seulement sous le bas Nouvel Empire, se substituer les formes féminines [hiéroglyphes] (Montoumhâït) et [hiéroglyphes] (Pabasa). On rencontre toutefois, dès le Moyen Empire, au Ouâdi Hammâmat, pour le mot *Chmâou*, des orthographes [hiéroglyphes] et [hiéroglyphes]

question par «gouverneur général de la Haute-Égypte». Puis, en 1907, dans le travail auquel j'ai déjà fait allusion, M. Sethe établissait nettement et définitivement la distinction fondamentale entre les termes *rś* «sud» et *šmᶜ* «Haute-Égypte». Cependant, il est à remarquer que, malgré le caractère indubitable de cette différenciation, le mot *Chmâou* est encore actuellement presque uniformément traduit par «sud» et le titre *imi-ra Chmâou* par «préfet du sud» (Weill), — «préfet du midi» (J. Baillet), — «gouverneur des pays du sud» et «gouverneur du sud» (Maspero), — «chef du midi» (Legrain), — «directeur du Sud» (Moret et Tresson), — «governor of the south» (Breasted, Budge et Davies), — «superintendent of the south» (Blackman et Davies), — «governatore del Mezzodi» (Schiaparelli), «Vorsteher des Südens» (Eduard Meyer)[1]. En 1919, M. Paul Tresson[2] persistait encore dans l'ancienne confusion entre les mots «Haute-Égypte» et «sud».

Nous ne possédons, touchant l'étendue et les limites sous l'Ancien Empire de la région appelée *Chmâou*, qu'un seul document, mais il est de premier ordre et fort précis dans ses données. Aux lignes 33-34 de son autobiographie, Ouni s'exprime ainsi : ⯑ le roi Mirniré ⯑ ⯑ «le roi Mirniré me fit *ḥâ* et gouverneur de la Haute-Égypte, au sud depuis Éléphantine (et) au nord depuis le nome Mâtnou». A la ligne 15, d'autre part, il nous apprend que le roi Pépi Iᵉʳ avait levé des recrues ⯑ «dans la Haute-Égypte en sa totalité, au sud depuis Éléphantine (et) au nord depuis le nome Mâtnou». Le pays *Chmâou* couvrait donc, sous la VIᵉ dynastie, exactement

(cf. Couyat-Montet, *Inscr. Ouâdi Hamm.*, nᵒˢ 191 et 192), amenées probablement par la présence du signe ⊕ (*nou-it*) et par une assimilation erronée avec ⯑ *nouit risit* «la ville du Sud (Thèbes)».

[1] Voir, au contraire, J. Capart (*Journ. of Egypt. Archaeol.*, vol. VI, p. 226), *Governor of Upper Egypt*.

[2] *L'Inscription d'Ouni* (*Bibl. d'étude de l'Inst. franç. d'archéol. orient.*, t. VIII), p. 41.

l'ensemble des 22 nomes de la Haute-Égypte, depuis la première cataracte au sud jusqu'à la limite séparant le nome Aphroditopolite du nome Memphite, ce dernier étant le premier nome de la Basse-Égypte, qui s'appelait alors ⸻ ou simplement ▯.

La stèle du musée du Caire, que M. Moret a publiée en 1914 dans les *Comptes rendus de l'Académie des Inscriptions et Belles-Lettres* (p. 565-573), montre également que le ▯ *Chmaï* vivant sous la VIIIe dynastie avait sous son contrôle les 22 nomes de la Haute-Égypte.

Pour le Moyen et le Nouvel Empire nous n'avons pas de renseignements concernant l'étendue et les limites du pays désigné sous le nom de *Chmâou* ou *Ta-chemâou*[1]. Mais pour les périodes post-ramesside et saïte, il existe un document de la même importance que l'inscription d'Ouni pour l'Ancien Empire : c'est la célèbre stèle de l'adoption de la fille du roi Psamtik Ier, Nitocris, par la grande prêtresse d'Amon thébain Chapenapit, trouvée à Karnak en 1897 et conservée au musée du Caire[2]. Aux lignes 17 et suivantes de cette stèle figure une liste des donations de terrains consenties par Chapenapit en faveur de sa fille adoptive ▯ « dans les villes et les nomes de la Haute et de la Basse-Égypte ». Les donations concernant la Haute-Égypte y sont réparties dans *sept nomes* (▯ « ce que sa Majesté lui donna en Haute-Égypte, [à savoir dans] sept nomes »), et ces sept nomes sont le IVe (Karnak-Louqsor, -Diospolis), le VIIe (Hou, -Diospolis Parva), le Xe (Kôm Ichgaou, -Aphroditopolis), le XVe (Achmoûnein, -Hermopolis), le XVIIIe (Hipponon), le XIXe (Bahnasa, -Oxyrhynchos), et le XXe (Ehnassieh, -Héracléopolis). Donc à cette

____

[1] Tout au plus nous est-il permis de penser, avec Erman (*Zeitschrift*, XXIX, p. 119-120), que dès la VIe dynastie et sous le Moyen Empire, *Chmâou* proprement dit ne s'étendait pas au delà d'Abydos vers le sud, et que la région méridionale, entre Abydos et Éléphantine, avait reçu le nom spécial de ▯ *Tep Chmâou* « la tête de la Haute-Égypte ».

[2] Publiée par Legrain (*Zeitschrift*, XXXV, p. 16-19), traduite et commentée par Erman (*ibid.*, p. 24-29).

époque, comme sous la VIᵉ dynastie, les termes 𓏏 ou
—𓏏 servaient à désigner une région qui s'étendait
vers le sud au moins jusqu'à Thèbes incluse, et non pas
seulement à ce que nous appelons aujourd'hui la Moyenne-
Égypte, comme cela paraît avoir été le cas à la fin de
l'Ancien et sous le Moyen Empire.

M. Breasted a déclaré[1] qu'il ne semblait pas y avoir
eu pour la Basse-Égypte de «governor of the north» correspondant au 𓄿𓏏 de la Haute-Égypte: «We may infer,
ajoute-t-il, that the lords of the north were less aggres-
sive. Moreover the kings still feel themselves to be kings
of the south governing the north.» Le titre 𓄿𓏏 est,
en effet, inconnu pour l'Ancien Empire. Mais on en peut
relever d'assez nombreux exemples au Moyen Empire, par
exemple sur les stèles nᵒˢ 20.135 et 20.592 du musée
du Caire, sous les formes 𓏏 et 𓏏[2]. D'autre
part, dès le règne de Téti III de la VIᵉ dynastie, nous
voyons 𓏏 (*Gem-ni-kai*) joindre à sa charge de vizir
celle de 𓄿𓏏[3] «gouverneur de la Haute et de la
Basse-Égypte», variante 𓄿𓏏[4] «gouver-
neur du pays en son entier [c'est-à-dire] de la Haute et
de la Basse-Égypte». Si donc la charge de «gouverneur
de la Basse-Égypte» ne paraît pas avoir existé à l'état isolé
sous l'Ancien Empire, nous devons admettre cependant
que, dans certains cas spéciaux et urgents, les Pharaons

[1] *A History of Egypt.*, p. 132.
[2] Voir aussi les nombreux exemples, tous datés du Moyen Empire, que
j'ai recueillis en 1918 (*Bull. Inst. franç. d'archéol.*, t. XV, p. 181-182),
où le titre *gouverneur de la Haute-Égypte* est mis en relations avec celui de
imi-ra akhnouti.
[3] Cf. Bissing-Weigall, *Das Grab des Gem-ni-kai*, t. I, pl. II = t. II,
pl. XXIV et p. 18, nᵒ 143.
[4] Sur le bloc découvert jadis à Saqqara près du tombeau de Gem-ni-kai
par Lepsius; cf. L., *D.*, II, 97 *b* = Text, I, p. 159; Sethe, *Zeitschrift*,
XXVIII, p. 47; Steindorff, *ibid.*, XXXIII, p. 71. M. K. Sethe a donné de
ce titre une interprétation inexacte en omettant le 𓂋 après 𓄿, en ratta-
chant tout le titre au signe 𓎛 qui précède 𓄿 et en traduisant cet ensemble 𓎛𓄿 «Vezier im ganzen Lande, in Ober- und
Unterägypten» (cf. *Untersuchungen*, etc., t. V, p: 56).

résidant à Memphis sentirent la nécessité de se faire représenter dans le Delta par un fonctionnaire spécial muni des mêmes hauts pouvoirs que le «gouverneur de la Haute-Égypte». Mais tant que le centre politique du pays fut à Memphis, le contrôle sur le Delta et sur le Saïd fut attribué à un seul et même personnage, et ce n'est que lorsque la capitale eut été transférée, sous la XIe dynastie, à Thèbes, que fut créé un nouveau poste de gouverneur, spécialement chargé de la surveillance de la Basse-Égypte.

En dehors de Gem-ni-kai, je n'ai relevé jusqu'à présent qu'un seul ⌧ «gouverneur de la Haute et de la Basse-Égypte» : c'est un nommé *Sa-Isit*, qui paraît avoir vécu au début du Moyen Empire[1]. Peut-être le propriétaire de la stèle Crompton au Sinaï, qui porte, entre autres titres, celui de ⌧, était-il aussi gouverneur à la fois de la Haute et de la Basse-Égypte[2]. Le titre ⌧, porté par Chepses-Ptah dans son mastaba d'Abousir, est fort douteux; et même s'il a été correctement lu, il ne paraît pas pouvoir être interprété comme une variante graphique de ⌧[3]; il serait plutôt, peut-être, en relation avec cet autre titre de Gemni-ka : ⌧ [4] «commandant des temples de Neith».

Les décrets royaux de Coptos, publiés en 1912 par M. R. Weill et étudiés à nouveau par MM. Sethe[5] et Moret[6], nous ont appris que le ⌧ était, dans l'ordre hiérarchique administratif, le premier personnage après le vizir. Rien ne me paraît, toutefois, justifier les termes

---

[1] Voir sa stèle au British Museum (*Guide 1909*, *Sculpture*, p. 63, n° 211 [561], et *Hierogl. Texts*, etc., *Brit. Mus.*, Part II, p. 9 et pl. 25).

[2] Cf. GARDINER-PEET, *Inscr. of Sinai*, I, pl. XXIX, n° 115, et GAUTHIER, *Bull. Inst. franç. d'archéol.*, XV, p. 182.

[3] M. Borchardt (*Das Grabdenkmal des Königs Neuserre*, p. 145) l'a rendu par «der Bewahrer(?) der beiden Kronen».

[4] Cf. BISSING-WEIGALL, *Das Grab des Gem-ni-Kai*, t. II, p. 18.

[5] *Aus den Göttingischen Gelehrten Anzeigen*, 1912, p. 705-726.

[6] *Chartes d'immunité dans l'Ancien Empire égyptien* (dans le *Journal asiatique*, 1912, 1916 et 1917).

de *vice-roi* et *vice-royauté* sous lesquels MM. Weill[1],
Moret[2] et le R. P. de Hénaut[3] ont cru pouvoir désigner le fonctionnaire et la fonction. Des mots comme
gouvernorat ou *préfecture* donneraient une idée plus exacte,
à mon avis, de cette haute charge qui consistait d'abord
et avant tout à surveiller les agissements des nomarques,
dont la turbulente activité et l'insatiable ambition com-
mencèrent, dès le milieu de la V⁰ dynastie, à porter
ombrage au prestige royal. Le 𓋴𓊖 était, en somme,
sous l'autorité suprême du Pharaon, laquelle s'exerçait
par l'intermédiaire du vizir, ce dernier étant le contrô-
leur de l'administration provinciale pour tout le pays
situé au sud du nome memphite.

LISTE DES 𓋴𓊖 CONNUS DE LA Vᴱ À LA XXVIᴱ DYNASTIE.

A. ANCIEN EMPIRE.

Miss Margaret A. Murray, dans son très précieux,
quoique fort incomplet, *Index of Names and Titles of the
Old Kingdom*, paru en 1908, a signalé *onze* seulement
de ces hauts personnages[4], qui sont, dans l'ordre alphabétique :

1. 𓅮 (son tombeau à Saqqara : J. DE ROUGÉ,
Inscr. hiérogl., pl. XCI; DAVIES, *The Mastaba of Ptahhotep
and Akhethetep*, Part II, p. 12 et pl. XIII(?), XIV, XVIII
et XXIV; A. WEIL, *Die Veziere des Pharaonenreichs*, § 15
de l'Ancien Empire). Il fut aussi *vizir* et père du 𓋴𓊖
Ptahhotep. Il est le plus ancien titulaire, actuellement

---

[1] *Décrets royaux*, p. 11.
[2] *Comptes rendus Acad. Inscr.*, 1918, p. 109.
[3] *Manuel d'Histoire de l'Égypte*, 3ᵉ édit., 1916, p. 8.
[4] Encore y a-t-il lieu de retrancher de la liste de Miss Murray le
nommé 𓇋𓅓, mentionné à l'extérieur du tombeau de Teti-ânkh (surnommé Imhotep) à Cheikh Saïd (cf. L., D., II, 113 c = Text, II, p. 123,
et DAVIES, *Rock Tombs of Sheikh Said*, p. 31 et pl. XXIX E); ce personnage n'est pas, en effet, 𓋴𓊖, mais 𓋴𓊖 «préposé à
la résidence du roi du Sud [en] Haute-Égypte».

226 H. GAUTHIER.

connu, de cette haute charge, qu'il paraît avoir exercée sous le roi (⬚), avant-dernier pharaon de la Ve dynastie.

2. ||| [son tombeau à Deir el-Gebrâwi, n° 8 : Davies, *Rock Tombs of Deir el Gebrâwi*, Part I, p. 8 et pl. III et XVII-XIX; Breasted, *Ancient Records*, vol. I, § 377). Il fut aussi ⁙ «nomarque» des nomes VIII (Thinite) et XII (Antéopolite) de la Haute-Égypte.

3.))) (son tombeau à Cheikh-Saïd, n° 19 : Davies, *Rock Tombs of Sheikh Saïd*, p. 27 et pl. XVII, XXI, XXIII et XXIV; L., *D.*, II, 113 *a* = Text, II, p. 122). Il avait le surnom |||) et fut aussi nomarque du XVe nome (Hermopolite) de la Haute-Égypte. Son père *Merrou*, surnommé *Bebi*, avait été aussi ⬚.

4. ⬚ (sa stèle d'Abydos au musée du Caire, l. 34 et 36 : nombreuses éditions, dont la dernière en date est celle de P. Tresson, *L'inscription d'Ouni* = t. VIII de la *Bibliothèque d'étude*, publiée par l'Institut français d'archéologie orientale du Caire[1].

5. (⬚)⬚ (deux stèles d'Abydos au musée du Caire, dont l'une porte le numéro 1573 dans le *Catalogue général*, encore à l'état de manuscrit, de M. Borchardt; cf. Mariette, *Catal. des monum. d'Abydos*, n°s 531 et 1330; Rougé, *Inscr. hiérogl.*, pl. II; Lieblein, *Dictionn. de noms hiérogl.*, n° 40; Sethe, *Zeitschrift*, XXVIII, p. 47; A. Weil, *Die Veziere*, § 32 de l'Ancien Empire). Il fut également *vizir*, et, comme pour ⬚, son titre ⬚ a pour variante ⬚.

6. ⬚ (son tombeau à Saqqara : Paget and Pirie, *The Tomb of Ptah-hotep*, p. 33-34 et pl. XXXV), fils du ⬚ Àakhit-hotep.

[1] Ouni vivait sous la VIe dynastie : il ne fut donc pas, comme l'a écrit à tort M. R. Weill, le premier titulaire de la fonction ⬚.

7. ⸺ (son tombeau à Saqqara : L., *D.*, II, 61 et 64 = Text, I, p. 166, époque du roi Asesi de la Ve dynastie; cf. Sethe, *Zeitschrift*, XXVIII, p. 46, n. 3).

8. ⸺, dit ⸺ (sa tombe à Deir el-Gebrâwi, n° 39 : Davies, *Deir el Gebrâwi*, Part II, p. 31 et pl. XXVIII). Il fut aussi nomarque du XIIe nome (Antéopolite).

9. ⸺ (son tombeau à Qasr es-Sayad : L., *D.*, II, 114 *g* et *i* = Text, II, p. 180). Il fut aussi ⸺.

10. ⸺, dit ⸺ (son tombeau à Deir el-Gebrâwi : Davies, *Deir el Gebrâwi*, Part II, pl. XIII et p. 1); il fut aussi nomarque des nomes VIII (Thinite) et XII (Antéopolite).

A ces dix titulaires on doit ajouter les vingt personnages suivants, que j'énumère également dans l'ordre alphabétique, en attendant d'examiner si l'on peut procéder à leur classement chronologique.

11. ⸺ (inscription du prince royal Imhotep à l'Ouâdi-Hammâmat : Couyat-Montet, *Inscr. Ouâdi Hamm.*, n° 188, l. 1). Si ce prince est identique au roi Imhotep dont une autre inscription dans le même endroit nous a conservé le cartouche, et si ce roi est bien, comme on l'a généralement admis, à placer en tête de la VIe dynastie, l'époque du ⸺ *Akhi* se trouve du même coup fixée.

12. ⸺ (décret royal de Téti Ier, trouvé à Abydos et conservé au British Museum : Griffith, *Abydos*, II, p. 41 et pl. XVII; *Guide Brit. Mus.*, 1909, *Sculpture*, p. 23, n° 74; *Hierogl. Texts etc., in the Brit. Mus.*, I, p. 13-14 et pl. 38; Moret, *Journ. asiat.*, nov.-déc. 1917, p. 439). Son nom n'est pas *Issi-Ka'ou* (Moret), mais *Nkaou-Asesi*.

13. ⸺, var. ⸺ et ⸺ (diverses stèles du musée du Caire, n°s 1457, 1575 et 1577 du *Catalogue*

15.

manuscrit de Borchardt ; cf. Mar., *Catal. monum. Abydos*, n° 526). Il fut également *vizir* : cf. A. Weil, *Die Vezière*, § 31 *a* et *b* de l'Ancien Empire, et R. Weill, *Décrets royaux*, p. 12, qui le place sous le roi Pépi II, après le [hieroglyph] *Khoui*. M. Moret (*Journ. asiat.*, 1916, I, p. 300 et 1917, II, p. 363) admet deux «directeurs du sud» du nom de *Idi*, l'un d'entre eux étant le fils de *Khoui*, l'autre le fils du vizir *Chmaï*. Ce dernier ne paraît pas avoir été, comme son père Chmaï, « gouverneur de la Haute-Égypte » en son entier, mais seulement « gouverneur des sept nomes méridionaux », depuis celui d'Éléphantine jusqu'à celui du Sistre (Hou, Diospolis Parva).

14. [cartouche] [hieroglyphs] (fragment trouvé à Cheikh Abd el-Gournah : Davies, *The metropolit. Museum of Art, The Egypt. Expedition 1916-1917*, p. 23-24 et fig. 34). Il était né probablement sous le règne d'Ounas et doit avoir exercé sa haute charge tout au début de la VIe dynastie, sous le roi Téti peut-être.

15. [cartouche] [hieroglyphs], dit [hieroglyphs] (son tombeau à Charouna : Smolenski, *Ann. Serv. Antiq.*, VIII, p. 150-152). Il était peut-être identique au [hieroglyphs] *Khoui* de l'un des décrets royaux de Coptos (voir ci-dessous, n° 24).

16. [cartouche] [hieroglyphs], ou [cartouche] [hieroglyphs], dit [hieroglyphs], dit [hieroglyphs] (son tombeau à Meir : Ahmed bey Kamal, *Ann. Serv. Antiq.*, XII, p. 97; Blackman, *Journ. of Egypt. Archaeol.*, I, p. 182, et III, p. 254, et *Rock Tombs of Meir*, I, p. 6 et 10). Il fut [hieroglyphs], sous Pépi II.

17. [cartouche] [hieroglyphs], ou [cartouche] [hieroglyphs], dit [hieroglyphs] et [hieroglyphs] (son tombeau et ses statues à Meir : Blackman, *Journ. of Eg. Arch.*, I, p. 41-42 et 182, et *Rock Tombs of Meir*, I, p. 5 et 9; cf. Capart, *Journ. of Eg.*

Arch., VI, p. 226). Né sous Pépi Ier, il est le plus ancien des 𓋴𓊖 ensevelis à Meir.

18. (𓉻𓏤𓏤) ⳼, ou (☉𓉻𓏤) ⳼, surnommé ⳼⳼ et ⳼, fils du précédent (son tombeau à Meir : Blackman, *Journ. of Eg. Arch.*, I, p. 42, et Ahmed bey Kamal, *Ann. Serv. Antiq.*, XV, p. 225, 252, 255 et 256). Il fut aussi vizir et doit être ajouté à la liste des vizirs de l'Ancien Empire dressée par M. A. Weil.

19. (𓉻𓏤𓏤) ⳼, ou (☉𓉻𓏤) ⳼, dit 𓄿 (son tombeau à Edfou : Daressy, *Ann. Serv. Antiq.*, XVII, p. 131). Il fut aussi nomarque (probablement du IIe nome, dont Edfou était le chef-lieu).

20. 𓄿, dit ⳼ (son tombeau à Cheikh Saïd, n° 20 : Davies, *Rock Tombs of Sheikh Saïd*, p. 24); il fut le père du 𓋴𓊖 Ouiou (voir ci-dessus, n° 3).

21. ⳼ (son tombeau à Meir : Blackman, *Journ. of Eg. Arch.*, I, p. 182, et *Rock Tombs of Meir*, I, p. 6, 10-11 et 13). Il fut, selon toute vraisemblance, le fils de Pépi-ânkh-le-cadet (voir ci-dessus, n° 18) et lui succéda probablement dans la charge de 𓋴𓊖. Il fut probablement aussi nomarque du XIVe nome dont Meir est la nécropole, et doit avoir aussi porté le nom de Pépi-ânkh comme son père, ses oncles et son grand-père.

22. ⳼ (son tombeau à Assouan : Sethe, *Urk. des alten Reichs*, p. 120 et suiv.). Voir aussi Breasted, *Anc. Records*, vol. I, § 326, et p. 151, note *b*, où Hirkhouf est dit avoir succédé à Ouni dans la fonction de 𓋴𓊖.

23. ⳼, fils de ⳼ (inscription de l'an 50 [?] de Pépi Ier aux carrières de Haït-noub : Blackden-Fraser, *Hieratic graffiti*, etc., pl. XV, n° 1; Petrie, *Amarna*, 42; Sethe, *Urk. des alten Reichs*, p. 95-96; Breasted, *Anc.*

Records, I, § 304-305, et *History of Egypt*, p. 133, où il est appelé à tort *Nenekhseskhnum*). Il fut aussi nomarque du XV⁰ nome (Hermopolite).

24. ⊙ ⵊ ⵊ (décret royal de l'an 22 ou 23 de Pépi II, trouvé à Coptos et conservé au musée du Caire : WEILL, *Décrets royaux*, p. 9 et 11-12, SETHE, *Aus den Götting. Gelehrte Anzeigen*, 1912; p. 712; MORET, *Journ. asiat.*, 1912, II, et 1916, I). M. Weill pense que ce *Khoui* n'a pas succédé directement à Hirkhouf, et il serait disposé à intercaler entre les deux le ⵊ ⵊ *Âbi* de Deir el-Gebrâwi (voir ci-dessus, n° 2). Il est peut-être identique au ⵊ ⵊ Pépiânkh, dit Khoui, du tombeau de Charouna (voir ci-dessus, n° 15).

25. ⵊ ⵊ (bloc n° 7764 du musée de Berlin : *Ausführl. Verz. 1899*, p. 61, et SCHÄFER, *Aegypt. Inschr. Königl. Mus. Berlin*, I, p. 41). Il fut aussi ⵊ ⵊ ⵊ « fils aîné du roi » (peut-être de Mirniré : cf. GAUTHIER, *Rois*, I, p. 168) et attaché au culte funéraire des pyramides de Pépi I⁰ʳ et de Mirniré.

26. ⵊ ⵊ ⵊ (tombeaux de Mekhou et de Sabni à Assouan : BOURIANT, *Rec. de trav.*, X, p. 185; Major GREN-FELL, *Proceedings S. B. A.*, X, p. 18; MORGAN, *Catal. mon. et inscr.*, I, p. 146; SETHE, *Urk. des alten Reichs*, p. 140; BISSING, *Ann. Serv. Antiq.*, XV, p. 3, 12, 13 et 14). Cf. aussi CARTER, *Ann. Serv. Antiq.*, VI, p. 127, et BREASTED, *Anc. Records*, I, § 364.

27. ⵊ ⵊ ⵊ (décret royal de Nofirkaou-Ḥor, époque intermédiaire entre la VI⁰ et XI⁰ dynastie, trouvé à Coptos : WEILL, *Décrets royaux*, p. 82 et suiv. et pl. X, et SETHE, *Urk. des alten Reichs*, p. 716-718). Il est également connu par un autre décret royal de Coptos, au musée du Caire, qui le nomme à la charge de ⵊ ⵊ et que M. Moret a publié en 1914 dans les *C. R. de l'Acad. des Inscr. et B.-L.*, p. 565 et suiv., et par divers autres décrets royaux. Il est très certainement différent du ⵊ ⵊ *Zâou*,

dit *Chmaï*, de Deir el-Gebrâwi (voir ci-dessus, n° 10).
Il fut aussi *vizir* et est à ajouter à la liste des vizirs de
l'Ancien Empire dressée en 1908 par Arthur Weil, avant
la découverte des décrets de Coptos.

28. ⸢𓏏⸣ (son tombeau à Saqqara : Mariette, *Mastabas*, D. 19). Cf. Sethe, *Zeitschrift*, XXVIII, p. 46-47
(où *Kaï* est placé dans les derniers temps de la Ve dynastie), et A. Weil, *Die Veziere*, § 19 de l'Ancien Empire (où
il est rangé, avec doute, sous la Ve dynastie).

29. 𓏴 (sa tombe à Deir el-Gebrâwi : Sayce, *Rec.
de trav.*, XIII, p. 67, et Davies, *Deir el-Gebrâwi*, II, p. 2,
et pl. X). Fils du 𓏴 *Zâou*, dit *Chmaï* (voir ci-dessus,
n° 10), il fut encore, comme son père, nomarque des
nomes VIII et XII.

30. Il convient enfin d'ajouter à la liste le 𓏴
𓏤 de la dalle n° 537 du *Catal. des monum. d'Abydos* de
Mariette, dont le nom, assez incertain, a été transcrit
𓏴 (*sic*) [1].

Ces trente 𓏴, qui ne sont peut-être, en fin de
compte, que vingt-neuf, si l'on admet l'identité très probable de *Pépi-ânkh* (n° 15) et de *Khoui* (n° 24), me
semblent pouvoir être rangés en gros dans l'ordre chronologique suivant. Si, d'autre part, nous admettons (avec

____

[1] L'épithète 𓂝 ou 𓂝 *maâ* «véritable, réel», est, en effet, souvent accolée au titre 𓏴 (comme, du reste, à partir de la deuxième
moitié de la Ve dynastie, à d'autres titres, tels que 𓏴, 𓏴,
𓏴, etc...). Peut-être l'ad-
jonction de cet adjectif avait-elle pour but de spécifier que le titulaire avait
bien réellement exercé la charge en question, et que ce n'était pas là seulement un vain titre honorifique. MM. Breasted (*History of Egypt*, p. 138
et 168) et Ed. Meyer (*Gesch. des Altertums*, I³, 1913, § 264) admettent,
en effet, que la dignité de 𓏴 fut très souvent conférée à des nomarques que le roi désirait honorer d'une distinction spéciale, sans que
les bénéficiaires aient été toujours réellement revêtus de l'autorité considérable attachée au titre en question.

M. Moret) deux *Ádi* différents, nous revenons au chiffre de trente.

1. ⌧, qui a des titres dans le sacerdoce du culte funéraire des rois Né-ousir-ré et Ásesi (cf. L., *D.*, II, 63), est peut-être le premier fonctionnaire à qui ait été confiée, par l'un ou par l'autre de ces deux pharaons de la V⁰ dynastie, la nouvelle et importante charge de ⌧ [1]. Il ne me paraît pas, en tout cas, pouvoir être intercalé entre ⌧ et le fils de ce dernier ⌧, tous deux appartenant aussi au sacerdoce des pyramides des rois Né-ousir-ré, Menkaou-Hor et Isesi.

2-3. Viendraient ensuite ⌧ et son fils ⌧, qui furent probablement ⌧ sous les rois Ásesi et Ounas.

4. ⌧, qui paraît avoir vécu à la fin de la V⁰ dynastie, peut avoir été ⌧ sous le dernier roi de cette dynastie, Ounas.

5. ⌧ exerça sa haute charge sous le roi Imhotep, qui fut peut-être le premier pharaon de la VI⁰ dynastie.

6-7. Sous Téti, nous avons à ranger les deux ⌧ nommés ⌧ et ⌧.

8-11. Vient alors le groupe des ⌧ dont les tombes ont été retrouvées à Meir, et qui sont au nombre de quatre, ayant exercé probablement leur charge tous les quatre sous le règne de Pépi I⁰ʳ :

D'abord ⌧, dit ⌧, dit ⌧, l'ancêtre du groupe;

---

[1] La création de cette charge est donc antérieure aux pharaons de la VI⁰ dynastie, à qui le R. P. de Hénaut, dans son *Manuel d'histoire de l'Égypte*, p. 8, a cru pouvoir l'attribuer.

puis son second fils ⟨𓏏𓇋𓇋⟩ 𓋹𓂝𓈖, dit 𓊪𓇋𓏲, dit 𓁶𓈖𓇋𓏲, qui paraît être le premier à avoir joint au titre 𓋿𓊖 ceux de 𓊖 et de 𓂋;

puis le frère cadet de ce dernier, ⟨𓏏𓇋𓇋⟩ 𓋹𓂝, dit Ḥennit, dit 𓎛𓈖𓈖𓂝𓆎 « Henni le Noir ».

enfin 𓎛𓈖𓏏𓏤, fils du numéro 8.

12. En l'an 25 (ou 50 ?)[1] de Pépi Ier, le 𓋿𓊖𓂝𓅿𓅿 est envoyé en mission aux carrières de Ḥaït-noub.

13-16. Sous le roi Mirniré-Métésouphis, nous voyons la charge de 𓋿𓊖 exercée successivement par ⟨𓏏𓇋𓇋⟩𓂝𓂋, dit 𓅆𓅿𓂋, nomarque d'Edfou;

puis par 𓋴𓇋;

puis par 𓎛𓏏𓂝𓅿𓂋;

enfin, par le prince royal 𓂝�we𓅿, qui était probablement le fils même du roi.

Vient ensuite le long règne de Pépi II, sous lequel on ne compte pas moins de *dix* 𓋿𓊖, dont l'ordre de succession ne peut pas être établi de façon certaine, mais que je voudrais proposer de ranger comme suit. D'abord, le groupe des trois 𓋿𓊖 ensevelis à Deir el- Gebrâwi :

17. 𓇋𓂋𓇋;

18. puis son fils aîné 𓂧𓇋𓅿 (Ier), dit 𓂋𓏤𓅿𓇋;

19. et le fils de ce dernier, 𓂧𓇋𓅿 (II).

<hr>

[1] Au sujet de la lecture de cette date, cf. Sethe, *Untersuchungen*, III, p. 80, n° 9, et p. 84-85.

20. En l'an 22 ou 23 de Pépi II, nous trouvons en fonction ⟨hieroglyphs⟩, dit ⟨hieroglyphs⟩.

Viennent ensuite :

21. ⟨hieroglyphs⟩,

22. puis ⟨hieroglyphs⟩,

23. et ⟨hieroglyphs⟩

avec possibilité d'interversion dans l'ordre respectif de ces trois titulaires.

24-25. Viendrait ensuite probablement le groupe des deux ⟨hieroglyphs⟩ dont les tombeaux ont été trouvés à Cheikh-Saïd, ⟨hieroglyphs⟩ (dit ⟨hieroglyphs⟩) d'abord, puis son fils ⟨hieroglyphs⟩ (dit ⟨hieroglyphs⟩), pour qui, suivant M. Ed. Meyer et je ne sais trop pour quelle raison, le titre *Vorsteher des Südens* aurait été purement honorifique (*rein titular*).

26. Enfin ⟨hieroglyphs⟩, enseveli à Assouan, paraît avoir encore exercé sa charge sous Pépi II.

27-29. De la période intermédiaire entre la VIe et la XIe dynastie nous ne connaissons, pour l'instant, que les trois ⟨hieroglyphs⟩ suivants : ⟨hieroglyphs⟩ (II), sous le roi Nofirkaou-Hor, son fils *Adi* (gouverneur d'une partie de la Haute-Égypte), et ⟨hieroglyphs⟩ (époque incertaine); mais il n'est pas douteux qu'un bien plus grand nombre de personnages doivent avoir porté ce titre pendant ce laps de temps.

Quant au n° 30, au nom incertain, je ne vois pas, pour l'instant, où il pourrait être placé.

M. Breasted a prétendu [1] que le titre ⟨hieroglyphs⟩ était déjà, vers le milieu de la VIe dynastie, devenu purement *honorifique*, c'est-à-dire qu'au moins à partir d'Hirkhouf ses titulaires n'étaient plus revêtus d'aucune fonction véritable ni autorité spéciale. M. Ed. Meyer, au contraire [2], a fort

---

[1] *Ancient Records*, I, p. 151, et *History of Egypt*, p. 138 et 165.
[2] *Gesch. des Alterums*, I², § 261 et 264.

bien vu que la création de cette charge avait été rendue nécessaire par la naissance et les progrès, grâce au caractère héréditaire des fonctions de nomarque, d'une puissante aristocratie locale, et les décrets royaux de Coptos, entre autres documents, prouvent que l'autorité du 𓄂𓎛 était encore sous Pépi II, et même pendant la période qui suivit la disparition de la VIᵉ dynastie, tout ce qu'il y a de plus *réelle* et *effective*. S'il fallait même en croire M. R. Weill[1], les gouverneurs de la Haute-Égypte auraient réuni successivement entre leurs mains, à la faveur de l'affaiblissement progressif de la monarchie memphite, d'autres titres élevés, comme ceux de 𓄂☉▲ «gouverneur de la résidence royale», et de [hiéroglyphes] «juge et vizir»; ils seraient ainsi devenus, dès la fin de la VIᵉ dynastie, les personnages les plus importants après le roi. Mais cette dernière opinion me paraît fort sujette à caution, car sur les 29 (ou 30) gouverneurs de la Haute-Égypte connus pour la période d'environ trois siècles qui embrasse la seconde moitié de la Vᵉ dynastie, toute la VIᵉ et une partie de la VIIᵉ-VIIIᵉ, je n'en ai compté que 5 qui aient été, de façon certaine, en même temps vizirs, ce sont : [hiéroglyphes] (sous Ásesi), [hiéroglyphes] (sous Ounas), [hiéroglyphes] (sous Pépi Iᵉʳ), [hiéroglyphes] (sous Pépi II); sous le roi Nofirkaou-Hor, nous voyons un sixième 𓄂𓎛 cumulant avec cette charge la fonction de vizir : c'est [hiéroglyphes] (II).

Bien que le titre 𓄂𓎛 ait été, par moments, porté par les représentants successifs de deux ou plusieurs générations, il ne semble pas qu'il ait été héréditaire; le motif même pour lequel fut créée cette charge était, du reste, contraire à cette hérédité, puisqu'elle était destinée à contrebalancer l'hérédité des fonctions de nomarque. Le 𓄂𓎛 était, comme le vizir, nommé par le roi.

[1] *Décrets royaux*, p. 12.

B. MOYEN EMPIRE.

L'autorité des rois de Memphis déclina alors progressivement (VIIe et VIIIe dynasties), jusqu'à ce qu'ils furent supplantés par ceux d'Héracléopolis (IXe et X^e dynasties), lesquels durent bientôt, à leur tour, céder le pas aux nomarques thébains, les Antouf et les Mentouhotep, qui fondèrent la XIe dynastie et rétablirent, non sans peine et après une assez longue période de luttes, l'unité politique de la vallée du Nil.

Avec la restauration de l'autorité royale entre les mains des puissants nomarques de Thèbes, nous voyons reparaître le contrôle étroit exercé par ces derniers sur l'aristocratie locale de l'Égypte; les 𓉐 recommencent à être mentionnés dans les textes, mais ils cèdent le pas cependant, en nombre et probablement aussi en importance, aux «gouverneurs de la Basse-Égypte», 𓉐. Ces nouvelles conditions politiques ont leur explication toute naturelle dans le déplacement de la capitale du royaume : cette dernière étant désormais établie au cœur même de la Haute-Égypte, cette dernière région est devenue plus facile à surveiller, et c'est au Delta éloigné que les nouveaux Pharaons des XIe et XIIe dynasties doivent consacrer toute leur vigilance.

Voici, toutefois, les noms des neuf (ou dix)[1] 𓉐 que j'ai pu recueillir pour cette période du Moyen Empire, et qui prouvent l'inexactitude de l'opinion de M. Breasted (*History*, p. 165) suivant laquelle la charge de *gouverneur du Sud* avait alors disparu.

1. 𓉐 (sa stèle au British Museum, n° 245 : *A Guide, etc.*, 1909, *Sculpture*, p. 72, et *Hieroglyphic Texts, etc.*, Part III, pl. 43); on ne lit plus, en réalité, du titre d'Ameni que 𓉐, et la restitution [𓉐] est fort incertaine.

[1] Suivant que l'on compte un seul 𓉐 ou deux.

2. ⸗ (stèle de l'an 2 du roi ⬭Mentou-hotep à l'Ouâdi-Hammâmat : L., *D.*, III, 149 *e*; Couyat-Montet, *op. cit.*, p. 113, l. 5). Cf. Breasted, *Ancient Records*, I, § 445, et A. Weil, *Die Veziere*, § 3 du Moyen Empire. Il était également *vizir*.

3. ⸗ (sa stèle au British Museum, n° 217 : *A Guide, etc.*, 1909, *Sculpture*, p. 65, et *Hierogl. Texts, etc.*, Part III, pl. 6). Le titre est écrit ⸗ (*sic*), que M. Budge a transcrit *mer shemā* et traduit «governor of the South»; il est suivi d'un autre titre, ⸗, qui est peut-être à rendre, comme l'a proposé M. Budge, «guardian of the frontiers».

4. ⸗, fils du précédent (même stèle). Le titre est écrit ici ⸗, et suivi également du titre ⸗.

5. ⸗ (graffiti n°ˢ VII et VIII d'Haït-noub : cf. Griffith-Newberry, *El Bersheh*, Part II, p. 50-51, et pl. XXIII et XXII : ans 5 et 7 d'un roi qui paraît être Sanousrit Iᵉʳ). Cf. A. Weil, *Die Veziere*, § 3 du Moyen Empire; il était également *vizir* et nomarque du nome du Lièvre (XVᵉ de la Haute-Égypte, Hermopolite)[1].

6. ⸗ (table d'offrandes n° 23.033 du musée du Caire : Ahmed bey Kamal, *Catal. génér.*, *Tables d'offrandes*, p. 26 et pl. XIV; provenance inconnue).

7. ⸗ (tombe n° 5 d'El Bersheh : Griffith-Newberry, *El Bersheh*, Part II, p. 32, note, et pl. XIII, l. 17). La restitution ⸗ [⸗] n'est pas absolument certaine : cf. A. Weil, *Die Veziere*, p. 34, ⸗. Le personnage était en même temps *vizir et nomarque du nome du Lièvre* (XVᵉ de la Haute-Égypte, Hermopolite).

____

[1] Il se peut que ces deux graffiti concernent deux ⸗ différents, dont l'un aurait été l'arrière-petit-fils de l'autre (cf. Weil, *Die Veziere*, tableau généalogique de la page 35); l'an 5 et l'an 7 n'appartiendraient pas, naturellement, dans ce cas, au même pharaon.

8. 〔hiéroglyphes〕 (inscriptions n°s 147, l. 5, 149, l. 2, et 152, l. 3, de l'Ouâdi-Hammâmat : Couyat-Montet, *op. cit.*). C'est le Putoker (*P'-wt-ykr*) de M. Breasted (*Ancient Records*, I, p. 225, n. *c*). Il est peut-être identique au 〔hiéroglyphes〕 signalé p. 227, ci-dessus, n° 9.

9. 〔hiéroglyphes〕 (tombes de Cheikh Saïd, restaurées par ce personnage : L., *D.*, II, 112 *e* et 113 *b-c*, 〔hiéroglyphes〕 ; cf. Breasted, *Anc. Rec.*, I, p. 307, n. *a*, et § 689 ; Griffith-Newberry, *El Bersheh*, Part II, p. 10 [traduction] ; Davies, *Rock Tombs of Sheikh Saïd*, pl. XXIX et XXX).

Trois seulement parmi ces neuf 〔hiéroglyphes〕 furent en même temps *vizirs*. Il est à noter qu'aucun des membres de la puissante famille des nomarques du nome de l'Oryx (XVIe nome), dont les tombeaux nous ont été conservés à Beni-Hassan, ne fut jamais *gouverneur de la Haute-Égypte* [1].

C. NOUVEL EMPIRE ET BASSE ÉPOQUE.

Le titre 〔hiéroglyphes〕, assez rare à l'époque fortement centralisée des puissantes dynasties ahmesside et ramessides, semble reprendre son importance ancienne sous les dynasties plus faibles qui se disputèrent l'Égypte entre la mort du dernier Ramsès et l'avènement de Psamtik Ier, fondateur de la dynastie Saïte. M. Breasted a encore été assez mal inspiré, lorsqu'il a déclaré que le titre en question ne reparut qu'à l'époque éthiopienne et saïte, et lorsqu'il en a limité les possesseurs au seul Montoumhat

[1] Les textes du tombeau de Khnoum-hotep à Beni-Hassan mentionnent un certain chef (〔hiéroglyphes〕) du nome Cynopolite (〔hiéroglyphes〕) promu à la dignité de 〔hiéroglyphes〕 «premier de la terre de Haute-Égypte», en vertu de laquelle il contrôlait quinze stèles-bornes marquant les limites de quatorze nomes. Ces quatorze nomes étaient probablement les plus septentrionaux de la Haute-Égypte, les nomes IX (Panopolite) à XXII (Aphroditopolite) inclus. Mais il ne nous est guère possible de reconnaître quelle distinction il y a lieu d'établir, sous la XIIe dynastie, entre le 〔hiéroglyphes〕 et le 〔hiéroglyphes〕.

(cf. *History of Egypt*, p. 557 et 568). J'ai pu relever vingt et un personnages ayant revêtu ce titre de la XVIIIe à la XXVIe dynastie, et encore la liste que je présente n'est-elle vraisemblablement pas complète. Quant à savoir si le titre ne correspond plus à cette époque à une charge réelle et à une fonction effective, mais est devenu, comme le pense M. Breasted, purement honorifique, c'est une question à laquelle les documents ne nous permettent pas encore de répondre.

1. 𓉔 (sa statue au Musée du Louvre : SETHE, *Urk. der XVIIIe Dyn.*, p. 477). Il est également *vizir* (cf. WEIL, *Die Veziere*, § 2 du Nouvel Empire).

2. 𓊹 (son tombeau à Gournah : VIREY, *Mém. Miss. franç. du Caire*, V, p. 368, et *Rec. de trav.*, IX, p. 27 et suiv. Cf. aussi GARDINER-WEIGALL, *A topographical Catalogue*, n° 109). Il était également *seigneur de Thinis* et 𓈖 « sous-nomarque » (ou « nomarque », si l'on admet que l'adjectif ⸺ puisse être sous-entendu dans ce titre), et son titre *gouverneur de la Haute-Égypte* est orthographié 𓈉.

3. 𓈖 (son tombeau à Gournah : L., *D.*, Texte, III, p. 278, n° 70; cf. GARDINER-WEIGALL, *Top. Catal.*, n°s 84 et 95). Il était aussi, comme le précédent, 𓈖 « sous-nomarque » (ou « nomarque »?). Wreszinski (*Hohenpriester*, § 4, a réuni à tort les deux titres 𓈖 et 𓈉 en un seul, qu'il a rendu par « Oberster Vorsteher des Südens ».

4. 𓈖, fils du roi Chéchanq Ier (fragment de stèle du Ramesseum : QUIBELL, *The Ramesseum*, p. 21, et pl. XXX A, n° 3 : le titre est écrit 𓈉, et faussement traduit « the governor of town »(?) par M. Spiegelberg). Cf. aussi la statue n° 152 de Karnak, d'après LEGRAIN, *Rec. de trav.*, XXXI, p. 5, où le titre est écrit 𓈉.

5. 𓈖, fils du roi Taklat II (stèle de l'an 11 de ce dernier au Musée du Louvre, E. 3336, l. 4 : PIER-

ret, *Rec. inscr. mus. égypt. Louvre*, II, p. 89 [⌐◀], et fragments des annales des grands prêtres d'Amon, n° 7, l. 1 : Legrain, *Rec. de trav.*, XXII, p. 55 [⌐◀⊙]). Voir aussi les annales du grand prêtre Osorkon à Karnak, l. 8 et 11 : L., *D.*, III, 256 a, et Breasted, *Anc. Records*, IV, § 765, 767 et 777.

6. 𓀀 (fragments des annales des grands prêtres d'Amon, n° 2, l. 3 : Legrain, *Rec. de trav.*, XXII, p. 55). Cf. *ibid.*, XXVI, p. 88, où le titre est traduit «chef du sud».

7. 𓀀 (ou *Basa*), fils de Pétoubastit, qui était en même temps chef des 𓏤 de la Haute-Égypte en son entier et fonctionnaire de la divine adoratrice Nitocris, fille du roi Psamtik Ier (statues, l'une du personnage lui-même, l'autre de la déesse Thouéris, trouvées à Karnak et conservées au musée du Caire : Daressy, *Catal. général, Statues de divinités*, n° 39.145, et Legrain, *Ann. Serv. Antiq.*, VIII, p. 266-268). Voir aussi les cônes funéraires n{os} 181, 191 et 281 du *Recueil de cônes* publié par M. Daressy (*Mém. Miss. franç. du Caire*, t. VIII), où le titre est développé en ⌐𓀀. Époque de Psamtik Ier. La tombe de cet «overseer of the whole of Upper Egypt» a été découverte à l'Assassif et déblayée en 1918-1919 par M. Lansing (cf. *The Metropolitan Museum of Art, The Egypt. Exped. 1916-1919*, p. 18).

8 à 12. 𓀀 (II), 𓀀, 𓀀 (I), 𓀀 et 𓀀 (cinq générations successives des ancêtres d'Harpason sur sa stèle du Sérapéum, conservée au Musée du Louvre, n° 278 : cf. Mariette, *Le Sérapéum de Memphis*, IIIe partie, pl. 31, l. 4 et suiv.; Maspero, *Momies royales*, p. 739 [«commandant du midi»]; Breasted, *Ancient Records*, IV, § 787 et 792; cf. aussi Wreszinski, *Hohenpriester*, § 46). Legrain (*Rec. de trav.*, XXXI, p. 6) n'accorde le titre ⌐𓀀 «chef de la Thébaïde» qu'au dernier en date de ces cinq personnages, 𓀀 (II) et

ne pense pas que la locution 𓏭 permette de l'attribuer à ses quatre ancêtres; mais je suis de l'avis contraire, plusieurs autres exemples nous montrant qu'à cette époque le titre 𓏏, probablement de pur apparat, était héréditaire dans une même famille. Quant à Wreszinski, il ne donne, au contraire, le titre 𓏏 qu'au plus ancien des cinq personnages, *Namrat*, et il le traduit faussement *Präfekt von Ehnas*(?), erreur qui a été relevée et corrigée par Legrain (*loc. cit*).

13. 𓏏 𓀀, fils de Nesi-Ptah (Ier) [très nombreux monuments qu'il n'est pas utile d'énumérer ici, entre autres : une inscription du temple de Maut à Karnak, — la stèle de l'adoption de Nitocris, — la statue 393 de Karnak trouvée par Legrain en 1904, — deux inscriptions de l'Ouâdi-Hammâmat, le cône funéraire n° 260 du *Recueil* Daressy, etc.]. — Cf. Legrain, *Ann. Serv. Antiq.*, V, p. 39; *Rec. de trav.*, XXXI, p. 5; XXXIV, p. 170; XXXV, p. 208 à 215; XXXVI, p. 58-65; *Statues et statuettes*, III, n° 42.238, et pl. XLVII; *Ä. Z.*, XXXV (1897), p. 18, l. 21; Miss Gourlay et Newberry, *Rec. de trav.*, XX, p. 190 et 192; Breasted, *Ancient Records*, IV, § 904 et 949; Couyat-Montet, *Inscr. Ouâdi Hammâmat*, n°ˢ 2 et 51; etc. Les orthographes du titre sont nombreuses : 𓏏, 𓏏, 𓏏, 𓏏, 𓏏, et, sous la forme développée, 𓏏, 𓏏, 𓏏, 𓏏 et 𓏏, qui toutes prouvent que le mot *Chmâou(-t)* était devenu, à la basse époque, du genre *féminin*[1].

14. 𓀀 (II), fils du précédent (statues n°ˢ 46 et 180 de Karnak : Legrain, *Rec. de trav.*, XXXI, p. 6;

[1] Cf. encore les titres de Montoumhat 𓏏 et 𓏏 sur sa statue acéphale du temple de Maut (Gourlay-Newberry, *Rec. de trav.*, XX, p. 191, et Legrain, *ibid.*, XXXV, p. 211), lesquels rendent bien invraisemblable la lecture 𓏏 «*ha-* prince of Thebes to its entirety», des éditeurs de cette même statue; il convient, je pense, de la corriger en 𓏏.

XXXIV, p. 170, et XXXVI, p. 65-66, et *Statues et sta-
tuettes*, III, n° 42.242, et pl. LI : [hieroglyphes], [hieroglyphes], [hieroglyphes],
[hieroglyphes] et [hieroglyphes] [1]). Le personnage est, en outre, [hieroglyphes]
«nomarque (=administrateur) de l'Égypte en son
entier» et [hieroglyphes] «nomarque (=administrateur) de la
Haute-Égypte».

15. [hieroglyphes] (stèle du musée du Caire, provenant
de la nécropole de Hassaïa au sud d'Edfou : DARESSY,
Rec. de trav., XXIII. p. 129 : [hieroglyphes]). Époque Saïte.

16. [hieroglyphes] (statue agenouillée, vue au Caire en 1905
par M. Spiegelberg [*Rec. de trav.*, XXXIII, p. 176] : il
est [hieroglyphes] et [hieroglyphes] [2]); var. [hieroglyphes], [hieroglyphes] et [hieroglyphes] sur un
autre fragment de statue d'Ehnassieh au musée du Caire
(DARESSY, *Ann. Serv. Antiq.*, XVIII, p. 29).

17. [hieroglyphes] (son sarcophage de Tounah : R. WEILL,
Rec. de trav., XXXVI, p. 92 : [hieroglyphes]). Il était en même
temps *nomarque du nome du Lièvre* (Hermopolite) et [hieroglyphes]
[hieroglyphes]. Époque saïte.

18. [hieroglyphes] (bas-relief d'Abydos, où ce personnage
accompagne le roi Psamtik Ier et la princesse Nitocris sa
fille : MARIETTE, *Abydos*, I, pl. 2 b = BREASTED, *Ancient
Records*, IV, p. 460, n. a). Il était en même temps [hieroglyphes]
[hieroglyphes] «maire (?) de la Ville», c'est-à-dire de Thèbes).

19. [hieroglyphes] (A. WEIL, *Die Veziere*, § 35 de la basse
époque : [hieroglyphes] [*sic*]). Il était en même temps *vizir*.

20. [hieroglyphes] (table d'offrandes n° 23.099 du musée
du Caire, de provenance inconnue : AHMED BEY KAMAL,
Catal. général, Tables d'offr., p. 85). Outre le titre [hieroglyphes],
ce personnage portait ceux de [hieroglyphes] «noble héréditaire»,

____

[1] Probablement pour [hieroglyphes], de même que [hieroglyphes] est employé à cette
époque pour [hieroglyphes].

« prince » et « messager royal en tout pays étranger ».

21. ⊙, notable de Saïs ayant vécu probablement sous les Pharaons Apriès et Amasis de la XXVIᵉ dynastie. Le titre est écrit tantôt (statue du Caire : Bor-CHARDT, *Catal. général* [inédit], nᵒ 679), tantôt (statue du Caire, *Journal d'entrée*, nᵒ 34.044, et statue de l'ancien Crystal Palace à Sydenham en Angleterre), tantôt enfin (statue A. 91 du Louvre et statue du Crystal Palace). Voir mon article sur ce personnage au tome XXII des *Annales du Service des Antiquités de l'Égypte*.

Deux seulement parmi ces vingt et **un** personnages furent en même temps *vizirs*.

Le ne figure pas dans la nomenclature des titres et fonctions que nous a conservée le *papyrus Hood-Wilbour*, édité par Maspero sous le titre *Un manuel de hiérarchie égyptienne* et datant probablement de la période intermédiaire entre les Ramessides et les Saïtes. Nous ne sommes pas autorisés à voir dans cet oubli une preuve que la haute fonction administrative qu'il servait à désigner était tombée en désuétude, puisque les monuments précités nous ont fait connaître une quinzaine au moins de personnages ayant porté ce titre précisément à cette époque. Mais nous pouvons être tentés d'interpréter le silence du papyrus Hood-Wilbour comme un argument en faveur de la théorie de M. Breasted : le titre *imi-ra Chmâou* n'avait plus, à la basse époque, qu'un caractère purement honorifique et à sa possession il n'était attaché aucune fonction précise ni aucun pouvoir défini.

En ce qui concerne les pouvoirs du *gouverneur de la Haute-Égypte* aux plus anciennes époques, je ne saurais mieux faire que de renvoyer aux excellentes pages par lesquelles M. A. Moret a terminé son travail sur *Une liste des nomes de la Haute-Égypte sous la VIIIe dynastie* (dans les *Comptes rendus des séances de l'Académie des Inscriptions et Belles-Lettres*, 1914, p. 571-573).

UN TERME ALEXANDRIN

DANS

LA TOPONYMIE DE MARSEILLE,

PAR

M. PIERRE JOUGUET.

Le petit problème, pour lequel une solution va être ici proposée, intéresse l'histoire et la topographie de Marseille antique. Je ne l'aurais sans doute jamais abordé, s'il ne m'avait été signalé par mon ami M. Michel Clerc, et je n'aurais certainement jamais songé à publier mon hypothèse, s'il ne l'avait jugée digne d'attirer l'attention des érudits travaillant comme lui sur le domaine de l'histoire provençale, domaine que depuis longtemps il a fait sien. C'est à lui et c'est à eux d'éprouver ma conjecture au contact des réalités d'un passé qu'ils s'appliquent avec tant de talent à faire revivre. Je la leur soumets avec toutes les réserves nécessaires; mais, si elle se trouvait justifiée, elle ne serait pas déplacée dans un recueil consacré à la gloire de Champollion le jeune, puisqu'une fois de plus la lumière nous serait venue des textes égyptiens.

Au troisième livre de son poème, Lucain, dans la narration du siège de Marseille par César en 49, raconte que celui-ci, pour combler la dépression profonde qui séparait le camp des assiégants et la ville assiégée, fit construire une immense terrasse (v. 381-382) :

> Tunc res immenso placuit statura labore
> Aggere diversos vasto committere colles.

                                    P. JOUGUET.

Un recueil de scolies de Lucain conservées par un manuscrit de Berne (codex Bernensis 370) et publiées par
Usener sous le titre *M. Annaei Lucani commenta Bernensia*,
Lipsiae, 1869, cite, à propos de ces vers, une note attribuée à Cornutus. La voici d'après Usener :

> *Incornuto sicaggeresilli · c · Lx · pedes*
> *altot alterū fecit adportū quenu. locū portus· pedeoss · uocant*
> *lrertuadlocūinoccidentē. adsurgentē urbisplicia dixer*

In Cornuto sic : aggeres illic. LX. pedes altos alterum fecit ad
portum, quem locum portus + pedeon vocant, alterum ad locum
in occidentem adsurgentem + urbis plicia dixerunt.

Le texte est évidemment fautif en plusieurs endroits,
mais on en peut tirer un sens, dans l'ensemble, certain :
César fit construire deux terrasses de soixante pieds, l'une
dirigée vers le Port, l'autre vers une hauteur qui s'élevait
à l'Ouest (du camp des assiégeants). On notera une contradiction entre le poète et son commentateur : l'un parle
de deux terrasses, Lucain n'en connaît qu'une. Mais c'est
là une difficulté à laquelle nous n'avons pas à nous arrêter
et que M. Camille Jullian semble avoir parfaitement résolue [1] : en réalité, il n'y eut qu'une seule terrasse dont
un côté aboutissait au Port, tandis que l'autre atteignait
la colline de l'Ouest, et l'opinion du scoliaste vient d'une
mauvaise interprétation du texte de César [2], qui, à le bien
prendre, est en plein accord avec le poète.

Le détail est beaucoup moins clair; on voit bien ce
qu'est le *pedeon* ou *portus pedeon* : *pedeon* est une trans-
cription tout à fait normale du grec $\varpi\varepsilon\delta\acute{\iota}o\nu$ et il s'agit de
la « ville Basse, la Plaine, $\tau\grave{o}$ $\varpi\varepsilon\delta\acute{\iota}o\nu$ (Usener conjecture
à tort $\mathrm{P}o\delta\iota\alpha\tilde{\iota}o\nu$), et il est évident que c'est la portion de
la cité grecque qui s'allongeait le long du port.... » [3].

<hr>

[1] C. JULLIAN, *Notes gallo-romaines*, dans *Revue des Études anciennes*,
XXII, 1900, t. II, p. 332-334.

[2] CAESAR, *De Bello civili*, II, 1.

[3] C. JULLIAN, *loc. laud.*, p. 335-336.

« Duabus ex partibus aggerem, vineas, turresque ad op-
pidum agere instituit; una erat proxima Portui Navali-
busque », dit César. Τὸ πεδίον, c'est ce qu'on appelle
aujourd'hui dans les ports méditerranéens « la ma-
rine » [1].

Mais que voile l'énigmatique *urbisplicia*? C'est ce que
nous voulons tenter de deviner. La leçon du Bernensis
recouvre-t-elle un seul ou deux mots grecs? Peut-être un
seul, pense Usener [2], et ce serait un nom analogue à celui
de cette montagne d'Espagne appelée Ὀροσπέδα. Contre
cette opinion il ne faudrait pas tirer argument du fait
qu'*urbis* et *plicia* sont séparés dans le manuscrit, comme
on peut s'en rendre compte sur le fac-similé ci-dessus, que
nous devons à la courtoisie de M. F. Thormann, bibliothécaire de la ville de Berne, car il en est de même pour
adsur et *gentē*, d'*adsurgentem*. Mais, outre que ce mot
unique reste encore à trouver, le génitif *urbis* devant
plicia répond très bien au génitif *portus* devant *pedeon*.
Cornutus oppose le Port à la Ville proprement dite. Il n'y
a aucune raison de suspecter *urbis;* la corruption porte
sur les seules lettres *plicia*.

On a proposé divers remèdes. Mais remarquons
qu'avant de corriger *plicia*, il est nécessaire d'intercaler,
entre *adsurgentem* et *plicia*, un relatif, conséquent de *locum* et complément de *dixerunt*.

La correction qui donnerait le calque paléographique
le plus fidèle du manuscrit a été proposée par Usener. Le
p de *plicia* serait une mauvaise transcription d'un *q*, abréviation de *q(uem)* et on devrait lire soit *urbis q(uem) Ligya(m)
dixerunt* [3], soit *urbis quem Licia dixerunt*. Mais, dans la
pensée d'Usener, quel est le sens de *Ligya(m)*? Ligurie?
Et sans doute on a pu désigner ainsi une région de la
ville ou de la banlieue; mais peut-être Usener a-t-il amélioré sa conjecture quand il proposait à Fröhner *Licia*,

<hr>

[1] Je pense d'ailleurs qu'il faut comprendre que le πεδίον n'est qu'une
partie du port.
[2] USENER, *ad. loc.*
[3] *Ibid.*

transcription de Λύκεια [1]. Toutefois le reproche grave
que l'on doit objecter à ces corrections, c'est qu'en faisant
sortir *urbis* de la proposition relative, l'on détruit le parallélisme entre *portus pedeon* et *urbis plicia*, qui doit être,
à notre avis, maintenu.

Il faut donc suppléer *quem*, ou *quem locum* devant *urbis*
et la chute de ces mots s'explique aisément par l'*m* qui les
termine, comme elle termine *adsurgentem*.

Mais quel est le mot que cache *plicia*?

Fröhner proposait *p[o]li[s]ma*, en regrettant de ne pas
trouver mieux [2], ce qui nous dispensera de discuter cette
hypothèse. M. Camille Jullian pense à *plocia*, πλόκια, de
πλόκιον, ou πλοκή, mots désignant les ouvrages de corderie ou de vannerie : ce serait le quartier des corderies
ou des vanneries de Marseille [3]. La conjecture est ingénieuse : mais si πλόκια signifie ouvrages en vannerie ou
corderie, je ne vois pas qu'il soit attesté dans le sens
d'ateliers ou de quartiers des vanniers et des cordiers.

M. Paul Collart me propose de voir en *plicia* une déformation de πλήσια : les environs, la banlieue, et cette conjecture favoriserait la théorie de certains savants [4] qui
pensent que c'est en effet ce que Cornutus voulait dire.
Mais à supposer que (τὰ) πλήσια ait pu être employé pour
désigner les environs d'une ville, ce n'est évidemment pas
un terme technique, et c'est un terme technique que l'on
attend ici, et qui fasse pendant à *pedeon* : on ne s'expliquerait pas autrement que le scoliaste ait transcrit et non
traduit le mot grec.

Or il me semble qu'on peut trouver un terme technique,
et qui soit attesté. Mais, avant de le proposer, remarquons
que ce terme n'avait pas nécessairement la même longueur que l'inintelligible *plicia*. La corruption a pu être

---

[1] Usener ap. Fröhner, *Scolies relatives à l'histoire et à la topographie de Marseille*, dans *Revue archéologique*, t. XVIII (iii° s.) [1891], p. 328.

[2] Fröhner, *loc. laud.*

[3] C. Jullian, *loc. laud.*, p. 335-336, n. 6.

[4] C'est la doctrine de M. F. Raynaud que M. Clerc veut bien me signaler et qu'il discutera dans son *Histoire de Marseille.*

causée par la chute d'une ou plusieurs lettres à l'intérieur du mot et c'est ce qu'a vu Fröhner, bien que sa
conjecture ne satisfasse ni à la paléographie ni au sens.
Or ces altérations peuvent se produire sous diverses influences. Les lecteurs de papyrus connaissent bien ces
griffonnages des scribes qui souvent, dans les formules
fréquentes, ne tracent que quelques lettres, les premières et les dernières, des termes habituels, tels que
Καίσαρος et Σεβασῖοῦ, quand ils ne les remplacent pas
par un simple gribouillage; cette précipitation amène
parfois des graphies telles que Βασσης pour Βασιλίσσης,
comme dans *P. Grenf.*, I, 24, l. 6[1]. Des fautes de ce
genre se produisent aussi par haplographie dans des passages où l'on ne relève aucune trace de précipitation, et
c'est ainsi que l'on rencontre δισχιας pour δισχιλίας[2],
ανατρουμενους pour ἀναμετρουμένους[3], επαριου pour
ἐπαρουρίου[4] et même αργου pour ἀργυρίου[5]. Enfin il
est possible que des contractions analogues soient des
abréviations voulues et c'est, on le sait, une question
controversée, que de savoir si le système employé, à
l'époque chrétienne pour les *Nomina sacra*, θ̄σ̄ pour
θεός, etc., ou ἐν κῶ = ἐν κυρίῳ[6], ne remonte pas à une

[1] Sur ces griffonnages, WILCKEN, *Grundzüge*, p. XLII.

[2] *Ibid.*, p. XLIII, n. 4.

[3] *Bibliothèque de l'École des Hautes Études*, Sc. hist. et phil.,
t. CCXXX, n° 1, l. 9; correction de P. Collart, p. 224.

[4] C. C. EDGAR, *Annales du service des antiquités*, XX, p. 27, n° 52.

[5] *P. Petrie*, II, 4 (2). La correction est d'A. WILHELM, *Zeitschrift für
den österreichischen Gymnasien*, 45, 1894, p. 910; cf. p. 912, et je crois
qu'il faut l'adopter malgré WILCKEN, *Göttingische Gelehrte Anzeigen*, 1895,
p. 147. Il y a, certes, toujours danger de se séparer de Wilcken, en matière de papyrus; ici il a voulu conserver l'opposition entre ἀργοῦ et κάτεργον. Mais sa traduction d'ἀργοῦ reste embarrassée. Le sens qu'il donne à
κάτεργον est possible; il n'est point assuré. Sur ce mot, je renvoie au
commentaire de *P. Lille*, 39-52 (sous presse). BOUCHÉ-LECLERCQ, *Revue
des Études grecques*, 21, 1908, p. 138, avait tenté des deux mots ἀργοῦ
et κάτεργον une traduction, qui ne me paraît pas acceptable. Quant à
ἀργύριον, cette lecture me semble corroborée par les textes provenant du
même dossier, voir en particulier (5), l. 2 : μήπω σε εἰληφέναι τἀργύ-
ριον, etc. En revanche on ne saurait admettre Σολειων = Σελευκείων dans
P. Petrie, II, 45, II, l. 8, voir WILCKEN, *Chrest.*, I, 1, p. 5, n. 8.

[6] WILCKEN, *Grundzüge*, p. XLIII.

antiquité plus haute, en sorte qu'on ne saurait dire si c'est par méconnaissance d'une abréviation correcte ou par simple étourderie qu'il faut expliquer des fautes comme Μιλησίων pour Μιτυληναίων dans le papyrus de Didyme[1] ou *Caria* pour *Calauria*, dans les manuscrits du *Curculio*[2].

Il ne paraît pourtant pas vraisemblable que la fausse leçon du *Codex Bernensis* remonte à une abréviation : un terme technique n'aurait pas été abrégé et nous pouvons observer que notre copiste est plus distrait qu'il ne le faudrait. A en juger par le genre de fautes qu'il commet, il copie son modèle presque lettre à lettre. Ses erreurs viennent de l'œil plus que de l'oreille. C'est ce que montre la nature des fautes dans la scolie même que le lecteur a sous les yeux :

Ponctuation mal placée : *illi. C.* Pour *illic.* Peut-être le copiste a-t-il cru que le *C.* faisait partie du chiffre suivant.

Confusion de lettres que ne justifie pas une identité de sons : *ad portē* pour *ad portū*.

Omissions : *ltera* pour *altera*.

adsurgentē urbis pour *adsurgentē quē urbis* et peut-être *LX* pour *LXXX*, car l'omission paraît un péché si ordinaire à notre copiste qu'on peut tenter de mettre ainsi Cornutus d'accord avec César[3].

Confusions de lettres et omission d'un élément intercalé entre deux éléments crus semblables, voilà les fautes qui nous ont dérobé le mot dissimulé derrière *plicia* et que nous trouvons dans les papyrus d'Égypte, pour signifier un quartier dans les cités grecques construites en damiers, comme Alexandrie ou Antinooupolis. On sait

---

[1] H. Diels et W. Schubart, *Berliner Klassiker Texte*, Heft 1, p. xvii et 63.

[2] La correction est de Ph.-E. Legrand, *Observations sur le Curculio*, dans *Revue des Études anciennes*, VII, 1905, p. 27-29. Je ne fais que citer quelques exemples. P. Perdrizet prépare un travail sur ces abréviations intérieures.

[3] César donne 80 pieds à l'agger. Cependant Clerc accepta le chiffre de 60 pieds.

qu'elles étaient divisées en grands arrondissements (γράμ-
ματα) désignés par des lettres (A, B, Γ, Δ) et subdivisés
en πλινθεῖα, numérotés [1]. C'est le mot *plintheia* que je
propose de lire ici. *Urbis plintheia*, ce sont les *insulae* de la
ville, là du moins où ces quartiers sont formés par des
rues longitudinales et transversales se coupant à peu près
régulièrement à angle droit. La faute s'explique; le modèle de notre copiste est sans doute un manuscrit en
minuscule et d'une écriture analogue à la sienne; après
avoir copié les lettres *pli*, son œil s'est reporté sur l'*h*
qu'il a lu *li* et cru avoir déjà transcrit; puis l'*e* suivant
a été pris pour un *c* (voyez sur le fac-similé le second *c* de
pedes) et c'est ainsi que *plintheia* est devenu *plieia* puis
plicia. La confusion de *li* avec *h* n'est pas fréquente, et
M. Louis Havet, dans son traité de critique verbale, ne
la mentionne pas. Mais, si l'on veut bien regarder la
manière dont la syllable *li* est tracée dans *illi. c.* ou *plicia*,
on avouera que pour une écriture, telle que celle que
nous avons sous les yeux, l'erreur n'est pas invraisemblable.

On objectera peut-être que πλινθεῖον, dans le sens où
il est pris ici, ne s'est rencontré que pour Antinooupolis [2],
ville fondée au IIe siècle de notre ère, et que ce doit
être un terme local. A vrai dire, je n'en crois rien; pour
désigner les *insulae* régulières de ces villes en damier,
comme l'étaient déjà le Pirée d'Hippodamos et bien des
villes grecques du IVe siècle, comme le furent surtout les
villes de l'époque hellénistique [3], l'expression est toute
naturelle, qui assimile justement ces quartiers réguliers
soit à une dalle ou à une brique [4], soit à un carré ou un
rectangle tracé sur une feuille de papier [5]. Un jour ou

----

[1] P. Jouguet, *La vie municipale dans l'Égypte romaine*, p. 2 et 149;
Ernst Kühn, *Antinooupolis*, p. 27 et suiv.

[2] Kühn, *loc. laud.*, p. 27, n. 2.

[3] F. Haverfield, *Ancient Town-Planning*, p. 29 et suiv., p. 40 et
suiv.

[4] *Bull. Corr. Hell.*, VI, p. 29, l. 108-109 : λέοντος προτομὴ ἐμ
πλινθείωι.

[5] *P. Lille*, 1, l. 8, interl.: ὡς διαγέγραπται ἐμ πλινθείωι.

l'autre les textes nous la révéleront sans doute ailleurs qu'en Égypte et pour une date plus ancienne. Mais à supposer que l'expression soit née en Égypte, il y a toute apparence que c'est à Alexandrie, dont Antinooupolis copie et le plan et les subdivisions administratives. Dès lors le prestige de la capitale Lagide, sans égal pendant trois siècles, expliquerait suffisamment comment les vieilles cités grecques ont pu adopter en partie les principes de sa voirie et les termes de sa toponymie officielle.

Mais Marseille était-elle construite sur un plan si régulier? C'est une question que je ne puis que poser aux archéologues qui ont étudié sur les lieux la topographie de la ville antique. Or M. Michel Clerc veut bien m'écrire qu'à son sentiment les voies de la ville haute devaient former, en se coupant, une sorte de damier et nous pouvons encore invoquer l'autorité de M. Camille Jullian, qui récemment est revenu sur ces problèmes[1] et parle « des trente rues perpendiculaires au port qui forment un système régulier et selon lui primitif»; «des rues intérieures» (par rapport au tracé que l'on peut assigner à l'enceinte) «et qui sont trop régulièrement disposées pour ne pas remonter, par delà le moyen âge, jusqu'à un dispositif de l'époque ancienne».

Resterait à mettre d'accord le témoignage de Cornutus ainsi corrigé et celui de César, qui nous apprend que l'agger visait d'une part le port, et d'autre part cette partie de la ville par où pénétrait la route de Gaule et d'Espagne :

Altera ad partem [2], qua est aditus ex Gallia atque Hispania ad id mare quod adjacet ad ostium Rhodani.

[1] C. JULLIAN, *Notes gallo-romaines*, xcii, *Questions hagiographiques, Victor de Marseille*, dans *Revue des Études anciennes*, XXIII, 1921, p. 317, n. 1.

[2] On a conjecturé *portam;* hypothèse ingénieuse mais non nécessaire d'après Camille JULLIAN, *Revue des Études anciennes*, II, 1900, p. 332, n. 5.

C'est une tâche que je laisse volontiers à la compétence de M. Clerc, s'il approuve ma lecture, Peut-être jugera-t-on cependant que M. Camille Jullian[1] a par avance montré qu'entre la scolie de Cornutus, même interprétée comme nous venons de le faire, et le texte de César on ne saurait trouver aucune contradiction.

[1] *Ibid.*, p. 339.

V

HISTOIRE

HYPOTHÈSE SUR AMEN-M-HÂT II,

PAR

M. AUGUSTE BAILLET.

Nous savons par les papyrus[1] que le deuxième roi de la XIIe dynastie, Ousert-sen Ier, était le fils de son prédécesseur Amen-m-hât Ier. Personne ne s'est demandé s'il en était de même de leurs successeurs. Si l'on s'en rapportait à l'usage égyptien de donner au petit-fils le nom de son grand-père, on pourrait présumer que les quatre premiers rois se sont succédé de père en fils, mais qu'entre le quatrième et le cinquième il y eut interruption : le père d'Ousert-sen III, qui serait un Amen-m-hât, n'aurait pas régné, parce qu'il serait mort avant son père. De même un Ousert-sen entre les deux Amen-m-hât III et IV. Cette conjecture pourrait expliquer la longueur du règne de plusieurs de ces souverains.

Un monument d'Abydos va encore déranger l'ordre de la succession. Je veux parler de la stèle d'Amen-m-hât, fils de Hekeni, publiée par Mariette[2].

Cette stèle est datée de l'an 2 du roi Amen-m-hât II :

<hr>

---

[1] Papyrus Millingen, Sallier I, Sallier II et les Ostraca 5629 et 5638 du British Museum, contenant les «*Instructions* du roi Amen-m-hât Ier à son fils Usertsen Ier».

[2] *Catalogue d'Abydos*, III, p. 145.

C'est donc sur lui et non sur Amen-m-hât III ou
Amen-m-hât IV que peut porter l'hypothèse qui va
suivre.

Le monument a été gravé par un ouvrier habile en
son métier mais très ignorant[1], qui ne sait pas transcrire en caractères monumentaux le texte hiératique
qu'il a sous les yeux. Il introduit ainsi dans le texte de la
stèle des caractères hiératiques; il met des signes les uns
pour les autres, comme ⊙ 𓄿 pour 𓅬 ; il ne sait pas
ranger convenablement les signes, comme [hiéroglyphes]
[hiéroglyphes] pour [hiéroglyphes]. Ainsi la date [hiéroglyphes] [2]
a besoin d'être rectifiée en : [hiéroglyphes] c'est-
à-dire «l'an II, 3ᵉ mois, dernier jour» ou le 30 d'épiphi
de l'an II.

Tout l'intérêt du texte est dans la phrase suivante :

[hiéroglyphes]

[hiéroglyphes]

[hiéroglyphes] [2]

Il dit : «Je partis[3] vers cette ville, envoyé par le parent du

<hr>

[1] «Le soin apporté à l'exécution de la gravure n'exclut pas l'emploi
d'un certain nombre de caractères hiératiques» (Mariette).

[2] [hiéroglyphes]
[hiéroglyphes]
[hiéroglyphes]
[hiéroglyphes], etc. (MARIETTE, *Abydos*, III, n° 618).

[3] C'est l'expression employée dans une autre stèle du même temps :
(MARIETTE, *Ab.*, III, n° 655) [hiéroglyphes]
⊙ [hiéroglyphes] «la parente royale Tanii partit pour Abydos ce jour-là».

roi [1], pour multiplier et pour purifier [2] les vassaux [3] du parent royal [4], (depuis) fils du soleil Amenemhât toujours vivant, en qualité de chef de ville de Sa Majesté, selon mes capacités [5]. Après qu'il (c'est-à-dire : je) eût mis l'ordre dans ce pays, etc. ».

Si la mauvaise orthographe du texte ne m'induit pas en erreur, si, dans les deux passages corrompus, il faut bien lire [hiéroglyphes] « parent royal », Amen-m-hât II n'était que le neveu ou le cousin d'Ousert-sen Ier. Ce dernier dut mourir vieux, car il régna dix ans avec son père, trente-deux ans seul et encore trois ans avec Amen-m-hât II, au total quarante-cinq ans.

On peut supposer que le vieux roi perdit ses fils dans un âge avancé, comme Ramsès II perdit les aînés de ses fils, et que, privé d'héritiers directs, il s'associa un neveu ou un cousin.

Le gouverneur d'Abydos Amen-m-hât aurait reçu la mission d'arranger les affaires dans le domaine privé du roi Amen-m-hât II, quand celui-ci n'était encore que *suten-rekh*.

[1] « En mission du roi vers elle », traduit Mariette. Il supprime soit [hiéroglyphe], soit [hiéroglyphe].

[2] « Nombreux [furent] les purificateurs et les vassaux » (Mariette). Je vois là deux verbes mis au mode impulsif *s-aχu* et *s-uab*. Il ne s'agit pas de purificateurs : [hiéroglyphe] est mis dans le verbe comme cela se trouve fréquemment dans les papyrus; le graveur eût dû le supprimer. Quant à « purifier les vassaux ou les serfs » serait-ce leur faire prêter un serment de fidélité *s-uab m ntr*? ou simplement apaiser quelque révolte parmi eux? Nous sommes au commencement du règne d'Amenemhât.

[3] [hiéroglyphes] sont tous ceux qui sont attachés à quelqu'un par un lien quelconque : [hiéroglyphes] « il n'y a point d'amis (de gens attachés) pour l'homme au jour de sa misère » (Instructions d'Amenemhât). « Nubila si fuerint tempora, solus eris », dit Ovide.

[4] « Les vassaux du cens royal » (Mariette). [hiéroglyphe] est écrit abusivement, comme plus loin après [hiéroglyphes]. Le cens, les impôts, se dit [hiéroglyphes].

[5] « Et le gouverneur [de la ville] de Sa Majesté me chargea [de dons] » (Mariette). Confusion avec [hiéroglyphes].

Alors la généalogie de la dynastie s'établirait de la manière suivante :

XIIe DYNASTIE :

AMEN-M-HÂT Ier,
régna 30 ans.

USERT-SEN,
associé à son père,
en l'an XX,
régna seul 32 ans,
puis
s'associa son neveu.

* *

AMEN-M-HÂT II,
associé à son oncle
pendant 3 ans,
régna seul 29 ans
et s'associa son fils.

USERT-SEN II,
associé à son père
6 ans,
seul 13 ans.

*Amen-m-hât,
mort avant son père.

USERT-SEN III,
régna 26 ans

AMEN-M-HÂT III,
régna 42 ans.

*Usert-sen,
mort avant son père.

AMEN-M-HÂT IV,   SOBEK-NOFRU-RA,
régna   sa sœur (?),
9 ans 3 mois 17 jours.   régna 3 ans
                         10 mois 24 jours.

Orléans, 1888.

AN EPOCH

IN

THE AGRARIAN HISTORY OF EGYPT,

BY

H. I. BELL.

The would-be historian of Byzantine Egypt finds himself confronted at the outset by a difficulty which may not improbably deter him from proceeding with his task; I mean, the remarkable paucity of documentary evidence for the fifth century. Why papyri of that period should be so rare, it is hard to say, though presumably it is mere accident; but certain it is that a glance at any chronological list of published texts (such as that in Hohmann's *Zur Chronologie der Papyrusurkunden*, 1-30) reveals a striking lacuna between the fourth and sixth centuries, a lacuna in which there are indeed a number of isolated papyri, several of them published since the appearance of Hohmann's book, but which is still very far from being filled. Nor is the difficulty a qualitative one only; for it so happens that the comparatively few fifth-century papyri yet discovered are of a kind from which little light is to be obtained on the administrative and economic development of the country.

This insufficiency of documentary evidence is the more unfortunate because the fifth century was a period of great importance in the history of Byzantine Egypt. There are in particular three great problems which it is probably impossible to solve satisfactorily without the aid of further and more relevant fifth-century texts. In the fourth century we find everywhere the nomes divided into numbered *pagi*, each with a *praepositus pagi*. The old nomes, administered by strategi, have in fact given way to *civitates*, each with its ἐνορία; the senate and the *exactor* exercise many at least of the functions performed of old by the strategus. A land of ϖόλεις with their ἐνορίαι, divided into small numbered *pagi*, a land of which municipal government was the most characteristic feature — such was Egypt in the fourth century. But turn to the sixth-century papyri, and the picture is wholly changed. Egypt is now divided into pagarchies, corresponding in name and for the most part in area with the old nomes, and each administered, with the exception of certain autonomous communes, by a pagarch, and though the senates still endure, their powers and importance are much diminished; it is no longer municipal government which is the prominent feature of Egyptian administration. It may be inferred from a passage in P. Cairo Masp. I, 67002 (II, 18 f.) that the pagarchy was introduced towards the end of the fifth century [1]; but what were the reasons for the change, whether it was a sudden one or but the consummation of a gradual process — on these questions we have nothing to guide us but conjecture.

In the second place, a comparison of our fourth-century with our sixth-century texts reveals many striking differences in the military organization; and though, since the army was an Imperial, not a merely local, concern, we are not in this case so wholly dependent on Egyptian evidence, there are, and, till the discovery of new texts, must probably remain, not a few doubtful points requiring elucidation.

Thirdly — and here I come to the actual subject of this article — the agrarian aspect of Egypt was completely transformed during the ill-documented period which lies between the fourth and the sixth centuries. In the fourth century, despite certain differences, the agrarian

[1] Cf. Gelzer, *Stud. z. byz. Verw. Ägyptens*, p. 96.

organization was still, in the main, the same as in the preceding period. One or two of the numerous land-categories so familiar in earlier papyri have disappeared, at least so far as we can judge from the texts hitherto published, but we still hear of royal, public, usiac, sacred, catoecic, and private land; and the general idea we get of fourth-century Egypt is, like that derived from third-century papyri, of a country in which there were indeed large — sometimes very large — estates, but whose characteristic feature was the small owner or tenant-farmer. The great estates have perhaps increased in bulk and prominence — to settle this point conclusively would require an extended search through the texts of the third and fourth centuries — but not sufficiently to alter very seriously the general aspect of agrarian economy. But when we come to the sixth century all is changed. We hear no longer of royal, public[1], usiac, sacred, or catoecic land. Imperial domains, it is true, there still were, and cities and communes owned their own estates; but the old categories had vanished utterly, and the vast majority of the land was clearly in private ownership. Moreover the old picture of a society of small or moderately well-to-do owners and tenants no longer holds good. Owners of small or comparatively small properties (*parvi possessores*, λεπ7οκτήτορες) are still found, even autonomous villages, like Aphrodito, but the characteristic feature of agrarian economy is now the great estate, whether of a church or of one of the all-powerful quasi-feudal nobles, extending, not infrequently, over several nomes, embracing whole villages within its area, administered on lines parallel to those of the public service, and numbering its semi-servile *coloni* by thousands.

---

[1] There is indeed one possible exception, P. Lond., V, 1765, 9, where I have read doubtfully γῇ δη[μοσία in a list of boundaries, but this is very dubious. The extension would be obvious enough in the third or even the fourth century, but in the sixth it must be regarded with the utmost reserve; and certainly, if this passage really refers to public land it stands absolutely alone.

How did this change come about? What were the causes which led to the disappearance of the royal and public land, and by what processes did it pass into private hands? How, by what stages, at what period, of what elements were the great feudal estates formed? To the last question we find a partial — a very partial — answer in successive Imperial constitutions, like the *De patrociniis vicorum*; for an answer to the first we have to rely on conjecture and inference from a few scraps of third-and fourth-century evidence.

The papyrus which I publish below does not furnish any answer to the question how or why the royal and public land passed into private hands, but it does, very clearly, show us the process at work at a definitely dated period, and it therefore seemed to me worthy of separate publication. I give the text, with translation and a commentary on points of detail, and follow these with a discussion of certain points of interest suggested by the document.

This document (acquired by the British Museum in 1920) is, as will be seen from the heading, only a copy; and the form of the heading shows that, though complete in itself, it must have been incorporated in some other document, now lost.

P. Lond. ined. [Inv. No 2227].

Ἔστιν δὲ τὸ ἀ(ντίγραφον)·

Ὑπατείας τῶν δεσποτῶν ἡμῶν Οὐαλεντινιανοῦ καὶ Οὐάλεντος
  αἰωνίων Αὐγούστων, Φαῶφι κε.
Αὐρήλιος Πολύβιος Μέλανος μη(τρὸς) Ταὸρ ἀπὸ ἐποικίου Διοσκουρίου
5 περὶ κώμην Σινκίφα β’ πάγου τοῦ Ὀξυρυγχείτου νομοῦ
Αὐρηλίῳ Ἡρακλείδη Διοσκουρίδου πρυ(τάνει) βουλ(ῆς) τῆς λαμ(πρᾶς)
  καὶ λαμ(προτάτης)
[Ὀξ]υρυγχειτῶν πόλεως χαίρειν. Ὁμολογῶ ἐωνῆσθαι παρὰ σοῦ
ἀπὸ τοῦ νῦν ἐπὶ τὸν [ἀ]εὶ χρόνον τὰς ὑπαρχούσας σοι ἐν πεδίοις
τῆς αὐτῆς κώμης Σινκίφα ἐδάφους Ἀνκελύλιος λεγομένου
10 [ἰ]διωτικῆς ἀρούρας τεσσεράκοντα ἐννέα πρότερον Κάστορος
[Β]ησᾶτος ἀπὸ ἐποικίου Εἰρήνης περὶ κώμην Βερχῦ τοῦ μεγάλου

Ἑρμοπολίτου νομοῦ καὶ ἐν ἄλλῳ τόπῳ περὶ τὴν αὐτὴν κώμην
[Σ]ινκίφα βασιλικῆ[ς] ἀρούρας δώδεκα ἢ ὅσας ἐὰν ὦσι πρότερον
[?Σε]ύθου ἐπίκλην Φαμπέτβη καὶ Ἀρτέμιτος γυναικὸς ἀπὸ τῆς
Ὀξυρυγχειτῶν πόλεως ἐφ' αἷς ἔχουσιν κατ' ἄγρον γιτνίαις καὶ   15
τοποθεσίαις. Διὸ ἀπὸ τοῦ νῦν κρατῖν με καὶ κυριεύειν σὺν ἐκγό-
νοις ἀπὸ τῆς δεκάτης ἰνδικτίονος καὶ αὐτ[ῆς δε]κάτης ἰνδικ(τίονος).
Κυρία ἡ ἀντίπρασις ἁπλῆ γραφ(εῖσα), καὶ ἐπερ(ωτηθεὶς) ὡ[μο]λ(ό-
    γησα).   Φαῶφι κε.
Αὐρήλιος Πολύβιος Μέλανος ὁ προκίμ[εν]ος ἐώνημαι τὰς
    προκιμένας ἰδιωτικῆς ἀρούρας τεσσεράκ[ον]τα ἐννέα καὶ βα⟨σι⟩λικῆς
    ἀρούρας δώδεκα καὶ τελέσω τὰ ὑπὲρ αὐτῶν παντοῖα δημόσια τῶν   20
    ἀπὸ τῆς εὐτυχοῦς δεκάτης ἰνδικτίονος ὡς πρόκιται. Αὐρήλιος
    Ἀπόλλων Ἰωάννου ἔγραψα ὑ(πὲρ) α(ὐτοῦ) γράμμ(ατα) μὴ εἰδ(ότος).

13. ὅσας : l. ὅσαι.
15. ἔχουσιν : υ perhaps a correction.

The copy is : In the consulship of our masters Valentinianus and
Valens, the eternal Augusti, Phaophi 25. Aurelius Polybius son of
Melas, his mother being Taor, of the hamlet of Dioscurius near the
village of Sincipha, in the second *pagus* of the Oxyrhynchite nome,
to Aurelius Heraclides son of Dioscurides, *prytanis* of the senate of
the illustrious and most illustrious city of Oxyrhynchus, greeting.
I acknowledge that I have bought from you, from now for ever, the
forty-nine arourae of private land belonging to you in the fields of
the same village of Sincipha, in the estate called « Of Ancelylis »,
formerly belonging to Castor son of Besas, of the hamlet of Irene
near the village of Bercy in the Great Hermopolite nome, and in
another place near the same village of Sincipha, twelve arourae, or
whatever be the number, of royal land, formerly belonging to
[? Se]uthes surnamed Phampetbê and his wife Artemis, of the city
of Oxyrhynchus, according to the boundaries and divisions which
they have on the spot. Wherefore from henceforth I am to possess
and dispose of them, with my descendants, from the tenth indiction inclusive. The counterpart of sale is valid, written in a single
copy, and in reply to the formal question I have given my consent.
Phaophi 25. I, Aurelius Polybius son of Melas aforesaid, have bought
the aforementioned forty-nine arourae of private land and twelve
arourae of royal land, and I will pay all the public taxes on them
from the fortunate tenth indiction, as aforesaid. I, Aurelius Apollo
son of John, have written on his behalf, as he is illiterate.

2-3. The date is 22 Oct., A. D. 365.

4. Διοσκουρίου : apparently a new ἐποίκιον-name.

5. *Σινκίϕα* : so also in Il. 9 and 13; the usual spelling is *Σιγκέϕα*.

6. *βουλ(ῆς)* : this seems a more likely extension than *βουλ(ευτοῦ)*, since *βουλευτής*, when it occurs along with *πρύτανις*, regularly precedes. *πρυ(   )* is more probably to be extended *πρυ(τάνει)*, referring to Heraclides, than in the genitive, referring to his father.

18. *ἀντίπρασις* : a «counterpart of sale», as opposed to the actual «sale» (*πρᾶσις*), addressed by the vendor to the purchaser, as was normal in sales (cf. M. J. BRY, *Essai sur la Vente*, p. 69). The present document thus acquires a special interest, both from its unusual form and because it provides the *terminus technicus* for documents of this form. For *πρᾶσις* see P. Mon. 4–5 verso, 16 ff., note.

The historical significance of this document will be readily perceived. The transaction to which it relates is to all appearance an ordinary sale; the formulae employed are (*mutatis mutandis*, the document being an *ἀντίπρασις*) those seen in other sales, and absolute ownership (*κρατῖν με καὶ κυριεύειν σὺν ἐκγόνοις*) in perpetuity (*ἐπὶ τὸν [ἀ]εἰ χρόνον*) is transferred; yet, along with the forty-nine arourae of *ἰδιωτική* are found twelve arourae of *βασιλική*, and there is no indication whatever that the latter are regarded as belonging, from the point of view of ownership, to a different category from the former.

There is, so far as I am aware, no other example, among published papyri, of such a sale of royal land [1], but an analogy to the present transaction is furnished by *C. P. R.* 19 = MITTEIS, *Chrest.*, 69. This is not a sale but a petition; but it concerns a sale of land (l. 3, *ἐβουλήθην τινὰ ὑπάρχοντά μου ἀποδόσθαι*), including (l. 5 f.) *γεώρ-*

---

[1] *B. G. U.*, I, 234 (A. D. 142), where, in a division of land, royal land is included, is not an exception; the obligation to cultivate the royal land no doubt went with the land divided, but the royal land did not belong to the occupiers.

γιον καλούμενον Πώλυπον ὅσου ἐστὶν ἀρουρηδοῦ καὶ οὐσιακῆς γῆς ὑποτελοῦς (cf. P. Oxy., XIV, 1631, 7, note) (ἄρουραι) μϛ∟η̄. It is dated in A. D. 330. Since Rostovtzeff it has been generally accepted (*e. g.* Mitteis, *Chrest.*, p. 77, Wilcken, *Grundzüge*, p. 320 f.) that this οὐσιακή was domain land assigned to the vendor, by the so-called ἐπιβολή, on a compulsory hereditary lease. With this may be compared P. Cairo Preisigke, 4 = Wilcken, *Chrest.*, 379, where a petitioner speaks of himself as *possessing* domain land inherited from his father (οὐ[σ]ιακὴν γῆν κέκτημαι ϖερὶ Ταρούθιν ἀπὸ διαδοχῆς τοῦ ϖατρὸς ἐλθοῦσαν εἰς ἐμέ (A. D., 320). Here too we have no doubt to do with an hereditary lease, whether voluntary or compulsory. Possibly it will be suggested that these analogies make it probable that in Lond. 2227 also the royal land is not owned by the vendor but held on lease. Against this may however be brought strong arguments. Both kinds of land are referred to in the same terms : both are covered by ἐωνῆσθαι, both are to be held ἐπὶ τὸν [ἀ]εἰ χρόνον, in both cases the former owner is named. The last fact is probably conclusive against the idea that the obligation to cultivate the royal land was attached to the forty-nine arourae of private land; for the latter had previously been owned by Castor of Irene, the former, described as ἐν ἄλλῳ τόπῳ, by [? Se]uthes of Oxyrhynchus. They had come to the present owner in different ways; they cannot therefore be regarded as inseparably united.

A possible objection must be noticed here : perhaps, it may be urged, Seuthes was not the former owner but merely the tenant, possibly the sub-tenant; or again it may be that he had been the owner of the land, which had been confiscated and annexed to the βασιλική. To the last suggestion it is sufficient to reply that it is utterly improbable that the βασιλική was added to by confiscation, at all events at this late period. Against both we may urge that the phrasing of the document (a document competently composed and in fairly correct orthography) is strongly against it. If the facts were as suggested, a scribe who knew his business could hardly have worded the document in this way; and the subscription agrees with the body of the deed.

It might indeed, reversing the analogy, be suggested that Lond. 2227 throws some doubt on the interpretation placed on C. P. R. 19 and even perhaps Cairo Preisigke, 4; that the οὐσιακὴ γῆ there referred to was property as completely as the βασιλική in the present document. It is however a little unsafe to argue from βασιλική to οὐσιακή, and it is better to treat Lond. 2227 as standing alone. In its case there is, if I am not mistaken, no reason for doubting that the royal land sold was regarded by the parties as owned not less than the ἰδιωτική; as land therefore which could be sold separately just like any other land.

If this view be correct we have at last definite evidence concerning one stage in the disappearance of the royal land. The process may be imagined, conjecturally, somewhat as follows : — First, on occasion or, later, frequently, βασιλική for which voluntary tenants could not be secured was cultivated by the expedient of «assigning» (ἐπιμερίζειν) it to communities or individuals on a compulsory lease. Either it was from the first or (more probably) became later the practice to attach the liability to the land rather than to the individual. Thus, we frequently find in sales of land a clause declaring that the land is free ἀπὸ γεωργίας βασιλικῆς καὶ οὐσιακῆς καὶ παντὸς εἴδους. *Exceptio probat regulam* : such a clause is in itself sufficient proof that royal or public land was thus attached to private or catoecic land; and as a matter of fact we have more direct evidence, as, *e. g.*, in P. Flor., I, 50, 75-6, σὺν τῷ ἐνελκομένης βασι[λικῆς γῆς] ἀρούρης τετάρτ[ῳ][1]. In this association of βασιλική with land rather than with a person is likely to be found the chief cause of its gradual identification with private property. It would be transferred with the land to which it was annexed;

<hr>

[1] Cf. P. Lond., V, 1676, 34, note.

and after this process had been repeated again and again it would be but a small further step to sell the βασιλική or part of it separately or along with private land other than that with which it was specially associated. Add to this the existence of hereditary leases, certainly for the οὐσιακή and possibly for the βασιλική as well, and we can understand the eventual disappearance of all categories of Imperial land[1].

Lond. 2227 shows us, then, this further stage in the development. Royal land was now being sold apart from the land to which it was originally annexed or (if the land in question had been granted on an hereditary lease) with no mention of any conditions attaching to its tenure, other than the payment of the ordinary taxes (l. 21). But it still retained its old name of βασιλική; the final stage would be the disuse of this name and the consequent absorption of the royal land into the general mass of ἰδιωτική.

It is possible that we have one piece of evidence for this later stage. This document is Wessely, *Studien*, XX, 121, dated in A. D. 439 (so, not 438, as Wessely). This is a sale of τὰς ὑπαρχούσας μοι καὶ ἐλθούσα[s εἰς ἐμὲ] ἀπὸ ϖατ⟨έ⟩ρων κληρονομίας ἀπὸ τοῦ ἐπι[6αλ]λ[ον]τός [μο]ι μέρους τοῦ ϖατρικ[οῦ μέρους] διακειμένου ἐν τῷ ἀπηλιώτῃ ἀρούρας ὀκτὼ ἰδιωτικῆς εἰδέας. It will be noticed that the land is described not as ἰδιωτική but as ἰδιωτικῆς εἰδέας. This may be translated as «of the category of private land», cf. P. Oxy., X, 1277, 9 f., τῆς αὐτῆς εἰδαίας («of the same quality»), and, of land, P. Gen., 16 = WILCKEN, *Chrest.*, 354, 16 f., μήτε ἰδι[ω]τικὴν γῆν μήτε βασ[ιλ]ικὴν μηδὲ ἄλλην εἰδέαν («nor any other category»); so too εἶδος in the phrase quoted above.

---

[1] How far the Imperial domains of which we have evidence in the later Byzantine texts are to be connected with the Imperial land — δημοσία, οὐσιακή, βασιλική — of Roman times, whether they were the remains of the latter or new creations — these are questions requiring further investigation, possibly indeed not admitting of an answer in the present state of our evidence.

So far as I am aware, there is no other instance of
land described in this way. The reason may perhaps lie
merely in the Byzantine reluctance to say in one word
what can by any means be said in two or three, but it
seems more likely that there was some more substantial
ground for the phrase. If there was, it is difficult to see
what it could be except the fact that the land, though it
was classed as *ἰδιωτική* and might be so described (as it is
in ll. 26, probably, and 37 of this very document), was
not in strictness private land; that, in fact, it had originally belonged to some other category, *βασιλική* or *οὐσιακή* or *δημοσία*. If that be so (and it is of course only a
conjecture), we have here the final stage in the history
of the Imperial domains, before they completely disappeared in the mass of private land.

There is one other point which may be touched upon
before I conclude. In two papyri (and, as far as I know,
in two only) we hear of a class of land called *χωρίσιμα* [1]
These are P. Flor., I, 64 (ll. 9, 35, 79) and P. Lond.,
V, 1653 (l. 47). The idea suggested itself that the *χωρίσιμα*, which must mean lands *separated* (*χωρίζω*) in some
way from a larger area, might be portions of the Imperial domains transferred to private occupation and perhaps
ownership. This is however disproved by an examination
of Flor. 64, in which the *χωρίσιμα* include land described
as *ἰδιωτική*. Another explanation of the term (hitherto,
as far as I am aware, left obscure) may, however, be suggested. It is followed in Flor. 64 by village names, and
we may infer that the financial liabilities and administration of the lands so described had been transferred from
the village in whose area they were included to that under which the rubric *χωρισίμων* occurs. This transfer of
land from one village to another, for reasons not at present determined but which may have been simply the necessity for a financial readjustment between wealthier and

---

[1] The neuter is most probable, on the analogy of *ἄπορα, ἄπρατα*;
cf., in the singular, *ὑπόλογον*.

poorer villages, is known in the sixth century (P. Lond.,
V, 1686, 29, note; P. Cairo Masp., III, 67329, where
it is the lands, not the $\gamma\varepsilon\omega\rho\gamma o\ell$ as Cuq takes it, which
were transferred). The practice may have originated in
the $\dot{\varepsilon}\pi\iota\mu\varepsilon\rho\iota\sigma\mu\acute{o}s$ of the Roman period (Wilcken, *Grndzge.*,
293-5), but it is by no means identical with it; for the
purpose of the $\dot{\varepsilon}\pi\iota\mu\varepsilon\rho\iota\sigma\mu\acute{o}s$ was to obtain cultivators for
Imperial land for which no lessees could be obtained
among the villagers of the commune to which it belonged,
whereas the Byzantine practice involved, as Cairo Masp.,
67329 shows clearly, and probably had its motive in. the
transference of the financial liabilities. If the suggested
sense of $\chi\omega\rho\acute{\iota}\sigma\iota\mu\alpha$ is correct, Flor. 64 and Lond. 1653
show that the practice was already established in the
fourth century.

LA
RÉVOLTE DE LA THÉBAÏDE

EN 88 AVANT J.-C.,

PAR

M. PAUL COLLART.

Nous savons, par une courte phrase de Pausanias, que la Thébaïde s'est soulevée en 88 av. J.-C. Pierre Jouguet, d'autre part, a publié [1] et commenté une lettre sur papyrus d'un personnage nommé Platon, relative à ces troubles. Tout récemment enfin, M. Grenfell a édité [2] une nouvelle lettre du même Platon à propos des mêmes événements. Un hasard heureux m'a fait retrouver dans les papyrus de la Mission française d'archéologie au Caire deux nouveaux textes concernant la même sédition. Ce sont les *P. Bouriant* 40 et 51, l'un certainement, l'autre très vraisemblablement de la main du susdit Platon; ce sont deux lettres adressées à un personnage déjà nommé dans le papyrus du British Museum, Nechthyrès. L'étude de ces quatre documents va nous permettre d'apporter quelques précisions dans la chronologie des troubles de la Thébaïde, dans leur développement et dans le rôle de l'énigmatique Platon.

[1] *B. C. H.*, XXI, 1891, p. 141-147, *Documents ptolémaïques.* C'est le *Papyrus Bouriant* 55.

[2] *R. E. G.*, t. XXXII (volume du Cinquantenaire), p. 251-255 : *A new Papyrus concerning the revolt of the Thebaid in B. C. 88.* C'est le *P. Lond.* 465.

I

Il faut, pour plus de clarté, reprendre les textes un à un, par ordre chronologique, en commençant par Pausanias.

1. *Pausanias*, I, ix, 3. — τοῦ δὲ ἔργου φωραθέντος, καὶ Ἀλεξάνδρου φόβῳ τῶν πολιτῶν φεύγοντος, οὕτω Πτολεμαῖος κατῆλθε, καὶ τὸ δεύτερον, ἔσχεν Αἴγυπτον, καὶ Θηβαίοις ἐπολέμησεν ἀποστᾶσι. Παραστησάμενος δὲ ἔτει τρίτῳ μετὰ τὴν ἀπόστασιν ἐκάκωσεν, ὡς μηδὲ ὑπόμνημα λειφθῆναι Θηβαίοις τῆς ποτὲ εὐδαιμονίας... « Le meurtre de Cléopâtre III découvert, Ptolémée Alexandre en fuite par peur des Alexandrins, Ptolémée Sôter II revint alors de Chypre et fut de nouveau roi d'Égypte. Il fit la guerre aux Thébains révoltés, se rendit maître du mouvement trois ans après son éclosion et se montra si rigoureux qu'aucun souvenir ne resta aux Thébains de leur prospérité d'antan. »

2. *P. Bouriant* 40 (33 cm. × 8 cm. 5). — L'écriture des *P. Bour.* 40 et 51 est la même : une cursive épaisse, plutôt large, tassée cependant plusieurs fois à la fin des lignes, avec une tendance à monter vers la droite. On peut, dans ces conditions, attribuer à coup sûr à Platon le deuxième de ces textes qui n'est pas signé. La cursive de *P. Bour.* 55 est la même, tracée toutefois d'un calame plus fin. Les fibres tiraillées ou déchirées laissent deviner dans les trois lettres la place des plis longitudinaux de fermeture. Un sillon très net atteste que les trois papyrus ont été pliés en deux, par le milieu, dans le sens de la hauteur. Ce détail permet de dire que *P. Bour.* 51, presque à demi tronqué, était du même format que les autres lettres de Platon : 33 ou 34 centimètres. L'adresse vient toujours se terminer près du pli transversal.

Πλ[άτω]ν Νεχθύρει
χαί[ρειν]. Ἐξωρμή-

κα[μεν] ἐγ Λάτων
πόλ[εως ἀντιληψό-
5 με[ν]οι τῶν ἐνεστη-
κ[ότων] κατὰ τὸ
σ[υμφέρο]ν τοῖς πράγμασι
κ[αὶ γεγ]ραφότες
[τοῖς κα]τοικοῦσι
10 συ[γγ]ίνεσθαί σοι.
Καλῶς ποιήσεις
συντηρῶν τὸν
τόπον καὶ προ-
ιστάμενος ·
15 [τό]υς δ᾽ ἐπιχει-
[ροῦ]ντας μὴ
[ὑπα]κούειν σου
[. .] . τέραι στάσει
[. .] . ομένους
20 [ἀσ]φαλισάμενος
[μέ]χρι τοῦ καὶ
[ἡμᾶ]s ὅτι τάχος
[ἐπι]βαλεῖν πρός σε.

[ἔρρω]σο L κϛ Φαμε(νὼθ)ις

25 *Au dos :* Ἀπόδ(ος) Νεχθύρ ει

Platon à Nechthyrès salut. Nous sommes parti de Latonpolis
pour nous opposer aux insurgés en parant utilement aux circonstances,
et après avoir écrit aux habitants de t'assister. Tu feras bien de surveiller la région, d'être sur la défensive et, si des individus tentent
de ne pas t'obéir en s'engageant dans une nouvelle sédition [1], de
t'assurer de leur personne jusqu'à ce que nous soyons aussi vite que
possible arrivé près de toi. Porte-toi bien. An 26, 16 Phaménôth.
Au dos : pour remettre à Nechthyrès.

3. *P. Lond.* 465. (33 cm. × 8 cm. 5). — Bénéficiant
du travail de mes devanciers, MM. Jouguet et Grenfell,
pour la lecture et l'interprétation de cette correspondance,
j'ai pu améliorer en plusieurs endroits le texte de ce

---

[1] On peut penser pour combler les lacunes en cet endroit à [δε]υτέραι
ou à [ἐν]έτεραι στάσει [ἐχ]ομένους ou [ἀγ]ομένους. M. Hunt me propose
la première de ces interprétations en reconnaissant avec moi que tout
dépend des vestiges de la ligne 18, que je ne puis identifier.

18.

papyrus très mutilé [1]. C'est la lettre de Platon aux Pathyrites annoncée dans le document précédent. D'après la description de M. Grenfell, l'écriture est semblable à celle des trois papyrus Bouriant que j'ai sous les yeux.


```
        [Π]λάτω[ν τοῖς ἐν] Παθύρει
        [κ]ατοικ[οῦσι χαίρει]ν καὶ
        ἐρρῶσθαι. [Ἐξωρμη]κότες
        [ἐγ] Λάτων πόλ[εως] ἀιτιληψό-
 5      [μ]ενοι τῶν ἐν[εστη]κότων
        [κα]τὰ ιὸ συμφ[έρον] τοῖς
        [π]ράγμασι, ἐκρ[ίνα]μεν σημῆναι
        καὶ σαρακαλέσαι εὐψυχο-
        [τ]έρους ὑπάρχοντας
10      ἐφ' ἑαυτῶν εἶνα[ι] καὶ συν-
        γίνεσθαι Νεχθύρει τῶι
        ἐφ' ὑμῶν τεταγμένωι
        μέχρι τοῦ [καὶ ἡμᾶ]s ὅτι
        τάχο[s σαρεῖν]αι τοῖς
15      τόπο[ις].

        ἐρρ(ωσθε) [L κς Φα]με(νὼθ) ις

Au dos :  τοῖς ἐν Παθύρει
          [κάτοι]κοῦσι.
```

Platon aux habitants de Pathyris salut et bonne santé. Parti de Latonpolis pour nous opposer aux insurgés, en parant utilement aux circonstances, nous avons décidé de vous en informer, de vous inviter à garder votre sang-froid et à assister Nechthyrès qu'on vous a donné comme chef, jusqu'à notre arrivée aussi prompte que possible sur les lieux. Portez-vous bien. An 26, 16 Phaménôth. *Au dos :* aux habitants de Pathyris.

4. *P. Bouriant* 51 (22 cm. × 9 cm. 5). — N'ayant pas réussi à les combler d'une manière qui me satisfasse pleinement, je publie cette fin de lettre avec ses lacunes. Elle est postérieure de deux jours aux précédentes et

---

[1] Si mutilé que Sir F. G. Kenyon l'avait simplement décrit dans sa publication : *P. Lond.*, II, p. xli. M. Bell a bien voulu vérifier mes corrections sur l'original et M. Hunt me transmettre le résultat de cette collation. Tous deux, je les remercie vivement de leur inlassable obligeance.

expédiée pendant la marche de Platon sur Pathyris. Telle qu'elle est, elle donne certains renseignements dont on pourra faire état.

. . . .

τὴ[ν] ϖ[όλι]ν? Φρόν-
τισον ὡς [. . .]στος
τῶν πυρ[. . .]σιτο-
ϖοιησαμε[. . .] ϖυροῦ
5   ἀρτάϐην μίαν ἐν
ἑτοίμωι ε[. .]αι αὐτοῖς
ὁ ἄρτος ιν[. .]ε καὶ
κριθῆι ὑ[πά]ρξηι
ἐμμε.[. . . .]τησαι

10   ἔῤῥωσ[ο L κ]ς Φαμε(νὼθ) ιη

Au dos : [Ν]εχθύρει

5. *P. Bouriant* 55. — P. Jouguet ayant publié ce texte irréprochablement, j'en donne seulement, pour la commodité du lecteur, une traduction [1]. « Platon aux prêtres et aux autres habitants de Pathyris salut. Philoxénos, mon frère, m'a écrit dans une lettre que m'a apportée Orsès que le roi Sôter, Dieu très grand, est arrivé à Memphis et que Hiérax a été désigné pour soumettre la Thébaïde avec des forces considérables. Afin que cette nouvelle maintienne votre bonne confiance, nous avons décidé de vous en informer. An 30, 19 Phaôphi. *Au dos :* aux prêtres et aux autres gens de Pathyris. »

II

Il est possible à présent de préciser la chronologie de l'insurrection. Dans *P. Lond.* 465, le chiffre de l'année est perdu par suite d'une lacune; Grenfell n'avait donc

---

[1] D'autant plus que vu son importance, il a été réimprimé par Wilcken, *Chrest.*, n° 12.

pu être affirmatif sur ce point. Mais, comme *P. Bour.* 55 est daté avec certitude : L λ φαωὶ ιθ, c'est-à-dire an 30 de Ptolémée Sôter II, 19 Phaôphi = 1ᵉʳ novembre 88, et que les deux lettres sont à peu près contemporaines, Grenfell avait très justement supposé que *P. Lond.* 465, daté du 16 Phaménôth, était du 28 mars antérieur ou postérieur à *P. Bour.* 55, c'est-à-dire de la 26ᵉ année d'Alexandre ou la 30ᵉ de Sôter II, de 88, ou de 87 av. J.-C.

L'énigme est résolue. *P. Bour.* 40 a été écrit par la même main et le même jour que *P. Lond.* 465 et porte nettement cette date : an 26, 16 Phaménôth = 28 mars 88. Ces deux papyrus sont datés par les années de règne de Ptolémée Alexandre, encore roi d'Égypte à cette époque. Très vraisemblablement *P. Bour.* 51 a été écrit deux jours après, le 30 mars. Grenfell a cité deux papyrus postérieurs datés encore par les années de Ptolémée Alexandre : *P. Amh.* 51, de Pathyris, daté : 26ᵉ année (d'Alexandre), 26 Mésoré = 4 septembre 88 et *P. Strass. dem.* 8, de Pathyris, daté : 27ᵉ année (d'Alexandre), 21 Thôth = 4 octobre 88. Ainsi à cette dernière date les événements d'Alexandrie, fuite d'Alexandre, retour de Sôter, n'étaient pas encore connus à Pathyris, mais moins d'un mois plus tard, le 1ᵉʳ novembre, Platon datait sa lettre de la 30ᵉ année de Sôter. Il connaissait le retour du roi légitime et peut-être en informait, sans aucun commentaire, les Pathyrites au courant des querelles de la dynastie.

On peut, grâce aux textes datés, se représenter les événements de la façon suivante. En mars 88, les insurgés menacent Pathyris restée en partie soumise au roi; mais on doit craindre d'y voir grossir le nombre des défections et des turbulents. Pour rassurer les fidèles et les hésitants, pour frapper les mutins, Platon s'avance, le 28, vers la ville, venant du Sud. Les révoltés tiennent la campagne et peuvent couper les communications. Platon a sans doute une escorte importante, mais non une armée; il n'omettrait pas de le mentionner. Le mouvement insurrectionnel est probablement à son début. On vient de nommer à Pathyris une sorte de commandant de place, un indigène du nom de Nechthyrès, mesure d'opportunité prise pour flatter les Égyptiens. De même, au cours d'une précédente révolte de la Thébaïde, en 131/0, Evergète II avait accordé sa confiance et un commandement à l'Égyptien Paôs [1]. Quoi qu'il en soit, ce 28 mars, Platon envoie à Nechthyrès ses instructions : surveillance de la région, sans doute avec les forces de police dont il dispose, mesures de prévoyance et de protection, arrestation des suspects et des mutins, c'est-à-dire établissement de l'état de siège en attendant son arrivée. D'autre part, le même jour, par une lettre adressée à la population, il invite les Pathyrites à obéir à Nechthyrès et à se montrer résolus. Deux jours après, d'une étape peut-être, il rappelle au commandant de place qu'il doit assurer, dans des proportions indiquées, le ravitaillement — de la population ou des troupes, on ne sait — en blé, pain et orge. Excellentes mesures en somme, et qui paraissent dictées à leur auteur par l'expérience d'une précédente insurrection ou par le souvenir de troubles encore dans toutes les mémoires.

Sept mois plus tard, le 1er novembre, nous assistons à une autre phase de la lutte. Le changement de roi, s'il est connu en Thébaïde, n'a pas amélioré la situation. La révolte indigène contre la dynastie grecque continue et semble même avoir, durant ces sept mois, augmenté de violence. Les troupes locales ne suffisent plus à tenir en respect les mutins et à garantir la sécurité des sujets loyaux. Platon force peut-être, à dessein, le chiffre des effectifs, μετὰ δυνάμεων μυρίων ἐπὶ καταστολὴν τῆς Θηϐαίδος; mais il est certain qu'une armée royale a été mise en campagne, sous les ordres du général Hiérax, avec mission de réprimer les troubles. De même, pendant l'insurrection de 131/0, Esthladas annonçait, en termes presque identiques, à ses parents l'arrivée de Paôs μετὰ δυνάμεων ἱκανῶν πρὸς τὸ καταστεῖλαι τοὺς ἐν Ἑρμώνθει ὄχλους [2].

[1] Cf. *P. Louvre* 10594, réimprimé par Wilcken, *Chrest.*, n° 10.
[2] Cf. Wilcken, *Chrest.*, n° 10.

La direction des opérations appartient cette fois au pouvoir central; Platon ne fait que transmettre les nouvelles aux prêtres de Pathyris qui sans doute groupent autour d'eux les fidèles [1] et à tous les habitants, pour inspirer, là où il faut, la confiance et la crainte.

Reste un dernier point à éclaircir, si possible. Quelle est la situation des personnages nommés dans cette correspondance? Tout d'abord, qui est Platon, l'auteur des quatre lettres? P. Jouguet pensait, d'après l'allure même de son style, que Platon pouvait être un personnage important : prêtre ou magistrat. Grenfell, examinant une hypothèse de V. Martin [2], jugeait que peut-être Hiérax, mais peut-être aussi Platon était l'épistratège de Thébaïde. Les documents, à mon avis, confirment l'idée que l'épistratège de Thébaïde, c'est Platon. Nous connaissons, grâce au livre de V. Martin, les attributions de l'épistratège. Il représente le pouvoir central et tous les services de la province sont groupés entre ses mains. Ses fonctions sont à la fois civiles et militaires. Il ne les exerce pas seulement à Ptolémaïs, chef-lieu administratif, mais les nécessités de sa charge l'obligent parfois à faire des tournées dans toute la Thébaïde. Précisément nous voyons ici que trois lettres [3] sur quatre sont expédiées de Latonpolis ou d'une localité au nord de cette ville. Que faisait Platon si loin dans le Sud? On peut supposer qu'il avait quitté Ptolémaïs pour une tournée régulière ou que, l'insurrection ayant pris naissance peut-être au sud de la province, il y était allé pour tenter d'y rétablir l'ordre. Quoi qu'il en soit, ses attributions diverses ne lui ont pas permis de s'absenter plusieurs mois de sa résidence; elles ont dû l'y rappeler et l'y retenir. Sa dernière lettre [4] semble bien écrite de Ptolémaïs.

Suivant les destinataires, Platon s'exprime d'une manière différente et significative. Aux Pathyrites, il parle

---

[1] Cf. V. Martin, *Épistr.*, p. 7.
[2] Cf. V. Martin, *Épistr.*, p. 56, n° 2.
[3] *P. Bour.* 40 et 51, *P. Lond.* 465.
[4] *P. Bour.* 55.

d'un ton officiel : *ἐκρίναμεν σημῆναι*. Les lettres sont, si
le mot n'est pas trop ambitieux, des proclamations, des
appels au calme, à l'optimisme. Le pouvoir central a pris
toutes les mesures opportunes, il sera maître de la situation, si les habitants l'y aident par leur sang-froid et leur
soumission à son délégué. Les prêtres sont l'objet d'une
mention spéciale dans *P. Bour.* 55, peut-être parce que
les événements des derniers mois ont montré leur loya-
lisme. A Nechthyrès, l'indigène honoré de la confiance
officielle, nommé à son poste peut-être par Platon —
ἐφ' ὑμῶν τεταγμένωι est trop vague pour permettre de
préciser — l'épistratège dicte ses ordres, comme à un
subordonné. Il se sert des formules habituelles en
pareil cas : *καλῶς ποιήσεις, φρόντισον*. Ces instructions
d'ailleurs, si elles laissent voir moins de sérénité que les
lettres aux Pathyrites, montrent l'esprit de décision du
chef, sa lucidité, sa prévoyance, sa fermeté. Si Platon,
en novembre 88, n'a plus l'initiative des opérations, cela
ne veut pas dire qu'il ait mal réussi, c'est plus vraisemblablement parce que Sôter II, sans vouloir, dès son
retour, destituer les fonctionnaires d'Alexandre, a préféré
agir avec des hommes de son entourage, dont il sait le
dévouement à sa cause. De même, si Platon mentionne
sans autre explication l'arrivée du roi à Memphis, et même
s'il ne la connaît qu'indirectement, c'est sans doute parce
Sôter n'a pas jugé bon, avant d'être sûr de ses sentiments, d'informer de ses faits et gestes, de ses intentions,
l'épistratège mis par son frère à la tête de la Thébaïde.

Les autres personnages mentionnés sont Nechthyrès,
Hiérax, Philoxénos et Orsès. Nous avons, au cours de
cette étude, essayé de préciser le rôle du premier. Nous
ne pensons pas que Hiérax ait été l'épistratège, comme
V. Martin le proposait, sans l'affirmer; nous croyons
plutôt avec P. Jouguet que c'est un général, jusqu'alors
inconnu de nous, choisi par Sôter II parmi ses fidèles.
Quant à Philoxénos, ce bon frère qui tient si bien Platon,
fonctionnaire révocable, au courant des événements,
peut-être une situation importante, officielle même, à

Alexandrie ou à Memphis, lui rendait-elle facile ce rôle d'observateur. Pour Orsès enfin, c'est un homme de confiance, si Philoxénos est un particulier, c'est un courrier officiel, si Philoxénos est un fonctionnaire.

Au total, sans surfaire l'intérêt de ce dossier réduit, on peut en tirer les conclusions suivantes. La révolte de Thébaïde en 88 a éclaté sous le règne de Ptolémée Alexandre, ce qui ne contredit pas Pausanias; l'éclosion du mouvement n'est donc pas liée au retour de Sôter et il a fallu à ce dernier, puisque les troubles, d'après Pausanias, ont duré trois ans, plus de deux ans pour les réprimer. Il est impossible enfin de ne pas sentir dans ces lettres hâtives l'antagonisme irréductible de deux races, l'inquiétude sourde des fonctionnaires grecs menacés d'être débordés, la rancune frémissante des Égyptiens exaspérés par l'inutilité des révoltes antérieures. Rome n'ignore déjà plus les querelles dynastiques de l'Égypte; dans un demi-siècle elle supplantera les Ptolémées impuissants et rangera les indigènes et leurs maîtres grecs sous ses lois.

LES LISTES DES PRINCES

DU

COMMENCEMENT DE LA XVIIIe DYNASTIE

A DEIR EL-MÉDINEH,

PAR

M. G. DARESSY.

Parmi les documents historiques les plus précieux relatifs à la XVIIIe dynastie, on compte les deux fresques provenant de Deir el-Médineh, actuellement au musée de Berlin, qui avaient fait partie de la décoration des tombes de ⸻ et de ⸻. Khâ-bekhent et Anhur-khâui étaient des « *sotem-âch* dans la demeure de Vérité » qui reposaient dans la partie de la nécropole thébaine réservée à cette classe de prêtres qui avaient entre autres privilèges celui de veiller à l'entretien des sépultures royales. Aussi bien ces deux prêtres avaient-ils cru faire acte de dévotion envers les personnages augustes dont ils avaient la garde en se faisant représenter en adoration devant ces mêmes morts illustres dont la momie était confiée à leurs soins.

Mais les princes dont ils devaient conserver la dépouille terrestre appartenaient en majorité à la famille des premiers rois de la XVIIIe dynastie, alors que nos deux *sotem-âch* vivaient sous la XXe dynastie; plusieurs siècles s'étaient donc écoulés entre l'époque de l'ensevelissement de ces puissants du moment et le temps où l'on voulut les peindre sur les parois des tombeaux. Le précieux dépôt de leur corps s'était transmis de génération en génération, mais sous les derniers Ramessides on ne connaissait plus très bien les liens de parenté qui unissaient les princes royaux aux Pharaons divinisés; leurs titres, leurs noms mêmes, n'étaient plus familiers aux gardiens responsables de leur conservation, aussi les deux tableaux ne nous présentent-ils pas les morts sacrés rangés dans un ordre régulier. De plus, les fresques ont souffert du temps, de leur transfert en Europe; certains noms qui étaient encore visibles au moment de la découverte ont disparu ou sont maintenant mutilés, si bien qu'on en est réduit, pour plusieurs cartouches, aux copies dissemblables et plus ou moins fautives faites par les premiers égyptologues qui purent les lire en place.

Ces listes ont été étudiées à maintes reprises, mais il semble qu'on n'ait jamais tenté d'établir une leçon définitive pour les noms qui se présentent sous des aspects différents dans les diverses publications. Tout en reconnaissant qu'actuellement il est à peu près impossible d'assurer la lecture exacte de plusieurs cartouches, il m'a semblé que l'on pouvait reconnaître, par simple examen critique, les noms admis jusqu'ici qui sont manifestement erronés, et dans quelques cas deviner quelle était la forme exacte. Ceci peut nous fournir quelques données intéressantes pour le classement des princes et l'on aura moins de peine à identifier ces personnages lorsque le hasard des découvertes nous livrera des monuments où ils sont cités.

La bibliographie de ces monuments a été donnée par M. Maspero [1], je n'y reviendrai pas. Les deux tombes ont été ouvertes par J. G. Wilkinson; sa copie, publiée dans les *Extracts*, est de 1827; Burton [2] et Champollion ont pris leurs notes en 1829; Prisse d'Avennes dessina le tombeau un peu après, mais avant que la mission Lepsius (1842-1845) eût emporté les fresques à Berlin et en eût donné le croquis dans les *Denkmaeler*. Depuis lors les égyptologues

---

[1] G. Maspero, *Les Momies royales de Deir el-Bahari*, dans les *Mémoires de la Mission archéologique française du Caire*, t. I, p. 617.

[2] Ou plutôt R. Hay, car Burton n'a fait que publier les notes de son ami.

s'en sont rapportés généralement à la leçon de Lepsius, sans se soucier des différences sensibles qu'elle offre avec d'autres copies. Si l'on compare les éditions, on ne peut s'empêcher d'être frappé par le fait que les reproductions des cartouches d'une lecture incertaine peuvent être classées sous trois types différents. Dans le premier groupe on a Burton et Champollion. Burton déclare sur sa planche des *Excerpta hieroglyphica* qu'il reproduit le dessin copié par Robt Hay esq^{re}; je croirais volontiers que Champollion a puisé à la même source, qu'il n'a pas représenté les inscriptions d'après nature, mais qu'ayant eu entre les mains la copie de Hay ou de Burton, il l'aura reproduite et classée dans ses notes de voyages; s'il avait eu le temps de visiter le tombeau, nul doute qu'il en aurait tiré une planche pour sa publication des *Monuments*[1]. Prisse a certainement publié une œuvre originale; il est du reste le seul qui ait donné la fresque avec ses couleurs. Le troisième type est celui fourni par Wilkinson et Lepsius. Or, la planche des *Denkmaeler* montre que la paroi exposée à Berlin est détruite ou en mauvais état à partir du 7e personnage des deux rangées. L'était-elle lors de l'enlèvement, ou les dégâts se sont-ils produits pendant le transport, je ne saurais le dire, mais il me paraît certain que Lepsius n'a pas pris sur place une copie de la scène; il s'est borné, dans les *Denkmaeler*, à indiquer pour les parties endommagées ce qu'y avait noté Wilkinson, avec quelques vagues tentatives de correction, auxquelles il créa une quasi-certitude d'authenticité en dessinant d'un trait ferme les cartouches ainsi modifiés dans les planches du *Königsbuch*. En réalité les lectures de Lepsius n'offrent pas de garanties d'exactitude, puisqu'elle ne sont, pour les points douteux, qu'une réédition de ce que Wilkinson avait cru voir dix-huit ans auparavant.

Il reste une source d'information que je n'ai pu consulter : la scène qui nous intéresse a été publiée dans les

___

[1] Wilkinson n'a jamais été en rapport avec Champollion, d'après ce qu'il dit dans la *Topography of Thebes*, p. 56.

Transactions of the Royal Society of Litterature, de Londres, pl. XCVII, volume que je n'ai pu trouver au Caire, et je ne sais si on aurait pu y noter quelques indices nouveaux. Comme Burton collaborait aux travaux de cette Société, je pense que la note est de lui et ne nous apporterait aucune lumière, car ce ne serait qu'un troisième exemplaire de la copie Hay.

La liste d'Anhur-khâui ne nous donnant que des noms connus par ailleurs ou qui se retrouvent dans le tableau de Khâ-bekhent, je ne m'en servirai que pour la comparaison et ne m'occuperai en détail que de ce dernier.

Les personnages y sont assis en deux rangées superposées; on peut remarquer quelques variantes dans les attributs de ces défunts. Les rois sont coiffés du *nemes* et portent l'uræus au front; ils tiennent la crosse et le fouet, comme Osiris, sauf Skhent-neb-rê (II, 3) et Kamès (II, 4) qui ont une crosse et un fouet dans chaque main; aurait-on voulu faire remarquer par là qu'ils ne sont pas de la même famille que les souverains de la XVIIIe dynastie et appartiennent à une race doublement éteinte? Les princes royaux portent la tresse de l'enfance sur le côté de la tête, et n'ont pas l'uræus au front; ils tiennent une fleur de lotus, sauf Uazmès qui a en main le bâton ⸗. Les reines et princesses ont en main une sorte de fouet ⸗, et sont coiffées indistinctement d'une couronne plate à l'avant de laquelle se dresse un uræus; Aahmès-Nefertari est la seule qui ait la couronne surmontée de deux longues plumes droites, ce qui devait être la marque distinctive des divines épouses d'Amon, ⸗, titre qu'elle semble avoir été la première à porter[1].

Je vais donner les titres et noms des personnages de la liste, avec leur numéro d'ordre, laissant en blanc les cartouches qui seront à examiner.

[1] Je sais bien que sur la stèle 34 009 du musée du Caire, au nom de ⸗, on voit en tête la ⸗ coiffée de même, et le texte parle d'elle comme mère d'Aâhmès, ce serait donc

1re Rangée.

I. 1. 

2. 

3. 

4. . Par erreur Aah-hotep est représentée en roi. La liste d'Anhour-khaui et les monuments nous prouvent que ce fut une reine.

5. 

6. 

7. 

8. 

9. 

10. 

11. 

12. 

13. 

14. 

Aâhhotep I; mais dans le corps de l'inscription elle est appelée seulement «grande épouse royale». Le graveur aura probablement attribué par erreur dans le tableau à Aâhhotep I ce titre de divine épouse d'Amon qui ne revient qu'à Aâhhotep II, femme d'Amenhotep Ier.

2e Rangée.

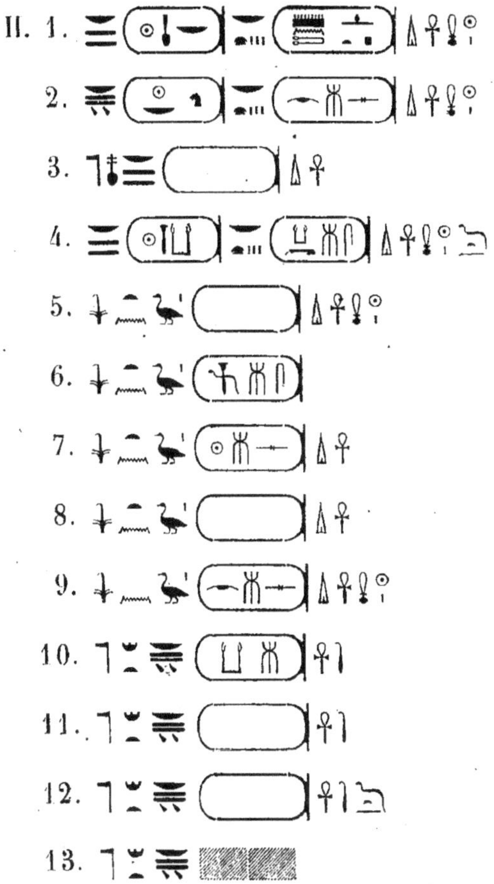

J'ai considéré comme acquis les noms plus ou moins défigurés dans certaines copies, mais donnés exactement dans d'autres, et qui se retrouvent sur d'autres monuments.

Il me reste à examiner les cartouches que j'ai réservés. J'indiquerai par des initiales les noms des savants qui les ont publiés : B. pour Burton, C. pour Champollion, P. pour Prisse, W. pour Wilkinson, L. pour Lepsius.

I. 6.

B.   C.   P.   W.   L.

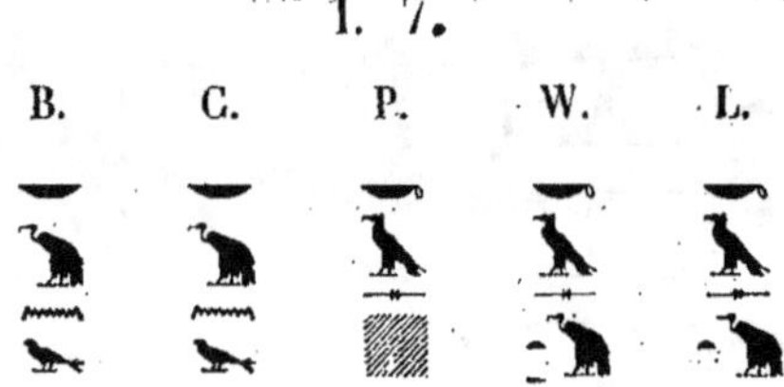

Toutes les copies sont d'accord pour faire débuter le cartouche par l'article féminin et mettre un *r* comme seconde lettre du mot, mais sont divergentes pour le reste. Il n'y a aucun mot convenable commençant par *fr*; une appellation ⸺ « bouton de lotus, lotus bleu », n'est guère dans les traditions de l'époque. Lepsius étant le seul à voir ⸺ là où tous les autres savants ont marqué un signe mince, sa lecture est peu sûre. A tout hasard on pourrait proposer une restitution ⸺ « la grande » de ce mot dont les seuls éléments certains semblent être ⸺.

I. 7.

B.   C.   P.   W.   L.

Les copies se divisent en deux groupes bien tranchés : d'un côté B. et C. donnent *neb-mut-n*, suivi de l'oiseau du mal ou de *ur*, de l'autre côté W. et L., appuyés par P. pour le début, donnent *kasmut*. Aucune de ces leçons n'est admissible; la vérité est peut-être entre les deux. Le second signe est un oiseau indistinct, transcrit ⸺ et ⸺; ne serait-ce pas un ⸺? On serait alors conduit à rétablir le nom ⸺ déjà connu dans l'onomastique égyptienne. La forme masculine ⸺ a été portée par un fils aîné d'Amon[1] et d'autres personnages[2]; la forme

[1] Gauthier, *Livre des rois d'Égypte*, t. II, p. 397, VII, 2.
[2] Lieblein, *Dictionnaire des noms*, 1747, a 240, a 465.

féminine, souvent écrite par métathèse graphique ⌢ est également enregistrée [1].

I. 12.

| B. | C. | P. | W. | L. |

Lepsius n'a certainement mis un *t* initial que pour être d'accord avec le tableau du tombeau d'Anhur-khâni qui donne un cartouche, ce qui semblait assurer la lecture du nom; cependant, cette forme est insolite et ne se retrouve pas sur d'autres monuments. Je crois que sur les deux fresques le nom, copié sur une même liste tracée négligemment, ou simplement en mauvais état, n'a pas été donné au complet. Golénischeff a copié un sarcophage du musée de Pétrograd qui est au nom de la

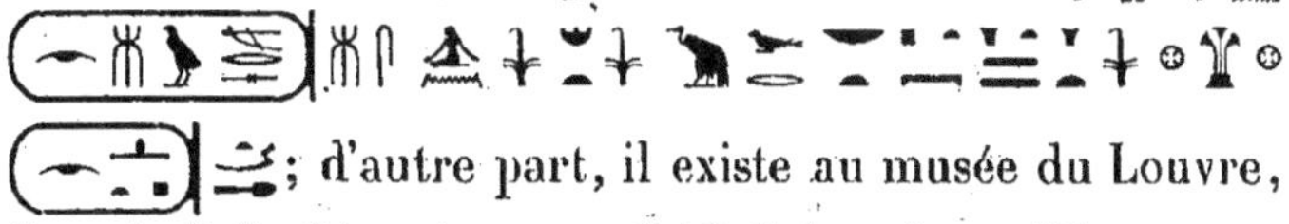

; d'autre part, il existe au musée du Louvre, dans la Salle historique, n° 648 du catalogue Pierret, un fragment de vase émaillé sur lequel sont représentées des reines dont on ne peut lire des cartouches que

et . Je considère le premier de ces noms comme le même que celui du cercueil de Pétrograd, où le ⌢ aura été omis ou non vu par Golénischeff. Ce serait la forme complète *Tu-mer-set* du nom que les listes de Deir el-Médineh réduisaient à *Ures* ou *Tures*, par suppression du . C'est une addition aux noms royaux pouvant être facultativement précédés de *Aahmes* et la mention qu'elle était née de la reine Aâhhotep (II), femme d'Amenhotep I prouve que ces princes dont le cartouche

---

[1] LIEBLEIN, *Dictionnaires des noms*, 1427, a 435.

commence par (𓏏𓏏 pouvaient n'être que des petits-fils du fondateur de la XVIIIe dynastie.

Quant au second cartouche tracé sur le vase du Louvre et dont le signe initial est seul lisible, il est permis de se demander si l'on n'avait pas là une autre mention de la reine *Nebet-ta*, connue justement par un autre monument du Louvre[1], une statuette de la 𓏏𓅓𓏏𓈖 ⌈𓄿 𓏏𓏏 𓏏⌉ 𓏏𓍷𓈖𓅓𓏏𓅭 ⌈𓄿𓏏𓈖⌉𓏏𓏏𓏭, également fille d'Aâh-hotep et par suite d'Amenhotep Ier, dont nos fresques ne parlent pas.

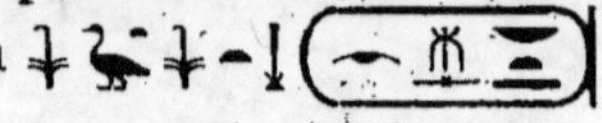

II. 3.

B.	C.	P.	W.	L.	
				Kœn.	*Denk.*

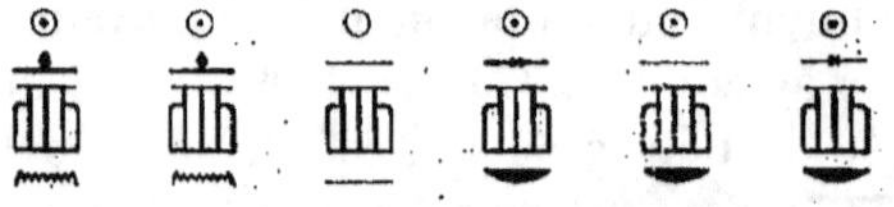

Il y a longtemps que j'ai proposé[2] de ne voir dans ce cartouche que la finale soit *n* ou *neb*, qu'une mauvaise transcription de l'hiératique du nom du roi ⊙▭⌐, connu par la Liste des ancêtres et la table d'offrandes Clot bey. Je crois cette assimilation généralement admise[3].

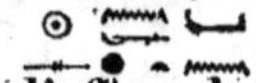

II. 5.

B.	C.	P.	W.	L.

[1] Salle historique, n° 7. MASPERO, *Momies royales de Deir-el-Bahari*, p. 636.

[2] DARESSY, *Recueil de travaux*, XIII, 1891, p. 146.

[3] GAUTHIER, *Livre des rois*, t. II, p. 168, 5 et 6.

En même temps que j'établissais l'identité de S-khent-neb-rê et de S-nekht-n-rê, je donnais les raisons qui militent pour une lecture ⌐ ... ⌐ × de ce nom. Depuis lors, aucun renseignement nouveau n'est venu nous éclairer sur le motif qui a fait graver sur le socle de la statuette d'Harpocrate du musée du Caire[1] en même temps que celui de Binpu celui de deux ou trois autres personnages qui sont apparemment de la XVIIe ou du commencement de la XVIIIe dynastie. On doit tenir compte que ce bronze est d'époque saïte et les quatre cartouches qui entourent la base peuvent n'avoir aucun lien historique, ayant pu être choisis au hasard, pour des motifs que nous ignorons, par l'Égyptien qui a fait orner ainsi cette image d'une divinité.

II. 8.

B.   C.   P.   W.   L.

Il est étonnant que la légère rectification à faire pour rendre ce nom correct n'ait pas été indiquée depuis longtemps[2]. Les deux petits signes qui précèdent l'oiseau sont les parties disjointes du caractère ꜗ, et le cartouche est à lire ▭ ꜗ ... . Le vocable est connu, et notamment l'un des fils de Ramsès II s'appela ainsi.

Ce mot en lui-même nous fournit un renseignement historique. Pour que le prince ait porté un nom aussi caractéristique, « maître de la Syrie », il fallait que les Égyptiens fussent alors en possession de cette contrée. Or d'après les documents que nous possédons à ce jour, Thotmès Ier serait le premier Pharaon qui aurait conduit ses troupes jusque dans la Syrie septentrionale, où il aurait

---

[1] DARESSY, *Catalogue des divinités*, n° 38189.
[2] GAUTHIER, *Livre des rois d'Égypte*, t. II, p. 398.

érigé des stèles triomphales revues plus tard par Thotmès III. On en peut déduire que Neb-n-khal était un fils de Thotmès Ier, né vers le moment où le pays était dans l'enthousiasme de ses premières victoires sur les peuples de l'Asie occidentale.

II. 11.

B.   C.   P.   W.   L.

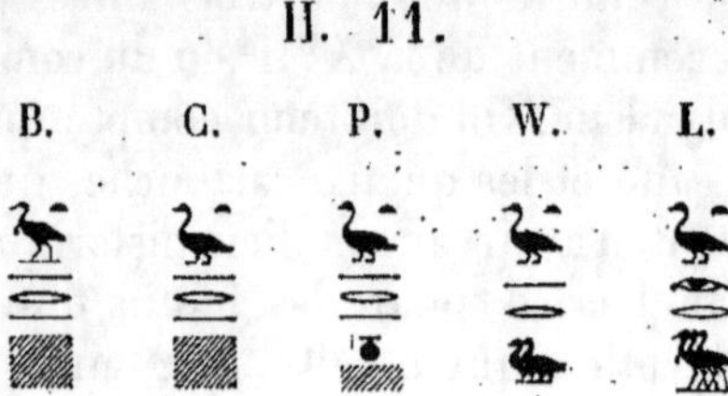

Chez Burton l'oiseau de tête ressemble un peu à la grue *bi*, autrement l'unanimité serait acquise à la lecture *sit* pour le début; et pourtant je ne suis pas satisfait de cet accord : à la suite on s'attendrait à trouver un nom de divinité, ce à quoi ne se prêtent nullement les traces de signes indiquées par les différents copistes, qui, du reste, ne sont d'accord que pour le second caractère, *r*. Au premier trait mince de B., P., et W., Lepsius substitue ⬡; après le troisième trait, B. et C. n'indiquent qu'une lacune, P. soupçonne un vase *nu;* W. transforme le trait en bec de deux oiseaux se suivant, fort indécis; L. trouve que le groupe ⬡ est trop rare et le remplace par trois grues ⬡. C'est pourtant ce nom dont on n'a pas d'autres exemples, dont la composition ne s'accorde pas avec les données connues sur la mythologie, aucune divinité ne portant le titre de «créateur des esprits»; que l'on voit figurer dans les Livres des rois publiés depuis le *Königsbuch* comme lecture certaine du cartouche! Mieux vaut avouer que la forme du nom nous échappe et je ne serais pas surpris qu'à cet ensemble il faille substituer ⬡, appellation de la femme de Thotmès Ier, qui fut mère de Thotmès II.

II. 12.

La rectification s'impose : c'est ⸺ « la petite fille » que l'on doit lire, en s'appuyant sur les données P., W. et L.

A ces rectifications de noms se présentant sous une forme insolite due au mauvais état des inscriptions, me sera-t-il permis de présenter une dernière hypothèse, d'une certaine hardiesse, je le reconnais, au sujet du cartouche II. 10. On voit là représenté une «divine épouse» dont la présence n'a pas été sans intriguer les égyptologues qui ne la connaissent pas par ailleurs. Je suis tenté de croire que le décorateur du tombeau a encore mal lu le manuscrit hiératique qu'il avait sous les yeux, ainsi qu'il l'avait fait pour Snekht-n-rê transformé en Skhent-neb-rê. Dans le groupe il aura cru déchiffrer et aura ainsi changé en ou par abréviation. La princesse Khebit(?) nefru est connue comme fille de Thotmès Ier, et bien qu'elle semble être morte assez jeune, le titre de ne lui est pas moins accordé sur un bas-relief d'une tombe de Gournah[1]. Nous avons tant de preuves de l'insouciance des artistes chargés de l'ornementation des tombes qu'une erreur de transcription aussi forte ne doit pas nous surprendre outre mesure.

Je n'ai pas l'intention de développer ici une étude sur

[1] *Denkmaeler*, III, pl. VIII, *b*.

la famille des premiers rois de la XVIIIe dynastie. La seule
remarque que je pense pouvoir présenter, c'est qu'après
ces rectifications évidentes ou probables qu'on doit faire
subir aux noms de la table de Khâ-bekhent, la constatation
des erreurs commises par les scribes qui ont dressé et
peint la scène, il n'y a aucunement à se fier à ce monument pour essayer d'en tirer l'ordre de progéniture ou de
parenté des princes ou princesses qui y figurent; ces personnages ont été répartis dans les deux registres un peu
au hasard, sans tenir même compte des quatre souverains
mis en tête de chaque série, sans aucun souci de la chronologie. La seule tentative de classement, qui me paraît
ressortir de cette étude, me semble avoir été celle de mettre
au premier rang la famille d'Amenhotep Ier, dont un certain nombre de membres avaient droit de faire précéder
leur nom de celui d'Aahmès, et de figurer au registre du
bas la famille de Thotmès Ier, ainsi que le fera ressortir le
résumé suivant[1].

I

Groupe des filles d'Amenhotep.	5. A. Merit-amen, citée à Turin avec Sit-Amen (I. 8).
	6. Ta-urt(?), inconnue par ailleurs.
	7. Kamsit, qualifiée par erreur(?) mère divine, inconnue.
	8. Sit-Amen, accompagne Amenhotep sur la stèle 34029 du Caire.
	9. Si-Amen, prince.
Groupe des épouses royales et divines.	10. A. Sit-ka-mès, adorée avec Amenhotep sur une stèle du British Museum.
	11. A. Hent-ta-meh, fille de la reine An-hapi.
	12. A. Tu-mer-set, fille de la reine Aâh-hotep II, sœur et femme d'Amenhotep Ier.
	13. Aâh-mès, fille d'Amenhotep Ier, épousa son frère Thotmès Ier.
	14. A. Si-pa-ari, prince, frère? d'Amenhotep.

[1] Je fais précéder de A les noms des personnages dont on a trouvé le
nom commençant par Aahmès.

II

Groupe de princes fils de Thotmès Ier.	5. Binpu. 6. Uaz-mès, fils de Thotmès. 7. Râ-mès, 8. Neb-n-khal, fils de Thotmès. 9. Aâh-mès.
Groupe de divines épouses.	10. Khebit-nefru(?), fille de Thotmès Ier. 11. Maut-nefert(?), femme de Thotmès Ier, mère de Thotmès II. 12. Ta-khrodit, inconnue. 13. Détruit.

Telles sont les observations que je livre à l'examen de mes confrères. Toutes mes propositions ne seront peut-être pas adoptées, mais je serai encore satisfait si du moins leur critique fait révéler des faits nouveaux, propres à mieux faire connaître l'histoire réelle d'Égypte dont notre immortel Champollion a pu le premier tracer les grandes lignes d'après la lecture des hiéroglyphes.

THE PEOPLES OF THE SEA.

A CHAPTER
OF THE HISTORY OF EGYPTOLOGY,

BY

H. R. HALL.

French scholarship has always specially interested itself in the identification of the foreign peoples mentioned in the Egyptian inscriptions, from the time of Champollion, who was the first to signalize the « Pholosté » as a foreign people conquered or defeated by the Egyptians, and to identify them with the Philistines, and even boldly found Ionians among the enemies of Egypt in the reign of Rameses II [1]. The names too, of E. de Rougé, Chabas, and Maspero are indissolubly connected with the problem of the identification of the « Peoples of the Sea », with which were also associated in the beginning the Englishman Birch and the German Brugsch.

The French savants were the protagonists of the view that the « Peoples of the Sea » were veritably tribes coming from western Asia Minor, Greece, and even Italy, a view which was followed, with some hesitation and occasional backsliding, by German students, and doubtfully admitted by English Egyptologists, but rejected by English classical scholars. The cultured Englishman was in those days still

[1] *Grammaire*, p. 180, 151; *Dictionnaire*, p. 314, 66. The early Egyptologists in England, Osburn and Hincks, accepted the identification of the Philistines (MASPERO, *Hist. Anc. Or. Class*, II, p. 463, n. 1).

by nature a sceptic, as he had been in the eighteenth century, but he was now less intelligent than he had been in the eighteenth century, and his mind found it difficult to absorb new and unprecedented ideas. Hence the phenomenon, even as late as the 'sixties, of Sir George Cornewall Lewis refusing to believe even that Young and Champollion had read any Egyptian hieroglyphs at all, and maintaining that the whole science of Egyptology was imaginary. Cornewall Lewis was dealt with by Renouf. But even though it might be admitted, grudgingly, that Egyptian could be read, the idea that Greeks and Italians, or peoples of Greece and Italy anterior to the Greeks and Romans they had known at school and at the University, should be recognized in Egyptian inscriptions of the fourteenth and thirteenth centuries B. C. was received by many scholars with incredulity. The support of Gladstone gave no help : to the ordinary scholars he was «thoroughly unsound» : the Egyptologist might well say, ruefully, *non tali auxilio*. More harm than good was done by *Juventus Mundi*, in spite of its author's characteristic adaptability and receptivity, and contempt for convention in knowledge as in everything else. In the 'seventies British scholars would believe anything in the way of Indian sun-myths, dawn-maidens, etc., in Greece and in Italy, but to what Egypt had to tell them they turned a deaf ear.

In 1876, a fateful date, Schliemann excavated Mycenae.

It took a long time for Mycenae to get into the schoolbooks, and it may fairly be said that Sir Charles Oman's admirable «History of Greece» (1890) was the first in England in which the new knowledge adequately appeared, and in which the Aḳaiwaša and their peers appeared as Greeks. And even then there were still sceptics.

The trouble was that the pass had been sold by the Germans. Brugsch had not only accepted the identification with the Mediterranean peoples (*Histoire d'Égypte*, 1859), but had himself been one of the pioneers of this identification. Ten years before E. de Rougé, he had in his *Geographische Inschriften* accepted Champollion's identification of the « Pholosté » (Purst'a) with the Philistines, and the comparison of Kefti with Kaphtor, already made by Birch [1], had himself compared the « Zakuri », « S'akals'a », Daanauna, etc. with the « seekundigen, durch Sagen und Wanderungen mit Libyen, Aegypten und Vorderasien in Verbindung gesetzten Karern », and had identified the Tuirša with the Thracians, rejecting the much more probable identification with the Τυρσηνοί (Tursce).

But ten years after E. de Rougé had published his epoch-making article in the *Revue archéologique* in 1867, Brugsch, in his *Geschichte Aegyptens unter den Pharaonen*, came out with an uncontrollable desire to banish all these tribes to Colchis and the Caucasus, and produced a series of far-fetched and improbable identifications which did his reputation in historical matters almost as much harm as his equally unlucky attempt to prove the XXIInd Dynasty to be of Assyrian origin [2]. Naturally the sceptical Englishman concluded that if the « solid, deep-thinking Germany » (of the ruling Carlylean creed) which he admired, did not agree with E. de Rougé and Chabas, in the first place nobody knew anything about the matter at all, and in the second the Germans were more likely to be right than the French *ex hypothesi*. In fact, « tant pis pour Rougé et Chabas »!

The facts have decided against him. First Schliemann's discoveries and then the archaeological work of the 'nineties in Egypt as well as Greece shook the confidence of the defenders of the citadel of traditionalism, and then Sir Arthur Evans finally took it by assault with the excavation of Knossos.

There is now nobody to dispute the general probability

[1] « Mémoire sur une patère égyptienne du musée du Louvre » (1857); pub'd. *Mem. Soc. Imp. Ant. Fr.*, XXIV (1858).

[2] These *faux pas* should not be forgotten, even if only to shew that none of us is infallible.

of the French identifications of the « Peoples of the Sea ».
On minor points of identity opinions may differ, but that
they were all peoples of Southern and Western Asia
Minor and the Western Isles there is now no question.
It may be of interest to sketch the course of study, and
the history of Egyptological opinion with regard to them,
in the light of the now enormously developed knowledge
of the archaeology of the « Isles of the Sea ».

In his *Geographische Inschriften* (1857) besides adum-
brating for the first time the view adopted by Rougé as
to the geographical position of these tribes, Brugsch had
fixed the Libyan origin of such tribes as the Mašauaša, Libu, and Kehak, who attacked Egypt in the reign of Meneptah in company with Tuirša and Aḳaiwaša. The identity of
the ethnic name Libu (Rebu) with that of the Libyans,
and the probable identity of the Mašauaša with the Μά-
ξυες, was settled and generally admitted. It was no longer
necessary to seek for the « Rebu » on the shores of the
Caspian. At the same time Brugsch saw that the Tuirša,
Šairdana, Šakalša, Aḳaiwaša, etc.; were not Libyans but
Mediterranean peoples. It is odd that, if he adopted the
most hazardous identification of Tuirša with Θρᾶξ, he did
not hail the Aḳaiuaša as Ἀχαιοί, and the Danauna as Δαναοί. To call the Šairdana Sardinians he evidently did not
dare, and his rejection of the Τυρσηνοί in favour of the
Θρᾶκες as candidates for identification with the Tuirša
was probably largely due to fear of going too far afield.
Thrace did not seem so far from Egypt as Sardinia or
Etruria! As to the identity of Keftiu-Kaphtor (already
considered by Birch [1] to be Cyprus), he expressed no
decided opinion, merely stating that some considered it
to be Cyprus, others Crete, and that he preferred the
second alternative, while at the same time he was troubl-
ed in mind by the fact that, in a Theban tomb, the
Keftiu-folk were depicted between the men of Naharin
and those of Mennus and Upper-Retnu, so that they ought

_____

[1] *Mémoire sur une patère égyptienne*, p. 25.

to be somewhere in the direction of the Euphrates.
We can see however that the Egyptians were careless
and inaccurate in their geographical presentation of
foreign peoples, as in other things, and could mix up
Syrians with Aegeans with little compunction. Further,
the name Keftiu *may* conceivably have included Cilicia
(see later, p. 322), so that the association with Mennus
(Mallos?) can be explained, while that with Naharin must
be set down to mere insouciance. Brugsch's identification
of Kaphtor and Keftiu with Crete may therefore stand,
and it has generally been accepted until quite recently
when an attempt was made to transfer it to Cilicia,
without complete success as we shall see later [1].

In connexion with the Philistines, whose identity with
the «Purst'a» (Purusata, Pulesti) he accepted, following
Champollion, Brugsch made the interesting suggestion
that the «Zakuli» (Zakkarai) were the namegivers of the
town of Ziqlag (the Sikella or Sekella of Josephus) [2]. Ziqlag (Ziklag) was certainly in the domain of the Chereth-
im, the Cretan Philistines of the XIth cent. B. C., and
the name is non-Semitic. May we go further than Brugsch
or E. de Rougé or Chabas here, and suggest that the *Ziql*-
element of the town-name, the *Zakul-* or *Zakel-* of the
tribal name, is much more likely to be identical with
the name of the Σικελ-οι, *Sicul-i*, than is the name of the
Sakalša, with which E. de Rougé identified it. But of this
more anon.

We come to E. de Rougé's articles in the *Revue archéologique* of 1861 and 1867, the latter of which was originally read as a paper before the Academy of Inscriptions.
In the first [3] he treated the famous «Hymn of Victory»
of Thutmes III, discovered by Mariette at Karnak, which
had already been published (owing to a misunderstand-

---

[1] See p. 311.
[2] *Geogr. Inschr.*, II, p. 87, n.
[3] «Étude sur divers monuments du règne de Toutmès III», *Rev. arch.*,
2e série, 1861, II, p. 196-222, 344-372; MASPERO, *Bibl. ég.*, XXIV,
p. 117 ff.

ing) by Birch in *Archaeologia* [1]; in the second [2] he dealt
chiefly with the attack on Egypt by the Peoples of the
Sea in the reign of Meneptah, which had already been
discussed by Brugsch. «Kefa» or Keftiu he assigned to
Cyprus and Crete, following Birch, whose view had been
accepted with less definiteness by Brugsch. «Asi», which
goes with Keftiu in the hymn, and is now generally
regarded either as Cyprus (this I believe to be erroneous)
or (I think more probable) Asia Minor generally — the
name is probably no other than Ἀσία itself — he assigned
vaguely to the west, because Keftiu was there. The «Isles
of the Very Green» were still further west. *Utentiu*,
[hieroglyphs], be compared with the «Tanai» of the Annals of the «41st» (? 42nd) year of Thutmes, and also
with the name of the «Taanau» (*sc. Daanau* or *Danauna*)
of the campaign of Rameses III. It is uncertain whether
either of these suggestions can now be accepted. The first
is more attractive than the second. The first sign of the
line in which the name [hieroglyphs] occurs is broken away,
and it has been supposed that the [sign] which precedes
the [sign] may be part of the name, which therefore reads
[hieroglyphs], . . . *ntinay*. W. M. Müller supplied the
missing sign as [sign] and read the name therefore as *Intinay* [3].
I have myself, basing my suggestion on the view that the
word may be the original of the corrupt Ptolemaic name
for Cyprus, [hieroglyphs], put forward the view that the
missing sign is to be restored as [sign], and the name read
Yentinay or *Yantinay*, which is extremely like the later
Assyrian name for Cyprus, *Yatnan* [4]. A metathesis of
the *n* and *t* is conceivable enough, when we have so simil-

[1] «On a Historical Tablet of the Reign of Thothmes III», *Archaeologia*
(XXXVIII), 1861.

[2] «Mémoire sur les attaques dirigées contre l'Égypte par les Peuples
de la Méditerranée vers le xive siècle avant notre ère»; read at the Academy of Inscriptions April 1867, published *Rev. Arch.*, 2e série, 1867,
et VII, p. 38-81; MASPERO, *Bibl. ég.*, XXIV, p. 417 ff.

[3] *M. V. G.*, 1900, p. 8.

[4] *Oldest Civilization of Greece*, p. 163; *Ann. Brit. Sch. Ath.*, VIII
(1904), p. 167.

ar a name as a known appellation of Cyprus. This identification I still think probable, but in view of the oddness
of such a spelling as ⌃, it may be that the original spelling was 𓏏, misread later as ⌃. The Ptolemaic word
[hieroglyphs] is obviously corrupt, a misreading of a
hieratic original, and can be most easily emended to
[hieroglyphs]. Müller did not perceive any identity of his
[hieroglyphs] with [hieroglyphs], nor did the resemblance
to *Yatnan* strike him. The reading of E. de Rougé (following
Lepsius, *Denkm.*, III, 30 *a*, 18) is retained by most scholars,
as Breasted, who makes the ⌁ mean «of», and
restores «(The tribute of the chief) of Tinay» [1]. Brugsch
(*Thesaurus*, V [1891], p. 1184) read [hieroglyphs], «Tinemy», but the [sign] is generally accepted. My suggestion
affords an explanation of the otherwise inexplicable «Nebinaitet» name for Cyprus, and the likeness of the restored
name to *Yatnan* is remarkable.

If *Tinay* is regarded as the correct reading, E. de Rougé's
comparison of [hieroglyphs] with [hieroglyphs] is certainly
suggestive, and the [sign] of the second word may really be *a*
(ȝ), not *ti* : or, conversely, perhaps the first should be read
«Tintiy». The identification with [hieroglyphs] seems
comparatively hazardous, and, although the Egyptian
scribes were often vague in the spelling of these names,
the [sign] is against it : this [sign] is not an Egyptian plural, but
part of the name, which is also spelt with its own ethnic
termination -*na* as Danauna. E. de Rougé recognized in the
name that of the Greek hero, Danaos, in an ethnic Δανάων-form (cf. Ἰάων, Λυκάων).

Passing to the second memoir, on the attacks directed
against Egypt «about the fourteenth» century B. C. (E. de
Rougé was, as was natural at the time, a century too
early) we have first the names of the allies of the Kheta
against Rameses II : «Masa doit désigner la Mysie; Leka,
la Lycie, et les Dardani où je n'hésite pas, quant à moi,
à reconnaître l'antique race de Dardanus, marqueraient

[1] *Ancient Records*, II, 537 (p. 217).

vers le Nord la limite de cette alliance de peuples. » Of these the identification of the *Leka* or rather *Luka* ▢▢▢ with the *Lukki* of the Tell el-Amarna letters, and of both with the Lycians, is universally accepted : this piratical maritime people, that raided Alašiya constantly, can be no other than the Lycians. Whether, however, the *Masa* were Mysians one may still doubt. The Mysians of history were still astride the Hellespont even in Homeric days, and the invasion of the Mysians and Phrygians from Thrace can hardly be put down to much before 1200 B. C., and was probably the cause of the great migration that brought the Philistines to Palestine in the reign of Rameses III. It is not likely therefore that any Mysians would be in alliance with the Hittites as early as 1295 B. C., the approximate year of the battle of Kadesh. However, one will not deny the possibility.

E. de Rougé's interesting identification of the *Dardeny*, ▢▢▢, with the Δάρδανοι, incredible as it may have seemed to some, holds good. There was of course no need for doubt : but preconceived ideas were shocked. There is no need to suppose that these Dardanians actually came from Troy itself, though there is no reason why they should not have done so; Troy had Trojans then and had had for a millenium or more. They may then have lived elsewhere in Asia Minor, and there is said to be a *Durdun Dagh*, that may preserve their name, in Cilicia [1]. *Pidasa* and *Aruna* E. de Rougé did not identify : « Karkis'a » (*Kalakiša*) he compares with the Girgashites of the Hebrews. The Pisidian possibility for the first named occurred to him later [2].

Passing on to the attack from the West in the reign of Meneptah, E. de Rougé identifies the Tuirša as Tyrrhenians (Tursce), the Sakalaš as Siculi, the Šardaina as Sardinians, and the Akaiwaša (« of the land of the sea ») as Achaians. These identifications, the last especially,

______

[1] Petrie, in *P.S.B.A.*, XXIV, p. 318. He gives the name in Arabic, as « Jebel Durdun ».

[2] *Mél. Arch. ég. assyr.*, II, p. 267.

have encountered much unbelief and scholastic prejudice. The second and third have not seldom been abandoned by those who have studied the matter; the second remains most questionable : it is very doubtful if the Šakalša had anything to do with the Sikels [1]. But of the identity of Tuirša with Tyrseni and of Aḳaiwaša with Ἀχαιϝοί, we now have little doubt [2]. The Šardana too may have been Sardinians, but they were Sardinians who never in all probability saw Sardinia. As Maspero pointed out [3], these tribes were in the full movement of folk-wandering, no doubt from Asia Minor over the seas to the west and to Libya : the Tuirša were Etruscans who had not yet reached Italy from their Anatolian home, the Šardana were, equally, Sards on their way from Sardès to Sardinia, the Aḳaiwaša were Achaians now (*c.* 1230 B. C.) first appearing in the Mediterranean as piratical warriors, « fighting to fill their bellies daily », as the Egyptian record pithily but rudely puts it. They never reappeared in Egypt : they were but a little band, probably, that had thus early adventured to Libya, rich in fleeces, from their « land in the midst of the sea » six centuries before the Pythia bade their descendants go thither as colonists. Caught in a stream of migration and fighting, they indeed « wound the skein of a grievous war till every man of them perished » in the fields of Egypt, and they remained but a name on an Egyptian monument, to be in after ages a matter of disputation among the learned [4].

[1] It is notable that the well-known head of a Šakalša chief, illustrated by PETRIE, *Hist. Eg.*, III, p. 111; MASPERO, *Hist. Anc. de l'Or. class.*, II (1897), p. 465, is distinctly Semitic in type.

[2] For my explanation of the ethnic termination -*sha* (-*ša*) (in *The Oldest Civilization of Greece*, 1901), see later p. 318, and for Weill's quotation of the interesting explanation by Streitberg (1896), p. 319.

[3] *Rev. Crit.*, 1873, p. 81 ff; *Bibl. Eg.*, VII, p. 97 ff.

[4] E. de Rougé points out the interesting fact that the Aḳaiwaša are described as wearing body-armour, a thing previously unknown to the Egyptians, probably, unless it was worn by the Šardana. The Philistines certainly wore it (see later, p. 324, n. 2) and bronze cuirasses are mentioned in lists on inscribed tablets from Knossos (see my *Aegean Archaeology* [1915], p. 243). Thus the panoply, which the Greeks always thought to

E. de Rougé, however, undoubtedly conceived of the
Tuirša, Šakalša and Sardana as coming from Italy and
Sardinia, and herein he was followed by Chabas in his
Études sur l'Antiquité historique, which appeared in 1873,
after the death of E. de Rougé, who had never been able to
complete the task which he had set himself of following
up his identifications into the maze of Greek legend.

Chabas disconcerts us at the outset by the positive way
in which he calls the « Kefat » Phoenicians, and admits no
discussion of the point. The solution which the flair of
Birch and E. de Rougé, not to speak of Brugsch, had divin-
ed did not exist for him. He took his stand on the plain
words of the Ptolemaic inscription which equated Kefti
with Phoenicia. Yet the event has shewn that they were
more or less right and both he and his Ptolemaic authority were wrong. Cautious as he was here, in respect to
the Peoples of the Sea generally his identifications went
further than any of E. de Rougé's. It was far westward, in
Italy, that he would place not only the Šardana (« ou Sar-
dinien, qui occupait déjà la Sardaigne »), Turša (Étrus-
ques, Toscans), and Sakalša (Sicules), but also the
Daanau (Dauniens) and the Uašaša (Osques) mentioned
by Rameses III. The identifications of the Daunians and
Oscans were peculiar to Chabas, and found no support.
He accepted the Akaiwaša as Achaians, though he would
not have the Daanau as Danaans. For him, as for others,
the Zakkal (Brugsch's Zakuri or Zakuli) or T'akkarai
were the Teukrians, in spite of the difficulty of the *u*.
But such difficulties had unluckily few terrors for Chabas,
otherwise he would never have rejected Champollion's

be of Karian origin, seems in its beginning to have been worn by these
proto-Achaians of the thirteenth century B. C. And the Philistines and
Šardana no doubt came from western Asia Minor originally, to all intents
and purposes from Karia. E. de Rougé's further idea that he had identified
a mention of greaves in the description of these εὐκνήμιδες Ἀχαιοί is
incorrect (BIRCH, *A.Z.*, 1872, p. 98); the word means knives or razors.
But greaves were known to the Peoples of the Sea almost as early as this
period, as we see from the bronze pair from Enkomi in Cyprus, preserved in the British Museum. (MURRAY, *Excavations in Cyprus*, p. 16,
fig. 26; HALL, *Aegean Archaeology*, p. 246, fig. 102.)

perfectly reasonable identification of the Purusati or Pulesti with the Philistines, in favour of an impossible one
with the Pelasgi. How he got over the *g*, one of the most
stubborn of sounds and most difficult to conjure with, he
does not explain. Nor does he refer to the difficulty of
identifying a single tribe with a vague and general ethnic
term which may possibly be of mythic and literary origin and not a genuine original appellation at all. His
reason for rejecting the Philistine identification was a
geographical one which it is difficult to follow.

A very necessary and clarifying criticism was supplied
almost immediately by Maspero in a review of Chabas'
work that appeared in the *Revue critique*. Chabas had gone
too far, and not only he, but E. de Rougé also would have
suffered some disrepute had not the young Maspero
applied his incisive judgment on historical matters and
keen perception of the probable to their views on this
subject, and pointed out what was likely to be correct in
them and what modifications were necessary to bring
them into tune with probability. In the first place he restored the identification of the Philistines, shewing that
Chabas' geographical doubts were needless. Then he
pointed out that, admitting that the Šardana and Turša
were Sardinians and Tyrrhenians, etc., «il serait assez
étonnant de voir une flotte de pirates italiens venir chercher au fond de la mer Égée des auxiliaires Teucriens
avant d'attaquer l'Égypte», and shewed, as has already
been said, that they were Sardinians and Tyrsenians who
had not yet reached Sardinia or Etruria from the original
home which tradition assigned to them in Asia Minor :
«il serait donc naturel de voir, dans les peuples qui atta-
quèrent l'Égypte au temps de Ménephtah et de Ramsès III,
les tribus asiatiques des Tyrséniens, Sardiniens et Sicules,
alors en pleine migration et qui, avant d'aller chercher
un asile sur les côtes lointaines de l'Italie, essayaient de
s'établir sur les rivages moins éloignés de la Syrie et de
l'Égypte. Dans ce cas, les *Danaü* seraient non plus les
Dauniens, mais les Δαναοί de la Grèce primitive, voisins

et rivaux des Akaiens (Ἀχαιοί), et les Uashash, une peuplade asiatique, Οὔξιοι, Οὔτιοι, etc. ». The Danaoi had returned to stay, like the Philistines, but Maspero's suggestion for the Uašaša remained only less problematic than Chabas'. His simplification of the theory and diagnosis of the position was however masterly, and anticipated in a remarkable manner conclusions to which archaeological discovery is nowadays inexorably compelling us, and in which Maspero, had he lived, would have taken a most intense interest [1].

In 1875, Brugsch published his *Geschichte*, and as was to have been expected, Maspero's criticism at once got to work on his new treatment of the Peoples of the Sea, to which we have already referred above. The crucial point was the identity of the allies of the Libyans against Meneptah. «Outre que des formes comme Shakalsha, Toursha, Ouashash, ne se prêtent qu'à peine à des rapprochements avec Zagylis, Tauri, Ossetae, on se demande quelle raison une confédération des peuples du Caucase aurait eue de débarquer à l'ouest de l'Égypte. Aucune tradition antique ne nous montre que les peuples du Caucase aient navigué et poussé jusqu'en Afrique des expéditions maritimes. Au contraire, toutes les légendes helléniques indiquent que, vers le xivᵉ siècle, il y eut, d'Asie Mineure sur les côtes syriennes, africaines, italiques, un mouvement d'émigration considérable. » And so on, tearing Brugsch's new orientation very neatly to tatters. A new suggestion was made that Šakalša was rather the name of the town of Sagalassos in Pisidia than that of the Sikels, which was brought rather into connexion with the tribal name of the Zakkal (following up the suggestion about Ziklag made by Brugsch himself in 1857 [2]). He concluded : «En résumé, les vieux chroni-

---

[1] I refer to the theories of the Bohemian Assyriologist Hrozný and the Swiss Forrer as to the west Indo-European character of the Hittite language, and its relationship to Italic (*Die Sprache der Hethiter* [1917], *Hethitische Keilschrifttexte* [1919]; M.D.O.G., 61, Dec. 1921).

[2] See *antea*, p. 301.

queurs grecs nous content qu'avant la guerre de Troie, probablement vers le moment où les Phrygiens passèrent de Thrace en Asie, un certain nombre de peuplades émigra des côtes égéennes de l'Asie Mineure, en Grèce, en Italie, en Libye, en Syrie. Les monuments égyptiens nous montrent, vers la même époque, des peuples de même nom venant par mer du Nord sur les côtes de Libye, d'Égypte et de Syrie. Jusqu'à nouvel ordre, il me paraît prudent de tenir compte de cette coïncidence et de respecter une interprétation des monuments, qui concilie le témoignage des documents égyptiens avec celui de la tradition grecque. » A most neat summing-up and a very effective riposte : for Brugsch appeared in the light, not, as he expected, of the sane and serious corrector of a superstition but in that of the violent and somewhat absurd revolutionary and contemner of reasonable traditions [1].

Brugsch made no effective reply, but in England, if not in Germany, his supposed defence of sanity against insanity — (in reality, the conditions were reversed) — was deemed reasonable for a decade. The uncritical nature of Lenormant's history had aroused much hostility in England against the supposed fantasies of the Egyptologists, which the extravagances of Gladstone, with his Egyptian dynasties in the Peloponnese, had not helped to remove. We were, too, under the spell of Max Müller and his Dawn-Maidens, and looked to India or at least the banks of the Oxus and Jaxartes for our Greek origins rather than to those of the Nile : and indeed Brugsch's Caucasian theory may have been not distantly connected with Max Müller's views. Maspero, however, was at work, and the name and fame of his *Histoire ancienne des peuples de l'Orient classique* was penetrating into England, where in the middle 'eighties the effect of the new era of archaeological excavation inaugurated by Schliemann in Greece and by Naville and Petrie in Egypt began to be felt.

---

[1] *Rev. Crit.*, 1875, p. 390 ff.; *Bibl. Ég.*, VII, p. 183 ff.

Brugsch, himself, abandoned his Caucasian ideas when
Troy was excavated, and interest in the Mediterranean
identifications was revived when Petrie excavated at Gurob in Egypt a town of undoubtedly Mediterranean foreigners, one of whom was a certain An-Tursha, or « Pillar
of the Tursha », who lived as early as the time of Seti I
(not later than 1300 B.C. [1]).

As to the Keftians, Maspero, whose authority was at
this time decidedly the greatest on the subject, continued
to follow Chabas in regarding them as Phoenicians, or at
the most a subject-population of Aegean origin living in
Phoenicia [2]. This was always a most hazardous hypothesis, devised in order to explain the Ptolemaic identifications, as, although there were, we know from the Amarna
letters, settlements of Mediterranean pirates on the
Phoenician coasts, there was nothing to shew that they
were of Mycenaean origin (we are talking, it must be
remembered, of the year 1897, when the Minoans were
not yet discovered), whereas it was evident from the
wall-paintings of the Egyptian tombs of Rekhmire and
Sennemut at Thebes that the Keftians and Men of the
Isles were Mycenaeans. This had been pointed out definitely by the distinguished German Egyptologist, Prof. Steindorff, five years before, in the *Archäologischer Anzeiger*
for December, 1891. And in 1893 the late W. M. Müller had published that strange farrago of knowledge,
and invaluable mine of references, *Asien und Europa*, in
which he dealt exhaustively with the peoples of the sea,
and shewed, *inter alia*, that the Keftians cannot possibly
have been Phoenicians. He thought they were Cilicians,
hardly appreciating yet the Mycenaean evidence at its full
value. Maspero's mind did not now move in this matter so
quickly as of yore; and he does not seem to have devoted
very much attention to Mycenaean studies, else he could
hardly have failed to see the identity, which struck Stein-

[1] Petrie, *Kahun, Gurob and Hawara* (1890), p. 40.
[2] *Hist. Anc. des Peuples de l'Or. class.*, II (*Les premières mêlées*), 1897,
p. 192.

dorff so forcibly, of his figure of a «Kafti», so well
drawn by Faucher-Gudin [1], with the representations of
Mycenaean Greeks. When the famous figure of the fresco
at Knossos, the Cretan Cupbearer, was discovered in
1901, all doubts disappeared : and since then example
on example of Minoan costume has but confirmed the view
that the Keftians were Cretans. It has indeed seemed
probable enough that Müller may have been so far right
that the Cilicians (if indeed they were Mycenaeans, of
which he had no proof at all, nor has anybody else) *may*
have been the extreme left wing of Keftiu, which name
may well have covered the whole of the coasts from Crete
to Cilicia. But that the Keftians were Cilicians alone, with
nothing to do with the Peoples of the Isles, it is difficult
to maintain [2]. Nor does Mr. Woolley's recent discovery of sub-Mycenaean graves in Syria [3] help much to
bring Keftiu back to where the Ptolemaic historiographers
thought it was, for the Keftians were Minoans of 1400
B.C. and not sub-Mycenaeans of 1200 B.C., and their
name is not mentioned among the allies of the Philistines.

Of the «Peoples of the Sea» Müller of course accepted,
of those at Kadesh, the Luka as Lycians and Dardeni as
Dardanians, but these as a great folk of Asia Minor, not
mere local inhabitants on the Hellespont. Masa to him
does not well represent the Mysians, who were hardly
yet in Asia Minor at all : this was a very acute observation, and is entirely justified (see above p. 318). For Pidasa, he repeats E. de Rougé's identification with Pisidia [4],
badly written, and hints at, but hardly dares to maintain,
the connexion with Πήδασος on the Satnioeis and with
the Carian Πηδασέες, already suggested, in 1872, by
Maspero [5]. With him is revived the name *Yevana = Ἰάων*,

[1] *Ibid.*, p. 193.
[2] See later, p. 322.
[3] See p. 323.
[4] See above p. 304.
[5] *De Carchemis Oppidi situ*, p. 57-58. From Müller's wording it does
not look as if he were aware that he had been anticipated on both suggestions.

Javan, the Ionians. This is the name ⸺, which others had read *Maunna* and had identified with Maeonia [1], or as *Iriunna, Iliunna, i. e.* Ilion itself [2]. Champollion had however long before interpreted the word as «Iounan, le pays des Ioniens» [3], and Müller revived this interpretation with effect. He read the Egyptian signs of course Yᵉvᵃn-na, giving the ⸺ its full force of *wan, van*, not merely *un*, and to the word thus read the name Yāwān = Ἰάϝων entirely corresponds. The reading rests, however, on that of the initial ⸺ as y^c simply, softened with loss of the medial *r* from $y(r)y$. It is not an impossible reading, and it is remarkable that Champollion should have guessed at it as he did. How far however can we believe that Ἰάϝοϝες already existed in Asia Minor in sufficient force to be allies of Kheta against Egypt in the year 1295 B.C.? The name may be older than the Indo-European Greeks, of course; it may have belonged to a preceding stock in Ionia; it may have been the name of the Aegean islanders. But ⸺ is a continental country, not an island. We have no space to discuss this point here. If the *Yevanna* reading is rejected, we fall back on the reading *Iliunna*, and identification with Ilion, proposed by Maspero; for why should not Ilion have been an ancient territorial name of North-western Asia Minor, and *Iliunna* as worthy to be accepted as such as the *Derdeny* with whom it significantly appears as subject-allies of the Hittites. After all, it is not so very far from Boghaz-Kiöi to the Dardanelles, from Pteria to the Hellespont, and the Great «Sun» of Ḫatti may well have brought Ilian as well as Dardanian allies from the west sea to Ḫattušaš and eventually across the Taurus into Syria to fight with Egypt at Kadesh.

Among the attackers of Meneptah's reign, Müller accepts E. de Rougé's Sardinians, Tyrsenians, and Achaians. The sibilant at the end of Aḳaiwaša he explains as either

[1] Chabas, doubtfully.
[2] MASPERO, «Les Iim», *Rec. Trav.*, VIII (1886), p. 84.
[3] See *antea*, p. 297.

indicating assimilation to Asia Minor names or to Semitic
pronunciation. The former has seemed to the present
writer the most probable explanation, and since Kretschmer has shewn that *-ša* or *-za* as well as *-na* were
ethnic suffixes in Lycian, we may well identify this *-ša*
which occurs in so many of these names as an Asia Minor
ethnic termination, the origin of the *-σσos* so common in
Asia Minor names, as the *-na* is of *-vda* [1].

Maspero had broached this probability when he identified Šakalša with Sagalassos.

For Müller the Šardana were Sards from Sardinia
itself, and he easily shewed that Perrot had been alto-
gether wrong in denying all resemblance between them
and the men represented in bronzes discovered in Sardinia; they are very much alike, as a matter of fact. But
he forgot Maspero's brilliant correction of Chabas on this
very point; the Sardana were Sards indeed, but Sards
not from Sardinia, but from Sardes on their way to Sardinia; wanderers who had not yet settled, perhaps, in the
great island in the thirteenth century, and who at any
rate, when they first appeared on the Phoenician coast in
the fifteenth, had pretty certainly not then come from
Sardinia but from Asia Minor.

Chabas' identification of the Uašaša with the Oscans,
O(p)sci, Ὀπικες, Müller dismissed as philologically impos-
sible [2], and regarded them as « Kleinasiaten », whereas
the Turša for him were genuine Etruscans from Italy.
Here again Maspero's seems the better view. The Purusati
(Pulesti) Müller, in accordance with the now universal
view, accepted as Philistines, and regarded Kaphtor as
Crete; the Philistines were « Urkreter » (Eterokretans). But
Knossos was not yet excavated in 1893, and we now see
that they can have been nothing of the sort, but a people

---

[1] *Oldest Civilization of Greece*, p. 178. See p. 318, later.

[2] It has quite recently (1921) been revived tentatively by Weill (*Syria*,
II, p. 131) which is strange in view not only of the testimony against it
of Müller, but also of Maspero's refusal to adopt it (*Hist. Anc. Or. Class.*,
II, p. 464, n. 5).

of Asia Minor who may well have passed over into Crete
after the fall of Knossos (*circa* 1400 B.C.), and thence
two centuries later to Palestine, where the Šakalša and
the Danauna had long preceded them. The Šakalša may
be mentioned in the Amarna letters as «Shekhlal»
(*Sěḫlal*)[1]. They were for Müller certainly no Sikels; and
that the Danauna and Zakkal or T'akaray were Δαναοί
and Τευκροί was a «Sache des Glaubens», difficult to
criticize. Why he should make the condition that one
must at any rate not think of the Indo-european later
bearers of these names but of their prehistoric predeces-
sors, one does not quite see. The Greeks were certainly
on the move into the Aegean area at this time. But the
Δαναός name may have been taken over from the «Pelasgi», and the Danauna or Danuna were on the Palestinian coast as early as 1400 B.C.[2].

Müller points out the importance of the reference in the
Golenischeff Papyrus («Report of Uenamon», published
1899) to the settlement of Zakkal at Dor about 1100
B.C. They were a tribe evidently closely related to the
Philistines.

One important matter was cleared up by Müller.
Brugsch had claimed that these tribes were circumcised,
and therefore must have been pure Asiatics and certainly
not Greeks of any kind. Müller shewed that this was an
error : the Peoples of the Sea are in Meneptah's inscription directly specified as uncircumcised. Müller gave
most useful sketches of types of these tribes from
the Egyptian monuments, largely derived from the
series of racial types collected by Petrie in casts taken
from the monuments : a great service to the enquiry.
The European types, especially of the Šardana and

---

[1] HALL, *P.S.B.A.*, XXXI (1909), p. 231. The reduplicated *l* is curious, but as the Šekklal were foreign mercenary warriors who had settled
or were stationed at Simyra on the Phoenician coast (whence they were
expelled by the rebel Abdaširta in the reign of Amenhotep III; KNUDTZON,
El-Amarna Tafeln, 62), it seams some very likely that they were Šakalša.
[2] KNUDTZON, *ibid.*, 117.

Turša, are very noticeable, while the Šakalša look Semitic [1].

In his book the land of Alashiya, the *Alesa* of the Egyptians, which had come into prominence in this connexion owing to its mention in the Amarna letters, is regarded as the north-Phoenician coast [2], but in a paper contributed to the *Zeitschrift für Assyriologie* in 1895 he identified it as a later and fuller spelling of [hieroglyphs], *Isy* or *Asy*, which he had in *Asien und Europa* provisionally identified as Cyprus. (*Asy* would be an Egyptian misunderstanding of the real name, used until it began to be spelt properly as *Alesa*.) At present it would seem that though the constant mention of copper as an article of export from Alašiya in the Amarna letters and the occurrence in Cyprus of a cult of Apollo Alasiōtas or Alahiōtas is in favour of the identification (though I personally have adduced other reasons against it), it is very difficult to maintain the equation Asy — Cyprus, and this vague name seems to mean more probably Asia Minor generally; no doubt it is simply Ἀσία itself [3]. Alašiya may be not Cyprus but western Cilicia [4].

In 1901 I discussed the Peoples of the Sea in an archaeological context in my *Oldest Civilization of Greece*, beginning with the *Ha-nebu*, and suggesting that possibly this very ancient general name (it is at least as old as the Old Kingdom), originally meant not «those north of the swamps», as Müller had supposed, but «Fenmen» simply (?* [hieroglyphs]; *cf.* the [hieroglyphs])

---

[1] See p. 305, n. 1, *antea*.

[2] Maspero had identified the Alašiya of the cuneiform texts with the *Alesa* of the Egyptian records, and had provisionally placed it on the Phoenician coast (*Rec. Trav.* X [1888], p. 209). Sayce makes it = the Biblical *Elishah*.

[3] Hall, *P.S.B.A.*, XXXI (1909), p. 228; «The Land of Alashiya» (*Manchester, Egyptian and Oriental Journal*, 1913). Niebuhr had also (1894) identified Alashiya with west Cilicia in his *Studien und Bemerkungen zur Geschichte des alten Orients*, I, p. 97-102 («Zur Lage von Alaschja»).

[4] Naville, *Journ. Eg. Arch.* IV (1917), p. 230, reads *Amasi* and connects with Amathus (= Cyprus).

«Swamp-dwellers», of the Book of the Dead), and was only later transferred to the Mediterranean raiders of the Delta[1], and taken to mean «Lords of the North» or «All the Northerners» as the form ⌒⌒ ⟿ ≋ [2] shews. Keftiu I claimed as the coasts and lands from Cyprus to Crete, and suggested the emendation of a Ptolemaic name for Cyprus, «Nebinaiti» 〰⏑⏑⏑ to 〰⏑⏑⏑ (which would be the name... -tinay mentioned in the Annals of Thothmes III, and would be the same as the later Assyrian name for the island, *Yatnan*), which has already been mentioned above (p. 302). I expressed doubts as to the identity of the Turša with the Tyrsenoi which I now no longer consider valid, since the legend of the migration of the Tyrsenoi from Asia Minor is now generally considered to be based on historical fact, and is perhaps confirmed by the recent discoveries of Hrozný as to the linguistic affinities of Hittite (if these hold good), though we should be surprised if Etruscan turns out to be an European tongue after all. The archaeologists too are now by no means sure that the Etruscans entered Italy from the north; in fact this view seems discredited. I should now follow Maspero's view of the Turša and the Šardana. His view of the Sakalša as Sagalassians I adopted, and accepted the Aḳaiwaša as Ἀχαιϝοί and the Danau(na) as Δαναοί, pointing out that Kretschmer's work on Lycian in his *Einleitung in die Geschichte der griechischen Sprache* gave us a clue to the final sibilant syllable as a *kleinasiatisch* ethnic termination, the Lycian *-zi* (*-azi*), *-za* (*-aza*), *-sa* (*-asa*) and *-na*, *-nna* [3]. This explanation still holds good, unless we regard it as an attempt to reproduce an Indo-European masculine nominative case-ending in *-os*, *-us*, (the Hittite *-aš*, *-iš*, *-uš* identified

---

[1] *Oldest Civilization of Greece*, p. 159, n.; *Book of the Dead*, ch. clxi, rubric; cxc, rubric.

[2] *Book of the Dead*, ch. cx, l. 20.

[3] *Oldest Civilization of Greece* (1901), p. 178. For M. Weill's independent enunciation of this explanation three years later (1904), see p. 318, below.

by Hrozný). For the Uašaša I suggested a Cretan origin
at Axos or Oaxos ($Ϝάξος$), which is philologically satisfactory; the T'akaray or Zakkal I accepted as Teukroi but,
recalling the legend that brought Teucer to Troy from
Crete, I claimed them also as Cretans, with the Philistines. In the light of recent discovery this idea must be
modified in the sense that the Philistines (and no doubt
their companions the T'akaray also) were not originally
Cretans. But that they had lived in Crete for some time
is probable, and Prof. Petrie's identification of the name
of Zakkar or Zakkal with the modern Zakro [1] is certainly tempting, and may be correct. Who knows how
old the name may not be? I proposed few modifications
of the general view, but preferred to adopt a suggestion
of Prof. Petrie's that ⸺ = Oroanda [2] rather
than Maeonia (Maunna) as I had previously thought possible. This I now retract in favour of either Yevanna
(Ionia) or Hiuna (Ilion); the latter seems most likely.
Prof. Petrie's proposals, reproduced in his *History of
Egypt*, III (1905), were rather reactionary, if we can use
the term, as he wished to bring all the allies of Kheta at
Kadesh into Syria and Cilicia, with the exception of the
Luka = Lykians. It was not then so evident as it is now
that the centre of Kheta then was not in Syria or at Kad-
esh at all, but far away in Anatolia at Boghaz-Kiöi near
the Halys, so that there is not the least reason why the
Dardenui should not be Dardanians of still further west,
or ⸺ towered Ilion itself rather than Oroanda.
The placing of Pidasa in Cyprus on the score of the river
Pediaios, which was simply called so by the first Greek
inhabitants because it flowed through a plain, was strange
when (especially if Iriunna = Oroanda and Luka = Lykia)
Pisidia or Pedasos in Karia offered themselves as more
probable comparisons. Prof. Petrie accepted my explanation of the -ša termination as an Asiatic ethnic suffix,

[1] *Hist. Eg.*, III, p. 151.
[2] *P.S.B.A.*, XXIV (1902), p. 318.

-*azzi* = *assos*, but was none the more inclined to regard the Aḳaiwaša as Achaians, but rather as Libyans, with the Turša, Šakalša, and even the Sardana too. But why, if the suffix is Asianic, should Libyans possess it? Certainly the Mašauaša have it, and they were Libyan Maxyes without doubt. Usually however they are called Māša or even Mā, for short, and I would suggest that they only have the -*ša* termination by contamination, so to speak, with their maritime allies from Asia Minor and the Aegean. Of the tribes allied with the Philistines in Rameses III's time Prof. Petrie accepts the Danaau(na) as Danaans; why then refuse to accept the Aḳaiwaša of Meneptah's time as Achaians? He admits all the tribes that came along the coast of Palestine in Rameses III's time as Cretans; why could not other Aegeans thirty years earlier have crossed to Libya, which, as Prof. Myres has pointed out, is so easy of access to Cretan sponge-fishers today?

In 1904, Müller added to our knowledge of Egyptian representations of Mycenaeans and (at any rate) semi-Mycenaeans by the publication of the interesting tomb of Senye [1], with his usual suggestive and illustrative commentary; and M. Raymond Weill, in an article *à propos* of the discovery of the « Harvester Vase » by the Italians at Hagia Triada in Crete, made some interesting notes and comments on the then current knowledge of the Peoples of the Sea [2]. He explained, (« l'explication que nous venons de proposer »), the -*ša* termination as the Asianic ethnic desinence -ασσος, and the -*na* as the desinence -ηνος, quoting Kretschmer, but had not evidently seen my *Oldest Civilization of Greece*, in which I had independently come to this conclusion three years before (see above, p. 305, n. 2). I repeated it in my « Keftiu and the Peoples of the Sea », which had just appeared when M. Weill wrote. The inspiration of the idea came of course to us both from

[1] *M.V.G.*, 1904, p. 113 ff.
[2] *Rev. arch.*, série IV, III, p. 52 ff.

Maspero, with his identification of Sakalša as Sagalassos and comparison of Uašaša with Ouassos [1], and of the -*na* termination with the -αων of Iaόn, Lykaόn, Kataόnia, *etc.* [2], but in the comparison with Kretschmer and identification of the -*ša* and -*na* terminations with Lycian -*aza*, -*nna*, I had anticipated M. Weill [3].

One point Weill raises that is of interest : he inclines to explain the -*ša* termination in the case of the Aḳaiwaša as the probable primitive Greek plural in -ως, the word having been Ἀχαιϝως, herein following the indogermanist Streitberg [4]. This seems to me to be not impossible, but M. Weill is not at all sure of the identity of the Aḳaiwaša with the Ἀχαιϝοί [5]. For the rest, he accepts the usual identifications.

In 1907, Prof. Eduard Meyer pronounced, in the second edition of his *Geschichte des Altertums*, in favour of the Masperonian view of the Peoples of the Sea generally, except of course in the matter of Keftiu (Kaft) which he considered to be Crete specifically. Not only did he regard this name as identical with Kaphtor (the final -*r* presents no impossible philological difficulty) [6] but also with the name Yapheth of the Semites, the Iapetos of Greek legend. The Philistines he regards as originally a people of S.W. Asia Minor which may or may not have settled in Crete on the way to Palestine, and in his edition of 1913 accepts the Phaistos Disk as a relic of Philistine-Zakkari culture, though five centuries older than the records and pictures of the time of Rameses III. This is evidently the

----

[1] *Rev. crit.*, 1878, I, p. 320.

[2] *Hist. Or. Class.*, II, p. 360, n. 1.

[3] In his recent article in *Syria* (II, 1921, p. 132) he refers to this view as now generally accepted.

[4] In *Indogerm. Forschungen*, VI (1896), p. 134-135.

[5] In *Syria.*, II, he accepts it, but rejects Streitberg's view.

[6] Cf. Spiegelberg, *O.L.Z.*, XI (1908), p. 426; Müller, *O.L.Z.*, XIII p. 110. The form ⳉ of the XXᵗʰ Dynasty (Wiedemann, *O.L.Z.*, XIII, p. 50) is perhaps intended for *Kaft-ḥor*, «Upper Kaft», which may have been the origin of the Hebrew from if the *r* does not belong to the original word. The *Keptar* of the Ptolemies is of no authority (Hall, «Caphtor and Casluhim», *Man*, 1903, No. 92).

correct view of this remarkable object, which Evans had at once assigned to its true home in Lycia or Karia. We cannot suppose that there were any Philistines in Crete in the Third Middle Minoan period, to which it belongs; so that it must be either a gift or a trophy from the feathered people, who are represented on a work of art of the late Minoan period found at Mycenae, the silver cup with the representation in relief of feathered and crested warriors (Philistines or Carians) attacking from the sea a city defended by slingers [1].

In 1909, I treated the subject anew in a series of articles in the *Proceedings of the Society of Biblical Archaeology* [2], more especially from the archaeological point of view, in connexion with the recent work at Knossos. The work of Prof. Moore [3] and Mr. Noordtzij [4] on the Philistines (a study later taken up by Mr. Macalister in his Schweich Lectures for 1911, «The Philistines» [5]) also seemed to me to need in the case of Dr. Moore, appreciative comment, and in that of Noordtzij, friendly criticism. The evidently Philistine character of the Phaistos Disk led M. A.-J. Reinach in 1910 to contribute a very comprehensive article on the Peoples of the Sea to the *Revue archéologique* [6], in which the whole subject was discussed with copious references to archaeological literature [7], and

---

[1] Hall, *Aegean Archaeology* (1915), p. 245; Evans, *The Palace of Minos* (1922), I, p. 668. On the disk see Evans, *Scripta Minoa*, p. 22 ff., and also A.-J. Reinach, *Rev. arch.*, 1910, I.

[2] «The discoveries in Crete», *P.S.B.A.*, XXIV; esp. p. 227 ff.

[3] *Encycl. Bibl.* (1901), art. «Philistines».

[4] *De Filistijnen, hun Afkomst en Geschiedenis* (1905).

[5] In this work Mr. Macalister accepted the usual identifications of the peoples of the sea with modifications proposed by M. Weill (see below). He makes a slip on p. 25, where he says the identification of the Danuna with *Danaoi* is uncertain, since it is improbable that Rib-Addi of Tyre «should report on the peacefulness of so remote a people as the Danaoi». The point is that these Danaoi were then raiding and settling on the Phoenician coast.

[6] «Le Disque de Phaistos et les Peuples de la Mer», *Rev. arch.*, sér. IV, XV (1910), p. 14.

[7] His treatment of the Šardana and comparison with Sardinian bronzes was especially adequate. On the subject of the Kalikiša he accepted the

in 1911 Freiherr von Lichtenberg, who had previously
written at length on early Cyprus[1], published an article
«Einflüsse der ägäischen Kultur auf Ägypten und Palästina» in the *Mitteilungen der Voderasiatischen Gesellschaft*,
which accepted the usual identifications of Keftiu (Crete),
Alašiya-Asy (Cyprus) and the Peoples of the Sea. With
regard to the Zakkari or Zakkal he points out that though
they were strong enough to seize and maintain themselves
in certain isolated points on the Phoenician coast, they
were not numerous enough to survive as a national unity
opposed to the Semitic inhabitants of the land (whereas
the Philistines were able to do so).

In 1910, I published a colour-photograph (by Mr. Robert Mond) of the fresco of the Keftians in the tomb of
Sennemut, with a drawing of it, not previously noticed,
made by Hay in 1837, which includes figures now destroyed[2]. A modification of the current view as to Keftiu was
proposed in 1913 by Mr. G. A. Wainwright in a paper
on the subject in the *Liverpool Annals of Archaeology and
Anthropology*. Mr. Wainwright proposed to separate absolutely the Keftians and the men of the Isles of the Sea
mentioned in the tomb of Rekhmire, to regard the latter
as Cretans and Aegeans generally, but the former as
Cilicians only, with nothing to do with Crete. It seems to
me that he makes a distinction without a difference; and
the term «men of the Isles» may well be in apposition to
«Keftiu» and be merely a general descriptive term. The

identification with Gergis in the Troad and Gergithion, proposed by
Brugsch in Schliemann's *Troja*. Dussaud, in his admirable archaeological
work «Les Civilisations Préhelléniques» (also published in 1910), accepts
Maspero generally on the subject but would equate Kalikiša either with
Gergis or with Kiskisos in Cilicia. The last identification, which depends
on a variant and no doubt erroneous reading of the Egyptian word with *s*
instead of *l* (*r*), was proposed by Ramsay, *Cities and Bishoprics of Phrygia*,
p. xiii, n. 2. Personally, the old identification with the Κίλικες, Ḥilakku,
maintained by Müller, seems to me entirely adequate.

[1] «Beiträge zur ältesten Geschichte von Kypros»; *M.V.G.*, 1906, I.

[2] *Ann. Brit. Sch. Ath.*, XVI, p. 254. This publication was an improvement on that of Müller in his *Egyptological Researches* (1905) and on
mine in *Ann. Brit. Sch. Ath.*, X (1904).

Egyptians were none too careful in these matters. I am unable to see much in his supposed distinctions of costume between the two, and the approximations to Syrian dress which he sees in the representations of Keftians seem to me to be very probably due to mere inaccuracy and confusion with Syrians (they were all foreigners, after all) on the part of the decorators of certain tombs. The earlier pictures, as in the tombs of Rekhmire and Sennemut, are the more accurate. Mr. Wainwright is obliged to admit that the Keftians are sometimes, as in Rekhmire, absolutely «Mycenaean» (or, rather, Minoan) in their attire. (It must not be forgotten thas Rekhmire's people, who are described not only as Men of the Isles *but also as Keftians*, in appearance and attire *are all Minoans*. This must be reiterated.) Until we find remains of Minoan or Mycenaean art and culture in Cilicia it seems to me hazardous (though not impossible) even to suppose (with Müller) that Keftiu even included Cilicia. But Mr. Wainwright does not regard Keftiu as belonging to the Minoan culture system at all, on the ground of certain differences in costume in other tombs and the Syrian character of many of the vases, *etc.* brought by the Keftians (and also by the Men of the Isles; we cannot separate them in Rekhmire). Slight differences in kilts can be pressed too hard, and the crucial fact is that in the oldest and best representation, in the tomb of Rekhmire, both Keftians and Men of the Isles (if they are separated) wear the characteristic male coiffure of the Minoan Cretan, with its long tresses or plaits hanging to the waist or below it, and the fantastic knots, braids, and curls on the top of the head, which shew that the Minoan men can never have cut their hair and that they dressed it with as elaborate care as the women; a fashion which if it resembled the single plaited pigtail of the Hittites, was far more elaborate than that, and was entirely different from the short bushy coiffure of the Semite, whose hair is coarser and curlier and will not grow as long as that of the European. When non-Semites are given Semitic hair on an Egyptian monument one can suspect mistake and confusion at once; and I suspect similar confusion in the representation of the objects brought as gifts. Keftians coming to Egypt *via* the Syrian coast would quite possibly bring gifts of Syrian workmanship with them. If however Keftiu is regarded as a vague geographical term which can include peoples of dissimilar cultures, then I can admit as I did in 1901 [1], that Keftiu may have included to the Egyptian Minoan Crete, Syro-Hittite Cilicia, and possibly Cyprus too, now soon to be minoïzed (*circa* 1400 B.C.). But I cannot dissociate Minoan Crete from it. And Kaphtor can hardly be Cilicia. I discussed this and other matters connected with the Peoples of the Sea briefly in my *Ancient History of the Near East* (1913; latest edition, 1920, p. 293, n. 1) and in my *Aegean Archaeology* (1915), p. 58, n. 1; *cf.* my article *Journ. Eg. Arch.*, I (1914), p. 201.

Mr. Wainwright did not propose to bring back Keftiu to Phoenicia, but Mr. Woolley in some sort does. He has published in «*Syria*» (1921) a very interesting account («La Phénicie et les peuples égéens») of sub-Mycenaean pottery from Syrian graves, which he, no doubt rightly, connects with the Philistine conquest, when the confederated tribes had overthrown Kheta and had «settled down in the midst of Amor». But when, in his later article «Asia Minor, Syria, and the Aegean» in the *Liverpool Annals of Archaeology and Anthropology* [2] he goes on to suggest that the Zakkal, Danauna, *etc.*, formed a sort of Aegean aristocracy in the Phoenician cities (thus reversing Maspero's view of the Keftians), and that it was from this seagoing aristocracy that the Phoenicians first learnt (as Evans had already suggested) to take to the sea, one doubts. It must be pointed out that we have evidence of Phoenician sailors before the arrival of the Sea-peoples on the Syrian coast. The *Kabuniut* or Byblos-ships of the

---

XII.th Dynasty are quite as likely to have been Phoenician as Egyptian, and in an XVIII.th Dynasty tomb we have an actual representation of the landing of merchandise (including what looks like a Mycenaean pot, among other things) from a ship manned by Semitic (and therefore presumably Phoenician) sailors at a Theban quay [1]. It is inherently unlikely that the Semites in settling on the Syrian coast should not have taken to the sea pretty soon, especially if, as is probable, they soon had much of the blood of the hypothetical pre-Semitic « Mediterranean » inhabitants in their veins. Mr. Woolley makes the point that the western extension of the Phoenician colonies did not begin until after the great invasion of the Peoples of the Sea c. 1200 B. C. But it would have been difficult for Phoenician sailors and colonists to have penetrated very far west before then owing to the existence of the Cretan thalassocracy, which presumably disappeared about 1400-1350 B.C., swept away by the internal commotions and folk-shiftings which had already sent Danauna and Zakkal to the coasts of Syria, and were soon to inaugurate a new cycle of civilization. The Ptolemaic identification of Keftiu with Phoenicia would then be explained by Mr. Woolley as a reminiscence of the time when Phoenicia was really under the control of Aegean (that is Keftian) rulers. But it is important to remember that the Pulesti, Zakkal, and other Peoples of the Sea of Rameses III's time were not Keftians, and also that the Šakalša, Danuna, and other tribes of the sea who had settled on the Phoenician coast almost as early as the days of the Keftians (the Amarna letters shew us they were there then) were also not Keftians or Minoans, and did not wear the dress or bear the armament [2] of the Minoans, the Keft-

___

[1] *Oldest Civilization of Greece*, p. 169; illustrated by Maspero, *Hist. Anc. Or. Class.* (1897), II (*Premières mêlées*), p. 407; after Daressy, *Rev. arch.*, XXVII.

[2] The Philistines always wore body-armour like the Akaiwaša (see p. 305, n. 4, above); the Keftians and Minoans did not do so regularly. Cf. Hall, *Manchester Eg. and Or. Journ.*, 1913, p. 40, on an important comparison made by Evans, *Journ. Anthrop. Inst.*, L, 1900, p. 213. The great broad-

tians, or the Men of the Isles. They came from Asia
Minor, so far as we can see, originally; while the Keftians
came from Kaphtor, which all tradition identifies with
Crete. Further, the Phoenician rulers of this time whom
we know at all by name were Semites; universally so in
the Amarna letters : and in the Golenischeff Papyrus
the names of « Badira », the ruler of the Zakkal at Dor,
and « Zakarbira », the king of Byblos, are much more probably a Semitic Badiel and Zakarba'al than anything else.

Mr. Woolley's supposition that Petisis, an « official interpreter for the two countries of Pa Kana'an and Pileschet »
« in the reign of Sheshonk I » [1] was so-called because
« the two dialects, Philistine and (upper class) Phoenician,
were akin in that both were non-Semitic and Asianic »,
seems to me even less likely than M. Dussaud's explanation [2] which Mr. Woolley rejects, that « the Philistine
language had already died out and that the Semitic
tongue had become common to Philistia and Phoenicia
alike ». To me it seems far more problable that Petisis
simply knew both languages, Canaanite and Phoenician,
and could interpret in both. And it is possible that he
was not an interpreter at all, but a simple messenger,
whether linguistically gifted or not we do not know. And
it is certain that he lived centuries later than Sheshonk
and possible that his Philistines were Persians [3].

sword of the Philistines and Šardana (an actual specimen, found at Gaza,
is in the British Museum; HALL, *Aegean Archaeology*, p. 252) is entirely
different from the Minoan rapier (*ibid.*, p. 248). The differences in headdress, etc., are obvious.

[1] CHASSINAT, *Bull. Inst. Fr. Caire*, I (1901), p. 98-100.

[2] *Ibid.*, p. 303.

[3] The word used is 〔symbol〕, which M. Chassinat dissociates from the
usual 〔symbol〕, « messenger », and thinks means « explainer », « expound-
er », and so « interpreter ». It may be that the word means « herald », but
not necessary to suppose the further implication of knowledge of either
Canaanite or Philistine. The date too of the figure is certain; it cannot
possibly be as old as the time of Sheshonk I, to which M. Chassinat
assigns it while at the same time admitting that in style it is Saïte, which
is precisely the period to which one would assign the name Petisis and
the character of the writing. Since it must be at least four hundred

Mr. Woolley well brings out the synchronism of the
introduction of iron into the Near East with the movement
of the « Peoples of the Sea », which possibly owed much
of its success, in the time of Rameses III, to the possession of iron weapons, whereas the Cretans, and the
earlier sea-tribes of Rameses II's time and before, had
only bronze, and the Hittites and Egyptians were only
partially armed with iron. We know that Rameses II had
been very anxious to obtain the new metal, chiefly no
doubt for military purposes, and that the king of Ḥatti
(Kheta) could not always oblige him in this respect, as he
was short of iron himself, or said he was [1].

From Mr. Woolley to M. Autran [2] is a transition into
a realm of fantasy where, frankly, I am unable to follow.
As Mr. Woolley rightly points out, « Autran's theory of a
Minoan civilization flourishing between the twenty-sixth
and the twelfth centuries B.C. along the Syrian coast has
no archaeological support whatever : excavations in the
interior of Palestine, and as close to the sea as is Gezer,
definitely exclude such a view, nor has Ashkelon as yet
produced anything to support it; of the archaeology of the

years later than Sheshonk, it is possible that the word ▪ ⳉ ▭ in the
inscription does not mean Philistia at all but simply Persia. In the Ptole-
maïc inscriptions of Kom Ombo Persia is ▪ ⳉ ⌐ (Hall, «Caphtar
and Casluhim», Man, 1903, 92). One may admit that the spelling of
the name of Persia has been contaminated in the inscription of Petisis by
the old foreign name of the Pursata or Palešti, but it is possible that
it is Persia that is intented in the Saïte period, not the Philistines, and
that Petisis was a royal messenger to Syria and Persia, probabily about
the time of Apries or Amasis. M. Griffith however objects to me that
the ▭ is a stumblingblock to this interpretation, as it must be conso-
nanted : he thinks the name is not Persia, but Palestine, Παλαιστινη,
which of course preserved the old Philistine-Palesti name. This is equally
possible. There is of course no doubt that if «Palestinian» (? Hebrew) is
meant, both languages were Semitic. But there is no proof that an upti
was an interpreter at all or that Petisis knew anything but Egyptian. (The
figure itself is now in the Louvre, where it was kindly shewn to Mr. Griffith
and myself recently by M. Boreux.)

[1] Weidner, «Aus den Hethitischen Urkunden von Boghazköi» (M.D.
O.G., 58 [1917], p. 77).

[2] C. Autran, «Phéniciens», Essai de contribution à l'Histoire antique de
la Méditerranée, Paris, 1920.

Phoenician towns proper we know lamentably little, but in all the mass of objects which native plunderers have found there is nothing on record which would bespeak such a civilization, and Weill's ingenious theory of Minoan island-factories at Tyre and Sidon (*Bull. de l'Inst. franç. d'arch. orientale*, XVI, 1919, «Les Ports antéhelléni-«ques»)[1] has yet to be proved». We have no proof of any kind of the evidence of any Aegeans, even on the coast, far less settled in Phoenicia, till the middle of the XVIIIth Dynasty. As I observed in a review of M. Autran's book, «that Minoans» — (not, may it be observed, sub-Mycenaeans, who *did* settle in «Amor», as Mr. Woolley has proved) —, that *Minoans* «ever formed a settled population in Phoenicia is not yet evident, and the proposition that there were no Semites in Minoan times is directly contrary to the fact, as we know from the el-Amarna letters as well as Egyptian evidence. So far as we can go back, the population of Phoenicia was Semitic»[2]. M. Autran however seems to think of the real original Phoenicians as Minoans, and thus explains not only the much discussed Keftiu (which seems so much more easily explicable as an antiquary's mistake), but also the later Greek traditions of the Phoenician origin of much in Greece that we know to be Minoan. Mr. Woolley also tells us that the Ptolemaic antiquary was right to some extent[3]; and on the other point he says : «pour la nouvelle Grèce, seuls les hardis marins de Sidon et de Tyr

---

[1] M. Jondet's theory of a prehistoric port and moles at Alexandria (*Mém. de l'Institut Eg.*, 1916), accepted by Sir Arthur Evans (*Palace of Minos*, I, p. 292 ff.) and considered by him (on the suggestion of M. Weill) to be Minoan, seems to me to need archaeological confirmation. In any case, M. Jondet does not accept M. Weill's attribution of these works to the Minoans (*Bull. Soc. arch. Alex.*, XVII, p. 167).

[2] *Journ. Asiat. Soc.*, 1921, p. 647. I added «whether there was in the grey dawn of history, before Semites reached the coast, a Mediterranean native population, afterwards driven out or absorbed by the Semitic Phoenicians, is another matter».

[3] *Liverpool Ann. Arch. Anthrop.*, IX (1922), p. 56. «His rendering reflects a theory current among scholars of his time which is not far removed from the truth», on Mr. Woolley's theory that after 1400 or at any

représentaient l'ancienne race dominative, conservaient en quelque sorte ses arts et rivalisaient avec elle par leurs exploits commerciaux. Peut-on s'étonner si la légende grecque, deformée par les cataclysmes qui venaient de bouleverser les souvenirs attribués aux Phéniciens, grâce à ce fonds égéen qui en eux allait se sémitisant de jour en jour, le beau rôle joué par les peuples de race pure? »

However this may be, and I cannot but regard it as a very doubtful speculation[1], there is no doubt that Mr. Woolley by his identification of relics of the invasion of Syria by the Philistines and their allies in Rameses III's reign has made a very interesting contribution to our knowledge of the Peoples of the Sea, with which I can fitly close this article of the century's discussion and elaboration of the subject. There are many smaller contributions to this process which I have not found space to notice; many archaeologists whom I have not mentioned have interested themselves in this most interesting subject[2].

rate 1200 B.C. an Aegean aristocracy directed the Phoenician cities. The difficulty is that the Philistines, *etc.* of that time were not Keftians, and wear an entirely different costume, armament, and body-armour from them (see above p. 305, n. 4).

[1] See my review of Autran, quoted above, in which I say «It seems probable enough that when the later Greeks talked of Phoenicians as their fathers in art, they really meant the Minoans, who had become confused in legend with the Phoenicians, who for a time penetrated into the Aegean during the Dark Age that accompanied the Indo-European occupation of Greece. . . . . we readily allow that the Greeks in talking of Phoenicians in old days really very often meant the Minoans, or the Carian inheritors of Minoan culture. But when they did so they believed they were talking of the Semitic Phoenicians of Tyre and Sidon». M. Weill thinks (*Syria*, II, p. 126) that the archaeological and the Ptolemaic views of Keftiu may be reconciled : «Phénicie et Kefto correspondraient exactement ensemble, vers l'an 1000 av. J.-C., chez les Grecs et chez les Égyptiens, dans le sens de «monde de la Méditerranée orientale». Plusieurs siècles après, Phénicie est réduit à la côte syrienne, et Kefto se présente avec la même acception, dans des circonstances qui, malheureusement, ne permettent point de savoir si c'est par hasard, par fantaisie littéraire, ou par l'effet d'une utilisation normale.» In spite of Mr. Woolley's suggestive hypothesis of an Aegean aristocracy, it seems to me more probable that we are dealing merely with the mistake of a scribe.

[2] I may instance as worthy of mention the essay of the late M. T. Smo-

I have endeavoured to keep to the broad main lines of
the evolution of an important historical and archaeological theory, French in its inception, but early reinforced
by a brilliant English suggestion and less definite German
support, then made by French Egyptologists a scientific
view to be seriously considered by classical scholars, and
maintained by a Frenchman, Maspero, against German
and English scepticism, until accepted by all, with minor
differences and variations as it is at the present day.

Hommage à Maspero!

lenski (*Ann. Serv.*, XV, p. 49), originally written in Polish in 1909, and
the recent contribution of Signor Farina («I popoli del mare»), in
Aegyptus, 1, p. 8. I regret that I have not yet been able to see Sr. Farina's article.

L'ACCESSION
DE LA PLÈBE ÉGYPTIENNE
AUX
DROITS RELIGIEUX ET POLITIQUES
SOUS LE MOYEN EMPIRE,

PAR

M. ALEXANDRE MORET.

Champollion et ses continuateurs immédiats n'ont connu, en fait de textes funéraires, que les *Livres des Morts* des dernières époques; c'est à la fin du siècle dernier qu'ont été découverts les textes des *Pyramides royales* de la VIe dynastie et des *Sarcophages* du Moyen Empire. L'importance religieuse de ces grands «corps» de formules a été parfaitement reconnue, sinon approfondie; mais leur signification, au point de vue social, a été peu mise en lumière; elle est cependant d'un intérêt capital pour l'histoire du peuple égyptien.

Ces textes ne diffèrent pas essentiellement de nature : les Livres des Morts reproduisent des chapitres des Sarcophages, et ceux-ci recopient déjà un choix de formules prises dans les Pyramides; il existe donc un fonds commun aux trois séries. Mais une différence très importante réside dans l'utilisation de ces recueils par telle ou telle classe de la société égyptienne. Les formules des Pyramides sont écrites pour les seuls Pharaons; celle des Sarcophages et des Livres pour tout homme, qu'il soit roi, laboureur ou artisan. Historiquement, cela signifie que depuis le Moyen Empire le peuple égyptien a obtenu la collation de droits

religieux dont les Pharaons jouissaient seuls sous l'Ancien
Empire. Or, dans les sociétés antiques, où la religion est
le fondement des institutions, droits civils et politiques
sont inséparables des droits religieux. En Grèce et à
Rome, l'histoire de la conquête du *jus civitatis* par la
plèbe est celle du démembrement des privilèges religieux
des rois ou de l'oligarchie par le peuple : celui-ci n'obtint
de «participer aux choses sacrées» μετεῖναι τῶν ἱερῶν,
c'est-à-dire à la vie légale de la cité [1], qu'après des luttes
séculaires et de sanglantes révolutions. Que s'est-il passé
en Égypte? Est-ce que, sous l'Ancien Empire, les droits
civils et politiques dérivaient aussi des droits religieux?
Lorsque nous assistons, sous le Moyen Empire, à une
véritable démocratisation des rites funéraires, faut-il en
conclure que l'importance sociale du peuple s'est élargie?
Ce changement est-il le résultat d'une évolution progres-
sive ou d'une révolution ? Tels sont les points à examiner.

Sous l'Ancien Empire, à la belle époque des dynasties
memphites (IVe-Ve dyn., 2840-2540), le régime politique
et social c'est la monarchie absolue de droit divin, à
peine dégagée de ses «origines magiques» [2]. Le roi tire
son pouvoir du fait qu'il est le dieu Horus 🦅 parmi les
hommes, le fils de Ra, aussi bien que l'héritier d'Osiris.
Il concentre en sa personne tous les droits religieux :
vivant, il est adoré tel qu'Horus, mort, il devient Osiris
dans l'Amenti, et Ra au ciel. Entre les dieux et les
hommes, seul il peut être l'Intermédiaire et l'Interces-
seur, celui qui connaît et célèbre les rites (*irîḫt*), qui
sait prier les dieux et connaît les secrets de la magie.
Il en résulte, pratiquement, que le roi cumule toutes
les fonctions suprêmes : prêtre, juge, chef d'armée; il est
propriétaire de tout le sol de l'Egypte, son héritage divin;
seul il donne des ordres, qui sont ses paroles, inspirées
par les dieux. La «loi» n'existe pas encore, ni comme

---

[1] Fustel de Coulanges, *La cité antique*, l. III., chap. xii.
[2] J. G. Frazer, *Les origines magiques de la royauté*, chap. v.

concept, ni comme mot; les *ordres* du roi (⸻ *wdw* :
Urk., I, 38, 108, 109, 128) transcrivent « ce que le roi
aime ou ce qu'il déteste » [1]; il n'y a pas d'autre *droit* que
le bon plaisir du roi, tempéré par le sentiment de la Justice divine, que le roi défend sur terre, comme Osiris le
fait dans la nécropole (*Rec.*, XXIX, 88) et Ra au ciel
(BREASTED, *Religion and Thought*, 17).

Cependant, pour administrer l'Égypte, le roi a besoin
d'auxiliaires : il les choisit dans la famille royale, qui,
sans être divine, participe quelque peu de la condition
surhumaine de son chef. Dans les textes memphites, nous
constatons quels rôles importants jouent autour du roi ses
femmes (*ḥm-t nśwt*, ⸻ *śa'm*, cf. BORCHARDT-SETHE, *Sahoura*,
II, 117, n. 1) [2], ses fils (⸻ *sy mr-f* « son fils chéri »),
ses petits-fils (⸻ ou ⸻ *rḫ nśwt*, *Rec.*, XII, 143; *Sah.*,
II, 76, n. 7), et aussi les amis (⸻ *śmrou*, cf. mêmes références) et les féaux ou attachés (⸻ *imaḫou*, *Rec.*, XIX,
122). Dans ce personnel, presque exclusivement, les rois
recrutent leurs agents, dont les principaux sont : 1° les
prêtres : prophètes ou serviteurs du dieu (⸻ *ḥm-ntr*);
lecteurs ou officiants (⸻ *śm*, ⸻ *ḫry-ḫb*). 2° les juges,
dont le premier est le vizir ⸻ *ta'ty;* sous la IV° dynastie,
tous les vizirs sont fils de roi; sous la V°, la plupart sont
petits-fils de roi (A. WEILL, *Veziere*). 3° les hauts fonctionnaires du palais, du trésor (⸻ le chancelier du
dieu), des magasins, des domaines, des armées, parmi
lesquels de très nombreux « chefs du secret » [3] des différents services; ceux-ci ne sont pas encore ce que nous
appelons des *secrétaires;* ils détiennent, par la confiance
du roi, les divers secrets magiques, religieux, ou pratiques (métiers, industries) qui font le prestige de la

---

[1] ⸻ « ce qu'aime le roi » et ⸻
⸻ « ce que déteste le roi très juste » : R. WEILL, *Décrets*, 33, 24;
A. MORET, *Chartes*, II, 277, 280.

[2] Parfois aussi le beau-père du roi (⸻ *it-ntr mry* « père aimé du
dieu »), quand le roi épouse d'autres femmes que ses sœurs.

[3] Pour la variété des « chefs du secret », cf. l'*index des titres* de
miss Murray; l'importance de ces secrets apparaîtra plus loin, p. 346.

royauté [1]; beaucoup sont parents du roi; tous, ses féaux.
Etre chargé d'un office royal, c'est participer aux choses
divines; aussi, quand il choisit un grand fonctionnaire,
le roi le consacre-t-il par une onction (⟨…⟩ *wrḥ*), ou lui
rend-il « hommage » (⟨…⟩ *nḏ*), comme il fait aux
êtres divins (*Rec.*, XXVIII, 184; *C. R. Acad. Inscr.*,
1915, 554; 1916, 108). Pour rémunérer ses agents, le
roi leur sert des rentes alimentaires pendant leur vie et
après leur mort; il leur donne la quasi-propriété de terres
détachées du domaine royal, avec faculté de les aliéner,
après autorisation par charte royale (*Rec.*, XXIX, 63.
70); une partie de ces terres reste aux descendants pour
fournir tombeau et offrandes.

Les parents et les agents du roi, outre leur participation au gouvernement, jouissent donc de privilèges
religieux; le roi leur permet encore d'imiter les rites
magiques, dont il use lui-même, pour survivre après la
mort. Ces rites secrets, inventés par Isis pour Osiris, ont
été de toute antiquité appliqués aux rois : aussi, la « mort
du roi » (⟨…⟩ *mt n nśwt*) ne ressemble pas à la
« mort de tout mort » (⟨…⟩ *mt n mt nb*, = *Pepi*,
665); elle aboutit non à la destruction, mais à la vie
(*Ounas*, 206) pourvu, toutefois, que le roi prouve devant
le tribunal des dieux, que sur terre, comme Osiris, il a
pratiqué la justice (*Ounas*, 453). Il y a un tel intérêt,
pour la société des hommes, à ce que le roi reste, après
la mort, l'Intermédiaire vivant et le Défenseur de son
peuple auprès des dieux, que l'Égypte entière travaille à
préparer les moyens qui garantiront au roi cette vie
d'outre-tombe : il lui faut un tombeau inviolable, tel que
les Pyramides, des cercueils, pour garder la momie incorruptible, des offrandes quotidiennes réelles (⟨…⟩ *ḥtp
nśwt*, *Ounas*, 84ᵃ), ou suscitées par la force magique de
la voix (⟨…⟩ *pr-ḫrw nśwt*, *Ounas*, 86ᵃ). Pour rappeler
la momie à la vie, on pratique des rites magiques : « l'ou-

---

[1] A ce sujet, cf. FRAZER, *Les origines magiques*, chap. IV. Sur la survivance, dans l'Égypte pharaonique, de la croyance aux pouvoirs surnatu-
rels et secrets du roi, cf. mes *Mystères égyptiens*, 179 et suiv.

verture de la bouche et des yeux » (☖ ☖ *wip ra' irty*);
il existe des formules qui conduisent le roi dans l'Occident, chez Osiris, et qui le font monter au ciel, auprès
de Ra, le soleil maître de l'Univers, d'où il gouvernera le
monde. Le roi devient, par ces moyens, un dieu *Osiris
justifié* (☖ ☖ *Osiris ma'a'-ḫrou*); les rites l'ont « spiritua-
lisé » (☖ *sia'ḫout*, BREASTED, *Rel.*, 55), ont fait de lui,
au ciel, un être immatériel, à noms et formes multiples
(☖ *ba'* « âme », ☖ *ka'*, ☖ *rn* « nom »; ☖ *śḫm* « puissance »)
tout en conservant sur terre son corps indestructible.

De ces moyens de survie après la mort, que les rois
possédaient à un degré suprême, ils ne communiquaient
à leur famille et à leurs amis que la moindre part. Pour
la conservation et l'alimentation des cadavres, les rois
sont généreux : ils accordent tombeau, stèles funéraires,
sarcophages, cercueils, momies, statues, offrandes (☖ *ḥtp
rdj nśwt* « offrande que donne le roi »); dans des nécropoles
groupées autour des pyramides royales, ils concèdent
les terrains nécessaires pour construire le tombeau et produire les offrandes (*Rec.*, XIX, 123 et suiv.). De même,
les rites qui font revivre la momie (☖ ☖ *sia'ḫout*, *wip-
ra'*, Mten, IIIe dynastie, *L. D.*, II, 4-5) et sortir les
offrandes à la voix (☖ *pr-ḫrou*) sont révélés par le roi à
son entourage. Mais l'existence d'outre-tombe promise aux
parents et amis du roi ne comporte, à ce moment, que
le séjour dans le tombeau, et des « voyages sur les
beaux chemins de la divine région inférieure », ou « à
l'Occident, auprès d'Osiris, là où voyagent les attachés
imakhou »[(1)]. D'accès au ciel, il n'est pas question; seul,
le roi ira vivre auprès de Ra. D'ailleurs, sauf par l'intermédiaire du roi, les hommes, même de la famille royale,
n'entretiennent aucun rapport avec les dieux. En dehors

[(1)] Voir GARDINER, *The tomb of Amenemhēt*, p. 79-93. A l'époque envisagée, on trouve dans les tombeaux soit une formule *bipartite* (type : *Mast.*,
p. 108) qui promet au défunt, de la part du roi, 1° un tombeau, 2° des
offrandes aux jours de fêtes de la nécropole; soit, un peu plus tard, une
formule *tripartite*, promettant 1° le tombeau, 2° des offrandes, 3° le voyage
auprès d'Osiris sur les beaux chemins où circulent les *imakhou* (type :
Mast., p. 149).

des titres sacerdotaux, et des formules par lesquelles le
roi annonce qu'il a fondé tel service d'offrandes, pour tel
défunt, auprès d'Osiris, d'Anubis ou de Geb, *jamais les
dieux ne sont nommés, ni figurés*, dans les tombeaux de
cette époque (*Mast.*, p. 38, 5o). La piété personnelle
n'existe pas et ne peut exister : quand le roi veut faire
une grande faveur à un de ses courtisans, «il prie le dieu
pour lui» (⸺ *dwa'-n-f n f ntr*, *Urk.*, I, 42,
44); mais aucun sujet du Pharaon ne connaît le secret
de «parler» aux dieux. Jusqu'à quel point les fonctions
familiales ou officielles, confiées par le roi à ses parents
et amis, donnaient-elles droit à ces privilèges religieux?
La réponse est donnée par de nombreux textes qui nous
apprennent que la possession d'un tombeau et des rites
funéraires, la promesse d'une survie auprès d'Osiris, constituent la récompense suprême que le roi accorde à
ceux de ses sujets qui se sont distingués par leurs services
administratifs (*Rec.*, XIX, 123-130). Nous avons vu plus
haut que les grands fonctionnaires sont sacrés par le roi;
avoir accès aux charges, c'est bénéficier des secrets divins
du roi; aussi, disent les Égyptiens, «cela conduit à la
dignité d'*imakhou*» (*Rec.*, XIX, 126); cela fait d'un
homme le client du roi, et l'initie à ces «mystères» qui
permettent de braver la mort (cf. mes *Mystères égyptiens*,
91). En ce sens, droits religieux, civils et politiques, sont
inséparables et connexes : les uns et les autres ne vont
qu'aux parents et aux *amis* du roi[1]. Un texte de la
XIIe dynastie rappelle cet état de fait en ces termes :
 «l'ami du roi repose en paix comme un *ima-
khou;* mais il n'y a pas de tombeau pour celui qui se
rebelle contre Sa Majesté; son corps est jeté à l'eau»
(*Caire*, 20538, II, 18-19).

En somme, jusque vers l'an 2500 av. J.-C., droits
religieux et politiques n'existent que pour la *gens* royale;

---

[1] Tous les tombeaux de la IVe dynastie publiés par Mariette (les *Mastabas*) sous lettre B appartiennent à des petits-fils de roi :

elle constitue toute la haute administration du royaume;
elle vit groupée, dans la résidence royale, autour du roi
vivant, et se retrouve, dans la nécropole, autour du roi
mort. On peut évaluer le nombre de ces privilégiés à 5oo
par règne. Quant à la masse de la population, millions
de citadins, paysans, artisans, serfs de la glèbe, ils tra-
vaillaient pour le roi et la société, bâtissaient les prodi-
gieuses pyramides et les belles tombes privées, sans pouvoir se réclamer d'un statut légal, d'un droit politique
ou religieux. On retrouve, à même le sable, leurs corps,
non momifiés, sans cercueils, munis de pauvres amulettes
et de maigres provisions (*Mast.*, 2o); pour eux il n'y
avait participation ni à la vie politique, ni à la vie religieuse officielles; pour eux il n'existait nul paradis, à
moins que, par fortune, le roi eût distingué l'un d'eux et
l'eût introduit parmi ses amis et ses serviteurs.

* *

Reportons-nous 5oo ans plus tard, vers l'an 2ooo, au
début de la XIIe dynastie, et visitons une des grandes
nécropoles du Moyen Empire, par exemple, celle d'Abydos : là, dans le voisinage d'un cénotaphe d'Osiris (autour
du dieu et non plus du Pharaon), se pressent tombeaux
et stèles funéraires; pêle-mêle, nous y lisons les noms de
fils et filles de rois, de vizirs, de fonctionnaires, de bour-
geois, d'artisans, de simples particuliers sans charges administratives; tous réclament, en leur nom et en celui de
leurs parents, de leurs amis, de leurs serviteurs, l'offrande
royale, l'accès au ciel, et proclament qu'ils sont des *dieux*,
des «Osiris justifiés» *Osiris ma'a' ḫrw*. Tous les
Égyptiens, sans distinction de classe, ont donc obtenu le
privilège de la «*mort royale*»; nous verrons plus loin
(p. 35 1) que ceci n'est pas un vain mot. Cette évolution
a eu des conséquences capitales dans la vie sociale;
quoiqu'elle ait demandé plusieurs siècles pour se réaliser,
à certains moments, rapide et violente, elle a pris le
caractère d'une révolution.

A. Comme en Grèce et à Rome, nous relevons tout d'abord un passage de la monarchie absolue à l'oligarchie. Les rois de la Ve dynastie (vers 2680-2540) sont manifestement sous la tutelle des prêtres du dieu Ra d'Héliopolis; l'Égypte se couvre de temples du Soleil; et sous la VIe dynastie (2540-2390), les doctrines solaires reçoivent un hommage éclatant : les rois renoncent aux énormes masses de pierre où aucun texte ne parle des dieux, et les remplacent par des pyramides de proportions modestes, mais chargées de longs textes, où Osiris et Ra sont, tour à tour, priés, ou commandés, de faire du roi leur égal après la mort; les forces matérielles cèdent le pas aux forces intellectuelles. Ce progrès mental ne sera pas favorable au dogme de la royauté divine : les prêtres, puis les hommes cultivés, s'intéresseront aux problèmes religieux, politiques, sociaux, réfléchiront sur l'égoïsme sacré qui se révèle dans l'institution pharaonique; ils inclineront vers des conceptions plus morales, plus humaines où la Justice et le Droit sont remis à leur place dans la société terrestre et d'outre-tombe.

L'ascendant du clergé amène la multiplication des temples et du personnel ecclésiastique : à tous, le roi donne des terres et appauvrit d'autant son domaine. Dès le troisième roi de la Ve dynastie, Neferirkara (vers 2660), apparaît, pour le temple d'Abydos, une charte d'immunité qui exempte les prêtres et leurs tenanciers d'impôts, de corvées, et enlève leurs terres au contrôle royal. Les chartes iront, se multipliant, jusqu'à la fin de l'Ancien Empire [1]. En face du Pharaon, seul prêtre en théorie, se dresse maintenant une oligarchie initiée, par profession, aux rites religieux, gérante, puis propriétaire en fait des «champs du dieu» (*Chartes*, III, 195), exemptées de charges et de contrôle, prétendant exercer à la Cour plus d'influence que la Cour n'en peut plus avoir sur le clergé.

<hr>

[1] R. WEILL, *Les décrets royaux de l'Ancien Empire; A. MORET, Chartes d'immunité*, extr. du *Journal asiatique* : I (1912), p. 73 et suiv.; II (1916), p. 271 et suiv.; III (1917), p. 359 et suiv.

Les grands fonctionnaires civils provinciaux, ou nomarques, se détachent aussi de la Cour. L'Égypte est
devenue un État populeux, riche, cultivé, dans tous les
sens du mot. La conception politique de la *gens* royale
fournissant les cadres d'une « administration d'État » était
adaptée à la petite Égypte des premiers Pharaons; elle
devenait étriquée, mesquine, pour l'Égypte des Ve et
VIe dynasties. Nous voyons apparaître [1], surtout en Haute-
Égypte, dans les nomes, des familles puissantes, issues
peut-être de « petits-fils » de rois; elles ne vivent plus à
la Cour; chacune, à Assouan, Edfou, Abydos, Meir,
Siout, Deir el-Gebrawi, Sheikh-Saïd, a sa ville (⊙) et
sa nécropole. Les chefs de nomes (𓀀𓎡 *ḥḳ ḥa't* et 𓀀 *ḥrj
tp a'a'j*) sont souvent prêtres des dieux locaux, et capi-
taines des miliciens de leur province (*Ouni*, 18). Eux
aussi, obtiennent du roi des chartes d'immunité, ils fon-
dent des villes-neuves (⊙, *nt ma'*), où ceux qui répondent à leur appel deviennent des notables (*sarou*) au lieu
de rester serfs (*mertou*), comme sur les domaines du roi
(*Urk.*, I, 78). Ainsi se forme une oligarchie laïque, con-
stituée pour une part des anciens administrateurs royaux
émancipés; elle ajoute son effort à celui de l'oligarchie
ecclésiastique pour saper l'autorité du roi.

Fait très important, le roi *n'a pu s'opposer* à ce que ces
provinciaux aient des nécropoles chez eux (et non plus
autour de la pyramide royale, comme précédemment);
avec les tombeaux, il a bien fallu accorder les rites, qui
font revivre après la mort, et non plus seulement dans
la nécropole, suivant la conception osirienne, mais *au
ciel*, dans la société des dieux, suivant la théorie héliopolitaine. Les nomarques d'Assouan (*Urk.*, I, 121), de Deir
el-Gebrawi (*D. Geb.*, II, 8), de Sheik-Saïd (*Sh. S.*, 19),
se promettent « de traverser en barque le ciel », de
monter auprès du dieu Ra, seigneur du ciel », grâce
aux deux mains tendues de la déesse Amenti ».

Vis-à-vis de la Cour, comment les Pharaons refuse-

---

[1] Éd. MEYER, *Histoire*, trad. franç., II, § 261 et suiv.

raient-ils les concessions que prêtres et nomarques avaient
obtenues? Aussi les grands fonctionnaires jouissent-ils,
eux aussi, de «l'accès au ciel, de la montée auprès du
dieu grand (Ra)» (*Mast.*, 195, 368, 433); on exécute
pour eux les rites «conformément au livre secret de l'art
de l'officiant» (*Mast.*, 195; CAPART, *Rue de Tombeaux*,
XXII; *L. D.*, II, 72ᵇ); quelques-uns connaissent «toute
la magie secrète de la Cour, comme il convient à un
Esprit parfait et bien équipé» = [hiéroglyphes]
[hiéroglyphes] (*Urk.*, I, 143, 89). Les gens de la
Cour peuvent déjà, comme le roi, «passer à leur *Ka*»
([hiéroglyphes], *Urk.*, I, 71, 73); il est probable qu'ils ont
une âme *ba'* [hiéroglyphe] au ciel. Vers le même temps, ces favorisés obtiennent la permission d'«adorer les dieux», au
bénéfice soit du roi (*Urk.*, I, 39), soit d'eux-mêmes (I,
50, 70); mais la mentalité qui crée la piété personnelle
et la littérature pieuse n'apparaît point encore. — Sur
leurs propres domaines, vis-à-vis de leurs fonctionnaires
et de leurs tenanciers (*khentyou-she*), les rois ont fait également des concessions, tant au point de vue religieux
que social. Prêtres et tenanciers des temples royaux funéraires et des domaines attenant aux pyramides, reçoivent
à Abydos, Dahchour, Koptos, des chartes d'immunité, où
sont définis les droits et devoirs de chacun, si bien que
nul d'entre eux n'est plus «taillable ou corvéable à merci»
(*Chartes*, I, 99; II, 314; III, 399). Pour faire concur-
rence aux prêtres et aux nomarques, les rois de la VIᵉ dynastie créent aussi des villes-neuves, avec chartes; il y est
dit des cultivateurs (*mertou*) que «celui qui ignorerait sa
charte antérieure aura son règlement d'administration
(*śrw*) déterminé par une déclaration des notables (*Sarou*)»
(*Ch.*, II, 312). Plus tard, sous la VIIIᵉ dynastie, la faiblesse du gouvernement s'étant accrue, il ressort des
décrets royaux que chaque fonctionnaire royal possède
une charte [hiéroglyphe] *a'(rt)* de ses obligations et privilèges (*Ch.*,
III, 374, l. 40). Ainsi, vers la fin de l'Ancien Empire,
le fait d'appartenir à un temple divin, à un temple royal,
aux offices royaux, comportait pour les employés des

avantages religieux et sociaux tels qu'ils constituent un
jus civitatis à l'orientale : non pas, comme en Grèce ou à
Rome, l'accès à des magistratures électives, mais un
droit, en passe de devenir héréditaire [1], aux fonctions
administratives, avec une situation privilégiée, dans cette
vie et après la mort, auprès du roi. La pénalité prévue
par les Pharaons des VI⁰ et VIII⁰ dynasties contre ceux
qui violent leurs décrets est celle qui interdit aux délin-
quants de rester prêtres dans les pyramides royales (*Ch.*,
II, 280), ou d'être comptés ni parmi les *Esprits* ([hiéroglyphe] *ia'hou*)
dans la nécropole, ni parmi les *Vivants* (morts osiriens)
(*Ch.*, III, 369). Ceci montre combien droits religieux et
politiques étaient inséparables.

Quant à la plèbe des laboureurs et des artisans, nous
ne pouvons guère définir son statut pour cette époque,
avec les seuls documents qui nous soient parvenus. Nous
ne discernons que ceux d'entre eux qui font partie,
comme laboureurs, pâtres et artisans (*Ch.*, II, p. 275,
281 et suiv.; 313), de la classe des *mertou* « serfs ? », dans
les administrations royales (temples funéraires, maison
du *dt*), dans les temples ou les nomes; ceux-là étaient
énumérés dans les *chartes* de fondation, et comptaient au
statut légal de tout domaine immunitaire, mais nous ne
savons dans quelle mesure ils avaient part aux privilèges
civils et religieux. Cependant la construction des pyramides royales, des temples solaires et royaux, des mastabas memphites, des hypogées de l'Égypte méridionale,
la décoration sculpturale des édifices avait augmenté, dans
des proportions que nous pouvons estimer énormes, la
classe des artistes, des artisans et ouvriers; de même, le
commerce de luxe, à l'intérieur du pays et à l'étranger,
s'était développé à l'extrême pour alimenter le marché
égyptien de tout ce qui était nécessaire à la Cour, aux
temples, aux tombeaux, en encens, métaux, statues, mobilier de choix. Il en résulte qu'une population ouvrière très

____

[1] La formule « jamais je n'ai dépouillé un fils du bien de son père »
apparaît dès la VI⁰ dynastie (*Urk.*, I, 123, 133).

considérable existait certainement, sous l'Ancien Empire, en dehors des ateliers royaux ou sacerdotaux; elle était surtout localisée dans le Delta (*infra*, p. 346). Jusqu'à la fin de la VIIIe dynastie, il ne semble pas que ces prolétaires, laboureurs et artisans, aient profité de la lente évolution dont bénéficiait l'oligarchie des prêtres et des nomarques; mais le jour allait poindre où le prolétariat trouverait l'occasion d'obtenir à son tour les droits religieux et politiques.

B. Entre la fin de la VIe dynastie et le début de la XIIe (environ 2350-2000 av. J.-C.), les conditions favorables à une révolution politique et sociale se sont présentées à plusieurs reprises, et pendant des périodes étendues. Le pouvoir royal, déjà très affaibli à la fin du long règne de Pepi II (qui, d'après Manéthon, aurait duré 94 ans), sombre dans l'anarchie. Les dynasties royales deviennent fantomatiques, comme la VIIe (70 rois en 70 jours), ou impuissantes comme la VIIIe, dont les rares monuments qui ont survécu attestent de nouvelles concessions aux prêtres et aux nobles et la ruine du domaine royal (*Ch.*, II, 331; III, 367). C'est à ce moment que le papyrusde Turin place une grande division des dynasties (vers 2360); avec les IXe et X[e] dynasties commence une période nouvelle (env. 2360-2160, MEYER, *Hist.*, II, § 267). La capitale du pays se déplace de Memphis à Hérakléopolis. Les Pharaons officiels ne règnent plus que de la mer à Abydos; encore la partie orientale du Delta est-elle occupée par des Asiatiques. D'Abydos à Éléphantine, dans la Haute-Égypte, les nomes constituent des principautés féodales, groupées autour des princes de Thèbes, qui fomentent la révolte et mènent une guerre ouverte contre les rois d'Hérakléopolis; ceux-ci ne soutiennent le choc que grâce à l'appui de princes féodaux, dont les plus puissants sont ceux de Siout; mais qui sait si les féodaux protecteurs des rois ne sont pas plus dangereux pour les Pharaons que les rebelles du Sud? Un papyrus nous a conservé les *Instruc-tions* d'un des rois de la IXe dynastie à son fils le roi Me-

rikara[1] : c'est un pamphlet littéraire, écho du temps où
le roi, entouré d'intrigues et de révoltes, donne à son fils
les conseils de ruse et de patience, nécessaires à telle
situation; il y mentionne les révoltes des nomarques, les
attaques des Asiatiques, la défaite infligée aux troupes
royales près d'Abydos (par les Thébains). Vers l'an 2060,
les rois Hérakléopolitains sont définitivement vaincus
par les Antef et Mentouhetep de Thèbes. La table royale
de Saqqarah, qui omet tous les pharaons depuis Pepi II,
recommence avec un des Antef l'énumération officielle
des souverains d'Égypte : ces Thébains constituent la
XIe dynastie et reprennent en main le pouvoir, de telle
sorte, qu'avec la XIIe dynastie (2000-1760), l'autorité
royale, la paix et la prospérité retrouvent leur assiette
en Égypte.

De la VIIIe à la XIe dynastie, l'Égypte a donc vu les
institutions de la monarchie divine démantelées par les
nomarques et les prêtres : pendant deux siècles, l'autorité
s'est émiettée, le domaine royal a disparu, les droits religieux et civils ont passé à qui voulait les prendre. Il en
est résulté une période « féodale » caractérisée par l'anarchie politique, l'insécurité, le désarroi moral. Nobles et
prêtres ne furent pas seuls à profiter de l'éclipse de la
monarchie : plusieurs manuscrits littéraires, qui décrivent
cette époque[2], démontrent qu'une révolution sociale a

---

[1] *Journal of Egyptian Archaeology*, I.

[2] Suivant l'usage oriental, ces pamphlets décrivent, sous forme d'apo-
logues, des événements réels, dont leurs auteurs ont été certainement
témoins (Breasted, 219). Ces écrits nous sont arrivés dans des manuscrits
plus ou moins postérieurs aux événements; outre les indications de rois
tels que Merikara, Neferhetep (de la IXe dynastie), Antef (de la XIe),
Amenemhet et Senousret II (de la XIIe), données çà et là, les particularités
de langue et de grammaire nous forcent à placer la rédaction au Moyen
Empire. D'autre part, non seulement la forme littéraire, mais le fond nous
amènent à considérer les *Chants du Harpiste*, le *Misanthrope*, les *Admonitions*, les *Méditations* du prêtre d'Héliopolis, les *Enseignements* de Meri-
karâ et d'Amenemhet Ier, le *Conte du Paysan*, les *Enseignements* de Phtah-
hetep, etc., comme issus de la même inspiration. L'anarchie sociale, qui
est décrite dans la plupart, ne peut avoir existé que dans la période VIIIe-
X[e] dynastie, ou, dans la période XIVe-XVIIe dynastie, sous l'invasion des
Hyksôs. Avec Gardiner et Breasted, j'attribue, à la première de ces pé-

complètement bouleversé la population égyptienne; la plèbe, si longtemps opprimée, a renversé le trône et submergé toutes les autorités reconnues sous un flot de violences et de rapines. Résumons très brièvement ces documents.

L'effondrement du pouvoir royal amène l'abandon du culte des dieux et du culte du roi-dieu, même dans ces pyramides auxquelles tout le peuple avait travaillé avec tant de foi. Il s'ensuit une crise de scepticisme au sujet de cette vie future, récompense suprême promise aux amis du roi :

«Les nobles et glorieux rois ensevelis dans les pyramides..... leurs places n'existent plus. Personne n'est revenu de là-bas pour nous dire comment on y arrive, qui puisse nous parler de leur sort, qui puisse contenter notre cœur jusqu'à ce que nous partions aussi pour l'endroit où ils sont allés..... Donc, suis ton désir aussi longtemps que tu es sur terre; mais donne du pain à celui qui n'a point de terre; ainsi tu gagneras une bonne renommée dans l'éternité à venir» (*Harpiste*).

Mais l'instabilité politique a amené un tel relâchement que l'anarchie règne, l'injustice triomphe, la valeur morale ne compte plus :

«Les frères sont méchants, il n'y a plus d'amis; toute gentillesse a disparu; chacun prend le bien de son voisin: le doux s'en va à la ruine, le violent marche sur tout le monde; il n'y a plus de justes, la terre est aux criminels. Le malheur frappe le pays et cela n'a plus de fin» (*Misanthrope*). Aussi le Juste est-il méconnu ; loin d'être honoré, son nom est *abhorré* du vulgaire; la mort est le seul recours pour l'honnête homme en pareille catastrophe sociale.

Pour soutenir l'honnête homme et le sage, la *tradition*, venue des enseignements des dieux et des rois, ne suffit plus. Un prêtre d'Héliopolis fait son examen de conscience, il médite sur ce qui arrive : tout se transforme en ce pays, ce n'est plus aujourd'hui

riodes l'état social décrit en paraboles; le seul argument qui faisait hésiter Gardiner (*Adm.*, p. 18): le manque de preuves d'incursions d'Asiatiques en Égypte, avant les Hyksôs, est formellement détruit par le papyrus de Pétersbourg 1116ᴬ nouvellement publié (*Journ.*, I [1914], 31, 35-36).

comme hier; chaque année est plus lourde que la précédente : la
justice est mise dehors, on viole les plans des dieux; la misère est
partout; il n'y a plus de justice, ni de respect des choses sacrées.
« Viens donc, mon cœur, réponds à mes discours : *explique-moi ce
qui se passe dans ce pays* » (*Admonitions*, 96 et suiv).

Ce qui se passe dans le pays, c'est la révolution sociale
que nous décrit un sage égyptien, spectateur bouleversé
de pareils événements :

« Le pays est en révolution (tourne) comme la roue du potier
(ii, 8) [1]. » La plèbe ([hiéroglyphes] *šwa'w* les « pauvres »,
[hiéroglyphes] *ndsw* les « petits »; [hiéroglyphes] *hwrw* les « mauvais »,
κακοί) envahit les bureaux royaux, pille les dossiers, et les « décla-
tions »; aussi voit-on les serfs devenir propriétaires, après usurpa-
tion d'états-civils volés (vi, 7); les registres des tribunaux sont
jetés à la rue (vi, 9); (plus de lois, ni de condamnations). Les magasins et greniers royaux sont envahis, leur comptabilité détruite
(vi, 8) : tout le monde pille et emporte ce qui lui plaît. Bientôt les
fonctionnaires sont mis à mort (vii, 9); il n'y a plus d'administra-
(ix, 2). Des choses se passent qui jamais n'étaient advenues : le roi
est enlevé par la plèbe (vii, 1). Quelques hommes, ignorant les
lois, se sont laissés aller jusqu'à dépouiller le pays de sa royauté
(vii, 2). Aussi les secrets du pays sont-ils divulgués : la Cour est
renversée en un moment. Tous les hommes se jettent dans les
guerres civiles, sans qu'il y ait aucune opposition (vii, 4-7).
Voilà l'Égypte aux mains des révolutionnaires : plus de gouvernement, de justice, de propriété, de sécurité publique. La société
est sens dessus-dessous. Les anciens riches sont devenus pauvres,
les nobles dames sont réduites aux pires traitements; beaucoup
d'entre eux émigrent (viii, 13-14). L'insécurité empêche la culture
des terres (ii, 1; v, 12; vi, 3), le commerce intérieur (v, 22) et
extérieur avec la Syrie (iii, 6-10), ainsi que l'arrivée des matières
premières nécesssaires aux métiers (iii, 10).
La famine force les gens à manger de l'herbe (vi, 1); les épidé-
mies déciment la population (ii, 5, 10, 13); le désespoir est tel
que personne ne veut plus avoir d'enfants (ii, 4; iv, 3). « Ah ! si
pouvait venir la fin de l'humanité ! Ni conception, ni naissance !
Si la terre pouvait s'arrêter de crier ! S'il n'y avait plus de tumulte ! »
(v, 14 et suiv.).
Dans cet effroyable désarroi, le pays et le peuple sont « comme un

[1] Les citations se rapportent au papyrus 364 de Leide = Gardiner,
Admonitions.

troupeau effrayé sans berger» (ix, 2). Les troupes mercenaires, nubiennes, pillent le pays au lieu de le défendre (iii, 1); les Asiatiques en profitent pour s'infiltrer dans le Delta, dont les marais n'offrent plus de cachettes; «on pénètre dans toute place secrète : les Asiatiques travaillent dans les ateliers du Delta.» (iv, 5-8).

Du moins, dans le pillage général, la plèbe a-t-elle longtemps joui du bien-être, enlevé aux vieilles classes dirigeantes. Le papyrus nous décrit longuement la vanité et la satisfaction des nouveaux riches (vii et viii); le changement social se résume ainsi : «Les nobles sont en deuil, les plébéiens sont dans la joie; toute ville dit : allons! écrasons les puissances parmi nous» (ii, 7). Aussi «celui qui ne possédait rien devient propriétaire de richesses, et les grands lui adressent des louanges! Le pauvre du pays devient riche; le propriétaire devient indigent» (viii, 1-2). On ne distingue plus les «fils d'un homme» (les *ingenui*) de ceux qui n'ont pas de père (ii, 14; iv, 1). «Il n'y a plus d'hommes d'hier» (ii, 2). Partout ne sont que des *novi homines*.

Pour conclure, la royauté a perdu non seulement son roi, ses agents, ses domaines, son trésor, mais encore tout ce qui faisait sa force magique et religieuse : «ses secrets sont divulgués» 〔hiéroglyphes〕 *sha'w śśta'w*) :

«Les secrets des rois de la Haute et Basse Égypte sont divulgués (vii, 5-6); les secrets du pays, dont les limites étaient intangibles (?), sont divulgués (vii, 4); l'illustre cour de Justice, ses livres sont enlevés; le lieu des secrets de ce qui existait (jadis) est divulgué... Les magies (〔hiéroglyphes〕 *ḥka'w*) sont divulguées; les incantations *šem* et les incantations *škhen* perdent leur efficacité (?) parce qu'elles sont dans la mémoire des hommes (vii, 5-7)».

Et voici la conséquence ultime, capitale :

Le plébéien atteint la condition de la divine Ennéade (〔hiéroglyphes〕 *ḥwrw śpr r a' psdt ntrw*).

Grâce au pillage des temples, des palais, des offices royaux, le plébéien a mis la main sur les secrets de la religion, de la magie, de l'administration : chacun croit posséder les moyens de devenir, comme le roi, un dieu de l'Ennéade. La réflexion, que fait l'auteur du pamphlet,

sur l'inefficacité des incantations, dévoilées à des plébéiens inhabiles et non initiés, lui appartient en propre :
elle n'était certes pas dans l'esprit des gens du peuple.
Pour ceux-ci, capter les *secrets des Pharaons*, la magie
secrète de la Cour, c'était trouver la clef qui ouvrirait la
voie de l'égalité politique. La divulgation des secrets religieux et magiques faisait tomber le monopole des classes
privilégiées, et annonçait un nouveau régime social.

Qu'on nous permette de rapprocher ces textes significa-
tifs des poétiques doléances qu'écrivait Théognis de Mé-
gare, vers 53o av. J.-C., lorsque, pareil au prêtre d'Héliopolis, il voyait avec horreur la plèbe briser les cadres
de l'oligarchie, violer les lois des nobles, et pénétrer de
force dans la « cité ». Théognis, qui est du parti aristocratique, décrit les tourments que les anciens maîtres de la
ville, ceux qu'il appelle les Bons ἀγαθοί, les Nobles ἐσθλοί,
supportent de la part des *novi homines*, les Méchants,
κακοί, δειλοί :

Cette ville est en travail (3g) elle est encore notre ville; mais
d'autres l'habitent qui jadis, sans connaissance de la justice et des
lois, les flancs ceints d'une peau de chèvre, pâturaient hors de ses
murs, comme des cerfs.

Et maintenant ce sont eux les *Bons*, et les nobles d'autrefois sont
devenus les *Méchants*. Qui pourrait soutenir ce spectacle? Ils se
trompent mutuellement; ils se rient les uns des autres, n'ayant
nulle idée du mal et du bien (53-6o).

. . . La richesse est devenue l'objet unique des désirs des hommes.

Le méchant outrage la justice sans redouter dans l'avenir aucun
châtiment de la part des dieux (279-282). Ce qui était le *mal* pour
les bons est devenu le *bien* pour les méchants, et ceux-ci gouvernent
par la violence. La pudeur a péri, l'impudence et l'injure ont
triomphé de la justice et possèdent toute la terre (289-92).

La conclusion est celle-là même que tirent du spectacle
de la méchanceté universelle, le Harpiste et le Misanthrope égyptiens :

Jouissons de la jeunesse, ô mon âme. Bientôt vivront d'autres
hommes, et, frappé par la mort, je ne serai plus qu'une noire terre
(877).

De tous les biens, le plus souhaitable c'est de n'être point né, ou bien, ayant pris naissance... de reposer profondément enseveli sous la terre (425-428).

Certes, en histoire, comparaison n'est pas toujours raison : tout de même, nous comprenons mieux « ce qui se passe dans ce pays » en nous rappelant que des crises semblables, dont la signification est élucidée, ont bouleversé les cités grecques et Rome, lors des luttes de la plèbe pour le droit de cité.

*
* *

En ces temps lointains, vers l'an 2000, la société égyptienne n'était pas assez évoluée pour aboutir au régime démocratique à la suite de la révolution sociale. Les penseurs de l'époque attendent le salut du retour de rois forts et paternels, qui rendront au pays l'ordre et la justice. Le roi réformateur est désiré comme un Messie :

« On dit de lui : c'est le pasteur de tous les hommes, il n'y a rien de mauvais en son cœur. Si son troupeau souffre, il passe le jour à le rassembler, avec la fièvre au cœur... Un guerrier arrive, qui détruira les injustices commises. Il n'y a plus de pilote à cette heure. Où est-il aujourd'hui ? Est-ce qu'il dort ? Nous ne voyons pas (encore) sa puissance.... (xii, 1 et suiv.) ...Bien que je ne l'aie pas trouvé, je ne peux pas l'avoir appelé en vain... en disant ce qui est sur les lèvres de tout le monde » (xii, 6-7).

Au pap. de Pétersbourg n° 1116 B, la venue de ce Sauveur est prédite formellement :

« Un roi doit venir du Sud, dont le nom est Ameni.... il prendra la couronne blanche et la couronne rouge... le peuple de son temps se réjouira, l'homme de naissance noble rendra son nom immortel. Ceux qui ont causé des troubles, qui fomentent la rébellion, devront fermer la bouche, par crainte de lui.... » (*Journ. Eg. Arch.*, I).

Ce Sauveur fut Amenemhet Ier (l'Ameni de la prophétie), qui, vers 2000, fonda la XIIe dynastie. Lui et ses successeurs, après une lutte opiniâtre contre les rebelles de l'intérieur et de l'extérieur, rétablirent l'autorité royale, mais en fondant un *novus ordo*. La féodalité des princes et des temples fut maîtrisée en quelques générations et disparut, remplacée par des fonctionnaires royaux (Meyer, § 284-5). La plèbe rentra dans l'obéissance. Alors la société entière, nivelée devant le roi, devint ce qu'avait été l'ancienne famille royale : l'auxiliaire de la dynastie. Chacun, sans distinction de naissance ou de fortune, fut jugé digne de participer aux rites religieux et de remplir, selon sa capacité et son zèle, un rôle dans l'État, comme prêtre, juge, milicien, laboureur ou artisan; après la mort, chacun avait l'espoir de revivre chez les dieux, ou dans son tombeau, s'il en était jugé digne par le tribunal d'Osiris. Voyons ce que nous disent les monuments du rôle concédé à la plèbe dans ce socialisme d'état.

A. Au point de vue des droits religieux, les tombeaux, cercueils, stèles, etc., nous apprennent que les rites funéraires — sous l'Ancien Empire réservés exclusivement aux rois, et qui, de la V⁰ à la VI⁰ dynastie avaient été accordés aux privilégiés nobles et prêtres, — sont devenus maintenant le bien commun de toutes les classes de la population.

Tous les morts, depuis la XII⁰ dynastie, deviennent, quelle que soit leur condition sociale antérieure, des *Osiris justifiés* ( ). Non seulement ils sont momifiés comme Osiris, mais ils reçoivent, pour l'autre monde, des vêtements, des coiffures, des armes analogues à ceux du dieu Osiris, par conséquent pareils à ceux du Pharaon, image d'Osiris sur terre. Leurs robes sont en étoffes royales : leurs coiffures, colliers, bracelets, sont les couronnes et les parures du Pharaon [1], leurs cannes sont les

---

[1] Voir les *indices* des *Sarcophages antérieurs au Nouvel Empire* de LACAU; une excellente étude des parures funéraires du Moyen Empire est donnée dans LYTHGOE, *The tomb of Senebtisi*. Je n'ai pu utiliser le bel ouvrage sur ce sujet de M. Jéquier, paru depuis la composition de cet article.

sceptres du Pharaon; leurs armes, celles du roi; leurs ustensiles, pour se laver les mains et les pieds, les vases mêmes qui servent à la toilette du Maître des Deux-Égyptes. «L'autorité royale est supposée être mystérieusement inhérente aux insignes... quiconque se trouve posséder les insignes royaux est considéré comme le roi légitime», écrit J. G. Frazer [1] à propos de diverses tribus sauvages; la mentalité des Égyptiens du peuple ne nous paraît point différente.

Les *textes rituels* jadis réservés aux seuls Pharaons, sont, depuis la XIe dynastie, écrits sur les *cercueils* [2] des simples particuliers aussi bien que sur ceux des rois, des princes, des grands fonctionnaires. A côté d'un choix tiré des Pyramides royales, apparaissent d'autres formules qui composent à elles seules un *Corpus* de textes nouveaux. Non seulement l'homme y est traité en Pharaon d'outre-tombe, mais on l'identifie avec les dieux suprêmes Ra, Toum [3], et il habite dans les étoiles avec les dieux. Une des conséquences de cette invasion du paradis par la plèbe fut l'installation au ciel d'Osiris, le dieu des nécropoles plébéiennes; il est désormais sur pied d'égalité avec Ra, le dieu de la famille royale (Breasted, 376). Sur les *stèles* funéraires, que chacun peut faire graver à son nom désormais, les formules des offrandes subsistent; mais celles du voyage dans la nécropole sont remplacées par d'autres qui promettent l'accès au ciel, les navigations dans les barques solaires aux côtés de Ra et l'intronisation au paradis céleste à la droite d'Osiris (type : stèle C 3 du *Louvre*). De nombreux «chapitres» préparent aussi le défunt à passer devant la *Balance* d'Osiris, qui pèsera sa conscience et ses actions sur terre : justice distributive à laquelle jadis le roi seul était soumis (Breasted, 253 sqq.).

[1] *Les origines magiques de la royauté*, 131.

[2] Publiés par P. LACAU, *Recueil*, XXII et suiv. L'analyse détaillée se trouve dans BREASTED, *Relig.*, 274 et suiv.

[3] Cf. le chapitre XVII du *Livre des Morts*, dont plusieurs rédactions avec gloses datent du Moyen Empire. (Voir dans ce livre même, le mémoire de M. Speleers.)

Les *rites* grâce auxquels chaque homme pourra « renouveler sa vie » (*wḥm ʿanḫ*) [1] sont ceux-là mêmes dont le roi avait seul l'usage. Aux purifications par l'eau et l'encens, à l'« ouverture de la bouche et des yeux », à la « spiritualisation », s'ajoutent des cérémonies mystérieuses, celles du *tikenou* [2], non décrites aux textes des Pyramides, mais qui devaient, cependant, faire partie du rituel royal. Ceux qui officient dans ces « mystères » sont, ou bien des prêtres de profession, ou bien les enfants ou parents du défunt; quels qu'ils soient, ils prennent, pour célébrer le culte funéraire, les noms des membres de la famille royale et des fonctionnaires de la Cour. En l'honneur du plébéien, devenu roi-Osiris, nous voyons officier : Horus, fils d'Osiris, et le « fils chéri » [3]; le « père aimé du dieu » ; les « enfants royaux » , les « petits fils du roi » ; les « amis » ; les « féaux » ; le « prince » , le « chef » ; l'« homme de la cour » *im-khent*; le « chancelier du dieu » ; le « chef du secret » , les « prophètes » , l'« officiant » , [4] (*supra*, p. 333). Ainsi le plébéien mort est théoriquement le chef de la famille royale et de la Cour, et reçoit le culte de leur part, tout comme le Pharaon réel. Lorsque le défunt est « ranimé », les *Amis* le portent sur un pavois, tel qu'un roi, et s'écrient « le Dieu vient! (bonne) garde sur terre! » *ij nṭr, saʾtaʾ* [5]; on n'en fait pas plus pour le roi régnant (*Pyr. Pepi I*, 7).

Pour le tombeau, nous pouvons supposer que chaque individu avait droit à une « place de sépulture » *ist ḳrs* (*Westcar*, vii, 17), car c'est le privilège de tout

<hr>

[1] Caire, 20086, 20164, 20282, etc.

[2] Alan H. Gardiner, *Tomb of Antef Ager*, pl. 22; A. Moret, *Mystères égyptiens*, p. 46 et suiv.

[3] Les rituels donnent un rôle à la femme du mort *saʾmt*, nom qui désigne la reine (Schiaparelli, *Libro di funerali*, I, 99, 123, etc.

[4] (XIIᵉ dynastie), Gardiner, *Tomb of Antef-Ager*, pl. 21; Blackman, *Meir*, III, 23 et p. 5; Newberry, *B. Hasan*, I, p. 18, 51; *El Bersheh*, II, 9; cf. (XVIIIᵉ dynastie), Virey, *Rekhmara*, pl. 20, 24; Davies, *Five Theban Tombs*, pl. 2, 7, 9, 10.

[5] *Antef-Ager*, pl. 23; *Rekhmara*, pl. 35.

imakhou, titre maintenant accaparé par tous (—). Les
offrandes, si modestes fussent-elles, devenaient, par l'effet
des formules rituelles, l'équivalent du « régal » » offert
jadis par le roi : chacun usait donc des mots magiques
 « le roi donne l'offrande » et provoquait la « sortie
des offrandes à la voix » ( ) « pour son *ka* » ( ). Le
mort pouvait associer à ces rites, à ces offrandes, ses
parents, ses amis, ses confrères, « tous ceux dont le nom
est inscrit sur la stèle »; on lit parfois cinquante noms, et
plus, de gens qui bénéficient collectivement des rites
divins (Caire 20161 : 68 noms; 20441 : 48 noms;
20,733 : 36 noms).

   Ainsi, l'égalité religieuse est devenue générale dans la
société égyptienne. Sans doute, les riches, les courtisans,
les grands fonctionnaires recevaient les rites funéraires dans
un décor luxueux que les plébéiens ne pouvaient connaître
(Sinouhe, voir G. MASPERO, *Contes populaires*); mais un
pauvre homme qui traçait sur un ostracon ou une tablette
de bois son nom, avec la qualification « d'Osiris, justifié,
maître de féauté », se croyait tout aussi sûr de posséder
dans l'autre monde les offrandes divines et l'accès au ciel.
Pour le reste, il lui suffisait d'acheter, à bas prix, de
minuscules amulettes en terre, représentant le mobilier
rituel, les colliers, couronnes, talismans du roi (*A. Z.*,
43, 66), pour se croire aussi riche qu'un vizir. Depuis le
Moyen Empire (*Rec., Tr.*, IV, 92) nous trouvons dans les
tombes les « répondants »   *wshbty* [1], statuettes
qui s'animent d'une vie magique, quand on les appelle,
pour soulager le pauvre comme le riche des travaux de
l'autre monde. La fabrication en série des « *Livres de sortir
au jour* » (notre *Livre des morts*) permit à chacun de posséder, à peu de frais, les rituels nécessaires [2] : on les
déposait dans le cercueil même, si bien que le luxe d'un

---

[1] Les *oushbtyou* sont parfois appelés « esclaves du défunt » (*A. Z.*, 49
[1911], 127).

[2] On les trouvait tout prêts dans le commerce, avec une place laissée
vide dans chaque formule, de façon à y inscrire le nom de l'acheteur, qui
bénéficiait ainsi des rites.

tombeau décoré de figures et de textes devenait superflu. Toutes les simplifications furent admises dans le but de démocratiser les rites funéraires. Le nom 𓏏 « Osiris » faisait du mort un dieu; l'épithète ▬ établissait son bon droit auprès de la justice divine; le titre ▭ *nb imaḫw* indiquait qu'il était ami de la famille royale : les plus humbles plébéiens s'attribuent ces trois qualifications et se prétendent les égaux des plus riches, au sein de la famille royale où la mort les fait entrer.

B. Pour ce qui est des droits politiques, nous n'imaginons pas les Pharaons créant des magistratures élues, organisant des Conseils des Anciens et des Assemblées du peuple, ce qu'on trouve en Grèce et à Rome. Mais, dans le cadre d'une royauté patriarcale, (qui comprenait, d'ailleurs, des assemblées locales, celles des *Sarou*, cf. *C. R. Acad. Inscr.*, 1916, p. 378 et suiv.), les rois purent améliorer la situation politique des plébéiens en leur donnant un statut qui garantissait à chacun sa situation sociale, et en leur ouvrant les portes de l'administration publique.

Les papyrus de Kahoun (XIIe et XIIIe dynasties) nous montrent que dans les bureaux royaux, spécialement dans ceux du Vizir, on dressait, d'après la déposition des chefs de famille, des listes ou « déclarations de personnes » (𓍿𓊪𓀀𓂋𓏏𓏤 *wip rmṯw*) [1] classant la population par professions : prêtres, soldats, tenanciers, cultivateurs, artisans; chaque chef de famille énumérait les personnes qui constituent sa « maison », parents et serviteurs (Meyer, § 284). Les fiches dressées à ce sujet servent à la perception des impôts, et constituent aussi pour les terres, les métiers, les personnes, un état civil, qui définit, semble-t-il, les obligations et les droits de chacun. Il est possible que ceci réponde à une généralisation à toute l'Égypte du régime des *chartes* qui, sous

___

[1] Griffith, *Papyri of Kahun*, IX; cf. Maspero, *Études de Myth. et d'Archéol.*, IV, p. 426 et suiv.

l'Ancien Empire (*supra*, p. 339), garantissaient la situation des immunitaires; ce qui était alors l'exception
aurait été accordé à tous[1]. Les charges étaient la capi-
tation, les corvées, et le service militaire pour quelques
miliciens; les droits consistaient à pouvoir cultiver, comme
tenanciers, les terres de l'État, à exercer tel métier
à son gré, ou, enfin, entrer dans l'administration publique.

a. La question agraire était celle qui importait le plus
à l'immense majorité du peuple, composée d'agriculteurs.
Depuis la XIIe dynastie, il n'y a plus de domaine royal
au sens qu'avaient ces mots sous l'Ancien Empire; mais
le roi a repris ses droits de possession éminente sur
toutes les terres. Les bureaux du roi laissent une partie
des revenus aller aux temples, aux fonctionnaires, aux
miliciens; mais c'est par eux que le sol est divisé entre les
familles de paysans, qui reçoivent tant d'aroures suivant
le nombre de biens « déclarés » par le chef de famille
(REVILLOUT, *Précis du Droit égyptien*, p. 4-5). Les paysans
acquittaient impôts et corvées : cela fait, ils avaient la
jouissance presque libre de leurs lots. Les chefs de famille
pouvaient en disposer pour des donations à leur femme
(forme primitive du contrat de mariage), pour des
échanges (vente primitive), pour des partages à leurs
enfants (testament primitif, *Précis*, p. 12 et 14). Ces
« actes » existaient sous l'Ancien Empire, mais les « privilégiés » seuls pouvaient les passer, après autorisation personnelle du roi par charte spéciale (*supra*, p. 334). Depuis
le Moyen Empire, la plèbe put en user sans autres for-
malités que l'établissement, devant les bureaux royaux,
d'un inventaire des biens meubles et immeubles cédés
(† ⳾ *imt-pr*) et le payement au fisc de taxes de muta-
tion (MASP., *Études*, IV, 435). Il n'est plus douteux que
ce droit d'*acter* à l'intérieur de la famille, fut concédé
aux plébéiens après la révolution. Il leur restera à obtenir

[1] Sous la XVIIIe dynastie, le vizir doit « faire connaître à tout homme
ses obligations d'après les livres de toute administration » (*Urk.*, IV, 1148,
cf. *Chartes*, II, 315).

de pouvoir faire des transactions immobilières en dehors de la famille; ce sera l'affaire d'autres révolutions; il ne semble pas, si l'on en croit Revillout, qu'ils aient acquis ce droit avant Bocchoris (viiie siècle av. J.-C.)[1]. En somme, le paysan a reçu des rois de la XIIe dynastie un statut légal et un droit limité sur la terre, il a une liberté relative, et souffre même, parfois, d'être isolé, comme « un homme sans maître » (*Westcar*, 17). Notons que la collation des droits religieux avait une répercussion sur la question agraire. Depuis qu'il fut permis aux plébéiens de posséder un tombeau et de constituer un service d'offrandes, le roi dut les autoriser à posséder des « places de sépulture » 𓇋𓊨𓈎𓂋𓊃 [2] *ist kers*, dont il était difficile de leur contester la propriété; des papyrus et ostracons de la XVIIIe dynastie relatent des partages et des procès relatifs à des « lieux de sépulture ». Peut-être est-ce sur le terrain religieux que la première brèche fut ouverte, au profit de la plèbe, dans la propriété éminente du sol que se réservait Pharaon.

b. Pour les artisans, qui peuvent se contenter d'une propriété mobilière, l'émancipation fut plus complète. Sous l'Ancien Empire, les artisans étaient le plus souvent rattachés aux ateliers du roi, des administrations royales comme le 𓉐𓆓 *pr ḏt*, aux ateliers des temples ou des

---

[1] A dater de la XXIIe dynastie, les textes mentionnent une forme libre de la propriété, qui s'appelle les « champs des hommes libres » *a'ḥt nmḥw* 𓄿𓏏𓈗𓈗𓏏𓂝𓀀𓏥 (stèle de Takelot I [vers 875], ap. *Annales du Service*, IV, 183-186); ces champs s'acquièrent contre de l'argent (Stèle de Legrain, sous Osorkon III [vers 720], ap. *A. Z.*, 35 [1897], 22 et suiv.). Le sens « homme libre » de 𓈗𓄿𓏏𓂝𓀀𓏥 *nmḥw*, a été élucidé par Spiegelberg (*A. Z.*, 53 [1917], 116). Il serait d'un grand intérêt de savoir si ce sens s'applique déjà aux *nmḥw n nwt* = nemhou des villes, hommes et femmes, qui apparaissent dès la XVIIIe dynastie aux *Pap. de Kahoun* (éd. Griffith, pl. IX, 4, et *text.*, p. 20-21), sur des stèles de la XIIe dynastie (*l. c.*), et assez fréquemment dans la littérature et les documents thébains (*Recueil Trav.*, XVIII, 160; *A. Z.*, 26, 94; 34, 20; *Pap. Bologne*, 1094, II, 3-4).

[2] Revillout, *Précis*, p. 59-64; sur les places de sépulture, cf. Spiegelberg, *Studien Rechtswesen*, 16, 29; Ces documents sont du Nouvel Empire; mais *Westcar* (VII, 17) mentionne déjà, sous le Moyen Empire, le droit à la « place de sépulture » pour tous les *imakhou*.

seigneurs provinciaux : dans ces offices industriels, on conservait les « secrets » des métiers et des industries, et certains artistes, comme les sculpteurs et les peintres étaient considérés comme des magiciens qui enfantent (𓅓𓏤 *ms*) les corps (𓆓 *dt*), c'est-à-dire les images des dieux et des hommes, destinées à servir de support aux âmes dans les temples et les tombeaux. Or, la révolution « a divulgué les secrets des métiers », non seulement aux plébéiens, mais aux étrangers (*supra*, p. 346). Désormais les ateliers furent *sécularisés*, et la carrière d'artiste et d'artisan fut ouverte à toutes les initiatives. Les stèles funéraires du Moyen Empire appartiennent pour un grand nombre à des gens de la basse classe qui exercent les métiers les plus variés; moyennant une « déclaration » de leur profession dans les bureaux royaux, ceux-ci semblent libres. Preuve nous en est donnée par un pamphlet littéraire, de la XIIe dynastie, « la Satire des Métiers »[1], où, suivant le procédé typique de l'apologue oriental, un petit employé essaye de détourner son fils des métiers manuels, insistant sur l'*aléa* inévitable que présentent toutes ces professions qui reposent sur l'esprit d'entreprise, dont l'accès est, par conséquent, libre.

c. Restent les fonctions publiques, jadis, du moins pour les hauts emplois, réservées à la famille royale, puis à l'oligarchie. Nous possédons ici les mêmes preuves que pour la catégorie précédente : les stèles funéraires révèlent la multitude d'emplois royaux gérés par des individus d'humble origine, et le papyrus Sallier, (ainsi que nombre de pamphlets littéraires du Nouvel Empire) laissent entendre que l'accès des fonctions publiques est maintenant ouvert à tout homme instruit. De là l'éloge de la profession du *Scribe*, qui prime toutes les autres, (*Genre épist.*, 35) et permet de passer de la plus basse condition à la plus haute. Le scribe n'est soumis à aucun des aléas des professions que nous appellerions manuelles

---

[1] Pap. Sallier II; traduction dans G. Maspero, *Du genre épistolaire*, p. 48 et suiv.

et libérales; assuré du lendemain, « il mange les rations de la maison du roi, et *arrive*, s'il est actif et obéissant » (*ibid.*, 72). Cela prouve que l'administration royale a été, elle aussi, sécularisée; tous ses secrets n'étaient-ils pas divulgués? Les emplois sont souvent quasi héréditaires, et peuvent être légués comme un bien de famille, ou un atelier (*Pap. Kahun*, XI). La plèbe exerce ces droits politiques en fournissant un fort contingent de fonctionnaires.

Tels ont été les résultats de la révolution discernables avec les documents actuellement connus. Le socialisme monarchique assure aux plébéiens une partie des droits que le régime démocratique leur a donnés ailleurs.

Pour prévenir des réactions, suivies d'autres révolutions, il restait à faire pénétrer cet esprit nouveau dans ce qui restait des anciennes classes privilégiées et chez les hauts fonctionnaires qui, par excès de zèle monarchique, ou par cupidité, pouvaient fausser l'application du système. Les Pharaons, depuis la XIIe dynastie, sont très vivement préoccupés d'inculquer à leurs fonctionnaires une « doctrine » (*sba'yt*) empreinte de Justice et de Bonté; ils ont rédigé, ou suscité, des « Instructions » dont nous avons les échos dans le *Pap. Prisse* et certaines eulogies des stèles funéraires (*Caire*, 20538; *Brit. Mus.*, 197; cf. A. Moret, *La profession de foi d'un fonctionnaire*, ap. « Cinquantenaire École des Hautes Études », p. 55 et suiv.). Leur but est d'organiser une justice royale impartiale, munie de « justes lois » (St. C 26, l. 11) et appliquée par des fonctionnaires intègres. Le code des lois ne nous est pas parvenu; mais il n'est pas douteux que le régime du *bon plaisir* royal n'existe plus; il y a maintenant des lois *hpw* [1]. On retrouvera peut-être en Égypte le pendant du Code qu'Hammourabi promulguait, vers le même temps, à Babylone; en attendant nous possédons les biographies de nombreux fonctionnaires chargés de main-

---

[1] Le mot et la chose existent depuis la fin de l'Ancien Empire, cf. *Admonitions*, 6, 9 « lois du tribunal »; 10, 8 « la Cour riche en lois ».

tenir ces lois (⸗⸗⸗ *smnḫ ḥpw;* cf. A. Moret, *L'appel au roi,* 143, 148 et suiv.).

Ce serait sortir de notre sujet que d'entrer dans les détails. Toutefois il nous faut signaler que depuis la XII⁰ dynastie les Pharaons permettent au peuple de recourir directement à la justice divine et royale. Sur de nombreuses stèles [1] de ce temps, dont les propriétaires sont de la basse classe, nous voyons les dieux *figurés* et nous lisons de timides *adorations* à Osiris, à Hor-Min, à Ra, où la piété individuelle balbutie, en termes encore impersonnels et figés par le rituel, ses premières effusions et ses revendications. Le peuple a maintenant le droit de parler aux dieux. Aussi peut-il adresser au dieu sur terre, à Pharaon, des pétitions écrites pour tout déni de justice. On a retrouvé de ces pétitions datées du début de la XVIII⁰ dynastie (*Appel,* 147; Revillout, *Précis,* 66); sous la XII⁰ dynastie des allusions à ces appels se retrouvent dans les biographies de magistrats; surtout, le *Conte du Paysan* montre comment un fellah savait parler au Roi. Instruit, comme il l'est, de l'existence d'un Juge divin qui pèsera un jour roi et peuple, le fellah n'a plus peur d'adjurer le roi « d'être juste comme le Soleil et le Nil. . . Réprime le vol, protège les malheureux, ne repousse pas qui se plaint à toi, mais *prends garde que l'Éternité approche* et qu'il est dit : « La Vie, c'est de faire la Justice » (*Contes,* 58).

Voilà le ton que prend un paysan, depuis qu'il a conscience que (comme le riche) « le plébéien atteint la condition de la divine Ennéade ».

Nous sommes si habitués à l'identification (après l'Ancien Empire) de tout Égyptien mort avec le roi et les dieux, que nous avons un peu perdu la faculté de nous en étonner. A la réflexion, il apparaît cependant que

[1] Caire, 20086, 20089, 20094, etc. Nombreux exemples dans les musées de Paris, Londres, Leide, Berlin. La stèle du Caire 20517, qui est celle d'un roi, porte un hymne du même type que les stèles des gens les plus humbles.

c'était là, de la part du Pharaon, une concession extraordinaire; elle ne s'explique que si l'on admet un complet
triomphe de la plèbe au cours des révolutions décrites par
les pamphlets littéraires. Au surplus, les secrets de la
religion, de la magie, de l'administration royale, de
la personne même des Pharaons ayant été divulgués,
il devenait impossible de restaurer l'antique royauté,
dotée d'armes magiques autant que matérielles, et de
fonder son autorité sur des mystères, qui n'étaient plus
mystérieux. Les Pharaons se résignèrent à renoncer à
leur monopole; ils acceptèrent la divulgation des rites
à toute la population, avec les conséquences politiques et
sociales qui en découlaient. La société égyptienne entra
ainsi, après la mort, toute entière dans la famille royale:
mais pour mériter cet honneur divin, elle dut s'en rendre
digne pendant la vie, par son dévouement aux intérêts
de l'État et de la dynastie. Toutes les classes sociales étant
nivelées devant le trône, l'autorité royale redevint, pour
quelques siècles, aussi respectée que sous l'Ancien Empire. C'est que le principe même de cette autorité avait
évolué vers une conception sociale plus humaine. Au lieu
de s'isoler au-dessus de son peuple dans son inaccessible
dignité divine, le Pharaon acceptait de faire monter
jusqu'à lui les hommes de bonne volonté; il était moins
le maître que le père et le guide des Égyptiens; on ne
l'appelle plus le *Grand Dieu* ⸔ *neter a'a'*, mais le *Bon
Dieu* ⸔ *nṭr nefer*.

Concluons : ce n'est pas seulement un progrès dans
les conceptions religieuses que révèle la démocratisation
des rites funéraires : c'est une révolution sociale et politique, réalisée avant l'an 2000, non sans violences populaires. En Égypte, comme en Grèce et à Rome, avec des
modalités appropriées aux mœurs orientales, la plèbe a
pris conscience à la fois de ses droits religieux et politiques; elle a obtenu simultanément une part «des mystères, des choses sacrées, des honneurs publics» τελετῶν
καὶ ἱερῶν καὶ τιμῶν. Cette formule de Démosthène

(*in Nearam*, 113) résume l'éternelle revendication de la plèbe dans les sociétés antiques; ne la retrouvons-nous pas, terme pour terme, dans ce vœu si souvent écrit sur les stèles, à dater du Moyen Empire, où l'Égyptien nourrit la triple aspiration d'être: «Esprit au ciel, Puissant sur terre, Justifié dans la divine région inférieure» (*ia'ḫw m pt, wśr m ta', ma'a' ḫrw m ḫrt-nṭr*)?

UN ACHAT DE TERRAINS

AU TEMPS
DU ROI SI-AMON,

PAR

M. HENRI MUNIER.

La stèle en calcaire qui fait l'objet de cet article, fut trouvée dans les décombres de Fostat qui recèlent tant d'objets provenant de Memphis. Elle appartient actuellement à la petite collection du collège Saint-Joseph des Frères des Écoles chrétiennes au Caire. Elle mesure en hauteur 30 centimètres et 20 centimètres en largeur.

Dans le cintre, à la droite du lecteur, la silhouette d'un personnage qui ne peut être que le roi, vêtu de la *šento* et portant la queue de taureau, fait l'offrande du vin. Devant lui on lit cette inscription presque entièrement effacée (→) :

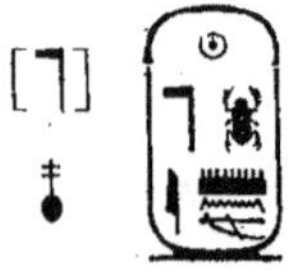

et, au-dessous, la phrase usitée pour un pareil geste rituel (←) :

Face au roi, le dieu Ptah momiforme, tenant le long

sceptre ⲯ, reçoit dans son naos les hommages du Pharaon. A la hauteur de sa figure (⟶) :

Derrière lui, son épouse, la déesse Sakhmet, à corps de femme et tête de lionne, coiffée du disque solaire et de l'uræus; comme son parèdre, elle serre d'une main le sceptre ⲯ et de l'autre, le signe ☥. Devant elle s'étalent ses titres (⟶) :

(*sic*)

Le champ de la stèle est ensuite couvert par le texte du contrat. Chaque ligne est séparée par un trait horizontal. Les hiéroglyphes ont la régularité qu'on observe sur les meilleurs monuments de cette époque. Aucune marge; la ligne de l'inscription part et aboutit au rebord même de la pierre. Les quelques éraflures qu'on observe sur la surface n'ont pas altéré le contour des signes qui restent suffisamment lisibles.

Le texte est ainsi rédigé (⟶) :

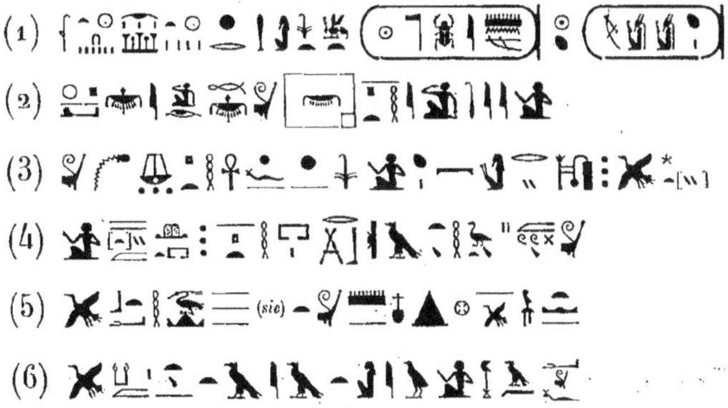

(7) [hiéroglyphes]

(8) [hiéroglyphes]

(9) [hiéroglyphes]

(1) La lectur [hiér.] «an 16» est certaine; on sait que la plus haute date connue est l'an 17[1]. (L'an 16 correspond à environ 960 av. J.-C., d'après le comput de Breasted, *Anc. Records*, 1, 45.) C'est la première fois, à ma connaissance que l'on rencontre dans le cartouche-prénom de Si-Amon : [hiér.] *mrjamon* au lieu de [hiér.] *stopnamon*.

(2) Une partie de [hiér.] a disparu dans une cassure. Le trait vertical de [hiér.] manque dans [hiér.] en sorte que l'on a exactement [hiér.]. Le titre [hiér.] ne prête à aucune hésitation de lecture; le premier signe [hiér.] est apparent, quoique à demi usé; il ne peut être confondu avec [hiér.]. Dans son *Dictionnaire* (p. 317), M. W. Budge cite, sans référence, un mot [hiér.], *the washing out of the gold from quartz or mud;* nous aurions ainsi le titre d'une sorte d'ouvrier orfèvre. M. Daressy a bien voulu me proposer la traduction de «receveur du trésor de Ptah».

(3) Le dernier signe de [hiér.] *Pa'sbti* a été emporté par une cassure.

(4) Après [hiér.] qui commence cette ligne, nous rencontrons un groupe de lettres que l'usure de la pierre, à cet endroit, a rendu peu distincts. Les deux [hiér.], simplifiés en [hiér.], sont nettement visibles; il en est de même du pluriel [hiér.]; le reste a disparu. On peut traduire «...les livres qui sont dans les greniers de Ptah». Il n'est pas rare, en effet, de rencontrer des exemples d'intercalation du nom propre entre un substantif et le génitif avec [hiér.] qui dépend de ce substantif, par exemple : [hiéroglyphes] «l'idnou de la cavalerie», Hori (*Pap. Abbott,* pl. VII); [hiéroglyphes]

[1] H. Gauthier, *Le Livre des rois de l'Égypte*, t. III, p. 294.

« le préposé au grenier du roi Men-khopir-Re, qu'il vive, qu'il soit sain et fort Neb-Amon« (*ibid.*, pl. III); « scribe de la nécropole de l'Ouest, Zaroï » (W. Spiegelberg, *Correspondance du temps des rois-prêtres*, p. 15 [209]); « au *ka* du scribe du prince Râmesses, Â'a'mrwt, le défunt » (Moret, *Catalogue du Musée Guimet, galerie égyptienne*, pl. XXI, n° 23, et *ibid.*, p. 50). A deux reprises, le signe , sur notre stèle d'achat est écrit par simplification .

(5) Le $\sim t$ de est une répétition fautive du scribe.

(6) Le premier mot qui commence cette ligne « le verger » renferme à tort la marque du féminin avec l'article masculin. L'orthographe régulière est (Kom, *n sah*). Le pronom personnel masculin , qui est joint à se rapporte logiquement au vendeur.

Le texte peut se traduire ainsi :

L'an 16, 3ᵉ mois de l'inondation (*a'khwt*), sous la Majesté du roi de la Haute et de la Basse Égypte, Noutir-kheper-Re'-mrj-Amon, fils de Re', Si'-Amon. Ce jour-là, un versement d'argent fut fait par le *mḫ-ḥd nwb* du Trésor(?) de Ptah, Aṯhy, au prêtre purificateur Ptah-a'nkh-f'n-khonsou, fils du chef gardien des livres qui sont dans les greniers de Ptah, Pa'sebtï, pour payement d'un champ de deux aroures (*sa't*) en bordure du (canal) Ba'ḫt, à Memphis, à l'ouest du verger de Ta'ia't. Je lui ai compté un *d'b'nou* et deux *kats* d'argent. Et aussi, pour payement d'un terrain qui est dans (*sic*) Pa-Ba'ḫt, à Memphis, cédé par le prêtre purificateur de Ptah, S'kh'ta'a'Hor : champ de deux aroures (*sa't*) pour lequel j'ai versé un *d'b'nou* d'argent.

Les travaux égyptologiques de ces dernières années nous ont révélé une série de stèles dans lesquelles des particuliers offrent en l'honneur de divinités ou de défunts des terrains pour être érigés en biens de mainmorte et assurer le culte dans les temples ou les tombes[1]. Rédi-

[1] M. H. Sottas en a réuni les textes dans son ouvrage *La Préservation de la propriété funéraire dans l'ancienne Égypte*. M. G. Daressy en a publié

gées suivant un formulaire identique, ces inscriptions se terminent presque toujours par des menaces de vengeance divine contre qui n'observerait pas les clauses du contrat.

La stèle qui vient d'être décrite contient, il est vrai, dans les grandes lignes, une phraséologie semblable; et ce n'est pas là son principal intérêt. Celui-ci réside surtout dans la découverte d'un véritable contrat d'achat[1] par un particulier qui se rend acquéreur de deux petites propriétés.

Cette transaction se passe sous le roi Si-Amon (XXIe dyn.). Une sorte d'ouvrier orfèvre achète à de petites gens comme lui deux terrains, de simples parcelles, dans une localité située près du canal bien connu de Memphis[2], *Ba'ht*. Aucune mention n'est faite de taxes sur la vente des propriétés, de garanties, etc., en un mot, nous ne retrouvons rien du formulaire obligatoire inséré plus tard dans les papyrus démotiques et grecs. Le prix de ces deux champs est sensiblement le même, soit en moyenne un *d^eb^enou* pour deux *sa'ts*. Sous la même dynastie[3], à Abydos, où le sol est moins productif, il fallait payer un *d^eb^enou* pour avoir dix *sa'ts* de terre.

L'existence de la propriété individuelle, connue en partie par des stèles de donation, s'affirme clairement par ce document nouveau. Nous apprendrons peut-être un jour par le jeu des découvertes futures quelle en fut l'origine et ce qui en détermina les causes.

A l'heure actuelle, nous l'ignorons: nous savons seulement que ce morcellement, dont nous rencontrons des

d'autres dans les *Annales du Service des antiquités de l'Égypte*, t. XV, p. 140-142; t. XVI, p. 61-62; t. XVII, p. 43; t. XX, p. 122.

[1] A part cette stèle, nous connaissons — dans cette catégorie — deux inscriptions de Tonouatamon et de Nitocris achetées par M. Legrain à Louxor (*Annales du Service des antiquités*, t. VII, p. 226-227); ainsi qu'un monument dit de l'apanage, trouvé à Karnak; cependant l'acte d'Aouaroti, sous la XXIIe dynastie, tient à la fois de la fondation et de la vente (G. LEGRAIN et A. ERMAN, dans la *Zeitschrift für aegyptische Sprache*, t. XXXV, p. 13-20).

[2] H. BRUGSCH, *Dictionnaire géographique*, p. 633.

[3] H. BREASTED, *Ancient Records*, t. IV, § 681.

indices sous la XXIe dynastie, est allé en se multipliant
jusqu'à l'époque romaine; et si Bocchoris proclama, entre
temps, la liberté des contrats et protégea la propriété
individuelle, c'est, comme le laisse supposer notre stèle,
qu'il ne créa pas un droit nouveau, mais qu'il se contenta
de codifier un usage précédemment établi.

DIOSCORUS AND SHENOUTE,

BY

HERBERT THOMPSON.

In the year 1916 M. Henri Munier in his volume of Manuscrits Coptes (*Cat. gén. des antiquités égyptiennes du Musée du Caire*) published under n° 9285 two leaves of vellum from Achmim. The second leaf has no connection in the subject it treats of with the first leaf, and it is with the latter only that I am concerned here[1]. That leaf, numbered ⲟⲃ-ⲟⲅ, is part of a volume which it is safe to say was originally written at and belonged to the famous White Monastery which lay on the West side of the Nile, a few miles from the river and from the city of Panopolis (the modern Achmim, known to the Copts as Shmin) which was situated on the opposite bank. The volume seems to have contained the correspondence of Shenoute, the abbot of that house for a period of some sixty or more years till his death about A. D. 451, with the Archbishops of Alexandria. These letters were collected and arranged no doubt soon after his death by one of his followers. The volume of which these few stray leaves have survived was written in the vii[th] or viii[th] century, say, about A. D. 700. The style of the writing can be judged from the plate here published, and, as M. Munier remarks, it is very similar to that of pl. V in the Album de Paléographie copte of M. le Prof. Hyvernat. For the date we have to depend mainly on the hand of the headings. The hand of the text with its square forms is evidently a traditional

---

[1] The second Cairo leaf is really the first and was conjunct with its fellow in the same Museum. It immediately preceded my first leaf, and therefore its pagination, now lost, was ⲝⲏ-ⲝⲑ.

hand copied from an earlier period, and we must not be
misled by it into attributing a too early date to the manuscript. The round forms of ⲗ, ⲙ, ⲩ and particularly the
laterally compressed ⲉ and ⲟ point to a date in my opinion not earlier than the eighth century. There are a few
accents on Greek names and words by the original scribe;
three is no sign of any corrector.

Among some manuscripts acquired by Prof. Hyvernat
in Egypt a few years ago, which are certainly derived ulti-
mately from the White Monastery and are now in my
possession, are two pairs of conjunct vellum leaves from
the same volume as the Cairo leaves. That this is so is
proved by the fact that the text fits exactly and by the
correspondence of the pagination as well as the size of
the page and column. These pages measure in height
245 mm. by 200 mm. in width; the text is in two columns
and the written space covers 165 mm. by 134 mm.; they
are numbered consecutively ⲝⲁ̄ to ⲟⲁ̄, each page having
a separate number. They are therefore the interior leaves
of a quire; none of them bear any quire-numbers, so we
may assume that the quires consisted of four or more
pairs of leaves, probably gatherings of six, to judge from
the page-numbers. Pages 64, 65 contain the end of a
fragmentary document, probably by Shenoute. The text
dealt with here covers pages 66-71, the text in Cairo
covers pages 72-73. It is unnecessary to reprint the latter,
but a translation of the whole is given. It is unfortunate
that the second document is still incomplete.

The whole text consists of a letter addressed to Shenoute by Dioscorus, Archbishop of Alexandria, enclosing
a second document. The original language employed was
Greek and, as the contents show, was translated into
Coptic either by Shenoute himself or under his immediate
direction. Dioscorus succeeded Cyril in 444 and was de-
posed by the Council of Chalcedon in October 451 : the
date of our documents lies therefore within the limits of
these few years, and belongs perhaps more likely to the
earlier part before the violent controversies and struggles

which began at Ephesus in 449 and ended at Chalcedon.

The letter of Dioscorus relates to a priest named Helias who had been condemned and degraded from the priesthood for heresy mainly on the worn-out subject of Origen — a question hotly debated at the beginning of the century, but soon to disappear in the far more burning questions associated with the names of Nestorius and Eutyches. Nothing more is known, I believe, of Helias. Of the bishops addressed in the Hypomnesticon little is known. Though M. Munier casts some doubt on the identification of Sabinus with the recorded Bishop of Shmin of that name [1], who was present at the Council of Ephesus in 431, some fifteen years or so before the date of this letter, still the name is not a common one in Egypt, and the fact that the trouble arose in this diocese makes the identification a very likely one, as it seems to me. It is true that the bishop of Shmin is referred to in the third person as if he were distinct from the three persons to whom it is addressed; but as it is not a private communication, but is really addressed to the public to whom it is to be read out in Church, this is not a serious objection.

Gennadius is no doubt, as M. Munier says, the bishop of Hermopolis magna, who is known to have been present with Dioscorus at the *latrocinium* of Ephesus in 449 [2]. In 431 one Andreas had been bishop of Hermopolis.

As to Hermogenes we can only guess that he is the same as a rather well-known bishop of that name who held the see of Rhinocorura on the borders of Egypt and Palestine, who is mentioned by Pope Sixtus III (432-440) [3] and was held in high esteem by Isidore of Pelusium. He was present at Ephesus in 431, but would seem to have died before 449 when we find his see represented at Ephesus by Zeno [4]. No bishop of Panopolis or Hermo-

[1] Mansi, IV, 1128; Kraatz, *Texte u. Unters*, XXVI, 65.
[2] Mansi, VI, 924. There is bishop Gennadius named in a fragment at Turin (Rossi I, II, 74), but it is impossible to say whether it is the same.
[3] *Dict. Christ. Biogr.*, III, 4.
[4] Mansi, VI, 926.

polis magna seems to have been present there, nor was any of the three bishoprics represented at Chalcedon in 451. Panopolis was, of course, in the Thebaid, which at this time was divided into an upper and lower province, at any rate for administrative and military purposes [1]. The civil government however was very feeble in Egypt in comparison with the Church during the reign of the second Theodosius (408-450). There were probably about 20 to 25 bishoprics in the Thebais at this time, but we have no complete list.

The monastery at Shmin called the Parembole seems not to be mentioned elsewhere. It must have taken its name from some fortified camp or enclosure of an earlier date. But though there was a κάστρον near the city where Nestorius died and which von Lemm [2] has identified with ⲡⲥⲉⲛⲃⲁⲭⲉ [3], there is probably no connection between them, as Nestorius, who died within three or four years of this letter, was more likely guarded by soldiers in a military fort than allowed to live in a monastery, even if the monks would have tolerated his presence.

TEXT.

(ⲝ̄ⲋ̄) ⲚⲀⲒ̈ⲚⲈ ⲚⲈⲠⲒⲤⲦⲞⲖⲞⲞⲨⲈ ⲘⲠⲀⲢⲬⲒⲈⲤⲔⲞⲠⲞⲤ
(sic) ⲚⲢⲀⲔⲞⲦⲈ ⲈⲚⲦⲀϤⲤⲀⲒ̈ⲤⲞⲨ ⲘⲠⲈⲚⲈⲒⲱⲦ ⲈⲜⲖⲞ·
ⲀⲨⲱ ⲚⲀⲒ̈ⲚⲈ ⲚⲈⲨⲀⲚⲦⲒⲄⲢⲀⲪⲞⲚ ⲈⲚⲦⲀϤⲤⲀⲒ̈ⲤⲞⲨ ⲚⲀϤ
ⲚϬⲒ ⲠⲈⲚⲈⲒⲱⲦ ⲈⲦⲞⲨⲀⲀⲂ :
5   ⲆⲒⲞⲤⲔⲞⲢⲞⲤ ⲠⲈⲦⲤϨⲀⲒ̈ ⲚⲤⲒⲚⲞⲨⲐⲒⲞⲤ ⲠⲠⲢⲈⲤⲂⲨ-
ⲦⲈⲢⲞⲤ ⲠⲒⲱⲦ ⲚⲘⲘⲞⲚⲀⲬⲞⲤ ⲠⲀⲘⲈⲢⲒⲦ ⲀⲨⲱ ⲈϯⲞⲨ-
ⲀϢϤ ϨⲘⲠϪⲞⲈⲒⲤ ⲬⲀⲒⲢⲈ· ⲀⲚⲈⲠⲀⲒⲚⲞⲨ ⲘⲠⲔⲱϨ
ⲈⲦⲚⲀⲚⲞⲨϤ ⲘϮⲈⲚⲐⲀⲎⲤⲒⲞⲤ ⲠⲈⲠⲢⲈⲤⲂⲨⲦⲈⲢⲞⲤ
ⲘⲚⲘⲘⲞⲚⲀⲬⲞⲤ ⲈⲦⲚⲘⲘⲀϤ· ⲈⲀⲨϯ ⲄⲀⲢ ϨⲒⲱⲞⲨ ⲘⲠⲈ-
10 ⲐⲨⲢⲱⲚ ⲚⲦⲠⲒⲤⲦⲒⲤ· ⲀⲨⲱ ⲚⲈⲦⲘⲞⲤⲦⲈ ⲘⲠⲚⲞⲨⲦⲈ
ⲀⲨⲘⲈⲤⲦⲰⲞⲨ· ⲀⲨⲞⲠϤ ⲈⲨⲖⲀⲀⲨ Ⲉϯ ⲞⲨⲂⲈϨⲈⲚϪⲀϪⲈ·

[1] M. Gelzer, *Stud. zur byz. Verwaltung Aegyptens*, p. 10; Wilcken, *Papyruskunde*, I, 75.
[2] *Kl. Kopt. Stud.*, No. V.
[3] Amélineau, *Géographie*, 377; Crum, *Cat. Brit. Mus.*, 152 n.

Letter of Dioscorus to Shenoute

ⲘⲀⲖⲓⲥⲦⲀ ⲈⲀⲨⲢⲠⲀⲒ ⲌⲚ̄ⲞⲨⲦⲰⲦ Ⲛ̄ϨⲎⲦ ⲀⲨϪⲒ Ⲛ̄ⲞⲨ-
ⲮⲨϤⲞⲥ Ⲛ̄ϪⲢⲞ ⲀⲨⲰ ⲀⲨϢⲰⲠⲈ Ⲛ̄ⲥⲰⲦⲠ̄ Ⲛ̄ϨⲞⲨⲞ
ⲈⲐⲈ ⲈⲦⲞⲨⲞ Ⲙ̄ⲘⲞⲥ ⲀⲨⲰ ⲞⲚ ⲤⲈⲚⲀϢⲰⲠⲈ Ⲛ̄ⲐⲈ
ⲈⲦⲚ̄ⲠⲒⲤⲦⲈⲨⲈ ⲘⲀⲖⲓⲥⲦⲀ ϪⲈ ⲀⲨϤⲒ Ⲙ̄ⲠⲈⲤⲔⲀⲚⲆⲀ- 15
ⲖⲞⲚ Ⲛ̄ⲦⲘⲎⲦⲈ ⲈⲒϢⲀϪⲈ ⲈϨⲎⲖⲈⲒⲀⲥ ⲠⲈⲚⲦⲀϤⲢ̄ⲠⲢⲈⲤ-
ⲂⲨⲦⲈⲢⲞⲥ ⲘⲈⲚ Ⲛ̄ⲞⲨⲞⲨⲞⲈⲒϢ (ⲝ̄ⲍ̄) ⲈⲀϤⲞⲨⲰⲚϨ̄ ⲆⲈ
ⲈⲂⲞⲖ Ⲛ̄ⲢⲈϤⲦⲀⲔⲈ ⲮⲨⲬⲎ ⲀⲨⲰ ⲈⲦⲂⲈⲠⲀⲒ ⲀⲚⲔⲀⲐⲀⲒ-
ⲢⲞⲨ Ⲙ̄ⲘⲞϤ ⲈⲦⲂⲈⲠⲀⲒ ⲀⲚⲆⲒⲔⲀⲒⲞⲨ ⲀⲨⲰ ⲀⲚⲦⲰϢ
ϨⲰⲤⲦⲈ ⲈⲦⲘ̄ⲦⲢⲈⲨϬⲚ̄Ⲧϥ̄ ⲞⲨⲦⲈ ⲈⲦⲘ̄ⲦⲢⲈϤⲞⲨⲰϨ 20
ϪⲒⲚⲘ̄ⲠⲈⲒⲚⲀⲨ ⲞⲨⲦⲈ ϨⲘ̄ⲠⲦⲞϢ Ⲛ̄ϢⲘⲒⲚ ⲞⲨⲦⲈ
ϨⲚ̄ϬⲈⲖⲖⲀⲨ Ⲙ̄ⲠⲞⲖⲈⲒⲤ Ⲛ̄ⲦⲈⲠⲀⲢⲬⲒⲀ Ⲛ̄ⲦⲈⲐⲎⲂⲀⲒⲤ
ⲞⲨⲦⲈ ϨⲚ̄Ⲙ̄ⲘⲞⲚⲀⲤⲦⲎⲢⲒⲞⲚ ⲞⲨⲦⲈ ϨⲚ̄Ⲛ̄ⲂⲎⲂ ⲈⲦϨⲒⲠ-
ⲦⲞⲞⲨ ⲈⲚϤⲒ Ⲙ̄ⲠⲢⲞⲞⲨϢ ⲘⲎⲠⲰⲤ Ⲛ̄ϤϪⲰϨⲘ̄ Ⲛ̄ϨⲈⲚ-
ⲔⲞⲞⲨⲈ ⲈⲦⲢⲈⲨϢⲰⲠⲈ Ⲛ̄ⲢⲈϤⲔⲰϨ ⲀⲨⲰ Ⲛ̄ⲔⲞⲒⲚⲰⲚⲞⲥ 25
Ⲛ̄ⲦⲈϤϨⲀⲒⲢⲈⲤⲒⲤ Ⲏ̄ ⲚⲈϤⲆⲞⲄⲘⲀ ⲈⲐⲞⲞⲨ ⲈⲒⲤ ⲠϨⲰⲂ
ϬⲈ ⲚⲎϪ ⲈⲦⲈⲔⲀⲄⲀⲠⲎ ⲈⲢⲞⲈⲒⲤ ⲈⲚⲦⲨⲠⲞⲤ ⲈⲦⲞⲨ-
ⲚⲀⲦⲞϢⲞⲨ ⲈⲦⲢⲈⲨϢⲰⲠⲈ Ⲛ̄ⲀⲦⲂⲰⲖ ⲈⲂⲞⲖ ⲚⲀⲒ
ⲈⲦⲈⲢⲈⲚ̄ⲐⲈⲞⲤⲈⲂⲈⲤⲦⲀⲦⲞⲥ Ⲛ̄ⲈⲠⲒⲤⲔⲞⲠⲞⲥ ⲚⲀⲦⲞ-
ϢⲞⲨ [1] Ⲙ̄Ⲛ̄ⲄⲈⲚⲚⲀⲆⲒⲞⲥ Ⲙ̄Ⲛ̄ϨⲈⲢⲘⲞⲄⲈⲚⲎⲤ ⲚⲀⲦⲨⲠⲞⲨ 30
Ⲙ̄ⲘⲞⲞⲨ ⲈⲦⲂⲈⲘ̄ⲘⲞⲚⲀⲤⲦⲎⲢⲒⲞⲚ Ⲛ̄ⲦⲠⲀⲚⲞⲥ ⲀⲨⲰ
ⲞⲚ Ⲛ̄Ⲅ̄ϢⲒⲚⲈ ϨⲚ̄ⲞⲨⲤⲠⲞⲨⲆⲎ ⲈⲦⲂⲈⲚ̄ⲔⲈⲠⲞⲖⲈⲒⲤ
Ⲙ̄Ⲛ̄ⲘⲘⲞ(ⲌⲎ)ⲚⲀⲤⲦⲎⲢⲒⲞⲚ Ⲙ̄ⲠⲦⲞϢ ⲈⲦⲘ̄ⲘⲀⲨ ⲀⲨⲰ
Ⲛ̄Ⲅ̄ⲤⲨⲄⲔⲢⲞⲦⲈⲒ Ⲙ̄ⲘⲞⲞⲨ Ⲛ̄Ⲅ̄ⲢⲀⲠⲀⲦⲞⲞⲦⲔ̄ ⲆⲈ ⲞⲚ
ⲈⲦⲘ̄ⲦⲢⲈⲖⲀⲀⲨ Ⲛ̄ⲈⲠⲎⲢⲈⲒⲀ ⲦⲀϬⲞ [2] ⲮⲈⲚⲐⲀⲎⲤⲒⲞⲥ 35
ⲠⲠⲢⲈⲤⲂⲨⲦⲈⲢⲞⲥ Ⲙ̄ⲘⲈⲢⲒⲦ Ⲙ̄Ⲛ̄ⲘⲘⲞⲚⲀⲬⲞⲥ Ⲛ̄ϨⲀⲔ
ⲈⲦⲚ̄ⲘⲘⲀϤ ⲦⲚ̄ⲚⲀϤⲒ ⲠⲢⲞⲞⲨϢ ⲄⲀⲢ ϨⲰⲰⲚ Ⲛ̄Ⲛ̄ⲦⲞ-
ⲠⲞⲥ, ⲈⲦⲘ̄ⲘⲀⲨ Ⲛ̄ϨⲞⲨⲞ ⲈⲚⲠⲈⲢⲒⲈⲢⲄⲀⲌⲈ Ⲛ̄ⲤⲀϨⲰⲂ
ⲚⲒⲘ ⲦⲈⲰⲤ ⲘⲈⲚⲦⲞⲒ ⲦⲠⲀⲢⲞⲨⲤⲒⲀ Ⲛ̄ⲦⲈⲔⲈⲨⲖⲀⲂⲈⲒⲀ
ⲀⲨⲰ ⲠⲢⲞⲞⲨϢ ⲈⲦⲔ̄ⲚⲀⲀⲀϤ Ⲙ̄ⲘⲎⲚⲈ ϢⲀⲢⲞⲞⲨ ⲚⲀϢ- 40
ϤⲈⲖⲈⲒ Ⲛ̄Ⲙ̄ⲠⲢⲀⲄⲘⲀⲦⲀ ⲈⲘⲀⲦⲈ ⲈⲦⲂⲈⲠⲀⲒ ⲢⲰ̄ ⲀⲒⲤϨⲀⲒ
ⲚⲀⲔ ϮϢⲖⲎⲖ ⲈⲦⲢⲈⲔⲞⲨϪⲀⲒ ⲠⲀⲘⲈⲢⲒⲦ ⲀⲨⲰ Ⲛ̄ϢⲞⲨ-
ⲞⲨⲀϢϤ̄ ⲘⲀⲢⲈⲦⲈⲔⲈⲨⲖⲀⲂⲈⲒⲀ ⲤⲠⲞⲨⲆⲀⲌⲈ ⲈⲦⲢⲈⲨ-
ϨⲈⲢⲘⲎⲚⲈⲨⲈ Ⲙ̄ⲠϨⲨⲠⲞⲘⲚⲎⲘⲀ ⲦⲎⲢϤ̄ Ⲛ̄ⲦⲀⲤⲠⲈ
Ⲛ̄Ⲛ̄ⲢⲘ̄Ⲛ̄ⲔⲎⲘⲈ ϪⲈⲔⲀⲤ ⲈⲨⲚⲀⲞϢϤ̄ Ⲛ̄ⲦⲈⲒϨⲈ Ⲛ̄ⲦⲈⲦⲘ̄- 45
ⲖⲀⲀⲨ Ⲣ̄ⲀⲦⲤⲞⲞⲨⲚ ⲈⲦⲆⲨⲚⲀⲘⲒⲤ Ⲛ̄ⲚⲈⲦⲤⲎϨ ⲈⲢⲞϤ

---

[1] Probably the words Ⲛ̄ⲦⲈ ⲤⲀⲂⲒⲚⲞⲥ have dropped out here.
[2] *Sic.*, l. ⲦⲀϨⲈ.

(ⲝⲑ̄) ⲫⲩⲡⲟⲙⲛⲏⲥⲧⲓⲕⲟⲛ ⲙ̄ⲡⲁⲣ̄ⲭⲓⲉⲡⲓⲥⲕⲟⲡⲟⲥ ϣⲁ-
ⲛⲉⲩⲗⲁⲃⲉ́ⲥⲧⲁⲧⲟⲥ ⲛ̄ⲉⲡⲓⲥⲕⲟⲡⲟⲥ ⲥⲁⲃⲓⲛⲟⲥ ⲙⲛ̄ⲅⲉⲛ-
ⲛⲁ́ⲇⲓⲟⲥ ⲙⲛ̄ⲍⲉⲣⲙⲟⲅⲉ́ⲛⲏⲥ
50 ⲛ̄ⲁⲓⲧⲉⲓⲁ ⲙⲉⲛ̄ ⲉⲛⲧⲁⲛⲕⲁⲑⲁⲓⲣⲟⲩ ⲛ̄ⲍⲏⲗⲓⲁⲥ ⲡⲁⲡⲟ-
ⲡⲣⲉⲥⲃⲩⲧⲉⲣⲟⲥ ⲉⲧⲃⲏⲏⲧⲟⲩ ⲟⲩⲍⲟⲩⲟ ⲉⲣⲟⲓ̈ⲡⲉ ⲉⲥⲍⲁⲓ̈
ⲛⲏⲧⲛ̄ · ⲙⲁⲗⲓⲥⲧⲁ ϫⲉ ⲡⲉⲡⲓⲥⲕⲟⲡⲟⲥ ⲛ̄ⲧⲉⲕⲕⲗⲏⲥⲓⲁ
ⲛ̄ϣⲙⲓⲛ ⲛⲉϥⲍⲁⲍⲧⲏⲛ ⲙ̄ⲡⲉⲓ̈ⲙⲁ ⲍⲛ̄ⲣⲁⲕⲟⲧⲉ ⲉϥⲥⲟⲟⲩⲛ
ⲛ̄ⲍⲱⲃ ⲛⲓⲙ ⲉⲛⲧⲁⲩϣⲱⲡⲉ ⲍⲁⲍⲧⲏⲛ · ⲁⲩⲱ ⲉⲁϥⲣ̄
55 ϣⲟⲣⲡ̄ ⲉⲣⲟⲟⲩ ⲧⲏⲣⲟⲩ ⲉ†ⲯⲩⲫⲟⲥ ⲍⲁⲣⲟϥ ⲍⲱⲥ
ⲉϥⲍⲁⲧⲉϥϭⲓϫ ⲙⲡⲉⲟⲩⲟⲉⲓϣ ⲉⲧⲙ̄ⲙⲁⲩ : ⲟⲩⲁ̄ⲛⲁⲅ-
ⲕⲁⲓⲟⲛ ⲇⲉⲡⲉ ⲉⲧⲣⲉⲛⲧⲁⲙⲱⲧⲛ̄ ϫⲉ ⲍⲁⲑⲏ ⲛ̄ⲍⲱⲃ
ⲛⲓⲙ ⲟⲩ ⲡⲉⲧⲉϣϣⲉⲡⲉ ⲉⲧⲣⲉⲧⲛ̄ⲥⲉⲩⲍⲡⲙⲏⲏϣⲉ
ⲧⲏⲣϥ̄ ⲉⲍⲟⲩⲛ ⲉⲧⲛⲟϭ ⲛ̄ⲉⲕⲕⲗⲏⲥⲓⲁ ⲛ̄ϣⲙⲓⲛ ⲛ̄ⲧⲉⲟⲩ-
60 ⲥⲩⲛⲁⲝⲓⲥ ϣⲱⲡⲉ ⲉⲣⲉⲡⲉⲕⲗⲏⲣⲟⲥ ⲧⲏⲣϥ̄ ⲙ̄ⲙⲁⲩ
ⲙ̄ⲡⲡⲙⲏⲏϣⲉ ⲧⲏⲣϥ̄ ⲛ̄ⲙⲙⲟⲛⲁⲭⲟⲥ ⲉⲧⲍ̄ⲙ̄ⲡⲧⲟϣ ⲧⲏⲣϥ̄
ⲉⲧⲙ̄ⲙⲁⲩ ⲁⲩⲱ ⲛ̄ⲧⲉⲧⲉⲛ̄ⲱϣ ⲛ̄ⲛ̄ⲍⲩⲡⲟⲙⲛⲏⲙⲁ ⲉⲣⲟⲟⲩ
ⲉⲛⲧⲁⲩϣⲱⲡⲉ (ⲟ̄) ⲙ̄ⲡⲓⲙⲁ ⲍⲁⲍⲧⲏⲛ · ϫⲉⲕⲁⲥ ⲉⲩⲛⲁ-
ⲉⲓⲙⲉ ⲧⲏⲣⲟⲩ ⲉⲧⲕⲁⲑⲁⲓⲣⲉⲥⲓⲥ ⲛ̄ⲍⲏⲗⲓⲁⲥ · ⲉⲁⲛⲧⲩⲡⲟⲩ
65 ϭⲉ ⲙ̄ⲙⲟϥ ⲉⲧⲙ̄ⲧⲣⲉϥⲟⲩⲱⲛⲍ̄ ⲉⲃⲟⲗ ϫⲓⲛⲙ̄ⲡⲉⲓ̈ⲛⲁⲩ ·
ⲟⲩⲧⲉ ⲍⲛ̄ϣⲙⲓⲛ · ⲟⲩⲧⲉ ⲍⲛ̄ⲛ̄ⲕⲉⲡⲟⲗⲉⲓⲥ ⲛ̄ⲧⲉⲡⲁⲣⲭⲉⲓⲁ
ⲧⲏⲣⲥ̄ ⲛ̄ⲧⲉⲑⲏⲃⲁⲓ̈ⲥ · ⲟⲩⲧⲉ ⲍⲛ̄ⲙ̄ⲙⲟⲛⲁⲥⲧⲏⲣⲓⲟⲛ · ⲟⲩⲧⲉ
ⲍⲛ̄ⲛⲉⲥⲡⲏⲗⲁⲓⲟⲛ ⲙ̄ⲡⲕⲱⲧⲉ ⲉⲧⲙ̄ⲙⲁⲩ · ⲙⲁⲣⲉⲡⲓⲍⲱⲃ
ϭⲉ ⲧⲁⲭⲣⲟ ⲁⲩⲱ ⲛ̄ⲧⲉⲧⲛ̄ϫⲟⲕϥ̄ ⲉⲃⲟⲗ · ⲛ̄ⲧⲉⲧⲛ̄-
70 ⲑⲉⲟⲥⲉ́ⲃⲉⲓⲁ ⲍⲟⲧⲍ̄ⲧ̄ ⲛ̄ⲥⲱϥ ⲁⲩⲱ ⲛ̄ⲧⲉⲧⲛ̄ⲍⲁⲣⲉⲍ ⲉⲣⲟϥ
ⲉⲧⲙ̄ⲧⲣⲉϥⲟⲩⲱⲛⲍ̄ ⲉⲃⲟⲗ ϫⲓⲛⲙ̄ⲡⲉⲓ̈ⲛⲁⲩ ⲍⲙ̄ⲡⲧⲟϣ
ⲛ̄ϣⲙⲓⲛ ⲙ̄ⲙⲁⲧⲉ ⲁⲛ ⲁⲗⲗⲁ ⲍⲛ̄ⲛ̄ⲕⲉⲡⲟⲗⲉⲓⲥ ⲧⲏⲣⲟⲩ
ⲛ̄ⲧⲉⲑⲏⲃⲁⲓ̈ⲥ ⲙ̄ⲛ̄ⲛⲉⲩⲕⲉⲧⲟϣ · ⲉⲓⲧⲉ ⲍⲙ̄ⲡⲙⲁⲣⲏⲥ ·
ⲉⲓⲧⲉ ⲍⲙ̄ⲡⲥⲁ ⲙⲡⲉⲙⲍⲓⲧ · ⲟⲩⲍⲱⲃ ⲅⲁⲣ ϣⲏⲙ ⲁⲛ
75 ⲡⲉⲧⲛ̄ⲣⲍⲟⲧⲉ ⲉⲧⲃⲏⲏⲧϥ̄ · ⲁⲗⲗⲁ ⲍⲉⲛⲛⲟϭ ⲛ̄ⲕⲉⲫⲁ-
ⲗⲁⲓⲟⲛⲛⲉ · ⲁⲩⲱ ⲉⲣϣⲁⲛⲟⲩⲁ ϫⲟⲟⲥ ϫⲉⲟⲩⲗⲩ-
ⲙⲉⲱⲛ ⲛ̄ⲣⲉϥⲧⲁⲕⲉⲯⲩⲭⲏ̄ⲡⲉ ⲍⲏⲗⲓⲁⲥ · ⲛ̄ϥⲛⲁϣϣ̄ⲃⲧϥ̄
ⲁⲛ ⲍⲙ̄ⲡⲉⲧϥ̄ϫⲱ ⲙ̄ⲙⲟϥ · ⲉⲧⲃⲉⲡⲁⲓ̈ ⲧⲛ̄ⲣ̄ⲍⲟⲧⲉ ⲉⲙⲁⲧⲉ ·
ⲙⲏ(ⲟⲗ̄)ⲡⲱⲥ ⲛ̄ⲧⲉⲟⲩⲙⲏⲏϣⲉ ⲥⲱϣϥ̄ ⲉⲃⲟⲗ ⲙ̄ⲙⲟϥ ·
80 ⲉⲓⲥ ⲡⲍⲱⲃ ϭⲉ ⲛⲏϫ ⲉⲣⲱⲧⲛ̄ ϫⲉ ⲉϥϣⲁⲛⲟⲩⲱⲛⲍ̄
ⲉⲃⲟⲗ ⲍⲛ̄ⲗⲁⲁⲩ ⲙ̄ⲙⲁ · ⲏ̄ ⲛ̄ⲧⲉⲧⲛ̄ⲥⲱⲧⲙ ⲉⲧⲃⲏⲏⲧϥ̄
ϫⲉ ⲉϥⲧⲱⲛ · ⲉⲧⲉⲧⲛ̄ⲁⲥⲍⲁⲓ̈ ⲙ̄ⲡⲉⲡⲓⲥⲕⲟⲡⲟⲥ ⲙ̄ⲡⲧⲟϣ
ⲉⲧⲙ̄ⲙⲁⲩ ⲛ̄ⲧⲉⲧⲛ̄ⲡⲱⲧ ⲛ̄ⲥⲱϥ ⲛ̄ⲧⲉⲧⲛ̄ⲛⲟϫϥ̄ ⲉⲃⲟⲗ
ⲍⲱⲥ ⲍⲁⲓⲣⲉⲧⲓⲕⲟⲥ · ⲉϥϣⲁⲛⲉⲡⲓⲙⲉⲓⲛⲉ ⲇⲉ ⲏ̄ ⲛ̄ϥⲧⲟϣϥ̄

ⲉⲕⲱⲡ · ⲥⲧⲟ' ⲛⲏⲧⲛ̄ ⲉⲧⲣⲉⲧⲉⲧⲛ̄ⲡⲣⲟⲥⲉⲗⲑⲉ ⲛ̄ⲛ̄ⲇⲓ- 85
ⲕⲁⲥⲧⲏⲥ ⲛ̄ⲧⲉⲧⲛ̄ⲧⲁⲙⲟⲟⲩ · ⲛ̄ⲧⲉⲧⲛ̄ⲡⲁⲣⲁⲇⲓⲇⲟⲩ
ⲙ̄ⲙⲟϥ ⲛ̄ⲥⲉⲕⲣⲓⲛⲉ ⲙ̄ⲙⲟϥ ϩⲱⲥ ⲡⲁⲣⲁⲃⲁⲧⲏⲥ · ⲁⲩⲉ-
ⲗⲉⲅⲭⲉ ⲅⲁⲣ ⲙ̄ⲙⲟϥ ϫⲉⲟⲩⲡⲁⲣⲁⲃⲁⲧⲏⲥ ⲡⲉ ⲉⲡⲉⲓⲇⲏ
ⲁϥⲁⲛⲁⲑⲉⲙⲁⲧⲓⲍⲉ ⲛ̄ϩⲱⲣⲓⲅⲉⲛⲏⲥ ⲛ̄ⲟⲩⲟⲩⲟⲉⲓⲱ ⲙ̄ⲛⲛⲉϥ-
ⲇⲟⲅⲙⲁ · ⲁϥⲕⲟⲧϥ ⲟⲛ ⲉⲣⲟϥ ⲛ̄ⲕⲉⲥⲟⲡ · ⲁⲩⲱ ⲁⲡϣⲁϫⲉ 90
ⲛ̄ⲧⲡⲁⲣϩⲟⲓⲙⲓⲁ ⲙ̄ⲙⲉ' ⲧⲁϩⲟϥ · ϫⲉⲟⲩⲟⲩϩⲟⲣ' ⲉⲁϥⲕⲟⲧϥ
ⲉⲡⲉϥⲕⲁⲃⲟⲗ · ⲛ̄ϩⲟⲩⲟ' ⲇⲉ ⲑⲉⲛⲉⲧⲏ ⲉⲧⲟⲩⲙⲟⲩⲧⲉ
ⲉⲣⲟⲥ ϫⲉⲧⲡⲁⲣⲉⲙⲃⲟⲗⲏ · ⲉⲧⲙ̄ⲧⲣⲉϥϥⲣ̄ϩϩⲟⲩⲛ ⲛ̄ⲧⲉⲥ-
ⲡⲛⲏ' ϫⲓⲛⲙ̄ⲡⲉⲓ̈ (*explicit*).

TRANSLATION.

These are the letters (ἐπιστ.) of the Archbishop (ἀρχιεπ.) of
Alexandria, which he wrote to our aged Father, and these are
their answers (ἀντίγραφον) which our holy Father wrote to him.

Dioscorus writes to Sinuthius the priest (πρεσβ.), the father of
the monks (μοναχός), my beloved and him whom I desire in the
Lord, greeting (χαῖρε). We have praised (ἐπαινεῖν) the admirable
zeal of Psenthaesius the priest and the monks (μ.) who are with
him; for they have put on them the shield (θυρεόν) of the faith
(πίστις) [1] and they have hated those who hate God [2], they have
accounted it as nought to fight with enemies; moreover (μάλιστα)
having done this gladly they have received a stone (ψῆφος) of victory [3], and they were elect the more (in proportion?) as they
were so. And further they will be (elect) as we believe (πιστεύειν),
especially (μάλιστα) because they have removed the offence (σκάν-
δαλον) from the midst, I mean Helias who was a priest (πρ.)
indeed (μέν) for a time, but (δέ) who was revealed as a destroyer
of souls (ψυχή) and on this account we degraded (καθαιρεῖν) him;
on this account we appointed (δικαιοῦν) and ordained that he should
not be found, nor should he live from this time forth either in the
diocese of Shmin [Panopolis] or in any other city (πόλις) of the
Eparchy (ἐπ.) of the Thebais, or in the monasteries (μον.), or in
the caves in the desert; we being anxious lest (μήπως) he sould con-
taminate others so as to become zealots and partakers (κοινωνός) of
his heresy (αἵρ.) or his evil teachings (δόγμα). Hence the matter
rests on your affection to watch that the regulations (τύπος) which
shall be ordained be not broken, those which the most pious (θεο-

[1] Ephes., VI, 16.
[2] Ps., CXXXVIII, 21.
[3] Apoc., II, 17.

σεβής) bishops (ἐπ.) will ordain [and which Sabinus [1]] with Gennadius and Hermogenes will prescribe (τυποῦν) for the monasteries (μον.) of Panopolis (Πανός). And do thou moreover inquire earnestly (σπουδή) also concerning the cities (πολ.) and monasteries (μον.) of that diocese and convene (συγκροτεῖν) them, and further do thy best not to let any insolence (ἐπήρεια) assail the beloved priest (πρ.) Psenthaesius and the worthy monks (μον.) who are with him. For we will also care specially for those convents (τόπος), searching (περιεργάζεσθαι) into everything. Meanwhile (τέως μέντοι) the presence (παρουσία) of your Reverence (εὐλάβεια) and the care which you will exercise daily for them will greatly benefit (ὠφελεῖν) the business (πράγματα). It is on this account that I have written to you. I pray that you may keep well, my loved one and worthy of love. May your Reverence (εὐλαβ.) make speed (σπουδάζειν) to have the entire Memorandum (ὑπόμνημα) translated (ἑρμηνεύειν) into the Egyptian tongue, so that it may be read in that form and none may be ignorant of the authority (δύναμις) of the things that are written therein.

The Memorandum (ὑπομνηστικόν) of the Archbishop (ἀρχιεπ.) to the most pious (εὐλαβ.) Bishops (ἐπ.) Sabinus, Gennadius and Hermogenes.

The reasons (αἰτία) indeed (μέν) for which we degraded (καθαιρεῖν) Helias the ex-priest (ἀποπρεσβ.) it is superfluous for me to write to you, especially (μάλιστα) as the bishop of the church (ἐκκλ.) of Shmin was with us here in Rakote [Alexandria], he knowing everything that took place among us, and he having been the first of all to give a decision with regard to him, as he was under his authority at that time. It is necessary (ἀναγκαῖον) however (δέ) that we should instruct you that first of all it is meet that you should summon the entire congregation in the great church (ἐκκλ.) of Shmin and that a service (σύναξις) should be held at which all the clergy (κλῆρος) and the whole body of monks (μον.) in all that diocese should be present and you should read out to them the memoranda (ὑπόμνημα pl.) which were drawn up here among us; so that they may all be made acquainted with the degradation (καθαίρεσις) of Helias, as to whom we have therefore prescribed (τοπουν) that he shall not be seen from henceforth either in Shmin or in the other cities (πόλις) of the entire eparchy (ἐπ.) of the Thebais (Θηβ.), nor in the monasteries (μον.), nor in the caves (σπήλαιον) and that neighbourhood. Let this matter then be enforced, and do ye execute it, and let your Reverences (θεοσέβεια) seek after him and take care that he is not seen from henceforth not only in the diocese of Shmin but also in all the other

---

[1] These words seem to have dropped out.

cities ($\varpi\acute{o}\lambda\iota s$) of the Thebais and also their dioceses whether in the south country or the north [1]. For it is no trifling matter that we are in fear of; but they are matters of prime importance ($\kappa\varepsilon\varphi\acute{\alpha}\lambda\alpha\iota o\nu$); and if any one were [merely] to assert that Helias is a soul-destroying ($\psi\nu\chi\eta$-) corrupter ($\lambda\nu\mu\acute{\varepsilon}\omega\nu$) he would not be able to alter him by what he says; therefore we fear greatly that ($\mu\acute{\eta}\pi\omega s$) many may be polluted by him. The matter therefore rests with you, if he be seen anywhere or you hear where he is, to write to the bishop ($\acute{\varepsilon}\pi$.) of that diocese and pursue him and expel him as a heretic ($\alpha\acute{\iota}\rho\varepsilon\tau\iota\kappa\acute{o}s$). But ($\delta\acute{\varepsilon}$) if he persist ($\acute{\varepsilon}\pi\iota\mu\acute{\varepsilon}\nu\varepsilon\iota\nu$), or resolve to conceal himself, it is lawful for you to apply ($\varpi\rho o\sigma\varepsilon\lambda\theta\varepsilon\tilde{\iota}\nu$) to the judges ($\delta\iota\kappa\alpha\sigma\tau\acute{\eta}s$) and inform them and hand him over ($\varpi\alpha\rho\alpha\delta\iota\acute{\delta}o\nu\alpha\iota$), and let them condemn ($\kappa\rho\acute{\iota}\nu\varepsilon\iota\nu$) him as an offender ($\varpi\alpha\rho\alpha\acute{\omega}\acute{\omega}\acute{\omega}\acute{\alpha}\tau\eta s$), seeing that having anathematized ($\acute{\alpha}\nu\alpha\theta$.) Origenes and his doctrines ($\delta\acute{o}\gamma\mu\alpha$) for a time he turned to him again; and the word of the true proverb ($\varpi\alpha\rho o\iota\mu\acute{\iota}\alpha$) applied to him «a dog who has turned again to his vomit» [2]; and moreover as to the convent which is called the Parembole ($\varpi\alpha\rho\varepsilon\mu\acute{\omega}o\lambda\acute{\eta}$) he is not to enter its door henceforth [3] nor to remove anything from it either by himself or by another, nor is he to administer ($\delta\iota o\iota\kappa\varepsilon\tilde{\iota}\nu$) anything nor to remove anything among the things that appertain to the monastery ($\tau\acute{o}\pi os$) [4]. For ($\gamma\acute{\alpha}\rho$) if any such thing happen, we shall know, and nothing will be hidden from us. For ($\gamma\acute{\alpha}\rho$) we shall search ($\varpi\varepsilon\rho\iota\varepsilon\rho\gamma\acute{\alpha}\zeta\varepsilon\sigma\theta\alpha\iota$) into everything carefully ($\acute{\alpha}\kappa\rho\iota\acute{\omega}\tilde{\omega}s$), and more especially whatever is done in Shmin from henceforth. And ($\delta\acute{\varepsilon}$) let this too be made clear in order that he may not dare ($\tauo\lambda\mu\tilde{\alpha}\nu$) to face ($\acute{\alpha}\pi\alpha\nu\tau\tilde{\alpha}\nu$) any monk ($\mu$.) whatever from this time, especially ($\mu\alpha\lambda$.) those of the Parembole ($\varpi\alpha\rho$.), nor is anyone among those who live in it to be allowed to speak to him or to communicate [5] with him, or on the other hand to let him communicate with them, nor shall they associate ($\kappa o\iota\nu\omega\nu\varepsilon\tilde{\iota}\nu$) with him at all to the ruin of the monastery ($\mu o\nu$.) and its property ($\varpi\rho\acute{\alpha}\gamma\mu\alpha\tau\alpha$). And ($\delta\acute{\varepsilon}$) whoever shall be found associating ($\kappa o\iota\nu$.) with him, let him be expelled from the holy places ($\tau\acute{o}\pi os$), the saying being applied to him «Thou shalt be pure with the pure, thou shalt avoid sin with him that avoids sin and thou shalt err with him who errs» [6], and further «These evil words corrupt hearts that are good» [7]. These then ($\mu\acute{\varepsilon}\nu$) together

[1] *I. e.* the $\acute{\alpha}\nu\omega$ and $\kappa\acute{\alpha}\tau\omega$ $\theta\eta\acute{\omega}\alpha\iota s$ respectively.

[2] PROV., XXVI, 11.

[3] Here the new text ends and the Cairo portion begins.

[4] The language suggests that the writer may have had in his mind the thirty fourth Canon of the Apostles (LAGARDE, *Aegyptiaca*, p. 222).

[5] *Lit.* send; the word is frequently used elliptically, «letter» being understood, as equivalent to «write».

[6] Psalm., XVII, 25-26.

[7] 1 Cor., XV, 33.

with all those who wish to be of one mind with us [1] must be strict
regarding Helias; and let the memoranda ($ὑπόμνημα$ pl.) which
have been issued regarding him be placed in that church ($ἐκκλ.$).
But since ($ἐπειδὴ$ $δέ$) I have heard moreover that there are books
and numerous treatises ($σύνταγμα$) of the pest ($λοιμός$) named Origenes and other heretics ($αἱρ.$) in that convent and in the former
temple of Shmin [2] and elsewhere, let your Reverences ($Θεοσέβεια$)
inquire after them carefully ($ἀκριβῶς$) and collect them and write
their $κάθεμα$ (?) [3] and send them to us; for if God has given us
power to bind . . . . .

[1] I suspect that ⲚⲘⲘⲀⲚ is an error for ⲚⲘⲘⲀϥ, and the rendering
would be «These (*i. e.* monks) must be strict with regard to Helias and
those who sympathize with him».

[2] From this it would seem that the temple of Panopolis — probably
that of the god Min — had, doubtless after a partial destruction, been
converted to the uses of a monastery, as happened elsewhere, e. g. at
Deir-el-bahri. For Shenoute's activities against the heathen temples, see
Leipoldt, Schenoute von Atripe, 1903, p. 178 et suiv.

[3] I do not know what $κάθεμα$ means here. The word usually means
«necklace» and as such is found in Isai., iii, 19 (sah. and boh.) It occurs
in a list of Church property in the Rylands Papyri (ed. Crum, p. 116) of
about the same date as our manuscript. Can it be that the original greek
had the phrase $καθ'$ $ἕνα$ «write them one by one», and this has been cor-
rupted? We find in Coptic a similar prepositional phrase $κατ'$ $ἄνδρα$
converted into a substantive ⲔⲀⲦⲀⲚⲦⲢⲀ «a list». But then Shenoute or
any Copt if his time would almost certainly have rendered $καθ'$ $ἕνα$ by
ⲠⲞⲨⲀ ⲠⲞⲨⲀ.

UNE
LETTRE D'AMÉNOPHIS (III OU IV),

PAR

M. F. THUREAU-DANGIN.

Dans un petit lot de tablettes d'El-Amarna [1], acquis
par le musée du Louvre, se trouve (outre des lettres
reçues par le roi) une lettre du roi à un chef palestinien.
Cette tablette n'est évidemment qu'un double, qu'on aura
jugé utile de garder dans les archives. Elle est le premier
exemplaire complet d'une lettre adressée par le roi
d'Égypte à l'un de ses vassaux asiatiques. En voici le
texte :

Face :   *A-na 'In-tar-ú-da amêl âl Ak-šá-pa*
        ki-bí-ma um-ma šarru-ma
        a-nu-ma ṭup-pa an-na-a uš-te-bi-la-ku ga-bi-e
        a-na ka-a-šá ú [2] *uṣ-ṣur lu-ú na-ṣa-ra-ta*
  5   *áš-ru šarri šá it-ti-ka*

        a-nu-um-ma šarru um-te-eš-še-ra-ku
        'Ḫa-an-ni mâr 'Ma-i-ri-ia
        *amel*PA-TÚR [3] *šá šarri i-na mât Ki-na-aḫ-ḫi*
        ù šá i-qab-pa-ku ši-ma-áš-šú
 10   *damqi-iš dan-niš la-a i-kaš-šá-dak-ku*
        šarru ar-na [4] *a-wa-ta gab-pa*
        šá i-qab-pa-ku ši-ma-áš-šú damqi-iš dan-niš
        ù e-pu-uš damqi-iš dan-niš

[1] L'ensemble du lot sera publié dans *R.A.*, XIX.

[2] Comme l'a fait remarquer D. H. Müller, la conjonction *u* est usitée,
dans les lettres d'El-Amarna, non seulement pour la coordination, mais
aussi pour la subordination des phrases (cf. DHORME, *Revue biblique*, 1914,
p. 361). *Qabû û* (mot à mot «dire et...») peut signifier «dire que...»
ou bien «dire : (et le discours direct)».

[3] Groupe idéographique composé de PA et de l'idéogramme de *tarbaṣu*.
Lire peut-être *rabiṣu?*

[4] *Arnu* (mot à mot «faute, péché») est aussi employé dans les lettres
d'El-Amarna avec le sens de «coupable, pécheur». Ici *arna* est en appo-

ù uṣ-ṣur uṣ-ṣur la-a da-mi-ik-ki

15 *ù lu-ú šú-šú-ra-da a-na pa-ni*

ummân[pl] [1] *bi-da-ti šarri akâlu ma-a-ad*

Revers : *karânu gáb-bu mi-im-ma ma-a-ad*

a-nu-um-ma i-kaš-šá-dak-ku

ar-ḫi-iš ar-ḫi-iš

20 *ù i-na-ak-ki-iš qaqqad*

a-ia-bi-e šá šarri

ù lu-ú ti-i-ti i-nu-ma

šá-lim šarru ki-mā [d]*Šamaš(-áš)*

i-na samê (sa-me-e) ummân[pl]*-šú* [iṣ]*narkabâti*[pl]*-šú*

25 *ma-a-du ma-gal* [2] *šul-mu*

À Indar-uta, le (chef) de la ville d'Akšapa,

dis ceci : ainsi (parle) le roi :

vois, je t'ai fait porter cette tablette (pour) dire

à toi : « attention, garde

5 le lieu du roi qui est près de toi ».

Vois, le roi t'a envoyé

Ḫanni, fils de Mairia,

le commissaire du roi dans le pays de Canaan.

Ce qu'il te dira, écoute-le

10 très bien, afin que ne te trouve pas

le roi en faute. Toute parole

qu'il te dira, écoute-la très bien

et exécute-la très bien.

Attention, attention, ne sois pas négligent :

15 prépare pour

les troupes du roi de la nourriture en grande quantité,

du vin et toute chose en grande quantité.

Vois, il ira te trouver

vite, vite

20 et il tranchera la tête

des ennemis du roi.

Sache que

le roi se porte comme le soleil

qui est dans les cieux et que ses troupes et chars

25 nombreux sont en très bon état.

---

sition au régime de *ikaššad* (mot à mot : « que le roi ne te trouve pas étant coupable »).

[1] Écrit ṢAB-MEŠ, à lire plutôt *ummânu* que *ṣâbê*, cf. KNUDTZON, *El-Amarna Tafeln*, p. 1590, et WEBER, *ibid.*, p. 1538.

[2] Ou *danniš* ? Pour la lecture *ma-gal*, voir Ham. Code, rev. VII, 71 : *ma-ga-al*.

O 7095.

In-tar-ú-da (prononcer Indar-uta?) est un nom formé comme *Ya-mi-ú-ta* (Am. n° 177 [1], l. 2).

Akšapa est certainement, comme me le suggère Dussaud, identique à אַכְשָׁף de Josué, xi, 1; xii, 20; xix, 25. La même ville est mentionnée dans la liste palestinienne de Thoutmès III sous le nom d'"Aks(a)p (W. Max Müller, *Palästinaliste Th. III*, n° 40). On la situe sur l'emplacement de l'actuel village de Ksaf, à 28 kilomètres à l'est de Tyr (cf. Guérin, *Galilée*, II, p. 269 et suiv.). Mais cette localisation s'accorde assez mal avec Josué, xix, 25, qui place Akšaf dans le territoire attribué à la tribu d'Ašer et avec Josué, xi, 1 et xii, 20 qui invitent, semble-t-il, à situer Akšaf dans le voisinage de la plaine d'Esdrelon. (Dans Josué, xi, 1, le roi d'Akšaf est mentionné immédiatement après le roi de שָׁמְרוֹן qu'on corrige, d'après les LXX, en שָׁמְעוֹן, c'est-à-dire Semûniyé à l'ouest de Nazareth; dans Josué, xii, 20, le roi d'Akšaf est mentionné entre le roi de שָׁמְרוֹן [שָׁמְעוֹן] est celui de Ta'anak. Comparer la liste de Thoutmès III qui mentionne Akšaf [n° 40] entre Šunem [n° 38] et Ta'anak [n° 42].) Noter enfin que l'une des tablettes d'El-Amarna entrées au Louvre (A.O. 7096) associe Akka et Akšapa (les chefs de ces deux villes envoient 50 chars au secours de Šuwardata).

Les cinq premières lignes de notre texte nous donnent pour la première fois, dans son intégrité, la formule initiale employée dans les lettres du roi à ses feudataires d'Asie. Cette formule se retrouve, mais mutilée, sur une tablette du musée du Caire (Am. n° 99). Knudtzon en a proposé une restitution que notre texte montre être inexacte.

Les lettres adressées au roi d'Égypte font parfois allusion aux recommandations que contient cette formule protocolaire. Voir par exemple Am. n° 117, l. 83 et suiv. : «Lorsque le roi dit : *ú-ṣ[ur-m]e l[u-n]a-ṣa-ra-[ka?]*, (je réponds) : q[ui me garde]ra ? ». Ainsi restitue Knudtzon qui traduit : « Sch[ütz]e! (Dann) will ich d[ich?] schützen. »

----

[1] Je cite les tablettes d'El-Amarna d'après le travail de Knudtzon.

Mais, d'après notre texte, il faut évidemment restituer *l[u n]a-ṣu-ra-[ta]*[1]. Dans cette formule abrégée, les régimes sont omis. Ils peuvent être restitués d'après Am. n° 125, l. 7 et suiv., où on lit : « Lorsque le roi mon seigneur dit : *ú-ṣur-me ra-ma-an-ka ù ú-ṣur âl šarri(-ri) šá it-ti-ka* [c'est-à-dire : « garde-toi toi-même et garde la « ville du roi qui est près de toi »], (je réponds :) contre qui dois-je me garder moi-même et (garder) la ville [du roi]? ». Voir encore Am. n° 130, l. 14 et suiv. : « Lorsque le roi m'écrit : « garde-toi toi-même et garde la ville « du roi qui est près de toi », (je réponds) : qui me gardera ? » Comparer Am. n°ˢ 112, l. 7 et suiv.; 119, l. 8 et suiv.; 121, l. 7 et suiv.; 122, l. 9 et suiv.; 123, l. 29 et suiv., 126, l. 30 et suiv.; 231, l. 11 et suiv.; 292, l. 17 et suiv.; 294, l. 6 et suiv.; 337, l. 24 et suiv.

Il est à noter que notre texte a *uṣ-ṣur*, au lieu de *ú-ṣur* (de même plus bas, l. 14). C'est là sans doute une simple variante graphique : *uṣ-ṣur* est apparemment pour *uṣur* (impératif de *naṣâru*, mot à mot « garde ! », c'est-à-dire « sois sur tes gardes », « fais attention »).

L'une des tablettes d'El-Amarna conservées au musée de Berlin (VAT. 1870) est une lettre adressée au roi par un personnage dont le nom a été lu par Winckler (n° 272) *En-ba(?)-ú-ta* et par Knudtzon (n° 223) *En-g[u?]-ú-ta*. D'après la copie de Schröder (*El-Amarna Tafeln*, n° 129) il ne subsiste du second signe qu'un clou oblique qui en formait la partie inférieure. Il faut certainement lire *En-t[ar]-ú-ta*; ce serait le même personnage que notre *In-tar-ú-da*. La tablette de Berlin est l'accusé de réception d'un message royal qui devait ressembler fort à la lettre que nous publions. En voici le texte :

A-na ˈšar[ri(-r)i) béli-ia ᵈŠamaš
iš-tu s[a]-me-ma
ki-b[i-m]a

---

[1] Dans le passage parallèle Am. n° 112, l. 9, on trouve, au lieu de la forme transitive *na-ṣa-ra-ta*, la forme intransitive *na-ṣir-ta*. Knudtzon traduit par le passif, ce qui est grammaticalement correct, mais s'accorde difficilement avec le contexte ou les passages parallèles.

um-ma ᶦ*En-t*[*ar*]*-ú-ta ardu-ka*
*a-na šépê*ⁿˡ *šarri*(*-ri*) *be-li-ia*
7-*šú* 7-*ta-an uš-ḫe-ḫi-en*
gáb-bi mi-im-mi
šá yi-qa-bu
šarru(*-ru*) *be-li*
ú-še-ši-ru-mi

Au roi, mon seigneur, le Soleil
des cieux,
dis ceci :
ainsi (parle) Endar-uta, ton serviteur :
aux pieds du roi, mon seigneur,
7 et 7 fois je me suis prosterné.
Toutes les choses
qu'ordonne
le roi mon seigneur
je les préparerai.

VI

LETTRES ET SCIENCES

THE EDWIN SMITH PAPYRUS.

SOME PRELIMINARY OBSERVATIONS,

BY

JAMES HENRY BREASTED.

For the benefit of the members and friends of the New York Historical Society the writer recently published a preliminary notice of this remarkable papyrus. This account[1] was necessarily of a purely popular nature and contained statements for which it was impossible to adduce the supporting evidence. As it will be some time before the writer is able to publish the papyrus *in extenso*, it has seemed desirable to present some of this evidence here, together with a fuller introduction to the document than was possible in the popular essay just mentioned.

Mr. Edwin Smith, after whom the papyrus is named, went to Egypt about the year 1858. He was at that time thirty-six years of age and had studied Egyptian in both London and Paris before proceding to Egypt. Although as far as I know he never published anything, it is quite evident from his papers in my possession that he had become very fully grounded in the new science, which was then only a generation old. His knowledge of hieratic is praised by the sagacious Goodwin, who says, with reference to the date of the calendar on the verso of the Ebers Papyrus : «The numeral attached to the name of the king is neither 3 nor 3o — both of which numbers have been suggested — but 9. It is due to Mr. Smith,

[1] *New York Historical Society Quarterly Bulletin*, April 1922, p. 4-31.

whose acquaintance with hieratic texts is very extensive [italics mine], to mention that he pointed this out to me as long ago as 1864, when he communicated to me a copy of the endorsement upon his papyrus[1]. » It is evident from these remarks of Goodwin that Edwin Smith was the first scholar to read correctly the date in this famous calendar.

Among Mr. Smith's meager papers handed to me by the New-York Historical Society I find a manuscript containing a remarkable attempt by Mr. Smith at a complete translation of the papyrus which now bears his name. When we recall how scanty was the knowledge of hieratic in the sixties of the last century, when this effort at a translation was written out, not to mention also the very limited knowledge of the Egyptian language itself available at so early a stage of Egyptian studies, it is extraordinary how much of the document Mr. Smith has understood. It should be mentioned here also that of the eight fragments of the papyrus which, as we shall see, Mr. Smith rescued, he was able to place three with exactness and two more at least in their approximate connection. Even as early as 1854 he « was able to read correctly a name hitherto undeciphered on a wooden stamp in [2] » the Abbot Collection. In spite of the fact that he published nothing it is evident that he was one of the pioneers of Egyptian science. By a curious coincidence the year of his birth — 1822 — was likewise the memorable year in which Champollion deciphered and read Egyptian hieroglyphic. It is very fitting, therefore, that some mention of this little-known scholar and of the papyrus which bears his name should find a place in a volume which is intended to commemorate the centenary of Champollion's great achievement.

During his residence in Luxor, from 1858 to 1876,

---

[1] *Zeitschrift für Aegyptische Sprache*, Sept.-Oct. 1873, p. 107 ff.

[2] Dr. Caroline Ransom WILLIAMS, *The Place of The New York Historical Society in the Growth of American Interest in Egyptology*, in *The New York Historical Society Quarterly Bulletin*, April 1920, p. 16.

Mr. Smith met a number of the leading Egyptologists ol
the time and likewise many of the distinguished English
travelers who so frequently visited the Nile in those days.
Dr. Caroline R. Williams has noticed in a letter written
by Lady Duff Gordon in October 1864 a reference to him
as « an American Egyptologist at Luxor, a friend of
mine », for whom Lady Gordon was securing books to be
sent out by her husband[1]. Birch refers to him as having
descended with the British Vice-Consul into a tomb shaft
ninety feet deep to bring up « thirty mummies and their
coffins » for the entertainment of the Prince of Wales
during his visit to Egypt in 1868[2]. In the documents
still surviving Mr. Smith's habitual intercourse with
eminent sholars and distinguished visitors in Egypt, as
well as his scientific knowledge, are quite evident. The
reasons for mention of these matters will also be evident
as we proceed.

In January 1862, during his stay at Thebes, Mr. Smith
purchased the document which is the subject of this
article. The fragments of page one, which he put together,
are accompanied by a memorandum in his handwriting
which reads as follows : « These fragments were recover-
ed from a factitious papyrus made up of the fragments
from 3 others March 17, 1862, nearly 2 months after
the original purchase, Jan. 20, both from Mustapha
Aga, and the fragments A. C. were saturated with glue
which was removed by maceration and carefully scraping
the glue away which had been used to seal the factitious
papyrus composed of these fragments. » After his death in
1906 Mr. Smith's daughter, Miss Leonora Smith, presented the document to the New York Historical Society,
to whose courtesy I owe the permission to publish these
preliminary data.

The problem of the provenience of the Edwin Smith
Papyrus unfortunately involves us in some reference to

---

[1] *Ibid.*, p. 16.
[2] *Ibid.*, p. 16-17.

the unjust reflections upon the character of Mr. Smith contained in Ebers' introduction to his papyrus, and also makes it necessary to take up at this point the connection between Papyrus Ebers and the Edwin Smith Papyrus. I trust that the mention of the following facts will be understood only as an unavoidable fulfillment of duty in defending the reputation of Mr. Edwin Smith, and in no sense as a reflection or an attack upon the memory of the gracious and kindly Ebers. It is obvious, however, that Ebers was misled in allowing to escape his pen the reflections on Mr. Smith which we find in his accounts of his purchase of Papyrus Ebers. He states :

« Er empfing meinen Namen gemäss dem Herkommen, dass wichtige Papyrosrollen nach denjenigen Gelehrten oder Freunden der Wissenschaft benannt werden, die sie auf eigene Gefahr in Aegypten erwerben. Daher die Bezeichnung Papyros Salt, Pap. Anastasi, Pap. d'Orbiney, Pap. Harris, etc. [1]. »

As far as my knowledge of the early history of Egyptology goes the papyri which Ebers mentions were not given these designations by the original first purchasers themselves but by *others*, especially by scholars who later, designating them by the names of their first European possessors, found it convenient to identify them in this way. I do not know of another example in the whole range of Egyptological studies in which a scholar has deliberately named an important papyrus after himself. In this connection one may refer to the example of the high-minded Lepsius in naming the Papyrus Westcar after the English lady who presented it to him. The evident eagerness of Ebers to attach his name to the magnificent papyrus he had acquired, betrayed him into unmistakable resentment toward Mr. Edwin Smith, whose name had already become connected with the document. The source of this resentment is thus obvious. As far back as December 1870 Lepsius had published

____

[1] See Georg EBERS, *Papyros Ebers*, Leipzig, 1875, p. 2.

some remarks entitled : *Einige Bemerkungen ueber densel-
ben Papyrus Smith*[1], and by «Papyrus Smith» he designated the magnificent papyrus which with pardonable
pride its later purchaser wished should bear the name
of Ebers. Evidently without knowledge of Ebers' purchase
Goodwin as late as the summer of 1873 calls the document «the Smith Papyrus[2]». It is quite evident that the
great papyrus which we now know as Papyrus Ebers had
already begun to be known in the early seventies as
Papyrus Smith. When, therefore, in the spring of 1873
Ebers handed Lepsius a manuscript account of the new
and splendid hieratic manuscript which he had so recently acquired, it was very necessary that the name of
Edwin Smith be completely dissociated from it. The
document which had been discussed by the editor of the
Zeitschrift in December 1870 under the title «*Papyrus
Smith*» was now announced by Ebers in an article entitled
«*Papyrus Ebers*», which appeared in the same *Zeitschrift*
in *May-June*, 1873, — too late, unfortunately, to prevent
Goodwin's reference to it as «the Smith Papyrus» in the
summer or autumn of the same year.

We are now in a position to understand why the
otherwise always amiable Ebers permitted himself to
accuse Mr. Edwin Smith of having endeavoured to mas-
querade as the owner of the great papyrus — an ownership which Ebers then emphatically denies. And yet Ebers
himself characterizes these reflections on Mr. Smith as
merely a «suspicion» (Vermuthung)[3].

As far back as 1864 Edwin Smith had already communicated to Goodwin the now famous calendar from the
verso of Papyrus Ebers and at that time, as we have
shown above, Smith was the first scholar to read the year
date «9» correctly. The first mention of the later Papyrus Ebers in scientific literature seems to have been in
connection with a hieroglyphic transliteration of the

[1] *Zeitschrift für Aegyptische Sprache*, Dec. 1870, p. 167 ff.
[2] Ä. Z., Sept.-Oct. 1873, p. 107-109.
[3] Ä. Z., 1873, p. 42, footnote.

calendar published by Brugsch in the summer of 1870 (*Zeitschrift für Aegyptische Sprache*, July-Aug. 1870, p. 108-111). Brugsch says that it was from the «Rückseite eines Papyrus» and that he had secured it from the papers of an Egyptological friend in Egypt during the winter of 1869-70. This friend was Eisenlohr who then sent in the hieratic text to Lepsius, intimating that he had not given Brugsch permission to publish it. Lepsius published Eisenlohr's note in December 1870 (*Zeitschrift für Aegyptische Sprache*, pp. 165-167). Eisenlohr states that in February 1870 he visited Edwin Smith in Luxor and that Smith showed him his collection, including «zwei von ihm erworbene Papyrusrollen medicinischen Inhaltes, von welchen die eine über 100, die andere 19 Blätter enthält». In Eisenlohr's above article Lepsius substituted his own more accurate tracing (which he had received from Naville) in place of Eisenlohr's facsimile. Naville had been allowed by Smith to make this tracing in the autumn of 1868 with permission to publish, a permission later granted orally by Smith to Lepsius in person in Luxor.

Dr. Haigh next published a «Note on the Calendar in Mr. Smith's Papyrus» (*Ä. Z.*, May-June, 1871, p. 72-73) which adds nothing to the above facts, and Goodwin also wrote «Notes on the Calendar in Mr. Smith's Papyrus» (*Ä. Z.*, Sept-Oct. 1873, p. 107-109). He refers to the document (Papyrus Ebers) as «the medical papyrus in the possession of Mr. Edwin Smith of Luxor».

The outstanding facts discernible after a careful study of these earlier notices show clearly that at one time both the Papyrus Ebers and the Edwin Smith Papypus were in the physical possession of Mr. Edwin Smith and they were seen in his possession by Eisenlohr, who refers to them both in unmistakable terms. I have seen no evidence in the contemporary documents that Mr. Edwin Smith anywhere stated that he was the *owner* of Papyrus Ebers, except in the accounts given by Professor Ebers, who, as we have already seen, had very personal reasons for his conclusions. Under these circumstances we can quite understand how Ebers might easily fall into the error which led him to the unwarrantable reflections on Mr. Edwin Smith. Mr. Smith, however, *did* own a large and important medical papyrus, next to the Papyrus Ebers then and now the largest ancient Egyptian medical document in existence. The casual use of the words « von ihm erworbene Papyrusrollen » by Eisenlohr are very easily understood by anyone who has purchased antiquities on the Nile and who may have obvious reasons for desiring that the native owners of a valuable monument should not become too well known to Europeans who might become competitive bidders[1].

It would be quite comprehensible if Mr. Smith had made no reference whatever to the ownership of the Papyrus Ebers, but the mere fact of its being in his physical possession at the time might easily create the

[1] It is possible that the earliest reference to Papyrus Ebers in print was in a sales catalog of antiquities which I have never seen, but which is reported to have appeared in 1869 : «In 1869 there appeared in a catalogue of antiquities an advertisement of a large medical papyrus in the possession of Edwin Smith, an American farmer of Luxor near Thebes. This papyrus was said to be in excellent preservation and dated about the middle of the sixteenth century before Christ. The advertisement contained a reproduction of the calendar which was on the back of the papyrus. This calendar aroused an unusual interest among Egyptologists. The first mention of this papyrus in the Egyptian literature was by Birch of London. He was making some notes on the appearance of the name Cheops in the London Papyrus, and incidentally mentioned the existence of the medical papyri of Berlin and Turin and the advertised papyrus of Edwin Smith.» (Bayard HOLMES and P. Gad KITTERMAN, *Medicine in Ancient Egypt,* Cincinnati, The Lancet-Clinic Press, 1914, p. 14.) The authors just quoted seem to be under a misapprehension as to the reference by Birch to an «advertised papyrus of Edwin Smith». Birch's article appeared in the *A. Z.,* May-June 1871, and he does indeed refer there to a medical papyrus «in possession of Mr. Edwin Smith of Thebes» but he makes no reference to an «advertised papyrus». Nor is this reference of Birch the first mention of this papyrus in Egyptian literature. The calendar had been published by Brugsch a year earlier, as we have seenn. The curious reference to the learned Edwin Smith as «an American farmer» is, as we have seen, decidedly misleading and is so recognized in a letter, included by the authors (*ibid.* p. 17), from an American tourist who learned nothing regarding Mr. Smith except some vague reminiscences by a person whom he calls the «German Consul at Luxor... a Copt, » who was, of course, Moharb Todrous.

impression that he owned it, and as he did own the smaller of the two papyri which he showed Eisenlohr it was always true after January 1862 that he owned a large and important medical papyrus. Any statements anywhere in the literature that he was the owner of a medical papyrus may, therefore, be quite true and need not be interpreted as false statements referring to the Papyrus Ebers [1].

The fact that the Papyrus Ebers was so early connected with the Edwin Smith Papyrus might be of some value in discussing the problem of the source and date of the latter document. There is, unfortunately, nothing in Mr. Edwin Smith' papers regarding the reports of the natives from whom he purchased his papyrus, nor any conclusions of his own as to its origin. Ebers says that the native from whom he secured the Papyrus Ebers affirmed that it had been found in a tomb in the Assassîf, between the legs of a mummy. The discoverer, however, was at the time of Eber's purchase already dead and it was not possible to identify the tomb. Ebers likewise refers to the possibility that his papyrus belonged to the considerable group purchased by the British Consul Harris in 1857, a group reported to have been found in a «Grotte», a rough shaft in the rocks some twenty feet deep by Dêr el-Medîneh. As to the date when the Papyrus Ebers was discovered, Ebers says it was found «vor nunmehr vierzehn Jahren». He does not date the introduction containing this remark, however, and therefore he does not indicate clearly the *terminus ad quem* from which we should reckon backward his fourteen years. If he means fourteen

---

[1] I have not overlooked Professor Ebers' very specific statement as to his «Vermuthung» : — «Ich darf diese Vermuthung kühnlich aussprechen, da Mr. Smith meinem verehrten Collegen und Freund Prof. Eisenlohr und mir selbst erzählte, neben dem grossen einen kleinen medicinischen Papyrus zu besitzen.» (*Ä. Z.*, May-June 1873, p. 42, footnote.) Ebers of course, translates «besitzen» from some English word used by Smith, which may have been nothing more than the innocent word «have», while the word «own», if used by Smith, may have applied exclusively to the smaller papyrus.

Papyrus Edwin Smith

years before the date of the publication of his papyrus
(1875), the discovery would have been made in 1861.
This would bring the date fairly close to January 1862,
when Edwin Smith purchased the papyrus now bearing
his name. This fact does not make it certain, however, that the Edwin Smith Papyrus was found together
with the Papyrus Ebers. In view of the fact that the
ancient houses and other buildings of Thebes have
thus far yielded so few papyri, there nevertheless is
every probability that the Edwin Smith Papyrus was
found in a tomb, and in my preliminary account of the
document in the Bulletin of the New York Historical
Society I have suggested this origin of the document.
If it was indeed found together with the Papyrus Ebers,
the native story communicated to him might be
regarded as external evidence, however unsatisfactory,
that the Edwin Smith Papyrus originally came out of
a tomb.

As at present unrolled and mounted between glass the
Edwin Smith Papyrus has a length of about 4,68 meters.
At least a column of writing has been lost at the beginning, so that it was originally at least five meters long.
The roll has a height of 32 1/2 - 33 centimeters, corresponding to the usual full-height roll of the period from
the Middle Kingdom through the Hyksos Age to the early
Empire. It is put together out of twelve sheets of the
usual size (about 40 c/m.. wide), the first now surviving
being unfortunately fragmentary. The eleven joints are
admirably done, and in its craftsmanship the roll is an
excellent piece of work. It now bears seventeen columns
of writing on the recto and five on the verso, all in horizontal lines. The columns are about 28-29 c/m, in height
and they vary in width from 18-27 c/m. The number of
lines in a column varies also, from 18 to 25 or even
possibly 26 in the fragmentary first column. The recto
contains 377 lines, and the verso 92. The entire front,
seventeen columns, and the first three and a half
columns of the verso (xviii-xxi 1-8) are the work of one

394 · **J. H. BREASTED.**

hand[1]. The concluding section (column xxi 9-21 and all of xxii 1-14: making 27 lines) is by a totally different and possibly somewhat later hand.

The first question which confronts us is the date of the document, and in taking up first the palaeographic data I shall draw examples only from columns i to xxi 1-8 (omitting the concluding section, xxi 9-21 and xxii). The general resemblance of our scribe's hand to that of Papyri Ebers and Westcar is noticeable at the first glance. This superficially probable, general date is confirmed at once by observing that ⌣ is written both ⌣ and ⌣, a confusion characteristic of Middle Kingdom and Hyksos documents, which, howewer, disappears after Amenhotep iv[2]. Similarly the ear (⌣) is used in our document with one stroke at the base both as a determinative and for *idn*, whereas in the XIXth Dynasty the form for *idn* has two strokes and the form for the determinative has but one[3]. An examination of the accompanying comparative tables[4] suggests that the Edwin Smith Papyrus is not far removed in date from Papyrus Ebers. Nevertheless our document uses a group of forms distinctly older than those of Ebers. Thus Nos. 26 and 32 carry us back to the Middle Kingdom before we find complete parallels. No. 79, ⚫ occurs *very* frequently in our document, and the usual form (given second in the table) is that of the Hyksos Age (Mathematical Papyrus). The same is true of two forms of No. 166, and a third form of the same sign is that of the XIIIth Dynasty. No. 279 without the oblique cross stroke below, is a Middle

---

[1] In the *Bulletin* article (p. 11-12) above referred to I have attributed the three and a half columns of the verso (xviii-xxi 1-8) to a different hand from that of the recto. Further examination indicates that Recto i-xvii and Verso xviii-xxi 1-8 are by the same hand.

[2] See Moeller, *A. Z.*, vol. 56, 4o.

[3] *Ibid..*

[4] The first and second columns are drawn from Mœller's invaluable tables (*Palaeographie I*). I have also retained his numbers for convenience of reference. The examples in column 3 are traced from photographs not always on the same scale and here reduced in size (fig. 1-2).

Smith

15	Abusir V	XVIII,13.
15	Early Ebers XVIII	XVIII,19.
26	Illahun XII	XIX,6.
32	Hatnub X/XI	IX,12.
33	Sinuhe XII/XIII	XXI,9.
17	Early Ebers XVIII	X,21.
49 B	Early Ebers XVIII	XVIII,18.
79	Math. Hyk	III,21. / IV,1.
105	Early Ebers XVIII	VIII,14.
138	Early Ebers XVIII	XIX,6.

Smith

150	Early Ebers XVIII	IX,15.
165	Early Ebers XVIII	IX,7.
166	Bulaq XIII	XIV,6.
166	Math. Hyk	XVI,11.
166	Math. Hyk	III,16.
167	Early Ebers XVIII	XV,5.
182	Early Ebers XVIII	XVIII,10.
188 B	Sinuhe XII/XIII	XX,4.
198	Wests. Hyk	XIII,5.
215	Early Ebers XVIII	VIII,17.

Smith

224	Prisse XII	II,17.
257	Hatnub X/XI / Sinuhe XII/XIII	V,16. / XI,22.
265	Early Ebers XVIII	XVI,8.
268	Early Ebers XVIII	XIII,17.
279	Prisse XII	III,1.
288	Early Ebers XVIII	XXI,5.
294	Early Ebers XVIII	IX,8.
295	Early Ebers XVIII	XIV,22.
296	Early Ebers XVIII	XIII,16.
339	Sinuhe XII/XIII	XIX,5. / XVIII,5.

Fig. 1.

Kingdom form. The same is true, though less decisively,- of No. 374. For a parallel to ʟɪ we must go back to the XIIIth Dynasty, and ʟxɪɪɪ likewise is a Middle Kingdom form, while ʟxxɪv is of Hyksos age [1].

These Hyksos and Middle Kingdom forms might at first lead one to consider a late Middle Kingdom or early Hyksos date for the document; but the large number of signs identical with those of Ebers and Westcar are not in favor of such a date. It cannot be doubted that our manuscript was written between the close of the XIIth Dynasty and the age Papyrus of Ebers. It shows some close resemblances to the Mathematical Papyrus but until a fuller comparison is possible I would be reluctant to decide whether it belongs before or after the Mathematical Papyrus. It seems certainly to belong in the Hyksos Age. How much weight in terms of time we should give to the early forms must be decided by a more adequate comparison with all the closely related manuscripts. It would seem that the early forms, not found in Westcar or Ebers, could hardly have been lost in less than a generation. We may, I think, safely conclude, therefore, that the Edwin Smith Papyrus is not less than a generation older than the Papyrus Ebers, with the possibility of a still earlier date by no means excluded. Whether we must push it back of the latter part of the 17th century B. C. is a question then for further study. It is quite evident that *in content* the document is older, as we shall see.

Our scribe was master of a beautiful book hand (not excluding some cursive forms), but shows evidence of the fact that he was not himself a medical man. When he is called upon to make a highly specialized determina-

[1] It should be mentioned in this connection that among the papyrus fragments in the Edwin Smith collection as handed to the New York Historical Society by Miss Leonora Smith, there was a small fragment bearing but a word or two from each of six lines. Among these the fifth line contains the name of Thutmose I. Unfortunately this fragment cannot be joined up with our document and is clearly in a different hand. It may serve, however, further to confirm the period of the early Empire as the one to which his papyri are to be closely related.

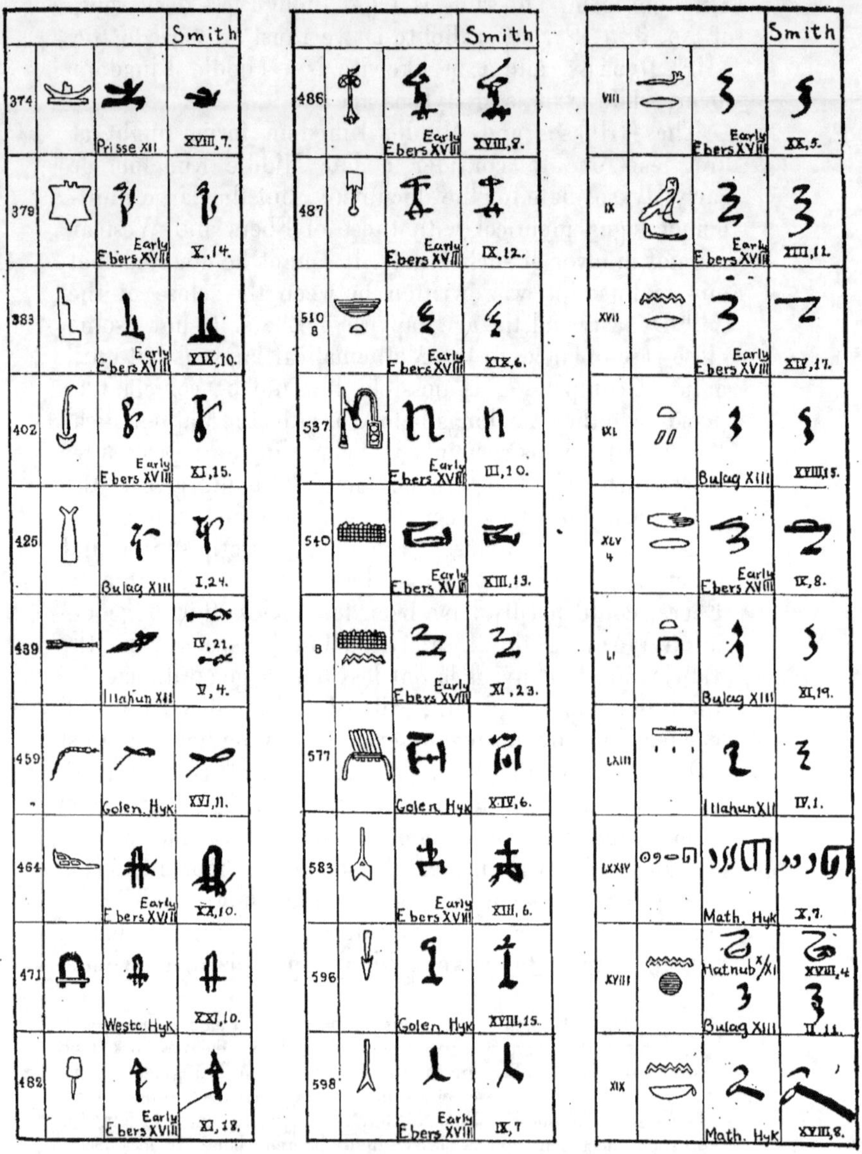
Smith
374
Prisse XII
XVIII, 7.
379
Early Ebers XVIII
X, 14.
383
Early Ebers XVIII
XIX, 10.
402
Early Ebers XVIII
XI, 15.
425
Bulaq XIII
I, 24.
439
Illahun XII
IV, 21.
V, 4.
459
Golen. Hyk
XVI, 11.
464
Early Ebers XVIII
XX, 10.
471
Westc. Hyk
XXI, 10.
482
Early Ebers XVIII
XI, 18.
Smith
486
Early Ebers XVIII
XVIII, 8.
487
Early Ebers XVIII
IX, 12.
510 B
Early Ebers XVIII
XIX, 6.
537
Early Ebers XVIII
III, 10.
540
Early Ebers XVIII
XIII, 13.
B
Early Ebers XVIII
XI, 23.
577
Golen. Hyk
XIV, 6.
583
Early Ebers XVIII
XIII, 6.
596
Golen. Hyk
XVIII, 15.
598
Early Ebers XVIII
IX, 7
Smith
VIII
Early Ebers XVIII
IX, 5.
IX
Early Ebers XVIII
XIII, 12.
XVII
Early Ebers XVIII
XIV, 17.
IXL
Bulaq XIII
XVIII, 15.
XLV 4
Early Ebers XVIII
IX, 8.
LI
Bulaq XIII
XI, 19.
LXIII
Illahun XII
IV, 1.
LXXIV
Math. Hyk
X, 7.
XVIII
Hatnub X/XI
XVII, 4
Bulaq XIII
II, 11.
XIX
Math. Hyk
XVIII, 8.

Fig. 2.

tive like the human mandible (after '*rt*) he loses his ready command of the graceful running forms and awkwardly smears together a blotted and clumsy picture. Schaefer[1] has called attention to corrected errors of *omission* in Papyrus Ebers. The scribe of the Smith Papyrus has likewise made and sometimes, but not always, corrected similars errors of omission. More often his mistakes require cancellation or change. In almost all cases our scribe has detected these errors and has made his corrections in red ink over black, and in black ink over red. See Case 35 below. Similar corrections, though not so frequently, are found in Papyrus Ebers (*e. g.* 60, 10 and 70, 3). The scribe of the Edwin Smith Papyrus employs very plentiful rubrics, so plentiful indeed that his discussion of a case may *conclude* with a remark in red, obliging the scribe to *begin* the next case in *black* in order to secure his desired contrast.

The seventeen columns of the *recto* contain a large section of a coherent and systematically arranged medical work, made up of *cases* and not of *recipes*. While this is an obvious distinction it will be better understood if we note that there are in Papyrus Ebers only forty-seven fully diagnosed cases. Leaving out incantations there are forty two-groups of materials in Ebers, and of these no less than thirty-eight groups are collections of *remedies and recipes*, which in the majority of cases are so designated. On the other hand the recto of the Edwin Smith Papyrus contains forty-eight *cases*, taking up the human body at the top of the head and proceeding in orderly succession downward. The arrangement of each case within itself also displays a systematic regularity quite unparalleled in the other medical papyri. This can best be observed by examining a typical example, like Case 18, one of a groupe of five dealing with the 𓉐𓏤𓃛𓂝, which as we shall see, is the «*temple*» (tempe, Schlaefe).

<hr>

[1] Ä. Z., vol. 31, 61-62 and 117.

CASE 18.

Title :

[hieroglyphs] *(sic)*

Examination :

(8) [hieroglyphs]

[hieroglyphs]

[hieroglyphs]

(9) [hieroglyphs] *(sic)*

[hieroglyphs]

Diagnosis :

(10) [hieroglyphs] *(sic)*

Verdict :

[hieroglyphs]

Treatment :

(11) [hieroglyphs]

[hieroglyphs]

Gloss A :

(12) [hieroglyphs] [1] [hieroglyphs]

[hieroglyphs]

[1] *Wnt* was omitted by mistake of the ancient scribe and afterward inserted in *black* ink into the *rubric*.

Gloss B :

Directions for a wound in his temple.

If you examine a man having a wound in his temple, (when) it has no gash, while this wound penetrates to the bone; you should probe his wound, (and) if you find his temporal bone whole, without a *pšn*, a *thm* or a fracture therein.

You should say concerning him : «(He is) a sufferer with a wound in his temple.»

(It is) an ailment which I will treat.

You should bind it with fresh meat the first day, and treat it afterward with ointment and honey every day until he is comfortable.

With regard to : «a wound, (when) it has no gash, while it penetrates to the bone» — it is a small wound extending to the bone, there being no gash in it (the wound). It means narrow, the wound not having two lips.

With regard to : «his *gm'*» — it is the region between the orbit(?) of the eye and the orifice(?) of the ear, at the back of the jaw.

This typical case will serve to illustrate the arrangement of the materials in the forty-eight cases of the recto.

---

(1) The scribe by mistake inserted ⌇ after *špty* and then canceled the error by a stroke of red ink.

(2) The scribe inserted here ⌇ between ∬ and ➤. He then canceled these two signs by two strokes of red ink.

Each case contains the following headings dividing the discussion thus :

Title (always beginning) :

✗ ℓ⸗ followed by the designation of the trouble, in the genitive.

Examination (always beginning) :

⟜ followed by same name of trouble as in title but with additional observations.

Diagnosis (alway beginning) :

⟜ followed by name of trouble and description repeated from the examination.

Verdict (always one of the following three) :

First : ⟜ (designated below as Verdict 1):
Second : ⟜ (désignated below as Verdict 2);
Third : ⟜ (designated below as Verdict 3).

Treatment :

No introductory formulary is used; its beginning is clearly indicated by the change to the mandatory ℓ -form, in the *second* person, the preceding Diagnosis and Verdict being in the *first* person.

Gloss (always beginning) :

⟜, followed by quotation of word or sentence from preceding discussion, which is explained by clause with ■ℓ or sometimes introduced by *ḏd·f* or *ḏd·tw* ⸗ « it means ».

Some of this arrangement is familiar to us from the published medical papyri. ✗ ℓ⸗ *šṣ̌·w*, already known to us from the Middle Kingdom and later medical documents, is really a plural. We find the physician several times instructed in our papyrus to treat his patient according

to ☥ ◌ ⎯⎯⎮ ▪, «these directions» (XIV, 7-8; XV, 16;
XVII, 6). The reading of ⌣ in ⎮ ⌐ ⌣ «If you examine»,
has long been known to be *ḫꜣ*, from Ebers 36,4 compared with, *ibid.*, 38, 17. It is also written out ⸢⸣ 𓄿 ⌣
in our papyrus (XVII, 6), in a passage which indicates
that it means «treat», as well as «examine».

 The formulary which is new in these forty-eight cases
is the regularly inserted conclusion of each diagnosis,
which I have termed the «Verdict». The diagnosis is the
only part of the discussion which always represents the
physician as speaking in the first person, and as the verdict following it does likewise, the verdict is· evidently
the logical conclusion of the diagnosis. It cannot properly
be called a prognosis. As we shall see, it expresses the
physician's purpose and future course of action regarding
the treatment of the case, and thus, like a prognosis.
suggests, but unlike a prognosis, *does not state* the outcome
of the case.

 Verdict 1 (*mr iry·y*) occurs outside of our papyrus a
total of nineteen times : twice in the Berlin Medical Papyrus (3038; Nos. 154 and 161), once in the Hearst
Papyrus (No. 174, 12, 1-3) and sixteen times in Papyrus
Ebers (14 times in the concluding group on suppurating
sores and the like [1] Nos. 857-860, 863-872; and twice
elsewhere, Nos. 200 and 617). Among the fourteen
occurrences at the end of Ebers are four in which this
verdict receives the addition ⸢⸣⸣ ⟍ Thus :

«An ailment which I will treat with the lancet»
(104,4). One might conclude that *ir* means «operate» in
this connection, but it is used so often in cases where no
operation is involved that one can hardly doubt the rendering «treat». In the Edwin Smith Papyrus this verdict

---

[1] The numbers refer to Wreszinski, *Der Papyrus Ebers*, Leipzig,
1913, where the materials are divided into conveniently numbered recipes
and sections.

occurs thirty times, and in twenty-nine of these, treatment is prescribed. The case lacking treatment is the second group of symptoms in Case 34 (see below), where it is quite evident that the scribe has inserted Verdict 1 when he intended Verdict 3. Compare his similar error in Case 35 (see list below). In these thirty cases the result of the treatment is given in twenty-five and in all of these twenty-five it is stated as *r ndm f*. Of the five cases in which no result is given, one is due to loss of the the conclusion (Case 48), one is due to the error of the scribe already noted (Case 34); and in only three is there really no statement of the result, which, as we have seen, where given at all, is uniformly favorable. It is evident that Verdict 1 suggests a favorable outcome of a case easy to treat, although it is not evident that *r ndm f* always indicates complete recovery

Verdict 2 (*mr ʿḥꜣ(w)· y ḥnʿ*), «an ailment which I will contend with», suggests demoniacal disease with which the physician is obliged to «contend». This interpretation, however, is incorrect. In the Edwin Smith Papyrus it is repeatedly the verdict in cases of wounds and injuries which have no possible connection with demoniacal causes, like Case 4, a deep and dangerous cut wound in the head. Some light is thrown on the meaning of «contend» in this verdict by the following passage in Papyrus Ebers (41, 15–16) :  «You should contend with him (probably a disease-causing worm, *bdd*) with *ssm·w* prescriptions». Papyrus Ebers, however, makes little or no use of Verdict 2; for it occurs there only twice (105, 12 and 105, 19–20; Nos. 861, 862). It is not found in any of the other medical papyri. Its meaning is rendered much more clear by the Edwin Smith Papyrus. In Case 4, already mentioned as containing Verdict 2, the wound in the head is so serious that the surgeon is cautioned not to bandage, and to keep the patient supported upright :

This clause is also quoted in an appended gloss (ii, 10-11), introduced as usual by ❘⬭, and followed by :

It means : (until) you know (whether) he will die or he will live; for it is «an ailment which I will contend with».

It is evident, then, that Verdict 2 indicates a doubtful case with which the physician must deal as best he can. This conclusion is confirmed by the statistics of Verdict 2 in our papyrus, where it is found in all eight times. Of these eight the results are stated in seven as follows : Recovery, 1; Uncertain, 6.

Verdict 3 : «an untreatable ailment» Literally it means : «an ailment, there is nothing (to be) done for it» (with pass. partic. suggested by Sethe, and ⁓ meaning «for it» first identified by Gardiner). It does not occur in any of the other medical papyri, although it is found no less than fourteen times in the Edwin Smith Papyrus. This exclusive occurrence in our document of a verdict declaring a case untreatable is characteristic of the general difference between the Edwin Smith Papyrus and all the other surviving Egyptian medical treatises. These fourteen incurable cases appealed to our physician as groups of scientific materials which his scientific interest in the observed facts would not permit him to reject from his treatise merely because such cases were incurable. The recto of the Edwin Smith Papyrus is thus in a class by itself, because, unlike Papyrus Ebers and all the known medical papyri, it is not a collection of *remedies and recipes*, but a group of *cases*, enabling the physician to observe important facts especially in anatomy. Accordingly nine of these fourteen cases follow Verdict 3, with no therapeutic suggestions at all, while in four others precautionary and alleviatory measures not intended to cure, are suggested. The result is intimated in three cases, two of which are uncertain, and one of which is *r ndm f* (Case 17). This is obviously an error, as in Case 35 (see below), in which Verdict 3 has been corrected to Verdict 1 by the ancient scribe himself. It is interesting to observe that an actual record of a hopeless verdict by the physicians is preserved to us from the Old Kingdom. The chief physicians of Neferirkere in the early Vth Dynasty after examining their rolls made the following report on the case of the king's stricken vizier and chief architect :

[hieroglyphs]

They stated to his Majesty that he was lost (*Urkunden*, I, 42, 1. 3).

To each other they may have said : [hieroglyphs].
Parallel with the systematic use of these three Verdicts, which is found in none of the other medical papyri, is a similar series of three clauses intimating the result. These are as follows :

A. [hieroglyphs]

B. [hieroglyphs]

C. [hieroglyphs] (var. once [hieroglyphs], XVII, 13).

These three phrases partake more nearly of the character of a prognosis than the three verdicts; but among themselves they are not exactly parallel. A, which is very common in all the medical papyri, evidently indicates the final result, and occurs very frequently after Verdict 1. B, on the other hand, as explained in the gloss quoted above, rather suggests the uncertainty at the beginning of a final stage, leading to life or death. It is used with both Verdict 2 and Verdict 3. C is likewise used with both Verdict 2 and Verdict 3, and also in combination with B. It may be grammatically rendered : « Until the hour of his suffering passes », but it will require further study to determine more precisely what the physician is to understand as the meaning of these words.

Another characteristic which differentiates the Edwin Smith Papyrus from the other medical papyri is the number and importance of the appended glosses. In 1892 Schaefer contributed essentially to our understanding of Papyrus Ebers by calling attention to the fact that it contained a body of explanatory comments, which he termed a « Glossensammlung » [1]. These comments in Ebers are twenty-six in number (99,12-100,2; 100,14-102,16), but are broken up into two groups by irrelevant matter which has been intruded by error of the scribe. Each gloss is introduced by ⌐, but unfortunately does not follow the case or prescription which it is supposed to explain. The entire body of glosses in Papyrus Ebers has thus been separated from the treatise to which it belonged [2]. The Edwin Smith Papyrus, on the other hand, contains a total of seventy glosses, all of which are appended to the texts which they are intended to explain. They furnish an invaluable body of material revealing ancient Egyptian knowledge of anatomy as we find it in no other medical papyrus.

We have already noticed three short examples of these glosses, especially the two in Case 18 given above in full. Case 18 is the first of five cases concerning the ⌐ ✎ ✦ ∝. This word is not found elsewhere in the medical papyri and it is at first not at all clear what it designates. Yet when we note the region which it designates we can hardly doubt its connection with the old word ⌐ ✎ ✦ which is used as far back as the Pyramids in parallelism

---

[1] Ä. Z., vol. 30 (1892), 107-109.

[2] It is possible that the first group (99,12-100,2) are partially commentary on the preceding discussion of the ⌐ ✦ (99,1-12). WRESZINSKY, *Papyrus Ebers*, pp. 206 ff.

with *gs*, « side », or to mean « side », (see especially
Pyr. 385 *b* and *c*, also 521 *a* and 697 *d*), and must mean
« temple ». The gloss in Case 18 locates the *gmʾ* in the
region between the eye and the ear, and in Case 21
the trouble in the *gmʾ* is so near the ear that it is referred
to as in the ear. In Case 22 a fracture in the *gmʾ* causes
suppuration in the ear. In this case the physician is to
place his finger [hieroglyphs], apparently to aid in
draining the pus by pressure. This *smˁ·t* is then explained
in the following gloss (VIII, 14-15) :

[hieroglyphic text]

With regard to : « the back of his *smˁ·t* », it is the back of his jaw.
(As for) the *smˁ·t*, its back is in his *gmʒ* as the claw of an *smˁ-* bird
is thrust into a thing.

I have not been able to identify the *smˁ-* bird. It is evident that some two-toed bird [2] is meant and the compound noun [hieroglyphs] = « the *smˁ's* claw », has been
given a special determinative by the scribe in order
to depict this two-toed claw [3] thus : The *smˁ·t*, stated to
be back of the jaw, must of course be the ramus, and
the familiar fork at the top of the ramus is the part
which is likened to the « claw of the *smˁ* ». This claw,
designated as the back of the *smˁ·t*, is said to be « in the
gmʒ ». There can be no doubt that the *gmʒ* is the *temporal
bone* into which the two processess at the head of the
ramus are articulated.

[1] The scribe began to write *wgˀt* « jaw » as in III, 17 (see next
example).

[2] I am informed by the natural scientists that the ostrich is the only
two-toed bird. Possibly *smˀ* is some breed or variety of ostrich.

[3] This hieratic sign has been inverted above to correspond with the
hieroglyphic reading from left to right. On the following description, see
Bull. of the New York Historical Soc., April, 1922, p. 19, fig. 8.

Interesting confirmation of this identification is found
in a gloss in Case 7 (III, 17) :

The ligaments [1] back of his ramus are fixed to (lit. «in») his *gm*ꜣ;
they are back of his jaw.

The ligaments controlling the mandible are in fact
anchored to the temporal bone, just as our ancient ana-
tomist affirms. While *gm*ꜣ unquestionably designates the
temporal bone, it is also used by our physician for the
temple (tempe, Schlaefe), that is, the tissue overlying
the bone. It is employed in both these senses in Case 18
above, as a moment's examination shows. The case is
that of a wound in the *gm*ꜣ which is said to be small and
narrow, without a gash exhibiting two lips, but penetrating to the bone. The wound must be in the tissue
overlying the bone. At the same time the surgeon is
charged to probe and see whether he finds the *gm*ꜣ (*sic!*)
whole without a *pšn*, a *thm*, or a fracture. The last («fracture») shows that the preceding mention of *gm*ꜣ designates the bone. In spite of this elastic meaning the distinction is clear and there is no necessary confusion. This
latitude in meaning as between the bone and the overlying tissue is in accordance with the vague designation
of *gm*ꜣ in the explanatory gloss, defining it merely as
«the region between» (eye and ear), without stating
definitely what the *gm*ꜣ is. Whether the ailment affects
the bone or the overlying tissue is then made clear by
the description. In the same way, in treating fracture of

<hr>

[1] *Mt·w* evidently designates both «canals» and ligaments», and must
mean something like «connections». See the rheumatoid troubles in Papyrus Ebers (Nos. 627-696), where the *mt·w* affected are to be loosened
(*wḫꜥ*) or softened (*sgnn*); in one case the *mt·w* of the toe. It is hardly
likely in such a case that sclerosis of the blood canals in exclusively
meant.

the skull (Case 8), the surgeon distinguishes carefully between injury to the bone and the overlying tissue.

The usefulness of these glosses is obvious, but especially in such obscure phrases as the frequent admonition found regularly with cases of injury to the head, but also elsewhere :

(II, 7), for which we find the variant :

(VII, 18).

The gloss is as follows (II, 1-2) :

With regard to *wdy r ts ḥr db'w·f*, it means to put him on his accustomed food, without making a prescription for him.

One's helplessness in the presence of this extraordinary idiom, without the explanatory gloss, makes one rub his eyes and doubt his ability to read Egyptian.

The most valuable gloss of all the seventy is unfortunately fragmentary. It occurs on the first page, rescued in fragments by Mr. Smith, and contains an explanation of the system of canals of which the heart is the center. It is therefore a partial duplicate of the famous passage on the heart in Papyrus Ebers (99, 1-12). To discuss it further would involve us in comments far too long to be undertaken in this preliminary notice.

We are now in a position to begin more intelligently a brief survey of the entire treatise containing the forty-eight cases of the recto. The following table is intended to list all of the forty-eight titles, and to note under each title the verdict (1, 2, or 3), whether treatment is or is not prescribed, and whether the result, if any, is given.

CONTENT OF THE RECTO (17 COLUMNS).

Case 1 (I, 1-12).

The title, examination, and all but the last few words
of the diagnosis are lost. The remainder is also fragmentary, but enough survives to show that it was a case of a
wound in the head, which is shown by the second gloss
to be ⸺, etc., that is, without a clearly cut gash.
This shows that *wbnw* was *not* modified by *n kft* as in the
remaining cases of head wounds. Moreover, *wbnw n kft* is
explained in a gloss in the next case, showing that it did
not occur in Case 1. The presence of *'r n krs* is proven
by a gloss. These data render the restoration practically
certain.

Verdict 1 (I, 2).
Treatment, *rndm f*.

Case 2 (I, 12-18).

Though the case is fragmentary, the examination and
the third gloss show that the skull (*dnnt*) was :

Verdict 1 (I, 15).
Treatment, *r ndm f*.

Case 3 (I, 18-II, 2).

(sic)

Verdict 1 (I, 21).
Treatment, *r ndm f*.

Case 4 (II, 2-11).

Verdict 2 (II, 6).
Treatment, without statement of result.

Case 5 (II, 11-17).

Verdict 3 (II, 15).
No treatment. «Put him on his customary food and make no prescription for him», *r sw' st iḥ·f*.

Case 6 (II, 17-III, 1).

(var. and).
Verdict 3 (II, 22).
Ameliorate with ointment *r rḫ·k sprf r iḫ·t*. Full explanations, but no result noted.

Case 7 (III, 2-IV, 4).

This is the longest case in the papyrus.
Two verdicts :
Verdict 2 (III, 6).
First treatment, *r ndm f* second treatment, *r rḫ·k sprf r iḫ·t*.
Another group of symptoms beginning (III, 8).

Verdict 3 (III, 13).

No treatment.

Another group of symptoms beginning 〈hieroglyphs〉 (III, 13).

Ameliorative devices *r rḫ·k špr f r iḫ·t;* no result noted.

CASE 8 (IV, 5-18).

〈hieroglyphs〉 *(sic)*

Two verdicts :

Verdict 3 (IV, 9).

Patient kept sitting, *r rḫ·k špr·f r iḫ·t.*

Another group of symptoms, beginning 〈hieroglyphs〉.

Verdict 3 (IV, 12).

No treatment.

CASE 9 (IV, 19-V, 5).

〈hieroglyphs〉
(sic)

〈hieroglyph〉 is an error canceled by the scribe. Of the 48 cases of the recto this is the only one which includes a charm to be repeated over the remedy, which is of the fantastic character befitting such means.

It is significant that there is *no verdict.*

CASE 10 (V, 5-9).

〈hieroglyphs〉 *(sic)* ... *(sic)*

Verdict 1 (V, 7).

Treatment, *r nḏm f.*

CASE 11 (V, 10-15).

〈hieroglyphs〉 (in diagnosis, var. 〈hieroglyphs〉).

Verdict 1 (V, 11).

Treatment, *r nḏm f.*

Case 12 (V, 16–VI, 3).

Verdict 1 (V, 17).
Treatment, *r ndm f.*

Case 13 (VI, 3–7).

Examination and diagnosis have var. ⸗ (VI, 5 and 6).
Verdict 3 (VI, 7).
No treatment.

Case 14 (VI, 7–14).

Examination adds ⸗ meaning « penetrating » (into interior; VI, 13–14).
Verdict 1 (VI, 9)
Treatment, *r ndm f.*

Case 15 (VI, 14–17).

Examination (VI, 15) has var. ⸗.
Verdict 1 (VI, 16).
Treatment, *r ndm f.*

Case 16 (VI, 17–21).

Verdict 1 (VI, 20),
Treatment, *r ndm f.*

Case 17 (VII, 1-7).

Verdict 3 (VII, 5). This is probably an error for verdict 1 as in Case 35.

Treatment, *r ndm f.* If the verdict is not an error (as in Case 35) then this conclusion (*r ndm f*) has been incorrectly added by thoughtless habit.

Case 18 (VII, 7-14).

Verdict 1 (VII, 10).
Treatment, *r ndm f.*

Case 19 (VII, 14-22).

Examination (VII, 15) adds [hieroglyphs].
Verdict 1 (VII, 18).
Treatment, *r ndm f.*

Case 20 (VII, 22-VIII, 5).

Verdict 3 (VIII, 4).
Slight treatment, but no result noted.

Case 21 (VIII, 6-9).

Verdict 2 (VIII, 8-9).
«Put him on his customary food and make no prescription for him» *r rḫ·k śpr·f r iḫ·t* (VIII, 9).

Case 22 (VIII, 9-17).

Verdict 3 (VIII, 14).
No treatment.

Case 23 (VIII, 18-22).

Verdict 1 (VIII, 20).
Treatment, r *ndm* f.

Case 24 (VIII, 22-IX, 2).

(cf. Case 11).

Verdict 3 (XI, 1).
No treatment.

Case 25 (IX, 2-6).

Verdict 1 (IX, 5).
Treatment, r *ndm* f.

Case 26 (IX, 6-13).

Examination (IX, 7) adds : and this additional phrase is repeated IX 9 and IX 11 (also VI, 12-14), each time without the (before *hnw*), which is evidently an error and should be deleted. *sdb* means « to penetrate » or « perforate ».

Verdict 1 (IX, 9).
Treatment, r *ndm* f.

CASE 27 (IX, 13-18).

Examination (IX, 14) adds :

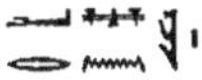

Verdict 1 (IX, 16).
Treatment, *r ndm f.*

CASE 28 (IX, 18-X, 3).

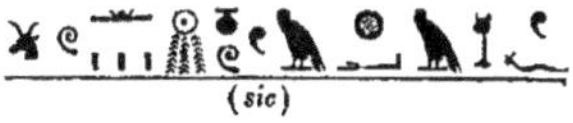

(*sic*)

Examination (IX, 19) inserts ⎯⎯ after *wbnw;*
and the diagnosis adds :  (IX, 22).
Compare Case 26.

Verdict 2 (IX, 22).
Treatment, *r ndm f.*

CASE 29 (X, 3-8).

Verdict 2 (X, 7).
Treatment, *r sw; st ih·f* (X, 8).

CASE 30 (X, 8-12).

Verdict 1 (X, 10).
Treatment, *r ndm f.*

CASE 31 (X, 12-22).

Verdict 3 (X, 17).
No treatment, but full explanations.

Case 32 (XI, 1-9).

Verdict 1 (XI, 4).
Treatment, *r ndm f.*

Case 33 (XI, 9-17).

Verdict 3 (XI, 13).
No treatment, but full explanations.

Case 34 (XI, 17-XII, 2).

Two verdicts :
Verdict 1 (XI, 19).
Treatment, *r ndm f.*
Then follows :

But if you find that his *bb·wy* has a fracture in it, penetrating
to the interior, — (it is) an ailment which I will treat (*sic!*)

That is,
Verdict I, an evident error for verdict 3, which we
expect here exactly as in Case 37 (q, v.); for *there is no
treatment* added. The particles  introduce, as
usual, a contrasted case, from which a different result
should ensue, as it does in Case 37. Compare the converse of this mistake corrected by the scribe in the very
next case.

Case 35 (XII, 3-8).

Verdict 1, corrected by the scribe from verdict 3,
thus (XII, 4) :

The shaded signs are *red* making the complete verdict
. The scribe has afterward canceled
the *red* signs and each with an oblique *black* stroke.
He has then inserted, also in *black*, , the lacking
signs of verdict 1.

Case 36 (XII, 8-14).

Verdict 1 (XII, 10).
Treatment, *r ndm f.*

Case 37 (XII, 14-21).

Examination (XII, 15) inserts between *gb·f* and
wbnw.
Two Verdicts :
Verdict 2 (XII, 19).
Treatment, *r rḫ·k špr· f r iḫ·t.*
Then follows :

That is, verdict 3.
The description of the new conditions stops here and the case ends at this point.
No treatment.

Case 38 (XII, 21–XIII, 2).

Verdict 1 (XIII, 1).
Treatment, r ndm f.

Case 39 (XIII, 3–12).

Examination (XIII, 3) has var.
Verdict 1 (XIII, 6).
Treatment r ndm f.

Case 40 (XIII, 12–17).

Verdict 1 (XIII, 15).
Treatment, r ndm f.

Case 41 (XIII, 18–XIV, 16).

Verdict 1 (XIV, 2).
Treatment, but no result given.

Case 42 (XIV, 16–22).

Verdict 1 (XIV, 19).
Treatment, *r ndm f.*

Case 43 (XIV, 22-XV, 6).

Diagnosis has var. ⟨⟩ for the first ⟨⟩.
Verdict 1 (XV, 2).
Treatment, *r ndm f.*

Case 44 (XV, 6-9).

Verdict 3 (XV, 9). Ends with the verdict.
No treatment.

Case 45 (XV, 9-19).

Examination has var. ⟨⟩ for ⟨⟩,
Verdict 2 (XV, 15).
No treatment is given but explanations are added,
which apply also to ⟨⟩.

Case 46 (XV, 20-XVI, 16).

The examination has :

and a gloss has :

Verdict 1.
Elaborate treatment; but no result is noted.

Case 47 (XVI, 16-XVII, 15).

Two verdicts :
Verdict 1 (XVII, 1).
Treatment, *r ndm f.*
The treatment is then extended to the same ailment
in ⸻.
This is followed by additional symptoms (XVII, 6-10),
a second diagnosis (XVII, 10-11) and
Verdict 2 (XVII, 11).
Modifying symptoms.
No treatment, *r śwȝ ʒt iḥ·f.*
Further modifying symptoms.
Treatment, *r ndm f.*

Case 48 (XVII, 15-19).

Verdict 1 (XVII, 18).
Treatment left incomplete in middle of line.

It is evident that the order of discussion in this book is
from the *calvaria* downward. The seeming exception
⸻ (Case 15, 16 and 17) is not such. The word
occurs eleven times in these three cases and is every time
written with the feminine ⸺, whereas the word for
« breast » (*mamma*) ⸻, later ⸻ (ⲙⲛⲟⲧ) is *masculine.* Our manuscript is not one which plays fast-and-
loose with the feminine *t*, as do the later manuscripts.
Moreover the *mnd·t* may receive a *fracture*, showing that
we are dealing with a *bone.* The three cases of the *mnd·t*
are placed in the discussion between the nose and the
temple and it is probable that *mnd·t* designates a maxillary bone. A patient having a fracture in the *mnd·t* suf-
fers pain in opening the mouth, discharges blood from

the mouth, nose and ear, and is unable to speak (*dgmy*).
It is perfectly certain that our word *mnd·t* designates a
region of the head and must not be confused with *mnd*
« mamma ».

In general, then, the discussion in our document
proceeds from the head by way of the nose, face, and
ear to the neck, shoulders, thorax, mammae and spinal
column. More definitely the sections are as follows :

I.   Head (*Calvaria*), Cases 1-10.
II.   Nose, Cases 11-14.
III.   Maxillary Region, Cases 15-17.
IV.   Temporal Region, Cases 18-22.
V.   Ear, Mandible, Lips and Chin, Cases 23-27.
VI.   Throat and Neck (Cervical Vertebrae), Cases
        28-33.
VII.   Collar Bone and Shoulders (Clavicle and Sca-
        pula), Cases 34-38.
VIII.   Thorax and Mammae, Cases 39-47.
IX.   Spinal Column, Case 48 (incomplete).

We may safely conclude then that medical science in
Egypt had produced a systematically organized book, in
which the materials were arranged to follow the organs
of the human body from the head downward and presumably concluding with the feet. References to such an
order of treatment are discernible in Papyrus Ebers,
where we find on the first page (I, 4-5) that the ailments
to be treated are « in this my head, in this my neck, in
these my shoulders, in this my flesh, in these my members ». In line 7 on the same page where this list is resumed, it has, however, fallen into confusion; and as for
the actual order of treatment, one can hardly imagine
worse confusion than we find in the magical *hodge-podge*
of recipes making up the Papyrus Ebers. The enlightened
practitioner who compiled the Papyrus Ebers opened the
book he was putting together with several useful sections
of magical incantations, then began with the abdomen

($\longleftarrow$, 2, 8), proceeded by devious paths (including external remedies) to the stomach, relapsed again to external remedies, chiefly for the head, then plunged into twenty-three recipes for urinary troubles, not having forgotten to introduce edifying examples of infallible magic *hocus-pocus* on the way; and by way of recipes for snake and other bites, hair restoratives, household vermin exterminators, etc., etc., he finally reached a conclusion in a group of twenty-one cases of boils and other suppurating swellings. If conceivable, the confusion in the arrangement of the material, or, better said, the total lack of it in the other medical papyri, particularly Hearst and Berlin (3038) is still worse. In a word, the recto of the Edwin Smith Papyrus is the only systematically arranged and organized Egyptian medical book surviving to us.

If, furthermore, we consider the character of the content, the sharp contrast between the Edwin Smith Papyrus and the other medical papyri is equally evident. This subject has already been touched upon above, especially in the discussion of Verdict 3, a kind of case entirely unknown in any of the other medical papyri. Its significance is best illustrated by the physician's study of a case of broken neck. « The last of the five cases of trouble in the cervical vertebrae is called « *sehem* in the « vertebrae of the neck » (Case Thirty-three.) The patient is deaf and speechless and has lost all control of arms and legs. The physician at once pronounces the unfavorable (third) verdict and offers no treatment; but displays his further purely scientific interest in the case by adding two glosses : « Concerning : « a *sehem* in the vertebra of « the neck »; it means one vertebra of his neck has been depressed into the next, one penetrating into the other and not assuming any carrying' (meaning, of the weight above). The second gloss explains that this has happened because the injured man « has fallen head downward on « his head, driving one vertebra of his neck into the next ». From other sources we know that the word *sehem* means « crush » and was not an uncommon word, but the scien-

tific interest of the ancient surgeon does not allow him
to leave the case merely as that of a broken neck, designated by a common word ; he desires to explain what
happened [1]. » The only materials in the other medical
documents that might have given us a hint of the existence of really scientific medicine in ancient Egypt, are
the passages in Papyrus Ebers (99,1-103,18) on the
heart, with the discussion of the « canals » and the mostly
irrelevant glosses. There is nowhere in the other medical
documents a single example of such anatomical description as we find in the discussion of the *gmꜣ* (the temple)
in the Edwin Smith Papyrus. I have endeavoured to sum-
marize the character of this incomplete treatise on the
recto of the Edwin Smith Papyrus in the popular discussion already mentioned, and I cannot do better here than
to quote from that summary [2].

« Incomplete though it is, this torso of an ancient Book
of Surgery and External Medicine preserved in the Edwin
Smith roll offers enough to enable us for the first time to
form a just estimate of the character and value of Egyptian medical knowledge. Each of these forty-eight cases is,
as we have seen, identified by a list of objective conditions carefully observed, — conditions often due to
wounds or accident. These latter cases, due to physical
causes quite clear to the physician, obviously have no
connection with the activities of malignant demons of
disease. Thus these cases of organs and tissues injured by
intelligible physical agencies form a realm quite uninvad-
ed by magic powers, — a realm in which the Egyptian
physician gathered the observable facts of anatomy, phy-
siology, surgery, and therapeutic, quite unbiased by his
inherited traditions regarding the demoniacal causes of
disease.

« In these forty-eight cases of the Edwin Smith Papyrus
only *one* mentions or makes any use of a magic charm

[1] *New York Historical Society Quarterly Bulletin*, April 1922, p. 21.
[2] *New York Historical Society Quarterly Bulletin*, April 1922,
pp. 27-29.

and it is evidently not an accident that this case which resorts to a charm is also the only one which lacks any verdict. The physician evidently excluded it from his list of cases to be treated by other than magical means. We have here, then, a group of the earliest recorded observations in natural science made by man. Here was a realm where the physician was confronted often enough, to be sure, by the unknown, but not by the demoniacal... The current view, that in all cases Egyptian medical practice invariably employed magic devices, a view in which I formerly also shared, is quite evidently wrong. There was, indeed, surviving from primitive times a large body of traditional practices in medical treatment wholly or chiefly magical which never disappeared. Such practices, universally and implicitly followed by the common people, forming what we may call « demoniacal medicine », always had its devotees, the descendants of the old « me-« dicine men », with their rolls of ancient hocus-pocus, like the medical papyrus of the British Museum, or the « Charms for Mother and Child » in the other well-known roll, at Berlin. Such primitive superstition dies hard. ...

« The author of the great Book of Surgery and External Medicine, of which we have a mere fragment on the front of the Edwin Smith roll, was one of a group of men who will likewise inevitably have been children of their time. We cannot conceive that they ever ceased to believe in the power of magic; but they had learned that in surgery and medicine they were confronted by a great body of observable phenomena, which they systematically and scientifically collected, sometimes out of interest in the salvation of the patient, sometimes out of pure interest in the scientific truth. The class of men thus revealed to us are the earliest natural scientists of whom we know anything, who, confronting a world of objective phenomena, made and organized their observations and based inductive conclusions upon bodies of observed fact. It is important to emphasize here the fact that these men evidently practised dissection of the human body, a method of investigation in which Greek medicine, fifteen hundred years later, was noticeably weak.

« The current conclusion regarding the mind of the ancient Egyptian, a conclusion in which I have myself heretofore shared, has been that he was interested in scientific principles, if at all, solely because of the unavoidable necessity of applying them in practical life; — that if he discussed the superficial content of a many-sided geometrical figure or the cubical content of a hemisphere it was because he was obliged to measure fields for taxation purposes and to compute the content of granaries. In the field of Egyptian mathematics Professor Karpinsky of the University of Michigan has long insisted that the surviving mathematical papyri clearly demonstrate the Egyptians' scientific interest in pure mathematics for its own sake. I have now no doubt that Professor Karpinsky is right, for the evidence of interest in pure science, as such, is perfectly conclusive in the Edwin Smith Medical Papyrus. »

The question of how much of our treatise is lost is an interesting and important one, but we can do no more here than call attention to the obvious indications. If our manuscript was once a complete commercial roll of twenty sheets, we have lost eight sheets and part of the ninth, making a total of some thirteen and a half columns of writing which in such case would be lacking at the beginning. It is not impossible that such is the extent of the loss preceding our present first column, or page one. In that case, the bulk of the portion lost will have been a treatise, perhaps of an introductory nature quite differently organized from the forty-eight preserved cases. For it should be noted that our treatise as preserved begins at the top of the head, and it is therefore unlikely that we have lost any large part of a discussion of the human body arranged to proceed downward from the head. On the other hand, the loss at the end is undoubtedly great. Of the spine we have only the beginning of a single case, so that the entire group on the spinal column is lost. All the rest of the body, from below the thorax and the mammae, is likewise lost. This is regrettable in every way, but especially because we might have had in this lost discussion of the rest of the body some treatment of the internal organs. On the other hand, the failure, in the case of the head, to discuss the brain any further than it might be affected by injuries to the skull, would suggest that this treatise was one chiefly devoted to external treatments, dealing with organs, bones and tissue found near the surface, so that, without using the term in a modern and strictly scientific sense, we have called it a book of external medicine. In any case it would seem that the portion belonging after the end of page seventeen, and now lost, was a much larger part of the work than the sections preserved to us.

This loss is the more disappointing in that it is due not to the loss of a large piece of our roll, but to the stupidity of our ancient copyist, who stopped his work in the middle of a line, *in the middle of a sentence* at the bottom of page 17, left an entire sheet blank at the left end of the recto; and when he began copying on the verso it was from a totally different book. It should be especially emphasized that the incantations on the back are separated from the front by an entire blank sheet at the left end of the front. All we can do is to hope that the lost book from which the recto was copied may some day be discovered. It was already old enough to require much commentary; it was written certainly not later than the Middle Kingdom, and the question may fairly be raised whether the medical rolls of Neferirkere's royal physicians in the 28th century B. C. did not already include the book from which these forty-eight cases were copied. These forty-eight cases from a lost roll show us that it contained observations in anatomy and medicine, which should be for us the real measure of ancient Egyptian knowledge and achievement in the science of medicine. For, as Schæfer has truthfully remarked regarding Egyptian art, the real measure of an ancient people's ability must be found in the *best, not in the average* of what they have left us.

In these preliminary observations the magical `hodge-podge` to which the copyist resorted when he turned to the verso, is soon disposed of. It begins (XVIII, 1) :

Incantation for driving out the wind of the year of pest.

It contains a group of rather interesting incantations, followed by three recipes for female troubles, the whole section occupying three and a half columns (XVIII to XXI, 1-8) and stopping in the middle of the column (XXI). Here a new hand completed the column (XXI, 9-21) and continued for half a column more (XXII, 1-14). This concluding section bears the title :

Beginning of the Book of Transforming an Old Man into a Youth of Twenty.

This delectable mixture seems to be an ointment and it is to be put into a vase cut of precious stone.

The Edwin Smith Papyrus, therefore, is drawn from three different sources :

(1) The seventeen columns of the front, containing forty eight cases, in 377 lines;

(2) Three and a half columns on the back (XVIII – XXI, 8) containing incantations against pestilence, in 65 lines ; and

(3) A fragment of a book (XXI, 9 –|XXII) containing the secret of eternal youth, in 27 lines.

Of this total of 469 lines, and quite separated from the insignificant remnant of the roll on the *back*, the

(1) We should read *rnp.t isd.t*, as is shown in a variant in XVIII, 2.

front carries almost exactly four fifths of the document, the seventeen columns which we have found containing the torso of our lost book of early Egyptian surgery and medicine. The irony of unfeeling events is curiously indifferent to human feelings and out of forgotten rivalries and jealousies of over half a century ago the name of Edwin Smith emerges, attached to a document of far greater importance in the history of science than would have been the case had Professor Ebers left it associated with the long more famous papyrus to which Ebers attached his own name by displacing that of Edwin Smith.

THE PRECEPTS OF LIFE

BY

AMEN-EM-APT, THE SON OF KA-NEKHT,

DESCRIBED BY

E. A. WALLIS BUDGE.

The Egyptian literary composition which I have called « The Instruction of Life », *i. e.* the teaching which will instruct a man how to guide his actions with sense and discretion during his career, official or otherwise, is found written in the hieratic character on a papyrus in the British Museum bearing the number 10474. The papyrus is 12 feet 1/2 inch in length and 9 1/2 inches in breadth, and is mounted under glass in seven sheets. The obverse is occupied by twenty-eight columns of hieratic text. Columns 1, 2, 4, 6, 7, 8, 12–14 contain 19 lines each; cols. 5, 9, 11, and 26 contain 20 lines each; cols. 10, 15, 21, and 25 contain 21 lines each; cols. 16, 17, 20, 22–24 contain 22 lines each; cols. 18 and 19 contain 23 lines each; cols. 3 and 27 contain 18 lines each; and col. 28 contains one line. The whole text, including the name of the scribe, contains 550 lines. The handwriting is comparatively small, and in places where the scribe crowded his words together, is not very clear; but usually the characters are well formed and easily legible, and to me they suggest that the papyrus was written under the XXIInd dynasty, or a little later. On the reverse is written in hieratic characters a copy of a Calendar of Lucky and Unlucky Days. It fills twelve columns of text, and each column when com-

pleted enumerated 3o days. The opening lines of cols. I,
II and IV are mutilated. The year here represented is
the primitive year of 36o days; the seasons are three
in number and each contains four months. The epago-
menal days are not mentioned. Each day in this Calendar,
as also in that given by the papyrus Sallier IV [1], is
divided into three parts, each containing presumably
eight hours. A lucky part is indicated by ‡ and an unlucky one by ⸱; the former sign is always in black ink
and the latter in red ink. Sometimes in Sallier IV the
sign ⟜ seems to be used as an equivalent of ⸱, e. g. Pao-
phi 4 ⟜ ‡ ‡ but it does not occur in the British
Museum papyrus 10474. The two Calendars do not
agree in their verdicts as to certain days and parts of
days, as may be seen from the transcripts which I have
published [2]. In connection with such tables of lucky and
unlucky days I venture to put on record the fact that
in the modern popular Calendars which are in use
among the *fallahín* I have seen long passages which agree
substantially with parts of the Calendar given in papyrus
No. 10474. The modern Calendars are printed in Arabic
and belong to the class which in England is represented
by « Old Moore's Almanack ».

The hieratic text of the « Instruction of Life » is divided
into thirty « houses » or sections, which vary in length
and are numbered from I to XXX. The opening lines of
Col. I. read :

(1) [hieroglyphs]

(2) [hieroglyphs]

(3) [hieroglyphs]

<hr>

[1] See Birch, *Select Papyri*, pl. CXLIV *ff;* — Chabas, *Le Calendrier,*
Chalon-sur-Saône, 1863.

[2] See *Facsimiles of Egyptian Hieratic Papyri in the British Museum,*
London, 1910, pl. XVII, For a facsimile of the Calendar see plates 31
and 32.

Which may be rendered freely thus :

(1) Here beginneth the Book of Instruction of Life —
(2) the teaching of health and safety,
(3) the precepts of men of proved integrity,
(4) the rules (or regulations) of the nobles.

They will teach a man :

(5) to know how to answer adequately and suitably the man who addresseth him, [and]
(6) to take back a report to him that hath sent him on the mission.
(7) They will make him to enter in upon the path of life, [and]
(8) keep him in health and safety upon earth,
(9) [and] make his heart to go up upon its throne,
(10) [and] make him to steer away from evil (or, the evil man),
(11) [and] deliver him from the mouth of the labouring classes,
(12) [and] make him to be extolled in the mouth of men and women of knowledge.

The remainder of col. I and the first ten lines of col. II are occupied by a statement of the offices which were held by Amen-em-àpt «the son of Ka-nekht», [hieroglyphs], the author of the Precepts here described. They show that he was a very important official in connection with the harvesting and storage of the crops of grain : (15) [hieroglyphs] [hieroglyphs] (16) [hieroglyphs] (17) [hieroglyphs] He was the scribe of the grain offerings of all the gods, and his duties made him a great personage in Teni, Nifu-ur, Áp (Akhmîm?), and he was overseer of the funerary buildings in Ámentt, Sent and Abydos. The allotment or letting of farms to the people was also in his hands : [hieroglyphs] [hieroglyphs] Then follows a string of titles, but it is not clear whether they belong to Ámen-em-ápt or to his father Ka-nekht. At all events one of them was president of the secret things of Menu in Kamutf and inspector of the cattle of this god.

The Precepts of Ámen-em-ápt begin in col. III, and they open with these words :

Col. III.

(9) [hieroglyphs]

(10) [hieroglyphs]

(11) [hieroglyphs]

(12) [hieroglyphs]

(13) [hieroglyphs]

(14) [hieroglyphs]

(15) [hieroglyphs]

(16) [hieroglyphs]

(17) [hieroglyphs]

(18) [hieroglyphs]

Col. IV.

(1) [hieroglyphs]

(2) [hieroglyphs]

This opening address of the author to his readers may be thus rendered :

Col. III.

(9) Give (*i. e.* incline) thine ears, hearken unto the words which I am going to speak;

(10) Give (*i. e.* set) thy mind to find them out (*i. e.* to explain their meaning and application).

(11 A good thing is the setting of them in thine heart;

(12) Dire calamity [for thee] will be the rejection of them.

(13) Prithee make them to rest in the treasure-chamber of thy body;

(14) Make them to penetrate (?) into thy heart (*i. e.* turn them over in thy mind),

(15) For assuredly when the strong winds of speech arise [in thee]

(16) They will form a guiding support for thy tongue.

(17) If thou wilt pass thy days [keeping] these things in thy heart

(18) Thou wilt find them to be a season of safety and happiness.

Col. IV.

(1) Thou shalt find my words to be a treasure-house of life,

(2) [And] thy body shall be healthy upon the earth.

The second section of Åmen-em-åpt's Precepts contains admonitions of various kinds. He warns an official against robbing the destitute, and against turning aside from helping an old man even if he be with a great man. «Do no injury to the man who attacketh thee whilst thou art casting back an answer for thyself » [hieroglyphs] [hieroglyphs] (IV, ll. 10-11). The doer of evil abandon to the river [hieroglyphs] [hieroglyphs] (l. 12); his fate is thus described :

(13) [hieroglyphs]

(14) [hieroglyphs]

(15) [hieroglyphs]

(16) [hieroglyphs]

Âmen-em-âpt then asks : « What is the irascible man [hieroglyphs] like? He utters oaths and imprecations, his voice riseth up to heaven, the Moon-god [hieroglyphs] establisheth his abominableness » (ll. 18, 19). The man in evil case must be helped : « Lift him up, give him thy hand... fill his belly with bread from thy hand, satisfy him with drink, for it is in the heart of the God to give him a period of renewed prosperity » (col. V, ll. 3-7). In the third section a man is told not to yoke himself to the noisy chatterer [hieroglyphs], who will stab him with words. The man of wrath is like the wind as it rusheth through a grass fire when his rage is at its height [hieroglyphs] [hieroglyphs], and the wise man will remove himself from his path and will leave him to himself « for the God knoweth how to requite him [hieroglyphs]. If thou passest thy days with these things in thy heart thou shalt look upon thy children (i. e. live to see thy family grow up) ».

Throughout these Precepts the ultimate Judge of a man's actions and conduct is « the God », [hieroglyphs], and these words meant to the ancient Egyptian writer exactly what «Allâh» means to his modern descendant.

In the third section the fate of the irascible man and the man who possesseth *maā* [hieroglyphs] is compared. In the house of God [hieroglyphs] he is as much out of place as plants would be in the court-house. His end cometh speedily, he himself is overthrown, his seat is kicked aside, and a flame of fire is his winding sheet [hieroglyphs] [hieroglyphs]. But the man of *maā* «setteth himself by the side, and he is like plants growing in their natural soil. He flourisheth, he doubleth his harvest, he faceth his lord, his foliage is pleasant, his shade is refreshing, and in the end he taketh his place among the gods and the great ones in the groves». The text reads :

Col. VI.

(7) [hieroglyphs]

(8) [hieroglyphs]

(9) [hieroglyphs]

(10) [hieroglyphs]

(11) [hieroglyphs]

(12) [hieroglyphs]

In the fourth section a man is warned against plundering the house of the god and seizing its property, and a man must not make use of a slave of the god for the benefit of another [hieroglyphs] (VI, 17). «Say not, to-day is the same as to-morrow. What then will be the outcome of affairs? [hieroglyphs] To-morrow is [yet] to come, to-day is

passing away..... All humble men of the house of god
say Greatly to be praised is Rā. When thou art filled
with humility thou shalt find life, and thy body shall
have health upon earth. » (Col. VII, 1-10).

In the sixth section a man is warned not to remove
the landmark of the estates of the blessed dead when he
is about to plant trees, and when he is measuring the
widow's estates he must not rob her by the use of a particular cubit measure (Col. VII, ll. 12-15). The man
who plunders the dead and the widow shall be fettered
by the «spirits of the gods of the Moon».

(1) Take good heed to the things that he doeth upon the earth;
(2) He will be the relentless foe of the evil doer,
(3) He will be the enemy for the overthrow of thy body.

As for the plunderer himself :

(4) Life is snatched away by the glance of his eye,
(5) His house is the enemy of the town.
(6) His store-houses shall be overthrown.
(7) His property shall be plucked out of the hands of his children.
(8) His possessions shall be given to another.
(9) Take heed then not to do away the landmarks of the fields
(10) So that terror be not brought upon thee.
(12) Calculate correctly the boundaries of the dead.

(13) Love thy mouth make sound thy body.

(14) Take good heed to Neb-er-tcher (i. e. the Lord of All or
Almighty God).
(15) Trespass not on the grounds of another man.
(16) Better for thee is safety by the mouth than they.
(17) Plough thou the lands which thou findest to be thine own
property.
(18) Receive thou homage, the stronghold of thyself.
(19) Better is one ephah which the God giveth thee
(20) Than five thousand obtained by robbery.

We next read (col. IX):

Col. IX.

(1) Spend not the day in houses for eating and drinking and in wine bibbing ; for those who pass their day and night in taverns are sluggish on the following morning.

(4) Better is a beggar's portion from the hand of the God than dainty meats in a palace : better are bread cakes with a happy mind (or heart) than dainty meats with enmity.

The seventh section contains Precepts relating to wealth and possessions. Thus Amen-em-apt says :

Col. IX.

(10) Set not thy heart on the pursuit of riches

(11) Regardless of Fate and Luck

(12) Let not thy mind wander outside in search of them :

(13) Every man to his hour (or season).

(14) Do no deed of violence in seeking wealth.

(15) Let thine own possessions content thee.

(16) If riches accrue to thee through acts of violence (or oppression)

(17) They will not stay the night with thee;

(18) At dawn they will not be in thy house.

(19) When they are looked for in their place, verily they are not there : they have swallowed themselves up (i. e. disappeared).

(20) The ground hath opened its mouth [and] engulfed them, and

Col. X.

(1) Swallowed them : they have sunk into the underworld (or hell),

(2) [Or] they have become masses of decay or corruption,

(3) [Or] have vanished down in the depth (?),

(4) [Or] they have made themselves wings like the geese

(5) And have flown away to the sky.

(6) Rejoice not in the acquisition of wealth by acts of oppression.

(10) If thou sailest with a robber thou wilt be wrecked;

(11) But the boat of the humble man will sail with a fair wind.

These lines are followed by an admonition to pray.

(12) Offer the duly appointed service to the Disk when he is
rising.
    (13) Say : «Grant unto me, I pray thee, health and strength.»
    (14) He will give thee the things necessary for [thy] life,
    (15) And thou wilt be safe from anxiety.

The eighth section contains advice as to dealing with
men, and on observing a proper attitude towards their
opinions. Thus :

Col. X.

(17) Apply thy generosity to the bodies of men,
(18) And make all men applaud thee.
(19) Extol the praise of the Uraeus (*i. e.* goddess).
(20) Spit upon Apep (*i. e.* praise God and damn the Devil !).
(21) Guard thy tongue against evil-speaking.

Col. XI.

(1) Make thyself beloved by the populace.
(2) Thou shalt find thy place in the sanctuary of the house of
God,
    (3) Thy food shall be of the offerings of thy Lord.
    (4) Make thyself one of the sainted dead, cover thyself over with
a coffin
    (5) Make thyself strong by the divine spirits of God.
    (6) Invoke not evil (or calamity) on men and women.
    (7) Hide thou the business of the fugitive (slave ?).
    (8) If thou hearest good or bad
    (9) Thrust it away from thee; hearken not to it.

(10) Let thy tongue report only that which is good upon the earth, and

(11) Hide the report of evil within thee.

In the next paragraph a man is urged not to make friends [hieroglyphs] with the man of anger [hieroglyphs] and to guard his tongue from «answering» his superior officer or chief, and above all not to abuse or curse him. And the man who speaketh hastily and unguardedly [hieroglyphs] is worse than the winds that sweep over the marshes(?). He overthroweth, he buildeth up with his tongue (*i. e.* he maketh or destroyeth a reputation). His words lead to fighting and contention, he is loaded up with evils, he maketh himself a carrier of a cargo of words of violence, and he confuseth speech for evil purposes. He goeth and he cometh with tittle-tattle [hieroglyphs]; whether he eateth or whether he drinketh in the palace his answer is outside [hieroglyphs]. The day establisheth his abominableness — a sorrow to his children. The text continues :

Col. XII.

(16) [hieroglyphs]

(17) [hieroglyphs]

(18) [hieroglyphs]

(19) [hieroglyphs]

Col. XIII.

(1) [hieroglyphs]

(2) [hieroglyphs]

(3)

(4)

(5)

(6)

(7)

Col. XIII.

(16) He is the potter's table for the Devil.
(17) He mouldeth designs to destroy hearts.
(18) He is like a young dog (wolf?) in the stable-yard
(19) That keepeth [his] eye on his neighbour,

Col. XIV.

(1) [And] terrifieth people with [his] growl.
(2) He rusheth before every wind like the lightning.
(3) He destroyeth the foliage of Shu.
(4) He embraceth (*i. e.* gathereth) his tail like a young crocodile.
(5) He maketh a sweep therewith to crush.
(6) His lips are honey-sweet, his tongue is deadly,
(7) The fire burneth in his body.

The paragraph concludes with «make no flights to attain (literally «to fill») such a position as that, so that terror may not come upon thee».

The tenth section opens thus : «Force not thyself to applaud the man of anger, for thou wilt destroy thyself. Say thou not unto him : Thou art praised by the wicked man, there is terror in thy body. Hold no converse with men of violence, it is the thing abominated by the God. Separate not thy heart from thy tongue. Let all thy plans be stable. Be thou heavy (*i. e.* dignified) in the presence of the people. Thou art safe in the hand of the God. God hateth him that falsifieth [his] word, and the evil-hearted liar is a very great abomination unto Him.»

In the eleventh section we have Precepts dealing with food, and the reader is told not to be greedy and not to long for the luxurious foods even though he be hungry, for they create a «storm in the throat and make the body to expel it» [hieroglyphs] (XIV, 7, 8). The text continues : «Be humble in the presence of thy chief, gain praise through thy speech. Thy soft words will turn aside cursing, thy obeisance will [disarm] violence. If thou dost overeat and art replete, thou wilt vomit the food, and thou wilt be emptied of what is good [for thee]. Take good heed and watch the aspect (or glance) of the glutton. He gathereth cudgels (*i. e.* whipping sticks) about him, his servants (or slaves) are hunted about with clubs, the executioner smiteth the block... Avoid the glutton and escape from him on the road, keep thine eye upon him and avoid what is his. Be not greedy for the possessions of the nobleman [hieroglyphs] ... if he giveth aught to thee it is [merely] to make his possessions to increase. Hate thou what is his, keep safe what is thine.» [hieroglyphs] (XV, 12).

Section thirteen contains rules dealing with men in subordinate positions : «Make not men to falsify accounts : it is an abomination to the God. Make not the word of the wrongdoer (or liar) to be right (*i. e.* justify it not), for thou wilt be carrying away another by thy tongue... If thou findest great treasure belonging to a poor man divide it into three parts : release two parts, keep one» [hieroglyphs] (XVI, 5–7).....
«Better is praise with the love of men than luxuries in a fine house; better are common bread cakes, the heart being happy, than dainty meats with hatred (or strife).» C. XVI, 11–14).

Section fourteen lays down rules for the treatment of an offender. An official must bear no animosity against him : if the man says «take a bribe» [hieroglyphs] he must not abuse him, but encourage any attempt that the man may make to clear himself. In the fifteenth section the Precepts deal with written documents, or official papers. A man must not make false statements in writing, for the «finger of the scribe is the nose (*i. e.* beak) of the Ibis (*i. e.* Thoth). [hieroglyphs] (XVII, 7). The Ape sitteth and investigateth Per-Khemenu, and his eye goeth round the two Lands (*i. e.* Egypt). [hieroglyphs] (XVII, 9-18). The scribe who faileth with his finger will have no son decreed to him. [hieroglyphs] (l. 13, 14).

Precepts against fraud in buying and selling occupy the sixteenth section : — «Make not the balance to lie by falsifying the weights... for the Ape sitteth by the Scales and his heart is the weight thereof [hieroglyphs] (XVIII, 1). Cheating with the weights multiplies tears in the heart of the God. [hieroglyphs] (XVIII, 5). Do not cheat by using alloy ([hieroglyphs]) and debase not the quality of fine gold [hieroglyphs] to gold [hieroglyphs] for at daybreak it will be as lead [hieroglyphs] (l. 13). Take good heed not to rob the [public] granary [hieroglyphs] (XVIII, 5), and use not a corn measure of two capacities, for the corn measure (ephah) is the eye of Rā» [hieroglyphs] (XVIII, 21, 23).

In the eighteenth section we have an interesting Precept in respect of early rising, and its opening lines are :

(11)   [hieroglyphs]

(12)   [hieroglyphs]

(13)   [hieroglyphs]

(14)

(15)

(11) Do not lie abed whilst the dawn is rising.
(12) The early dawn — how can it be described?
(13) What kind of a man is he who knoweth not the dawn?
(14) Whilst the God is carrying out His beneficent work
(15) The man is wallowing in his laziness.

The remaining sections of the Precepts of Amen-em-âpt contain many admonitions of an unusual character, which are full of interest from several points of view, but the space at my disposal here will not permit of any lengthy description of these. The extracts given above will indicate the importance of this Book of Maxims, which has much in common with the Books of Wisdom of Jesus, the son of Sirach, and Ecclesiasticus. It contains many shrewd common sense remarks and most excellent advice, which, though intended primarily for officials in the service of the Government of Ancient Egypt, might well be followed by officials and others in our own time. In the last section the author somewhat naïvely states his own opinion of the value of his works. He tells us to look at these 30 sections, for they will make a man progress in learning and they are a guide (or leader) to every kind of literature. They will make the ignorant man to acquire knowledge if they be recited to him, provided that he directs his course by them. To the reader he says : Fill thyself with them, set them in thy heart, and thou wilt make [thyself] a man who can explain difficulties.

Col. XXVII.

(7)

(8)

(9)

(10)

(11)

(12)

(13)

(14)

The trustees of the British Museum have made arrangements to publish a facsimile of the Papyrus of Åmenem‑àpt, and it will appear as soon as circumstances permit.

LE MOT [hiéroglyphes]

DANS LES TEXTES MÉDICAUX,

PAR

M. É. CHASSINAT.

Le mot [hiéroglyphes][1] se rencontre avec fréquence dans les textes de toutes les époques, depuis l'Ancien Empire[2] jusqu'à la domination romaine. Pourtant, malgré la place importante qu'il tient, en particulier dans les ouvrages médicaux, où il figure un grand nombre de fois, ainsi que dans les écrits religieux, l'accord ne s'est pas encore fait complètement sur sa valeur précise.

[1] Le genre de ce mot est variable. Masculin, [hiéroglyphes], au papyrus médical de Berlin, sauf dans un seul passage (VII, 8), il est toujours féminin aux papyrus Ebers, Heart, de Kahoûn et de Londres, [hiéroglyphes]. Il présente les désinences des deux genres dans les textes ptolémaïques : [hiéroglyphes], [hiéroglyphes] (*Dendérah*, t. IV, pl. XXXVII, 68, 72 ; XXXIX, 148), [hiéroglyphes] (*Edfou*, t. II, p. 209, 210, 227 ; cf. *Dendérah*, t. I, pl. XLVIII b ; LXXII a, d), [hiéroglyphes] (*Dendérah*, t. IV, pl. XXXIV, 156). L'indice du féminin a disparu dans la graphie démotique (Griffith-Thompson, *The demotic magical papyrus of London and Leiden*, XIV, 23 ; H. Brugsch, *Zwei bilingue Papyri*, V, 16 ; VIII, 8 ; XI, 3, et suiv.), mais il subsiste dans la version des papyrus Rhind écrite en hiératique (H. Brugsch, *loc. cit.*). [hiéroglyphes] est invariablement au pluriel dans les livres médicaux, qu'il soit isolé ou en composition : [hiéroglyphes] (*Pap. méd. de Berlin*), [hiéroglyphes] (*ibid.*, VII, 8), [hiéroglyphes] (*Pap. Ebers*, LXIII, 19), [hiéroglyphes] (*Pap. de Kahoûn*, V, 3).

[2] *Téti*, 388 ; *Mirinri*, 404 ; *Pépi II*, 313. Peut-être se rencontre-t-il, dès la IIIe dynastie, dans le nom de substance [hiéroglyphes], [hiéroglyphes], au tombeau de Sokarkhâbiou (M. A. Murray, *Saqqara Mastabas*, I, pl. I et II), mais ce n'est pas certain.

Goodwin est le seul qui l'ait étudié quelque peu en détail[1]. Il lui reconnaît le sens de « sel » et celui d'« huile »,
déjà admis avant lui[2], mais il pense qu'il avait probablement aussi plusieurs autres significations, lesquelles
étaient marquées, dans la prononciation, par des variantes vocaliques. D'après son jugement, [⸗] serait
étymologiquement identique à [⸗] : « cire » et aurait
donné naissance à une nombreuse famille de mots désignant des produits naturels minéraux et végétaux. Il le
rattache à ⲙⲱⲗⲁϩ *sale condire*, ⲙⲗⲁϩ *salsugo*, ⲙⲟⲩⲗⲁϩ
cera, sal (en fayoumique), ⲁⲙⲡⲏϩⲉ, ⲙ̄ⲃⲣⲉϩⲓ *bitumen, pix*,
ⲃⲣⲉϩⲓ *bitumen, adeps*.

Ses conclusions, dont quelques-unes sont manifestement erronées, ont exercé une certaine influence sur
les lexicographes et les traducteurs.

H. Brugsch les signale et les adopte dans une large
part. Il définit [⸗] par « huile, onguent, toutes sortes
de liquides qui servent d'onguent »[3]; il admet aussi le
sens de « bitume »[4]. S. Lévi se rallie à l'opinion de
Brugsch et donne deux valeurs nouvelles : « baume, aromate »[5]. L. Stern, dans son glossaire du papyrus Ebers,
rapproche [⸗] de ⲃⲣⲉϩⲓ, *adeps, sebum, oleum*, الدهن, et
il ajoute : « est oleum apud Aegyptios medicamentum
usitatissimum, idque multigenere »[6]. M. A. Erman l'interprète par « Salböl, Öl »[7]; enfin, M. W. Budge, dans le
dictionnaire qu'il a publié récemment, le rend par « oil,

----

[1] *Zeitschr. für aegypt. Sprache*, t. V (1867), p. 86.

[2] H. Brugsch est le premier, à ma connaissance, qui ait traduit [⸗]
par « sel », en même temps que par « cire », ainsi que par « embaume-
ment » (*Zwei bilingue Papyri*, p. 5, 8, 9, 10, 17, 26, 30). La valeur
« huile » a été indiquée par Chabas dès 1862 (*Mél. égyptol.*, 1ʳᵉ série,
p. 72). Le rapprochement entre [⸗] et ⲙⲟⲩⲗⲁϩ remonte à
J.-F. Champollion (*Gramm. égypt.*, p. 65, 79).

[3] *Dict. hiér.*, t. II, p. 679-681.

[4] *Ibid.*, t. I, p. 506.

[5] *Vocab. geroglifico*, t. III, p. 35 et suiv.

[6] *Papyros Ebers*, t. II, p. 23.

[7] *Aegyptisches Glossar*, p. 53.

unguent, grease, suet, fat of any kind; copt. ⲃⲣⲉⲍⲓ, ⲁⲙⲡϩⲍⲉ ⲛ [1].

Les traducteurs des papyrus médicaux, de leur côté, ont compris ce terme d'une façon fort variable.

G. Ebers lui attribue deux significations distinctes, suivant qu'il est seul ou suivi d'un nom d'animal. Dans le premier cas, il y voit l'huile [2], dans l'autre la graisse (Schmalz) [3].

M. Joachim se montre particulièrement indécis. Lorsque ⸗ se présente sans complément, il l'interprète toujours par « huile » [4]. Mais dans la plupart des autres rencontres, il le traduit de diverses façons et de telle sorte que l'on ne parvient pas à découvrir les raisons qui l'ont guidé. ⸗ est pour lui, à la fois, l'« huile d'hippopotame » [5] et la « graisse (Fett) d'hippopotame » [6]; ⸗ la « graisse d'oie (Gänseschmalz) » [7] et ⸗ l'« huile d'autruche (Straussenöl) » [8]; ⸗ la « graisse (Fett) de serpent » [9] et l'« huile de ver (Wurmöl) » [10]. Le plus souvent, il ne fait aucune différence entre ⸗ et ⸗ : ⸗ « graisse de bœuf (Rinderfett) » [11] et ⸗ « graisse de vache (Kuhfett [sic]) » [12]. M. Reisner admet en toute circonstance le sens « huile » [13]; M. Wreszinski celui de « graisse (Schmalz) » [14].

[1] *An Egyptian hieroglyphic dictionary*, p. 315.
[2] *Papyrus Ebers. Die Maasse und das Kapitel über die Augenkrankheiten*, p. 205, 305.
[3] *Ibid.*, p. 205, 260, 269, 275, 285.
[4] *Papyros Ebers*, p. 3, 4, 9, 11 et *passim*.
[5] *Ibid.*, p. 103.
[6] *Ibid.*, p. 106, 107, 108.
[7] *Ibid.*, p. 2, 14.
[8] *Ibid.*, p. 104.
[9] *Ibid.*, p. 106.
[10] *Ibid.*, p. 136, 144.
[11] *Ibid.*, p. 100 et *passim*.
[12] *Ibid.*, p. 110 et *passim*.
[13] *The Hearst medical papyrus*, p. 26.
[14] *Der grosse medizinische Papyrus des Berliner Museums*, p. 52, 54, 56, 70, 74, 78 et *passim*; *Der Londoner medizinische Papyrus und der Papyrus Hearst*, p. 66, 69, 73, 81 et *passim*.

Une dizaine de valeurs au moins, sel, cire, bitume poix, graisse, suif, huile, huile consacrée, onguent, baume, aromate, ont donc été attribuées à ce mot par les égyptologues.

Certaines, visiblement, ne sont pas exactes. C'est en particulier le cas de «sel» et de «cire», qui se retrouvent dans [⸢hiéroglyphes⸣] (ⲈⲘⲞⲨ)[1] et [⸢hiéroglyphes⸣] (ⲘⲞⲨⲖⲀϨ)[2]; d'autres ont été appliquées au hasard et parfois même à l'encontre de la logique. Je n'en citerai qu'un exemple, la traduction «grünes Schmalz»[3], «graisse verte», du nom de la préparation médicamenteuse [⸢hiéroglyphes⸣][4], qui était administrée en potion, et dans la composition de laquelle il n'entre aucune matière grasse, mais seulement des substances végétales et de l'eau. [⸢hiéroglyphes⸣] revêt ici, de toute évidence, un sens particulier qui n'est ni celui de «graisse» ni celui de «huile»; autrement, on devrait supposer que le scribe a omis d'écrire dans la formule le mot [⸢hiéroglyphes⸣] ou tout autre désignant un corps gras auquel le remède aurait dû son appellation, — et il ne semble pas que l'on doive s'arrêter à cette hypothèse.

[⸢hiéroglyphes⸣] se présente soit seul, et c'est le cas le plus commun, soit accompagné d'un complément d'espèce. Un classement méthodique basé sur ce dernier indice, d'ailleurs assez variable, ne peut manquer de mettre en lumière le sens primitif de ce terme et d'aider à fixer du même coup ses valeurs dérivées.

J'utiliserai seulement, pour la démonstration que je me propose de tenter ici, les exemples tirés des manuscrits médicaux, à cause des meilleures garanties de précision qu'ils offrent.

---

[1] Identification établie par Chabas dans les *Mél. égyptol.*, 1ʳᵉ série (1862), p. 74; cf. *Les Papyrus hiératiques de Berlin*, p. 21.

[2] Dans son étude sur le papyrus judiciaire de Turin (parue de 1865 à 1868), Th. Devéria traduit déjà [⸢hiéroglyphes⸣] par «cire» (*Mémoires et fragments*, t. II, p. 197 et 201, dans la *Bibl. égyptol.*, t. V).

[3] Wreszinski, *Der grosse medizinische Papyrus des Berliner Museums*, p. 101.

[4] *Pap. méd. de Berlin*, XX, 4.

I. 𓐍 suivi d'une épithète.

a. De qualité : 𓐍 [1], 𓐍 [2] (var. 𓐍 [3]), 𓐍 [4].

b. De couleur : 𓐍 [5], 𓐍 [6], 𓐍 [7].

II. 𓐍 accompagné d'un nom d'animal ou de partie d'animal.

a. Mammifères : 𓐍 [8], 𓐍 [9], 𓐍 [10], 𓐍 [11], 𓐍 [12], 𓐍 [13], 𓐍 [14], 𓐍 [15], 𓐍 [16], 𓐍 [17], 𓐍 [18], 𓐍 [19], 𓐍 [20].

[1] *Papyrus Ebers*, XXV, 12, 16, 18, 20.
[2] *Ibid.*, LXXIII, 15.
[3] *Pap. méd. de Kahoûn*, V, 3, 14, 39; VI, 5, 12.
[4] *Pap. Ebers*, LXXXII, 8.
[5] *Pap. méd. de Berlin*, XX, 4.
[6] *Ibid.*, XIX, 11.
[7] *Ibid.*, VII, 8; *Pap. Ebers*, XXII, 20; XXIII, 1, et *passim*.
[8] *Pap. Ebers*, LXIII, 19; *Pap. Hearst*, VIII, 6.
[9] *Pap. méd. de Berlin*, IX, 3.
[10] *Ibid.*, IX, 9.
[11] *Pap. Ebers*, LXXXVIII, 5; *Pap. Hearts*, XI, 3.
[12] *Ibid.*, LXXXII, 15.
[13] *Ibid.*, LXVI, 9.
[14] *Ibid.*, LXVI, 11.
[15] *Ibid.*, LXVI, 10; LXXIX, 5-6; LXXXII, 5; XCVIII, 2; *Pap. Hearst*, VIII, 1.
[16] *Pap. Ebers*, XXVI, 12; LXV, 3; LXVI, 9, 22 et *passim*; *Pap. Hearst*, II, 3; X, 7; XI, 8.
[17] *Pap. Ebers*, LXVII, 6-7.
[18] *Pap. méd. de Berlin*, VIII, 9; IX, 6.
[19] *Ibid.*, III, 2.
[20] *Pap. Ebers*, LXXXII, 14-15. L'animal nommé ici n'a pas encore été identifié. Je le classe sous toutes réserves parmi les mammifères.

b. Oiseaux : [hiéroglyphes] [1], [hiéroglyphes] [2], [hiéroglyphes] [3], [hiéroglyphes] [4], [hiéroglyphes] [5].

c. Poissons : [hiéroglyphes] [6], [hiéroglyphes] [7], [hiéroglyphes] [8].

d. Saurien, reptiles : [hiéroglyphes] [9], [hiéroglyphes] [10], [hiéroglyphes] [11], [hiéroglyphes] [12], [hiéroglyphes] [13], [hiéroglyphes] [14].

III. [hiéroglyphes] provenant d'un végétal : [hiéroglyphes] [15].

IV. [hiéroglyphes] d'origine minérale : [hiéroglyphes] [16].

V. [hiéroglyphes] divers : [hiéroglyphes] [17], [hiéroglyphes] [18].

---

[1] *Pap. méd. de Berlin*, IV, 3; XII, 12 et *passim*; *Pap. Ebers*, II, 13; IX, 12; XI, 13 et *passim*; *Pap. Hearst*, III, 14; IV, 2 et *passim*.
[2] *Pap. Ebers*, LXV, 5.
[3] *Ibid.*, XLIII, 8; LIX, 8.
[4] *Ibid.*, XCVII, 21.
[5] *Ibid.*, LXI, 7.
[6] *Ibid.*, LXXXII, 9.
[7] *Ibid.*, LXXXII, 9.
[8] *Pap. Hearst*, II, 3.
[9] *Pap. Ebers*, LXVI, 10; LXXXII, 8-9; *Pap. Hearst*, X, 7.
[10] *Pap. Ebers*, LXXXVIII, 15; *Pap. Hearst*, XI, 3.
[11] *Pap. Hearst*, VIII, 3; X, 7.
[12] *Pap. Ebers*, LXVI, 1.
[13] *Ibid.*, LXVI, 10; LXXIX, 8; LXXXII, 14.
[14] *Pap. méd. de Berlin*, VII, 8.
[15] *Ibid.*, XXVII, 11.
[16] *Ibid.*, XXII, 8.
[17] *Ibid.*, LXXXV, 4-5.
[18] *Ibid.*, XXXV, 10-11.

VI. Matières diverses provenant du [hiéroglyphes] : [hiéroglyphes]

[hiéroglyphes][1], [hiéroglyphes][2] (var. [hiéroglyphes]

[hiéroglyphes][3]), [hiéroglyphes][4].

L'examen, même superficiel, de cette nomenclature montre l'impossibilité de traduire [hiéroglyphes] exclusivement par «graisse». Il y en a d'autres preuves plus directes encore. C'est d'abord l'emploi du [hiéroglyphes] et du [hiéroglyphes] dans les mêmes médicaments : [hiéroglyphes][5], [hiéroglyphes][6], [hiéroglyphes][7]. On a rendu, il est vrai, [hiéroglyphes] par «Talg», «suif»[8] et [hiéroglyphes] par «Schmalz»[9], «graisse». Il n'y a pas lieu de s'arrêter à cette distinction que rien ne semble justifier. [hiéroglyphes], de même que son dérivé copte ⲱⲧ, est le nom générique de la graisse et non celui du suif en particulier. On reconnaîtra sans peine que la traduction «suif d'oie» de [hiéroglyphes] n'est pas possible. L'emploi du [hiéroglyphes] dans les potions[10] et les clystères[11] prouve d'autre part qu'il s'agit, parfois du moins, d'une matière fluide. Un passage du traité relatif aux affections du [hiéroglyphes], contenu dans le Papyrus Ebers, et sur lequel Stern a déjà attiré l'attention[12], le confirme : [hiéroglyphes]

[hiéroglyphes]

---

(1) *Pap. Hearst*, XV, 3.
(2) *Pap. méd. de Berlin*, XVI, 8; XVIII, 3, 5, 6; XIX, 4.
(3) Griffith, *Hierat. pap. from Kahun and Gurob*, pl. V, l. 39.
(4) *Pap. Ebers*, XXXIII, 14.
(5) *Ibid.*, LXX, 7.
(6) *Ibid.*, LXXVIII, 9.
(7) *Ibid.*, XXXI, 19.
(8) Wreszinski, *Der grosse medizinische Papyrus des Berliner Museums*, p. 71, 73 et *passim*.
(9) *Ibid.*, 52, 56, 70 et *passim*.
(10) *Pap. méd. de Berlin*, XIX, 7, 11; XX, 4 et *passim*.
(11) *Ibid.*, XVII, 9; XVIII, 5, 8; XIX, 4.
(12) *Papyros Ebers*, t. II, p. 23.

«si tu palpes un individu qui souffre d'un *šena* du cardia[2] et que tu constates que celui-ci va et vient sous tes
doigts comme de l'huile dans une outre[3], dis-toi, en raison de cela, que (l'estomac) est envahi à son orifice par
le phlegme». Il semble qu'il soit encore question de
l'huile dans une autre prescription du même traité :

[4] «tu mangeras quelque chose de gras après cela,
soit de la viande grasse, soit de l'huile».

Nous voyons que l'on fabriquait du ... avec des
graines oléagineuses : ...[5]
«l'huile qui est faite avec les graines du ricin», le κικινòν
ἔλαιον[6] des auteurs grecs, qui est appelé aussi ...
... dans l'inscription de la statue A 90 du musée
du Louvre.

Ici, le sens «huile» s'impose absolument. Dans d'autres
circonstances, s'il ne se dénonce pas avec une netteté
aussi grande, il résulte néanmoins du contexte. Le méconnaître serait admettre que les Égyptiens n'ont fait usage
de l'huile que tardivement, puisque le mot qui la désigne d'une manière indiscutable, et qui seul a survécu en
copte, ... ΝЄ2, ne figure pas dans les textes médicaux et ne paraît pas avoir été introduit dans la langue
avant le Nouvel Empire. Or nous savons qu'ils ont tiré
des fruits du *Moringa oleifera* LAMK., à une époque fort
ancienne, une huile appelée ..., l'ἔλαιον βαλά-

---

[1] *Pap. Ebers*, XL, 1-2.

[2] Le ... est ce que les médecins grecs nommaient τò στόμα τῆς
γαστρός «l'orifice (litt. : «la bouche») de l'estomac», c'est-à-dire l'orifice
antéro-supérieur de l'estomac, le cardia.

[3] Litt. : «un cuir». On ne peut guère donner ici à ce mot un autre
sens que celui d'«outre».

[4] *Pap. Ebers*, LV, 1.

[5] *Ibid.*, XXVII, 11; cf. *Papyrus Harris* n° 1 (XXVII, 10) : ...
... «des oliviers.... pour la fabrication
de l'huile pure».

[6] Ė. CHASSINAT, *Un papyrus médical copte*, p. 68.

νινον des Grecs[1], qui est notre huile de ben[2]. Le fait implique qu'ils ont utilisé d'autres espèces d'huile. C'est à tort que Brugsch[3], et quelques savants à sa suite, ont voulu voir dans *baq* le nom de l'huile[4] ou, plus spécialement, celui de l'huile d'olive[5]. Le ⸗ et le ⸗ figurent conjointement dans les listes du Papyrus Harris n° 1[6], ce qui les différencie. L'étude que M. V. Loret a faite du premier ne laisse subsister aucun doute sur leur nature respective.

Un point paraît donc définitivement acquis, c'est que l'on a désigné tout d'abord l'huile par l'expression ⸗, puis, plus tard, par le mot ⸗.

Par suite d'une heureuse circonstance, il est possible de déterminer, à l'aide d'un document étranger à l'Égypte, les diverses valeurs sous lesquelles ⸗ fut encore employé. L'huile blanche, ⸗, dont le nom se rencontre assez souvent dans les textes médicaux, est citée par Hippocrate, et les mentions fréquentes qu'il en fait, sous des appellations variées, mais concordantes, montrent dans quelle mesure la difficulté que les modernes ont éprouvée à rendre fidèlement ⸗ se justifie. Le médecin de Cos recommande à maintes reprises, en particulier pour le traitement des maladies des femmes, l'emploi d'une drogue qu'il nomme indifféremment : 1° ἔλαιον αἰγύπτιον λευκόν[7] «huile blanche égyp-

---

[1] THÉOPHRASTE, *De odoribus*, VI, 30; DIOSCORIDE, I, 40; cf. PLINE, XII, 46. Pour cette huile, voir BUSSEMAKER et DAREMBERG, *OEuvres d'Oribase*, t. II, p. 898. Le terme égyptien a été étudié et identifié par V. Loret (*Recherches sur plusieurs plantes connues des anciens Égyptiens*, dans le *Rec. de trav.*, t. VII, p. 104, et *La flore pharaonique*, 2ᵉ édit., p. 86, n° 145).

[2] Les lexiques coptes lui donnent le nom de ⲙⲟⲥⲭⲱⲗⲓⲟⲛ, ⲙⲟⲥⲭⲟⲉⲗⲗⲁⲓⲟⲛ, البان دهن, *scalæ*, n° 43, fol. 32, v°, l. 12, et n° 44, fol. 65 r°, 2ᵉ col., l. 18.

[3] *Dict. hiérogl.*, t. II, p. 425, suppl., t. V, p. 452.

[4] REISNER, *The Hearst medical papyrus*, p. 21.

[5] WRESZINSKI, *Der grosse medizinische Papyrus des Berliner Museums*, p. 52, 64, 73.

[6] K. PIEHL, *Dictionnaire du papyrus Harris n° 1*, p. 27 et 49.

[7] É. LITTRÉ, *OEuvres complètes d'Hippocrate*, t. VII, p. 342; t. VIII, p. 90, 308, 340, 400.

tienne », var. *αἰγύπτιον ἔλαιον* [1] « huile égyptienne », *λευκὸν ἔλαιον* « huile blanche »[2] ; 2° *ἄλειφα λευκὸν αἰγύπτιον* [3] « graisse (onguent) blanche égyptienne », var. *ἄλειφα αἰγύπτιον* [4] « graisse égyptienne » ; 3° *αἰγύπτιον λευκὸν μύρον* [5] « parfum (huile aromatique) blanc égyptien », var. *αἰγύπτιον μύρον* [6] « parfum égyptien », *λευκὸν μύρον* « parfum blanc »[7], et même, suivant la coutume assez répandue de donner au produit le nom de son pays d'origine, *αἰγύπτιον* [8], *λευκὸν αἰγύπτιον* [9].

Plusieurs passages des écrits d'Hippocrate démontrent qu'il attachait à *ἄλειφα* et à *μύρον* un sens analogue à celui d'« huile », *ἔλαιον*. Il nomme le plus souvent l'huile de roses, *ῥόδινον ἔλαιον*, comme le font les médecins grecs ; mais il l'appelle aussi *ἄλειφα ῥόδινον* et *ῥόδινον μύρον*, et cela dans des cas où la confusion n'est pas permise, puisqu'il associe alors le nom de l'huile de roses avec celui de l'huile blanche égyptienne : *ἄλειφα ῥόδινον ἢ αἰγύπτιον* [10], *ῥόδινον μύρον ἢ αἰγύπτιον* [11] « de l'huile de roses ou (de l'huile) égyptienne ».

On peut comparer, ce qui explique par analogie cette synonymie, l'emploi, en égyptien, de formes telles que ⸢𓉐𓈖𓈖 𓐎 𓆓𓅬𓀭⸣ (statue A 90 du Louvre), qui correspond à ⸢𓏏𓇼𓏤 (𓁹𓏤 𓅅 𓊪𓏏𓏛) 𓆟 𓆓𓅬𓀭⸣ [12] et au grec *κίκινον ἔλαιον* [13], et le démotique *sogne* (ⲥⲟϭⲛ̄) *ᵉn ouert* [14], identique à ⲛⲉϩ ⲛ̄ⲟⲩⲏⲡⲧ̄ et à *ῥόδινον ἔλαιον*.

Nous ignorons la composition de cette huile blanche ;

(1) É. Littré, *OEuvres complètes d'Hippocrate*, t. VII, p. 322 ; t. VIII, p. 206, 322.
(2) *Ibid.*, t. VII, p. 320 ; t. VIII, p. 206, 394.
(3) *Ibid.*, t. VII, p. 430 ; t. VIII, p. 204, 304.
(4) *Ibid.*, t. VIII, p. 158, 208, 396.
(5) *Ibid.*, t. VIII, p. 192, 294, 398, 502.
(6) *Ibid.*, t. VII, p. 322 ; t. VIII, p. 160, 176, 190, 206, 404.
(7) *Ibid.*, t. VIII, p. 398.
(8) *Ibid.*, t. VII, p. 366.
(9) *Ibid.*, t. VIII, p. 270, 398.
(10) *Ibid.*, t. VIII, p. 158.
(11) *Ibid.*, t. VIII, p. 176.
(12) *Pap. Ebers*, XXVII, 11.
(13) É. Chassinat, *Un papyrus médical copte*, p. 68.
(14) *Pap. mag. de Londres-Leyde*, V, 9 ; XII, 28.

mais si l'identité du 𓏺 avec l'*ἔλαιον αἰγύπτιον λευκόν* devait éveiller le doute, il serait immédiatement levé
par la coïncidence curieuse qui existe entre les sens attachés à 𓏺 et les termes divers : *ἔλαιον*, huile, *ἄλειφα*,
graisse, enduit (onguent), poix employée pour boucher
les vases, *μύρον*, parfum liquide, huile aromatique, dont
le médecin grec a usé successivement. Ceux-ci répondent
avec une singulière précision, comme nous allons le
voir, aux emplois multiples de 𓏺 et permettent de
saisir la physionomie complexe de ce mot.

Le rapprochement des termes dont Hippocrate s'est
servi pour traduire 𓏺 permet d'établir que ce mot
avait le sens fondamental de «corps gras», *unguen*, avec
la nuance particulière au grec *ἄλειφα* de substance propre
à enduire, *ungentum*, et qu'il a été étendu à toutes les
matières huileuses ou adipeuses et à leurs succédanés,
ainsi qu'à un certain nombre de produits minéraux présentant des caractéristiques voisines. Les Égyptiens des
premiers âges ne possédaient pas de terme spécial pour
désigner spécifiquement l'huile. Cela résulte de la persis-
tance de la forme 𓏺 (statue A 90 du
Louvre) comme nom de l'huile de ricin à une époque où
𓏺 figurait depuis longtemps dans la langue. Nous
en avons un autre témoignage dans le démotique *sogne*
(ⲥⲟϭⲛ) *ⁿn ouert*, qui correspond à ⲛⲉϩ ⲚⲞⲨⲎⲢⲦ «huile
de roses», *ῥόδινον ἔλαιον* [1]. De plus, enfin, les verbes
𓏺 et 𓏺, d'où dérivent 𓏺 et 𓏺, n'ont
jamais signifié autre chose que «oindre».

En appliquant ces données, il devient possible d'identifier avec une certitude à peu près complète la plupart
des espèces de 𓏺 citées dans les livres de médecine
et dont la liste a été dressée plus haut.

𓏺 «huile en général».

𓏺 «huile pure», *ἔλαιον καθαρόν* [2];

---

[1] Cf. É. CHASSINAT, *Un papyrus médical copte*, p. 123.

[2] *Géoponiques*, IX, 21. Le mode de préparation de l'huile pure est
décrit dans cet ouvrage.

cf. [hieroglyphs], qui, au papyrus Harris n° 1 (XXVII, 10), se rapporte à l'huile d'olive employée pour l'éclairage du temple d'Héliopolis.

[hieroglyphs] «huile fine, de choix»; cf. ⲚⲈⲨ ⲘⲘⲈ. La traduction adoptée par M. Joachim[1], «frisches Öl», est impossible au regard de ⲚⲈⲨ ⲘⲘⲈ. La forme [hieroglyphs], sur laquelle elle est fondée, je pense, signifie «nouveau, neuf»[2] et non «frais, récent», sens que ⲘⲈ n'a jamais et qui est exprimé par [hieroglyph] dans la vieille langue et en copte par ⲞⲨⲰⲦ, *novus, recens* : [hieroglyph] «encens frais», ⲬⲁⲗⲕⲓⲦⲈⲟⲥ ⲈⲨⲞⲨⲰⲦ «vitriol blanc frais». [hieroglyph] répond ici à ⲘⲈ, *verus*. Ce qualificatif est très souvent joint à des noms de minéraux et sert à distinguer ceux-ci des matières d'aspect semblable mais fabriquées artificiellement : [hieroglyphs] par opposition à [hieroglyphs]. L'idée est certainement la même. Comme pour les pierres, elle a trait aux éléments qui composent l'huile. Le [hieroglyphs] est l'huile commune plus ou moins pure; le [hieroglyphs] est l'huile de qualité supérieure, celle qui n'a subi aucune adultération par suite d'addition de substances étrangères au cours de sa fabrication ou ultérieurement[3].

[hieroglyphs] «oleum diebus duobus ante factum», suivant Stern[4]; «Oel des 2. Tages», d'après M. Joachim[5]. Il est difficile d'admettre que l'on eût sous la main, à n'importe quel moment, de l'huile datant de deux jours au maximum. Je crois préférable de voir dans cette dénomination l'indication d'une qualité d'huile, celle qui était

---

[1] *Papyros Ebers*, p. 124. «Fresh fat», «fresh grease», Griffith, *Hierat. pap. from Kahun and Gurob*, text, p. 7 et 8.

[2] Brugsch, *Dict. hiérogl.*, t. II, p. 564.

[3] La sophistication des produits de toute nature était d'une pratique fort répandue dans les temps anciens. Les médecins grecs y font de fréquentes allusions et Pline dénonce maintes fois les procédés frauduleux appliqués par les falsificateurs.

[4] *Papyros Ebers*, t. II, p. 24.

[5] Joachim, *Papyros Ebers*, p. 144.

fabriquée le second jour, en d'autres termes, l'huile de second pressurage, en opposition avec l'huile de première expression, l'huile vierge[1].

⸢𓏺𓊪𓏲𓆼⸣, que l'on a traduit par « grünes Schmalz », désigne, comme je l'ai dit, un médicament pour l'usage interne dans la composition duquel il n'entre aucun corps gras. ⸢𓏺𓊪𓏲⸣ paraît donc avoir été, dans ce cas particulier, détourné de son sens primitif. Celui de « graisse verte » ne lui convient pas en tout cas. Le nom d'huile a été donné parfois, chez les anciens, à des produits tirés de végétaux non oléagineux. C'est ainsi que Pline (XII, 60) classe l'omphacium de vigne (Dioscoride, V, 6), extrait par expression des raisins verts, parmi les huiles : « Oleum et omphacium est. Fit duobus generibus, et totidem modis, ex olea et vite. » Malgré l'apparence contraire, il est fort probable que ⸢𓏺𓊪𓏲⸣ conserve ici sa valeur habituelle.

⸢𓏺𓊪𓏲𓏭𓎛𓏤⸣, l'« huile rouge », dont la préparation assez complexe est longuement décrite au papyrus médical de Berlin, était composée d'huile, de pâte de froment, de pulpe de caroube, de miel, d'eau et d'une plante nommée ⸢𓎛𓏤⸣, la « rouge », qui jouait évidemment le rôle de colorant. C'est une véritable huile composée, que l'on administrait en potion, comme l'« huile verte ». C'est d'elle probablement qu'il est question au chapitre CXLV, 40, du *Livre des morts* et, sous le nom abrégé de ⸢𓎛𓏤𓏧⸣[2], dans une liste d'onguents canoniques du Moyen Empire.

⸢𓏺𓊪𓏲𓏭𓇳⸣, l'« huile blanche », dont j'ai eu déjà l'occasion de parler, ne nous est connue que de nom. Les textes égyptiens ne nous apprennent rien sur sa nature exacte

---

[1] Les anciens procédaient à trois pressurages successifs des olives, cf. *Géoponiques*, IX, 19.

[2] J.-É. Gautier et G. Jéquier, *Mémoire sur les fouilles de Licht.* pl. XXIII.

et Hippocrate n'y fait aucune allusion. Toutefois, il n'est pas impossible, que Dioscoride nous en ait conservé la recette. Cet auteur signale en effet une certaine huile blanche, ἔλαιον λευκόν (1, 32), dont il indique de façon très complète la préparation, que voici résumée. On prend de l'huile de couleur blanche, vieille de moins d'une année, que l'on met dans un vase de terre neuf à très large ouverture, et de la contenance de cent cotyles; puis on l'expose au soleil. Chaque jour, vers midi, on la verse de haut, au moyen d'une coquille, afin qu'elle soit bien mélangée et qu'elle écume. Le huitième jour, on ajoute cinquante drachmes de fenugrec mondé ayant macéré dans de l'eau chaude et même quantité de poix très grasse réduite en menus fragments; puis on laisse encore passer huit jours. Après ce temps, l'huile est de nouveau remuée avec une coquille. Ce qui reste est versé dans un vase neuf que l'on a lavé avec du vin vieux et où l'on a mis au préalable onze onces de mélilot et quantité égale d'iris. Si le résultat n'est pas satisfaisant, on expose derechef l'huile au soleil et on la soumet aux mêmes opérations jusqu'à ce qu'elle devienne blanche.

J'incline fortement à croire, bien que Dioscoride ne fasse aucune allusion à son origine, que cette huile blanche est la même que le ⸗ des livres médicaux égyptiens et l'ἔλαιον αἰγύπτιον λευκόν d'Hippocrate. Malheureusement, il est impossible d'aller au delà de l'hypothèse. On doit se souvenir pourtant que Dioscoride a introduit dans son ouvrage sur la matière médicale une des formules de l'un des parfums égyptiens les plus réputés, le κῦφι, (I, 24), et rien n'interdit de supposer qu'il ait fait d'autres emprunts à la pharmacopée des anciens habitants de la vallée du Nil.

Hippocrate ordonne l'emploi de l'ἔλαιον αἰγύπτιον λευκόν surtout pour le traitement des maladies des femmes; il dit qu'on peut le remplacer par l'huile de roses[1]. Il

---

[1] É. LITTRÉ, *OEuvres complètes d'Hippocrate*, t. VIII, p. 158 et 176.

l'utilisait en applications externes[1], dans les pessaires[2], les injections[3] et les fumigations[4].

Le ⸗ était incorporé dans un petit nombre de potions ou d'onguents contre les vers[5], certaines maladies des yeux[6], la fièvre[7], et dans des topiques calmants[8].

Avec la longue série des ⸗ animaux, nous passons au sens « graisse »; le mot est alors synonyme de ⸗. La distinction que l'on a voulu établir entre ces deux termes n'existe pas. Elle serait inapplicable dans certains cas, ainsi, lorsque l'on rencontre ⸗ et ⸗ « graisse d'oie ». Au reste le copte offre lui-même des exemples de synonymies semblables, ⲱⲧ (⸗) et ⲕⲏⲛⲉ, ⲕⲏⲛⲛⲉ (⸗, ⸗) *adeps*, qui ne laissent aucun doute dans l'esprit. ⸗[9] et ⸗[10] n'ont pas moins de chances d'être de valeur identique que ⲱⲧ ⲛ̄ⲁⲓⲁ[11] et ⲕⲏⲛⲛⲉ ⲛ̄ⲁⲓⲁ[12] « graisse de porc ».

Il est permis pourtant d'hésiter lorsque ⸗ est suivi du nom d'un animal de petite taille, telle que la souris, ⸗[13], de celui d'un reptile, ⸗ ⸗[14], ⸗[15], ou d'un poisson,

---

[1] É. Littré, *OEuvres complètes d'Hippocrate*, t. VII, p. 320, 342; t. VIII, p. 158, 160, 204, 206, 207, 208, 308, 394.
[2] *Ibid.*, t. VII, p. 322, 430; t. VIII, p. 90, 322, 340.
[3] *Ibid.*, t. VII, p. 367.
[4] *Ibid.*, t. VII, p. 322; t. VIII, p. 398, 400.
[5] *Pap. Ebers*, XXII, 20; XXIII, 11.
[6] *Ibid.*, LV, 13; XC, 1.
[7] *Pap. méd. de Berlin*, VII, 8.
[8] *Pap. Ebers*, LXXX, 13; LXXXII, 4; LXXXIV, 10.
[9] *Ibid.*, LXXXI, 19; LXXXII, 14.
[10] *Pap. méd. de Berlin*, III, 2.
[11] É. Chassinat, *Un papyrus médical copte*, p. 103.
[12] *Ibid.*, p. 261, 262.
[13] *Pap. Ebers*, LXXXII, 15.
[14] *Pap. Hearst*, VIII, 3; X, 7.
[15] *Pap. Ebers*, LXVI, 1.

Il se peut alors que ce ne soit pas la graisse, mais une
huile empyreumatique ou une huile médicinale obtenue
par le traitement des matières carnées bouillies ou macé-
rées dans l'huile. Le remède suivant qui figure au papyrus Hearst (X, 10) : [hiéroglyphes][4]
« souris cuite mise dans l'huile jusqu'à ce qu'elle
pourrisse », répond peut-être au [hiéroglyphes] du papyrus Ebers. Le [hiéroglyphes] rappelle singulièrement le دهن الحيات dont Ibn al-Baïțâr décrit la confection : quinze à vingt serpents noirs sont mis dans un vase
de cuivre avec quatre livres et demie d'huile de sésame
(ou d'olive); on fait cuire à feu doux; on laisse refroidir
et on clarifie. Pline (XXIX, 21, 2) parle aussi de la
graisse de vipère cuite dans l'huile, At-Tabary (*apud*
Ibn al-Baïțâr, n° 120) des cendres de vipères triturées
avec de l'huile. Pour ce qui est du [hiéroglyphes] de poisson, il
semble que nous ayons affaire à une préparation de ce
genre. Autant qu'on en peut juger, les huiles de poisson
étaient peu connues ou usitées dans la médecine de l'antiquité. Les parties charnues des poissons ou leur sque-
lette étaient le plus souvent calcinés, et leurs cendres,
mêlées à l'huile, servaient en liniments. Les difficultés
d'interprétation sont, on le voit, ici, assez grandes; mais
elles tombent presque toujours lorsqu'on étudie, dans les
antidotaires anciens, les remèdes tirés des animaux. On
y trouve la mention d'huiles de lézard, de serpent, de
crapaud et de ver de terre, qui jouissaient d'une grande
réputation et dont la formule n'a pas dû varier beaucoup
à travers les âges.

La nature du [hiéroglyphes] se dé-
nonce d'elle-même. Il en a été question plus haut, je n'y
reviendrai donc pas.

---

[1] *Pap. Hearst*, II, 3.
[2] *Pap. Ebers*, LXXXII, 9.
[3] *Ibid.*, *loc. cit.*
[4] L'original porte ici l'image d'une souris.

Le 〈hiéroglyphes〉[1] est certainement une matière minérale liquide ou glutineuse. Son origine est marquée par
〈hiéroglyphe〉 qui, dans d'autres cas, caractérise de la façon la plus
nette les minéraux. Nous avons par exemple 〈hiéroglyphes〉[2], équivalent du copte ⲄⲘⲞⲨ ⲚⲦⲞⲞⲨ[3] « sel
gemme », ἅλς ὀρυκτός (Dioscoride, V, 125), en opposition
avec 〈hiéroglyphes〉, litt. : « sel du Nord », c'est-à-dire le sel pro-
nant des salines situées au nord du Delta. Ce peut être
soit le pétrole, comme l'a pensé M. Joachim, avec doute
pourtant[4], ou le naphte, νάφθος (Dioscoride, I, 101),
mais encore la pissasphalte, πισσάσφαλτος (ibid., I, 101)
ou l'asphalte, ἄσφαλτος (ibid., I, 99), la dernière moins
probablement, à cause de sa consistance solide, qui ne
correspond pas à la nature du 〈hiéroglyphes〉.

Un passage du papyrus Rhind permet de serrer l'identification d'un peu plus près. On y rencontre, dans la
version démotique, la mention d'une certaine « huile de
Syrie », *merḫe Khal*[5], que je soupçonne être en rapport
avec l'« huile de Syrie », 〈hiéroglyphes〉, du papyrus
Harris n° I[6], et dont le nom est rendu, dans le texte hiératique, par 〈hiéroglyphes〉[7]. Or M. V. Loret a montré, d'une
façon que je crois définitive, que la matière appelée
〈hiéroglyphes〉, très fréquemment citée au *Rituel de l'embaume-
ment*, la même que le 〈hiéroglyphes〉 du papyrus Rhind, est
le bitume[8]. Si l'on admet, ce qui paraît vraisemblable,
sinon certain, que le *merḫe Khal* se confond avec le 〈hiéroglyphes〉, nous aurions affaire ici au bitume sous l'une
de ses espèces, non pas au bitume solide, ἄσφαλτος,

---

[1] *Pap. Ebers*, XXII, 8.

[2] *Ibid.*, LXXXIII, 7.

[3] É. Chassinat, *Un papyrus médical copte*, p. 273.

[4] *Papyros Ebers*, p. 15.

[5] H. Brugsch, *Zwei bilingue Papyri*, pl. VI, 4.

[6] K. Piehl, *Dictionnaire du papyrus Harris n° 1*, p. 49.

[7] H. Brugsch, *loc. cit.*

[8] *Études de droguerie égyptienne*, dans le *Rec. de trav.*, t. XVI, p. 157
et suiv. Le 〈hiéroglyphes〉 figure en deux endroits du papyrus Ebers, sous des
orthographes un peu différentes : 〈hiéroglyphes〉 (LIV, 19), 〈hiéroglyphes〉 (LXVIII,
10). Il n'en est pas question dans les autres livres de médecine.

mais à la pissasphalte (malthe, poix minérale), qui est pâteuse. ⯑, en effet, paraît être un nom collectif se rapportant à la fois à ces deux matières. Cela semble résulter des variantes ⯑ et ⯑ [1], ⯑, et du fait qu'on mesurait le ⯑ par ⯑ et par ⯑, tandis que le ⯑, l'était par ⯑. Le sens «bitume» est en tout cas assuré à ⯑ par le copte ⲁⲙⲡⲏⲍⲉ, ⲉⲙⲡⲉⲍⲓ, que l'on a depuis longtemps, et à juste titre, rapproché de ce mot, dont il nous a sans doute conservé la prononciation véritable : ᵃmerȟi(t), ᵃmrȟi(t).

Le nom de ⯑ donné à la pissasphalte, ou poix minérale, trouve son corrélatif dans l'expression ⯑ «graisse de pin» (ou de «sapin»), fréquente au papyrus Ebers, par quoi l'on désignait la poix ou le goudron. ⯑, comme nous l'avons vu, est synonyme de ⯑ dans de nombreux cas. Le rapprochement d'idées se fait naturellement.

Le ⯑, huile ou graisse de foulon est plus difficile à reconnaître. On ne peut suivre M. Joachim dans la traduction «Bauernöl» qu'il a donnée [2]. En fait, elle ne signifie rien et renferme, de plus, un contresens : ⯑ ne veut pas dire «paysan», mais «foulon». Néanmoins, l'usage auquel ce ⯑ était destiné en indique en quelque mesure la nature; et le choix ne reste pas très étendu. C'est, je pense, la terre à foulon, qui était employée en médecine [3], ou bien une sorte de savon fait avec la soude obtenue par l'incinération de certaines plantes et de la graisse.

Le ⯑ serait, suivant Ebers [4], dont l'opinion est acceptée par M. Joachim [5], l'huile qui est tout en haut de la cruche («von zuoberst des Kruges»).

<hr>

[1] Brugsch et Dümichen, *Recueil de monuments égyptiens*, t. IV, pl. XCVI, 3.

[2] *Papyros Ebers*, p. 152.

[3] É. Chassinat, *Un papyrus médical copte*, p. 262.

[4] *Papyrus Ebers. Die Maasse und das Kapitel über die Augenkrankheiten*, p. 20, § 26.

[5] *Op. cit.*, p. 38.

Il s'agit en réalité de la poix dont on enduisait les jarres; cf. ⲁⲙⲡϩⲍⲅ *pix*. On se souvient que parmi les trois mots par lesquels Hippocrate a rendu 𓎟𓊪𓏏 figure le terme ἄλειφα qui, entre autres sens, a celui de poix servant à clore les jarres. La preuve est donc complète. Le médicament indiqué ici est la poix que l'on grattait sur les vases. Il offre une certaine analogie avec la ζωπίσσα (Dioscoride, I, 98), زفت السفن des Arabes (Ibn al-Baïtâr, nº 115), la poix râclée sur la carène des bateaux[1].

On ne peut guère que se livrer à des conjectures au sujet du 𓂋𓂝𓈖𓎟𓊪𓏏𓏥, du 𓅓𓉻𓅆𓂝𓈖𓎟𓊪𓏥, et du 𓇋𓂝𓈖𓎟𓊪𓏥. Seul, le premier offre quelques chances d'identification. Il s'agit probablement d'un ver spécial qui prenait naissance dans les corps gras; encore cette interprétation n'a-t-elle qu'un caractère provisoire, car 𓂋𓂝𓈖 ne paraît qu'une seule fois dans les ouvrages médicaux. 𓅓𓉻𓅆𓏥, var. 𓅓𓉻𓅆𓈖, bien que fréquent dans les mêmes livres, n'a pas encore été expliqué d'une manière satisfaisante. Quant à 𓇋𓂝, je n'en ai relevé aucun autre exemple, et son sens (*particula, frustum?*, suivant Brugsch[2]) m'échappe totalement.

Je n'ai pas cru devoir faire place, dans cette étude, aux 𓎟𓊪𓏏𓏥 liturgiques, dont la nature est, en général, suffisamment établie. Le fait qu'ils renferment, suivant les cas, de l'huile, de la graisse, de la poix ou du bitume, toutes substances classées par les Égyptiens sous le nom de 𓎟𓊪𓏏, justifie à la fois l'appellation générique qu'ils ont reçue des anciens et celles d'«huile» ou d'«onguent» que les traducteurs lui attribuent. Dans cette catégorie, les valeurs ἔλαιον, ἄλειφα et μύρον qu'Hippocrate a appliquées au 𓎟𓊪𓏏 médicinal ressortent avec une égale évidence.

<hr>

[1] Cf. É. Chassinat, *Un papyrus médical copte*, p. 62.
[2] *Diction. hiérogl.*, t. VII, suppl., p. 1022.

LE SYSTÈME NUMÉRIQUE
EN ÉGYPTIEN,

PAR

M. GUSTAVE JÉQUIER.

Le système de numération des peuples est un des indices caractéristiques de leur origine; aucune des autres parties du discours ne s'est conservée avec aussi peu de modifications que les noms de nombre depuis les lointains débuts des langues; aussi les considère-t-on à juste titre comme un des éléments les plus importants de la classification générale. Il semble donc qu'on aurait dû tenir compte de ce facteur lorsqu'il s'est agi d'établir que l'égyptien était une langue sémitique, mais on évita d'insister, les ressemblances paraissant sans doute trop peu marquées.

Ce n'est que tout récemment que la question a été reprise[1] et traitée avec tous les artifices de la philologie moderne, en partant du principe que la parenté des langues étant certaine, il fallait nécessairement que les noms de nombre concordassent. Alors que, dans un cas pareil, il faudrait pouvoir établir des rapports précis entre les langues sémitiques et l'égyptien pour les consonnes et la vocalisation, on s'est contenté souvent d'identifications basées sur des phénomènes linguistiques qui se rencontrent dans des idiomes absolument étrangers à ces

---

[1] Sethe, *Ueber Zahlen und Zahlworten bei den alten Ägyptern*, Strasbourg, 1916; cette façon d'envisager les choses est poussée plus loin encore par M. Albright dans l'*Amer. Journ. of Semitic Languages*, XXXIV, p. 90-94.

deux groupes, et d'assimiler successivement de cette façon
toutes les lettres qui ne concordent pas; on a même été
jusqu'à établir des rapprochements entre des mots qui ne
désignent pas le même chiffre en égyptien qu'en sémitique, ou à faire correspondre des noms de nombre égyptiens avec des expressions non numérales en sémitique,
ou *vice versa*.

Un pareil système, malgré tout l'appareil scientifique
avec lequel il est exposé, ne présente pas des garanties
suffisantes d'exactitude, aussi y a-t-il lieu de reprendre la
question dans son ensemble; il importe du reste de ne
pas l'envisager uniquement au point de vue de la linguistique comparée, qui offre trop de chances d'erreur, vu sa
grande souplesse, mais de tenir compte aussi des phénomènes constants de l'évolution des notions numérales chez
les peuples primitifs, tels que nous pouvons les connaître
par les travaux des ethnographes modernes [1].

Bien que, dans les textes hiéroglyphiques, les noms de
nombre soient en général indiqués par des chiffres, et
non écrits phonétiquement, la liste à peu près complète
a pu être établie depuis longtemps déjà [2], grâce surtout
au travail de Pleyte [3], qui a montré la parfaite concordance des expressions anciennes avec celles des Coptes, et
tout le parti qu'on peut tirer des allitérations de certains
textes, suivant le système des jeux de mots, cher aux
Égyptiens [4]. Depuis lors, nos connaissances dans ce domaine se sont enrichies par la publication des grands
textes religieux de l'Ancien et du Moyen Empire [5], qui
ne font du reste que confirmer et compléter les résultats
établis antérieurement.

Le système numérique égyptien apparaît en même

---

[1] L.-G. Du Pasquier, *Le développement de la notion de nombre*, Neuchâ-
tel, 1921 (*Mémoires de l'Université*, t. III).

[2] Tableau complet dans Eisenlohr, *Ein mathematisches Handbuch*,
p. 15-21.

[3] *Zeitschrift für aeg. Sprache*, V, p. 1, 9, 26.

[4] Goodwin, *Zeitschr. f. aeg. Spr.*, II, p. 39, V, p. 94, 98.

[5] En particulier un texte à allitérations, malheureusement très mutilé :
Lacau, *Textes religieux*, XII (*Rec. de trav.*, XXVI, p. 229).

temps que l'écriture, aux débuts de l'âge thinite : définitivement constitué dès cette époque, il ne variera pour ainsi dire plus au cours des siècles. Il est à base décimale, possède des noms spéciaux pour les unités et les surunités, jusqu'aux chiffres les plus élevés, et présente, pour les nombres intermédiaires, une combinaison très rationnelle des méthodes additive et multiplicative. C'est donc un système analogue en tous points à ceux en usage chez tous les peuples civilisés, anciens et modernes, par opposition à ceux des peuples primitifs, très peu développés aujourd'hui encore [1] : ici, comme dans tant d'autres domaines, l'Égypte joue le rôle de précurseur, et sa numération paraît bien être le prototype de toutes les nôtres.

Comment un ensemble si homogène et si parfait a-t-il pu se former? Est-il vraiment autochtone, ou, comme on l'admet volontiers, a-t-il été emprunté à d'autres races? Subsiste-t-il encore des traces de son évolution antérieure à sa fixation? Tel est le problème qui se pose maintenant et qui, comme on le voit, dépasse de beaucoup le domaine purement linguistique. Je n'ai pas la prétention d'arriver à une solution définitive, mais je crois qu'en reprenant la question point par point, chiffre par chiffre, on peut arriver à des aperçus nouveaux, assez caractéristiques.

1. $\stackrel{-}{,}$, oyⲁ. — Comme en français et du reste dans presque toutes les langues, ce terme ne joue pas exclusivement le rôle d'un nom de nombre, mais il représente aussi l'article indéfini et, par extension, l'adjectif « seul ». Le rôle de ce mot a été établi de façon précise il y a longtemps déjà [2], mais il semble qu'il y ait encore une difficulté au sujet de sa lecture exacte : en effet, dans trois de ses dérivés coptes, oyⲱⲛ « partie », oyoⲛ « quelqu'un » et oyⲛ « qui? », nous voyons paraître un ⲛ final qui ne se rencontre ni dans le nom de nombre ni dans l'article

<hr>

[1] Voir Pott, *Die quinare und vigesimale Zählmethode* (Halle, 1847).
[2] E. DE Rougé, *Étude sur une stèle égypt.*, p. 41-46.

indéfini[1] et qu'on a songé à faire dériver du ⌇⌇⌇⌇ exprimant le génitif. Cette solution n'est guère satisfaisante et n'explique pas pourquoi ce Ꞥ, qui est en réalité indépendant du mot lui-même, est devenu partie intégrante du radical dans les dérivés plutôt rares d'une racine, alors que dans les autres, qui sont beaucoup plus fréquents, il se joint au mot suivant, sous la forme d'un Ꞥ- proclitique; d'ailleurs, dans ces trois expressions, ce Ꞥ- (ou ꟽ-) se trouve également comme proclitique, de sorte que, dans les trois cas, il serait redoublé, ce qui n'est pas admissible.

Le nom de nombre « un » n'est écrit phonétiquement que dans les textes très anciens, tels que ceux des pyramides, sous la forme ⧫ ⟶[2], ⧫ ⟹, ⧫ ⟹[3], mais rien ne nous prouve que cette graphie soit complète : il est fort possible qu'elle ne désigne que le début du mot. Plus tard on écrit presque constamment ⟶ ou ⟹. Ici le trait indique que nous avons affaire à un signe-mot et non à un simple syllabique[4]; le ⟶ qui suit si souvent le trait n'indique donc pas nécessairement la finale du mot; il peut tout au plus se trouver là comme indice de la vocalisation interne[5], pour montrer qu'on devait le prononcer avec un *a* long. La finale pouvait donc, bien qu'elle ne soit jamais écrite, être un *n* faible, peut-être une simple nasalisation, comme dans notre mot correspondant français *un*.

Cette finale en *n* se retrouve dans les langues berbères du Nord de l'Afrique, où le terme employé pour désigner le chiffre 1 est formé exactement de la même manière que le nom de nombre égyptien, c'est-à-dire d'une diphtongue liée à une nasale par une voyelle, *a* ou *e* : *eewan* (Amazirgh), *yean* (Shelluh), *egen* (Touareg), *eyen* (Mzabi et Sergou)[6]. Cette coïncidence n'est sans doute

[1] Sethe, *Zeitschr. f. aeg. Spr.*, XLVII, p. 1-7.
[2] Sethe, *Die altäg. Pyramidentexte*, 1424[b], 1441[c], 2083[d].
[3] *Ibid.*, 243[d], 309[c], 1078[c], 1226[c], 1424[b], 1441[c], 1483[a], 1606[a], 2210[a].
[4] Sethe, *Zeitschr. f. aeg. Spr.*, XLV, p. 44-56.
[5] Loret, *Proc. of the Soc. of Bibl. Arch.*, XXVI, p. 227-234, 269-275.
[6] Pott, *Die quinare und vigesimale Zählmethode*, p. 111-113.

pas fortuite, et d'autre part il n'est pas possible d'établir
un rapprochement phonétique sérieux avec les expressions sémitiques correspondantes, pas plus avec le babylonien [1] *wedu(m)* et l'assyrien *išten*, qu'avec l'hébreu אֶחָד
et l'arabe واحد, أَحَد.

Du moment où le nombre 1 est écrit par un signe-mot,
il est évident que le nom de l'objet figuré par cet hiéroglyphe doit être semblable au nom de nombre lui-même.
Ce signe représente un harpon du type employé pour la
chasse à l'hippopotame, arme qui a pu s'appeler *ouâ* ou
ouân aux époques anciennes, bien que ce nom ne nous
soit pas parvenu; il y a tout lieu de croire que c'est à cause
de la forme de sa pointe, armée d'un seul croc latéral,
que ce harpon a reçu le nom de « un » [2], par opposition à
d'autres armes qui, par leur forme même, pouvaient être
employées pour caractériser d'autres nombres, tels que
« deux » et « trois ».

2. ⎮⸗, CNAY. — On admet généralement que la ressemblance de ce terme avec le babylonien *šenu(m)*, l'assyrien *šinâ*, l'hébreu שְׁנַיִם, l'arabe اِثْنَان, indique une parenté réelle avec les langues sémitiques. Je ne crois pas
cependant qu'il y ait origine commune, et cela pour la
raison suivante : un mot identique de forme, comme consonance et vocalisation [3], au nombre « deux », et appartenant sans doute comme lui au plus vieux fonds de la
langue, ⎮𓅭, a le sens de « frère »; comme le mot même
de « frère » implique l'idée de dualité, il est très probable
que c'est cette notion qui aura donné naissance au nom
de nombre « deux » en égyptien. Dans les langues sémi-

____

[1] Pour le babylonien ancien, les rares noms de nombre qui nous sont
parvenus écrits en toutes lettres montrent qu'il s'agit d'un système semblable à celui des Assyriens; seul le nom de nombre *un* diffère (communication du R. P. Scheil).

[2] On pourrait aussi supposer un phénomène inverse, le harpon à
pointe simple donnant son nom au nombre *un*.

[3] SETHE, *Zeitschr. f. aeg. Spr.*, XLVII, p. 36.

tiques, il n'existe par contre aucun rapport entre les mots
« deux » et « frère », de sorte que l'origine du nom de
nombre est nécessairement toute différente et la concordance phonétique sans doute fortuite. On retrouve une
forme à peu près semblable pour le mot « deux » dans les
langues berbères : *sin* (Touareg, Mzabi, Amazirgh), *shin*
(Sergou).

Le signe employé pour écrire le mot « deux » est le syllabique ⌐ *sen* (*son* ou plutôt *sno?*), dont la forme primitive
est celle d'une tête de lance à deux barbelures ⌐; dans ce
cas particulier, le signe n'est pas employé comme signe-
mot, aussi n'y a-t-il pas lieu de chercher s'il y a une relation directe entre le nombre « deux » et cette sorte d'arme,
dont le nom *sen* ou *sno* ne s'est pas conservé dans le vocabulaire égyptien, mais il faut signaler, ici comme dans
plusieurs autres cas, l'emploi d'une arme d'un type spécial
dans la graphie d'un nom de nombre.

3. ⌐, ϢⲞⲘⲦ, ϢⲞⲘⲚ̄Ⲧ. — Ce monosyllabe, terminé par une double consonne, est d'une origine tout à
fait inconnue; on ne peut guère songer à le faire dériver
du mot désignant le cuivre, ⌐, qui pouvait s'écrire et se
prononcer de la même manière, puisque les noms de
nombre sont certainement antérieurs à la découverte des
métaux.

Par contre nous avons ici encore un rapprochement à
établir entre le nom de nombre et un mot désignant une
arme de jet, ⌐, ⌐, dont nous ignorons la forme
originale, mais qui pouvait être soit un trident, une foène
pour la pêche du gros poisson, soit un épieu de chasse ou
de guerre, à pointe armée de trois barbelures [1]. Comme
pour le harpon « un », le nom de cette arme est probablement dérivé du mot « trois »; elle avait dû tomber en désuétude dès une époque très ancienne, puisque nous n'en
trouvons aucune trace dans les textes avant la période

[1] Brugsch, *Zeitschr. f. aeg. Spr.*, VI, p. 17; Schäfer, *ibid.*, XLI,
p. 68.

ptolémaïque, où elle se rencontre uniquement dans le domaine religieux, comme arme d'Horus.

L'assimilation du terme *khomt* avec la racine sémitique *šlš* (assyrien *šalâši*, hébreu שָׁלוֹשׁ, arabe ثَلَثَ) rencontre de telles difficultés que la plupart des égyptologues sémitisants y ont renoncé. Il y a par contre des traces de parenté avec les langues berbères, où le nombre «trois» se dit *sharot* (Touareg et Mzabi), *karad* (Amazirgh), *crat* (Shilluh).

4. ⲧⲱⲟⲩ IIII, Ϥⲧⲱⲟⲩ. — L'orthographe copte s'accorde avec la graphie la plus ancienne de ce nom de nombre pour prouver qu'il s'agit d'un monosyllabe débutant par deux consonnes et terminé par une voyelle longue. Vers le Nouvel Empire, on ajouta à ce mot et à ses nombreux dérivés qui désignent des objets divers de forme carrée, un ḷ prosthétique : cette lettre ne fait pas partie du radical; elle a pour unique fonction de faciliter la prononciation, suivant un phénomène linguistique fréquent, surtout chez les peuples orientaux, quand il s'agit de mots commençant par une double consonne.

Le mot *fdou* est une racine originale, qui n'est apparentée à aucun mot égyptien primitif; dans toutes les autres langues, on emploie pour le nombre 4 des termes très différents, avec lesquels on ne peut songer à l'assimiler, et cela aussi bien pour les idiomes du Nord de l'Afrique (*ayaz, kuz, koost*) que pour les langues sémitiques (babylonien *arbaum*, assyrien *irba'*, hébreu אַרְבַּע, arabe أَرْبَع, etc.).

5. ⲧⲟⲩ, ϯⲟⲩ[1]. — Ce mot n'est autre que le vieux mot signifiant «main»; c'est une indication précieuse concernant le système primitif de numération en Égypte, qui était évidemment conçu sur une base quinaire, comme

____

[1] La variante ✳ est d'époque plus récente et n'a rien à voir avec la signification primitive du mot.

chez les peuples africains en général. Ceux-ci emploient encore, le plus souvent, le même mot pour «cinq» et pour «main»[1], tandis que dans les langues sémitiques nous avons pour le nom de nombre une racine toute spéciale (assyrien *ḫamši*, hébreu חָמֵשׁ, arabe خَمْس), qui n'a rien de commun avec le terme servant à désigner la main. Aucun indice ne nous autorise à admettre pour les langues sémitiques un stade de numération quinaire, où le mot «main» (יַד, يد) aurait pu signifier «cinq» et se rapprocherait ainsi du *diou* égyptien[2].

6. — Ce nom de nombre se trouve rarement écrit en caractères phonétiques dans les textes; les formes 𓏺𓏺 et 𓏺𓏺[3], qui datent du Moyen Empire, ne sont sans doute pas les plus anciennes, car, dans les textes des pyramides, on trouve la graphie simple 𓏺, dans l'expression 𓏺 (la fête du 6ᵉ jour du mois)[4]. Le mot copte correspondant étant ⲥⲟⲟⲩ, il y a tout lieu de croire que le terme égyptien se composait d'une seule consonne, un *s* vocalisé en *ou*. Les formes avec redoublement de la consonne, à syllabe fermée, seraient alors d'époque plus récente et ne se sont pas maintenues jusqu'aux derniers temps de la langue égyptienne.

Les expressions sémitiques désignant le nombre six, l'assyrien *sissi*, l'hébreu שֵׁשׁ, l'arabe سِتّ, qui ressemblent étrangement aux termes indo-européens, peuvent aussi se rapprocher de la forme égyptienne redoublée, *sas, sis, sres*, tandis que la forme simple et sans doute originale, *sou*, leur est absolument étrangère. Cette contradiction apparente s'explique si l'on admet que les deux racines ne sont

---

[1] Pott, *Die quin. und vig. Zählmethode*, p. 3o et suiv. Les peuples berbères ont adopté, par contre, une racine *sames, semes*, qui est sans doute empruntée à l'arabe (*ibid.*, p. 111-113).

[2] Sethe, *Von Zahlen und Zahlworten*, p. 23.

[3] Lacau, *Textes relig.*, XX, 91; LXXXIII, 32. — Jéquier, *Rec. de trav.*, XXXIV, 121.

[4] Sethe, *Zeitschr. f. aeg. Spr.*, XLVII, p. 15.

pas réellement apparentées, et qu'à un moment donné il peut y avoir eu une tentative de rapprochement, par voie de redoublement de la consonne simple, dans la racine égyptienne.

7. ⳝⲁϣ̄ϥ, ⲥⲁϣ̄ϥ. — La situation se présente tout différemment pour ce terme, qui a une analogie sérieuse avec les noms de nombre sémitiques correspondants (assyrien *siba*, hébreu שֶׁבַע, arabe سبع, etc.), ainsi qu'avec ceux des langues indo-européennes. Seule la dernière consonne de ce mot *safekh* est difficile à assimiler, soit avec une voyelle ou une gutturale faible comme le ע, soit avec une dentale, d'autant plus que pour les Égyptiens ce ⊙ était un élément important du radical, puisque dans les jeux de mots donnés par certains textes on trouve, en parallèle avec ⳝ, le mot ⊙ⳝ, qui en est la métathèse et où le *kh* occupe la première place.

8. ⳝⲙⲟⲩⲛ, ϣⲙⲟⲩⲛ. — La ressemblance avec les langues sémitiques est plus frappante encore pour ce nom de nombre, particulièrement avec l'assyrien *samantu*, l'hébreu שְׁמֹנָה et l'abyssin *samani*, *saman*, tandis que les autres, comme l'arabe ثمانية, remplacent la chuintante par une dentale.

Comme pour le nombre 7, il n'y a pas de racine égyptienne qui ait pu donner naissance à cette expression. Quant à la graphie ⳝ, il est très probable qu'elle provient de la transcription hiératique du chiffre en question appliqué à la numération des jours, plutôt que d'un terme ancien qui aurait été remplacé à un certain moment par un vocable étranger.

9. ⳝ, ⲯⲓⲧ. — La première lettre de ce mot oppose un obstacle sérieux à son assimilation avec les termes sémitiques correspondants, l'assyrien *tiši*, l'hébreu תֵּשַׁע, l'arabe تسع; de même aussi la présence d'une con-

sonne forte comme le ⌐, qui s'est conservée en copte et qui peut difficilement être issue d'une gutturale faible ou d'une voyelle. La consonance générale seule peut avoir motivé l'adoption d'un mot étranger présentant une certaine ressemblance avec le verbe égyptien ▪⌐ « briller », avec lequel les scribes se complaisent à faire des jeux de mots plus ou moins compréhensibles pour nous.

10. ⦚, ⦚⦚, ⲘⲈⲦ, ⲘⲎ†. — Ce mot, qui, d'après les allitérations, semble bien avoir été primitivement *mezer* plutôt que *meter* [1], est d'origine inconnue, et les tentatives d'explication tentées jusqu'ici [2] ne sont guère satisfaisantes. On pourrait en proposer une autre rentrant aussi dans le domaine de l'hypothèse, voir dans ce mot un dérivé de ⦚⦚ « la main », exprimant l'aboutissement logique du système de calcul digital, l'ensemble des deux mains, le double quine.

Il n'y a aucune espèce de parenté entre ce nom de nombre et ceux des Sémites. Par contre les langues berbères emploient pour le nombre « dix » un terme qui peut être rattaché à la racine égyptienne, si l'on admet la possibilité de la chute du *z* ou du *t*, *merou*, *maraou*.

L'égyptien ne présente aucune particularité pour les chiffres de 10 à 20, qui sont composés suivant la méthode additive, par simple juxtaposition de l'unité avec la dizaine, le nom de celle-ci précédant l'autre. Il y a par contre quelque chose de tout spécial dans les noms des premières dizaines, qui, au lieu d'être de simples dérivés des unités correspondantes, comme dans toutes les langues à système décimal, sont des mots originaux, sans aucun rapport avec les autres noms de nombre, et qui ne peuvent se rattacher à aucune racine ancienne connue. Il est malheureusement très rare que ces noms paraissent écrits en toutes lettres dans les textes, mais d'autres documents

---

[1] Lacau, *Textes relig.*, XII, 1. 45. — Jéquier, *Les frises d'objets des sarcophages du Moyen Empire*, p. 36.

[2] Pleyte, *Zeitschr. f. aeg. Spr.*, V, p. 10. — Sethe, *Von Zahlen und Zahlworten*, p. 23.

nous permettent de les reconstituer avec une certitude quasi absolue.

20. — D'après les allitérations du papyrus de Leyde n° 350 [1] et la forme copte ⲭⲟⲩⲱⲧ, on peut conclure que l'égyptien possédait pour ce nombre un mot [hiéroglyphes], ou quelque chose d'approchant. On a émis l'idée que ce terme pouvait être le duel du nom primitif du nombre 10, nom qui plus tard aurait été employé pour désigner le chiffre 10,000 [2]; cette opinion est peu vraisemblable, puisque nous avons pour le nombre 10 un mot parfaitement original, présentant aussi bien que la plupart des autres noms de nombre le caractère d'un mot primitif.

30. — La plus ancienne graphie du nom d'une sorte de lance, [hiéroglyphes] (plus tard [hiéroglyphes], [hiéroglyphes]) [3], montre clairement que le nombre 30 était, en égyptien comme en copte, ⲙⲁⲁⲃ. La lecture *seni* [hiéroglyphes] = [hiéroglyphes], dans le nom de la ville d'Esneh [4], est de basse époque et ne doit pas entrer en ligne de compte au sujet de la forme primitive de ce nom de nombre; peut-être même repose-t-elle sur une erreur de scribe.

40. — Bien que ce mot ait donné lieu à des interprétations erronées [5], il est certain que [hiéroglyphes] [6], ou sans doute plutôt [hiéroglyphes], signifie 40 : le fait est confirmé par le copte ϩⲙⲉ et par les allitérations [hiéroglyphes] du papyrus de Leyde [7] et [hiéroglyphes] (pour 45) d'un texte d'Edfou [8]. Comme les deux précédents, ce nom de nombre n'a aucun rap-

[1] PLEYTE, *Zeitschr. f. aeg. Spr.*, V, p. 11; GARDINER, *ibid.*, XLII, p. 22.

[2] SETHE, *Von Zahlen und Zahlworten*, p. 24.

[3] SETHE, *Die altäg. Pyramidentexte*, 1212ᵃ. Cf. PLEYTE, *Zeitschr. f. aeg. Spr.*, V, p. 11; GARDINER, *ibid.*, XLII, p. 23.

[4] BRUGSCH, *Zeitschr. f. aeg. Spr.*, XII, p. 146.

[5] GOODWIN, *Zeitschr. f. aeg. Spr.*, IX, p. 126 : le nombre 80; BRUGSCH, *ibid.*, XIV, p. 126 : un tas.

[6] Pap. Anastasi, V, pl. XI, l. 5; MASPERO, *Du genre épist.*, p. 15.

[7] GARDINER, *Zeitschr. f. aeg. Spr.*, XLII, p. 25.

[8] PIEHL, *Proc. of Soc. Bibl. Arch.*, XIII, p. 200.

port, ni avec l'unité correspondante, ni avec des racines connues, égyptiennes ou étrangères.

50. — Avec le copte ⲧⲁⲓⲟⲩ, nous avons par contre un pluriel bien caractérisé, dérivé directement du nombre cinq, ϯⲟⲩ. Le mot égyptien devait être, à peu de chose près, semblable, autant que nous pouvons en juger par le jeu de mots [hiéroglyphes] du texte d'Edfou, et celui du papyrus de Leyde [hiéroglyphes] [1]. On peut se demander si, antérieurement à ce mot, il n'en a pas existé un autre, une racine originale dont nous n'avons plus aucune trace, qui aurait été remplacée par un simple pluriel au moment où l'on forma, par ce procédé, les noms des dernières dizaines.

C'est aussi grâce au copte que nous pouvons rétablir la forme des noms de nombre de 60 à 90, en nous aidant des allitérations du texte de Leyde ([hiéroglyphes] et [hiéroglyphes]). Nous obtenons ainsi la série suivante :

60.	ⲥⲉ	[hiéroglyphes]
70.	ϣϥⲉ	[hiéroglyphes]
80.	ϩⲙⲉⲛⲉ	[hiéroglyphes]
90	ⲡⲓⲥⲧⲉⲟⲩⲓ	[hiéroglyphes]

Tous ces mots sont composés artificiellement, sans doute au moment de l'élaboration du système décimal complet, et ne sont pas autre chose que les pluriels réguliers des noms des unités correspondantes.

100. — Le copte ϣⲉ dérive du nom de la corde ⲣ, signe hiéroglyphique employé pour écrire le chiffre 100, et qui devait se lire [hiéroglyphes] ou [hiéroglyphes] [2], avec consonne finale

---

[1] Voir les deux notes précédentes; dans cette dernière allitération, seules les deux dernières syllabes doivent être prises en considération.

[2] Spiegelberg, *Zeitschr. f. aeg. Spr.*, XXXVI, p. 135.

très faible, puisque l'auteur du texte de Leyde peut l'assimiler phonétiquement au mot ⌷𓅿𓏏. Ce mot, qui fait sans doute partie du vieux fonds du langage égyptien, n'a aucun rapport avec ceux qui, dans les autres langues, celles des Sémites en particulier, sont employés pour désigner le même chiffre.

Les noms des centaines sont formés du même mot *shen* (*shent*), précédé du nom d'unité servant de multiplicateur [1], comme dans toutes les langues. La seule exception est le nombre 200, qui n'est autre que le duel de 100, 𓏤𓅿, ϢΗΤ; c'est encore ici une particularité de l'égyptien, qui se retrouve rarement ailleurs, sauf dans les langues sémitiques, où du reste le mot 100 est absolument différent du 𓏤 égyptien.

1,000. — Le 𓆼 qui correspond au ϢΟ copte est un signe-mot désignant le chiffre lui-même aussi bien que sa prononciation. L'origine en est sans doute la feuille de lotus, si abondante dans les marais et les pièces d'eau de l'ancienne Égypte [2], comme le prouve la coutume archaïque de grouper les 𓆼 sur une seule base, au lieu de les isoler, quand il s'agit d'exprimer un chiffre de plusieurs milliers. Il n'y a aucun rapport entre cette racine, qui est purement égyptienne, et le nombre 1,000 dans les autres langues.

Les milliers se forment comme les centaines, par multiplication, à l'aide d'une unité placée devant le nombre 1,000.

10,000. — Ici encore, aucun autre langage ne possède un mot correspondant à l'égyptien 𓂧𓏤, qui s'est conservé dans le copte ⲦⲂⲀ et qui est très ancien, puisqu'il se trouve déjà dans un des plus vieux monuments écrits [3]. On a déjà signalé que le mot « doigt » est parfois employé

---

[1] Ceci d'après les mots coptes, les indications du papyrus de Leyde étant fort peu claires (EISENLOHR, *Ein math. Handbuch*, p. 20).

[2] SETHE, *Von Zahlen und Zahlworten*, p. 15.

[3] QUIBELL, *Hiéraconpolis*, pl. XXVI^B.

pour désigner non seulement l'unité, mais aussi une
surunité supérieure, en particulier chez les Perses, où,
d'après Suidas, il aurait signifié 10,000 [1].

100,000. — L'égyptien seul possède une expression
spéciale pour ce nombre, et cela déjà dès le début de
l'époque thinite. Ce terme, qui avait disparu aux basses
époques, se prononçait ⌇ et était représenté, comme
chiffre, par l'image d'un têtard ⸜, animal qui grouille
dans les mares en quantités telles qu'il suggère naturellement l'idée d'un nombre presque incommensurable.

1,000,000. — Le mot ⌇⌇Ψ est sans doute aussi ancien
que le précédent, mais a dû disparaître avant lui, dès le
Nouvel Empire. Son origine paraît cependant toute différente : c'est en réalité un nom de divinité, donc une création théologique plutôt qu'un terme vraiment scientifique,
une expression un peu vague, dans le genre de son dérivé
copte ⲟ︠ⲩ︠ⲟ, qui ne signifie plus « million », mais « multitude ».

Aussi loin que nous pouvons remonter, c'est-à-dire
aux débuts de l'âge thinite, nous trouvons donc les Égyptiens en possession d'un système de numération constitué
de façon claire et rationnelle, plus complet que ceux de
tous les autres peuples de l'antiquité. Le rapide examen
que nous venons de faire de ce groupe de mots nous permet de dégager un certain nombre de particularités ayant
trait au principe même de la numération égyptienne et
à sa constitution :

Comme chez les autres peuples africains, on trouve en
Égypte de nombreuses traces d'un système quinaire primitif, plus développé que partout ailleurs, puisqu'il porte
sur les dizaines aussi bien que sur les unités.

Les premières unités portent des noms simples qui

---

[1] Sethe, *Von Zahlen und Zahlworten*, p. 3 ; Gunn, *Journal of Eg. Archaeology*, III, p. 280.

présentent des ressemblances avec les idiomes africains, mais aucune avec les langues sémitiques.

Par contre, les dernières unités offrent une certaine analogie avec les termes sémitiques correspondants, mais avec des divergences qui ne permettent pas de songer à une assimilation absolue.

Les premières dizaines portent des noms spéciaux qui ne correspondent ni à ceux des unités égyptiennes, ni à ceux des dizaines dans les autres langues.

A partir de 5o, les noms des dizaines sont formés régulièrement, au moyen d'un nom d'unité mis au pluriel.

Les surunités de 1oo à 1,ooo,ooo portent aussi des noms particuliers, inconnus ailleurs; ici c'est la méthode décimale qui est seule en usage.

Nous pouvons tirer de ces constatations quelques conclusions générales :

La numération égyptienne est essentiellement africaine; elle est non seulement la plus ancienne, mais aussi la plus développée de ce groupe, dont les divers idiomes ne possèdent en général pas de nombres dépassant la centaine.

Le principe initial est le calcul digital, à une, puis à deux mains, qui donne d'abord le système quinaire et, en se développant, le système décimal.

Le système quinaire primitif s'appliquait non seulement aux unités, mais aussi aux dizaines, dont la première série seule portait des noms, de même que les cinq premières unités.

Les chiffres intermédiaires devaient, à l'origine, s'exprimer par des noms composés, suivant la même méthode que pour les nombres compris entre les dizaines : 5 + 1, 5 + 2, 5 + 3, 5 + 4; 5o + 1o, 5o + 2o, etc. Il n'est rien resté de ce système pour les unités, mais pour les dizaines nous en avons encore une trace dans le copte ⲧⲁⲓⲟⲩ ⲙⲁⲁⲃ « cinquante-trente »[1], 8o. Un autre terme copte, ϥⲧⲟⲟⲩ-ϫⲟⲩⲟⲩⲱⲧ « quatre-vingts »[2] montre

[1] Sethe, *Zeitschr. f. aeg. Spr.*, XLVII, p. 33.
[2] Piehl, *ibid.*, XXXIII, p. 129.

que les Égyptiens procédaient parfois d'une autre manière,
par multiplication d'une des premières dizaines, ce qui
n'implique pas l'existence d'un système vigésimal complet,
mais seulement un moyen pratique d'expression.

A un moment donné, les Égyptiens éprouvèrent le
besoin de compléter leur système en créant des noms spéciaux pour les nombres de 6 à 9 [1], en empruntant des
mots appartenant à une autre langue, non pas tels quels,
mais en les déformant de manière à leur donner un aspect
égyptien et en les rapprochant ainsi, au point de vue phonétique, de certaines racines indigènes.

Cette modification, qui doit être très ancienne, ne peut
guère avoir eu lieu que lors du changement de régime
provoqué en Égypte par l'invasion ou l'immigration de
peuplades asiatiques, caractérisée pour nous par le nom
des Shesou-Hor, et à laquelle sont attachées tant d'autres
transformations importantes, telles que, dans la langue,
l'introduction de nouveaux pronoms personnels.

Envisagé de cette façon, le système numérique égyptien nous présente une évolution identique à celle de la
langue égyptienne aux époques primitives : le fonds même
est essentiellement indigène et s'est développé sur place;
il s'est modifié partiellement et amélioré de façon sensible
au moyen d'éléments étrangers, par suite de circonstances
politiques. L'Égyptien a eu en effet, de tout temps, une
rare faculté d'assimilation; c'est une qualité grâce à laquelle
il a toujours réussi à surmonter les grandes crises, à survivre aux invasions en perfectionnant sa civilisation au
moyen d'apports extérieurs, sans lui faire perdre son
originalité.

[1] On est encore en droit d'hésiter au sujet du nombre 6, qui pourrait
être, non un vocable d'origine étrangère, mais un mot vraiment égyptien, un nom spécial pour la première unité du deuxième quine, comme,
dans certaines langues modernes, il y a des mots de formation spéciale
pour les premiers nombres intermédiaires suivant le nombre 10 : elf,
zwölf; eleven, twelwe.

UN OSTRACON THÉBAIN

DE LA XVIIIe DYNASTIE,

PAR

M. HENRI SOTTAS.

Mon collègue et ami Raymond Weill a bien voulu m'autoriser à publier ce joli petit monument qui est sa propriété. En même temps que la photographie, il m'a remis quelques notes, auxquelles j'ai fait des emprunts.

Voici, d'après Weill, les caractéristiques matérielles : «Cet ostracon, acheté à Gournah en 1912, est une grosse plaque de calcaire très plane du côté qui fut utilisé pour écrire, mais élevée, dans sa masse, suivant un plan très oblique par rapport à sa face avant. L'objet s'était résolu en plusieurs lames et petits morceaux venus suivant les biseaux résultant de cette conformation; rajusté à la colle forte, il fut trouvé dans cette condition chez le marchand indigène. La face plane écrite est longue, dans le sens des lignes (voir la reproduction), de 210 millimètres, et haute de 130 (dimensions maximum prises sur cette aire de contour irrégulier); l'épaisseur de la plaque varie entre 30 et 40 millimètres.

«La surface écrite est entièrement conservée, sauf la chute de petits éclats le long du bord. Sept lignes en écriture hiératique, plus un mot isolé à la hauteur d'une huitième. En noir d'abord, puis, à partir du premier quart de la ligne 6, la fin à l'encre rouge. Les gros points de séparation sont tous en rouge.»

TRANSCRIPTION.

[hieroglyphic text]

TRADUCTION.

1. L'homme dépourvu du nécessaire se trouve possesseur de trésors.
2. Celui qui n'avait pas un lopin de terre a un cortège d'acclamateurs
3. et fait arriver qui n'a pas les moyens d'arriver!
4. Le misérable devient chef de village
5. et y fait la loi. On boit ses paroles.
6. Il fait s'ouvrir les oreilles du sourd.
7. Et tout cela se produit dans l'espace d'une génération
8. La Cour est morte à l'Abondance.
9. La Naissance ne garantit rien à personne,
10. si ce n'est qu'elle lui octroie le souffle de vie.

11. Or tu es né grand seigneur, et vois, tu as passé ton exis-
    tence
12. dans le cadre des desseins de Dieu sur toi.
13. Honore donc le roi du Sud et glorifie le roi du Nord.

COMMENTAIRE.

(3) J'ai cru tout d'abord que, dans ce paragraphe, il s'agissait de procurer aux indigents des funérailles décentes. C'était là une des formes de charité qu'affichaient les puissants de ce monde. En regardant de plus près les sens du mot ▭〰❘❘⟶, étudiés par Gardiner (*Ä. Z.*, XLII, p. 120 et suiv. et *Recueil*, XXXII, p. 227), on voit qu'il veut dire «mourir» et non «être porté en terre»[1]. L'influence qu'a pu exercer sur le procès sémantique l'idée des funérailles par eau est beaucoup moins évidente qu'on ne l'imagine à première vue. En fin de compte, le verbe se prête à un jeu de métaphores dont Sinouhe fournit un exemple : «marier». Bien qu'il faille se défier des rencontres d'expressions, je crois que notre «arriver», au sens de faire son chemin dans la vie, est un équivalent très acceptable.

(4) *Swnw* doit être le participe du verbe étudié par Gardiner, *Admonitions*, p. 41.

(5) ✱❘❘𓀁 ne peut guère être «pseudoparticipe», à cause du redoublement. On y verra un participe à nuance de présent, pour la même raison, et de voix, soit active, soit passive, avec désinence ❘❘ ou 𓅭 défective. A l'actif, il se rapporterait à ⟶, régime du verbe, soit, littéralement : «il le dirige, lui qui (*eum qui*) recherche les paroles». Mais, dans ce cas, il vaudrait peut-être mieux dire «ses paroles» que «les paroles». Le participe passif serait, au contraire, en apposition au sujet et l'expression «désiré quant aux paroles» logiquement construite.

[1] La remarque de Gardiner s'applique surtout aux anciens textes. On rencontre, au moins à l'époque gréco-romaine, l'expression «aborder à la nécropole». Cf. H. Junker, *Das Götterdekret des Abaton*, p. 49.

Le style des inscriptions funéraires des Moyen et Nouvel Empires nous a accoutumés à cette alternance des phrases complètes et des participes ou substantifs pris absolument. Exemples, entre autres : Sethe, *Urkunden*, IV, p. 46, 970 et 1071. La traduction ne tend pas à établir un rapport avec Ⳮⲓⲃⲉ.

(6) Le début de la ligne 4, brouillé sur le cliché, est suffisamment visible sur l'original. Avant les deux ⚲ on distingue des traits à demi effacés qui semblent répondre au groupe ⚲◯, d'ailleurs assez mal formé. Sa présence peut être due à une distraction du scribe, aussitôt corrigée.

On sait par quels moyens les potentats au petit pied savaient se faire écouter du vulgaire. D'où les tropes bien connus : «Le jeune homme a un dos; il entend celui qui le frappe», et : «L'oreille du jeune homme est sur son dos». Cf. Spiegelberg, *Studien und Materialen zum Rechtswesen*, p. 69.

(8) Cette phrase est difficile. Le premier groupe peut se transcrire ◟ ou ◞. Dans le premier cas, on aurait, à la rigueur : «préposé au portail de Rannout». La tournure serait alors au vocatif, et le ◠ du vers suivant, pronom de la 2ᵉ personne, soit : «Ô préposé au portail de Rannout, Meskhent ne te fixe pas à elle.» Mais alors il faudrait, au vers 10, «si ce n'est qu'elle fixe le souffle à *ta* narine». En outre, tout verset, entre deux points, forme généralement une phrase. Il n'y a d'exception que pour 12, qui complète 11. Enfin, le discours comporte deux sections bien tranchées, et la distinction est renforcée par la couleur des encres. Pourquoi cette apostrophe viendrait-elle au milieu des généralités et non au début des arguments *ad hominem*? D'ailleurs, les déesses Rannout et Meskhent sont unies par un lien si étroit, notamment lors de la psychostasie, qu'il est impossible de rompre le parallélisme des deux membres de phrase qui contiennent leurs noms. Il y a encore d'autres raisons de ne pas re-

Ostracon Thébain de la XVIIIe dynastie
(Collection R. Weill)

chercher un rapprochement avec ⸗. On ne
s'entend ni sur la lecture, ni sur le sens du dernier terme.
Les discuter entraînerait beaucoup trop loin.

Il y a donc lieu, supposé que le texte soit correct, d'envisager la lecture ⸗. Si le verbe « mourir » s'écrit normalement ⸗, cette orthographe n'est nullement fixée et l'on
trouve ⸗ tout court sous la XVIII⁰ dynastie (*Urkunden*,
IV, p. 939). D'ailleurs un copiste inattentif peut avoir
été influencé par l'alliance de mots « préposé au portail ».
L'absence du déterminatif habituel est donc admissible
dans une certaine mesure.

⸗, « la double porte », au sens étroit, représente,
comme on sait, une partie plus ou moins étendue du
palais royal, peut-être quelquefois le palais entier et même
le souverain en personne (G. Maspero, *Les Contes populaires*, 4ᵉ éd., p. 101, n. 2). Il en sera encore ainsi plus
tard pour les vocables πυλών et θύραι, selon la remarque
d'Otto (*Hermes*, LV, p. 222; cité d'après I. Bell, *J. E A.*,
VII, p. 97). Dans les contrats démotiques, *r n Pr-ᶜo*
« la porte de Pharaon », équivaut à θησαυρὸς βασιλικός
(H. Thompson, *Theban Ostraca*, p. 30; W. Spiegelberg,
Recueil, XXXVI, p. 172 et suiv.). On connait les deux passages de Sinouhe (R. 9 et B. 282) où revient l'expression
⸗. Le second surtout a fait l'objet d'une
longue discussion (cf. Gardiner, *Recueil*, XXXIV, p. 196
et suiv., et XXXVI, p. 203). Sans la reprendre point par
point, voici comment j'entends les choses. Le héros du
conte est envoyé par le Pharaon à une sorte de chancellerie du palais (⸗) où on lui assigne
un rang (⸗) à la cour. Là, les infants l'attachent à
leur personne (litt. lui donnent leurs mains). Conduit
ensuite au Double Portail, il est hébergé dans la maison
d'un infant, en attendant que le logis à lui destiné soit
mis en état. Nous pouvons donc nous représenter le Double
Portail comme une sorte de Versailles où la noblesse de
cour se groupe autour de la personne royale — plus au
large peut-être — et vit de sa munificence, « mange son
pain », comme dit ailleurs Amenemhet Iᵉʳ. Aussi, quand

le début du récit (voir les variantes du texte, *Recueil*, XXXVI, p. 21) nous montre, à la mort du même Amenemhet, le Double Portail fermé et les courtisans dans le marasme, on peut croire qu'il se mêle à leur deuil la crainte de ne pas retrouver les mêmes avantages sous le nouveau maître. Le cas de Sinouhe, exilé volontaire, paraît exceptionnel, mais nous savons de reste qu'à cette époque le palais était livré à l'intrigue et aux changements brusques de fortune qui en sont le produit habituel. (Cf. Éd. Meyer, *Histoire de l'Antiquité*, I, ii, § 280).

Si l'on veut toute ma pensée sur l'interprétation de B. 282, Gardiner me paraît conférer à Sésostris Ier une physionomie un peu trop dépourvue de dignité quand il lui fait clore l'audience par une parole définitive revenant à « Conduisez se laver » un personnage qui va désormais vivre dans « le velours et dans la soie », dirionsnous.

Pour toutes ces raisons, je crois qu'en rendant par « cour » je reste dans l'esprit du texte et ne m'écarte pas trop de sa lettre.

Quant à Rannout, c'est une personnalité divine complexe, à la fois déesse des moissons et nourrice céleste (cf. Maspero, *Histoire*, I, p. 82, n. 2. L'article récent de Höfer dans Roscher, *Lexikon der Mythologie*, s. v. Thermuthis, n'apporte pour cette époque aucune donnée nouvelle). Son nom pouvait évoquer dans l'esprit des Égyptiens des nuances qui nous échappent, mais ce qu'on attendait d'elle surtout, c'était une vie facile et exempte des soucis de l'existence matérielle. H Gauthier, trouvant Rannout mentionnée dans la grande inscription dédicatoire d'Abydos, a traduit (*A. Z.*, XLVIII, p. 56), lui aussi, par « abondance ». Spiegelberg (*Dem. Studien*, I, p. 13*; — *Mythusglossar*, n° 468) a relevé dans des documents démotiques des exemples du nom de la déesse répondant à l'idée abstraite « Glück, Segen ». Elle voisine souvent avec ⸗, le dieu du destin. Il est fait allusion au rôle de Rannout, lors de la naissance, aux côtés de Meskhent, par exemple dans l'inscription de Spéos

Artémidos (*Urkunden*, IV, p. 389) et à la fin de la «satire des métiers»[1], cette fois nettement au sens abstrait de «fortune».

Dire que la cour est morte pour Rannout, c'est dire, semble-t-il, vu le contexte, que la noblesse n'était plus rentée comme par le passé.

Quant à l'orthographe du nom, je préfère à ⸢☰⸣, qui ne s'expliquerait guère, ⸢☰⸣, en interprétant le ⸢—⸣ comme l'article que comportait sans doute déjà la langue parlée. Il n'y aurait pas plus d'anachronisme à transcrire Thermouthis qu'Aménophis. Par un phénomène inverse, on rencontre, aux basses époques, la forme Ἑρμοῦθις (Spiegelberg, *Ä. Z.*, XLIII, p. 89, nᵒ 12). On ne peut, sans corriger le texte, joindre ⸢∿⸣, qui serait le duel féminin normal (Lacau, *Recueil*, XXXV, p. 79). D'ailleurs un autre rapport que le génitif semble cadrer mieux avec l'ensemble.

(9) Encore une phrase difficile. Il se peut que le texte soit fautif, mais avant d'admettre pareille chose, on doit épuiser les moyens d'expliquer le passage tel qu'il nous est parvenu. Le mot gênant est ⸢☉⸣. Si l'on en fait le pronom régime de la 2ᵉ personne, il n'occupe pas sa place normale entre le verbe et le sujet substantif; puis, comme il a été dit, le ⸢⌣⸣ qui suit se trouve dépourvu d'antécédent. On est ainsi amené à traiter ⸢☉⸣ en substantif, avec le sens approximatif «quelqu'un». Les Anglais emploient de même leur «one» indifféremment comme sujet ou comme

---

[1] G. Maspero, *Du genre épistolaire*, p. 72. Je crois devoir tenter un nouvel essai de traduction de ce passage difficile et en partie corrompu. Ce qui reste douteux est en italique : «Vois, la Fortune est dans les voies de Dieu. — La Fortune du scribe est *à sa portée*, — le jour de sa naissance. — Il parvient au bureau — de l'administration étant (*simplement*) né de l'homme. — Vois, point de scribe privé de manger — des denrées du palais royal. — La Naissance est la prospérité du scribe. — Ceux qui mettent (*quelqu'un*) à la tête de l'administration — grâces soient rendues (*à*) son père et sa mère : — *sont* ceux qui (*le*) mettent sur la route des vivants.» — Malgré quelques incertitudes de détail, le thème transparaît clairement : l'enfant né d'une famille de scribes a d'avance sa fortune faite, à condition toutefois de ne démériter point.

régime [1]. D'ailleurs ce vocable entre dans la constitution des pronoms [hiéroglyphes], [hiéroglyphes], etc., qui apparaissent comme on sait, à date historique [2]. La forme [hiéroglyphes] est, à cet égard, très instructive. Quant à l'antécédent de [hiéroglyphe], ce doit être Meskhent (plus rapprochée que Rannout), bonne fée distribuant ses dons à l'enfant noble lors de sa naissance, et qui, en ces temps troublés, manque à ses devoirs. Je m'arrête donc au mot-à-mot : Meskhent ne fixe personne à elle-même.

(13) Des traces d'un signe arrondi et d'un signe rectiligne vertical après [hiéroglyphes] ne me semblent pas utilisables. Le mot [hiéroglyphes], nouveau pour moi, est des plus intéressants, comme prototype de ϣογϣογ, dont l'étymologie n'était pas certaine. Sethe (*Verbum*, III, p. 86) n'en propose aucune. Griffith (*Stories*, p. 148) rapproche le vocable copte du démotique *š'š'*, et aussi, mais avec doute, de l'hiéroglyphique [hiéroglyphes]. Sur ce premier point il paraît avoir raison, car la différence entre ' et ' n'est pas toujours marquée en démotique; et si ' était entendu comme voyelle, on sait que, dans ce rôle, il rend le son o, voisin de ογ. Pour *š'š'*, Sethe (*Verbum*, I, § 272 *a*) semble avoir eu tort de le faire dériver de [hiéroglyphes] [3], et Griffith, en proposant [hiéroglyphes], doit être plus près de la vérité [4]. C'est le factitif du vieux verbe [hiéroglyphes] encore usité à l'époque grecque, peut-être à titre d'archaïsme, et qui semble avoir disparu, absorbé par son presque homonyme et synonyme ογωϣτ dont l'origine est différente. Pour l'un et l'autre

---

[1] Pour [hiéroglyphes], sujet en tête de phrase, cf. les exemples réunis par Erman (*Gramm.*, § 379), tous extraits du même groupe de textes littéraires du M. E. On y ajoutera : Pétrograd, 1116 B, 27, 34, 39, 54.

[2] Je compte revenir sur ce sujet. J'attendais d'avoir pu prendre enfin connaissance du mémoire de K. Sethe, *Der Nominalsatz*. Son paragraphe 18 ne m'a pas convaincu.

[3] Dans son récent *Koptisches Handwörterbuch* (Heidelberg, 1921), Spiegelberg met en rapport *[hiéroglyphes], *šš* et ϣογϣογ.

[4] Cf., dans la stèle de Turin étudiée ici-même par M. l'abbé Drioton, les verbes [hiéroglyphes] et [hiéroglyphes] en parallélisme (l. 7-8).

auteur, le premier ⲱ était le produit d'une assimilation.
La forme que nous avons ici montre qu'il y a en outre
contraction, comme dans le cas de ⸗ devenu ⲱⲟⲩⲉ
(*Verbum*, I, § 272). La réduplication cadre avec la catégorie définie par Sethe (*Verbum*, I, § 336-2) : «Tätig-
keiten des Verstandes oder Gemütes, die sich wieder-
holen.»

Reste la métathèse ⸗, ⸗ qui ne peut guère
faire difficulté. Une bizarrerie sémantique plus apparente
que réelle réside dans l'existence d'un verbe ⸗
⸗ dont le sens «amoindrir» est diamétralement
opposé. Mais qui honore quelqu'un s'abaisse devant lui.
L'idée de bassesse peut donc s'être attachée à la même
racine (cf. *Admonitions*, p. 24, 54, 69). La présence
constante du déterminatif ⸗ semble justifier cette manière de voir.

On remarquera l'artifice de style par lequel les deux
impératifs se trouvent encadrés entre les deux titres
royaux.

Dans l'ensemble, nous avons donc affaire à un petit
morceau de morale courante construit sur le thème suivant : «Les conditions sociales sont instables, et précaires
les privilèges de la naissance. Félicite-toi d'avoir passé
ton existence sans catastrophe ni amoindrissement.» Le
rapprochement se fait de lui-même avec la littérature dite
pessimiste si largement représentée aux environs du
Moyen Empire [1]. Cependant, si je ne me trompe, les
formules y sont en grande partie nouvelles et d'ailleurs

[1] Les principaux travaux parus sur le sujet, après les éditions origi-
nales, sont : J. H. BREASTED ; *Developement of religion and thought*, chap. VII
et fin du chap. VI ; — R. WEILL, *Journal Asiatique*, 1910 ; 1911 et 1917,
passim ; — Ed. MEYER, *Histoire de l'Antiquité*, I, II, § 282 et suiv. ; —
A. H. GARDINER, *J. E. A.*, I, p. 20 et suiv., 100 et suiv. ; — Ad. ERMAN,
Die Mahnworte eines äg. Propheten (*Sitzungsberichte*, Acad. Berlin, 1919 ;
p. 804 et suiv.); G. FARINA, *Aegyptus*, janvier 1921. — Al. Moret a fait
une communication à la Société Asiatique, le 11 mars 1921, sur «L'accession de la plèbe aux droits civils et religieux en Égypte vers 2000
av. J.-C.», et j'ai aussitôt après annoncé la publication prochaine du présent ostracon.

les conclusions différentes. Sur le bouleversement des classes sociales, le papyrus 344 recto de Leyde revient à plusieurs reprises (voir les passages groupés dans *Admonitions*, p. 10 et suiv.). Notre expression [hieroglyphs], plus correctement orthographiée [hieroglyphs], s'y retrouve quatre fois dans un contexte similaire. Au papyrus 1116 B recto de Pétrograd (*J. E. A.*, I, p. 105), dont la composition est mieux ordonnée, ce thème fournit le couplet final du développement pessimiste. On y lit [hieroglyphs] (50) et [hieroglyphs] (56).

Modeste dans ses dimensions, notre texte, comparé aux ouvrages plus étendus, présente les avantages de la clarté du style et de l'équilibre des parties constituantes.

On remarquera que l'idée exprimée tout d'abord et avec les détails les plus pittoresques n'est pas l'abaissement des grands, mais l'élévation des petits. N'est-il pas toujours vrai qu'après les grandes secousses sociales le sort des victimes est rendu plus amer par le spectacle de l'insolence des parvenus [1]?

La dernière phrase n'est pas dénuée d'intérêt, si l'on y doit voir autre chose qu'une vague formule d'actions de grâces, et si les mots y ont conservé leur valeur. Entre les lacunes du papyrus de Leyde on distingue deux courants. Tantôt la royauté semble elle-même entraînée dans la décomposition sociale (*Admonitions*, p. 12). Tantôt le pamphlétaire impute au souverain la responsabilité des malheurs publics (*ib.*, p. 8; Breasted, *op. cit.*, p. 213 et suiv.). C'est cette note que fait entendre notre ostracon. On y affirme qu'un noble doit à la munificence royale d'avoir échappé aux infortunes qui accablent ses pairs. Toute une partie de cette littérature a une tendance nettement aristocratique et le tableau poussé au noir de l'anarchie générale semble inspiré par une coterie de courtisans disgrâciés, privés de leurs emplois ou sinécures ou menacés de l'être. Notre royauté a connu aussi

[1] Cf. l'amusante pointe contre le nouveau riche dans la fable copte citée par O. von Lemm, *Koptische Miszellen*, n° 38.

de ces oppositions violentes de la part des nobles quand
elle a voulu s'entourer de légistes ou de ministres rotu-
riers. On sent d'ailleurs une influence analogue dans les
« Instructions » du roi héracléopolitain conservées au papyrus 1116 A de Pétrograd (*J. E. A.*, I, p. 26), où tout un
paragraphe est consacré au développement de cette idée :
« Magnify thy nobles..... Great is the Great One, when
his great one are great. Strong is the King who possesses
courtiers », etc. Reproches et flatteries alternent, tendant
au même but[1].

Pour l'âge à attribuer à notre manuscrit, je relève dans
les notes de Weill : « Première moitié de la XVIIIe dynastie. L'écriture paraît être celle du temps de Thoutmès III. » Sans être, sur ce chapitre, disposé à affirmer,
je crois que Weill a raison. Par exemple, le signe 𓀀 a
bien la même forme que dans MÖLLER, *Paläographie*, II,
n° 524, col. Ledershandschrift; époque d'Aménophis II.
Weill n'avait pu avoir encore connaissance du dernier
travail de Möller sur la paléographie hiératique (*Zur
Datierung literarischer Handschriften*, ap. *Ä. Z.*, LVI, p. 34
et suiv.). Parmi les quelque 35 signes utilisés comme
repères, on retrouve ici 𓀀𓏤𓃀𓅓 et le groupe 𓇌
𓅂. Sans entrer dans une comparaison de détail, on
voit que les formes de 𓅂 et de 𓈖 indiquent en effet plutôt la première moitié de la XVIIIe dynastie. Bien plus
caractéristique encore est 𓅓, montrant la graphie de
transition qui apparaît, dans les tableaux de Möller (*Pa-
läogr.*, I, 577 et II, 172 ^{bis}), entre Westcar et Ebers, pour
disparaître après ce dernier document. Au contraire, la
place des éléments de 𓏎 exclut la période antérieure à
la XVIIIe dynastie. Autant qu'on peut tabler sur de telles
données, la datation proposée par Weill paraît devoir être
acceptée, du moins sous sa forme la plus générale.

____

[1] Quand ceci a été écrit je n'avais pu consulter ni l'édition du papyrus
de Pétrograd, ni l'article d'Erman donnant une interprétation nouvelle du
texte de Leyde. La notion d'un souverain restant, par indifférence sénile, à
l'écart des affaires, ne s'accorde pas trop mal avec les données de l'ostracon. Le remerciement au roi s'expliquerait même plutôt mieux ainsi.

UNE NOUVELLE PIÈCE

DE LA

CORRESPONDANCE DE SAINT PESUNTHIOS,

PAR

M. HENRI SOTTAS.

Le papyrus qu'on va lire est la propriété de M. Ét. Dezaunay et m'a été communiqué par M. B. Haussoulier. A tous deux j'adresse mes remercîments pour m'avoir donné, soit l'autorisation, soit l'occasion de publier cet intéressant document.

Il est opisthographe et mesure o m. 118 de hauteur sur o m. 176 de largeur. Il est complet, sauf qu'il manque peut-être une ou deux lettres à la fin des lignes 1 et 2 du recto. Quelques trous sans importance.

Au verso, on compte o m. 02 entre le texte principal et l'adresse, et la même distance entre l'adresse et le bord inférieur.

Le papyrus est palimpseste au recto. On distingue, surtout à gauche, des traces d'une écriture penchée et assez ligaturée. Il est difficile de déterminer s'il s'agit de copte ou de grec. L'effaçage a laissé des traînées horizontales.

L'écriture actuelle présente peu de ligatures et est moyennement penchée.

RECTO.

1. ☩ ϢⲞⲢⲠ ⲘⲈⲚ Ⲛ̄ϨⲰⲂ ⲚⲒⲘ ⲀⲚⲞⲔ ⲚⲀⲤⲦⲀⲤⲒⲀ ⲉ[ⲧ?]

2. ⲈⲦⲠⲢⲞⲤⲔⲨⲚⲈⲒ ⲀⲨⲰ ⲈⲦⲀⲤⲠⲀⲌⲈ Ⲙ̄ⲠϨⲨ[ⲠⲞ?]

3. ⲠⲞⲖⲒⲞⲚ ⲚⲚ̄ⲞⲢⲢⲈ[Ⲧ]Ⲉ Ⲙ̄·ⲀϪⲞⲈⲒⲤ Ⲛ̄ⲈⲒⲰⲦ

4. ⲉⲧⲉⲙ·ϣⲁ ⲛ̄ⲧⲁⲉⲓⲱ ⲛⲓⲙ ⲁⲡⲁ ⲡⲉⲥⲩⲛⲑⲓⲟⲥ

5. ⲡⲉⲡⲓⲥⲕⲟⲡⲟⲥ ⲡⲁⲡⲉⲓⲣⲡⲙⲉⲩⲉ ⲉⲧⲛⲁⲛⲟⲩϥ

6. ⲟⲩⲱϣⲉ ⲟⲩⲛ ⲡⲁϫⲟⲉⲓⲥ ⲛ̄ⲉⲓⲱⲧ ⲛⲅ̄ⲧⲛ̄ⲛⲟⲟⲩ

7. ⲡⲧⲟⲩⲙⲁⲣⲓⲟⲛ ⲛ̄ⲭⲁⲣⲧⲏⲥ ⲛⲁⲓ ⲛ̄ⲙⲟⲛ̄ ⲡⲛⲟⲩⲧⲉ

8. ⲥⲟⲟⲩⲛ ϫⲓⲛ ⲛ̄ⲡ̄ϩⲟⲟⲩ ⲛ̄ⲃⲁⲥⲓⲗⲉⲓⲟⲥ ⲉⲓ ⲉϩⲟⲩ

9. ⲛⲁⲓ ⲁⲓϯ·ⲧⲉⲫⲟⲛⲏ ⲙ̄ⲡⲛⲟⲙⲟⲕⲟⲥ ⲡⲉϫⲁϥ

10. ϫⲉ ⲙⲁ·ⲛⲧⲏⲩ ⲭⲁⲣⲧⲏⲥ ⲁⲩⲱ ⲁⲓϩⲓⲥⲉ ⲉⲓⲉⲣⲱϣ

11. ⲁⲡϩⲉⲩ ⲙ̄ⲡⲉϥⲉⲓ ⲡⲉϫⲁⲩ ϫⲉ ⲛ̄ⲧⲁϥⲃⲱⲕ

12. ⲉϩⲣⲁⲓ ⲉⲃⲩⲏⲧ   ⲟⲩⲱϣⲉ ⲟⲩⲛ ⲛ̄ⲅ

VERSO.

13. ⲧⲛ̄ⲛⲟⲟⲩⲅⲭⲁⲣⲧⲏⲥ ⲛⲁⲓ ⲛ̄ⲧⲁⲥⲥϩⲁⲓⲧⲥ̄

14. ⲛⲁⲕ ⲛ̄ⲛⲁⲧⲗⲁⲟⲩ ⲛ̄ⲥⲉⲛⲧⲉⲗⲓⲟⲛ ⲁⲩⲱ

15. ⲛ̄ⲛⲁⲧⲗⲁⲟ ⲛ̄ⲁⲫⲫⲟⲃⲟⲗⲓⲁ ⲁⲩⲱ ⲡⲛⲟⲧⲉ

16. ⲥⲟⲟⲩⲛ ϫ·ⲉϣⲱⲛⲉ ⲉⲓⲕⲏ ⲁϭⲛ̄ⲧⲥ̄ ⲁⲉⲓ

17. ⲉⲣϩ[ⲱⲃ] ⲛⲁⲕ ✝ ⲟⲩϫⲁⲓ ϩⲛ̄ⲡϫⲟⲉⲓⲥ

18. ⲏ ⲁⲅⲓⲁ ⲧⲣⲉⲓⲁⲥ ✝

19. ✝ ⲧⲁⲁⲥ ⲙ̄ⲡⲁϫⲟⲉⲓⲥ — ⲛ̄ⲉⲓⲱⲧ ⲁⲡⲁ ⲡⲉⲥⲩⲛ-
    ⲑⲓⲟⲥ

20.   ⲡⲉⲡⲓⲥⲕⲟⲡⲟⲥ ϩⲓⲧⲛ̄ⲛⲁⲥ-

21.   ⲧⲁⲥⲓⲁ ⲧⲉϥⲙ̄-

22.   ϩⲁⲗ

PARTICULARITÉS GRAPHIQUES ET ORTHOGRAPHIQUES.

1-2. On a le choix entre le redoublement abusif de
ⲉⲧ et la suppression, non moins abusive, du premier ⲡⲟ.

3. Pour ⲟⲩⲣⲏⲧⲉ ⲙ̄ⲡⲁϫⲟⲉⲓⲥ.

4. Pour ⲉⲧⲉⲙⲡϣⲁ.

7. τόμαριον — μόνη (?); l'ⲙ semble corrigé sur une
autre lettre.

8. Pour ⲭⲉ ⲭⲓⲙⲡϩⲟⲟⲩ — ⲛⲧⲁⲃⲁⲥⲓⲁⲉⲓⲟⲥ; ⲧⲁ, oublié, a été reporté sur ⲁⲥ parce que la partie supérieure du ⲃ occupe l'interligne.

9. φωνή — νομικός.

10. Peut-être ⲉⲓⲉⲓⲱϣ.

12. ⲕⲩⲏⲧ et ⲃⲁⲩⲏⲧ également possibles.

14. συντέλιον.

15. ἀμφιβολία.

16. Pour ⲭⲉ ⲉⲓϣⲱⲛⲉ.

17. ⲣ semble sûr; ⲛⲁⲕ aussi.

21-22. Pour ϩⲙ̅ϩⲁⲗ.

TRADUCTION.

Recto.

✝ Avant toute chose, moi, Nastasia, (2) je me prosterne et je baise l'escabeau (3) des pieds de mon seigneur et père, (4) digne de toutes les glorifications, Apa Pésunthios, (5) évêque, qui jouit d'une si belle renommée.

(6) Daigne donc, mon seigneur et père, envoyer (7) le rouleau de papier à moi seule. Dieu (8) sait que, depuis le jour où Basiléios est venu me (9) trouver, j'ai réclamé à l'homme de loi et il a dit (10) qu'il n'y avait pas de papier. J'ai tenté d'en appeler (11) à Phcu, mais il n'est pas venu et on a dit qu'il était descendu (ou remonté) (12) à B(a)ouêt. Daigne donc

Verso.

(13) m'envoyer le papier sur lequel j'aurai à écrire (14) pour toi, sans qu'il y ait compétition ni (15) équivoque d'aucune sorte. Dieu (16) sait que je suis malade lorsque, (17) travaillant pour toi, je m'en trouve dépourvue. ✝ Sois en santé dans le Seigneur. (18) Par la Sainte Trinité. ✝

(19) ✝ A remettre à mon seigneur et père Apa Pésunthios, (20) évêque, de la part de (21) Nastasia, sa (22) servante.

COMMENTAIRE.

(2) Cette formule de politesse ecclésiastique, si fréquente dans la correspondance, contient l'expression néo-

verso

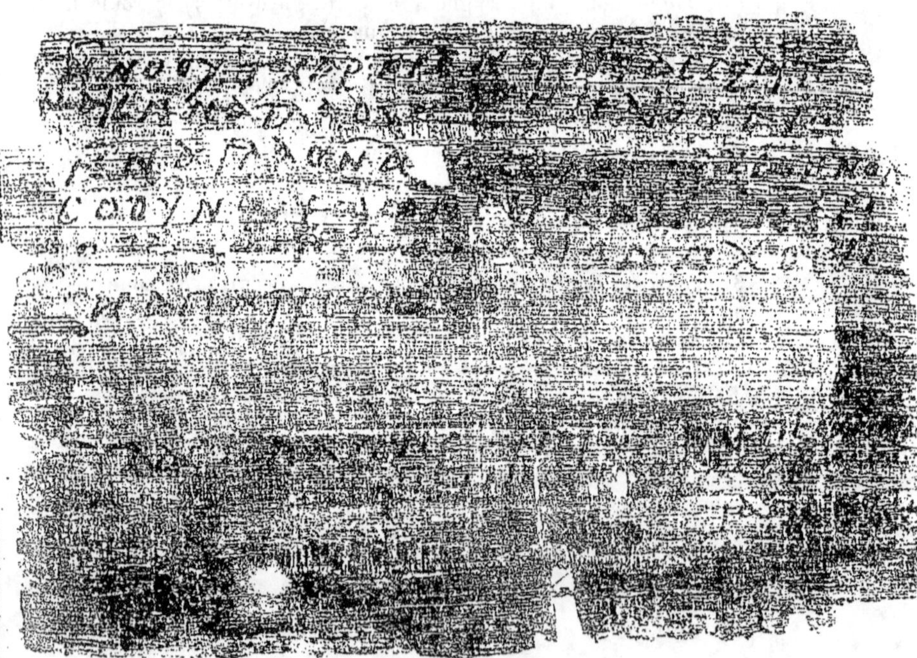

Lettre à St Pesunthios
(Collection Et. Drioton)

testamentaire ὑποπόδιον τῶν ϖοδῶν qui, elle-même, traduit הֲדֹם רַגְלָיִם. Voir les références dans HASTINGS, *Dictionary of the Bible*, *s. v.* Footstool. Dans l'ensemble, on a là, à peu près, l'équivalent de la vieille expression ⌐╱.

(7) Le trait dépassant ⲚⲘⲞⲚ semble indiquer une abréviation. On pense à ⲘⲞⲚⲞⲚ ou ⲘⲞⲚⲀⲬⲎ. Mais la construction avec ⲛ rend plus probable l'adjectif ⲘⲞⲚⲎ qui jouerait, en somme, le même rôle que ⲘⲀⲨⲀⲀⲦ. Il est, certes, peu usité en copte. Toutefois, comme l'a observé M. Crum (*Revue de l'Orient chrétien*, XX, p. 4), l'entourage de Pésunthios possédait quelque connaissance du grec et Nastasia, bien que coutumière du barbarisme dans l'une et l'autre langue, a pu vouloir faire montre de ses talents d'helléniste, de même qu'elle visait au style relevé.

Si l'on veut bien faire abstraction du trait horizontal, on aura une solution plus simple en voyant dans ⲚⲘⲞⲚ une forme attestée de l'adverbe ⲘⲘⲞⲚ (cf. CRUM, *Coptic Ostraca*, p. xxi, n. 2). Dans la traduction, il y aurait lieu de remplacer «seule» par «certes».

(9) La lecture de ⲀⲓⲦⲈⲪⲞⲚⲎ m'a donné beaucoup de peine, mais est finalement assurée. ⲉ pourrait être ⲋ; ⲫ pourrait être ⲓ; ⲟ est certain, par élimination; ⲏ pourrait être ⲙ. L'expression est de la forme ⲦⲤⲘⲎ. Cf. CRUM et STEINDORFF, *Rechtsurkunden aus Djême*, n° 78, l. 46: ⲏ ⲚⲦⲚⲦⲓ ⲔⲈⲪⲰⲚⲎ ⲈⲤⲦⲓ ⲞⲨⲂⲎⳓ. L'orthographe ⲦⲈⲪⲰⲚⲎ est encore attestée *ibid.*, n° 106, l. 87, et d'ailleurs normale, ⲫ valant le complexe ⲡⲋ (cf. STERN, § 228). Quant au sens proposé, on l'admettra volontiers, en considérant l'étymologie de notre mot «réclamer». — Sur la fonction du νομικός, cf. A. STEINWENTER, *Studien zu den Koptischen Rechtsurkunden (Studien Wessely*, XIX, 1920), p. 61 et suiv.

(10) Sur la tournure ⲋⲓⲥⲉ ⲉ ⌐, cf. O. VON LEMM, *Kleine Koptische Studien*, p. 218 : ⲀⲦⲈⲦⲚⲋⲓⲥⲉ ⲈⲦⲈⲦⲚⲤⲰⲢⲘ

ⲚⲠ2ⲎⲦ ⲚⲚⲈⲢⲰⲘⲈ ⲚⲦⲈⲒⲠⲞⲖⲒⲤ «Ihr gabt euch Mühe zu verführen das Herz der Einwohner dieser Stadt».

Sur ⲰⲰ construit avec ⲉ, cf. par exemple Crum, *Coptic Ostraca*, n⁰ˢ 67 et 481. Je n'ai pas d'exemple à citer du complexe ⲢⲰⲰ, mais il ne serait pas de conformation anormale. Cette leçon paraît préférable à celle qui impliquerait le redoublement de ⲉⲓ, rappelant l'akhmimique ⲈⲈⲒ-.

(12) Il est difficile de situer ⲃ(ⲗ)ⲨⲎⲦ. On sait que Baouît, célèbre par son couvent, répond à ⲠⲀⲨⲎⲦ. La différence est minime, mais d'autres localités sont possibles. Cf. J. Maspero et G. Wiet, *Documents pour servir à la géographie de l'Égypte*, p. 57, et G. Daressy, *B.I.F.A.O.*, XIII, p. 177. L'adverbe Ⲉ2ⲢⲀⲒ, de forme ambiguë en sahidique, ne peut naturellement être d'aucun secours, et d'autant moins qu'on ne sait d'où est partie la lettre.

(13) Ⲥ2ⲀⲒⲦⲤ montre le Ⲧ usuel en boheirique. Quant à l'auxiliaire, on peut y voir soit ⲚⲦⲀ, conjonctif, soit ⲚⲦⲀⲒ, relatif du parfait, et entendre : «pour que je te l'écrive» ou «à propos duquel je t'ai écrit». La première version est plus acceptable, pour le sens et parce que notre texte, comme beaucoup d'autres de même catégorie, redouble volontiers. Ex. : ⲚⲚⲀⲦ pour ⲚⲀⲦ. — ⲬⲀⲢⲦⲎⲤ est, d'ordinaire, masculin en copte, comme en grec.

(15) La deuxième lettre d'ⲀⲪⲪⲞⲂⲞⲖⲒⲀ, bien que douteuse, n'est certainement pas un ⲙ. Un trait vertical, conservé au dessus de la ligne, ne peut convenir qu'à ⲓ, ⲫ ou ⳁ. Ce mot est le triomphe de la fantaisie orthographique chez notre Sévigné du vɪɪᵉ siècle. O. von Lemm a jadis consacré un long article (*Kleine Koptische Studien*, § XV; cf. *Kopt. Miszellen*, § VII, CIII, CXXIII, CXXXIX) à mettre en garde les coptisants contre les pièges que leur tendent les mots grecs d'emprunt, plus ou moins dénaturés. Après lui, je veux montrer par deux exemples,

tirés du même texte en dialecte fayoumique, à quels contresens on peut aboutir quand l'attention se relâche de ce côté :

H. Munier, *Un passage nouveau du martyre de saint Philothée* (*Annales du Service*, XVI, p. 247-252) :

ⲀⲚⲦⲀϬⲈⲰ ⲈⲀⲀⲨ ⲈⲦⲂⲈⲠⲞⲨⲰⲘ ⲘⲚⲠⲤⲰ ⲘⲘⲈϯ
ⲘⲚϨⲰⲂ ⲚⲒϥⲒ ⲚϨⲒⲰⲦⲒⲔⲞⲚ ⲈⲚⲒⲀⲒ ⲘⲘⲀⲨ.

M. Munier traduit : «Nous trouvâmes auprès d'eux en abondance à manger et à boire et toutes les choses bonnes consacrées ($\iota\epsilon\rho\alpha\tau\iota\varkappa\acute{o}\nu$) qu'on leur donnait.»

J'ose espérer que le lecteur compétent donnera la préférence à un rendu comme celui-ci : «Nous nous sommes attachés à eux, seulement à cause du boire et du manger et de toutes les affaires particulières que nous faisons.»

Les prêtres des faux dieux prétendent ne les avoir servis que par intérêt personnel.

L'adjectif $\iota\omega\tau\iota\varkappa\acute{o}\nu$, formé sur $\tilde{\iota}\omega\tau\alpha$, avec un sens voisin de «minime, menu», rappellerait les termes du fameux passage de saint Matthieu, v, 18. Mais il a le tort de n'être pas attesté, à ma connaissance du moins. Par contre, $\iota\!<\!\delta\iota\!>\!\omega\tau\iota\varkappa\acute{o}\nu$ présenterait une mutilation explicable matériellement, ce qui n'est pas le cas pour $\iota\epsilon\rho\alpha\tau\iota\varkappa\acute{o}\nu$.

Un peu plus loin, on lit : ⲀϥⲦⲒⲦⲀⲀⲦϥ ⲈⲦϥⲠⲞⲣϥⲎ ⲀϥⲠⲈϨⲤ : ⲀⲨⲰ ⲀϥϣⲰⲠⲒ ⲈϥϯⲈⲤ ⲈϨⲞⲨⲚ ϨⲘⲠϥϨⲀ ⲘⲘⲒⲚ ⲘⲘⲀϥ.

Traduction de l'éditeur : «Il prit la forme ($\mu o\rho\phi\acute{\eta}$) d'un cadavre et il parut comme s'il avait reçu un soufflet sur sa propre figure.»

Il s'en faut de plus d'un iota que cette version cadre avec la suivante : «Il porta la main à sa fibule, l'arracha et se mit à se l'enfoncer dans le visage.»

Si M. Munier s'est remémoré quelque histoire de fantôme giflé, le mot $\varpi o\rho\pi\acute{\eta}$, ou plutôt son presque synonyme $\varpi\epsilon\rho\acute{o}\nu\eta$, fait penser à des aventures bien plus classiques, comme celles d'Œdipe aveugle (*Œdipe roi*, 1269), d'Aphrodite blessée (*Iliade*, v, 425) ou de l'unique «res-

capé » du combat des Athéniens contre les Éginètes (Hérodote, V, 87).

On voit par là combien sont utiles les index de mots
grecs annexés aux publications coptes ou encore les mono-
graphies comme celles de Rahlfs (Acad. Berlin, 1913),
de Wessely et de Hopfner (Acad. Vienne, 1910 et 1918).

(16) ⲗⲟⲛⲧ = est une forme éclectique, avec le ⲟ du
boh. et le ⲧ du sah.

(17) Pour la restitution, cf. Crum, *Coptic Ostraca*,
n° 353 : ⲧⲁⲣⲉⲧⲉⲧⲛⲣ̄ϩⲱⲃ ⲛⲁⲓ. La séquence ⲗⲉⲓⲣϩⲱⲃ
ne s'élucide pas du premier coup. La phrase est forcément
circonstancielle. Bien que la forme de l'auxiliaire soit
normalement ⲉⲓ- en sahidique et ⲉⲉⲓ- en akhmimique,
je puis citer un exemple de ⲗⲉⲓ- dans ce dernier dialecte : C. Schmidt, *Gespräche Jesu mit seinen Jüngern*, v,
7 : ⲗⲉⲓⲣ̄ⲡⲁⲣⲁⲅⲉ ⲛ̄ⲛ̄ⲡⲏⲩⲉ = *transiens coelos*. Une autre
solution consisterait à voir dans ⲗⲉⲓ l'adverbe ἀεί; mais
il ne paraît pas attesté en copte, si ce n'est en composition. Dans ce cas, il faudrait que ⲉⲣϩⲱⲃ fût pour
ⲉⲓⲣ̄ϩⲱⲃ, comme à la ligne précédente, ⲉϣⲱⲛⲉ pour
ⲉⲓϣⲱⲛⲉ. Le passage deviendrait : « Je m'en trouve à
tout instant dépourvue. » Mais je crois la première version
préférable. Pour la forme de ⲉⲓⲣⲉ, on aurait ainsi deux
ⲉⲣ- douteux (l. 10 et 17), contre un ⲣ̄ certain (l. 5).

On connaît depuis longtemps, grâce aux travaux
d'Amélineau et de Revillout, la personnalité de saint
Pésunthios (568-631 ou 632), devenu évêque de Coptos
vers 598. La bibliographie de ses écrits et de ceux qui le
concernent (biographies, lettres, sermon) a été dressée
par W. E. Crum, d'abord dans ses *Coptic Ostraca* (1902),
p. 8, puis dans la *Revue de l'Orient chrétien*, XX (1916),
p. 1 et suiv. Tout récemment encore, le même auteur
publiait (*Short Coptic Texts*, n°s 174-176) trois lettres
appartenant à la Philipps Library (de Cheltenham) qui
possède concurremment avec le Louvre et le musée de

New-York, la majorité des pièces retrouvées de la correspondance de saint Pésunthios.

Le présent document a appartenu successivement à plusieurs personnes et il a été impossible de déterminer sa provenance. La plaque de verre sur laquelle est collé le papyrus porte l'étiquette : «Fragment de lettre d'Apollonius à Ptolémée.»

On sait que l'évêque de Coptos avait une culture assez étendue. Non seulement il possédait les sciences ecclésiastiques, mais il aurait eu la curiosité d'apprendre le démotique[1] (Amélineau, p. 17, 18, 29, 44, 47, et 144; Budge, p. xlviii). Avant de mourir, il eut soin de léguer ses livres à son disciple favori, Moïse. ϥⲓⲡⲣⲟⲟⲩϣ ⲛ̄ⲛⲁⲭⲁⲣ-ⲧⲏⲥ · ⲕⲁⲗⲟⲥ ϫⲉ ϣⲁⲕⲣ̈ⲭⲣⲓⲁ ⲙ̄ⲙⲟⲟⲩ : ϥⲓϥⲣⲱⲟⲩϣ ⲛⲛⲁⲭⲱⲙ ϫⲉ ⲭⲛⲁⲉⲣⲭⲣⲉⲓⲁ ⲙⲙⲱⲟⲩ (Budge, p. 123; Amélineau, p. 157). Dans quelques lettres adressées, soit à lui-même, soit à quelqu'un de son entourage, il est question d'envois de livres et de travaux de copie (*Revue égypt.*, IX, p. 158-159 et XIV, p. 28-30). Nastasia, qui avait une assez belle main, sinon une orthographe impeccable, a dû être employée par l'évêque à reproduire des ouvrages de bibliothèque.

Notre document présente, par comparaison, presque un intérêt d'actualité, puisqu'il témoigne d'une sorte de «crise du papier». Depuis longtemps alors, le papyrus était une denrée chère et qu'on se gardait de gaspiller[2]. De nombreux ostraca commencent ou se terminent par la formule d'excuse ⲕⲱ ⲛⲁⲓ ⲉⲃⲟⲗ ϫⲉⲙⲡⲓⲅⲛⲭⲁⲣⲧⲏⲥ

---

[1] Cela n'est pas démontré. On se base sur ce que Pésunthios lit un parchemin contenant une liste de noms de morts momifiés. Tout ce que l'on en connaît, c'est que l'un d'eux avait pour parents Agricolaos et Eustathia (p. 147). On ne tient donc pas la «preuve irréfragable que la clef de ces écritures n'était pas si bien perdue dès le second siècle de notre ère qu'on a bien voulu le dire sur la foi de Clément d'Alexandrie».

[2] Cf. W. Schubart, *Einführung in die Papyruskunde*, p. 39 et les différentes références données par H. Leclercq, ap. *Dictionnaire d'archéologie chrétienne*, I, col. 1806.

(cf. Crum, *Coptic Ostraca*, au n° 97). On peut la mettre en parallèle avec le mot d'Apulée (cf. P. Marestaing, *Les écritures égyptiennes*, p. 57 et suiv.) : « si papyrum aegyptiam . . . non spreveris inspicere » qui comporte, d'après Lombroso (*Aegyptus*, I, p. 267), une excuse de n'avoir point écrit sur parchemin. Par contre, cette matière était, au temps de Martial, la moins appréciée (cf. I. Bell, *J.E.A.*, VII, p. 99). Deux autres articles tout récents traitent de la question du papyrus au début de l'époque arabe (cf. *ibid.*, p. 102). T. W. Allen soutient que l'adoption de la minuscule est une conséquence de la raréfaction du papier après la conquête. A. Grohmann revient sur la question du monopole et croit que l'insertion du protocole avait pour objet d'intensifier la vente au profit de l'État.

Pour le protocole des actes coptes et ses rapports avec la fabrication et la vente du papyrus, cf. maintenant A. Steinwenter, *op. cit.*, p. 26 et suiv.

VII

MAGIE ET RELIGION

A STUDY OF THE LITURGY
CELEBRATED IN THE TEMPLE OF THE ATON
AT EL-AMARNA,

BY

AYLWARD M. BLACKMAN.

Much has been written during the last ten to twenty years on that remarkable phase in the history of Egyptian religion and art, which is so closely associated with the name of Amenōphis IVth, and for which many scholars are inclined to regard the king's own personality and teaching as largely responsible. No one, however, has hitherto attempted to reduce to a coherent whole the numerous scraps of information as to the procedure followed at the celebration of the liturgy in the temples of the Aton at El-Amarna, information that may be found scattered about the text and plates of the six volumes of N. de Garis Davies' great work, *The Rock Tombs of El-Amarna*, and on the pages of other works dealing with the art and religion of the El-Amarna period. To do this is the aim of the present article, which the writer hopes will prove to be a useful, if but small, contribution to the study of one aspect of a wide and very important question.

Before attempting to discuss the various ceremonies composing the Aton-temple liturgy, it will be as well perhaps, for the benefit of those especially who are not familiar with what has already been written about them, to give some description of the buildings in which that liturgy was celebrated.

The temple-precincts [1] of the Aton at El-Amarna

[1] For the various representations of the temple and for a full discussion of the problems which they raise see DAVIES, *Rock Tombs of El*

were divided into two enclosures, the front one being larger than the hinder. Either enclosure contained a sacred edifice, that in the larger enclosure being the main temple, and that in the smaller what was possibly regarded as the more sacred temple (see figs. 1, 2). This is suggested by the fact that 'Ōkhnatōn [1] and his family were in a special sense the chief officiants at the services performed in the sanctuary of the smaller temple, while, in addition, the colonnade outside the entrance to the sanctuary of that temple (later surrounding the great court through which the sanctuary was approached) was devoted to the cult of the royal statues (see below p. 510 f.).

An imposing gateway admitted to the outer court containing the main temple. In this court in addition to other buildings — no doubt the residences of the temple officials — was situated, to the left of the entrance, the yard where the victims were slaughtered. In representations of this yard (see fig. 5) [2] we are shewn, besides the carcas of a victim, the tethering stones to which the cattle were fastened for slaughter. A somewhat similar appliance for fastening down a victim is to be seen in the tomb-chapel of Pepi'onkh the Middle at Meir. It stands close to the mouth of the burial pit, and beside it is a basin for catching the victim's blood. Both basin and tethering stone are cut out of the living rock.

The main temple was entered through a great pylon, the towers of which were adorned with ten beflagged masts considerably taller than the towers themselves (see fig. 5) [3]. Along the façade of the temple [4], on either side of the pylon, extended a portico of sixteen columns,

---

Amarna, I, pls. XA, XI f., XXV-XXVIII, XXXIII; II, pls. XVIII f., p. 20 ff.; III, pls. VIII-XI, XXX, p. 19 ff.; IV. pls. V-VII, XVIII, XX; VI, pl. XX.

[1] For this vocalisation see C. Möller, *Zeitschrift für ägyptische Sprache*, 56, p. 101.

[2] Also Davies, *op. cit.*, I, pls. XI f., XXVII, XXXIII; II, pl. XVIII; III, pl. XXX; VI, pl. XX.

[3] Also *ibid.*, I, pl. XII; IV, pl. XX.

[4] *Ibid.*, II, p. 22.

eight in a line and two deep. This colounade, with the pylon towers and beflagged masts rising above it, must have provided a very effective frontage.

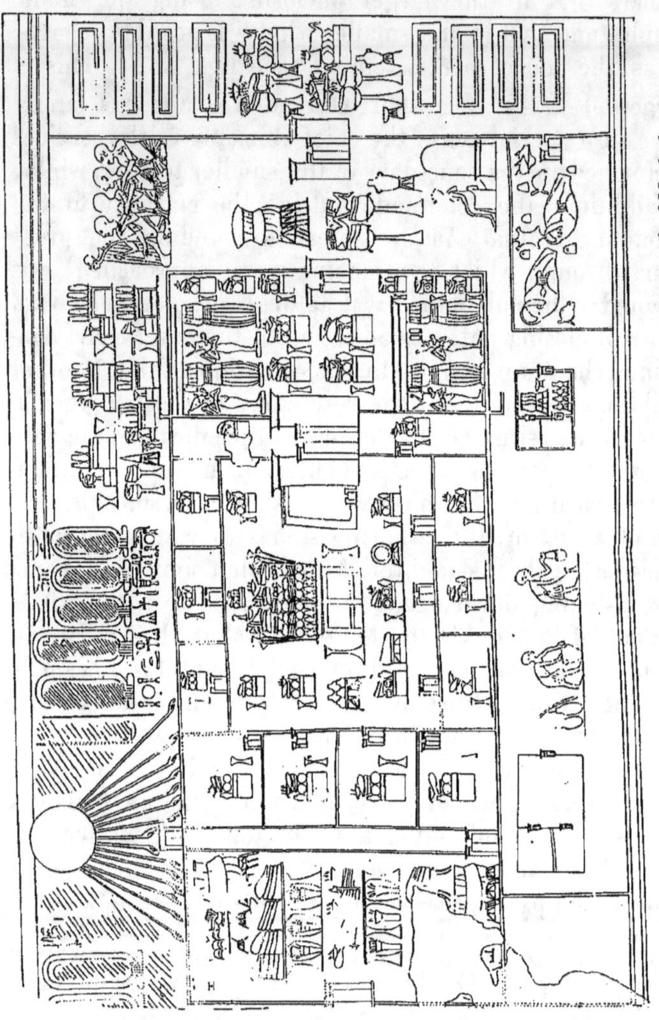

Fig. 1. — The smaller temple according to a relief in the tomb-chapel of Merirē. (After DAVIES, *Rock Tombs of El-Amarna*, I, pl. XXXIII.)

Behind the pylon lay the great court containing a number of small chapels or shrines and also the high altar (see fig. 6), the latter constructed of masonry and approached by a flight of steps. In front of this altar were what seem to have been four tanks (see fig. 5)[1], in which doubtless the officiants purified themselves before mounting the steps to make offering.

The rest of the temple consisted of a series of courts — one of which, the third, was colonnaded — leading one out of another and flanked with subsidiary courts. The second, like the first or great court, contained a number of chapels or shrines.

The smaller or inner temple, called the House of the Benben, consisted like the outer temple of a series of main and subsidiary courts. It has been stated that this temple was probably the more sacred of the two. Quite in accordance with what seems to have been its exceptionally sacred character are the eight tanks (see figs. 1, 2)[2] for purification, which were situated just outside the entrance to the enclosure or outer court, four on either side. Special care, too, seems to have taken to keep this court clean, for in three reliefs (see fig. 1)[3] servants are depicted sweeping the ground and sprinkling it the while with water to allay the dust.

Within this outer court, to the left of the entrance, stood a round-topped stele, set on a tall basis and reached by a flight of steps (see fig. 2)[4]. Beside the basis was erected a statue of 'Ōkhnatōn[5]. The stele would seem to be the object referred to in the El-Amarna inscriptions as the Benben, so named after the sacred stone in the sun-temple at Heliopolis.

In this court also, on the left hand side, as in the corresponding court of the larger temple, was the yard in which the victims were slaughtered (see figs. 1, 2)[6].

A somewhat insignificant gateway admitted to the first

[1] Also *ibid.*, I, pl. XXVII.
[2] Also *ibid.*, II, pl. XIX.
[3] Also *ibid.*, I, pl. XI; II, pl. XIX.
[4] Also *ibid.*, I, pl. XI; VI, pl. XX.
[5] Also *ibid.*, II, pl. XIX.
[6] Also *ibid.*, I, pl. XI, VI, pl. XX.

court of the actual temple, but between this and the second court, or main court of the sanctuary, was a tall

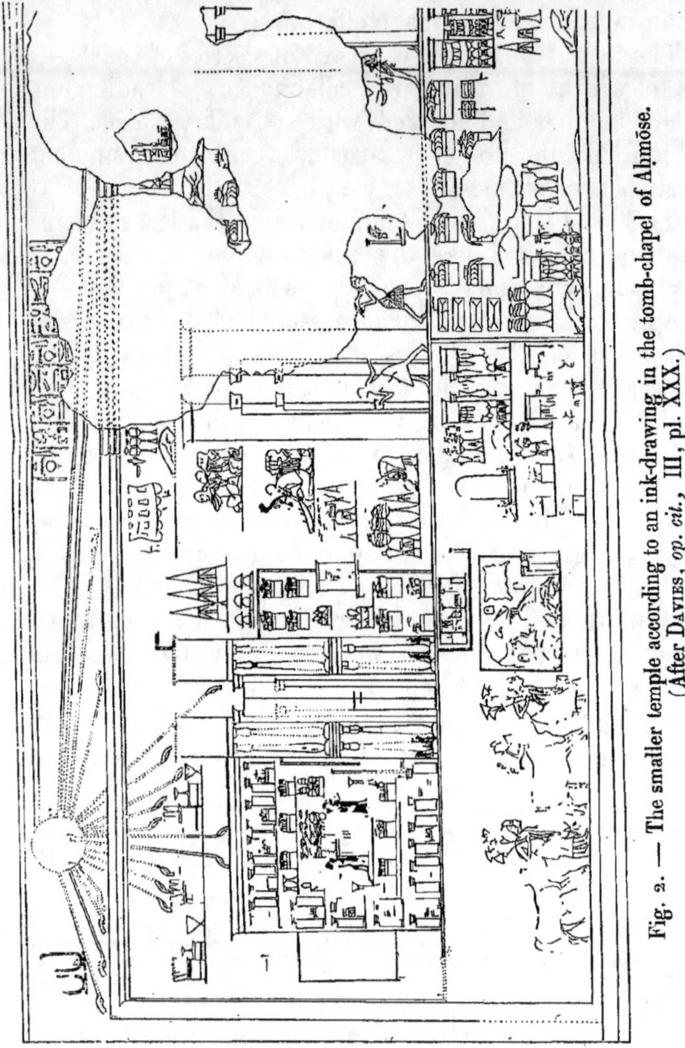

Fig. 2. — The smaller temple according to an ink-drawing in the tomb-chapel of Ahmōse.
(After Davies, *op. cit.*, III, pl. XXX.)

pylon with a colonnade in front consisting of eight pillars,
four on either side of the entrance. In the colonnade were
set up statues of the king holding crook and whip and

wearing alternately the crown of Upper and Lower Egypt
(see fig. 1) [1]. According to the drawing in Ahmōse's tomb-
chapel (see fig. 2) [2], accompanying each statue of the
king was a smaller statue representing either Queen Nefertiti or less likely, so Davies thinks, 'Ōkhnatōn's eldest
daughter Merytaton. In the second court stood the high
altar, on either side of which, according to the above mentioned drawing, was set up a pair of statues representing
'Ōkhnatōn and Nefertiti, each holding a tray of offerings.

The preceding paragraphs give a fair description of
the smaller temple as it remained till the latter part of
'Ōkhnatōn's reign, when it underwent extensive alterations. A relief in the tomb-chapel of Ḥuya depicts it in
what de Garis Davies is inclined to regard as its final form
(see figs. 3, 4) [3]. According to this relief a colonnade
consisting of fourteen columns ran round the four sides
of the forecourt (*i.e.* the court in front of the great pylon);
in which court, considerably enlarged in the process
of reconstruction, was erected a stone altar approached like that in the great court of the larger temple by
a flight of steps. Between each pair of columns in the colonnade was set up a pair of statues of a king and queen,
the latter being in all cases Tyi, and the former alternately Amenōphis III and 'Ōkhnatōn, all three persons depicted standing with hands hanging at the sides in the
usual attitude.

On the inner side of the pylon also there was a small
colonnade, in which, as in that just described, between
each pair of columns there stood two statues, Tyi paired
alternately with Amenōphis III and 'Ōkhnatōn, and holding each a tray of offerings. The central court of the
sanctuary itself and the subsidiary adjoining courts, as
also a long corridor, contained both single and similarly
paired statues of the same royal personages, all likewise

<hr>

[1] *Ibid.*, I, pl. XI; II, pl. XIX.
[2] Also *ibid.*, II. p. 25.
[3] Also *ibid.*, III, pls. VIII-XI, p. 19 ff.

presenting trays of offerings. No doubt the idea was that
in the form of these statues the persons whom they re-

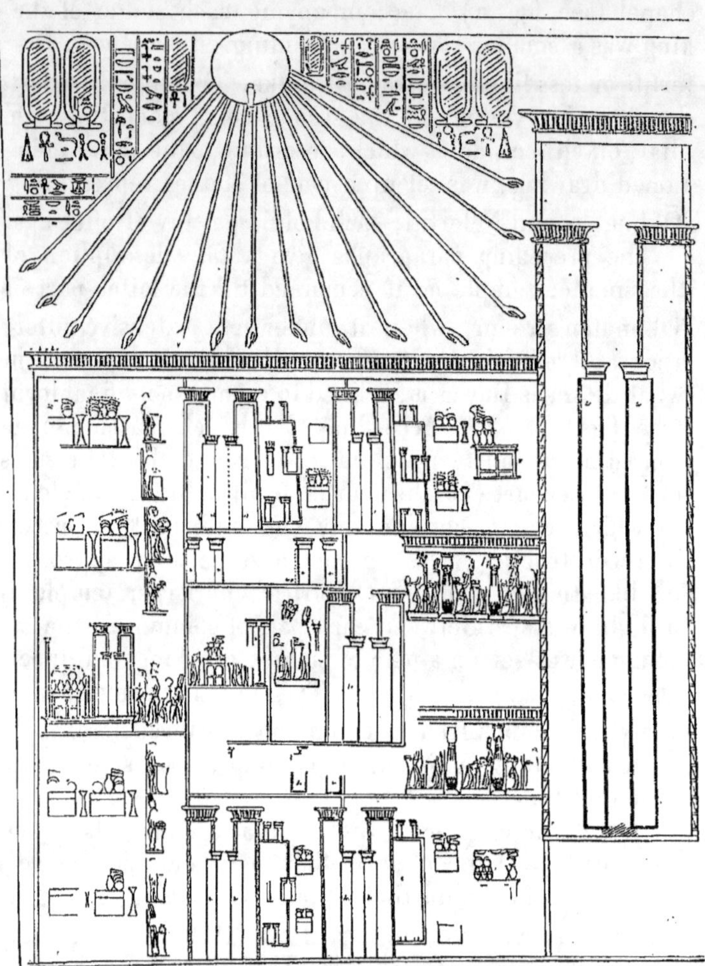

Fig. 3. — The sanctuary of the smaller temple
according to a relief in the tomb-chapel of Huya.
(After DAVIES, *op. cit.*, III, pl. XI.)

presented where enabled perpetually to make offering
to the Aton.

Davies is doubtless right in regarding the hindermost

part of inner temple as the sanctuary, for it was clearly devoted in a special degree to the service of the Aton, 'Ōkhnatōn and his mother — and apparently also, though in his case only through the medium of his statue, Amenōphis III — being the chief officiants therein. On the other hand in the colonnaded forecourt these same royal persons, in the form of their statues, were themselves the recipients of offerings and worship, as the loaded racks and tables beside them testify (see fig. 4).

Scattered about the various European and other museums are to be found numerous statues which were intended to serve the same purpose as those set up in the sanctuary of the smaller temple of the Aton, such being the well-known «fish-offerers» in the Cairo Museum, for photographs and a description of which see J. Capart's article, *Les Monuments dits Hycsos*, figs. 2, 11, and 15, with the accompanying text.

The granite stele, set up by Tethmōsis III in the temple of Ptaḥ at Karnak, contains a passage exactly describing the part played by a very similar statue of himself in that temple. Offerings, we are informed, were to be assigned to «*this statue of millions of years of my majesty, which serves at this temple and which upbends the hand for the majesty of this august god over this offering* [1]». This particular statue, so we learn from the passage in question, does not represent the king as holding a tray of offerings, but as upbending the hand in the manner prescribed for the pronouncement of the formula «*An offering which the king gives*», a very important part of the ceremony of the presentation of offerings in the temple liturgy [2]. The passage clearly shews that such a statue was regarded as a substitute for the king himself, and that in this guise he could for ever preside as chief offerer in the temple, the statue being, as it were, his de-

[1] Sethe, *Urkunden*, IV, 768 f. The passage has been misunderstood and wrongly rendered by Breasted, *Records*, II, 618.

[2] See the writer's art. *Worship* (Egyptian), 5, (3), in Hastings, *Encyclopædia of Religion and Ethics*, XII, p. 778 f.

puty, as was also of course the principal officiating priest.
It will be observed that the statue is described as standing
over the offerings, as the king himself did when performing this ritual act.

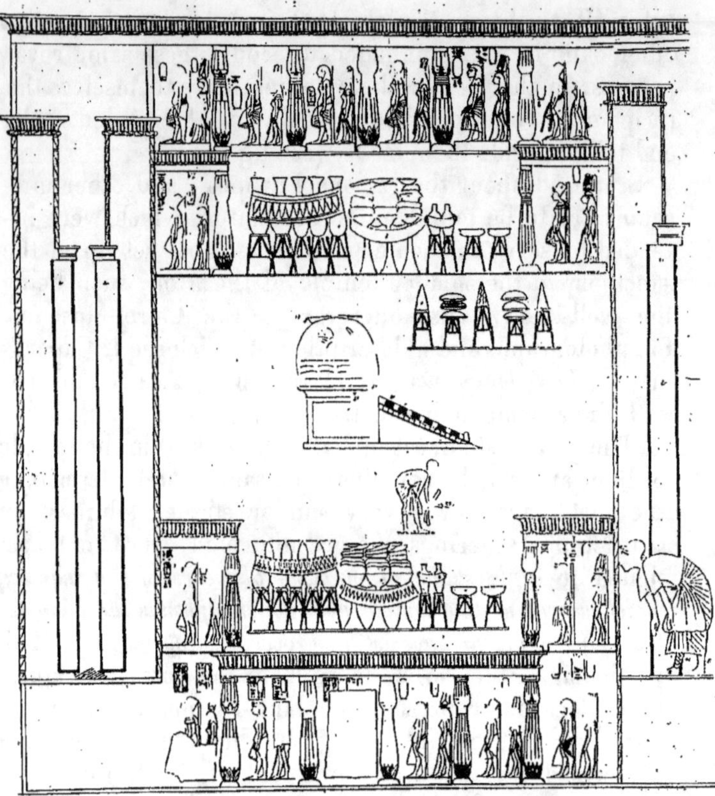

Fig. 4. — The colonnaded forecourt of the smaller temple
according to a relief in the tomb-chapel of Huya.
(After Davies, *op. cit.*, III, pl. X.)

The one statue of Tethmōsis III in the temple of Ptah,
be it noted, combined in itself the rôles of the two different sets of statues in the inner temple at El-Amarna,
i. e. through it the king not only figured as perpetual
offerer, but also as perpetual recipient of offerings.

It will doubtless have been observed how the statues

of Tyi predominate in this the latest form of the temple.
They have ousted those of Nefertiti, with which, before
the final far-reaching alterations were made, the statues
of the king were paired both in the sanctuary and in the
court admitting thereto. Apparently[1] during the later part
of 'Ōkhnatōn's reign Tyi had come to reside permanently
in El-Amarna, and the king, it would seem, in addition
to providing her with a suitable house and establishment,
desired closely to associate with her the inner temple. The
association of his mother with this temple, which, after
considerable structural alterations, now assumed its final
shape, was not only arrived at by pairing her statues
with those of himself and his dead father, and apparently subordinating theirs to hers — thus assigning her
in the sanctuary the position of chief officiant, and in the
colonnade of the forecourt the position of chief recipient
of the offerings and of the worship due to such statues —
but he also gave the temple, originally called, as we have
seen, the House of the Benben, the designation of *Shade
of Rē' of the Queen Mother, the Great Royal Wife Tyi*[2]. A
precedent for this nomenclature had already been created,
for earlier in his reign 'Ōkhnatōn had associated part of
the outer temple with one of his daughters, naming it
Shade of Rē' of the Princess... Merytaton[3].

Davies takes the view that except for the colonnades
(of course also the pylon towers) both the inner and outer temple buildings, including the little chapels or
shrines in certain of the courts, were entirely open to the
sky[4]. Sethe evidently holds the same view, judging from
what he says in a recent article[5], and so also does
A. Scharff[6].

[1] DAVIES, *op. cit.*, III, p. 4, 8, and 19 ff.
[2] *Ibid.*, II, p. 26.
[3] *Ibid.*, III, p. 20.
[4] *Ibid.*, II, p. 21, 23; III, p. 23 with footnote 5.
[5] *Beiträge zur Geschichte Amenophis IV*, in *Nachrichten der K. Gesellschaft der Wissenschaften zu Göttingen*, Philosophisch-historische Klasse,
1921, p. 104.
[6] *Aegyptische Sonnenlieder*, Karl Curtius, Berlin, 1922, p. 104.

We will now take up the subject with which this
paper is primarily concerned, the liturgy of the Aton-
temple..

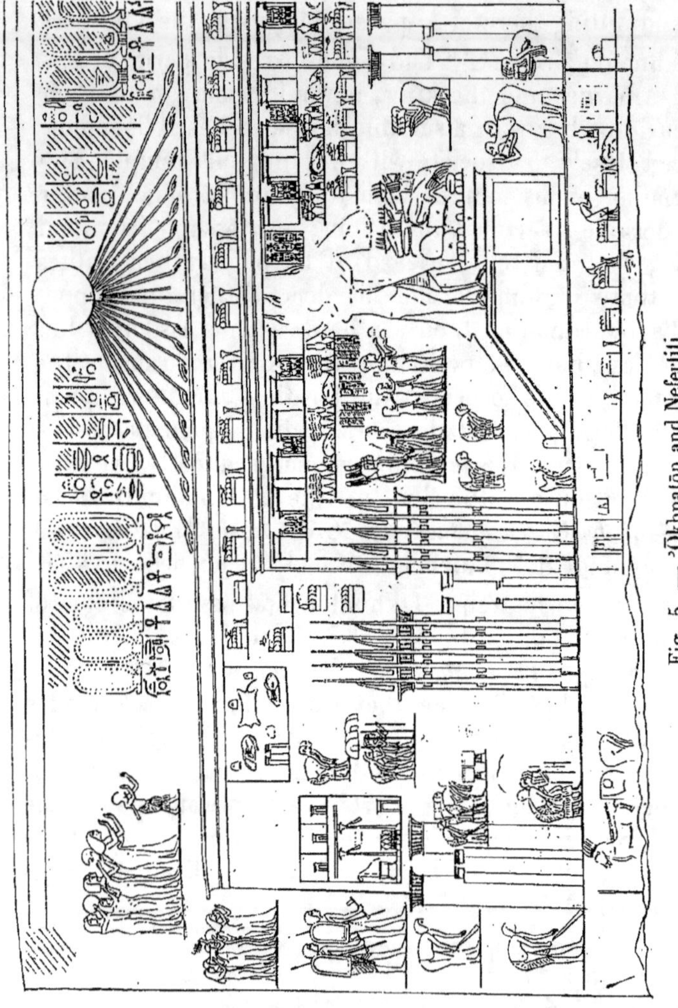

Fig. 5. — ʾOkhnatōn and Nefertiti
consecrating their offering in the outer court of the larger temple.
(After Davies, *op. cit.*, I, pl. XXVII.)

As ʾOkhnatōn appears to have allowed nothing in the
way of a cultus-image of his god to be set up in any
part of either of the two temples, there was now no place

in the liturgy for any ritual acts of the nature of the toilet, or indeed of many of the pre-toilet, episodes of the older liturgy. The worship of the Aton seems to have consisted for the most part in the presentation of food- and drink-offerings, of perfumes, fruit and flowers, and in the chanting of hymns and in musical performances in general. The ritual acts, however, accompanying the presentation of these offerings were those of the old worship. Thus the presentation of food and drink was still associated with the burning of incense and the pouring out of a libation [1], and the act whereby offerings were consecrated to the god was still the extending over them of the *ḥrp*-baton (see fig. 5) [2], — the act designated in the ancient ritual texts and rubrics as *the stretching out of the arm 4 times* [3]. The pratice of elevating trays of offerings was also still retained [4]. According to the ancient usage each specific offering was thus elevated [5], and possibly this usage still prevailed in the temple liturgy as recast by 'Ōkhnatōu.

The anointing of the cultus image was one of the toilet episodes of the old liturgy [6], and the king-priest is often depicted in the temple reliefs placing a dab of scented grease on a divinity's forehead with his little finger, which he has dipped in an ointment-jar [7]. The offering of unguent, as already pointed out, was a feature of the Aton-cult, but, as there was no image to anoint, the officiant, standing beneath the open sky, held up the unguent in alabaster vases to the solar disk itself, and then placed them on the altar [8]. Judging from a scene in the tomb-

---

[1] Davies, *op. cit.*, II, pl. V; V, pl. III; VI, pl. XVI.
[2] Also *ibid.*, II, pl. VII; IV, pl. XV; VI, pl. XXVI.
[3] See Hastings, *loc. cit.*
[4] Davies, *op. cit.*, II, pl. XX; IV, pl. XXIII.
[5] See Hastings, *loc. cit.*
[6] See Blackman, *Journal of the Manchester Egyptian and Oriental Society*, 1918-1919, p. 51, 53.
[7] Blackman, *Journal of Egyptian Archaeology*, VI, p. 58ff.
[8] Davies, *op. cit.*, II, pl. VI.

chapel of Ramōse, the offering of unguent was accompanied by the burning of incense [1].

Flowers seem to have figured prominently in the cult of the old Egyptian divinities, who are constantly depicted receiving a bouquet at the hands of the Pharaoh, their heaped-up food-offerings being also surmounted by a bunch of flowers [2]. But certain scenes in the El-Amarna tomb-chapels suggest that in the Aton-worship the offering of flowers played an even more important part than in the old religion, possibly forming one of the leading episodes in the daily liturgy. Thus a relief in the tomb-chapel of the Chief Servitor of the Aton, Paneḥsi [3], depicts the king and queen and their daughters heaping bouquets of flowers upon offering-stands, which are already loaded with joints of meat and other provisions, and beside which stand racks with jars of wine. The Chief Servitor and assistant priests also hold and hand to the royal party yet more bouquets, while other priests bring in addition racks with wine-jars. The offering of flowers, as of unguent, seems to have been preceded by the burning of incense [4], and in the scene under discussion one of the assistant priests holds a censer.

Thanks to the El-Amarna tomb-chapel reliefs we are enabled to reconstruct to some extent the sequence of the episodes in the liturgy celebrated in the outer temple, when the king and queen were the chiefs officiants.

On the arrival of the royal party at the temple [5], the king and queen and their children, having dismounted from their chariots, at once passed on, accompanied by a few courtiers, into the outer court or enclosure, their chariots, grooms, and attendants remaining outside the sacred precincts. In front of the great pylon at the back

[1] *Ibid.*, IV, pl. XXXV.
[2] *E. g.*, BLACKMAN, *Temple of Derr*, pls. XXV, XXXII; MARIETTE, *Abydos*, I, pls. 32, 42.
[3] DAVIES, *op. cit.*, II, pl. XII.
[4] *Ibid.*, II, pl. VIII.
[5] *Ibid.*, I, pls. XXV-XXVII.

of the outer court were set up a number of offering-stands. Hither came the king and queen immediately on entering this court (see fig. 5) and made each an oblation, finally consecrating their gifts by extending over them the *ḥrp*-baton. During this performance the royal children, who stood immediately behind their parents, rattled sistra, while, at a respectful distance from their majesties, stood the courtiers who had been admitted to the temple, making profound obeisance with hands on knees. In front of the king the high-priest Merirēʿ is depicted bowing low and holding a censer and a libation vessel. Doubtless the act of consecration with the *ḥrp*-baton was preceded by the burning of incense and the pouring out of a libation; hence the censer and libation vase in the hands of the attendant high-priest.

Their preliminary offering completed, the king and queen, accompanied by their daughters, passed through the pylon into the first or great court of the temple and, as a relief in the tomb-chapel of Panehsi shews us (fig. 6), proceeded to mount the steps up to the high altar, which stood in the midst of the court. Before approaching the altar, however, the royal pair and their children no doubt purified themselves with water from the tanks situated in front of it (see above p. 5o8). The relief in question shews us the altar loaded with a great oblation of joints of meat, poultry, vegetables, and flowers, three shallow pans of burning incense being laid on top of all. The king and queen are depicted standing on a narrow platform at the top of the steps and replenishing the smoking pans with fresh supplies of frankincense. Their daughters, though the artist has made it appear that they are standing some distance away on the floor of the court, are no doubt really supposed to be standing just a step or two lower on the stairway than their parents, to whom one of them holds out a bowl of incense in either hand, while her two sisters rattle sistra. In front of the altar, facing the king and queen and making profound obeisance, stand the high-priest and the Chief Servitor of the Aton, of whom the former, and probably the latter also, holds a bouquet of flowers. Behind the two priests are four other priests, bowing low and holding each a round vessel, probably containing wine or some other liquid. Beside

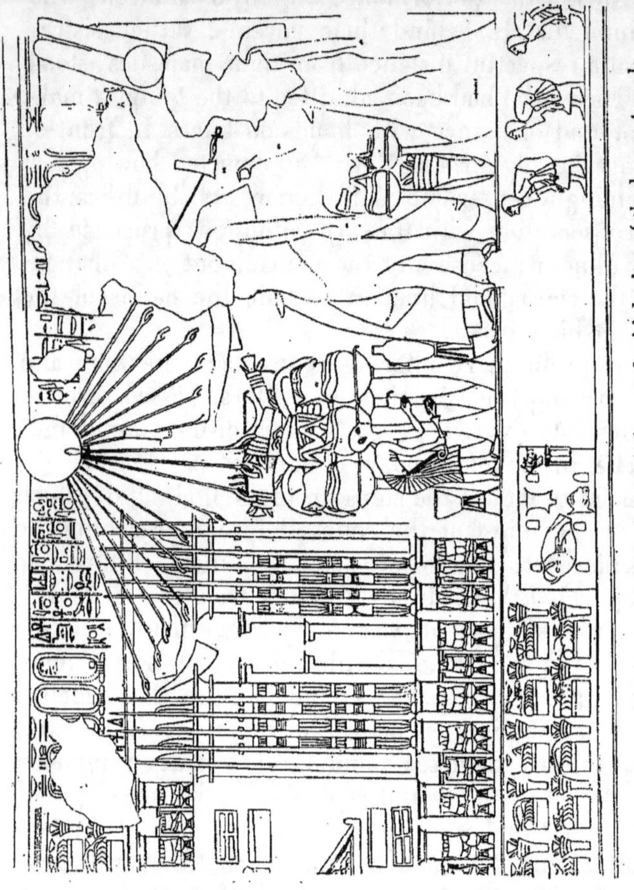

Fig. 6. — 'Ōkhnatōn and Nefertiti officiating at the high altar of the larger temple.
(After DAVIES, op. cit., II, pl. XVIII.)

these again are four chanters, also bending forward in an attitude of deep respect and accompanying their singing with hand-clapping.

It might be noted here that a relief in the tomb-chapel of Ma'ḥu [1] suggests that the act of consecration with the

[1] Ibid., IV, pl. XV.

ḥrp-baton followed upon the pouring of frankincense into the braziers set on top of the offerings to be consecrated, for there we see the king burning incense in this manner, while the queen stands by holding the baton in readiness.

To return to the scene in Panehsi's tomb-chapel : — Male and female attendants stand behind the royal party a little way back from the foot of the stairs, and others of the suite (including flabellifers), who have now entered the temple enclosure, wait in the outer court in front of the great pylon; with these there are also apparently four priests. The rest of the retinue remains outside the sacred precincts, as do also two companies of women, probably professional musicians, who are represented worshipping, singing to the accompaniment of hand-clapping, and playing on single-membrane drums, such as are still used in Egypt[1]; one waves a palm branch.

The presentation of bouquets of flowers, as stated on p. 517, figured prominently in the El-Amarna temple liturgy, but what its position was in the series of offering-episodes, the present state of our knowledge does not permit us exactly to determine. However, two already mentioned reliefs in the tomb-chapel of Panehsi[2] indicate that such bouquets were almost, if not quite, the last items to be laid upon the altar. The relief in the same tomb-chapel (see fig. 6), just described above on p. 519 f., also leads to the same conclusion. Here the king and queen are seen replenishing the pans of burning incense, which, together with bouquets of flowers, surmount the heaped-up offerings. The bouquet held by the attendant high-priest is either a spare one or else is to be laid on the altar as a last gift by the priest himself or by his majesty. Perhaps, just before or after the laying of the flowers on the altar, wine, or some other liquid, was poured

---

[1] See W. S. Blackman, *Some Modern Egyptian Graveside Ceremonies*, in *Discovery*, II, p. 210 f.

[2] See above, p. 517, notes 3 and 4.

out over the whole conglomeration of offerings, an act
suggested by the vessels held by the four bowing priests
in this same scene.

We are no better able to decide at what point in the
liturgy unguent was presented, or when occured such a
performance as that depicted in the tomb-chapel of
Ipy [1], *viz.* the offering to the Aton by the king and queen
of votive pieces, doubtless made of precious metal, representing in the one case two of the royal daughters, and
in the other the queen herself, adoring the god's cartouches. Fragments of similar scenes are to be found on
Pl. VII of Petrie's *Tell el Amarna*. In the relief in Ipy's
tomb-chapel the votive figures of the royal children have
three ostrich feathers stuck in their hair, in one of the
fragmentary scenes published by Petrie the votive figure
of the queen wears four such feathers. Perhaps, as Davies
suggests [2], these figures are impersonations of Mēʿet. If
so, then in the Aton-cult the offering of these votive
pieces corresponds, so to speak, with the offering of the
figure of Mēʿet in the old temple (in the first instance
Heliopolitan sun-temple) liturgy, an important episode
preceding the performance of the divinity's toilet [3].

We know practically nothing about what took place inside the smaller temple in the way of liturgical performances. A relief in the tomb-chapel of Ḥuya [4] shows us
'Ōkhnatōn, preceded by Ḥuya himself and another high
official, taking his mother Tyi to inspect this edifice,
which had just undergone reconstruction and was now
known as *Her* (*i. e.* Tyi's) *Shade of Rēʿ*. Waiting to receive
them inside the colonnaded forecourt of this temple is
the high-priest, bowing low and holding a censer and a
long cloth (see fig. 4). With the cloth the high-priest no
doubt swept the floor of the temple, before the royal

----

[1] Davies, *op. cit.*, IV, pl. XXXI.

[2] *Ibid.*, IV, p. 19, note 2.

[3] Blackman, *Journal of the Manchester Egyptian and Oriental Society*,
1918-1919, p. 49, 52.

[4] Davies, *op. cit.*, III, pl. VIII ff.

officiant began the celebration of the liturgy, and removed the foot-prints at the termination of the service [1].

Behind the king and his mother walks his sister Bekt-aton, carrying three cucumbers, one for herself, and one each for her brother and Tyi, to lay on the altar. The royal party is followed by the usual retinue of courtiers and attendants.

The cult of the royal statues set up in the colonnaded forecourt has already been discussed on pp. 513 sqq., as has also the significance of those disposed about the main and subsidiary courts of the sanctuary.

An important point to be noted is that the El-Amarna reliefs nearly always depict the queen as acting in exactly the same capacity as the king in the temple service. Together they burn incense (see fig. 6) [2], pour out a libation [3], elevate trays of offerings [4], offer flowers [5] or unguent [6], or consecrate an oblation with the *ḥrp*-baton (see fig. 5) [7]. Or again, while the king burns incense the queen presents an offering [8] or makes libation [9], or while he makes libation she burns incense [10], or while he presents an offering she prepares to perform the act of consecration [11].

The representations of either temple (see figs. 1, 2) shew that the main and subsidiary courts into which they were divided, and also both enclosures or outer courts, were crowded with provisions of all kinds, — loaves of bread, joints of meat, poultry, vegetables, and flowers,

[1] BLACKMAN, *op. cit.*, p. 45, 52.
[2] Also DAVIES, *op. cit.*, II, pl. V.
[3] *Ibid., loc. cit.*
[4] *Ibid.*, IV, pls. XXIII, XXVIII.
[5] *Ibid.*, II, pl. XII.
[6] *Ibid.*, II, pl. VI.
[7] Also *ibid.*, II, pl. VII; VI, pl. XXVI.
[8] *Ibid.*, II, pl. VIII; IV, pl. XXXV.
[9] *Ibid.*, V, pls. III, XV.
[10] *Ibid.*, VI, pl. XVI.
[11] *Ibid.*, IV, pl. XV. For all that is known as to what extent women could act as chief officiants in the old temple liturgy, see BLACKMAN, *Journal of Egyptian Archaeology*, VII, p. 22 ff and especially p. 25 f.

— placed on pottery stands, wooden racks or altars. On the top of the offerings was set one or more bowls containing burning incense. In the enclosure, on either side of the main temple, altars with offerings were arranged, according to most representations, in a double line (see fig. 5)[1], according to that in the tomb-chapel of Panehsi, in a single line (see fig. 6)[2]. Beside each altar was placed a large bouquet of flowers (see fig. 5)[3], or else a pottery or stone pedestal supporting either a burning lamp (perhaps rather a cup of burning incense) or bowl (see fig. 6)[4], or else a libation vessel[5]. Such a pedestal with accompanying lamp or cup was often placed beside the altars in the inner courts and chambers of both temples (see fig. 1, 2, 3, 6)[6]. According to the scenes in the tomb-chapels of Merirē' and Aḥmōse, there were two of these stands beside the high altar in the smaller temple, one at either end (see figs. 1, 2)[7]. So too in the case of the principal altar in either of the two inmost courts of the larger temple[8].

As has been stated above, music played a prominent part in the worship of the Aton, as it did, of course also, in the worship of the old Egyptian divinities.

The various ritual acts were clearly as of yore performed to the accompaniment of the rattling of sistra, the royal daughters, according to the El-Amarna reliefs standing behind their parents and shaking these ceremonial rattles, while they — 'Ōkhnatōn and his queen — burned incense (see fig. 6), presented bouquets of flowers or food- and drink-offerings, raised their hands in adoration before the altar, or performed the ceremony of consecra-

---

[1] Also *ibid.*, I, pls. XA, XI f., XXVII f., XXXIII: VI, pl. XX: see also III, pl. XXX.
[2] Also *ibid.*, II, pls. XVIII f.
[3] Also *ibid.*, I, pls. XXVII f.
[4] Also *ibid.*, I, pls. XI f.; II, pls. XVIII f.
[5] *E. g.*, *ibid.*, II, pl. V.
[6] Also *ibid.*, I, pls. XI f , XXVIII; II, pls. XVIII f.
[7] Also *ibid.*, I, pl. XI.
[8] *Ibid.*, I, pl. XXVIII.

tion with outstretched *ḥrp*-baton[1]. Very occasionally the queen herself is depicted rattling a sistrum, while the king officiates alone as offerer[2].

Possibly a large number of sistrum-shaking musician-priestesses functioned in the temple of the Aton, as in the ordinary Egyptian temples of the preceding and subsequents periods, the royal daughters schematically representing them[3] in the, what are after all in most respects, highly conventional reliefs.

A company of blind vocalists accompanied by a blind harpist, and sometimes by a blind lute-player as well, — all of them men — was attached to the inner or smaller temple, their performances taking place in the enclosure or outer court (see figs. 1, 2)[4]. An inscription in the tomb-chapel of Merirēʿ speaks of *the singers and musicians... in the court of the House of the Benben... in Ikhtaton*[5]. Judging from the representations we possess of them, these musicians performed off and on throughout the whole day in honour of the Aton, while at the same time their music and singing, like the rattling of the sistra, provided an accompaniment also to episodes in the temple liturgy[6].

The El-Amarna reliefs likewise inform us that four male chanters played a special rôle in the liturgical worship of the Aton. They are twice shewn singing and rythmically clapping their hands together, while the king and queen burn incense in the pans set on top of the offerings. This performance is depicted in the one case as taking place in the great court of the larger temple (see above p. 519, fig. 6), and in the other case in the outer court of the smaller temple, where they stand close to the blind vocalists and harpist, who simultaneously make

---

[1] *Ibid.*, I, pls. XXVI f.; II, pls. V, VII f., XVIII; IV, pl. XV. V, pls. III, XXVIII.

[2] *Ibid.*, VI, pl. XIV.

[3] Cf. BLACKMAN, *Journal of Egyptian Archæoly*, VII, p. 9.

[4] Also DAVIES, *op. cit.*, I, pls. XI, XXII.

[5] *Ibid.*, II, p. 26.

[6] *Ibid.*, I, pl. XXII.

music [1]. No doubt these four men chanted the formula ordained to be recited while such and such a ritual act was being performed by the royal officiants. The chanters also ran in front of the royal procession to the temple [2], thus, perhaps, performing the same function as the lector of the old religion, who walked in front of the king when he proceeded in state to a temple, and by his recitations dispelled inimical powers — *those hostile to the king* [3].

According to the relief in the tomb-chapel of Panehsi, just referred to above and discussed at length on p. 518 f. (see also fig. 6), along with those of the royal retinue who are depicted as remaining outside the entrance to the outer court of the larger temple, while the king and queen officiate at the high altar, is a party of female musicians, who, as they sing, clap their hands together, wave palm-branches, beat single-membrane drums, or lift their hands in worship. Like the *great noble ladies of the temple of Ptah* (at Memphis) *and the Hathors of the temple of Atum* (at Heliopolis), or the *Mrt* at Abydos and elsewhere [4], these female musicians also greeted the king on his arrival at the temple [5]. It is apparently also these same female musicians who assisted in the rejoicings at the decoration of a courtier [6]. They are never, be it noted, represented as performing *inside* the sacred precincts. Accordingly they must be regarded as standing in quite a different category to the musician-priestesses, — if there were any such attached to the temple of the Aton beside the royal daughters — who rattled their sistra during the celebration of the liturgy [7].

The El-Amarna tomb-chapel reliefs not only throw light on the conduct of the Aton-temple liturgy by the

[1] *Loc. cit..*
[2] *Ibid.*, I, pls. XA, XIV.
[3] SCHÄFER, *Urkunden*, III, 38.
[4] BLACKMAN, *ibid.*, p. 8 f., 14.
[5] DAVIES, *op. cit.*, I, pls. XA, XIII.
[6] *Ibid.*, I, pl. VI; II, pls. XI, XXXIII.
[7] See BLACKMAN, *ibid.*, p. 8, 14 f., 20 f.

king and temple staff, but also give us some idea as to
the part played by lay officials and private persons in the
worship of this god.

From a scene in the tomb-chapel of Ma'ḥu[1] we gather
that a subject, after he had been decorated by 'Ōkhnatōn,
was wont to repair to the outer court of the larger temple
and there, in front of the pylon in the colonnaded
façade, present a food- and drink-oblation to the
Aton for the king's welfare. The scene in question shews
us Ma'ḥu kneeling in front of the loaded offering-stands,
his hands upraised in the attitude of worship while he
cries : *Health for Pharaoh! Life, prosperity, health to him!
O Aton, vouchsafe him for ever!*

In the third register of the scene in Merirē''s tomb-chapel depicting the king and queen's visit to the temple[2],
two men, wearing wigs and carrying each a bouquet,
lead along a cow and a calf. Between the cow's horns has
been fixed a brightly coloured headdress surmounted
with feathers, and a woven garland has been thrown
around the animal's neck. Beside the calf walks a priest,
distinguished by his closely shaven head, also carrying a
bouquet. The party are advancing to meet the royal cor-
tege as it draws up at the entrance to the temple. No doubt
the two laymen are offering these victims themselves on
the occasion of the royal visit. The presence of the priest
is explained by the fact that he would have been required to
superintend the slaughter of the victims and to make certain that they were ceremonially pure[3]. The flowers, of
course, would have been laid on the altar or offering-
table along with the joints of the dismembered victims.

In the same scene, bottom register, lay folk carry bouquets and duck, while behind them walk four priests, two
bearing bouquets and two leading oxen. In this case also
the oxen, duck, and flowers, are no doubt private offer-

[1] Davies, *op. cit.*, IV, pl. XVIII, p. 15.
[2] *Ibid.*, I, pls. XA, XIV.
[3] See the writer's art. *Purification* (Egyptian). V, 5, and *Priest, Priesthood* (Egyptian), XVI, in Hastings, *op. cit.*, X.

ings. In a scene in the tomb-chapel of Aḥmōse, likewise depicting a royal visit to the temple, the victims, clearly here also the gifts of private persons, are represented some as being led out to meet the approaching royal procession, others as being conducted straight to the slaughter-house, — in this case that in the outer court of the smaller temple (fig. 2)[1].

Davies suggests[2] that the altars in the outer or enclosing court of either temple were furnished with the offerings of private people. This would explain why the priests served these altars, as they are represented as doing in the scene in Aḥmōse's tomb-chapel, before the arrival of the king and queen, or, as in the scene in the tomb-chapel of Panehsi (see fig. 6), while the royal party and the chief priests were officiating at the high altar.

As already pointed out, it was in the outer court of the larger temple that Maʿḥu made his offering and supplication after being rewarded by 'Ōkhnatōn. All this suggests that the ordinary laity, when they visited the temple to make prayer or offering, did not proceed — possibly were not permitted to proceed — beyond the outermost court of either temple; though of course, the just mentioned scene in the tomb-chapel of Panehsi and one in that of Ḥuya[3] shew that laymen, when in attendance on the king, were permitted to penetrate anyhow as far as the great forecourt of either temple.

In conclusion it is worth noting that a votive stele[4], dating from the reign of Ramesses II, represents a layman praying in front of an offering-stand outside the beflagged pylon of a temple of Amūn, — an indication that the outer court of any temple was at all times the place of public worship and offering for the ordinary Egyptian.

<hr>

[1] DAVIES, op. cit., III, pl. XXX.
[2] Ibid., II, p. 22.
[3] Ibid., III, pl. IX.
[4] ERMAN, Denksteine aus der thebanishen Gräberstadt, in Sitzungsberichte der königl. preussischen Akademie der Wissenschaften, 1911, XLIV, pl. XVI.

DEUX TEXTES COPTES

DU MUSÉE D'ANTIQUITÉS DES PAYS-BAS

À LEIDE,

PAR

M. P. A. BOESER.

Parmi les manuscrits coptes du Musée d'Antiquités à Leide se trouve un manuscrit en forme de livre. La reliure est formée par plusieurs feuilles de papyrus, collées l'une sur l'autre, et recouvertes de cuir, orné de petites bandes de parchemin. Ce manuscrit, publié dans l'ouvrage intitulé : *Manuscrits coptes du Musée d'Antiquités des Pays-Bas à Leide* (Leide, 1897), contient deux textes, qui me paraissent avoir un certain intérêt pour l'histoire du Christianisme en Égypte. Autant que je sache, ils n'ont pas été traduits; aussi vais-je en présenter une traduction. Sans doute un commentaire théologique aurait de la valeur; mais cela est hors de ma compétence, et, de plus, un tel travail demanderait plus de place. L'auteur de ces deux textes s'appelle : Grégoire, le serviteur du Dieu vivant (p. 1, l. 3; p. 7, l. 27), ou : Grégoire, le serviteur de Jésus (p. 4, l. 24), ou : saint Grégoire (p. 14, l. 13). Il n'est pas possible de savoir quel est ce personnage, mais on a l'impression que les textes ont été composés par un moine copte, qui les a mis en circulation sous le nom et le patronage de Grégoire, afin de donner une certaine autorité à son œuvre. En voici la traduction.

Ceci est une prière et un exorcisme écrit par moi, Grégoire, le serviteur du Dieu vivant, pour qu'elle serve de phylactère à tous ceux qui la prendront et la réciteront, afin d'anéantir toutes éner-

gies émanant des hommes malins, telles que l'ensorcellement et la
magie; l'assujetissement de l'homme à diverses maladies; et l'envie,
et la jalousie et la paresse; c'est afin qu'elles ne trouvent pas
quelque chose à faire, en un mot, toute œuvre que nous savons et
celle que nous ne savons pas, et toute œuvre qui est des hommes
curieux, et des hommes vains et des hommes dépravés. Je t'invoque,
ô Seigneur, ô Dieu tout puissant, moi, Grégoire, le serviteur [1].
Je te prie, — père de notre Seigneur Jésus-Christ, Dieu des Dieux,
roi de tous les rois, incorruptible, pur, incréé, impalpable, étoile
du matin, main puissante, Adonai, Eloei, Elemas, Sabaoth,
Dieu des Dieux, roi qui as la puissance sur toutes choses, glorieux
père de la vérité dont la miséricorde est grande, qui règnes seul sur
toute chair, et sur toute puissance, Père aux cieux, Seigneur Jésus-
Christ — (pour que) tu sauves chacun, qui prononcera cette prière,
ou qui la [2] déposera comme phylactère pour soi-même. Je t'invoque,
ô Seigneur! ô Dieu tout puissant, pour que tu apportes [3] le salut
et la purification à ceux qui se trouvent en l'endroit où (le texte
de) cette prière est déposé, qu'il soit un homme, ou une femme,
qu'ils soient des hommes libres et des serviteurs, des petits enfants
et des nourrissons, et toutes tes bêtes de somme. Tu garderas le
chemin d'entrée et le chemin de sortie, et toutes ses maisons et ses
fenêtres, et ses cours, et ses chambres à coucher, et ses champs et
ses terres, avec leurs dépendances et ses fondations, et ses jardins
et ses étangs, et ses arbres qui portent des fruits, et ses arbres
qui ne portent pas des fruits. Je t'invoque, ô Dieu des Dieux, ô roi
de toutes les forces, toi qui trônes au-dessus des Chérubins et des
Séraphins, afin que tu éloignes tous les esprits malins [4], qui sont
(cachés partout [5]) en l'endroit, où cette prière sera prononcée, que
ce soit un (esprit malin) qui n'y est pas, ou un (esprit malin)
qui y est désigné comme y étant, que ce soit un (esprit malin) qui
a charmé un endroit, en cachant les embûches de la ruse, soit
dans ses fondations, soit dans les endroits environnants, soit dans
ses chemins d'entrée, ou dans son chemin de sortie, soit dans la
porte, soit dans la fenêtre, soit dans la chambre à coucher, soit
dans l'écurie, soit dans la salle à manger, soit dans le milieu de la
cour, soit dans le champ, soit dans les fruits, soit dans les jardins,

[1] Une nouvelle inspection du manuscrit montre très clairement qu'il
faut lire ⲌⲘⲌⲀⲖ au lieu de ⲚⲀⲖ comme j'ai lu autrefois. Après ⲌⲘⲌⲀⲖ,
l'auteur a oublié probablement ⲘⲠⲚⲞⲨⲦⲈ ⲈⲦⲞⲚⲌ.

[2] C'est-à-dire le texte de cette prière.

[3] Quelques lettres au commencement des lignes 25-28 de la page
manquent. Le sens de la phrase est clair.

[4] ⲬⲒⲚϬⲞⲚⲤ «injustitia» signifie ici, comme le montre le contexte :
esprit malin.

[5] ⲞⲨϥⲎ est un mot qui, autant que je sache, ne se trouve pas dans les
dictionnaires. Je ne sais comment le corriger.

soit dans un habit, soit dans deux, soit dans trois habits, soit dans
(les arbres avec des fruits), soit dans les arbres sans fruits, soit
dans les eaux, qui sont dans les rivières, soit dans les aqueducs,
soit dans les terrains, soit dans tous les lieux où des esprits malins
peuvent se cacher. Vous tous, qui y étiez, ou qui êtes désignés
comme y étant, je vous conjure, moi, Grégoire, le serviteur de
Jésus, — le grand de nom, qui est terrible [1], qui remplit de trem-
blement [2] et de crainte, celui qui est glorieux, qui est honorable,
digne qu'on se prosterne pour lui, l'ineffable, dont le saint nom est
ineffable [3] et béni, Adonai, Eloei, Elemas, Sabaoth, — de vous
éloigner, et de vous séparer loin de tous ceux qui prononceront
cette prière, ou loin de tous les lieux, où ils la déposeront (le texte
de cette prière) avec tout ce qui y appartient, et (je vous conjure),
chacun de vous, de passer sur la tête de celui, qui vous a envoyé
pour faire ce mal, et sur la tête de ceux qui y consentent, — que
ce soit un étranger, que ce soit une tête de ceux qui lui [4] appartiennent ou une tête de ceux qui y sont introduits, que ce soit un
esclave, que ce soit un homme libre, que ce soit un magicien, que
ce soit une magicienne, que ce soit un Persan, que ce soit une
Persane, que ce soit un Chaldéen, que ce soit une Chaldéenne,
que ce soit un Juif, que ce soit une Juive, que ce soit un Égyptien,
que ce soit une Égyptienne, bref, qui que ce soit; puissent tous les
esprits malins être détruits par cet exorcisme, et par le saint sceau
de celui qui vient juger les vivants et les morts. C'est lui qui est le
roi, et le Dieu, qui est crucifié pour nous, Michael, Gabriel, Rafael, Uriel, les saints anges, qui se tiennent devant lui, qui demeure
aux Cieux. O saint et très haut! veille sur tous les membres de ceux
qui possèdent cette prière, qui non seulement la prononcent, mais
qui l'ont [5] pour phylactère aussi; que tu protéges eux contre toute
œuvre du malin et (contre) tout mal.

De nouveau, je conjure vous tous, esprits malins par le grand
nom du glorieux Dieu tout puissant, de celui qui a conduit son
peuple hors d'Égypte d'une main forte et d'un bras élevé, de celui
qui a battu Pharaon et toute sa puissance, de celui qui a parlé avec
Moïse sur la montagne de Sinaï, en donnant sa loi et ses comman-

[1] Trois ou quatre lettres manquent. Probablement il faut suppléer ⲍⲁⲍⲟ;
ⲍⲁⲍⲟⲧⲉ terrible se rencontre page 8, ligne 4.

[2] Pour ⲧⲱⲧ, il faut lire ⲥⲧⲱⲧ; il y a une très petite lacune au
commencement de cette ligne.

[3] Dans le texte, on lit ⲁⲧϫⲟⲟⲛϥ formation de ϫⲟⲟⲛϥ. Les dictionnaires donnent ϫⲱⲛϥ, ⲁⲧϫⲟⲟⲛϥ signifierait : «inabordable»; ou
faut-il lire ⲁⲧϫⲱ?

[4] Lui, c'est-à-dire : qui a envoyé ces esprits malins.

[5] Le texte donne ⲛⲉⲧⲉⲥⲉⲛⲧⲟⲟⲧⲟⲩ peut-être à lire ⲛⲉⲧⲉⲛⲧⲟⲟ-
ⲧⲟⲩ ⲉⲍⲣⲁⲓ ⲍⲓϫⲱⲥ, «qui y mettent la main», c'est-à-dire : qui la (à
savoir : la prière) possèdent.

34.

dements aux enfants d'Israël, et de (celui) qui leur a fait manger
le manne, — que vous alliez loin (d'ici), et que vous ne continuiez
en aucune manière à vous trouver en l'endroit où ils placeront (le
texte de) cette prière. De nouveau[1], encore, moi, Grégoire, le serviteur du Dieu vivant, j'invoque contre vous tous, esprits malins, le
grand et terrible nom du père de notre Seigneur Jésus-Christ,
le Dieu d'Abraham, d'Isaac et de Jacob. Quand vous placez des
objets magiques[2], ou des idoles, soit dans l'endroit du culte, ou
dans tous les lieux où vous êtes envoyés pour y causer la peur, et
la perte, et le mutisme, et la surdité, et le mutisme, et la diffor-
mité de face, et toutes les sortes de douleurs, que vous soyez proches
ou loin, éloignez-vous de tous les lieux, où ils prononceront cette
prière ou la déposeront avec tout ce qui appartient. Que chacun de vous vienne sur la tête de toute personne, qui vous a conduits ici, ou qui vous a envoyés, ou sur la tête de ceux qui sont
d'accord avec vous. Dieu est la paix, Dieu est la guérison, Dieu est
la justice, Dieu est la lumière, le Seigneur est le Dieu des puissances.
Michael est traduit par «la paix». C'est le Dieu de la lumière;
Gabriel, c'est le Dieu et l'homme. Rafael, c'est la guérison, Uriel,
c'est la force, Sedekiel, c'est la justice, Anael, c'est l'obéissance,
Azael, c'est la miséricorde. Ce sont tous ceux-là, qui sont les noms
du Dieu, et ce sont tous ceux-là qui sont les noms des archanges;
et tous ceux qui les ont et les portent, possèdent un grand secours,
qui est plein de tout le bien, parce que Dieu est avec nous. Écoutez
cela depuis la fin de la terre : «Dieu est avec nous.» Car lorsque
vous êtes forts, de nouveau vous vaincrez, parce que Dieu est avec
nous et la méditation de vos mauvaises intentions, le Seigneur la
dissipera, et les paroles que vous direz resteront en vous, car Dieu
est avec nous. Une pierre d'achoppement et une pierre de scandale,
qu'elles n'aient pas l'audace de s'approcher de ceux qui possèdent
cette prière, parce que Dieu est avec nous, car tous ceux qui prononceront cette prière en l'endroit où ils placeront (le texte de)
cette prière, ne craindront pas celui que vous craignez, ni ne se-

[1] ⲁⲓⲧⲓ ⲟⲛ pour ⲉⲧⲓ ⲟⲛ.

[2] ⲙⲛⲧⲙⲁⲅⲟⲥ ne signifie pas ici : «magie», mais d'après le contexte,
mot à mot : «chose magique», par exemple, un charme. Ici ⲙⲛⲧ, en bohairique ⲙⲉⲧ, a encore la vieille signification qu'il a en démotique. Comparer par exemple *Papyrus démotique Insinger*, col. 23, l. 23, où on lit :

«Mais il arrive du malheur à un grand homme quand il dédaigne une
petite chose.»

En copte (bohairique): ⲛⲁⲙⲉⲧⲛⲓⲱϯ est une traduction de μεγάλα.

ront troublés, car Dieu est avec nous. Vous aussi, vous tous qui possédez cette prière, le Seigneur Dieu vous purifiera [1], et il sera notre gardien, et il vous sauvera de toute notre crainte de l'ennemi, et de ses énergies démoniaques. Si nous croyons de tout notre cœur, le Seigneur Dieu sera pour nous une purification, parce que Dieu est avec nous. C'est pourquoi nous prononcerons la parole du Seigneur : «Ah! me voici, moi et les enfants que Dieu m'a donnés. Le peuple, qui était assis dans les ténèbres, a vu une grande lumière, car Dieu est avec nous. » Le Christ Jésus est avec nous, celui dont on a écrit : on appellera son nom «ange du grand Conseil», Dieu qui est puissant, Dieu du grand Conseil admirable. Levons nos yeux vers le ciel et glorifions-le avec une joie de l'âme, en nous exclamant et en disant : «La majesté et l'adoration et la grandeur conviennent à toi, ô Père! ô Fils! ô Saint-Esprit, qui es une unité, et une unité consistant en trois. C'est une seule divinité, une seule domination, et une seule principauté, et une seule puissance, et une seule force, avec toutes les puissances, et une seule face, et un seul baptême, et un seul Dieu, le Père, le Fils et le Saint-Esprit.

Une méditation de médisance, une méditation d'envie, de haine, d'inimitié, d'orgueil, de vanterie, de désobéissance, de gloutonnerie, d'avarice, qui est la racine de tout mal, de fanfaronnade, de toute calomnie et toute méditation impure, et toute amertume, la Sainte Trinité les abhorre toutes. La Sainte Trinité purifie l'homme à l'intérieur et à l'extérieur. Elle écarte de nous toute tentation trompeuse [2]..., et toutes les énergies du diable et toutes les énergies du malin et tous les projets des hommes mauvais. La Sainte Trinité épargne tous ceux qui possèdent ce sceau, et ceux qui possèdent cette prière. Dans chaque lieu où vous la déposerez, elle sera pour eux un phylactère et une aide. Pour toute guérison de toute espèce, la Sainte Trinité sera avec nous.

La gloire, l'honneur, la grandeur et la puissance de la Sainte Trinité consubstantielle et vivificatrice, maintenant et toujours, jusqu'à la consommation des siècles! Amen.

Prière de Saint Grégoire.

Êtres, qui montez avec la lune, venez à moi; entendez mon exorcisme. Leurs grands noms sont : Aram, Aram, Arimatha, Ajutha, Athael.

---

[1] ⲘⲀⲦⲂⲂⲞϤ; lire ⲚⲀⲦⲂⲂⲞϤ.

[2] Ici quelques mots semblent être oubliés, de sorte que le sens de cette partie de la phrase n'est pas clair.

O grands Chérubins, qui vous levez en brillant avec le soleil, venez à moi ! entendez mon exorcisme : Aracha, Aracha, Arachael. O Êtres qui vous levez avec les étoiles du ciel dans la région du lever du soleil, venez à moi aujourd'hui, entendez mon exorcisme : Arael, Arael, Aratachael, Uriel, Arachael.

O Etres qui vous levez avec la lumière, venez à moi, entendez mon exorcisme : Amanael, Amarael, Nanoel, Anael, Ananiel.

O Êtres qui vous levez avec le soleil, venez [à moi] entendez mon exorcisme : Atha Athael.

O Êtres qui vous levez avec la grande étoile, venez à moi, entendez mon exorcisme : *er, er, er, er, er, er, er.*

O Êtres qui vous levez au service des sept archanges, venez à moi, entendez mon exorcisme : Arimatha, Marinthael, Sedekiel.

O Etres qui êtes[1] au ciel... sous la puissance du père, entendez mon exorcisme : Manuel, Manuel, Semanuel, Manuel.

O quatre portes de la Jérusalem céleste, venez chez moi aujourd'hui, entendez mon exorcisme.

Je vous conjure, première porte du ciel, celle du Nord, et tous les êtres qui s'y trouvent, et qui confessent le nom du Seigneur, du père du monde entier, Adonai, Eloei, Elemas, Sabaoth, leurs noms sont : *er, er, er, er, er, er, er.*

O Êtres qui vous levez à la porte du Sud, venez à moi et à mon exorcisme : Maroutha, Maroutha, Marouthael.

O Êtres qui vous levez à la porte de l'Orient, venez à moi aujourd'hui, entendez ma parole très humble : Aratha, Aratha, Arathael, Arathael, Anael, Manuel, Sedekiel.

O Êtres qui vous levez à la porte de l'Occident, venez à moi, entendez ma parole très humble : Achael, Ael, Manuel, Sedekiel, Sntael, Cherubim, Cherinael, Sarinael, Arinatael.

O Chérubins et Séraphins, qui vous trouvez en présence du Christ, venez à moi aujourd'hui entendez mon exorcisme.

O Êtres Archanges, Michael, Gabriel, Rafael, Uriel, Sedekiel, Anael, Setel, Azael, qui vous trouvez en présence de Celui qui demeure aux cieux, entendez les sept noms qui sont loués. Si chacun parmi les anges les nomment, alors la terre tremble, les montagnes se meuvent, les eaux se réjouissent de la grande lumière de son nom, Adonai, Eloei, Miel. Alpha est son grand nom et son vrai nom.

Je vous conjure par son grand nom, ô Êtres tous, vous qui prononcerez cet exorcisme, afin que vous ruiniez toute la puissance du diable et que vous détruisiez tous les liens et les esprits malins qui sont (cachés) en eux. Que ma prière soit exaucée, avant qu'une heure soit écoulée (?) Que j'extirpe encore[2] après cela les racines

----

[1] ⲉⲧⲛⲓⲍⲛⲧⲡⲉ; on attendrait ⲉⲧⲍⲛⲧⲡⲉ; ϣⲟⲟⲧ ne m'est pas clair.

[2] ⲁⲓⲧⲓ. Gr. ἔτι.

du Satan, avec tous les liens du diable. Que ma prière soit exaucée
par ton nom, ô Seigneur Sabaoth, Eloei, Eloei, Jao, Eiaoheiao,
Sabaoth, Hrabounei, ce qui est traduit par « maître ». C'est lui,
dont tous les êtres, les anges, et les archanges se réjouissent en
disant : O saint, saint, saint, Seigneur Sebaoth ! les cieux et la terre
sont remplis de ta gloire et de ta louange. Joie à vous tous, ô êtres,
car le Seigneur est ressuscité des morts le troisième jour. Il a affranchi toute la génération d'Adam. Il a anéanti les Juifs qui avaient
honte de ce qu'ils avaient fait. Il a rencontré ses disciples. Il leur
donna la joyeuse nouvelle, lui le grand Alpha qui se dresse au-dessus
de tous.

Je vous invoque, vous qui vous trouvez aujourd'hui avec
moi, afin que vous remplissiez mon cœur de tout ce qu'il y a de
bien. Que ceux qui aiment le diable soient honteux ! Que tous les
mauvais esprits et tous les esprits impurs tombent sous cette prière.
Éloignez-vous ! Jésus le Christ vous persécute. Le sang de Christ
sauve tous ceux qui portent cette prière. Que la sainte Trinité soit
avec nous tous ! Amen.

LA MAGIE COPTE.

NOUVEAUX TEXTES,

PAR

M. W. E. CRUM.

Un de ces jours, les folkloristes s'aviseront de la magie copte, passablement délaissée jusqu'ici. Le matériel déjà publié est en effet peu considérable, mais pour être modeste, il n'en est pas moins curieux. Celui qui en entreprendra le classement ne manquera pas d'être frappé du groupe auquel viennent s'ajouter les deux premières des pièces qui vont suivre; c'est celui des textes imprécatoires, dont sont connus jusqu'à présent : (*a*) le papyrus édité par feu B. Touraiev (*Zapiski* de la Soc. Archéol. Russe, t. XVIII, p. 028), puis repris par M. de Lemm (*Kopt. Misc.*, n° L) [1]. C'est une prière dont l'auteur — ou dirons-nous, l'acquéreur? — supplie Dieu de le venger de trois personnes qui l'auraient malmené; (*b*) British Museum, catal. copte n° 1224; pareille prière sur papyrus, dirigée contre quatre hommes accusés par l'auteur de son emprisonnement [2] (actuel?); (*c*) British Museum, papyrus n° 1223 du catalogue, prière dirigée par une femme contre Tnoute, autre femme (? la même qu'au

---

[1] Ce coptologue hors ligne, dont le métier préféré fut la critique d'autrui, a livré du manuscrit une copie de beaucoup moins exacte que l'*editio princeps;* qui veut s'en convaincre n'a qu'à les confronter avec la photographie. Il s'est d'ailleurs étrangement mépris sur les noms propres, Prestasia (cf. G. Lefebvre, *Rec. d'inscr.*, n° 255), Tnou(n)te et Ebônh, qu'il s'est efforcé, en les remaniant, de traduire.

[2] Pour ciknon, *signum*, ‮چس‬, voir A. A. Bevan dans *Oriental Studies* pour E. G. Browne, 1921, p. 71. Je compte revenir ailleurs là-dessus.

n° *a*, ci-dessus), qui l'avait séparée de son fils. C'est ce texte qui montre le plus de ressemblance avec notre numéro I; (*d*) papyrus de la Bodléienne (voir *Zeit. f. aeg. Spr.*, XXXIII, 85); prière dirigée par un nommé Jacob contre plusieurs personnes avec leurs familles; (*e*) papyrus publié par M. W. Hengstenberg (*Beitraege zur Forschung... J. Rosenthal*, Munich, 1914) et fort semblable au précédent : une veuve implore de Dieu justice et vengeance contre son oppresseur; (*f*) musée de Florence, texte écrit sur une côte humaine (voir Pellegrini dans *Sphinx*, X, 158). Le suppliant paraît invoquer le cadavre d'où vient cet ossement, pour qu'il frappe de maladie un certain Apollon [1]. Texte d'ailleurs très fruste, qui a besoin d'être revu; cela fait, on pourra le confronter avec le numéro 399 de mes *Short‑Texts*, où l'on croit entrevoir une pensée analogue. Enfin, il existe, en dehors du copte, (*g*) un papyrus grec de la même classe, portant une prière malédictoire contre une femme et ses enfants [2], et, de date beaucoup plus récente, (*h*) une autre sur papier, en copte et en arabe [3], dont l'écrivain espère fermer la bouche à quelque médisant.

Le but d'un tel texte est clair; le mode d'emploi l'est moins. Par quel procédé croyait-on atteindre sa victime ? Tous ils sont écrits soit sur papyrus, soit sur papier, puis roulés ou pliés, tout comme les amulettes protectrices; donc aucune question de *defixio*, au sens propre de ce mot. Ainsi pliés, ils étaient probablement destinés à être portés sur la personne — mais de qui ? Évidemment sur celle du suppliant lui-même, celle de sa victime étant inaccessible tant que vivant : car les imprécations ne visent guère les morts. Or, on a dit et répété que les *tabellæ defixionum* ont été tirées des tombeaux; en Égypte

---

[1] Un tel procédé rappelle la légende de la mort de Germanicus; on avait su glisser dans sa maison des ossements et des plaques en plomb, où furent écrits : ἀράς τινας μετὰ τοῦ ὀνόματος αὐτοῦ (Dio Cass., LVII, 18).

[2] C'est à l'article de M. Bell (*Journ. Eg. Arch.*, IV, p. 97), que je dois ce renvoi. On se demande si le pap. Oxyrh. 1059 ne serait pas une imprécation du même genre.

[3] *P. S. B. A.*, XXIV, p. 329; *ib.*, XXV, p. 89.

pourtant le fait d'avoir été déterré du sable, comme, d'ailleurs, la plupart des documents de la vie privée, ne prouve aucunement qu'un papyrus provienne d'un tombeau; les décombres de maisons et de couvents en ont décelé bien autant. Il est à remarquer que le concours des cadavres adjurés dans les textes (*e*) et (*f*) précités, n'est réclamé que pour plus tard, quand la victime sera déjà dans le tombeau. Seul le texte difficile n° 399 de mes *Short Texts* laisse supposer le personnage maudit déjà mort.

En offrant les textes suivants aux folkloristes et aux coptisants, je n'ai point la prétention d'avoir tout compris, moins encore expliqué; il m'aurait fallu pour cela une bibliothèque qui n'est pas à ma portée. Maintes fois, je n'ai même pas réussi à établir une leçon inattaquable.

I

Papyrus, 15 cm. 5 × 11 cm. 5, appartenant à la Bibliothèque Universitaire d'Aberdeen [1] (jadis collection Grant Pacha). Provenance inconnue. Écriture du ive–ve siècle (voir la planche). Plié autrefois en sept et en quatre; les taches correspondantes d'encre aux lignes 4 et 9 en font foi.

ⲙⲁⲣⲓⲁⲥ | [ⲙⲓ]ⲭⲁⲏⲗ ⲅⲁⲃⲣⲓⲏⲗ ⲥⲟⲩⲗⲉⲏⲗ | ⲁⲕⲁⲛ̄ⲧⲱ
ϩⲏⲛⲟⲩϩⲉⲉ ⲉⲛⲙⲁϣⲡ|ⲱⲛⲉ ⲧⲱⲛⲉ ϩⲛ̄ⲧⲉⲕⲟⲣⲅⲏ
ⲕ̣ⲛ̄ⲧⲱ | (5) ⲁϩⲣⲏ ⲁⲩϩⲁⲉⲓ ⲏϣϩⲁϣⲉ ⲁⲕ|ⲁϣⲁⲗⲧ ⲁⲭⲣⲏ
ⲁⲩⲧⲟⲩϭⲁⲗⲁⲧϣⲉ | ϣⲉϣⲟⲩⲟ ⲃⲛ̄ⲧ ⲁⲭⲣⲏ ⲙⲁⲣⲑⲁ |
ⲡⲁⲭⲁⲉⲓⲥ ⲓ̄ⲥ̄ ⲡⲉⲭ̄ⲥ̄ⲣ ⲁⲕⲏⲛ̄ⲧⲱ | ⲁϩⲣⲏ ⲁⲩϩⲁⲉ ⲁⲓⲉ
ⲓ̄ⲥ̄ ⲭ̄ⲥ̄ⲣ ⲁⲕⲁ| (10) -ϣⲟⲩⲗ ⲉⲧϣⲉⲗⲡⲓⲥ ⲁⲃⲁⲗ ⲧⲏⲙ |
ⲉⲗⲁⲩⲉ ⲟⲩϣ ⲉⲧⲧⲓ ⲛⲉⲥ +++

L. 3, ou bien ϩⲉⲉ ⲛ·. — L. 4, ou ⲏⲛⲧⲱ. — L. 7, 1re lettre corrigée, ? ϭ. — L. 8, ⲭ corrigé de ϩ. — L. 9, ⲭⲥⲣ corrigé.

[1] Je dois à l'obligeance de M. le Bibliothécaire d'avoir pu faire photographier et reproduire ce manuscrit.

Maria [1], Michel, Gabriel, Souleel [2]. Tu l'amèneras dans un état de dartre [3]. Lève-toi dans la colère [4] et fais la descendre jusqu'à une fin tourmentée [5]. Tu me (?)...-ras en bas jusqu'à un (?)...... [6] fera découler (des) vers. Martha. Mon Seigneur Jésus le Christ, tu la feras descendre jusqu'à une fin (mauvaise). Oui. Jésus-Christ, tu anéantiras son espérance (ἐλπίς), pour que personne ne veuille lui donner.

C'est surtout par son dialecte que ce texte difficile se fait remarquer. Est-ce un spécimen vulgaire du dialecte dit d'Akhmim, un des parlers locaux, mal étudiés encore, de la Moyenne Égypte? Ou bien n'est-ce qu'une déformation, voulue quoique maladroite, de l'akhmimique normal, au profit de la magie, pour qui tout surcroît d'obscurité était le bienvenu? L'auteur ne s'est en effet guère soucié de se faire une orthographe conséquente : on n'a qu'à comparer la valeur normale (plutôt saʿidique) du ϣ dans ϣOYO, ϣOYⲗ, Mⲁϣⲡⲱⲛⲉ, OYϣ, avec son emploi inattendu dans ⲛϣ-, ⲉⲣϣ(ⲏⲡⲉⲣϣ), ⲧϣ-, ⲍⲁϣⲉ, là où tout autre dialecte se contente du c. Comparez, d'autre part, les formes ⲁϩⲣⲛ et ⲁⲭⲣⲛ, représentant toutes deux l'ⲁϩⲣⲏⲓ du dialecte littéraire. De telles anomalies, jointes à ce penchant indiscutable pour les formes saʿidiques, me porteraient à chercher la provenance du manuscrit dans un pays où le vieux dialecte se trouvait déjà en décadence.

---

[1] Pourquoi au génitif? Et qui est-ce? La Vierge, ou bien l'objet de la malédiction? Qui donc serait Marthe de la ligne 7?

[2] Ce n'est pas un fayyoumisme pour Souriel, mais un ange différent.

[3] Dans Schenouté (éd. Amélineau. I, p. 105), c'est une maladie du nez. Au Lévitique, xxi, 20, il traduit λειχήν. Voir d'ailleurs sur les sens de ce mot, CHASSINAT, *Pap. médic. copte*, § clv.

[4] Cf. Ps. vii, 6.

[5] Cf. Brit. Mus., n° 1223, 5.

[6] Incompréhensible pour moi. ϣⲗⲗ est-il la forme pronominale de ϣOYⲗ à la l. 10? Le ⲧ qui s'y attache, est-il le suffixe du 1 sing.? C'est peu probable. Le mot qui termine la l. 6 fait songer ici à ⲕⲁⲗⲁⲁϩⲛ *uterus*; le ϣⲉ qui commence la l. 7 ne serait alors que dittographie.

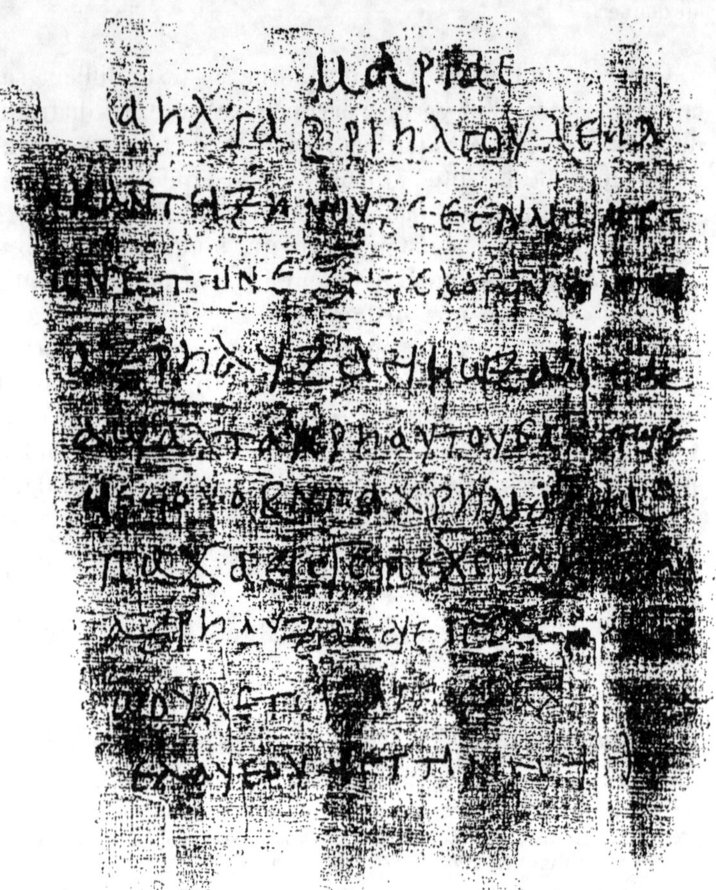

Papyrus d'Aberdeen

II

Parchemin de petit format [1], appartenant à la Bibliothèque Universitaire de Strasbourg [2], où il porte parmi les manuscrits coptes le n° 135. Cette pièce est d'époque arabe, comme en font foi certains noms propres et d'autres traits communs avec le n° 409 de la même collection. Ce dernier provenant du voisinage d'Akhmim, le n° 135 devrait en faire autant. Dialecte saʿidique.

ϢΙΝΤΕ ΠϢΕ ΝΤΑΝϨΗΥ ΠΕϮΝΑϬΡ ϨΩΒ ΕΡΟϤ
ΝΟΥΜΟΥΡ | ΚΕΥΕΝϮΟC · ΠΑϮΛΟC · ΚΟΥC · ΜΑΚΟΥC ·
ΠΕΝΤΑϤϨΕ ϨΙΧΕΝ|ΠΕϤϨΑΓΙΑ ΝΑϢΡΑΤΟΝ ΑϤΝΟΥΧΕ
ΜΟΟΥ˙ ΕΠΚΑΚΕ Τ|ϨΙΒΟΛ · ΜΟΥΡ · ΤΑΧΡΟ · ΝΤCΑΡϨ
ΝϢΙΝΤΕ ΠϢΕ Ν|(5)ΤΑΝϨΗΥ · ΒΑΡ · ΒΑΡΕ ΑΠΑΚΗΝΤΩΡ
ΜΕΘΑΛΑΙ | ΜΟΥΡ ΤΑΧΡΟ ΝΤCΑΡΚϨ · ΕϢΙΝΤΕ ΠϢΕ
ΝΤΑΝ|ϨΗΥ · ΝΝΑΤΩΟΥΝ · ΕΝΑΤΩC · ΕΝΑϮ CΠΕΡΜΕ · |
ΜΑΡΕϤϢΩΠΕ ΝΘΕ ΝΟΥΡΕΒΜΟΟΥΤ · (entre ligne
ϢΙΝΤΕ ss ΤΑΝϨΗΥ) ΕϤΝΗΧ | ΕΒΟΛ ϨΝΟΥΕΤΑΠΟC ·
ΑΥΩ ΝΘΕ ΝΟΥΤΟΕΙC ΝΠΗΛ|(10)-ϬΕ ΕCΝΗΧ ΕΒΟΛ ·
ϨΝΟΥΚΟΥΠΡΙΕ · ΝΝΕϤϨϢ Κ|ΕΝΟΝΙΑ · ΟΥΤΕ ΝΕϤϨϢ
ΒΩΛ ΕΒΟΛ ΝΤΠΑΡΘΕ|ΝΙΑ ΝCΕΙΝΕ ΤϢΕ ΝΜΟΥΝΕ |
ΑΙΟ ΑΙΟ ΤΑ|ΧΗ ΤΑΧΗ

Schinté, fils de Tanhêu [3], c'est celui-là que je vais travailler [4] par moyen d'un lien. Keuentios, Patilos, Kous, Makous [5]. Celui qui

[1] J'ai négligé d'en noter les dimensions, ni ne sais si la feuille fut pliée.

[2] Ce fut grâce à l'obligeant intermédiaire de M. Spiegelberg que j'ai pu en prendre copie, en l'an 1912. J'ai eu soin de me munir du *nihil obstat* de la part de M. le Recteur de l'Université, avant de me servir ici de ma copie.

[3] Le nom du fils se retrouve dans le document précité (n° 409), où il varie (peut-être) avec Schinouté. Cf. Schinouté dans *Rylands*, 222, 361 etc.; celui de la mère dans Brit. Mus. n° 1118, *vo.* 5, texte également d'époque arabe.

[4] Le mot copte devrait correspondre à ἐργάζεσθαι, mais j'en ai cherché en vain la preuve. Cf. peut-être A. VASSILIEV, *Anecdota* p. 325 : μή τις ἐπαοιδὸς φθόνῳ εἰργάσατο.

[5] Noms magiques que j'identifie mal. Le premier a l'air plutôt latin, le dernier serait peut-être μάγος (cf. l'arabe *magous*), si toutefois on ne tenait pas compte du Kous, qui semble s'y rattacher.

est tombé de son . . . invisible (ἀόρατος)[1] et s'est (?) précipité dans
les ténèbres du dehors, liez, fermez la chair (σάρξ[2]) de Sch., fils
de T. Bar, Bare, Apa Kêntôr (?), Methalai[3], liez, fermez la chair
de Sch., fils de T. (Rendez la *sic*) incapable de se lever, ni de se
raidir, ni de produire de la semence (σπέρμα). Qu'il devienne,
(Sch., fils de T. *ajouté en dessus*) pareil à un mort, couché dans
un tombeau (τάφος), et pareil à un vieux haillon, gisant sur un
fumier (κοπρία). Il ne pourra point avoir commerce (κοινωνεῖν[4]),
ni ne pourra délier la virginité (παρθενία) de Seiné[5], fille de
Mouné (?). Oui, oui, vite, vite (ταχύ, ταχύ).

III

British Museum, Or. 6948 (2). *Parchemin*, 11 cm. 5 ×
7 cm. 5. A été beaucoup plié, de façon à former un petit
carré. Dialecte du Fayyoum. En dessus du texte on voit
trois groupes de noms : (*a*) ΑΧΗΛΗΤΗϹ, ΤΙΩΜΗΤΗϹ,
ΠΡΟΒΑΤΙΟϹ, ϹΑΒΑΤΙΟϹ, ΕΥΚΕΝΙΟϹ, ϹΤΕΦΑΝΑϹ,
ΚΥΡΙΑΚΟϹ; ce sont les Sept Dormants, d'après la version
reçue en Égypte[6] : (*b*) ΑΝΑΝΙΑϹ, ΑϹΑΡΙΑϹ, ΜΙϹΑΗΛ,
et leur faisant face ϹΕΤΡΑΚ ΜΝΙϹΑΚ ΜΝΑΒΤΙΝΑΚΟ;

---

[1] Le sens de cette phrase m'échappe. ⲍⲉ ⲍⲓⲭⲉⲛ est «tomber sur»,
aussi bien que «tomber de»; c'est celui-ci qui me paraît ici le bon. Or, les
deux mots qui suivent restent obscurs; pour le premier, je n'ai que ἅρμα
à proposer. Serait-ce une allusion à quelque légende de la chute des
anges ? (cf. Jude, 6, Luc, x, 18).

[2] C'est sans doute un sens particulier (= φαλλός) qui est ici sous-
entendu (cf. ? σάρξ dans Ézéch., xxiii, 20, Gen., xxxiv, 24). ⲧⲁⲭⲣⲟ n'est
guère usité dans le sens qui s'impose ici; cf. Ps. cxl, 3; Zoega, 234, 4;
Musée Guimet, XVII, 180.

[3] Je n'ai pas su retrouver ces noms. Le deuxième semble commencer
par ⲁⲡⲁ, élément ici peu vraisemblable, mais qui entre également dans
le nom magique d'Apa Bathouel (*Mitth. Rainer*, v, 120).

[4] Notre scribe, comme tant d'autres, aime à remplacer les verbes de
cette conjugaison par leur forme nominale. Cf. mes *Coptic Ostraca*, n° 360,
note; en outre Ryl. 340, Ps. cviii, 26 (éd. Wessely), Brit. Mus.
n°ˢ 370, 524 (ἀμέλεια).

[5] Je ne retrouve pas ce nom, qui pourrait bien être arabe.

[6] D'autres exemples : *Mss. coptes. . . . de Leyde*, p. 474; Zoega,
p. 241; *Rec. de Trav.*, XX, p. 176. Il est à remarquer que le *Synaxaire*
(20 Misra) donne plutôt la liste non égyptienne. Sur tout cela, voir le
travail capital de Guidi, dont je ne dispose pas.

ce sont les Trois Enfants de Babylone : (*c*) ⲃⲁⲕⲁⲕ,
ⲑⲉⲗⲁⲗ, ⲙⲏⲁⲗ, noms magiques [1]. Puis vient le texte :

ⲁⲡⲟ̄ⲥ̄ ⲓⲏ̄ⲥ̄ ⲉⲓ ⲉⲃⲙⲁϣⲓ ⲙⲛ̄ⲛⲉⲃⲙⲉⲛⲁⲕⲓⲟⲥ ⲛⲁⲡⲟ-
ⲥⲧⲟⲗⲟⲥ ⲁⲃⲡⲟⲧ ⲉⲍⲟⲩⲛ ⲡⲓⲏ (*sic*) ⲥⲓⲙⲟⲛ ⲡⲉⲧⲣⲟⲥ
ⲁⲃϭⲓⲙⲓ ⲧⲉⲃϣⲟⲙⲓ ⲉⲥⲍⲏⲙ ⲉⲥⲱⲧⲏⲟⲩⲧ ⲉⲥⲉⲛⲕⲁⲧ
ⲙⲉⲭⲉ ⲥⲓⲙⲟⲛ ⲡⲉⲧⲣⲟⲥ ⲭⲉⲡⲁⲭⲁⲓⲏⲥ ⲓⲏ̄ⲥ̄ ⲡⲉⲭ̄ⲣ̄ⲥ̄
ϣⲁⲛⲁⲧⲏⲕ ⲍⲁⲅⲁⲣⲃⲏⲗⲁⲏⲁ ⲭⲏ ⲛⲭⲁⲣⲁ ⲭⲏ ⲛⲍⲱⲏ ⲃⲓ
ⲙⲉⲩ ⲡⲉⲍⲉⲙⲁⲙ ⲡⲁⲛⲧⲓⲕⲓⲙⲉⲛⲟⲥ ⲍⲁⲃⲁⲗ ⲙⲁⲥ ⲍⲉⲛⲧⲟⲩ-
ⲛⲟⲩ ⲉⲧⲙⲉⲩ ⲁⲃⲁⲙⲉⲍⲓ ⲧⲉⲥϭⲓϭ ⲛⲓⲟⲩⲛⲏⲙ ⲁⲃⲕⲉⲉⲥ
ⲍⲓⲭⲉⲛⲡⲉⲍⲉⲙⲁⲙ ⲁⲥⲟⲩⲭⲉⲓ ⲁⲥⲧⲁⲁⲥ ⲁⲥⲟⲩⲭⲉⲓ ⲁⲥϯⲓⲁ-
ⲕⲟⲛⲓ ⲉⲗⲁⲩ ⲉⲥⲟⲩⲁϭ.

Le Seigneur Jésus allait en marchant avec ses très saints ($\pi\alpha\nu$-
$\acute{\alpha}\gamma\iota\sigma$? [2]) apôtres ($\grave{\alpha}\pi$.). Il entra dans la maison de Simon Pierre [3]
(et) il trouva sa belle-mère ayant la fièvre, étendue, couchée. Simon
Pierre dit : «Mon Seigneur Jésus le Christ, aie pitié de Garbêlêa,
fille de Chara, fille de Zoé [4]. Enlève d'elle cette fièvre (due à)
l'adversaire ($\grave{\alpha}\nu\tau\iota\varkappa\epsilon\acute{\iota}\mu\epsilon\nu\sigma$ [5]).» Sur l'heure il lui prit la main droite
(et) la posa sur la fièvre (et) elle devint saine et se leva (?), devint
saine [6] (et) les servit ($\delta\iota\alpha\varkappa\sigma\nu\epsilon\tilde{\iota}\nu$), étant saine.

En dessous du texte se trouvent, à gauche, trois penta-
grammes; à droite, deux étoiles (ou roues) à 8 points se
terminant en cercles.

[1] Les deux derniers se retrouvent au n° 524 (sect. 6) du Brit. Mus.,
ainsi que les noms des Trois Enfants.

[2] Fort douteux. Pour ⲙⲉⲛ- = ⲡⲁⲛ-, cf. ci-après ⲙⲉⲭⲉ = ⲡⲉⲭⲉ, que
l'on rencontre partout : Ryl. 347, 352, Brit. Mus. 1118, Crum, *Coptic
Mss.*, n° xx. A comparer l'ⲙⲡⲁⲭⲉ des *Acta Pauli*.

[3] Cette histoire se retrouve sur d'autres amulettes (voir Touraiev dans
Christ. Vostok, I, p. 203; Worrell dans *Zeit. f. Assyr.*, XXIV, p. 79, etc.).

[4] Noms, à ce que je crois, de la malade, de sa mère et de sa
grand'mère. La deuxième se retrouve dans Wessely, *Studien*, XX, n° 219,
et *Catal. gén. du Caire*, Coptic Mons., n° 8695, tous deux provenant du
Fayyoum. Pour le premier, cf. ⲕⲁⲃⲃⲣⲓⲁⲗⲁ, pap. Golénischeff, n° 44
(fayyoumique).

[5] Cf. l'emploi de ce mot dans les *B. K. U.*, I, n°ˢ 6, 25. Il s'agit comme
toujours du diable.

[6] Passage embrouillé. On pourrait lire ⲛⲭⲉ, au lieu de ⲍⲓⲭⲉⲛ
(cf. Matt., viii, 15). Quant au réflexif ⲁⲥⲧⲁⲁⲥ, je voudrais corriger ma
leçon en ⲧⲁⲛⲥ, qui se trouve (assez rarement) pour ⲧⲱⲛⲥ. Le deuxième
ⲁⲥⲟⲩⲭⲉⲓ serait fautif.

IV

Lourd éclat de pierre calcaire, 24 cm. × 26 cm., dimensions peu ordinaires pour nos «ostraca». Acquis à Thèbes par M. N. de G. Davies et déposé à la Bodléienne. Écriture du viie siècle environ. Dialecte sa'idique.

C'est, cette fois, la pierre même, autant que le texte qu'elle porte, qui mérite quelque attention. En effet, un trou qui la transperce, du côté où son épaisseur est la moindre, a servi sans doute à la faire suspendre, au moyen d'une corde, soit à un mur, soit à quelque meuble ; ce qui nous permet de reconnaître le mode d'emploi de cette sorte de phylactères. Je ne me souviens pas d'avoir rencontré ailleurs un ostracon percé de cette façon.

Le texte consiste, d'un côté, en les *incipit* des quatre Évangiles[1], selon l'ordre normal (M., M., L., J.); de l'autre, dans la liste des Apôtres selon la rédaction de Luc[2], suivie de ces mots : «Le Dieu d'Abraham et Isaac et Jacob et (de) tous les prophètes et tous les justes ($\delta i\kappa\alpha\iota\text{o}\varsigma$), jusqu'à [l'Éternité].»

---

[1] La croyance aux vertus magiques de ces versets est connue. Aux instances déjà notées provenant d'Égypte, on peut ajouter : *Mss. coptes... de Leide*, p. 477 ; *Annales du Serv.*, 1909, 263 ; *Berliner Klass. Texte*, VI, p. 129. Des siècles plus tard, on les retrouve employés par un devin musulman, pour expulser les démons de ses clients chrétiens (*Acad. de Munich, Sitzb.*, 1910, Abh. 10, p. 23). Le prêtre qui donne à la femme qui veut se convertir l'Évangile de Jean (Amélineau, *Contes*, t. I, p. 50), joue un rôle analogue à celui du sorcier.

[2] Sauf l'addition du nom de Matthias, au lieu de celui de Judas.

CONTRIBUTION

À L'ÉTUDE

DU

CHAPITRE CXXV DU LIVRE DES MORTS.

LES CONFESSIONS NÉGATIVES,

PAR

M. ÉTIENNE DRIOTON.

Le chapitre cxxv du *Livre des Morts*, ou Formulaire du jugement de l'âme, loin d'être homogène, présente une juxtaposition de textes d'époques et d'inspirations différentes. Le noyau semble en être la section 1. 35-42 (Lepsius), qui à l'examen se révèle comme la formule de la religion solaire, réservée aux seuls grands qu'un privilège royal admettait aux destinées célestes : ses expressions s'apparentent nettement, on l'a depuis longtemps reconnu, à celles des stèles seigneuriales de l'Ancien Empire[1]. La fin du chapitre (1. 42-69, Lepsius) est, dans sa complexité, d'inspiration magique et se rattache à cette littérature hermétique qui se développe sur les sarcophages antérieurs au Nouvel Empire et qui finit par se codifier dans le Livre des Morts lui-même. Seul le début du chapitre cxxv, les fameuses Confessions négatives, d'une doctrine morale si élevée, n'ont pas paru jusqu'à présent s'apparenter à des textes précis : les égyptologues, tout en constatant leur apparition dans les recueils funé-

[1] Cf. Maspero, *Histoire ancienne*, I, 191-192.

546 É. DRIOTON.

raires au commencement de la XVIIIe dynastie, en ont
été réduits sur leur origine et sur leur composition à ima-
giner des hypothèses souvent contradictoires[1].

Il semble pourtant qu'à interroger les textes contemporains de l'apparition de ces Confessions on puisse trouver des points d'attache qui autorisent des conclusions
plus fermes. Ces témoins, il est vrai, sont rares, et dans
la masse des documents publiés, je ne puis en citer que
trois. Mais si l'on observe que ces Confessions elles-
mêmes ne sont dans la littérature égyptienne, et dans le
Livre des Morts en particulier, qu'un îlot de dogmatique
très pure perdu dans une mer immense de textes magiques, — que leur succès de «librairie», dirions-nous,
puisqu'elles sont dans la presque totalité des manuscrits,
ne paraît avoir eu aucune influence sur la pensée générale
de l'Égypte religieuse, — on conviendra aisément que
les penseurs qui les élaborèrent et qui y adhérèrent ne
purent être qu'une minorité, et qu'il fallait s'attendre à
ce que les monuments d'une pareille minorité fussent
rares.

Le principal document de ce genre, celui qui, daté
approximativement, permet de situer autour de lui les
autres textes, est une stèle depuis longtemps connue dans
la science, la stèle de Béki[2]. Grâce à l'aimable obli-

---

[1] FLINDERS PETRIE, *Religion and Conscience in Ancient Egypt.*, 2e édit.,
1920, p. 70-106; BUDGE, *Osiris and the Egyptian Resurrection*, 1911,
p. 315-317, 342-343; FOUCART, *Histoire des religions et méthode comparative*, 1912, p. 264-280; BREASTED, *Development of Religion and Thought in
Ancient Egypt*, 1912, p. 299-307, pour ne citer que les ouvrages les plus
récents.

[2] Stèle n° 156 du musée de Turin, publiée et éditée une première fois
par CHABAS dans un mémoire : *Notice sur une stèle égyptienne du Musée de
Turin*, paru dans les *Transactions of the Society of Biblical Archaeology*, V,
459, et réimprimé dans la *Bibliothèque égyptologique*, XIII, 235-249.
MASPERO, dans son *Rapport sur une mission en Italie* (*Recueil de Travaux*,
IV, 131-132), en a édité une nouvelle copie, mais sans traduction. Il
signale qu'une stèle du même personnage, trop empâtée de couleur moderne pour qu'il ait pu la copier, existe au même musée sous la cote
n° 16. Revillout enfin a cité et traduit une partie du texte de cette stèle
dans la *Revue Égyptologique*, VIII, 82-84.

geance de M. Schiaparelli, conservateur du musée égyptien de Turin, je puis en donner une recension nouvelle
établie sur photographie. Le martelage du nom d'Amon,
dans le proscynème vertical du ceintre, fournit comme
terminus ad quem pour la datation de cette stèle le règne
d'Aménothès IV. D'autre part, la sobriété de la perruque
et du costume du personnage assis devant la table d'offrande, ainsi que la concision archaïque de l'orthographe,
font penser aux débuts de la XVIIIe dynastie, ou même à
l'époque qui en précéda immédiatement l'avènement [1].
Le texte de la stèle se poursuit en quinze lignes horizontales, de droite à gauche :

[*Quinze lignes de hiéroglyphes, numérotées (1) à (6).*]

<hr>

[1] La graphie 〰 de la ligne 11, pour ⟨hiéroglyphes⟩, est caractéristique
des textes de la XIIe dynastie. Pourtant l'argument que l'on pourrait tirer
de sa présence dans cette stèle se trouve énervé par l'usage du mot néo-
égyptien ⟨hiéroglyphes⟩ (ligne 3) «défense» que Chabas (*loc. cit.* : *Bibl.
égypt.*, XIII, 246, et *Dictionnaire manuscrit*, p. 1440) a déjà signalé dans
les passages : Pap. Sallier, II, 2, 1, et Anastasi, I, 5, 5; 9, 1. Béki, il est
vrai, sorti des formules ordinaires des textes religieux, ne pouvait que
choisir ses expressions dans le vocabulaire populaire qui devait, dès le
Moyen Empire, contenir pas mal de mots «néo-égyptiens».

[2] Le signe ⟨hiéroglyphe⟩ est en réalité écrit ⟨hiéroglyphe⟩.

(1) Le signe ▆ est en réalité écrit ⌒.

(2) Il reste au dessous de 〰 la place d'un ◎ qui n'a pas été gravé.

(3) Ce signe hiératique intercalé par le lapicide est reproduit tel qu'il existe sur la stèle, c'est-à-dire dans une écriture de droite à gauche.

(4) Le signe ⌒ est écrit en réalité ▆.

Le roi donne offrande. Au double du directeur de grenier, Béki, justifié. Il dit :

«Je fus un vrai juste, exempt de péchés, ayant mis Dieu dans son cœur et sage grâce à lui.

«Je suis venu à cette ville qui est dans l'Éternité après avoir fait le bien sur la terre : je n'ai pas affligé, je n'ai pas fauté, mon nom n'a été prononcé sur aucune action vile d'injustice, quelle qu'elle fût; mais je me suis réjoui de dire la vérité, car je sais qu'elle est utile à qui la fait toujours sur terre jusqu'au trépas et que c'est une défense parfaite pour qui l'a dite, en ce jour où il arrive au Tribunal qui discerne les intentions, juge les dispositions, punit le pécheur et tranche son âme.

«De mon existence je ne commis de fautes [1] : je n'eus pas d'accusateur. Aucune injustice ne me fut imputée par devant eux; mais je sortis de là justifié et je fus récompensé là parmi les fléaux passés à leur double. »

Le directeur de maison, le directeur de grenier, Béki, justifié. Il dit :

«Je fus un grand charmeur de cœur du Seigneur des Deux-Terres, un favori de Celui qui l'a fait, un loué du Souverain.

«Ce fut ma vertu parfaite qui fit éminer ma place et qui m'éleva parmi des myriades d'humains; ma justice qui me fit prospérer [2] pour Horus [3] comme directeur de la Porterie de la Demeure Supérieure (?). Son double m'admit à vaquer auprès de lui en joie pour adorer sa beauté tous les jours et à vénérer ses deux uræus [4] à tout moment. »

Le directeur de grenier, Béki, justifié. Il dit :

«Je fus un noble qui se complut à la justice, qui pratiqua les lois

[1] CHABAS (*loc. cit. : Bibl. égypt.*, XIII, 246) avait déjà noté le jeu de mots par allitération de la phrase *wnn-y nn wn-y*.

[2] Cette traduction me semble exigée par la structure générale de la phrase. Le verbe ⸻, il est vrai, est très rare au sens transitif : je ne puis citer pour ma part que *Livre des Morts*, LXIV, 27-28 : [hiéroglyphes]

«Viens derrière moi! Mes sortilèges feront prospérer (partic.) ma chair, mes formules seront les gardiennes de mes membres ».

[3] Le signe-oiseau, il est vrai, est de forme imprécise; mais le contexte exige ici la lecture par le faucon. Cette interprétation est assurée par la stèle 20541 du Caire (LANGE et SCHÄFER, *Grab- und Denksteine*, II, 162), du Moyen Empire, qui à la ligne 11 emploie le même parallèle protocolaire entre Horus et son double.

[4] Une traduction sculpturale de cette expression se trouve, par exemple, dans la statue de la reine Isis, mère de Thoutmosis III (Caire 42,072, LEGRAIN, *Statues et statuettes*, I, pl. XLII), qui porte au front deux uræus jumelles couronnées.

de la Cour de la Double justice. J'eus pour but de parvenir au Kher-Neter sans qu'il y eût de vilenie à propos de laquelle fût prononcé mon nom.

« Je n'ai pas fait de mal contre les humains : la décision [1] de leurs dieux a été que mon existence fût une vie de vent favorable [2], si bien que j'atteignis cette belle féauté et que j'eus les faveurs du Roi. Je fus aimé par ses courtisans, le Palais entier et ce qui est en lui : aucun mal ne me fut fait au milieu d'eux. Les humains de la Porterie, eux aussi, se réjouissaient de ma vertu parfaite. Mon nom était prononcé dans le palais comme celui d'un seigneur de perfection, faisant ce qui est juste.

« Ma bonté était dans le cœur de mon père et de ma mère et mon amour dans leur sein : jamais sur terre enfant ne se distingua comme je le fis auprès d'eux.

« J'ai respecté étant grand qui j'avais imploré étant petit.

« Je n'ai pas dénigré plus haut placé que moi.

« Mon conseil fut celui de quelqu'un qui dit le bien, et ce ne fut point un avis funeste ce que j'ai dit. Écoutez donc ceci, copie de ce que j'ai dit, ô vous, tous les humains qui existerez :

« Complaisez-vous dans la justice chaque jour, comme en un « grain [?] [3] dont on ne fait point de mets et pourtant dont Dieu,

---

[1]. Le sens général de cette phrase me semble appartenir au même ordre d'idées que les expressions de la stèle d'Antouf (Louvre, C 26, 19) : [hiéroglyphes] « ...pour qui les justes remerciaient Dieu à cause de sa perfection, pour qui tous les humains demandaient la force et la vie ». Quant au mot [hiéroglyphes] « décision », on le trouve comme parallèle à [hiéroglyphes] au tombeau de Khâ-m-hâ (Loret, *Mission*, I, 122), dans une phrase où le défunt entend déclarer qu'il n'a eu aucun démêlé avec la justice de son pays : [hiéroglyphes] « il fut innocent sur terre, il n'advint pas de sentence sur lui, il n'y eut pas de décision le concernant auprès des Solitaires du Palais, v. s. f. ».

[2]. Le mot [hiéroglyphes] désigne le vent qui fait voguer la barque (cf. Vogelsang, *Kommentar zu den Klagen des Bauern*, p. 66). Une « vie de vent » est donc une vie à la fois facile et prospère. La même métaphore se retrouve sur la stèle d'Am-n-t'eh, l. 6-7 (Virey, *Tombeaux thébains, Mission*, V, 359) : [hiéroglyphes] « vois, j'eus le bon vent que l'on désire, ma louange fut dans le Palais, v. s. f. tous les jours ».

[3]. Je donne cette interprétation sous toutes réserves. Le lapicide, embarrassé sans doute par un signe hiératique qui n'était pas d'usage courant, s'est contenté de le régulariser dans le groupe [hiéroglyphes]. Chabas l'interprétait [hiéroglyphes], mais, outre que le sens « se complaire dans la justice en

« seigneur d'Abydos, vit chaque jour. Si vous la faites, cela vous
« sera utile : vous traverserez l'existence en douceur de cœur pour
« rejoindre le bel Occident et votre âme pourra entrer, sortir et se
« promener comme les seigneurs éternels qui dureront aussi long-
« temps que les dieux primordiaux. »

Le second témoin d'une croyance similaire est un passage du papyrus 1116 A, recto, de l'Ermitage, publié par
Golénischeff[1] et étudié par Gardiner[2]. Cet exemplaire,
copié sous la co-royauté de Thoumosis III et d'Aménothès II, édite un texte qui eut sa vogue au Nouvel Empire, témoins les diverses recensions qui en sont parve-
nues : les instructions d'un roi héracléopolitain, sans
doute un Akhtoès, à son fils Mérikarâ. Gardiner, s'appuyant sur l'exactitude historique des événements qu'elle

Égypte » n'offre rien de bien intelligible, que grammaticalement la place
de [hiéroglyphes] avant ce complément est insolite, que ⊙ plus haut n'était pas
écrit ●, on saisit mal comment ce lapicide, qui a fort bien transcrit le
signe [hiéroglyphe] aux lignes 10 et 11, le méconnaîtrait à cet endroit. Il est possible,
peut-être, d'admettre que la minute hiératique portait le mot [hiéroglyphes]
« grain », — et le trait vertical qui suit le déterminatif confirme cette interprétation, — [hiéroglyphe] représentant [hiéroglyphe] régularisé. Que ce mot, tout en restant
féminin, ait dès le Nouvel Empire perdu son ⌒ orthographique, ce fait est
établi pour l'époque de Ramsès II par l'obélisque de la Concorde qui,
au lieu de la formule protocolaire [hiéroglyphes], écrit [hiéroglyphes]
(face Sud, l. 3). La stèle de Béki inviterait à remonter ce phénomène linguistique un peu plus haut : ici, comme à la ligne 3 de son discours,
Béki parle la langue populaire. M. Sottas me suggère encore comme possible la lecture [hiéroglyphes] « complétement », « sans restriction », qui a le
mérite de la simplicité, qui pourrait être appuyé par Abbott, II, 13 ([hiéroglyphes]
[hiéroglyphes]), mais qui me semble moins utilisable pour le contexte. En tout cas, quoi qu'il en soit de ce point de détail, ce passage,
comme plusieurs autres d'ailleurs depuis fort longtemps étudiés, est à
joindre au texte du *Livre des Morts*, chap. LXVI, l. 11 (NAVILLE) que Grapow (*Zeitschrift Ä. S.*, XLIX, 51) déclare si « important » pour l'intelligence de l'expression « vivre de la vérité ».

[1] Ce papyrus avait été sommairement étudié par GOLÉNISCHEFF dans la
Zeitschrift Ä. S., XIV (1876), 107 et suiv. La publication en a été faite
par le même auteur dans *Les papyrus hiératiques n°s 1115, 1116 A et
1116 B de l'Ermitage Impérial à Saint-Pétersbourg*, 1913 (pl. IX à XIV).

[2] *New literary works from ancient Egypt* (*Journal of Egypt. Archaeology*,
I (1914), p. 20-36, 100-106).

rapporte, attribuerait volontiers la composition de cette œuvre gnomique au règne de l'héracléopolitain Mérikarâ[1]. Mais les similitudes d'expressions entre le passage que l'on va citer et la stèle de Béki amèneraient plutôt à croire que la rédaction de l'une ne doit pas être si éloignée de la composition de l'autre et que l'on a affaire à un traité pseudépigraphe à tendances politiques, qui a vu le jour à la fin du Moyen Empire ou au commencement du Nouveau. Les vers du poème expriment la doctrine chère à Béki, mais en des termes d'une beauté tragique où l'on croirait entendre résonner un écho de *Dies irae*. Le roi exhorte son fils à ne pas condamner à mort injustement un de ses familiers[2] :

[1] *Ibid.*, p. 35.

[2] Pl. X. L'enchaînement de ce passage interprété tout à fait différemment par Gardiner (*loc. cit.*, 26-27) semble être le suivant : le roi, même par une sentence de mort, ne peut empêcher que l'âme n'aille vers un tribunal extra-terrestre qui sache la vérité (même raisonnement, l. 139-140). La transition est ainsi naturelle entre ce qui précède et la strophe sur le Tribunal divin, qui sera sans indulgence à son tour pour le roi.

... ...

L'âme s'en va vers la Place de Ceux qui la connaissent[1],
sans s'écarter de ses chemins de la veille,
sans qu'aucun sortilège ait pu l'arrêter :
elle parvient à ses hôtes[2].

Le Tribunal qui juge le coupable,
tu sais qu'il n'est pas indulgent,
en ce jour où l'on juge le malheureux[3],
à l'heure de rendre sa décision!
Malheur si l'accusateur a raison[4]!
Ne te rassure pas par l'étendue des années :
ils voient une vie en un instant.
Celui qu'ils examinent[5] après le trépas,
ses actions sont mises à côté de lui toutes ensemble[6].
C'est l'Éternité qui est là :
insensé qui le méprise.
Mais quiconque y parvient sans avoir commis de fautes,
il sera là comme un dieu,
se promenant comme les Seigneurs éternels[7].

Enfin trois fragments conservés au musée du Caire et provenant paraît-il d'un tombeau du Nouvel Empire[8], renferment, à défaut d'un exposé suivi, des expressions

(1) Mot à mot : «ses connaissants».

(2) Mot à mot : «ses donneurs d'eau». Cf. les stèles funéraires sur lesquelles la déesse de l'Occident offre de l'eau fraîche au défunt.

(3) Formule abrégée dont l'expression complète est donnée par le sarcophage 28085 du Caire (XIIe dyn.; Lacau; *Sarcophages*, I, 221) : 
N .

(4) Mot à mot : «est un homme qui sait».

(5) Je dois à M. Sottas la belle correction de  en 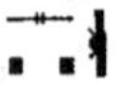. Cf. 
pour 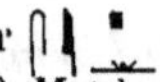 (Erman-Grapow, *Handwörterbuch*, p. 153).

(6) Mot à mot : «en tas».

(7) Mot à mot : «les seigneurs pour l'éternité». Cf. .

(8) Caire 20741. Blocs de calcaire d'origine inconnue (Lange et Schäfer, *Grab- und Denksteine des mittleren Reiches*, II, 372). Nous distinguons dans le texte reconstitué chacun des fragments par les lettres *a*, *b*, *c*.

caractéristiques qui les rattachent à la même école doctrinale. On serait même tenté de reconnaître dans ce «chef de grenier» anonyme Béki lui-même, qui porte le même titre, si l'orthographe du morceau ne paraissait s'opposer décidément à une telle identification. Ces fragments, rapprochés et complétés par les restitutions que suggère le texte lui-même, donnent quelques phrases suffisamment liées, quoique d'une importance dogmatique beaucoup moindre.

(1) 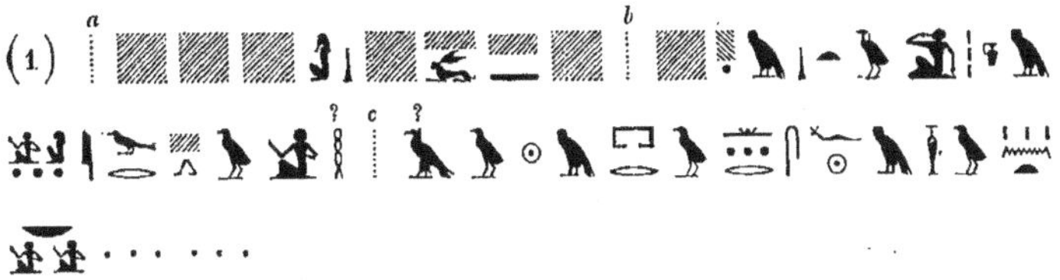

(2) 

(3) 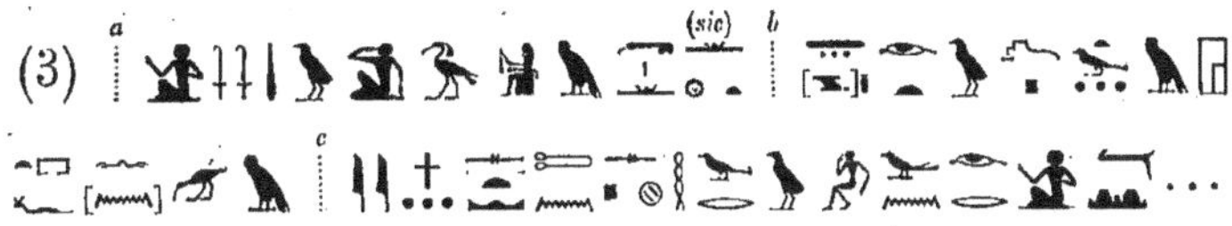

(4) 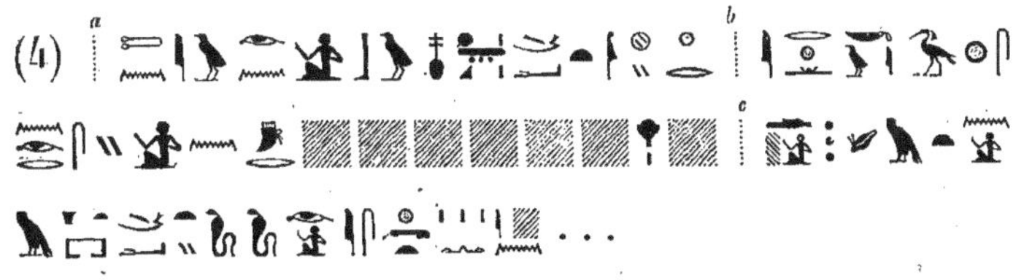

(5) 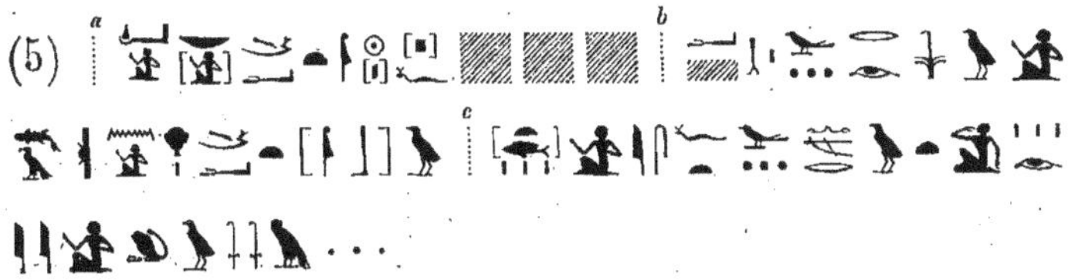

(6)  [hieroglyphic text]

(1) . . . par faveur de mon maître. . .

(2) . . . cette [place] d'éternité. Ce sont mes gens corvéables qui apportent le tribut pour moi chaque jour, comme il se fait pour les ancêtres qu'a favorisés leur Dieu pour l'alimentation [1]. Je n'ai pas endommagé ce qu'avait fait un autre. Je n'ai pas bâti en dérangeant. . .

(3) . . . ces paroles utiles (à prononcer) devant l'échafaud [2] du pays dans le château duquel on fait les exécutions. Ceux qui sont dans cette montagne n'ont trouvé aucune action méprisable que j'aie faite. Le directeur de grenier. . .

(4) . . . j'ai fait le bien sur la terre, en toute justice, car je sais qu'elle est utile à qui la fait. . . . . j'ai été écouté dans la Cour du Justicier, car j'ai fait mon désir. . .

(5) . . . le Seigneur de Justice, en ce jour où. . . . . le mal contre celui qui l'a fait. Je me suis pénétré de la Justice et ce fut mon horreur que l'iniquité, non mon amour [3]. J'ai atteint ces choses en. . .

(6) . . . je suis parvenu à la nécropole, j'y suis enseveli : je vois les ancêtres, réuni que je suis à ma place d'éternité, mon tombeau dans lequel j'ai pris mon repos.

On n'aura pas été sans remarquer combien parmi les textes cités celui de Béki s'apparente clairement aux Confessions négatives du chapitre cxxv du Livre des Morts. Le résumé des destinées de l'âme coïncide, et dans

[1] M. Sottas rapprocherait ce passage, évidemment contaminé, de l'expression du *Livre des Pyramides* (1191, *b* et *c*) : [hieroglyphs] et, corrigeant la confusion entre [sign] et [sign] (= [sign]), restituerait : «. . . à qui leur Dieu a attribué des aliments».

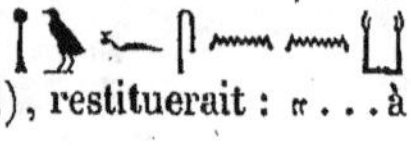

[2] La lecture [hieroglyph] «bois d'exécution» (cf. *Zeitschrift*, XXVI, 55; XXXVII, 146; Spiegelberg, *Studien und Materialien zum Rechtwesen*, p. 125) et l'interprétation de cette phrase me sont suggérées par M. Sottas.

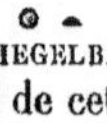

[3] Peut-être faut-il corriger en [hieroglyphs] et traduire : «dans le désir d'atteindre. . .».

leurs expressions caractéristiques, avec leur doctrine et
pourrait s'illustrer des mêmes vignettes : [hiéroglyphes], dans l'expression *wpy-t qdw-w*[1], est le terme authentique des
papyrus les plus anciens qui, dès l'époque ramesside,
tend à céder la place à la locution rivale plus abstraite :
[hiéroglyphes][2]. [hiéroglyphes] «trancher l'âme»[3] est la vieille
formule de damnation que les papyrus d'époque tardive
remplaceront par l'euphémisme [hiéroglyphes] «chasser
l'âme»[4]. Le rôle que Béki fait jouer dans sa vie à la justice est précisément celui que le prologue de la première
Confession négative exige pour tout juste[5]. Bien plus,
le mot [hiéroglyphes][6], par lequel Béki entend exprimer les
péchés qu'il n'a point commis, est un terme qui ne se
rencontre dans le Livre des Morts qu'au seul chapitre
cxxv, dans le titre des Confessions et dans la partie magique qui clôt ce chapitre[7]; terme moral[8], élevé par
les doctrinaires qui nous occupent à un sens religieux,
il ne semble avoir eu en tous cas qu'une médiocre fortune : s'il a passé du chapitre cxxv sur quelques stèles
privées et dans certaines compositions religieuses, un
monument de la fin de la XVIIIᵉ dynastie[9] l'estime si
peu clair qu'il l'accompagne d'une glose dans laquelle il

---

[1] Béki, 4. Le mot *qdw* a le même développement sémantique que le
mot *s'r* étudié plus bas : «disposition» (cf. Prisse, XIV, 6-7), «vertu»
(cf. l'expression [hiéroglyphes]), «vice» (Louvre C 67 : [hiéroglyphes]).

[2] Naville, *Todtenbuch*, II, 277.

[3] Béki, 4.

[4] Cf. par exemple les leçons du chapitre xvii, l. 59 (Lepsius) du *Livre
des Morts* publiées par Gnapow, *Religiöse Urkunden*, p. 55, et les leçons du
même texte dans *Descript. de l'Égypte*, II, pl. LXXV, l. 50 et l'édition de
Lepsius.

[5] *Livre des Morts*, cxxv, l. 6 (Naville).

[6] Béki, 1. Ce mot vient de la racine [hiéroglyphes] «protéger», «défendre» et
signifie «chose défendue».

[7] Lepsius, *Todt.*, CXXV *a* et 63. Quant à l'exemple de la ligne 37, il
n'existe pas dans la version thébaine (Naville, *Todt.*, I, pl. CXXXVII,
l. 9).

[8] Pap. Prisse, I, 4; XV, 5.

[9] Louvre A 116 [hiéroglyphes] [hiéroglyphes] (Pierret, *Études égyptologiques*, II, 33).

fait entrer le vieux terme de tout temps connu, et finalement vainqueur incontesté dans le vocabulaire religieux :
【hiéroglyphes】 « injustice ».

Mais, et c'est ici que la question s'étend, Béki n'est pas
un isolé. Sa stèle et les fragments cités du Caire renferment les mêmes expressions biographiques : « j'ai fait
le bien sur la terre... »[1], « mon désir a été... »[2],
détail qui du reste n'aurait rien de particulièrement im-
pressionnant pour des inscriptions égyptiennes, si ces cli-
chés ne se rencontraient avec la même conception, rare
sur les monuments, d'une religion à valeur morale fondée
tout entière sur la justice, et dont le credo, substantiel-
lement identique dans les deux cas, est introduit par la
même formule : « car je sais qu'elle est utile à qui la
fait... »[3], — 【hiéroglyphes】 — indiquant toujours à qui veut
entendre les textes égyptiens une vérité capitale et quelque peu ignorée ou méconnue du vulgaire. Le papyrus
de l'Ermitage, lui aussi, concorde avec la stèle de Béki
dans les expressions religieuses elles-mêmes; *z'z'-t wz'-t
s'ryw*[4], bien que les deux textes l'interprètent différemment, est une formule stéréotypée, il est vrai, mais qui
en fait ne se rencontre que là; dans les deux documents
le rôle de l'accusateur, *srky*[5], est également mis en valeur et la béatitude finale est exprimée par une formule
identique, respectée scrupuleusement comme un article
de symbole : « se promener comme les Seigneurs éter-

---

[1] Béki, 2 ; Caire, 4.
[2] Béki, 8 ; Caire, 4.
[3] Béki, 3 ; Caire, 4,
[4] Béki, 4 ; Ermit., 33. Le mot *s'r*, comme en général les mots égyptiens
élevés à une signification morale, est susceptible d'une triple acception :
un sens général : « compréhension », « intention »; un sens favorable :
« intelligence » (cf. PIEHL, Z. Ä., XXIV, 83-85); un sens péjoratif :
« astuce » (cf. ERMAN-GRAPOW, *Handwörterbuch*, 107). La formule de Béki ,
que le parallélisme avec *wpy-t qdw-w* révèle comme génuine, emploie le
mot dans son acceptoin générale; le scribe du manuscrit de l'Ermitage
l'a pris dans son sens péjoratif et en a fait un nisbé, influencé sans
doute par l'expression qu'il emploie aussitôt après : « juger le malheureux ».
[5] Béki, 4 ; Ermit., 54.

nels ɴ[1]. On est donc fondé à voir dans les auteurs de ces textes plusieurs individus ayant une foi commune exprimée par une terminologie spéciale et usant à ce titre d'un type déterminé de biographie funéraire. L'inscription de Béki laisse en outre entrevoir plusieurs autres détails : Béki s'adresse au grand public, « à tous les hommes qui existeront »[2], pour leur apprendre une vérité qu'ils sont censés ignorer ou ne pas mettre en pratique, — Béki appartient donc à une minorité, — et, ce faisant, il montre un tel zèle, omettant de nommer les dieux, que pourtant il adore, pour laisser plus de place à l'exposé de sa doctrine[3], — ne narrant de son *cursus honorum* que ce qui peut servir d'illustration à sa thèse et d'encouragement aux disciples qu'il désire attirer[4], — se privant même du bénéfice de l'appel aux suffrages des vivants pour immortaliser une parabole de son cru, qui lui avait été familière, et qu'il devait proposer en conversation sous forme d'énigme[5], que l'on ne peut s'empêcher de penser qu'un tel prosélytisme est celui d'une doctrine encore jeune dans la ferveur de ses débuts.

Ce n'est pas que je propose de voir dans Béki, ni dans les anonymes des inscriptions du Caire ou du papyrus de l'Ermitage, les auteurs mêmes du chapitre cxxv du Livre des Morts : mais, disciples de la première heure ou

[1] Béki, 15; Ermit, 56-57. Cette expression du reste se retrouve sur les stèles de la XVIII° dynastie, dans les longues formules syncrétistes qui définissent les destinées des Bienheureux. Cf. Loret, *Le tombeau de l'Amkhent Amen-hotep*, stèle, l. 15 (*Miss.*, 1, 26), Florence 2567 (*ibid.*, p. 53, note 1).

[2] Béki, 13.

[3] A ce point que Chabas (*loc. cit. : Bibl. égypt.*, XIII, 240-241) pensait reconnaître en Béki un déiste avant la lettre. De fait le ⸢hiéroglyphes⸣ du texte horizontal ne mentionne aucun dieu; mais dans le proscynème du ceintre, où Béki n'entendait pas développer sa doctrine, Amon-Râ et Osiris sont invoqués. Ce souci de gagner de la place est peut-être également ce qui a déterminé le lapicide à écrire tant de mots sans déterminatifs.

[4] La stèle de Turin n° 16 signalée par Maspero (*Rec.*, IV, 131) trahit que Béki était en outre ⸢hiéroglyphes⸣ « directeur de domaines d'Amon ».

[5] Béki, 13-14.

propagateurs plus tardifs, je ne sais, ils appartiennent
en tous cas au groupe religieux d'existence éphémère dont
le livre funéraire eut la fortune de passer à la postérité,
amalgamé par les compilateurs éclectiques de la XVIIIe
dynastie avec les écrits magiques qu'ils prétendaient
remplacer. Ce fait acquis, la doctrine des inscriptions et
des papyrus prend la valeur d'un commentaire autorisé
de cette section du chapitre cxxv et elle en découvre l'esprit plus explicitement que le chapitre lui-même, soucieux uniquement du jugement, n'avait eu l'occasion de
le faire. La vie terrestre que sanctionne ce jugement osirien doit être véritablement une vie de religion intérieure : le juste doit «mettre Dieu dans son cœur»[1],
c'est-à-dire au premier plan de ses préoccupations[2], et
c'est là pour lui la source de toute sagesse[3]. Sans doute
il aura à se justifier d'avoir commis le péché[4], mais
cette justification, en même temps qu'elle porte sur l'acte
extérieur, exige qu'il ait eu «l'horreur»[5] du péché et
«le désir»[6] de ne pas le commettre. Bien mieux, ce sont
les actes positifs de religion qui s'inscrivent au premier
rang de ses devoirs : «faire le bien»[7] et plus profondément, avec ce souci de religion intérieure dont témoignent
ces documents, «se pénétrer de la justice»[8] et «se complaire»[9] en elle. Une pareille vertu ne reste pas sans
récompense dès ici-bas : le culte de la justice donne sur
terre le bonheur[10] et le succès[11], et les dieux exaucent, en
accordant des destins favorables, les prières que font les
humains pour leurs bienfaiteurs[12]. Mais c'est surtout au

[1] Béki, 1.
[2] Cf. *L. D.*, III, 52 *b*, l. 8.
[3] Béki, 1.
[4] Béki, 1, **3**.
[5] Caire, 5.
[6] Béki, 8-9 ; Caire, 4.
[7] Béki, 2.
[8] Caire, 5.
[9] Béki, 3, 8, 13.
[10] Béki, 14.
[11] Béki, 6-7 ; Caire, 4.
[12] Béki, 9.

milieu des terreurs de l'autre monde, qu'avoir fait la justice se présente comme «une dépense parfaite»[1]. L'heure
sonne fatalement où l'âme «parvient»[2], comme au terme
d'une route, devant le Tribunal d'Osiris; si aucun sortilège ne peut l'empêcher de comparaître devant cette juri-
diction suprême[3], elle-même n'a plus le moyen de se
repentir : «elle ne s'écarte pas de ses chemins de la
veille»[4]. Le tribunal siège, sans miséricorde[5], prêt à
rendre un jugement complet[6] et instantané[7]; mais ce
qu'il observe, lui aussi, gardien de la religion intérieure,
ce sont moins les actions elles-mêmes que les «intentions» et les «dispositions»[8]. L'accusateur se fera entendre[9]; l'accusé, semble-t-il, exposera son innocence[10]
et finalement la faute en litige sera ou non imputée par
les juges[11]. Condamné, le pécheur sera torturé et anéanti[12]; acquitté, le juste sortira pour jouir du bonheur
paradisiaque qu'avaient imaginé des générations d'aïeux
réfléchissant sur les destinées futures : être reçu parmi
les féaux défunts[13] et contempler les ancêtres[14], entrer
dans l'Hadès et en sortir[5], prendre son plaisir dans le

[1] Béki, 3.
[2] Béki, 4.
[3] Ermit., 52.
[4] Ermit., 52.
[5] Ermit., 53.
[6] Ermit., 55.
[7] Ermit., 55.
[8] Béki, 4. Caire, 4, l'insinue dans la phrase malheureusement mutilée
«j'ai été écouté dans la Cour du Justicier, car j'ai fait mon désir. . . .» qui
prouve qu'en dernier ressort ce sont les intentions qui sont prises en considération. Le pesage du cœur, du reste, dans les vignettes des papyrus, traduit iconographiquement cette imputation suivant les intentions et les dispositions.
[9] Béki, 4; Ermit., 54. Une belle variante de doctrine, sans doute un
développement de la même école, attestée par les scarabées funéraires
(*Livre des Morts*, chapitre xxx), enseigne que le cœur peut être lui-même
cet accusateur.
[10] Caire, 4.
[11] Béki, 5.
[12] Béki, 4.
[13] Béki, 5.
[14] Caire, 6.
[15] Béki, 15.

tombeau[1], en un mot « être comme un dieu »[2] et « se promener » dans la belle oisiveté des « Seigneurs Éternels »[3]. Un principe nouveau, la religion intérieure, introduit avec ses conséquences dans le décor des anciennes croyances, de toutes les anciennes croyances, sur les dieux et sur l'au-delà : c'est ainsi que l'on pourrait définir la doctrine conservée par les Confessions du chapitre cxxv et par les monuments que nous avons rapprochés.

Cette exégèse appliquée au texte des Confessions du chapitre cxxv du Livre des Morts permet d'en distinguer les parties authentiques. On a vu que l'un des chefs de doctrine de ceux que l'on peut provisoirement nommer « les Sectateurs de la justice », — dans l'ignorance du nom qu'ils se donnaient, si tant est qu'ils s'en soient jamais donné, — était que l'âme ne peut « changer ses voies d'hier » et que la magie n'a aucune valeur en l'occurrence[4] : c'est éliminer du même coup tout ce qui dans ce passage fait allusion à la puissance magique du nom des dieux[5]. Par voie de conséquence, le cadre de la seconde Confession, composé de noms divins d'un aspect bien artificiel d'ailleurs, apparaît comme étant le développement nécessaire de la proposition magique destinée à corrompre dès l'abord l'esprit de tout le texte : « car je connais ton nom et je connais le nom de ces quarante-deux dieux... »[6], et devra être tenu pour secondaire[7].

La teneur elle-même des deux Confessions ainsi débar-

[1] Caire, 6.

[2] Ermit., 56.

[3] Béki, 15 ; Ermit., 57.

[4] Ermit., 52.

[5] La stèle du Caire 34080 (LACAU, *Stèles du Nouvel Empire*, pl. XLI) reproduit, comme formule de dévotion, le début du chapitre cxxv, exempt de ces allusions magiques : elle livre probablement la recension primitive de ce passage. Des différents manuscrits utilisés par Naville (*Todt.*, II, 276), plusieurs également n'ont pas ces allusions.

[6] *Livre des Morts*, cxxv, 1-2.

[7] BUDGE, *loc. cit.*, I, 343, et FOUCART, *loc. cit.*, 264, n. 2, et 279, n. 1, estimaient au contraire que cette seconde confession est la rédaction primitive.

rassées trouve dans les documents cités de nouveaux
éclaircissements. On a vu que les « Sectateurs de la justice » pensaient moins aux délits commis qu'aux bonnes
actions à faire; Béki résume sa justification en trois chefs
principaux dans lesquels il entend englober toutes les
fautes possibles[1]. Les Confessions se présentent ainsi non
comme deux catalogues criminels limitatifs et soigneusement tenus au courant des évolutions de la morale[2],
mais simplement comme deux développements littéraires
d'un thème général englobant d'avance tous les délits[3]
et tenant la première place dans la pensée religieuse du
rédacteur. On conçoit sans peine comment deux scribes
de la même école ont pu trahir dans ce développement
leurs tendances personnelles, le premier, esprit positif,
insistant uniquement sur les manquements contre la justice, mais poursuivant ces défaillances jusque dans les
devoirs envers les animaux et les éléments nobles, l'eau
et le feu, — le second, épris de perfection morale, énumérant à loisir tous les défauts de caractère, mais l'un et
l'autre, soucieux avant tout de stigmatiser les fautes les
plus communes de leurs contemporains, passant sous
silence ces devoirs envers les parents et les supérieurs
hiérarchiques, auxquels il ne semble pas par les textes
antiques que les Égyptiens de jadis aient été fort enclins
à manquer gravement[4].

[1] L. 2 : [hieroglyphes] « mouiller », qui est susceptible au sens moral
d'une acception favorable (cf. le nom propre [hieroglyphes], *Rec.*, VII,
188), est pris ici dans l'acception péjorative et semble signifier « affliger » :
il désigne les fautes contre le prochain. [hieroglyphes] exprime la faute en tant
que chargeant la conscience du pécheur (cf. *Livre des Morts*, 1, 16). Suit
enfin la mention des fautes qui atteignent la bonne renommée.

[2] Cf. Foucart, *loc. cit.*, 279.

[3] Ce thème est énoncé dans les trois premiers articles de la recension
thébaine : avoir commis l'injustice contre les hommes, avoir maltraité les
animaux, avoir fait le mal au lieu de la justice (Naville, *Todt.*, II, 278-
279). La Confession de Soutimès (XIXᵉ dynastie, Naville, *Pd*) se limite à
ces trois articles, reproduisant sans doute la version la plus ancienne antérieure aux développements.

[4] Flinders Petrie, *loc. cit.*, 95, partait de ce fait pour faire remonter,
malgré le silence des monuments, la composition des Confessions néga-

Cette démonstration faite, et même acceptée comme probante, un doute subsiste néanmoins, qui pourrait en remettre en question toute la valeur : comment, alors que le devoir de la justice est si souvent rappelé sur les stèles de l'Ancien Empire[1], et que dans la section même du chapitre cxxv donnée comme représentant la doctrine de ces stèles, le défunt proclame « qu'il a vécu de la justice » et « qu'il s'est gorgé de la justice de cœur »[2], peut-on faire de Béki un disciple de novateurs et de la doctrine des Confessions l'expression d'une nouvelle pensée religieuse? C'est amorcer une question vaste et ouvrir la porte à de nombreuses enquêtes : qu'on me permette pourtant d'indiquer, sans entrer dans le détail des preuves, la solution qui me semble dès maintenant se dégager des textes.

La notion de justice a, elle aussi, évolué en Égypte. La justice la plus ancienne, celle dont le concept fut choisi par les théoriciens de l'Ancien Empire comme le pivot de tout le mécanisme religieux et social, dans la doctrine solaire, était bien cette justice qui a son siège dans le cœur de l'homme et qui se traduit par ses actes; mais comme ces actes étaient précisément ce qu'il importait avant tout de sauvegarder, — ce dont l'ensemble constituait l'ordre assuré par le Roi, et au-dessus de lui par le Soleil, — ce qui était enfin matière, tant ici-bas pour tous que pour quelques privilégiés du Roi dans l'au-delà, à récompense ou à punition, on reconnaît là un aspect particulier ou une *notion impériale de la justice*. C'est à cette conception que se réfèrent les textes de l'Ancien et du Moyen Empire. Cette conception pourtant ne pouvait durer que dans un État fort, assurant effectivement la justice. Aux époques troublées où, à la fin de l'Ancien et du Moyen Empire, cette justice s'effondra avec le pouvoir royal lui-même, ce fut pour l'âme égyptienne une

tives jusqu'à des temps préhistoriques où il n'aurait encore existé ni famille ni société.

[1] Cf. Sethe, *Urkunden*, 1, 5, 46, ...

[2] *Livre des Morts*, cxxv, *Schlussrede*, l. 9-10 (Naville).

angoisse, dont la plainte du Paysan exprime l'acuité[1], et même une désespérance dont la littérature pessimiste en général s'est faite l'interprète. Peut s'en fallut qu'à la fin du Moyen Empire la notion traditionnelle de justice solaire ne sombrât définitivement. Mais, à côté de la religion officielle en faillite, la vraie religion populaire, la foi osirienne, avait gagné en influence ce qu'avait perdu en prestige son antique émule : à ces heures sombres, Osiris, déjà très grandi, se substitua comme juge à Râ défaillant et il communiqua à ce jugement sa propre universalité[2]. Quelques-uns de ses fidèles firent même le pas suprême : ils annexèrent la vieille notion de justice, et, la dépouillant de sa solidarité séculaire avec la constitution de l'État, ils l'individualisèrent, la placèrent avant tout dans le cœur de l'homme et, les premiers, en élaborèrent explicitement en Égypte, dans le cadre osirien, cette notion qui apparaît sur la stèle de Béki comme un nouvel évangile, mais qui, pour des raisons dont l'étude dépasse l'horizon de ce travail, n'eut qu'une existence éphémère dans la religion égyptienne : la *notion morale de la justice.*

[1] Cf. surtout la troisième Plainte : B 139-193.
[2] Breasted, *loc. cit.,* 176, 255-256.

MEROITIC FUNERARY INSCRIPTIONS

FROM FARAS, NUBIA,

BY

F. LL. GRIFFITH.

The materials for the study of Meroitic are contained in very few volumes. In the *Journal of Egyptian Archaeology*, III, p. 111, I have given the bibliography, and in that *Journal*, vols. III-IV, are several papers publishing or commenting on Meroitic inscriptions. The bases of decipherment are given in my *Karanòg, the Meroitic inscriptions of Shablûl and Karanòg*, supplemented by the paper entitled «Progress of Decipherment» in *Journal*, III, 111-124. The following describes and reproduces all the funerary inscriptions discovered at Faras by the Oxford Expedition to Nubia in 1910-1912 [1], forty-six in number. Owing to the cemetery having been in the cultivated area and close to the populous town of Pakhoras, these monuments at Faras are much less numerous and in far worse condition than those found by MacIver and Woolley at Anîbeh (Karanòg); yet they are of considerable importance. The Meroitic ostraca from Faras must be the subject of a later publication.

The funerary monuments which bear inscriptions consist of (*a*) altars or tables of offerings (closely resembling the Egyptian tables), which were placed on brick pedes-

---

[1] The results are in course of publication in the Liverpool *Annals of Archaeology*, vols. VIII, and seqq.; they are treated in chronological order, and the end of the New Kingdom has been reached in vol. VIII.

tals in front of the miniature shrines of large tombs or mastabas, and (*b*) stelae of which the original position in connexion with the shrines has not been ascertained. At Faras, these monuments were found in most cases employed in re-coverings of small Meroitic graves after the latter had been plundered; but a few of the altars were still in position. Pls. VIII-XI show the best examples, and Mrs. Griffith has sketched the rest from photographs (Pls. XII, XIII). One design, however, is missing, that of n° 20 which was unusually important on account of the well-defined figures of the deities; I suspect that the monument was stolen from our camp and the photographs of it destroyed at the same time.

It should be noted that the characters of the Meroitic alphabet, though distinct enough in documents written with the pen, are far from clear when the ink-writing is transformed into inscription by a more or less ignorant careless and clumsy engraver. Except in the case of archaic inscriptions, or where many instances and variants assure the reading, we can seldom decide with certainty whether a particular sign is to be read *m*, *ḫ* or *š*, and the same doubt exists between *e* and *l* and even *t*.

The abbreviations used here are the same as in the previous publications :

Mer. = GARSTANG, *Meroë*, 1909-1910.

Kar. and *Sh.* = GRIFFITH, *Karanòg* (inscriptions respectively from Karanòg and Shablûl).

Inscr., I or II = GRIFFITH, *Meroitic Inscriptions*, 2 vols.

Journal = *Journal of Egyptian Archaeology*.

*
* *

1. Two fragments forming nearly half of an altar, l. 41 cm. 5. Somewhat as 2 but of coarser work. Channel bordering field of rounded section, spout lost : in centre, four loaves between the upper halves of two lotus bouquets, lower half of the design destroyed. On border,

two lines of late writing. The first group on the left side of the wedge-shaped gap seems to be the proper name; if so, the spout was in-front of the gap.

№1

[O Wêsh! O Ashêri!] Beñ ashabê : [born of . . . : begotten of. . .] : *charapachañ* in Pakharas : [. . .]. (Formulae A [B?] C.)

From the rubbish of a small plundered grave 69 in the south-east of the cemetery, near large vaulted graves. (Brit. Mus. [1].)

Pakharas is named also in n°s 3, 32 and 41, and in *Inscr.*, 129 (see n° 2) all from Faras, of which it must be the Meroitic name, in Christian texts written Παχωρας. *Charapacheñ, charapeñ* is evidently the title of the governor or leading personage of Pakharas, inferior to *paqar* and *pesatê* (see *Kar.*, 30, 47, 97 and *Inscr.*, 129. There was also a *charapachañ* in Átiye (Adai, Sedênga) *Inscr.*, 81.

2. Altar 39 cm. 5 × 37 cm. including the spout. Between the border and the central panel is a sunk flat channel having its exit at the spout where a palm-branch(?) is laid in it. The inner edge of the channel forms a narrow rectangular framing to the offerings which consist of a bouquet of a lotus flower between two buds, a water jar, and two flat loaves repeated on either side of a cartouche-

---

[1] Those inscriptions which are not in the Ashmolean Museum, Oxford (n°s 16, 21, 35. 43, 44), or in the British Museum, were assigned to the Egyptian Museum in Berlin,

shaped receptacle. On border, one line of late writing. Good work. (Pl. VIII.)

N.º 2

O Wêsh! O Ashêri! The *qêreñ-akarêrê* Malêwitar : begotten of Anashayi : born of Shayêkeli. (Formulae A B.)

Found with a sculptured shrine-jamb outside the ruined grave 88 (with vaulted substructure in a pit) in the south-east part of the cemetery. The two slabs lay eastward of the grave and almost opposite to it, and may therefore have belonged to the shrine of a vanished mastaba over the grave. The grave was of the late period. (Brit. Mus.)

This fine altar is of special interest as being the complement of a funerary stele in the British Museum which was obtained at Faras by Rhind towards the middle of the last century [1]. On this

Malêwitar : born of Shayêkeli : begotten of Anashayi [2] (dwelling) in Shaye [3]

is entitled

«*qêreñ-akarêrê*: *qêreñ* of Nakazeyê : *wêmanis-akarêrê* : chief envoy of (i. e. «to»?) Rome : envoy of Makheyê : *nate* of the envoy -*law*

[1] Published Budge, *Sudan*, II, 444, and, with commentary (*q. v.*) and partial translation, Griffith, *Meroitic Inscriptions*, II, pl. XLII, p. 54 (nº 129).

[2] Anashayi, which I formerly took to be a title on account of the location following it, is doubtless a personal name, and probably to be connected with the woman's name Nashaye occurring at Karanòg and Shablûl.

[3] The island of Sai.

Meroitic Inscription from Faras
(width 0,39 cm)
(height 0,40 cm)

qêrete of Makheyê *yazi ashachayăki* (?) *yeteke* : *shashi-mete-maleyês* : envoy in Khalite : [*chala*]*beñ* in Khalite : ....
.... *shaqake* : kin of the *charapachañ* in Pakharas Atapete : kin of the *shi*[*r*]*emar*[*ê*]*ke?* [1]-*akarêrê* Shibawiye : kin of *ateqis* in Shazês : kin of *belılêkes* in Pezeme [2] : kin of *tarate-keses* in Taketêre : kin of *maleyêses* in Atiye».

3. Round-topped stela, 48 cm. × 34 cm., engraved below the curve with ten lines of late writing, the first seven between rules.

Nº3

O Wêsh! O Ashêri! Marazewitar : born of Atapi(l) : begotten of the *maraperi* Yereqaye : *masqêrês* in Pakharas : *masqêrês* in Tanar : great *shashêr katatare* : *zala-tabaqê katatare* : *mañabache* in Aleket (or Alapet) : *zekate* of the *charapach*. (Formula A.)

Katatare occurs similarly after titles «great *wêmanis*», «great *pêzamas*» (or *pêzakhas*, cf. «*pazakhês*», «great *pazakhêses*», *Inscr.*; 94/7,21) in *Inscr.*, 44, 58*b*, 58*c*. For *tabaqê*, see nº 35. *Hrphl* seems here and elsewhere to be the form of *hrphñ* used in construction.

Found with the next. (Brit. Mus.)

[1] The traces of writing seem to admit of this restoration. The simple title is seen in 18, and the compound *shiremarêke-akarêrê* in *Sh.* 4, applied to a person of great distinction who was «envoy of the king».

[2] Amâra,

4. Stela with rectangular projection at the top, h. 43 cm.
w. 31 cm., inscribed with fifteen horizontal lines between
rules, incisions coloured red.

N⁰ 4

(Extended invocation to Isis and Mak-lakh.)

Zêkhatelitê : kin of *maleyêses* in Atiye : kin of the *taratekes* in Tanate Atiyachar : kin of the *taratekes* in Taketêre Teñakitanize : born
of Abêtatelitê : *malé-maras* in Atiye : begotten of the *shashimete* Ame-
tê(l) : *malé*.

Possibly « in Tanate » is intended to be corrected to
« in Tanar » (cf. Faras Ostr.) by the insertion of a small
and indistinct *r* at the end of the line; but if so the faulty
te was allowed to remain at the beginning of the next line.
Teñakitanize is closely like *Atngytnrye* in demotic at Philae, the name of a strategos and agent of Isis, cf. *Journal*,
III, p. 114 (*bb*).

N⁰ˢ 3 and 4 with two uninscribed stelae had been re-
used for the repair (?) of the small late rectangular grave
150, abut twenty metres west of the last mentioned.
(Brit. Mus.)

5. Rude altar approximately square, but corners much
rounded, 25 cm.×33 cm., including spout, surface dec-
aying, inscribed with one line of late writing round the
edge; the field is now plain but not improbably has been
filled with a painted representation of offerings.

Nº5

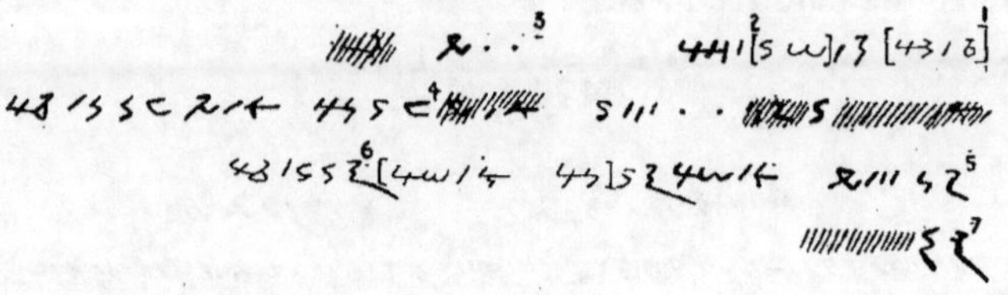

[O Wêsh!] O Ashêri! . . . : truly born of . . . ye : truly begotten of Keyañ (?).

The letters *kp* or *ke* (?) following are probably the beginning of a line down the middle of the spout.

From the rubbish of a lateral-niche grave 845 at the south end of the cemetery, ninety metres west of the last and near to the sandhills.

6. Altar, oblong, 31 cm. × 23 cm. 5, including spout; centre and spout-channel slightly sunk, plain jar with dipper hanging from rim between four circular cakes. One line of late writing round edge, worn.

Nº6

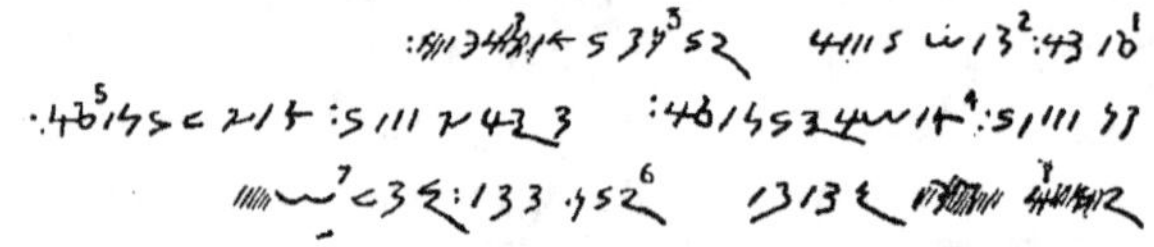

O Wêsh! O Ashêri! At-meteli : begotten of Malêye : born of Shakizaye. (Formulae A B.)

-qe at the end of the first name must be the shortened affix (cf. *Kar.*, p. 35). Malêye is the father's name also in *Kar.*, 13.

From the rubbish of a rectangular grave 847 within two or three metres of the last. (Brit. Mus.)

7. Altar, 35 cm. × 34 cm. 5, including spout. In centre,

amphora with peg bottom between four circular cakes. Two lines of late inscription round the border.

No 7

O Wêsh ! O Ashêri ! Yizataye : born of Zêketêñ : begotten of Sale-kiye. (Formulae B A.) Great *shashér : qéreñ.*

The inscription ends abruptly (for want of room) with *l* which might be either the beginning of the adjective *-lakh* « great », or (more probably) of the ordinary termination *-léwi.*

Found in the rubbish above an empty bricked grave 2028 at the edge of the sandhills, about twenty metres west of the last. (Brit. Mus.)

8. Altar, very thick, 33 cm. $\times$ 39 cm. including the spout. Amphora with dipper between four circular cakes. One line of late inscription on border.

No 8

O Wêsh ! O Ashêri ! At-malêy[e] : born of Sazemiye : begotten of Telêye. (Formulae A B.)

The names, especially At-malêye are reminiscent of those on n° 6; for the father, cf. n° 33.

Found in the rubbish over a bricked grave 2096, at the edge of the sandhills, thirty-five metres north-west of the last.

9. Oblong altar without projecting spout, 58 cm. ×
38 cm. Central trough engraved with four circular cakes
in outline. One line and part of a second of late writing
round the border.

Nº9

O Wêsh! O Ashêri! Khelêyi : born of Lêtêshakhi : begotten of
Shawey-takize. (Formulae B A.)

This altar, placed face downwards, with another stone
slab formed part of the covering of a plundered brick-
lined trench-grave 2604 near the middle of the cemetery
and fifty metres from the nearest visible mastaba. Nᵒˢ 1–8
were from the southern end of the cemetery, all the remainder are from the mastaba-field along the eastern
edge of the northern half of the cemetery.

10. Rectangular stela, with square projection at the
top, h. 45 cm., w. 29 cm., coarsely inscribed with nine
lines of late writing between rules reaching half way down,
the rules continued to the bottom of the stela.

Nº10

O Wêsh! O Ashêri! The noble (?) Malishachi : truly born of

Kazib : *bezarap* of the *amêke* (*akhêke?*) : *shaleqeñ* : *libalesal* : *teter* in Beqe : *malê* : kin of a *chelabiñ* of the *pesaté*. O Wish! O Ashêri! (Formulae A B.)

For the first name, cf. n° 15.

amêke is a civil title in *Kar.*, *shaleqêñ* a civil and religious title, and *teter* a religious title. *Malê* may mean «blessed» or «wealthy». «*Chalabiñ* (military officer) of the *pesaté*» occurs in *Kar.*, 9.

Found face downward laid across a child's grave n° 1107 behind the south-east corner of the mastaba 1087 at the south end of the mastaba field. The grave was empty and partly destroyed, the walls of a single course of bricks laid on edge. (Brit. Mus.)

11. Rectangular stela, oblong, lower end irregular, w. 39 cm. 5, h. 30 cm. 5, inscribed with eight lines of late writing.

N° 11

O Wêsh! O Ashêri! Kazitaraye : born of Kaziye (?) : begotten of Yetêkheter. (Formulae A B.)

The deceased was evidently a woman by her name compounded with *kazi*, *Kar.*, p. 39, cf. *Journal*, III, 123-124, where its meaning «woman» is proved. The same parentage (with slight differences of orthography in the names) occurs in *Kar.*, 101, and the father's name in n° 17 below.

Found in an infant's grave 1069, about five metres north and ten metres east from the last, on the eastern edge of the cemetery. The stela was set up on its right hand edge, closing the head end, obviously re-used. (Brit. Mus.)

12. Square altar, 25 cm.×30 cm., including spout.
Centre and spout-channel hollowed : in centre, an amphora with dipper on a stand between four circular cakes.
Round the border, a line of inscription partly doubled,
in late writing.

Nº12

O Wêsh! O Ashêri! Ketelazêke : born of Batekeñaye. (Formulae A B.)

Found in the rubbish of a late grave 1018A, partly
covered by the mastaba and about fifteen metres north
of n° 10. (Brit. Mus.)

13. Oblong altar, 40 cm.×37 cm., including spout;
in centre, a small square reservoir with shallower spout-
channel; on either side of it a water-jar with two circular
cakes above, the jar on the right pouring water. Inscription in small late characters on the spout and on the border at either side, irregularly arranged, but none on the
opposite edge to the spout.

Nº13

O Wêsh! O Ashêri! Asawi(?)-naya : born of Pet ... : begotten
of the (?) *satabatal* (?) Ñatey... (Formulae B A.)

From the same grave as the last. (Brit. Mus.)

14. Oblong fragment, one end (about one third) of a
rectangular altar showing one edge complete, l. 25 cm.

The design evidently included a circular loaf in each corner of the slightly sunk field, of which two remain; one line of late inscription on the border.

No 14

. . . : born of Namayazacheté (?). (Formula A [ ].)

Found near the mastaba 1 0 1 9 which lies in front of 1 0 1 8.

15. Oblong altar, 3o cm. 5 × 3 1 cm. 5, including the spout; quite plain (formerly coloured?), inscribed with a line of late writing round the border.

No 15

O Wêsh! O Ashêri! Shilaleyi : born of Metamaniti : begotten of Malêshachali. (Formulae B A.)

The same parentage with slight differences and uncertainties of orthography in the names is seen in the first part of *Kar.*, 1 0 1.

Found at the east end of the small late mastaba 1 0 1 6 (next to 1 0 1 9 northwards), to which it probably belonged.

16. Stela tapering to a rounded top, h. 4o cm., w. at base 2 7 cm., the upper half inscribed with four lines of late writing. Through the inscription and reach-

Meroitic Inscription from Faras
(height 0.40 cm)

ing to the base has been incised the figure of a standing woman, in profile except the pendulous breasts; the waist is narrow, the hips wide, a long skirt hangs from the waist to the feet with indications of a divided garment over it. The right arm and shoulder are not marked. The writing is interfered with by the lines of the figure. (Pl. IX.)

N° 16

The *malé-maras* (?) Tazechate (?) : kin of a *shashêr* : *malé-maras*.

Found lying on the superstructure of the late grave 1010 in a group of mastabas, about ten metres north-west of the last. (Ashm. Mus., Oxford.)

17. Oblong altar, 30 cm. 5×29 cm., including spout. Field and spout-channel sunk; amphora with dipper between four circular cakes, all in low relief. Two lines of late writing round the border. Good work.

N° 17

O Wêsh! O Ashêri! Mêshasayi : truly born of Labêli : truly begotten of Yetêkhetar : kin of Masamarekalil. (Formulae A B C.) O Ashêri!

For the father's name, see n° 11.

Found at the foot-end of the late grave 1030, touching the south-west corner of the large late grave 1034 among mastabas a few metres north from the last. (Brit. Mus.)

18. Narrow stela, h. 53 cm., w. 23 cm., inscribed with seven lines of neat late writing.

N°18

Achamana-karêr : great *shamat* : *chalabiñ* of the *zakate* (?) : *shashêr* in Meñ : belonging to the great *mas* : *shiremarêke.*

Although the writing is neat, the letters are not formed very clearly by the engraver, especially in the early part. The group which looks like an impossible *shakkat-em* must be the title *shamat-lakh* (or possibly *shakhat-lakh*) of *Kar.*, 52, *Inscr.*, 131 and below n° 21. The second title might be rendered «belonging to the *chalabiñ* in Zak » (cf. n° 3). I am inclined to equate *mslḫs* with the *mshḫtê* of *Kar.*, 21, etc., cf. n° 27 below. *Shiremarêke* occurs in *Sh.*, 4, cf. p. 277, note 4.

N° 31 was the altar of the same man, whose title and name (with the princely -*karêr*) are high-sounding, though the workmanship is poor. For Meñ or Kheñ compare *meñtel* : *kzitêwi* «Lady (?) of him that is in Meñ», the title of a woman at Wâdî-es-Sabû' (*Inscr.*, 87), and *Meñ : te*... occurs in *Meroë*, 40.

Found face-downwards across the trench grave 2906, a little south-west of the last.

19. Oblong altar, 40 cm.×32 cm., including short spout, field sunk and narrow spout-channel. Ill-sculptured amphora, base towards spout, between four circular cakes. One to two lines of late transitional writing round the border.

N°19

O Wêsh! O Ashêri! Malêtêye : belonging to the great *mate* : truly born of Manaye. (Formulae A B C.)

The name Malêtêye is much rubbed, only the stains at the base of the incisions remaining. For «the great *mate*» or perhaps «the *matelash*», cf. *Kar.*, 11.

Lying face upwards in rubbish outside the west end of the late grave 2904, just north of the last.

20. Altar broken in half and spout gone, 51 cm. 5 × 45 cm. In the centre, an incised drawing of the goddess Mert and Anubis. Two to three lines of transitional writing round the border [1].

N°20

O Wêsh! O Ashêri! Nawateya : *shaze-mazes* : *qêrezek* : *yilêlis* : *taze-mazes* : begotten of Wibikarêr. O Wêsh! O Ashêri! (Formula D 2.)

With Nawateya compare Nawatateya, *Kar.*, 9. For *shaze-mazes* and *taze-mazes*, see *Kar.*, 80, the reading of

[1] The description is from notes made at the time of its discovery; the text is a hand-copy carefully checked, but it seems that the photograph was lost; consequently no copy of the design is available.

which seems from the photograph and copy to be approximately

(1) ? (2) *tblbt* or *tbst* (3) [*-qe*] *tzemzes* (4) *pestélisl* (5) *sz*[*emzeslé*?] (6) [*qé*?]*rps* (7) *-lé*, « Tabasat (?) : *shaze-mazes* of the *taze-mazes* of the *peshaté* : *qérapas* », for ll. 5, 6 of which cf. *šimzeslé qerpslé*, *Inscr.* 77, 78.

Taze-mazes occurs in this and in *Inscr.*, 89 were *tze* should likewise be read for the published *mze*. For *tazemazes* and the absence of maternal filiation here (recurring in n° 32) see *Journal*, III, 26, see also *shata-mazes* in n° 44; *mazes* in *Inscr.*, 34, 84, must mean something like « beloved », « favoured ». For *qérezek*, cf. *Kar.*, 47.

This, with the next, was amongst the stone slabs covering a brick-lined trench grave 2903, adjoining 2904, on the west border of the mastaba region.

21. Square altar, 47 cm. ×55 cm., including spout, field and spout-channel sunk. In centre, amphora with peg bottom, dipper hanging from the mouth, between busts of goddess Mert (on left) and Anubis on right, circular cake in each corner of the field. On the border, inscription of three lines of transitional writing divided by rules, and four lines in the field on either side of the amphora. Good work. (Pl. X.)

This important inscription is full of obscurities. Bezewi is spelt as at Philae (*Inscr.*, 103). The title *wayekite* occurs *Mer.*, 6/1. *Kar. Ostr.*, 2 and is probably connected with *waye(n)ki* « star », see *Journal*, III, 27; for *shér*, occuring in *Inscr.*, 89, see *Journal*, III, 25-26, 28; if *shér* be « book » is not the title *shashér* « scribe » ? Charimali is a woman's name in *Kar.*, 55; for *yireke*, cf. *Mer.*, 7/16. « *Shalakh* of Amenap » is a title occurring several times at *Kar.* For *are* see *Kar.*, 58 « *are* of Ammon », 102 « *are* of Amanap ». It is probably to be derived from the Egyptian title *iry-* « door-keeper » ⸗ « door-keeper of Ammon » Brugsch, *Wtb. Suppl.*, 103 = Lanzone, *Torino*, n° 2444. An obscure coptic title ⲁⲡⲁ, which Mr. Crum

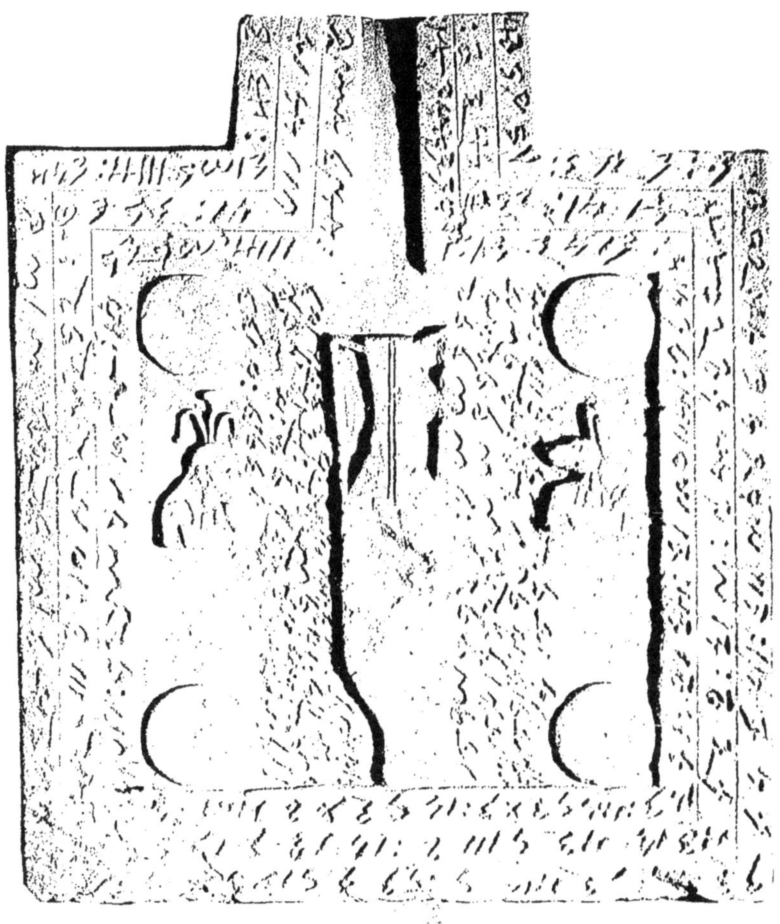

Meroitic Altar from Faras
(width 0.47 cm)

N°21

O Wêsh! O Ashêri! Khalalacharêr: born of Arekhatake: begotten
of . . . eqetame: great *shamat* : great *qêreñ* : prophet of Amanap in
Bezewi : *peshatê* in Akiñ : *wayekite* (?) in Amêz : *wayekite-witakaw*
shêr in Zalitawaketiyi : *yireke* of *akilikaw* Charimali : *yitebereke satani*
yiwazake : *malê* of *mañake*. O Wêsh! O Ashêri! (Formulae C A.)
    shakhêl qeshatani ye. . . . : arezetani are of *makhêbaral kezekazi* : *malê*
of the king (?) : *malê* of the god (?) : *malê* of the *shalakh*.
    tereki takabache of the *akhararab*, in Taketêre, and of the *akhara-*
rab, in Amêz : *qetezeli* in Yezeyake.

pointed out to me some years ago and now kindly per-
mits me to quote, may also be derived from the same
Egyptian title. It occurs on ostraca from Thebes, *Coptic
Ostraca*, nᵒˢ 165, 173, 320, *Theban Ostraca*, nᵒ 30, in
the plural also in *Coptic Ostraca*, nᵒˢ 93, 209. ⲁⲣ- may
well be the correct equivalent of ⲁⲣⲥⲉⲛⲟⲩⲫⲓⲥ, cf. Αρσενουφις
and its variants, from *'ry-ḥms-nfr*, WILCKEN, *Archiv F.
Pap.*, III, 359. *Akhararab* seems to be a plural, perhaps

of (*a*)*kharêi*, the second element in the name of the deceased.

Bezawi seems to be identical with the older Mezawi
which Professor Sayce would read Merewi and identify
with Μερόη. I have discussed this question in *Journal*, IV,
p. 169, and there decided for a site near the northern
border of the Meroitic territory; but I do not feel that
the question is yet settled. The exceptional importance
of the place is shown by a priesthood in it being put before the high title of *peshaté*-governor of Akiñ, the chief
officer of the province in which Faras and Anîbeh lay.
Amenap seems to represent the deified king Amenhotp,
Journal, III, 115 (*pp*). (Ashm. Mus., Oxford.)

22. Square altar, 31 cm. × 39 cm., including spout,
field and spout-channel sunk leaving in relief a jar between four circular loaves. Rough chiselling, traces of red
paint on jar and loaves. One to two lines of late writing
on border.

N°22

O Wêsh! O Ashêri! Azerê : truly born of Tepezeyi. (Formulae A B.)

This and the next were used as covering-stones of a
brick grave 2910, about seven metres south-west of the
last.

23. Oblong altar, 43 cm. × 39 cm., including spout.
Spout-channel slightly hollowed in a slope to the outer
end; field outlined only, jar in centre with dipper, between four circular loaves. One line of late inscription
round the border.

Nº 23

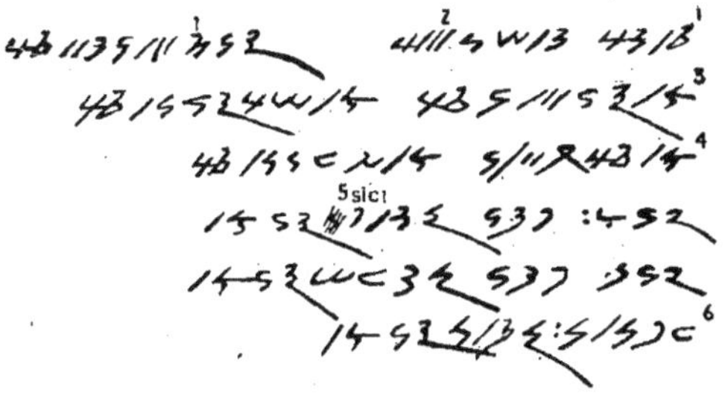

O Wêsh! O Ashêri! Keshaye : begotten of Tekeyewi : born of
Tewiñaye. (Formulae A B C.)

The same parentage in 33 with slight difference in the
father's name. Compare also « Kashaye : born of Tewize :
begotten of Shachibetar », the second person commem-
orated on the altar, *Kar.*, 37, where the resemblance
of names points to relationship with this.
Found with the last.

24. Oblong altar, the spout on the long side (dimensions not recorded). Spout channel sunk deepest at edges :
field sunk, the surface rough with chisel-marks, leaving
two amphorae on stands and row of four circular cakes
above. One line of late writing round border carried into
sunk field.

Nº 24

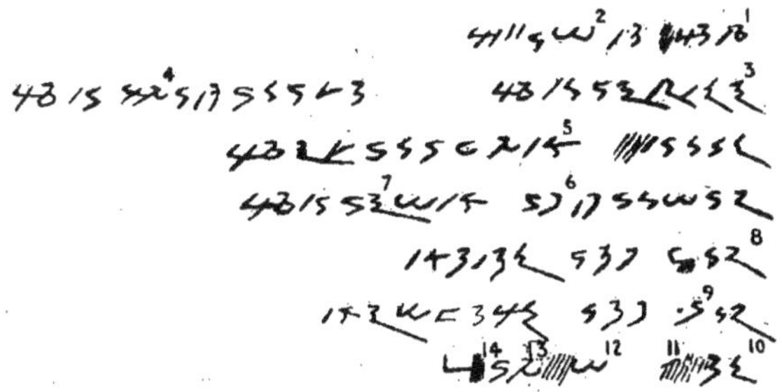

O Wêsh! O Ashêri! Kapénake and Shabeleqezi : born (pl.) of

Peley[e ?] : begotten (sing.) of Aralemême. (Formulae AB.) *pashirezeté* (?).

Found lying face down in a small cave-grave 2922, about three metres west from the last.

25. Square altar, 29 × 32 cm. including spout. Spout channel and field roughly outlined together with a corresponding channel on the opposite border. Two rude cartouches at right angles to each other in double outline, a round loaf in each corner of the field. One line of late writing round the border continued on the field.

№25

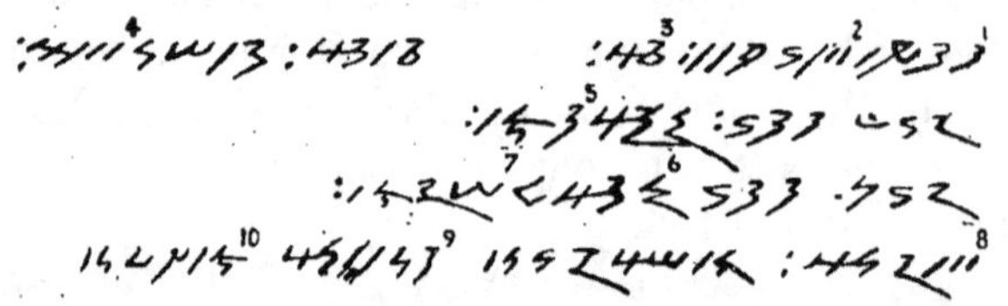

Mashazêye. O Wêsh ! O Ashêri ! (Formulae AB.) Begotten of Yakali : born of Malachali.

Found on the remains of the east side of a small superstructure over a late trench-grave 2948, about twelve metres north of 2910 (see n° 22).

26. Altar, nearly square, 33 × 35 cm. including spout. Spout channel and field slightly sunk. Two Egyptian spouted vases pouring water, the streams uniting over a pylon-shaped stand and flowing along the spout of the altar. On the stand is a pile of offerings in four rows, each of the two uppermost consisting of four rectangular objects, the next row of four circular cakes, the lowest of two long rectangular objects. One line of late inscription round the border, continued in the field and spout.

N?26

O Wêsh! O Ashêri! Chamalêye: truly born of [Kharakebe : begotten of the *shalakhash* Chawili. (Formulae ABC.)

Kharakebe is also the mother's name in *Kar.*, 24. Chawili may be compared with the princely Chawitarêr in *Kar.*, 47.

Found in position on its brick base in front of the shrine of mastaba 1047, north-east of the last. (Brit. Mus.)

27. Altar, nearly square, 34×36 cm. 5 including spout. Spout-channel and field slightly sunk. In the centre a deeper oval reservoir with cartouche-shaped border between two Egyptian libation-vases pouring water on a row of four circular cakes, marked with cross lines, lying along the base; at the top is a row of four split loaves. Round the border one line of late writing and part of a second line.

N?27

O Wêsh! O Ashêri! Tamêye : born of Shapes(ali) : begotten of Masalakhalê. (Formulae AB.)

Tamêye occurs several times as a woman's name in *Kar*. Possibly we should interpret the signs here as *mslḫti* and translate «begotten of the *mas-lakhas*», cf. n° 18.

Found slightly displaced in front of the shrine of the mastaba 1058 (five metres from the last, in the same row of mastabas).

28. Square altar 26 × 32 cm. 5 including spout. Spout-channel and field sunk leaving in relief two spouted Egyptian libation vases pouring water upon two circular cakes (marked with cross lines) between their bases. Two lines of late inscription round the border.

N°28

O Wêsh! O Ashêri! Wayeteye : truly born of Kharakalaba(l) : begotten of Yesatê[li]. (Formulae BACGE.)

Wayeteye is a man's name in *Kar.*, 68 and *Inscr.*, 132. For the mother's name see n° 30. The inscription contains gross mistakes of writing due to the ignorance of the engraver : this renders the spelling of the names uncertain.

Found, about a foot distant from its proper position, in front of the shrine of mastaba 1054, next to the last, in the row in front of it and slightly northward. (Brit. Mus.)

29. Thick rude altar, oblong 28 × 29 centimeters including spout. Field and spout-channel sunk; cartouche-shaped trough between two *hest*-vases, above each of which are two circular cakes with hatched lines. One line of late inscription round border and in spout.

30

43

Meroitic Altars from Faras
30 Late style (width 0.40 cm)
[43 Early style C. 50 B. C (width 0.53 cm)

Nº29

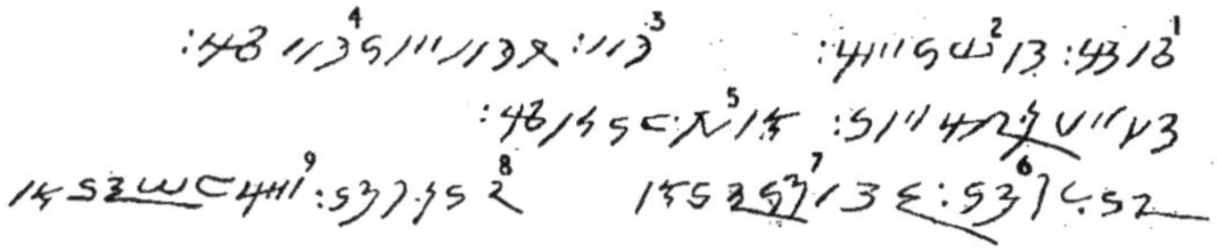

O Wêsh! O Ashêri! The noble(?) Ñaqêye : born of Shabasataniye (Formulae A B.)

Found face-downwards opposite the S. E. corner of the mastaba 1060 (two rows behind 1047 and slightly northward), to which it probably belonged. (Brit. Mus.)

30. Square altar 40×45 cm. including spout. Spout-channel and field sunk. Within a raised framing a cartouche-shaped deep trough between Anubis and Nephthys each pouring water from a jug; above the reservoir four circular cakes with cross lines and two groups of two split(?) loaves. The god and goddess are in similar attitudes (but distinguishable as male and female by the breast), standing, the knees slightly bent, with garment reaching to ankles, that of Anubis ending in long fringe or pleats. Round the border one line of late inscription. (Pl. XI.)

Nº30

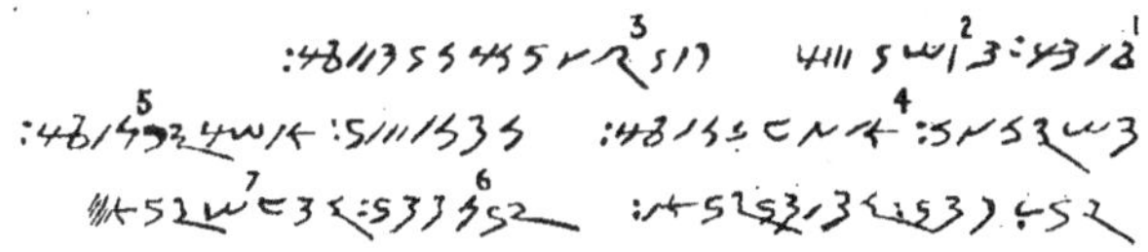

O Wêsh! O Ashêri! Qenabelile (or the honourable? Nabelile): born of Kharakalabal : begotten of Lakhalêye. (Formulae A B.)

The mother's name, occuring also in 28, is nearly identical with that in nº 26 and *Kar.*, 24, which however shows two *es* instead of the very similar *ls*, making Kharakebe.

Found slightly displaced upon its square brick base in front of the shrine of mastaba 1206, on the north side of and behind 1058. (Brit. Mus.)

31. Imperfect altar of rough workmanship, the whole side to the right of the spout broken away, l. 42 centimers including spout. Field and spout-channel sunk. In centre a shallow oval trough between four circular cakes in outline. At the left side, amphora on stand with dipper; another presumably corresponded to it on the right. Two lines of late inscription round the border.

N⁰31

O Wêsh! O Ashêri! Achamanakarêr : *shashêr* in Meñ [:. . . . . .].
(Formulae ABC.)

See the stela of the same man n° 18.
Found with plain slabs covering an infant's grave 1039 A in the mastaba 1039, in advance of the general line of mastabas. (Brit. Mus.)

32. Altar, nearly square, 34 cm. 5×40 cm. 5 including spout. Central field and spout-channel very slightly sunk with indication of water flowing down it; jar between four circular loaves with crossed lines. One line of inscription in small late characters round the border, worn away in places.

N⁰32

O Wêsh! O Ashêri! . . . . . : begotten of Paqakhayi (?) : . . . malê (?). . : takite of y...khamek tamite in Pakharas. (Formula B.)

This appears like nº 20 to have named the father
without the mother, there being no room for the usual
phrase of maternal filiation; these appear to be the only
instances known. *Tamite* occurs in *Inscr.*, 131/9, and
tami, *atami* is not uncommon, see nº 35.

Found slightly displaced in front of the shrine of
mastaba 1040, next to 1039 in the same row. (Brit.
Mus.)

33. Two fragments, joining, making a small roughly
oval stela, about one third lost at the lower right hand
corner. H. 30 cm. Inscribed with eight lines of late
writing.

Nº 33

O Wêsh! O Ashêri! Têlaye : born of Tewiñaye : begotten of
Tekeye. (Formulæ ABC.)

Telêye (man) occurs in nº 8, Teliye (man) in nº 36,
Talaye in *Sh.* I. The same parentage is in nº 23.

Found with a fragment of a stela(?) showing the nude
upper part of a rudely incised Anubis in the rubbish over
the graves in mastaba 1043 (the foremost of all, five
metres eastward and a little south of the last). (Brit.
Mus.)

34. Square altar, 53 × 58 cm. including spout. Spout-
channel and field sunk. Two large spouted Egyptian vases
pouring water which falls in a united stream into a small
cartouche-shaped trough placed horizontally beneath a
pylon-shaped stand bearing four rectangular, four circular,
and two superposed long flat cakes(?). Inscription of two
lines of late writing round the border.

N.º 34

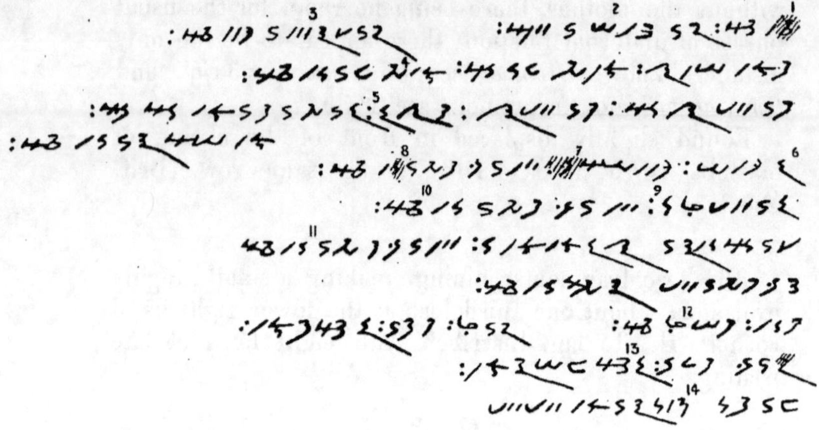

O Wêsh ! O Ashêri ! Abakaye : truly born of Materên : begotten of a *mesan* of a *mesan* of Amanap in Pezeme : kin of a *paqar* of the king : kin of a *pesaté* : kin of a *belileke* in Napate : female *shatamazes* : *malé-maras*. (Formulae A B D 1.)

With the name compare the woman's name Bake in *Inscr.*, 51,52. The mother's name recurs in nº 36. Does « *mesan* of a *mesan* » mean « a real *mesan* »? « *Mesan* of Ammon » is a title in *Kar.*, 105. « *Paqar* of the king » occurs in *Kar.*, 47, perhaps meaning « royal prince », and « *belileke* in Napata » in *Kar.*, 77, 116, 125. For *kzi* « woman » see the final proof in *Journal*, III, 123; here and in the same title of the mother in nº 44 it seems best to take it as adjectival.

Found face upwards but disturbed at the mouth of the shrine of mastaba 2796, four or five rows behind the normal front row of mastabas, and one or two rows behind and a little north of 1206.

35. Square altar of fine pink sandstone, 36 × 43 cm. including spout, spout-channel and field sunk. A deeper oval trough with cartouche border between two Egyptian vases pouring water; above them a row of eight circular

cakes (alternately with cross- and hatched lines) over
which are four oval loaves. Inscription of one line of late
writing round the border.

N⁰35

O Wèsh! O Ashêri! Zazèkey : born of Akhapesali : begotten of
the *tami-tebaqé* Balikar. (Formulae A B C.)

There is an injury to the stone after *tami; tami-tebaqé*
occurs also in n⁰ 41. The first element *tami* (and *atami*)
occurs in *Inscr.*, 101/3, 8, cf. *tamite* in n⁰ 32. *Tabaqé-*
tamañte is a title in *Kar.*, 47 and *zala-tabaqé* in n⁰ 3
above.

Found almost in position in front of the shrine of mastaba 1202. (Ashm. Mus., Oxford.)

36. Square altar, 28 cm. 5 × 35 cm. including spout.
Spout-channel and field sunk. An Egyptian vase pouring
water on either side from two spouts, standing between a
lotus (?) stem on the left and a papyrus stem on the right;
a row of circular cakes above. One line of late writing
round the border.

N⁰36

O Wèsh! O Ashêri! Malitekesh : begotten of Teliye : born of
Materên. (Formulae A B.)

592   F. LL. GRIFFITH.

Materên recurs in the adjacent n° 34 and Têlaye (*sic*) in n° 33, q. v.

Found slightly displaced in front of the shrine of the late mastaba 2981, just behind 1202 (see n° 35) and next northward from 2796 (see n° 34).

37. Square altar 26 × 26 centimeters, the spout broken away. Spout-channel and field sunk. In the channel a ear of corn or palm-branch. In the field, a jar between four circular hatched-cakes. Border with incised line on either side, containing two lines of late writing.

N° 37

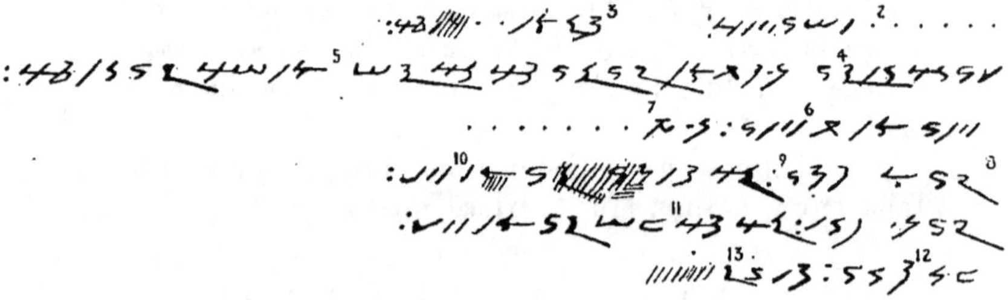

[O Wêsh ! O Ash]êri ! Khapate... : begotten of the *belilêke* in Tamañ Apeshilikar : of Yeteñaiye. (Formulae ABD1.)

Found with other stone slabs covering a Moslem grave against the inner face of the east wall of the same mastaba 2981.

38. Corner broken off from an altar, showing hollowed field with part of a small deep oval trough and a circular cake in the corner. Remains of three lines of late inscription round the border. L. 27 cm.

For the *pesaté*-princes, see n° 44.

Found with fragments of a painted *bai*-statue, etc., on

№ 38

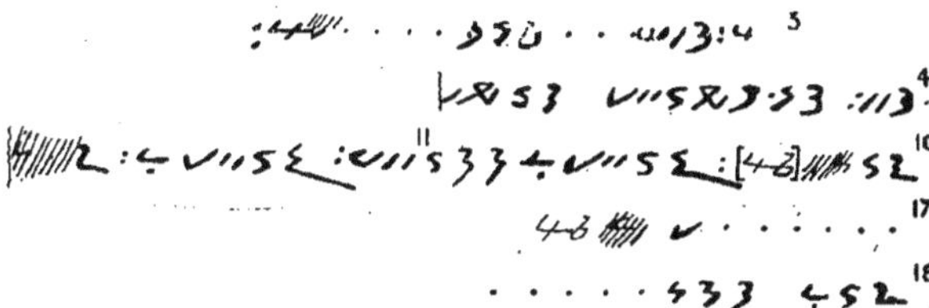

Extended invocation to [Isis] and Osiris.

The honourable *shatamazes* Mezê... (long gap) [: beg]otten [of
.....] : [kin of] the *pesaté* Makhes, of the *pesaté* N[ibelilatê] (long
gap) [: *malê of ma*]*r* [?]. (Formula A....)

the north side of the late mastaba 1508 at the north-east
edge of the mastaba field.

39. Rectangular fragment, one end of an altar, about
one third of the whole, showing an Egyptian vase with two
circular hatched cakes above it, on sunk field. One line
of late inscription round the border.

№ 39

... *wakham* (?). [Formulae A (confused, omitting *mhe*), B.]

Found with the last.

40. Round-topped stela, roughly shaped, 28×22 cm.
Surface smooth with faint remains of figure painted in
colours in Egyptian style, male, standing to left, naked to
waist, staff in forward hand; hair black, flesh red. Behind
the head is an inscription in red ink, faint, of eight lines
of late writing. The copy is from a conventionalised
reading of the faded original.

Nº 40

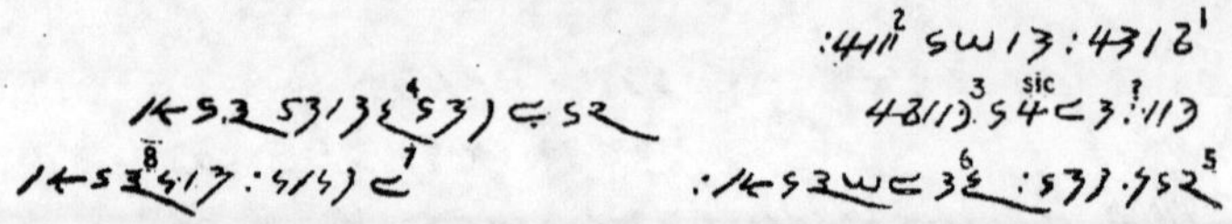

O Wêsh! O Ashêri! Tho honourable (?) Shachale (?). (Formulae ABC.)

Found in rubbish about the grave 1519 in the mastaba field nearly in front of the great mastaba 2800.

41. Oblong block w. 41, h. 14 cm. sawn out of the middle of a large stele, and apparently of the full width of the stela, showing six lines much worn of late writing and portions of others. The lines ran somewhat obliquely.

Nº 41

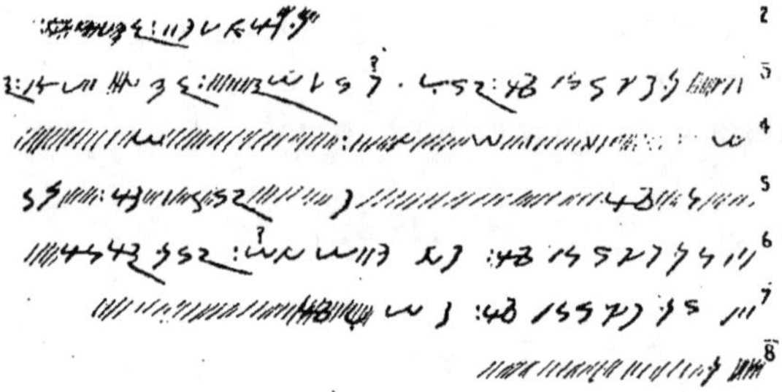

kin of the *tami-tebaqê* Pashabich (?) : [kin] of the *atê-mebarak*.. (?) in Pakharas *kar*... (gap) : kin of the ... (gap) : kin of the *mazaqêrabar* Ataqili. (?) : *mar*...

For *tami-tebaqê* see nº 35. The termination of *mazeqêrebar* is seen in the title (?) *areqe-bar* in *Kar.*; for *bar*, *abar* «man» see *Journal*, III, 123.

Found in the upper rubbish of grave 1507 at the north-east corner of the mastaba-field.

42. Oblong block, 36×17 cm., one end (about a third) of an altar, the field sunk but the design chiselled

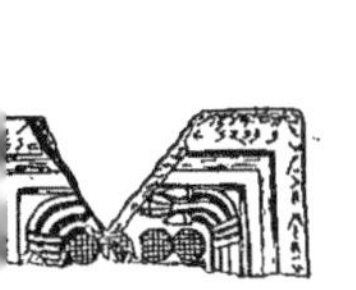

1

3

4

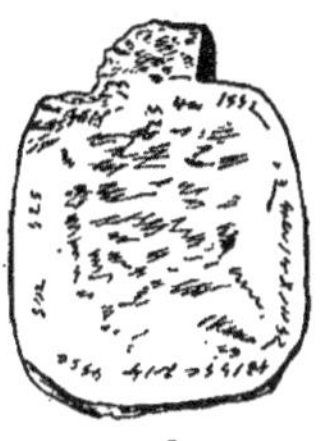

5

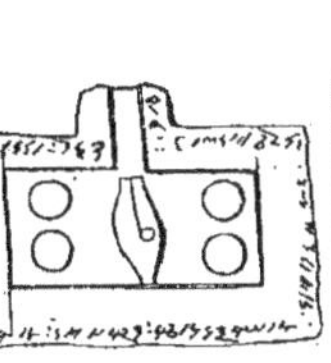

6

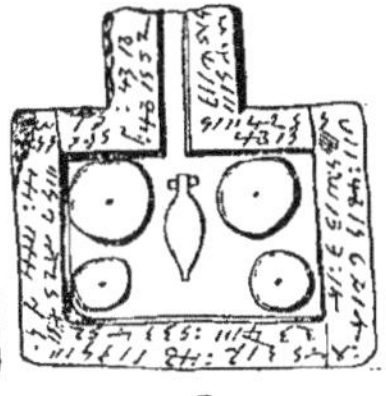

7

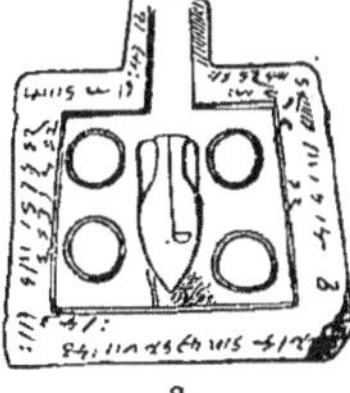

8

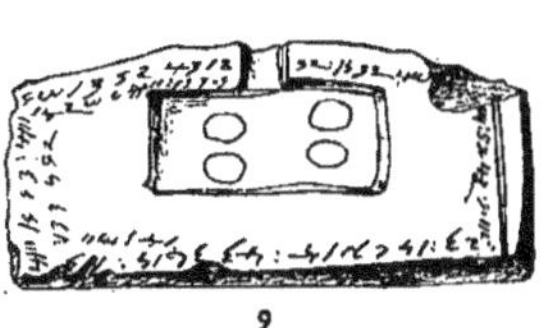

9

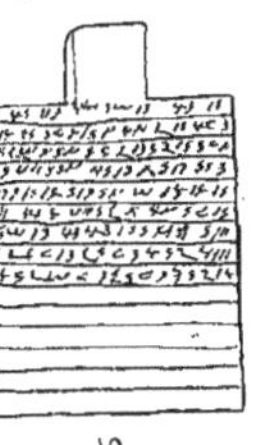

10

11

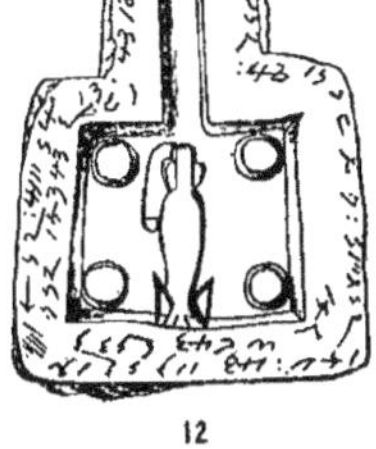

12

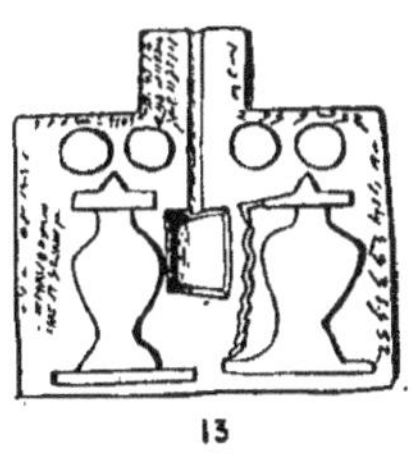

13

14

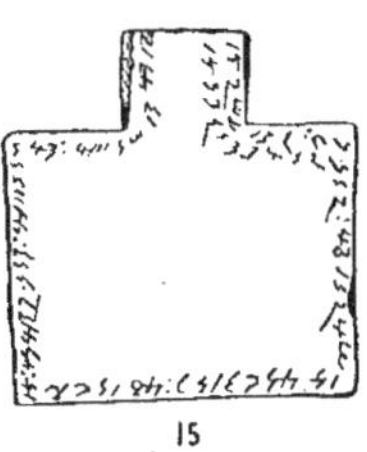

15

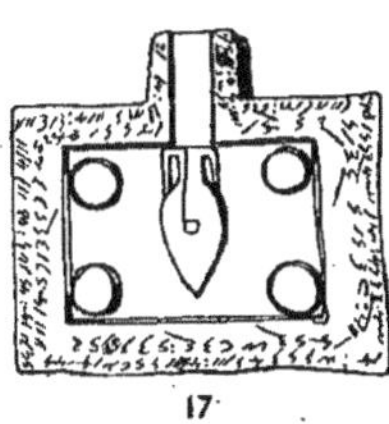

17

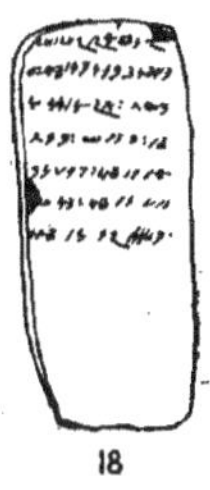

18

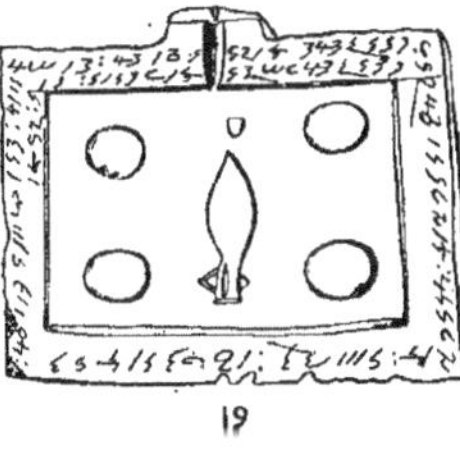

19

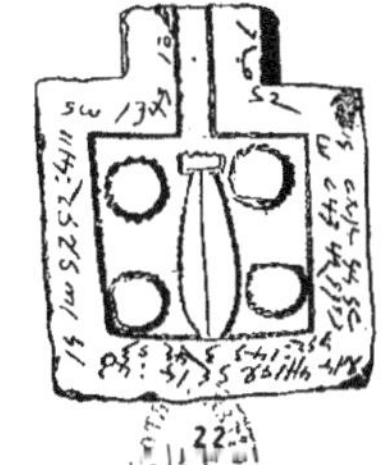

22

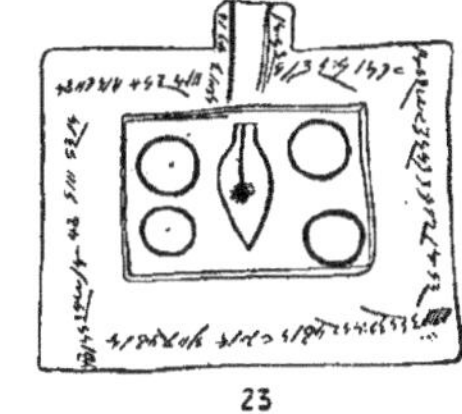

23

Scheme of Meroitic Inscriptions, I.

out except some remains of split loaves on one edge. One
line of late writing round the border, much defaced.

N°42

.... born of Pi.... (Formulae B A....).

Found with the last.

43. Altar, nearly square, 53×59 cm. including spout.
Spout channel and field not sunk, bordered by engraved
double lines. In centre a hollowed oval trough with rim
in relief rounded, two lotus flowers and stems engraved
crossing each other at the top edge; above are four circular cakes in a row upon a mat. On the left (south)
stands a goddess, and on the right Anubis, each draped
and standing on a mat pouring water from a libation vase
with swinging handle, the streams passing separately down
the spout. One line of archaic writing round the border
ending in two lines beneath the feet of Anubis. (Pl. XII.)

N°43

O Wêsh! O Ashêri! Tasamerekh : *peshate* : born of Zashazaye (?) :
begotten of the prophet Baleli. (Formulae [archaic] A B.) O Wêsh !
O Ashêri !

This example of the early style of altar, hitherto
known only from Meroë itself, is important for its good
preservation and clear inscription. The writing resembles
that on the great stela in the British Museum of Akinizaz

(*Journal*, IV, pp. 139 et seqq.) of the time of Candace's invasion.

Found lying face-upward on the south-east corner of the great mastaba 2800, at the north end of the mastaba-field.

44. Rectangular stela with rectangular projection at the top W. 45, H. 47 cm. including projection. Inscription of eighteen lines of late writing between rules, the lower half much injured by scaling; a few characters have suffered since the first copy was made.

N°44

Extended invocation to Isis and Osiris.

The *shatamazes* of the *pesaté* Makheye : born of Shazamaze (?)-

Scheme of Meroitic Inscriptions, II.

kaze : begotten of the *shashêr* of . . . . . Pakhême : belonging to
those honourably related to the king's *paqar* Atamat . . . . . : belonging to those honourably related to the king's *paqar* . . . . . -*karêr*
Paqamê (?)tacharêr : [kin (?) to] the *pesatê* Karinakarêr 1, the *pesatê*
Ñatewitarêr 1, the *pes[atê]* . . . . .ye 1, the *pesatê* Chawitarêr 1, the
pesatê Malêtê[na]y[e 1], the *pesatê* . . .yitanize 1, the *pesatê* Baratêye 1, the *pesatê* Makhe[s 1, the *pesatê]* Nibelilatê 1, the *pesatê*
Tewiñaye (long gap ll. 10-16) 13 (?) *matê* (long gap) 15 *malê : mal[ê
ma]ras* in Nalêtê.

l. 1. The title of the deceased «*shata-mazes* of the
pesatê» occurs in *Kar.,* 17; similarly but with *shana-
mazes* in *Kar.,* 49, and with *shaze-mazes* (?) in *Kar.,* 80,
see above n° 29.

ll. 2-3. «*shashêr* of Amenap» occurs in *Kar.;* here
neither Amanap nor Wêsh can be restored in the gap.
l. 3. Pakhême is the Egyptian name P-akhom «the
eagle», *Journal,* III, 27, 114 (*hh*), common in the
families of the priests of Isis in the latest days of paganism
(fifth cent. A. D.), cf Brugsch, *ÄZ,* XXVI, 57, id. *Thes.,*
1005 *et seqq.,* and on the Syene ostraca of the second
century Wilcken, *Ostr.,* n° 176, etc. For «king's *paqar*»
see especially the titles of the great prince Akinizaz discussed in *Journal,* III, 163-166 with *Mer.,* 2, also *Kar.,*
47 and above n° 34, ll. 6 *et seqq.* Several of these *pesatê*s
are known from the Karanôg inscriptions : Ñatewitar,
Kar., 78, cf. 83, Khawitarêr, *Kar.,* 47, and Malêtên
(*Kar.,* 77) each entitled «*pesatê* in Akiñ (Anibêh?)» were
buried there, and «the *pesatê* Baratêye» is named in
Kar., 51, 52, = Αϐρατοεις ψεντης, *Journal,* III, 114 (*z*),
120. In the remnant of the similar inscription n° 38
«the *pesatê* Makhes» is named apparently followed as here
by Nibelilatê. It is remarkable that Tewiñaye occurs as
the mother's name in n°s 23 and 33, suggesting therefore
that a woman could hold the dignity of *pesatê,* ll. 16, 17.
The numerals here (for which see *Journal,* III, 22) are
probably 13 and 15, the former possibly summing up the
number of *pesatê*-relatives of the deceased, the latter
giving a further total to include the two *paqar* s.

Found, soon after our arrival at Faras, standing as a «sheikh», with a modern incense burner in front of it, upon the sand covering the mastaba 1055, a little to the south-west of the Moslem cemetery. The sand-wear and decay of the surface proved that it had stood so, erect but half buried, for a considerable period. We were informed that the coffins taken to the cemetery were set down at this spot while prayers were repeated and incense burned to the sheikh. With the permission of the natives, a stone pillar was substituted for the very pagan stela, but it was removed soon afterwards and apparently the spot lost its interest for the people. (Ashm. Mus., Oxford.)

45. Two fragments joined forming one end of an altar, apparently nearly one half. H. 20 cm. Remains of two deep oval troughs with cartouche border in the field. One line of inscription in late characters round the border, a second line round the edge of the field.

N⁰45

[O Wêsh! O Ashêri! . . . . .]ye : [tru]ly born of Qêrêleye [: (long gap)]. [Formulae A B.]

Found in the north half of the mastaba-field in the season 1910-1911.

The restoration of this altar in Pl. X with the two troughs placed horizontally is unexpected but the order of the phrases in the inscription favours it. So restored the altar is very small for one that pretends to some distinction in style, and I have thought of filling a larger field with offerings, or increasing the number of the troughs to four; a group of three is out of the question on these monuments.

46. Fragment inscribed :

N.°46

... *shê mete.* (Commencement of formula A.)

*
* *

The funerary texts consist of an invocation to Isis (Wêsh) and Osiris (Ashêri) — occasionally the «Great God?» (Maklakh) also occurs after these or substituted for Osiris — name and description of the deceased; the formulae of benediction. See my *Karanòg*, chapter II.

I. The invocation : see *Karanòg*, chapter III. This is omitted at Faras only on two stelae n°⁵ 16 and 18; elsewhere it is placed at the beginning, as usual, except on the altar n° 25 where it precedes the formulae of benediction but follows the name. In five cases it is repeated; — before the formulae in 10, 20, 21, after them in 17 (Osiris only) and 43. The Faras texts give three new instances of the extended invocation, already known in five examples; for the latter see *Inscriptions*, II, p. 59, where *Insc.* 129 is also from Faras.

N° 4. Wêš-wetñyiñqeli : Mk-lḫ-wetrri :

N° 38. [Wêš-....]i : Sêr[i]-wet[r]ri :

N° 44. Wêš-wet[rri : Ašê]ri-wetrri :

II. The name and description of the deceased : see *Karanòg*, chapter IV. *erikelê* for «begotten» in n° 8/6 would be interesting if it were quite certain. It was suggested as a possible form in *Kar.*, p. 23, from a proper name, but with no real evidence.

III. The formulae of benediction : see *Karanòg*, chapter V. The order is usually AB; A alone in n° 3, ABC in n°⁵ 1(?), 17, 19, 23, 26, 31, 33, 35, 40, ABD1 in n°⁵ 34, 37; B alone in n° 32, BA in n°⁵ 7, 9, 13, 15, BA.. in n° 42; BACGE in n° 28; CA in n° 21; D2 alone in n° 20. Strange to say, there is here no instance of a plural form.

A. The water formula, perhaps meaning «pour for him much water», see *Karanòg*, p. 43; *Inscriptions*, II, p. 60. *Atê* is separated by : from *mḫe* in n°⁵ 23, 24, the variant *mḫê* is in n° 6 and *mḫe* in n°⁵ 10, 12. The protean third group shows four instances of initial *yi* for *pšê* in n°⁵ 2, 7, 9, 21; in n°⁵ 9, 15, 19, 22, *mte* for *ḫte* is perhaps not merely due to the usual confusion of the engraver, cf. *Inscr.*, II, p. 60, n°⁵ 85, 87; *ḫetê* occurs in n° 27, and an *s* is added at the end in n°⁵ 17, 28, 37. Other new or rare variants can be detected but they are negligeable. On the other hand the well-cut archaic formula *atê-mlê : yelḫte* in n° 43 is of real value, see *Journal*, IV, 25, 26.

B. The food (?) formula. «Give him much bread (?)», cf. *Karanòg*, p. 46; *Inscriptions*, II, p. 60. In no case is *at* separated from *mḫe* : the latter appears as *mḫê* in n°ˢ 6, 9, 43, *mḫe* in n°ˢ 10, 33, 34, 39, *mḫ* in n° 15 while *mlê* is substituted in n°ˢ 28, 32, 37. The final word is very variable. The clearly marked division *pšiḫ : rkete* in 31 is unexpected, but two instances in which the word ends with the *ḫ* are noted in *Karanòg*, p. 49 : *a-ḫrkete* in n° 1, *yi-ḫrkte, yi-ḫrkete* in n°ˢ 9, 29, *ye-ḫrkete* in n° 7 are the most remarkable of the exceptional forms. The archaic formula in n° 43 is *at mḫê yiḫrkte*, cf. *Journal*, IV, 26.

C. Cf. *Karanòg*, p. 49; *Inscriptions*, II, p. 60. The first word is written *ḫmlêli* in n° 33. The second begins with *ḫêl* in n°ˢ 19, 21, 40, *pḫêl* in n°ˢ 17, 23, 28, 31 (?), *pštḫ, pšitḫ* in n°ˢ 1, 35, *pšêḫ* in n° 26, and n° 19 divides *ḫêl : kete*.

D1. Cf. *Karanòg*, p. 51; *Inscriptions*, II, p. 60. *ḫlḫl ḫêlketess*, n° 34, *ḫlḫle : ḫêlk*[... n° 37. D2. *aḫḫlêli : ḫelk*[... n° 20. These run very close to C.

E. Cf. *Karanòg*, p. 52; *Inscriptions*, II, p. 60. *nszkel : zêlekš : pšêketes* n° 28 (a text with bad blunders).

G. Cf. *Karanòg*, p. 52; *Inscriptions*, II, p. 60. *attḫ mlêl : pšitḫkes* n° 28.

STÈLE
D'UN CHEF DE CHANTEURS,

PAR

M. CHARLES KUENTZ.

Le petit monument dont voici le texte a été vu chez un antiquaire de Louqsor, Mansour Mahmoud, qui a déclaré l'avoir acheté à des fellahs de Karnak. C'est un bloc de grès rougeâtre, actuellement en plusieurs morceaux rajustés, et contenant une inscription complète en douze lignes (⟵); la partie supérieure, qui devait représenter le dédicateur en adoration devant des divinités, n'a pas été retrouvée, mais en haut de la première ligne on distingue encore les restes d'un pied en bas-relief. Le style épigraphique est plutôt médiocre. On a respecté ici la disposition des signes de l'original.

(1) On voit encore sous la harpe son support horizontal.

(2) On ne distingue plus que la moitié gauche de ces deux signes.

(3) De même pour ce signe.

(4) On attend ; on a peut-être ici un collectif féminin.

(7) [hieroglyphs]

(8) [hieroglyphs] (sic)

(9) [hieroglyphs]

(10) [hieroglyphs]

(11) [hieroglyphs]

(12) [hieroglyphs]

[Le chef des...] d'Amon, le chanteur-harpiste, ..., qui accompagne [le roi] quand il se déplace dans les contrées du Sud et du Nord, le grand... dans la demeure du roi, *Amen-em-ḥeb*, surnommé *Meḥ*, justifié, dit :

«Je lave ma bouche; j'adore le dieu, j'exalte l'Horus qui est dans le ciel, je l'adore. L'ennéade entend, les habitants de la Douat se réjouissent : ils paraissent à ma voix, ils donnent le salut au rayonnement du disque solaire et lui disent : «Sois le bienvenu, [dieu] «grand, ô vivificateur de toute l'humanité, du gros bétail et du «petit[2], de la gent emplumée et de la gent à écailles, de tout œil «qui regarde : tu vivifieras le chanteur du roi *Meḥ*; il adore ta per-«fection chaque jour : que son nom demeure à jamais dans la «bouche de toutes les races[3]!»

Le chef de tous les chanteurs de la Haute et de la Basse-Égypte, *Amen-em-ḥeb*, surnommé *Meḥ*, dit :

«J'ai été favorisé par mon dieu, le Maître des dieux, Amon, généreux en faveurs, grand en amour : il m'accorda[4] d'obtenir la

---

[1] Le [sign] ressemble à un [sign].

[2] Par synecdoque, au propre : «des bœufs et des ânes». [signs] doit être un collectif féminin.

[3] [signs] est une abréviation pour *ḥmmm-t*; cf. dans le même ordre (souvent modifié ailleurs) : [signs] (SETHE, *Urkunden*, IV, 133) et [signs], *ibid.*, 362; de même : *Livre des Morts*, ch. XLII; *A. Z.*, 33 (1895), 122. Pour l'idée, si fréquente dans les textes égyptiens, cf. par exemple : [signs] (grande inscr. de Khnoum-Hotep à Béni-Hassan, col. 177-178).

[4] Puisque c'est un mort qui parle de sa vie passée, les imparfaits [signs] et [signs] ont le sens de parfaits : ce sont des temps «consécutifs» du parfait [signs] (cf. *Bulletin I. F. A. O.*, t. XIV [1918], p. 245-254). Ce passage est important pour le sens du verbe [sign] : il est défini par les deux phrases

qualité d'*amakhou* dans son temple, sa prédilection m'entourant(?), son *ka* étant avec moi, et il décréta que je me joigne à la terre avec les faveurs du roi, dans le lieu où sont tous les dieux [1]. »

Le dédicateur de la stèle, ⸢𓏤𓏤⸣ dit ⸢𓏤⸣, porte différents titres :

1° ⸢𓏤𓏤𓏤⸣ (ligne 1),

2° ⸢𓏤𓏤𓏤⸣ (l. 1);

3° ⸢𓏤𓏤𓏤⸣ (l. 2) [2];

4° ⸢𓏤𓏤𓏤⸣ (l. 2);

5° ⸢𓏤𓏤⸣ (l. 8);

6° ⸢𓏤𓏤𓏤⸣ (l. 9).

Le premier de ces titres, mutilé, montre simplement que *Amen-em-heb* exerçait une fonction religieuse et faisait partie de l'immense clergé attaché au culte d'Amon. Le quatrième titre est purement honorifique, le troisième aussi est commun à beaucoup de fonctionnaires, mais les autres correspondent à un service défini. *Amen-em-heb*

suivantes; 𓏤 ne signifie en effet pas seulement «louer, féliciter», mais «favoriser, gratifier d'une largesse», il implique qu'on témoigne à quelqu'un sa sympathie (et non pas seulement sa reconnaissance) par des actes (et non pas seulement par des paroles) : cf. les statues de particuliers ou encore les tombeaux (par exemple, ceux des princes et reines ramessides à la Vallée des Reines) portant la mention : ⸢𓏤𓏤𓏤⸣; «donné à titre de louange» ne veut rien dire, il faut entendre : «à titre de faveur du roi».

[1] Désignation de la nécropole.

[2] Pour la restitution, cf. par exemple, pour la XVIIIe dynastie : Thèbes, tombeau 85 (*Amen-em-heb*) : ⸢𓏤𓏤𓏤⸣ (Virey, *M.M.F.C.*, t. V, p. 295, corrigé par Sethe, *Urkunden*, IV, 899); ⸢𓏤𓏤𓏤⸣ (Virey, *ibid.*, corrigé par Sethe, *ibid.*, 899), ⸢𓏤𓏤𓏤⸣ (Virey, 282 = Sethe, 901), ⸢𓏤𓏤𓏤⸣ (Virey, 283, corrigé par Sethe, 900). Cf. encore tombeau 17 (*Neb-Amen*), de la même époque (paroi d'entrée droite;

était préposé à la surveillance « des chanteurs[1] de toute l'Égypte ». Ce devait être une fonction importante, à en juger par la place que la musique avait prise dans les cérémonies du culte égyptien. D'ailleurs cet homme ne se contentait pas de diriger le collège de chanteurs, il était lui-même exécutant : « chanteur du roi » et « chanteur-harpiste ». De quelle musique s'agit-il et où se faisait-elle entendre ?

Le mot 〔hiéroglyphes〕 ou 〔hiéroglyphe〕 désigne spécialement la musique vocale, mais les instruments soutenaient toujours la voix et en particulier les chanteurs étaient souvent aussi joueurs de harpe; dans les tombeaux thébains, par exemple, au milieu des scènes de banquets et de musique, le vieux harpiste accroupi chante, on voit nettement sa bouche ouverte[2]. Aussi bien le second titre d'*Amen-em-ḥeb* est-il 〔hiéroglyphes〕 « chanteur à harpe », c'est-à-dire « qui chante en s'accompagnant sur la harpe » et non pas simplement « joueur de harpe ». Dans un papyrus du Moyen Empire[3], on rencontre, au milieu d'une liste de personnages, trois musiciens : un 〔hiéroglyphes〕 inédit) : 〔hiéroglyphes〕. Pour la XIX⁰ dynastie :

〔hiéroglyphes〕, où d'ailleurs 〔hiéroglyphes〕 est à l'infinitif (Séti I⁰ʳ, Karnak : *L. D., Text.*, III, 19 = BREASTED, *Ancient Records*, III, fig. 5, p. 66). Le singulier 〔hiéroglyphe〕 est plutôt rare dans cette expression, cf. pourtant ces deux exemples de la XVIII⁰ dynastie : Thèbes tombeau 109 (*Min*) : 〔hiéroglyphes〕 (VIREY, *M. M. F. C.*, t. V, p. 366; corrigé d'après ma collation); et tombeau 295 (*Thout-mose*), paroi d'entrée gauche (inédit) : 〔hiéroglyphes〕.

[1] La direction des collèges de chanteuses n'était jamais confiée à des hommes, mais à des femmes, comme les prêtresses d'Hathor.

[2] Par exemple : DAVIES-GARDINER, *The tomb of Amenemḥēt*, pl. XV, en haut, à gauche. *Ibid.*, en bas, à gauche, et pl. V au milieu, la tête du harpiste est effacée, mais il chante, puisqu'on lit devant lui le texte de son chant; de même : VIREY, *Le tombeau de Rekhmara*, pl. XLII. La meilleure preuve est fournie par un tombeau inédit de Thèbes (n⁰ 22, 〔hiéroglyphe〕): sur la paroi gauche du fond, au registre supérieur, deux hommes jouent de la harpe, l'un debout, l'autre assis; sur la paroi droite du fond, au quatrième registre, il y a également un harpiste accroupi : or, non seulement ils jouent de leurs instruments, mais ils ont tous aussi la bouche ouverte.

[3] MARIETTE, *Papyrus de Boulaq*, pl. XXXIX. Cf. GRIFFITH, *Zeitschrift*, XXIX (1891), p. 113.

[hiéroglyphes] (l. 20), un [hiéroglyphes] (l. 16) et un [hiéroglyphes] [hiéroglyphes] (l. 17). Ce dernier est un flûtiste; si le nom des deux autres ne signifiait que «joueur de harpe» ou «batteur de mains», le flûtiste serait appelé de même : [hiéroglyphes] [hiéroglyphes] suivi du nom de la flûte. Les deux [hiéroglyphes] sont donc bien des chanteurs qui, en même temps, s'accompagnent de battements de mains ou de notes de harpe, et cet accompagnement est indiqué par [hiéroglyphes] suivi du complément. Le «chant du harpiste» confirme cette vue puisqu'il est mis dans la bouche d'un [hiéroglyphes] (texte de *Neferhotep*, col. 1) ou [hiéroglyphes] (papyrus de Londres, 6/3), c'est-à-dire d'un harpiste qui est forcément aussi un chanteur.

En quel lieu cet *Amen-em-heb* faisait-il entendre sa musique vocale et instrumentale? Son premier titre le met en relation avec Amon : il devait sans doute chanter et jouer dans les temples, et particulièrement dans ce temple d'Amon (Karnak?) dans lequel, grâce à la bénédiction divine, il atteignit la vieillesse et la mort (ligne 11). De plus, ses subordonnés, «tous les chanteurs de la Haute et de la Basse-Égypte» étaient évidemment attachés au service des cultes locaux. Mais le cinquième titre, [hiéroglyphes], indique, semble-t-il, que notre chanteur était aussi attaché à la maison du roi : sans doute se faisait-il entendre dans les fêtes et les festins du palais, car on sait que la musique était indispensable dans les réjouissances. D'ailleurs, d'après son troisième titre, il accompagnait le roi dans ses voyages, même à l'étranger ([hiéroglyphes]) : il était donc autre chose qu'un administrateur ou un chef de corporation, il était au service de la personne de son souverain, comme chanteur particulier. C'est sur ce caractère de chanteur de la cour qu'insiste le quatrième titre : [hiéroglyphes] [hiéroglyphes] [hiéroglyphes] [hiéroglyphes] [hiéroglyphes] [1].

____

[1] On connaît très peu de chanteurs particuliers. Sous Psammétique II, un certain [hiéroglyphes] est [hiéroglyphes] «chef de la musique de Pharaon» (*Journal of Egyptian Archaeology*, III [1916], 195). De même pour les

En dehors des formules connues que toute stèle doit employer, le texte offre des nouveautés. Le premier discours commence par cette déclaration : «Je lave ma bouche.» On ne connaît pas de phrase analogue, par ailleurs. Mais le sens en est clair. ⌐———⌐ signifie au propre «tremper dans l'eau» et non «laver», ce dernier sens étant à l'origine celui de ⌐⌐; mais quand ⌐⌐ a passé du sens de propreté corporelle à celui de lavage rituel, de purification et de pureté, ⌐———⌐ a hérité de la signification «laver» : c'est celle qu'il a en copte (ⲉⲓⲱ : ⲓⲱ). Dans ce texte-ci, qui est du Nouvel Empire, on peut donc traduire : «Je lave ma bouche.» Pourquoi cette précaution au début de son discours? Dans un texte beaucoup plus ancien, il est question aussi de propreté de la bouche et on pourrait être tenté de rapprocher les deux textes et de parler de l'«hygiène de la bouche» dans l'antique Égypte. Voici le texte [1] :

chanteuses particulières. Au Moyen Empire une dame ⌐⌐ est ⌐⌐ ⌐⌐ (*Annales du Service des Antiquités*, XII, 99), ce qui signifie peut-être «chanteuse (et non : louée) de sa maîtresse», à cause de la variante : ⌐⌐. Au Nouvel Empire (Wilkinson, *Manners and Customs*, édit. 1878, I, 170), une dame ⌐⌐ est ⌐⌐ en même temps que ⌐⌐; il faut comprendre «chanteuse de la maison du roi» en voyant dans ⌐⌐ un groupement calligraphique de ⌐⌐.

[1] On a pris ici comme types des trois versions de ce texte, pour la version des Pyramides : *Ounas*, 188-189; pour la version de la XVIIIe dy-

Propre est la bouche de N.; l'ennéade assainit de résine (la bouche de) N.; propre est sa bouche, ainsi que la langue qui est dans sa bouche.

[hiéroglyphes] a dans ce texte le sens ancien et peut donc être directement comparé au [hiéroglyphes] de la stèle. Mais, si le fait matériel de la propreté de la bouche est le même, la signification religieuse est différente, comme le prouve le contexte. La suite immédiate de la formule des pyramides est en effet : « N. déteste l'ordure, il a horreur de la saleté, etc. » Car ce chapitre est relatif à l'alimentation du mort : on sait la crainte des Égyptiens d'avoir à se nourrir d'excréments dans l'autre monde. Ici, avant de déclarer que le mort ne veut pas d'une pareille ordure, on prend la précaution d'affirmer que sa bouche tout entière, — lèvres et langue, — est propre, c'est-à-dire qu'il n'a point coutume de se salir avec de tels aliments. Rien de commun, par suite, entre ce texte alimentaire et la stèle. Dans celle-ci, le chanteur se lave la bouche avant de réciter son hymne. Simple précaution pour avoir une voix claire, dira-t-on, de même que nos artistes absorbent des blancs d'œufs. Mais il doit y avoir aussi une intention religieuse. Il est souvent dit des prêtres qu'ils sont [hiéroglyphes] [1] « propres de bras dans l'accomplissement des rites » : la manipulation des objets sacrés et des aliments divins requiert la propreté, la pureté des mains. Pourquoi n'en serait-il pas de même pour la parole et le chant? La voix qui s'adresse au dieu ne doit pas passer par un organe malpropre, impur. Aussi bien un prêtre d'Horus se déclare-t-il non seulement [hiéroglyphes] mais aussi [hiéroglyphes] « pur de bouche » [2] : il est en effet [hiéroglyphes]. Si les

____

nastie : NAVILLE, *Deir el-Bahri*, IV, pl. CX, 2ᵉ texte, col. 19-21; pour la version du Livre des morts (chapitre CLXXVIII) : *Nebseni* (BUDGE, *The Book of the Dead*, p. 465), contrôlé sur une photographie.

[1] Stèle d'Edfou, *Bulletin I. F. A. O.*, t. XXI (1922), p. 110, l. 9-10. Le défunt est un [hiéroglyphes].

[2] Stèle d'Edfou, *Annales du Service des Antiquités*, t. XVII (1917), p. 238, l. 8.

organes vocaux d'un premier lecteur de rituel doivent être purs, il est naturel que ceux d'un chanteur soient lavés avant qu'il ne se fasse entendre. Cela jette un jour nouveau sur la pureté rituelle chez les Égyptiens.

Dans l'énumération (l. 7) de tous les êtres que fait vivre le soleil, les animaux sont divisés en quatre catégories : «bœufs, ânes, plumes, écailles». Cette division est connue ailleurs : c'est celle que M. Loret a étudiée[1] à propos du titre ⌐ 𓋔𓏏𓃀 «chef des animaux à cornes, à sabots, à plumes et à écailles». Les deux séries en effet se correspondent terme à terme. La première catégorie est nommée dans l'une 𓄤 «(bêtes à) cornes», dans l'autre 𓃾 «les bovidés». M. Loret a montré que 𓄤 désignait le bétail, hormis les ânes et les porcs. Prenant la partie principale pour le tout, notre stèle nomme les bovidés plutôt que les moutons et les chèvres.

La deuxième catégorie, dans le titre en question, est nommée 𓂝 «(bêtes à) sabots», c'est-à-dire, comme l'a établi M. Loret, les bêtes à sabots et sans cornes, donc l'âne et le porc; il cite, en effet, un texte du début du Moyen Empire[2] où, dans ce titre même, le mot est déterminé par l'âne (toujours la partie principale pour le tout) : 𓂝𓃙𓃘. Mais cette lecture a été combattue par M. Moret[3] qui, dans ce texte, compare le signe, mutilé d'ailleurs, qui détermine 𓂝𓃙 (l. 1) avec celui qui détermine �‾ (l. 2) : ce dernier représente sûrement l'âne, puisqu'il suit son nom. Or, d'après lui, les deux signes sont tout à fait différents : le premier a la tête relevée et le dos convexe, le second la tête baissée et le dos concave. Aussi lit-il 𓂝𓃙𓃾 avec le veau. Mais cette interprétation rencontre certaines difficultés. Il serait bizarre que dans une classification des animaux on séparât le bœuf du veau pour faire de l'un le type des bêtes à cornes, de l'autre celui des bêtes à sabots. De plus, quoi qu'il en soit des différences notées entre ces deux signes, il faut avouer

---

[1] *Recueil de travaux*, t. XXXVIII (1916), p. 61-68.
[2] Petrie, *Denderch*, pl. XI, en haut à droite.
[3] *Revue égyptologique*, nouvelle série, t. I (1919), p. 111-112.

que sur la photographie le premier a les oreilles longues,
aussi longues que le second : et cela caractérise suffisamment l'âne; les différences dans la tête et le dos peuvent
venir d'une inégale attention du graveur. Enfin, la stèle
d'*Amen-em-ḥeb* apporte un excellent argument en faveur
de la lecture ⸺ : le second terme de la série de
quatre animaux est ⸺; le nom d'abord est celui de
l'âne; le signe ensuite, bien qu'un peu effacé, a nettement deux grandes oreilles. Dans le titre ⸺ nous
maintiendrons par suite la première interprétation pour ⸺ :
bêtes à sabots (et sans cornes), c'est-à-dire ânes et porcs.

La troisième catégorie, dans ce titre, est nommée ⸺ : la
stèle donne de même ⸺ « (les bêtes à) plumes ».

La quatrième catégorie est appelée ⸺ dans le titre.
M. Loret a prouvé la lecture ⸺ et le sens « écaille »,
« poissons ». Notre stèle, s'il le fallait, apporterait à cette
lecture une confirmation, puisqu'elle termine la série par
⸺. Aux exemples que M. Loret a réunis de ce mot
rare, on peut ajouter, outre celui de la stèle, deux
autres avec le sens de « poissons » : pour le Moyen Empire
⸺ [1]; pour le Nouvel Empire ⸺ [2] dans
un texte inédit provenant de la cachette de Karnak (bloc
n° 19, l. 7) et contenant un entretien entre Amon et
Ramsès III : ⸺.

Grâce à cette intéressante stèle, le vœu formé il y a
plus de trois millénaires par cet Égyptien est aujourd'hui
encore réalisé : son nom n'est pas oublié parmi les
hommes et grâce aux découvertes de Champollion, de
cet admirable savant qui a, peut-on dire, réinventé les
hiéroglyphes, non seulement le nom d'*Amen-em-ḥeb* et de

[1] LACAU, dans QUIBELL, *Excavations at Saakkarah*, 1906-1907, p. 42,
l. 26. Le signe bizarre ⸺ que l'éditeur a fait imprimer comme déterminatif de ce mot doit être un poisson, car la phrase du texte : ⸺
⸺ est analogue à celle-ci (*Coffin of Amamu*,
XXVII, 2) : ⸺ où le signe du poisson est
sûr.

[2] Des ⸺ on ne voit plus que le haut.

milliers d'Égyptiens, mais encore leur pensée et ce qu'ils nous ont confié de leur vie nous sont connus comme s'il s'agissait de nos contemporains :

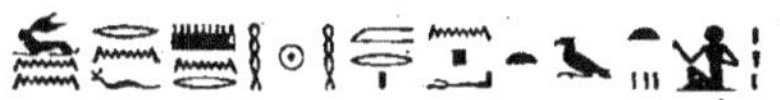

Deir el-Médineh, janvier 1922.

OBSERVATIONS
SUR LE PAPYRUS RHIND I,

PAR

M. ISIDORE LÉVY.

I. Idées grecques.

Vers le milieu du *Papyrus Rhind I*, entre la formule
de la purification par Horus et Thot et un discours du
mort à Osiris, apparaît un développement désordonné,
quoique court, mais dont le sens général n'est pas douteux : c'est une consolation adressée au mort, à qui sont
énumérées les raisons d'accepter l'inévitable destin [1].
Georg Möller, comparant le texte hiératique et le texte
démotique du bilingue, a observé [2] que le démotique
représente ici le texte original dont le document hiératique est une traduction en plusieurs points inintelligible;
c'est dire que le morceau est de rédaction tardive, qu'il
est le produit de l'époque ptolémaïque, peut-être même
du début de l'époque romaine (le papyrus thébain est de
la vingt et unième année d'Auguste, an ix avant l'ère
chrétienne). Mais l'on peut aller plus loin et assurer que
la *Consolation au Défunt* est un hors d'œuvre à qui on chercherait en vain un parallèle exact dans la littérature funéraire égyptienne et qui manifeste presque à chaque pas
l'influence grecque [3].

---

[1] *Pap. Rhind I*, VII, 1-5 (hiér. et démot.) = Georg Möller, *Die beiden
Totenpapyrus Rhind*, p. 34-35. Dans le *papyrus Rhind II*, pl. VI, 2-3,
le morceau n'est représenté que par un extrait atrophié (Möller, p. 87, 93).

[2] Möller, *loc. cit.*, p. 10, n. 9.

[3] Il ne manque assurément pas en Égypte de texte où sont mises en
œuvre des idées fort voisines de celles qui vont nous occuper : il suffit de
rappeler le *Chant du Harpiste* et les compositions analogues (Maspéro,

39.

Le texte démotique peut se rendre ainsi : (1) O toi qui es mort, allant à l'Amenthès, tu as vieilli sur terre en une belle existence. Ne laisse pas le chagrin s'élever dans ton cœur : alors que meurent de petits (2) enfants, tu as atteint la vieillesse. Tu as mangé et tu as bu, et as fait tout ce qui t'agréait; (3) toutes choses t'étaient offertes et jamais on n'a dit « non » devant toi, car celui devant lequel tu te rends, c'est le frère aîné des saints dieux (4) l'enfant vénérable des dieux et des déesses, le roi — vie, santé, force! — des dieux et des hommes, le roi — vie, santé, force! — de l'Autre Monde. Les animaux sacrés (5) des grands dieux, l'un succède à l'autre jusqu'à la fin des temps. Que ton cœur se réjouisse avec les esprits des élus en compagnie desquels tu sers Osiris. » Faisons abstraction du coloris égyptien que créent le nom de l'Amenthès, la périphrase qui désigne Osiris (l. 3-4), la mention des animaux sacrés, l'idée du « service » dont le défunt s'acquitte devant Osiris, la prosaïque réduction du bonheur terrestre au manger et au boire[1], nous restons en présence d'une argumentation aussi familière à l'antiquité grecque qu'elle est insolite en Égypte. Ne t'afflige pas, car tu as atteint une heureuse vieillesse et nul être n'échappe à la mort; les créatures les plus proches de la divinité subissent l'inflexible loi, et disparaissent pour céder la place à d'autres.

« *Ne laisse pas le chagrin s'élever dans ton cœur* » traduit le μὴ λυποῦ [2] ou ἀμερίμνει des inscriptions funé-

Études égypt., t. I, p. 172 et suiv.; W.-Max Müller, *Die Liebespoesie der alten Ägypten*, p. 29 et suiv.). Mais le morceau inséré dans le *Papyrus Rhind* se distingue nettement de ces produits authentiques de l'esprit indigène: c'est le mort qui est interpellé, et l'écrivain entend, non inviter ceux qui mourront demain à se hâter de jouir de la vie, mais prêcher la résignation à l'inéluctable loi.

[1] Cf. VIII, 8-9 (Möller, p. 40-41), où les dieux qui président aux quatre viscères proclament à la louange du mort que, sa vie durant, il ne les a laissé manquer de rien, que tous les jours ils ont bu jusqu'à l'ébriété, mangé de l'oie et du poisson et dormi leur soûl.

[2] Μὴ λυποῦ, τέκνον· οὐ[δ]ὶς ἀ[θ]άνατος (CIG, 9589). A la première personne : εὐψυχῶ Νικομήδης, ὅστις οὐκ ἤμην καὶ ἐγενόμην, οὐκ εἰμι καὶ οὐ λυποῦμαι (IG, XIV, 1879).

raires, généralement suivi de la formule οὐδεὶς ἀθάνατος [1]. Μὴ λυποῦ se retrouve dans l'Égypte impériale sur stèles [2] et tablettes de momies [3] et l'emploi s'en est répandu plus tard au point que l'épigraphie chrétienne fournissait, dès 1907, 45 exemples [4] de l'expression, qui a passé telle quelle dans l'épigraphie copte. Εὐψύχει, qui paraît avoir eu, à l'origine (comme θάρσει), la même signification que μῆ λυποῦ [5], est parfois semblablement accompagné de l'οὐδεὶς ἀθάνατος qui en fait un appel à la résignation [6].

« *Tu as atteint la vieillesse.* » Le motif de résignation tiré d'une longue existence comblée de biens était un lieu commun de la rhétorique funéraire de Grèce; le pseudo-Denys d'Halicarnasse, distinguant les consolations appropriées aux divers âges de la vie, invite à tirer parti

[1] *CIL*, XIV, 1697 : ἀμ]ερίμνει· παντῶν γὰρ βροτῶν ὁδὸς αὕτη.

[2] Μῆ λυποῦ, Ζηνοδώρα, οὐδὶς γὰρ ἀθάνατος ἐν κοσμῷ τουτῷ (de Ricci, *Revue archéol.*, 1902, t. II, p. 145, Milne, *Greek inscriptions (Catal. génér. Ant. Égypt. Caire)*, 9282.

[3] Variantes de la formule précitée : Le Blant, *Revue archéol.*, 1874, t. II, p. 250-2, n⁰ˢ 21, 23; Golenischeff, *Invent. de la collection égypt. de l'Ermitage* (1891), n° 1142 : cf. Carl Schmidt, *Zeitschr. für äg. Sprache*, XXXII (1894), p. 62.

[4] G. Lefebvre, *Inscr. chrét. d'Égypte*, p. XXX.

[5] Sans entreprendre une étude complète d'εὐψύχει, dont il a souvent été traité (Lafaye, *Culte des div. d'Alexandrie*, p. 95; Dieterich, *Nekyia*, p. 95; Cumont, *Les Religions orientales*, p. 350; Max Sieboung, *Archiv für Religionswissenschaft*, VIII, p. 398 et suiv.), notons qu'il semble qu'il y ait lieu de distinguer deux phases dans l'histoire de cette formule. Expliqué par οὐδεὶς ἀθάνατος, εὐψύχει ne peut avoir d'autre sens que : Courage! Dans cette acception, l'expression est suivant toute apparence d'origine grecque, quoiqu'on ne puisse en déterminer le point de départ (on n'a fourni aucune raison valable à l'appui des hypothèses de l'origine égyptienne (Cumont), syrienne (Renan, *Mission de Phénicie*, p. 183 et 369), ou chypriote (S. Reinach, *Traité d'Épigr. gr.*, p. 432, n. 2). Tout autre est le sens d'εὐψύχει dans les formules osiriennes εὐψύχει... καὶ δοῖ σοι ὁ Ὄσιρις τὸ ψυχρὸν ὕδωρ, Breccia, n⁰ˢ 332, 341, 375; εὐψύχει μετὰ τοῦ Ὀσίριδος, *IG*, XIV, 2098. Ici εὐψύχει exprime un vœu d'immortalité bienheureuse et indique une influence de la religion indigène; alors que le *ne t'afflige pas* du *Papyrus Rhind* témoigne de l'action de la formule grecque sur l'Égypte, les exemples de la dernière catégorie attestent la réaction de l'Égypte sur l'hellénisme.

[6] Breccia, *Iscrizioni greche*, 338 (Alexandrie?); *Rec. Trav.*, XXXVII, p. 36, 7 et 8 (Péluse).

de celle-là quand il faut rendre les derniers honneurs à un vieillard : εἰ δὲ δὴ ἐν γήρᾳ τις τελευτήσειεν, ὅτι εἰς πᾶσαν ἀπόλαυσιν τῶν ἐν τῷ βίῳ καλῶν συνεμητρήθη αὐτῷ ὁ χρόνος [1].

L'appel à la résignation, l'argument tiré d'une vieillesse comblée n'avaient besoin pour passer du grec à l'égyptien d'aucun travail spécial d'accommodation. Dans l'argument final, au contraire, on observe une très curieuse égyptianisation de la notion étrangère.

« *Les animaux sacrés des grands dieux, l'un succède à l'autre.* » Les animaux sacrés ont ici dû se substituer aux héros.

C'est un poncif d'oraison funèbre, enseigné par les rhéteurs ὅτι πέρας ἐστὶν ἅπασιν ἀνθρώποις τοῦ βίου ὁ θάνατος καὶ ὅτι ἥρωες καὶ θεῶν παῖδες οὐ διέφυγον [2]. Écrivains et fabricants d'inscriptions tombales ont brodé à l'envi sur ce thème : « Comment nous plaindre de la mort de nos enfants, puisque les dieux mêmes ne peuvent garantir leurs enfants de la mort? » dit Antipater de Sidon [3] à la fin d'une épigramme sur Orphée pleuré de Calliope. — La mort d'Admète, prêtre d'Apollon à Théra, plonge dans un deuil cruel sa mère et sa femme. Mais quoi, Thétis n'a-t-elle pas eu à déplorer Achille [4] ? — Εὐψύχι, Μίδων, οὐδεὶς ἀθάνατος καὶ ὁ Ἡρακλῆς ἀπέθανε, dit Grania Epictesis au mari enlevé à sa tendresse [5].

L'épigraphie grecque d'Égypte a formulé de diverses manières la même idée, tantôt indiquant brièvement que le destin infaillible atteint les fils des dieux [6], tantôt développant le thème à grand renfort d'exemples mythologiques. « Le ciseau des Moires n'épargne ni mortel, ni immortel. Tous ont disparu de dessus terre, Phaéton

---

[1] *Ars rhetorica*, VI, 5 (p. 30, 220 Usener); cf. Bruno Lier, *Philologus*, 1903, p. 597, et Galletier, *Étude sur la poésie funéraire romaine*, p. 83.

[2] *Rhetores gracci*, III, p. 414, c. 2; cf. Max Siebourg, *loc. cit.*, p. 407.

[3] *Anth. Pal.*, VII, 8 (Teichmüller, II, p. 8).

[4] *IG*, XII, iii, 868 = Kaibel, 192.

[5] *IG*, XIV, 1806.

[6] *CIG*, 4708 = Kaibel, 414; Froehner, *Musée du Louvre*, 161; Revillout, *Revue égyptol.*, IV, p. 44.

pleuré par le Titan Hélios, Myrtilos, fils d'Hermès, Achille, Sarpedon, fils de Zeus, et Alexandre qu'engendra Ammon transformé en serpent [1]. »

L'Égypte indigène n'avait rien qui répondît à la légende des Héraklès, des Achille, des Orphée, les plus nobles des vivants, que leur origine divine ne garantit pas de l'inévitable. Mais elle avait ses bœufs et ses crocodiles sacrés, les Apis et Mnévis, les Soukhos, incarnations de la divinité, condamnées en dépit de la sublimité de leur essence à une fuite brève de jours. L'écrivain démotique ne pouvait masquer plus heureusement son emprunt qu'en remplaçant le héros, spécifiquement hellénique, par l'animal sacré, propre à la vallée du Nil. Mais si adroitement voilé qu'il soit, l'emprunt n'est pas douteux.

Sous le vernis égyptien, ce sont donc des formules grecques que nous apercevons dans la *Consolation* démotique. Cette page du *Papyrus Rhind* enseigne que, dès le début de l'ère romaine, dans cette Thèbes restée profondément égyptienne, l'influence de la civilisation alexandrine a pénétré la bourgeoisie indigène. Elle fait pendant, pour ne parler que des textes funéraires, à ces inscriptions grecques, monuments du contact des deux civilisations, où voisinent des conceptions disparates et des formules hétérogènes, par exemple l'épitaphe d'Héroïs [2] à qui l'on souhaite d'une haleine κόνιν σοί κούφην καὶ δοίη ψυχρὸν Ὄσειρις ὕδωρ, ou celle d'Apollos de Lycopolis [3] qui « sert »

---

[1] *Rev. archéol.*, 1880, t. II, p. 166 (CAGNAT) et 1883, t. I, p. 194 (MILLER) = MILNE, n° 9224. L'inscription est d'Alexandrie.

[2] *Revue épigraphique*, I, p. 145 (DE RICCI); cf. le monument de Tasuchion (*Ausf. Verzeichniss der aeg. Alterthümer*, n° 11631) où l'inscription grecque souhaite que la terre soit légère à la défunte, tandis que l'inscription hiéroglyphique contient la formule de la libation d'eau.

[3] Texte cité *supra*, p. 506, n. 6. Contrairement à ce que croit FARNELL, *Greek Hero Cults*, p. 401, νῦν δ'Ἀϐυδηναίου τοῦ Ὀσείριδος ἀμφιπολεύω ne signifie pas que le défunt soit enseveli à Abydos (déjà Kaibel avait, avec raison, repoussé cette interprétation), mais paraphrase la formule ὑπηρετεῖν τὸν μέγαν Θεῶν Ὄσιριν (cf. I. LÉVY, *Cinquantenaire de l'École pratique des Hautes Études*, p. 277), qui elle-même traduit le démotique « servir Osiris, le dieu grand d'Abydos ».

dans l'autre monde Osiris d'Abydos, mais veut aller aux
Champs Élysées sans boire l'eau du Léthé.

II. Un mot sémitique.

« On fait de ton tombeau un étang (*brgtĕ* = בְּרֵכָה, ⸢[démotique]⸣)
avec des fleurs[1]. » Cette phrase démotique fixe le sens
du mot ⸢[groupe hiéroglyphique]⸣ que le texte hiératique correspondant offre à la place de *brgtĕ* et dont il n'est pas d'autre
exemple dans la littérature égyptienne.

Dans son édition du *Papyrus Rhind*, Möller n'avait pas
proposé d'explication de l'*hapax* ⸢[groupe hiéroglyphique]⸣ qui est
manifestement d'emprunt; plus récemment[1], il a émis
l'opinion que le mot est de provenance libyque et représente l'ancêtre du berbère actuel *amân* « eau ». Hypothèse
fort peu vraisemblable : on croira difficilement que parmi
le petit nombre des termes que les Égyptiens ont pris aux
Sahariens se trouve une désignation de la chose dont le
pays de la soif est le plus dépourvu. L'origine sémitique
de *brgtĕ*, qui apparaît dans le texte hiératique parallèle,
invite à chercher bien plutôt du côté de la Syrie.

Nous reconnaissons dans ⸢[groupe hiéroglyphique]⸣ le mot bien
connu en hébreu בַּעַיִן et en syriaque ܡܥܝܢܐ « fontaine ».

[1] *Pap. Rhind 1*, VI, l. 7 (l. 8 du texte hiératique).
[2] G. Möller, *Aegyptisch-Libysches*, *Orient. Literaturzeitung*, 1921,
c. 195.

SUR
UN HORUS-FAUCON TROUVÉ A SUSE,

PAR

M. V. SCHEIL.

Dans sa campagne à Suse, en 1920-1921, M. de Mecquenem découvrit aux environs de l'Apadana un petit souvenir égyptien. Le fait en lui-même n'est pas insolite, et plusieurs ruines mésopotamiennes ont livré diverses amulettes de même origine, avec ou sans légende écrite.

Le petit Horus-Faucon dont nous voulons parler est en pâte verte (couleur *mafek*). Ses dimensions mesurent o m. o4 en hauteur, et, du sommet de la tête à l'extrémité de la queue, o m. o5. Le travail en est d'une exécution soignée — tête et plumage — et rappelle peut-être l'époque saïte.

Il y a lieu de s'arrêter à une inscription assez singulière gravée sur le jabot :

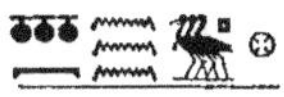

dont les termes, semble-t-il, ne présentent d'abord aucun rapport avec le dieu figuré :

Noun, chaos, matière primordiale, Océan.
Les *Biou Pa*, âmes ou génies de *Pa*.
Les *Biou Nekhen*, âmes ou génies de *Nekhen*.
Ouadj(t), plante verte, papyrus; peut être aussi *Bouto*, la déesse de Basse-Égypte.

Serait-ce là un exemple nouveau d'une inscription égyptienne faite à l'usage des étrangers ignorants de sa langue, par un marchand qui voulait ainsi rehausser le prix de ses objets? Question de vénalité mise à part, ne connaissons-nous pas la pierre de Ak-Hissar (Anatolie), conservée au musée de Constantinople, qui présente pêle-mêle, grossièrement gravés, dénués de tout sens, nombre de signes hiéroglyphiques égyptiens (voir *Recueil de Travaux*, XV, 197-199)?

L'épigraphie de notre Horus-Faucon est formée non de signes quelconques, mais de mots bien définis.

Pour les avoir ainsi alignés, sur un objet dont la nature nous est bien connue, l'on doit rencontrer dans la fantaisie même du scribe une certaine logique, dont Horus sera le lien.

Notre confrère M. Naville, à qui j'ai soumis le texte, nous fournit une indication précieuse. Les *Biou Pa* et les *Biou Nekhen* ne sont pas sans rapport avec Horus, particulièrement avec *Horus sur sa plante verte (ouadj)*, tel que Brugsch l'a trouvé représenté au temple de Denderah (*Relig. et Mythol. der alt. Ægypt.*, p. 461).

M. Naville renvoie au *Livre des Morts* (chap. cxii), où il traduit : «Quant à Amsîti, Hapi, Douaoumoutf, Kebh-

senouf dont le père est Horus et la mère Isis, Horus
parla ainsi à Ra : «Donne m'en deux pour *Pa* et deux
« pour *Nekhen*, ils sont de ma race, — et qu'ils soient avec
« moi pour une durée éternelle, faisant *verdir* la terre et
« se calmer les orages. De là vient que Horus s'appelle
« *Horus qui est sur sa plante verte* (▮ | ⌣). Je connais les
« esprits de *Pa* : Horus, Amsîti et Hapi. »

Le chapitre cxiii se termine ainsi : «Je connais les
« esprits de *Nekhen* : Douaoumoutf et Kebhsenouf[1]. »

Il semblerait donc que le rédacteur de la légende de
notre Horus-Faucon eût eu devant l'esprit le chapitre cxii
du *Livre des Morts*, dont il extrait quelques mots essentiels, par manière d'allusion et sans aucun dessein de
résumer ses sources : *Biou Pa, Biou Nekhen, Ouadj(t)*.
L'objet lui-même est de matière verte, en souvenir de
Horus ▮ | ⌣ , et appartiendrait à la classe des amulettes
qu'on mettait dans les tombes.

Il reste à expliquer, en tenant compte de la forme
plus qu'elliptique du texte, la présence, en tête, du nom
de *Noun*. Employé souvent comme vignette, au début
des chapitres de livres religieux, *Noun* indique vraisemblablement cette fois le cercle de l'océan qui entoure
notre terre, et sur lequel le soleil navigue depuis le jour
de la création. Là, le mort peut voguer avec l'astre, et
parcourir son domaine entier, sous le patronage des dieux
invoqués. Dans ce cas particulier, ces dieux sont les
esprits de *Pa* : Amsîti, Hapi ; les esprits de *Nekhen* : Douaoumoutf, Kebhsenouf, joints, les uns et les autres, à celui
qu'on peut appeler — depuis le jour où il les a demandés
à Ra pour être en sa compagnie, faisant verdir la terre
et calmant les orages — *Horus sur sa plante verte*, ou
simplement le *Vert*.

____

[1] **Traduction Naville reproduite par Brugsch** (*Relig. und Mythol. der
alt. Ægypt.*, p. 460).

LA VERSION

DU

CHAPITRE XVII DU MOYEN EMPIRE,

PAR

M. LOUIS SPELEERS.

Il existe aux musées royaux du Cinquantenaire de Bruxelles, un cercueil rectangulaire du Moyen Empire, au nom de 〔hiéroglyphes〕 Mā', l'intendant des terres 〔hiéroglyphes〕 de Khnumhotep de Beni Hassan et fils de 〔hiéroglyphes〕 Sonen. Ce cercueil fut découvert dans le tombeau n° 500 à Beni Hassan au cours des fouilles faites par M. John Garstang de 1902 à 1904 [1]. Il fut acquis et ensuite donné aux musées par le baron Ed. Empain.

Le couvercle, de même longueur et largeur que la cuve, mesure 1 m. 86 × 0 m. 42 ; son épaisseur atteint 66 à 70 millimètres. Il est formé de trois-quatre planches réunies aux extrémités par deux bords perpendiculaires ; entièrement plan à l'extérieur, l'intérieur présente une surface courbe en forme de voûte comme le cercueil : Lacau, *Sarcophages antérieurs au Nouvel Empire*, *Catal. Caire*, p. 116, fig. 1.

Les deux côtés du couvercle sont ornés de textes disposés en registres horizontaux à l'extérieur, verticaux à l'intérieur. C'est le côté intérieur qui nous intéresse spécialement parce qu'il contient une partie du chapitre xvii du *Livre des morts*. Le texte est très bien conservé ; il n'en manque presque pas un mot, malgré les fissures qui séparent les planches et les taches provenant de la putréfaction du

---

[1] Cf. *Burial Customs*, p. 150, pl. IX, p. 190.

cadavre. L'inscription se développe dans un rectangle de 1 m. 68 × 0 m. 36, divisé en 69 cases verticales débutant chacune par la formule ⌐ « à réciter ». Un fragment qui fait suite au texte du couvercle a été peint sur le fond intérieur de la cuve, mais on n'en distingue plus que quelques mots (l. 70 à 76).

Les sarcophages contemporains comme ceux de Sebeka, de Mentouhotep[1], etc., ne présentent pas une version identique à la nôtre, car leur texte ne comporte pas les développements, gloses et commentaires que nous lisons sur celui de Mā'. Bien plus, la version de ce dernier — abstraction faite des parties perdues — est presque aussi étendue que celle du Nouvel Empire, de sorte qu'on pourrait se croire en présence d'un monument du début du Nouvel Empire, si le style, les décorations, l'endroit et les circonstances de la trouvaille ne rendaient cette supposition caduque.

Un égyptologue de Berlin[2] a tenté naguère d'établir le texte définitif du chapitre xvii; son travail reste incomplet parce qu'il ignorait la recension du sarcophage de Mā'. En effet, en comparant cette dernière à l'édition soi-disant définitive, on constate qu'au Moyen Empire, il existait déjà des membres de phrases que l'auteur allemand attribue au Nouvel Empire.

Afin de faciliter la comparaison des deux versions, nous donnons plus loin la transcription des lignes verticales numérotées de 1 à 76. Faute de place nous ne pouvons pas y ajouter la concordance de notre version avec celles du Moyen et du Nouvel Empire; notre commentaire sera bref pour la même raison.

1. Le *titre du chapitre* est en majeure partie perdu, de même que la *fin*. La première ligne contient un reste du titre : ⌷⌑|⌁. De prime abord, il nous fait supposer que le début doit se trouver à un autre endroit du cercueil. En effet, le fond de la cuve comporte une décoration en

---

[1] Lepsius, *Aelteste Texte des Totdenbuchs*, Berlin, 1867.
[2] H. Grapow, *Religiöse Urkunden* (*Urkunden des äg. Altertums*, V, 1915).

partie effacée, où l'on distingue encore à gauche plusieurs
lignes verticales débutant par la formule ⌐ comme à
l'intérieur du couvercle et, dans le texte qui suit, plusieurs mots peints en rouge. Ces restes appartiennent au
chapitre xvii, mais non pas au titre; ils font au contraire
suite au texte écrit sur le couvercle intérieur (l. 70 à
76) comme il est facile de le constater en les identifiant
avec le fragment correspondant dans d'autres éditions.

Quant à savoir si le titre proprement dit du chapitre
xvii a été écrit ou non sur le fond de la cuve, l'état de
celui-ci est tel, qu'en dehors des quelques mots signalés
(l. 70 à 76) il n'y a plus moyen de rien découvrir. Du
reste, bien des discours du même genre n'ont, en fait de
titre, que la formule de Mā'.

II. *Le chapitre xvii.* — Un regard jeté sur l'intérieur
du couvercle nous apprend qu'un grand nombre de
phrases sont peintes en rouge, sans doute pour faire opposition au texte écrit à l'encre noire et ainsi le mettre en
évidence. Dans notre transcription, les parties soulignées
sont celles écrites à l'encre rouge sur le couvercle. L'étude
du texte démontre que les parties noires représentent les
énonciations, tandis que les suivantes, écrites en rouge,
sont les commentaires des énonciations. En tenant compte
de ce détail important, nous avons divisé le chapitre en
autant de fragments (indiqués en chiffres romains) qu'il
y a d'énonciations (couleur noire) suivies de commentaire
(en couleur rouge). Cependant, certaines demandes faisant partie du commentaire écrites en rouge (33, 38)
sont suivies d'une réponse peinte en noir. Exceptionnellement, demande et réponse sont écrites en rouge (l. 64
à 69). Quoi qu'il en soit, cette division correspond à peu
près à celle que M. Grapow proposait dans son édition
du chapitre xvii.

Aucune des énonciations, à part les mots «Sortir au
jour» (l. 35), n'est restée sans commentaire; bien plus,
certaines d'entre elles en comptent deux et même trois,
par exemple, IV. Ces commentaires sont introduits par

les formules habituelles : *isj-tpw* (l. 5 et suiv.), *ptr-f-św* (l. 27, cf. l. 8), *mtr-f-śt* (l. 12), et « un autre dit » ⚊⎮⎮ ⌐ (l. 12 et suiv.). Il n'est pas téméraire de supposer que ces locutions indiquent des commentateurs différents, c'est-à-dire qu'elles donnent l'opinion de plusieurs écoles de théologie.

Ces énumérations sont relatives aux mythes de trois dieux principaux : Atum, Ré, Osiris. Les égyptologues connaissent tous les passages du chapitre xvii relatifs à ces divinités, ce qui nous dispense de les y attarder.

Notre texte prend aussi la forme de l'*interpellation;* une fois pour Hu et Sia (XVII), ensuite pour les « Maîtres de l'Infini (XXII) à propos des sept génies de Sépa (Anubis).

L'inscription ne suit pas un cours régulier, car de la ligne 54 à 60 inclusivement, le scribe a bouleversé la suite régulière du texte. Il s'agit à cet endroit de nommer sept génies formant « un collège ». Dans notre version le nom de ces génies est écrit une fois dans deux registres superposés et séparés par un espace libre (l. 54 à 60). Le registre supérieur porte en outre deux génies avant la liste des sept premiers : Nar et Nar le grand (l. 52, 53).

Ces deux listes sont entourées du fragment XXI comme le schéma ci-joint l'indique :

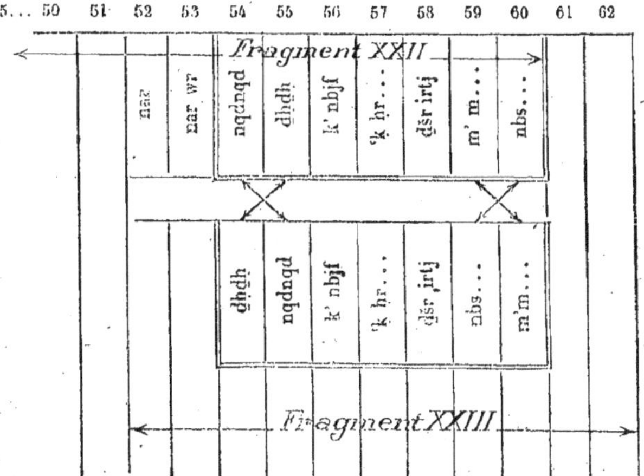

Quoique les noms des sept génies soient identiques, ils ne correspondent pas tous dans les deux registres, car quatre du premier registre se croisent avec quatre du second.

Il y a eu évidemment interpolation. Comment l'expliquer? On peut supposer que cette partie du texte avait été disposée en double registre afin de contenir des noms d'une double série de génies différents, et que, par erreur, le scribe a rempli le second registre de noms tirés du premier. Nous voyons, en effet, que les textes du Nouvel Empire donnent une double série de ces génies [1].

La première comporte les quatre fils d'Horus et trois autres que notre manuscrit ignore.

La seconde série comporte les sept génies mentionnés dans notre version (l. 54 à 6o), à laquelle notre scribe ajoute : deux Nar (l. 52-53) leur chef au lieu d'un seul. Nous avons donc neuf génies au lieu de quinze répartis sur 9 lignes, mais dont sept sont cités deux fois (14), et deux génies une fois = seize en tout.

Remarquons que les noms ne sont guère peints en rouge, tandis que le fragment suivant XXIII l'est presque entièrement; celui-ci se développe sans solution de continuité sous la suite des noms, mais dès la ligne 62, il reprend la totalité de l'espace.

Deux autres passages ont été intervertis dans les éditions postérieures : c'est celui relatif à la lutte d'Horus et de Seth (l. 4o à 42) et celui relatif au relèvement de la chevelure au moyen de l'œil *wḏ 't* (l. 32 à 36).

Voici donc en quelques mots la suite des idées de ces discours selon la version de Mā' :

1° Le mort s'identifie à certaines divinités dont il rappelle des gestes d'ordre mythologique : Atum, Ré, Osiris, Min (fragments I à IX).

2° Le mort (fragment X) quitte sa ville; dès son arrivée dans un autre pays — qui est celui des dieux, à en

____

[1] Grapow, p. 42, 43; Naville, *Todtenbuch*, t. 1, l. 48 à 53.

croire la suite — il proteste de sa pureté qu'on peut entendre au sens matériel (fragments XI à XIII); successivement on le trouve aux deux lacs d'Héracléopolis (XIII, XIV) et sur la route qui mène à l'île des Justes (champ des Souchets, XV); il arrive enfin à l'horizon d'Atum et passe par la porte magnifique que traverse Atum lui-même (XVI).

3° Les premiers êtres qu'il rencontre dans le séjour des dieux sont les compagnons d'Atum : Ḥu et Sia, dieux du Goût et du Savoir (XVII). Le mort commence par leur rappeler le rôle qu'il a joué au cours des événements mythologiques; (XVIII), il a relevé la chevelure avec l'œil furieux de Ré; (XIX) il a vu la naissance de Ré; (XX) il a « complété » l'œil mutilé par Seth au cours d'une lutte avec Horus. Il semble leur justifier sa présence (XXI), car il se pare de sa qualité de « suivant d'Horus » et d'orateur en chef. Aussitôt il interpelle les maîtres qui forment le collège d'Osiris pour qu'ils le purifient, et il salue les sept Esprits d'Anubis avec leur chef (XXII). Il poursuit son discours par le souvenir de la rencontre d'Osiris et de Ré (XXIII), par celui de Ré « chat » coupant (le serpent) à côté de l'arbre à Héliopolis (XXIV). Il invoque enfin Ré (XXV) contre un justicier. Ici notre texte est interrompu et perdu entièrement.

TRADUCTION, CRITIQUE ET COMMENTAIRE

DU CHAPITRE XVII SELON LA VERSION DE MĀ'.

—

TITRE.

Ligne (1). 

Devient le discours.

FRAGMENT I = GRAPOW, I, P. 6.

A moi appartint le Tout quand j'étais seul[1]. Je suis Ré à sa première apparition[2] (2) [c'est-à-dire] lorsqu'il appaarît dans l'Orient du ciel. Un autre (commentateur) prétend que c'est Ré lorsqu'il commença à (3) apparaître sur terre[3].

« Il se lève dans ⁂ l'Orient céleste » a pour variante : « Il se lève au matin dans son horizon », ⁂ Grap., p. 6, l. 8.

La glose : « que c'est Ré lorsqu'il commença à apparaître sur terre » doit être ajoutée à la version du Moyen Empire : Grap., p. 6, l. 8. Elle est remplacée au Nouvel Empire par les mots : « je suis Ré à son apparition au début de son règne... », Grap., p. 6, l. 11, 12.

Fragment II = Grap., II, p. 8.

Je suis le grand (dieu) qui s'est créé lui-même.
C'est l'eau (primordiale). [4] C'est Nou le père des dieux.

[1] Nous avons adopté le sens que Sethe a indiqué, Ä. Z., t. 48, p. 4o ; on pourrait objecter que la traduction « je suis Atum » peut se justifier. D'abord parce que les Égyptiens l'ont ainsi comprise dans les manuscrits du Nouvel Empire, où le mot Atum est suivi du déterminatif de « dieu ». Ensuite parce que, selon la théologie héliopolitaine, Atum est l'origine de l'univers, c'est-à-dire « tout » et que, par conséquent, « Atum » ou « totalité » sont identiques dans la pensée des Égyptiens. En d'autres mots, l'auteur dit qu'à l'origine, « il n'existait que moi seul, Atum ».

[2] Nous savons que les théologiens confondent ou identifient Atum et Ré. Le sens de la première phrase est : « Je fus Atum quand j'étais encore seul. Je devins Ré à la première apparition du soleil au ciel. »

[3] Cette idée nous rappelle les passages du texte de « la Vache » dans lequel on affirme que Ré vécut d'abord sur terre parmi les hommes (qu'il détruisit par l'intermédiaire de Sekhmet) ; il se retira ensuite au ciel, d'où il gouverne l'humanité (Mission du Caire, t. III, pl. XV et t. III, pl. LIX).

Le commentateur fait allusion au dieu incréé appelé
« eau primordiale » qui, d'après le texte de « la Vache »
(l. 4), contenait tous les autres dieux. L'épithète de Nou
[hiéroglyphes] doit être ajoutée à la version du Moyen Empire : Grap., p. 8, l. 11.

FRAGMENT III = GRAP., III et IV, p. 9 et 10.

(4) [hiéroglyphes]

(5) [hiéroglyphes]

(4) [Celui qui] créa ses noms, le maître de la neuvaine divine,
   celui que personne n'écarta du cercle des dieux
(5) Qui est-ce? C'est Atum dans son disque.

Les « noms » que créa le dieu Atum sont ses créatures;
ici, ce sont les neuf dieux originaires d'Héliopolis; voir à
ce sujet notre étude dans le *Recueil de travaux*, t. XXXIX,
p. 143, *La Stèle de Maï*. Leur nom est confondu ici avec
leur essence.

La réponse « C'est Atum dans son disque » doit être
insérée dans Grap., p. 10, l. 12 (cf. p. 11, l. 1) comme
glose du Moyen Empire.

Notre fragment III contient les deux fragments de Grapow (III et IV) parce que notre scribe attribue toutes ces
épithètes à Atum, tandis que les commentateurs mentionnés dans Grapow les attribuent à Ré, à Horus de
Létopolis, au Moyen Empire, et à Ré, à Atum, au Nouvel
Empire.

FRAGMENT IV = GRAP., FRAGMENT V, p. 11.

[hiéroglyphes] (6) [hiéroglyphes]

Je fus Hier et (6) je connais Demain.

Qu'est-ce? C'est le jour de (la fête) «Nous restons», (7) lorsqu'on
  enterre cet Osiris et qu'on intronise son fils Horus.

Un autre (commentateur) dit : «Hier, c'est Osiris; Demain, c'est
  (8) Ré.»

La fête «Nous restons» est dénommée d'après les
liturgies qu'on chante au cours de la cérémonie de ce
jour et qui commencent, sans doute, par ces mots. On fait
allusion aux «mystères» d'Osiris que nous connaissons en
détail par les textes de diverses époques[1]. Au cours de
pompes religieuses on simulait la vie, la mort et la
résurrection du roi des morts, Osiris; après inspection
de ses titres, on enterrait son effigie et on installait son
fils Horus sur le trône de son père.

L'auteur a voulu, en outre, souligner l'opposition entre
Osiris qui est comme l'emblème du passé (Hier) et Horus
ou Ré, le soleil, qui représentent l'avenir (Demain).

La glose : «Qu'est-ce? C'est le jour de (la fête) «Nous
«restons», l'enterrement d'Osiris et l'intronisation de son
fils Horus» doit être insérée Grap., p. 11, l. 16, avant les
deux membres *sf* et *dw'* dans la version du Moyen Empire.

Le Nouvel Empire amplifie la glose (Grap., p. 12, l. 8,
9) : [hiéroglyphes], etc.

____

[1] Cf. Schäfer, du *Pap. Harris*, 8, 9, dans *Z. Ä. S.*, t. 41, p. 81. — *Die
Mysterien des Osiris in Abydos* (dans *Untersuchungen zur Geschichte u.
Altertumskunde*, 1905, 4ᵉ volume, p. 4). Junker, *Stundenwachen in den
Osirismysterien*, 1910. Cf. Moret, *Mystères égyptiens* et *Revue critique*,
t. XXXIX, 1905, p. 361.

FRAGMENT V = GRAP., FRAGMENT VI, P. 13.

On prépare le (lieu de) combat des dieux d'après mes paroles.
Qu'est-ce? Le (lieu de) combat des dieux (9) c'est l'Occident; il fut
　préparé pour les âmes des dieux sur ordre d'Osiris.

L'Occident est en général le séjour de tous les morts,
le royaume d'Osiris; le contexte ne nous dit pas de quelle
lutte il fut le théâtre; aussi nous supposons que l'allusion
mythologique qui se cache sous ces paroles est en rapport avec la lutte qu'Osiris soutint contre ses ennemis
sur la terre. Notre traduction «lieu de combat»
est modifiée par la variante : , GRAP., p. 13,
l. 13, «bateau de combat».

La glose : «Le (lieu de) combat fut préparé pour les
âmes des dieux sur ordre d'Osiris» est à insérer GRAP.,
p. 13, l. 14, dans la version du Moyen Empire.

Remarquez l'équation *ir-n-tw-ś* ⌁ *b'w* de Mā'=*ir-n-tw-ś*
⌁ *b'w* de GRAP., Nouvel Empire, p. 14, l. 2.

FRAGMENT VI = GRAP., FRAGMENT VII, P. 15.

Je connais le nom de ce grand (10) dieu qui est là (le lieu du
　combat).
Qui est-ce? C'est Ḥknw, l'âme de Ré.

Notre version donne déjà la glose du Nouvel Empire (Grap., p. 15, l. 15) tandis que celles du Moyen Empire de Grapow (p. 15, l. 8) restent incomplètes.

Remarquons le déterminatif de *ḥknw;* ce n'est pas le déterminatif habituel ⟨ mais le lotus ⟨; ce détail nous autorise à rapprocher notre glose du mythe de la naissance d'Horus-Ré, né d'une fleur de lotus épanouie à la surface de l'eau (cf. Moret, *Le lotus et la naissance des dieux en Égypte; Journal asiatique*, 1917, p. 499); il nous rappelle aussi les représentations d'Horus-enfant de Nefertum perché sur la fleur de lotus (Daressy, *Statues de divinités, Catal. Caire,* pl. VII, XI).

Ḥknw, surnom de Horus, se trouve encore dans la Litanie de Sokaris, 14 (Budge, *Facsimile of eg. hieratic papyri,* 1910, pl. VI, col. 18, l. 14).

Fragment VII = Grap., fragment VIII, p. 16.

(11) Je suis ce grand phénix qui est à Héliopolis.
Qui est-ce? C'est Osiris.

Le *bnw* d'Héliopolis est d'ordinaire le soleil, roi des vivants, lui-même honoré dans le temple d'Héliopolis; ici on l'identifie avec le roi des morts qui règne dans le monde de la nuit, comme Ré gouverne pendant le jour.

Le rôle du *bnw* a été étudié par Zimmermann dans *Theologie u. Glauben,* an. 4, 1912, p. 202-223.

Fragment VIII = Grap., fragment VIII, p. 16.

[Je suis] l'inspecteur de ce qui est et de ce qui fut.
Qu'est-ce? Ce qui est et ce qui fut, c'est l'infini et (13) l'éternité.
Qu'est-ce l'infini et l'éternité? L'infini c'est le jour; l'éternité c'est
(14) la nuit.

Il est malaisé de déterminer la valeur des mots *nḥḥ* et
ḏt auxquels le théologien ancien attribuait un sens qui ne
correspond pas à la notion philosophique que nous en
avons. Quant à l'inspecteur, on pense à celui qui fit la
revision dont Osiris et, par assimilation, le mort, fut
l'objet avant son intronisation.

Fragment IX = Grap., fragment IX, p. 18.

Je suis Min quand il sort (en procession). J'ai fixé mes deux plumes
sur ma tête!
Qu'est-ce? (15) C'est Horus qui venge son père. Que sont les deux
plumes? Ce sont les deux très grandes uræus (16) qui se trouvent
au front de son père Atum.

Ce passage est une allusion aux ornements qui parent
le dieu pendant sa procession et que porterait le mort-
Osiris après avoir été « revisé » et être sorti victorieux de
cette épreuve.

FRAGMENT X = GRAP., FRAGMENT X, P. 21.

Je suis dans ce pays, après être venu (17) de ma ville.
Qu'est-ce? C'est l'horizon de mon père Atum.

Ici commencent les allusions au voyage du mort vers
l'outre-tombe (cf. XV, XVI). Remarquer le démonstratif
remplaçant le pronom personnel dans la version :
GRAP., p. 21, l. 5.

FRAGMENT XI = GRAP., FRAGMENT XI, P. 22.

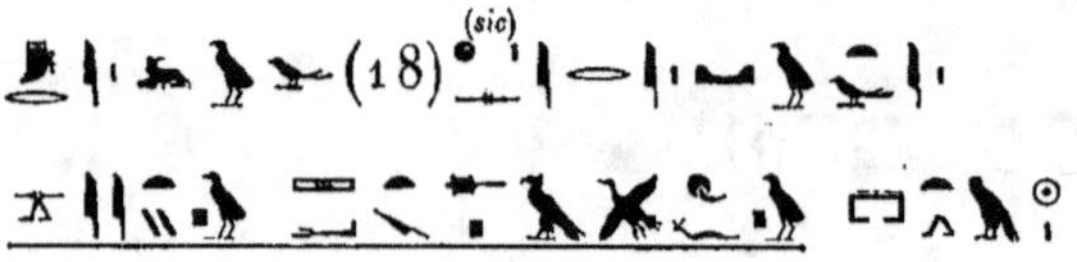

Effacé est mon péché (18); écartée est mon impureté.
Qu'est-ce? C'est que son cordon (ombilical) fut coupé — Sortir au
jour.

Les lignes 18 à 23 décrivent les suites d'un accouchement humain, et y comparent l'aube ou la naissance du
soleil-Ré auquel on identifie le mort; on mentionne la
section du cordon ombilical et le lavage du nouveau-né.
Le commentateur saisit l'occasion pour situer l'endroit
où la toilette du soleil eut lieu. La comparaison reprend
lignes 36 à 38, où la mère du soleil est nommée : *mḫt
wrt* «la vache ou la voûte céleste».

La glose «Qu'est-ce? c'est que son cordon ombilical
fut coupé» doit être insérée dans la version du Moyen
Empire (GRAP., p. 22, l. 6).

Le sens « en .venant au jour » est parfaitement adéquat.
Cependant nous pensons que ces mots n'appartiennent
pas à la glose primitive; d'abord parce qu'ils ne sont pas
écrits en rouge, comme la glose, ensuite parce que nous
supposons qu'ils font partie du titre du chapitre xvii, et
que le scribe les a déplacés; nous en avons un second
exemple, l. 35, et un troisième, l. 69.

FRAGMENT XII = GRAP., FRAGMENT XII, P. 23.

(19) Ma souillure fut enlevée.
Qu'est-ce? C'est qu'il fut lavé après sa naissance (c'est-à-dire le
  nouveau-né, Ré).

FRAGMENT XIII = GRAP., FRAGMENT XII, P. 23.

(20) Je me suis lavé dans les deux très grands lacs d'Héracléopolis.
Qu'est-ce? (21) Les deux très grands lacs d'Héracléopolis, ce sont le
  lac du Natron et le lac de Māat.

Ce fragment fait allusion à la toilette matinale du
soleil Ré; mais cette toilette se fait d'ordinaire à Héliopolis, centre du culte solaire depuis l'Ancien Empire qui
portait jusqu'au xive siècle de notre ère le nom Aïn She-
mesh شَمْش عَين = « source du soleil ». Dans un lac situé

près du temple, le soleil était censé apparaître, c'est-à-dire «se laver»[1]. Sur la stèle de Piankhi[2] cette toilette est mentionnée : «Le roi vint à Héliopolis sur cette montagne du Caire..., il se lava la face dans l'eau de Nou, dans laquelle Ré lave sa face.» Cette tradition antique a donc persisté jusqu'au moyen âge. Nous avions déjà fait ces remarques avant de lire celles de ZIMMERMANN, *op. cit.*, p. 206.

Quant au nom d'Héracléopolis, les manuscrits postérieurs l'écrivent  (GRAP., p. 23, l. 5).

FRAGMENT XIV = GRAP. FRAGMENT XII, P. 23.

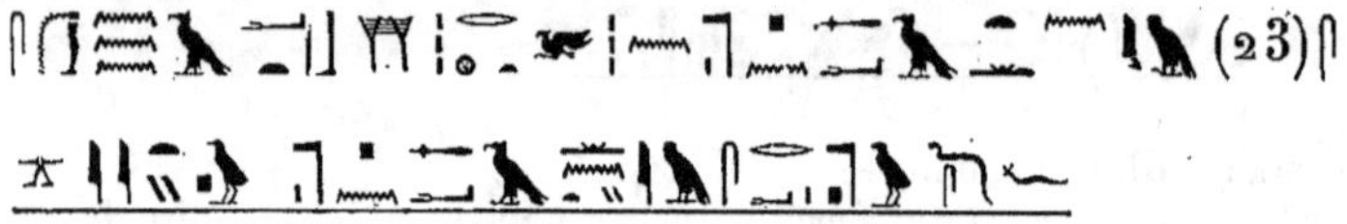

(C'est là qu')on purifie les offrandes des Reḫit pour ce grand dieu qui est là.
Qu'est-ce? Ce grand dieu qui est là, c'est Ré lui-même.

Quelques passages des Pyramides peuvent nous dire ce que sont les Reḫit.

Un dieu (Osiris) les a modelés de sa main (1837 *c*); Nefertum passe pour leur chef (483 *b*), quoique dans le «texte de la Vache» Ré ait ce titre (l. 7). Ils passent pour des êtres inférieurs, car on les écarte des portes célestes (655 *b*, 876 *b*, 1726 *b*); on les apaise de... (1058 *a*, *b*).

FRAGMENT XV = GRAP., FRAGMENT XIII, P. 26.

[1] Cf. BLACKMAN, dans le *Recueil de travaux*, t. XXXIX, p. 44 et suiv.

[2] E. DE ROUGÉ, *Chrestomathie égyptienne*, p. 58; SCHÄFER, *Urkunden der Aethiopenkönige*, p. 37.

Je marche (24) sur la voie que je connais, à la pointe de l'île des
Justes.

Qu'est-ce? (25) C'est le chemin sur lequel s'avance mon père Atum,
lorsqu'il se dirige (26) vers le champ des Souchets.

Les fragments X, XV, XVI, sont relatifs au voyage du
dieu et, par analogie, du mort dans l'au-delà.

Pour notre premier verbe *wḏ*, ligne 25, le manuscrit
Grap., p. 26, l. 5, a ▮, comme ceux du Nouvel
Empire, *ibid.*, l. 13.

Fragment XVI = Grap., fragment XIV, p. 27.

J'aborde cette terre des « Horizontaux » et je sors (après être sorti)
par la porte (27) magnifique.

Qu'est-ce? La terre des « Horizontaux » c'est (la terre) des dieux qui
sont derrière (dans leur) chapelle.

(28) Quant à la porte magnifique, c'est la porte à deux battants de
la Duat par laquelle s'avance (mon) père Atum (29) vers l'horizon oriental du ciel.

Le début de la ligne 28, qui a le mot *dśr* comme la
version du Nouvel Empire, modifie Grap., p. 28, l. 1;
cf. l. 10.

Remarquez que Mā', l. 26, n'a pas (les Horizontaux) du ⸗ «ciel» (GRAP., p. 27, l. 14).

FRAGMENT XVII = GRAP., FRAGMENT XV, P. 30.

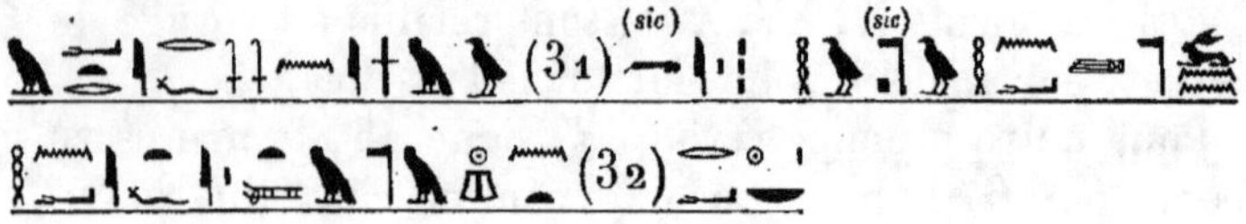

O (vous) prédécesseurs! Donnez-moi votre bras! (30) Je suis devenu l'un des vôtres!
Quels sont ces prédécesseurs? (31) C'est Ḥw et Sia qui sont journellement avec mon père Atum.

La traduction de Grapow, p. 13, l. 22, n. 4 : «Ich bin alltäglich hinter meinem Vater Atum zusammen» est fautive; car elle est contredite non seulement par le sens général du texte, mais encore par la graphie de certaines versions, p. 31, l. 10, 11 : «C'est Ḥu et Sia, ⸗, qui sont à la suite de mon père Atum.» Cette suite est plusieurs fois illustrée dans les manuscrits, où l'on voit le dieu solaire debout dans sa barque accompagné de dieux, parmi lesquels on mentionne Ḥu et Sia[1] ou bien le collège des dieux dont Ḥu et Sia sont membres[2].

D'autre part, le sens : «Je suis avec mon père....» coupe l'expression de l'idée. Enfin notre manuscrit, par l'emploi de la couleur rouge, a indiqué comme glose ce dont Grapow fait une phrase indépendante. Le traducteur alléguera le fait que des manuscrits du Moyen, p. 30, l. 10, et du Nouvel Empire, p. 31, l. 2, écrivent

____

[1] JÉQUIER, _Livre de ce qu'il y a dans l'Hadès_, p. 21.
[2] _Papyrus Ani_, pl. III, à gauche.

[hieroglyphs] «je suis». Cette forme prouve que les scribes eux-mêmes n'ont pas compris le sens de leur copie.

Les mots «je suis devenu l'un des vôtres» sont simplifiés dans les versions postérieures (Grap., p. 3o, l. 7, 13; p. 31, l. 5) : [hieroglyphs].

FRAGMENT XVIII = GRAP., FRAGMENT XVII, P. 34.

[hieroglyphs] (sic)

[hieroglyphs] (33) [hieroglyphs] (sic)

[hieroglyphs]

[hieroglyphs] (34) [hieroglyphs]

[hieroglyphs]

(35) [hieroglyphs]

[hieroglyphs]

[hieroglyphs]

J'ai relevé la chevelure avec l'œil (w*d*'t) au moment de sa colère.
Qu'est-ce que (33) relever la chevelure avec l'w*d*'t au moment de sa colère?
Qui est-ce qui releva la chevelure (34) avec l'w*d*'t?
L'w*d*'t, c'est l'œil droit de Ré qui se fâcha contre Ré, après que Ré (35) l'eut envoyé.
Et ce fut Thot qui releva la chevelure avec l'w*d*'t.
Formules de sortir au jour.

Nous ne savons pas de quelle chevelure il s'agit dans ce fragment. Quant à l'œil, il faut croire, comme le dit la note 3 de Grap., p. 15 des *Urkunden*, V, d'après le *Livre d'Apophis*, XVI, 47, que l'*w*d'*t* se fâcha de se voir

remplacée par un autre *i'ḫt*, après avoir été en expédition.

Le membre de phrase *si'ḫ pr-t m hrw* n'appartient vraisemblablement pas à notre fragment. Pourquoi? D'abord
parce qu'il n'a aucun sens à la fin de la glose; ensuite
parce qu'il est souligné de couleur rouge, qui indique un
changement dans la suite des fragments. En outre, parce
qu'aucune autre version ne porte ces mots (Grap., p. 34,
35). On pourrait le considérer comme le titre du fragment suivant.

Les fragments XI et XXIV sont terminés par un
membre semblable. Comme à cet endroit-ci, nous pensons que ces mots ont dû faire partie du titre, et que
par erreur, ou pour un motif ignoré, ils furent déplacés ici.

Fragment XIX = Grap., fragment XVIII, p. 36.

(36) J'ai vu ce Ré, enfanté hier aux cuisses de Mḫt wrt (la vache
   céleste).
Si je vais bien, (37) il va bien; il va bien, je vais bien. — A dire
   quatre fois (ces paroles).
Qu'est-ce que Ré, enfanté hier aux cuisses de (38) Mḫt wrt?
C'est l'image de l'œil de Ré qui naît au matin journellement.
Quant à Mḫt wrt (39), c'est l'wḏ't.

Nous avons déjà attiré l'attention sur la comparaison de l'apparition du soleil à un accouchement. Cette fois, le récitateur semble ajouter ses vœux pour la santé du nouveau-né.

Pour « dire quatre fois », Grap., p. 36, l. 17, p. 37, l. 8, a : ⸗ « vice-versa ». Les mêmes intervertissent l'ordre de la formule : « s'il va bien, je vais bien », excepté dans la version saïte, p. 37, l. 17. Il est évident que la double formule doit être prononcée quatre fois entièrement; par conséquent notre scribe n'a pas observé la suite régulière.

FRAGMENT XX = GRAP., FRAGMENT XVI, P. 32.

J'ai complété l'œil après qu'il eut été endommagé, en ce jour du combat des (40) deux rivaux.

Qu'est-ce que le jour du combat des deux rivaux?

C'est le jour où (41) Horus lutta avec Seth, où Seth jeta des ordures (42) à la face de Horus, où Horus saisit les testicules de Seth.

Ce mythe fait allusion à la croissance et à la décroissance de la lune. Le terme « compléter » s'explique par le fait que l'œil *wḏ't* se compose de six parties dont chacune représente une valeur dans les mesures [1].

Ajouter toutes les parties pour « parfaire » l'œil, c'est « compléter » = *mḥ*, comme nous l'enseignent les rites de basse époque [2].

[1] Voir Möller, *Ä. Z.*, XLVIII, 99.
[2] Junker, *Ä. Z.*, XLVIII, 101.

Notons au passage *ḫḳss*, comme Grap., p. 32, l. 11,
Nouvel Empire), tandis qu'au Moyen Empire on a :
[hiéroglyphes] (*ibid.*, l. 3). Plusieurs manuscrits, p. 33, l. 2,
12, ont le verbe *ḫbs;* le [hiéroglyphe] fait supposer que le mot original était [hiéroglyphes] «pousser, presser, pulvériser» qui convient dans ce passage.

Fragment XXI = Grap., fragment XIX, p. 38.

[hiéroglyphes]

Car je suis (43) l'un de ceux de la suite d'Horus!
Qu'est-ce l'un (44) de ceux de la suite d'Horus?
C'est l'orateur en chef, aimé de son maître.

Les manuscrits du Nouvel Empire de ce fragment
nomment, comme suivants d'Horus, ses quatre fils :
Imset, Ḥapi, Duamutef et Kebeḥsnuf (Grap., p. 39, l. 5).
L'un de ceux-ci est l'orateur avec qui le mort s'identifie,
et qui adresse les paroles suivantes comme pour justifier
sa présence dans le monde divin.

Fragment XXII = Grap., fragment XX, p. 39.

[hiéroglyphes]

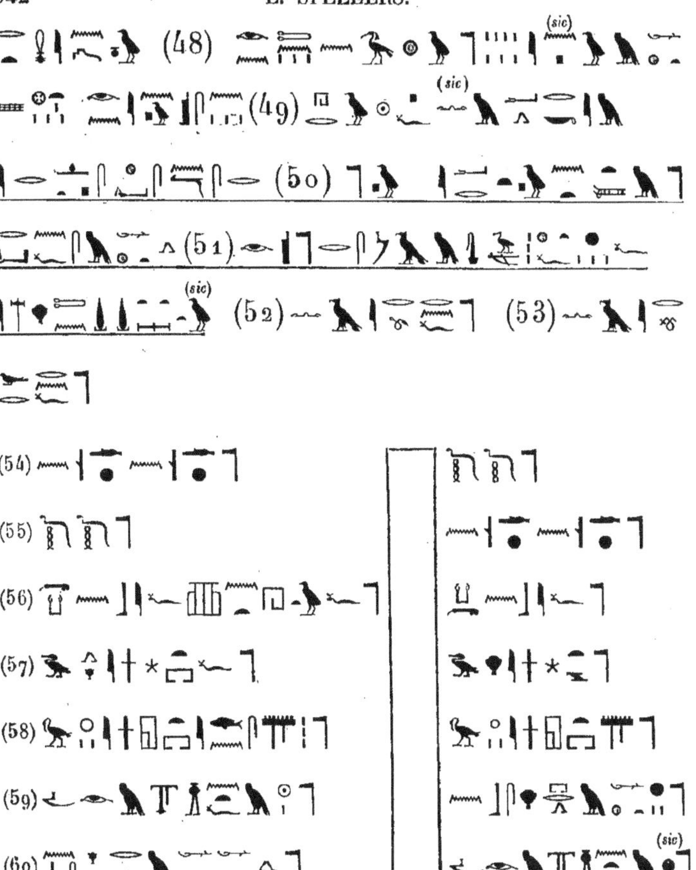

(45) Salut, Maîtres de l'Infini, Maîtres de la Vérité! Collège à la
   suite d'Osiris!
(46) Qui exécutez le massacre des méchants à la suite d'Ḥotepšḥwś.
Voyez-moi! (47) Je viens vers vous (pour que) vous chassiez mon
   mal, comme (48) vous fîtes à ces sept Esprits, à la suite de
   Sepa, dont Anubis établit les sièges (49) en ce jour de « Viens
   donc! »
Quant à Ḥotepšḥwś, c'est la flamme (50), c'est l'uræus d'Atum,
   qu'il plaça derrière (51) Osiris pour brûler les âmes de ses
   ennemis.
Salut, Collège! (52) Nar, est son nom. (53) Nar le grand, est son
   nom.

	Vide	
(54) Dormeur.		(54) Djeḥdjeḥ.
(55) Djeḥdjeḥ.		(55) Dormeur.
(56) Taureau, dont la flamme est dans son brasier (?).		(56) Taureau dont la flamme...
(57) Celui qui entre de face... qui est dans son heure (?).		(57) Celui qui entre de face ... qui est dans son heure.
(58) Celui aux yeux rouges qui est dans la maison de la bandelette rouge.		(58) Celui aux yeux rouges qui est dans la maison de la bandelette rouge.
(59) Celui qui voit pendant la nuit ce qu'il a apporté pendant le jour.		(59) La flamme (qui) sort à reculons.
(60) La flamme sortant à reculons.		(60) Celui qui voit pendant la nuit ce qu'il a apporté pendant le jour.

Le fragment XXII est le discours qu'adresse « l'orateur en chef » du fragment précédent, identifié avec le mort, à deux catégories d'êtres formant collège :

1° Les maîtres de l'éternité et de la vérité dépendant d'Osiris;

2° Les sept Esprits de Sépa, dont Anubis établit le siège.

Aux premiers, l'orateur demande d'écarter le mal qui est en lui; aux seconds, il apporte un salut.

Des premiers, le mort affirme qu'ils massacrèrent les Méchants de Ḥotepšḫwś; la glose explique que celle-ci est l'uræus d'Atum que le dieu donna à Osiris pour détruire ses ennemis.

Notre énumération des sept esprits de Sépa est défectueuse, car le scribe en compte neuf (GRAP., p. 41, l. 4; p. 43, l. 14); or, dans les éditions postérieures il n'y en a que sept, plus un chef appelé Nar le Grand; par conséquent, nous supposons que le premier Nar s'est glissé ici par erreur.

Quelques-uns de ces noms représentent des astres.

Nous avons dit un mot de leur disposition dans le texte et de leur nombre, p. 624.

Quelques remarques matérielles. — Mā' (45) place les Maîtres de l'éternité ⸺ 𓂝 𓆓 𓅓 𓏏 𓊖 avant les Maîtres de la Vérité; ni le Moyen ni le Nouvel Empire dans les manuscrits de Grap. (p. 39, l. 16, p. 41, l. 6) ne mentionnent ces «maîtres de l'Infini», sauf dans une glose du Nouvel Empire (p. 42, l. 11).

L. 48, l'adjectif démonstratif a un ⸺ superflu, probablement écrit par confusion avec le nom d'Anubis qui suit.

L. 48 : [hiéroglyphes] = Grap., p. 40, l. 10 : [hiéroglyphes] «ceux qui sont dans (à) la suite du maître de Sepa (Anubis)».

L. 50. La qualification de Hotepšhwś [hiéroglyphes] manque chez Grap., p. 40, l. 7. On dit dans la version de Mā' que «Ré la plaça» sous forme d'uræus derrière Osiris; dans les versions postérieures on ne le dit pas.

L. 51. Le salut du collège des sept esprits n'existe pas dans les autres éditions, excepté celle de l'époque saïte, p. 44, l. 2.

L. 53. Nar le Grand est placé au début, tandis que les versions postérieures le placent à la fin de la série (Grap., p. 41, l. 4; p. 43, l. 14).

L. 54 suiv. Plusieurs noms des sept esprits ont une orthographe différente dans les versions.

L. 54. *nqdnqd* = Grap., p. 40, l. 14 : [hiéroglyphes] (⸺ = [hiéroglyphe], cf. l. 69).

L. 55. *dhdh* = Grap., p. 40, l. 13 : [hiéroglyphes].

L. 56. Ce nom rappelle les génies appartenant à «leur heure» dont on parle dans les textes de la Duat de la XIXᵉ dynastie; aussi le nôtre est-il déterminé par [hiéroglyphe] pour indiquer l'endroit, le compartiment où il se trouve.

L. 60. *nbś-ḥr* = Grap., p. 41, l. 1 : [hiéroglyphes]… (⸺ = [hiéroglyphe], cf. l. 55).

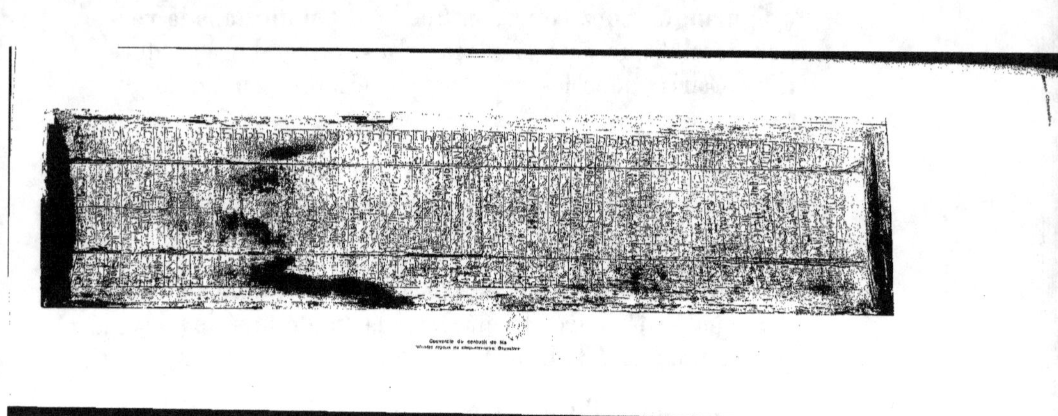

Couvercle du cercueil de Ma
Musées royaux du cinquantenaire, Bruxelles

FRAGMENT XXIII = GRAP., FRAGMENT XXI, P. 48.

(52) Je suis Tāſj qui est dans Bāſj.
Qu'est- (53) ce? C'est Osiris lorsqu'il entra à (54) Busiris où (55)
il trouva l'âme de Ré (56) et qu'ils s'embrassèrent (57) l'un
l'autre; alors (58) devint Bāſj. (59) Quant à Bāſj, (60) c'est Horus
qui vengea son père (61) avec Horus aux deux yeux.
Il dit cela à ce sujet.

Le fragment XXIII est un exemple de ces spéculations
si fréquentes dans la littérature égyptienne, qui reposent
uniquement sur un jeu de mots; ici ce sont les mots *t'fj*
et *b'fj*, qui doivent expliquer la création de deux entités :
Harendotes (Horus qui venge son père) et «Horus aux
deux yeux». Le premier : , rappelle le nom du
nid où l'on voit surgir la tête de deux jeunes oiseaux :
t', dont le scribe a employé le duel grammatical suivi
du suffixe de la 3ᵉ personne; on pourrait traduire cette
expression «ses deux petits d'oiseaux» comme le détermine du reste le texte saïte, GRAP., p. 49, l. 7. Le second,
Bāſj, participe de la même formation artificielle et a
pour sens à peu près : «ses deux âmes». Sur ces deux
mots, le commentateur a brodé le thème suivant : Osiris
et Ré (*b'fj*) s'embrassèrent après s'être rencontrés à Busiris; leur baiser provoqua l'existence de Bāſj («ses deux

âmes»), c'est-à-dire qu'ils échangèrent leur âme par le baiser pour former une double entité *Bāfj*, dont l'une est «Horus qui venge son père», l'autre «Horus aux deux yeux».

L'épisode est bien illustré par la vignette d'Ani (pl. IX) où l'on voit les deux âmes à Busiris.

Remarquez l'inversion de *ṯ'fj* et *b'fj* dans les manuscrits postérieurs à Mā' : Grap., p. 48, l. 3, 11; p. 49, l. 7.

L. 56. = Grap., p. 48, l. 6, 15; p. 49, l. 11 : .

La fin : «Il dit cela à ce sujet» n'appartient guère au fragment XXIII selon les versions de Grapow. Nous pensons que cette addition est, ou bien l'introduction du fragment suivant, ou bien un supplément du commentateur disant en d'autres mots : «On dit qu'ainsi se passèrent les choses à Busiris lors de la rencontre d'Osiris et de Ré.»

Remarquons que notre manuscrit et celui d'époque saïte (Grap., p. 49, l. 9) placent cet épisode à *ddw* (l. 54), tandis que ceux de Grapow le situent à *dd t* «Mendès» (p. 48, l. 8; p. 49, l. 5); cf. à ce sujet nos notes : *Rec. de trav.*, t. XXXIX, 1920, p. 41.

Fragment XXIV = Grap., fragment XXII, p. 50.

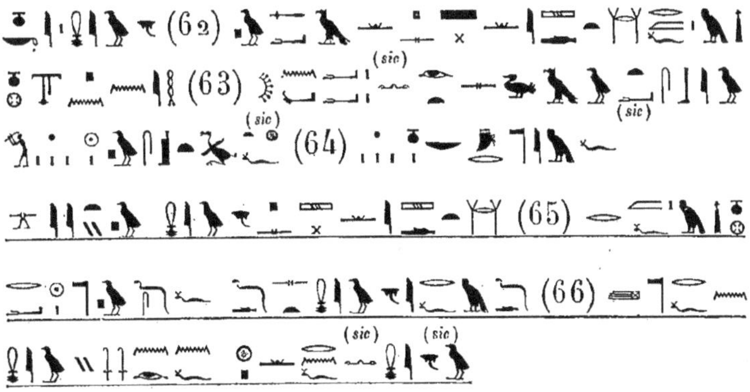

Je suis ce grand chat (62) qui fendit (le serpent), l'arbre étant à
    côté de lui, à Héliopolis, en cette nuit (63) du combat et de la
    garde des ennemis, en ce jour où furent détruits (64) les ennemis
    du Maître de Tout.

Qui est-ce, le chat qui fendit (le serpent), l'arbre étant (65) à côté
    de lui à Héliopolis? C'est Ré lui-même. On lui avait dit : « Chat »
    (notamment) (66) Sia en lui disant : « Nemioui ». Après qu'il
    eut dit (fait) cela, devint son nom de chat. Quant à celui qui
    fendit (le serpent), (67) l'arbre étant à côté de lui à Héliopolis,
    c'est que furent sacrifiés les « Enfants de sa faiblesse »; (c'est) ce
    qu'ils firent.

Quant (68) au jour du combat, (c'est le jour) où ils entrèrent dans
    l'Orient, et alors il y eut une lutte (69) au ciel et sur terre dans
    . . . Sortir au jour.

Dans les manuscrits du Nouvel Empire, nous trouvons
comme illustration de ce fragment un chat maniant un
couteau au moyen duquel il coupe le serpent, dont les
les cercles se dressent à côté de l'arbre. Notre texte
mentionne le chat qui coupe et l'arbre à côté duquel se
passe l'action. Il est donc bien certain que le chat, que le
commentateur identifie avec Ré, coupe le serpent. Il
serait utile d'identifier ce reptile, mais les commentateurs
l'ont ignoré. Pourquoi? Peut-être parce qu'il représente
quelque « principe mauvais » dont la mention même, et,

a fortiori, l'insertion dans un texte funéraire, doit être évitée. On songe avec raison à quelque Apophis.

Toutes les versions et illustrations concordent donc pour contredire la traduction de Grapow (*Urkunden*, V, p. 22) : « der den Baum *neben sich* spaltete »; il faudrait corriger : « qui fendit (le serpent), l'arbre étant à côté de lui ».

La litanie solaire (tombe de Séti Ier, *Mission du Caire*, II, pl. VI, l. 33) contient une allusion à la forme de chat que prend Ré-soleil « qui écarte ses ennemis... *išḥ't mjwtj*, dont le corps est celui d'un chat ». Ces paroles sont adressées au dieu soleil (cf. MARIETTE, *Abydos*, II, pl. XVII : le chat du troisième registre à droite, appelé le « grand chat »).

Par un jeu de mots semblable à celui du fragment XXIII, on explique ici la création du chat. Sia avait miaulé (*nmjw*) auprès de Ré; et ainsi naquit le nom du chat = Ré. Ce chat-Ré coupa le serpent qui n'est autre que le symbole des « Enfants de sa faiblesse ». Finalement on assiste encore au combat céleste et terrestre symbolisant la lutte de la lumière (de l'aube) contre l'obscurité (la nuit).

Dans plusieurs passages, entre autres *Todtenbuch*, éd. Naville, XVIII, l. 24, les *mśw bdšt* sont des serpents, à en juger d'après le déterminatif.

Les deux tiers de la ligne 59, à peine traduisibles, ne se trouvent dans aucune autre version (GRAP., p. 51 et suiv.).

Remarquons que notre manuscrit emploie le mot pour GRAP., p. 51, l. 1, 10, 12 :

FRAGMENT XXV = GRAP., FRAGMENT XXIII, p. 55.

De quelques mots, visibles à grand' peine sur la cuve, nous extrayons les suivants pour démontrer leur concordance avec les manuscrits de Grapow :

(70) « [ô Ré qui est] dans son [œuf] »;

(7¹) ▨ ... «[qui brille] par ses deux..., qui apparaît [dans son horizon]»;

(7²) ▨ ... «[qui] navigue sur sa voûte (céleste), qui n'a pas de rival [parmi les dieux]»;

(7³) ▨ ... «[qui vogue] sur les Élevés de Shou...»;

(7⁴) ▨ ... «qui illumine les deux pays [de sa gloire]»;

(7⁵) ▨ ...

(7⁶) ▨ ... «[celui dont] les sourcils [sont] des plateaux de balance...».

UN RECUEIL MAGIQUE
DU DÉBUT DU NOUVEL EMPIRE,

PAR

M. RAYMOND WEILL.

Le texte que nous allons étudier couvre les deux faces d'un morceau de papyrus acheté au Caire pendant l'été de 1918. C'est un fragment rectangulaire sur lequel l'écriture hiératique, de chaque côté, disposée en lignes, court dans le sens de la plus grande dimension de la feuille; au-dessus de la ligne supérieure et au-dessous de l'inférieure, le papyrus est effrangé, dentelé, au point que les lignes extrêmes sont partiellement détruites, mais il y a des indices certains, comme nous verrons, que ni en haut ni en bas il ne manque une grande étendue de matière, et que dans l'ensemble nous possédons toute la *largeur* verticale de la feuille écrite. Dans l'état du livre intact, la feuille était enroulée dans le sens «horizontal», par rapport à la direction des lignes; il est probable que l'auteur du premier déroulage n'a pas usé de ménagements suffisants en enlevant les sceaux qui fermaient à chaque bout le cylindre, et que nous devons à sa maladresse que les deux bords ne soient pas intacts. La largeur verticale conservée est, en moyenne, de o m. 11.

Il semble que le déroulage et le fractionnement du papyrus ne soient point tout récents. Chez le marchand où nous avons trouvé le morceau, libre de tout montage, il n'avait plus aucune disposition à se réenrouler; il était plié sur lui-même en six pans, les plis dans le sens de la largeur, et, dans cet état, conservé dans une enveloppe de lettre en papier. Les plis verticaux, par chance, n'ont pas sensiblement endommagé l'écriture, bien que leurs lignes aient éraflé le papyrus et restent visibles.

Notre morceau est celui d'une des extrémités de la feuille entière, comme le montre le bord vertical bien conservé à proximité duquel finissent les lignes, sur une face, ce bord à leur gauche, et commencent les lignes, de droite à gauche, sur la face opposée. Nous n'avons pas le *commencement* du rouleau, celui du *bord de droite* de la *première face* ou *recto*, mais bien le *bord de gauche* de cette face, celui où s'amortit un texte dont la suite immédiate est au *verso*, à partir de la même ligne verticale. Cela ressort de ce que, si nous prenons la feuille de manière à avoir le bord intact *à droite*, nous ne voyons point d'indices d'un *début* de rédaction, et, plus précisément, du fait qu'un même ensemble de formules, très évidemment cohérent, se poursuit du bas de l'une des faces, celle dont le bord conservé est la *gauche*, au haut de l'autre face. Cette certitude nous donne le droit de parler de *recto* et de *verso*, le recto ayant le bord intact à sa gauche[1]; et la continuité du texte d'une face à l'autre nous vaudra de posséder un fragment documentaire de notable étendue sans grandes lacunes.

La *longueur* du morceau est déterminée par la distance de la déchirure au bord intact. Cette déchirure est de forme irrégulière; à peu près verticale sur la plus grande hauteur, elle limite une feuille longue, dans l'ensemble, de 33 cm. 5 avec, le long du bord supérieur effrangé, un lambeau supplémentaire de 3 centimètres, horizontalement, sur une hauteur de 2 cm. 5.

Pour l'écriture, la feuille est divisée, dans sa longueur horizontale, en un certain nombre de larges *colonnes* ou *pages*, dans chacune desquelles les lignes horizontales se superposent, au nombre régulier de 9, à ce qu'il semble.

---

[1] Vers l'extrémité gauche du recto ainsi reconnu, le long du bord inférieur, la perte de matière a déterminé quatre découpures équidistantes, de profondeur accentuée, dont l'écartement permet de calculer qu'à cette place le *cylindre d'enroulement* avait un diamètre de 6 millim. 5 : nous sommes bien à l'extrémité *intérieure* de la bande enroulée.

Lé bonheur a voulu qu'au recto nous fût conservée, en son
entier, la dernière *page* de cette face, aux lignes longues
de o m. 28 en moyenne; elle est séparée de la *page* précédente à sa droite par le dessin vertical d'un serpent de
ligne sinueuse, dont la tête et la queue entièrement conservées indiquent que, malgré la détérioration de la
matière, nous possédons bien toute l'étendue verticale
écrite. A la droite du serpent, la colonne précédente est
à 9 lignes comme l'autre, mais il ne subsiste qu'un petit
nombre de mots à la fin des lignes. Passant au verso, on
trouve à droite une première colonne moins étendue que
la précédente, aux lignes d'écriture longues de o m. 185;
9 lignes comme sur l'autre face. A gauche, la colonne ou
page suivante est tranchée par le milieu par la déchirure,
et l'on ne peut savoir sur quelle longueur elle courait.
L'écriture n'y a pas l'ordonnance régulière des pages précédentes; quatre longues lignes, disposées comme d'habitude, aboutissent sans doute à la fin d'un chapitre, car
au-dessous, on trouve une large ligne horizontale isolée,
puis une division en colonnes plus étroites, délimitées par
des traits verticaux, dans chacune desquelles le mode
d'écriture en lignes horizontales est conservé. Comme
nous verrons, c'est un même chapitre qui se continue de
l'un à l'autre de ces petits colonnements, dont la raison
d'être n'est pas évidente.

L'écriture est celle du courant de la XVIIIe dynastie;
au point de vue paléographique, les textes les plus
proches semblent être ceux du temps d'Aménothès II.
Dans l'ordre des dimensions extérieures et de la disposition des pages, on observe de grandes analogies avec certains papyrus du début du Nouvel Empire, notamment le
bien connu P. 3027 de Berlin, les *Zaubersprüche für
Mutter und Kind*, de la première moitié de la XVIIIe dynastie. La hauteur de feuille de ce livre est 15 cm. 7 en
moyenne, la hauteur *écrite* variant de 11 à 14 centimètres, la normale étant voisine de 11 centimètres;
comme la hauteur écrite de notre fragment, élimé en
haut et en bas comme nous l'expliquions tout à l'heure,

est justement de 11 ou 12 centimètres, on peut croire que la hauteur de sa feuille intacte avoisinait le même chiffre de 16 centimètres que celle du papyrus de Berlin[1]. Quant à la dimension en *largeur* des pages ou colonnes, on observe au papyrus de Berlin, le plus souvent, des lignes longues de 20 à 24 centimètres, mais aussi, ailleurs, de 16 ou 17 centimètres, ou bien de 26, 27 ou 30 centimètres : notre papyrus, nous l'avons dit, a des lignes de 28 centimètres et de 18 cm. 5, en ses deux pages conservées. Toutes ces caractéristiques, y compris celles qui ressortent de l'irrégularité du développement horizontal des pages, concordent tout à fait, comme on voit, entre le livre des *Zaubersprüche* et notre papyrus.

Pour les références au texte, nous adopterons la nomenclature suivante :

Recto (R) :

Page R. (N-1), 9 lignes (seulement des vestiges);
Page R. N, 9 lignes.

Verso (V) :

Page V. I, 9 lignes;

Page V. II.
Tranche supérieure, 4 lignes, V. II. 1 à 4;
Ligne isolée, V. II, *a*;

Colonnements du bas :

V. II, *b*	V. II, *c*	V. II, *d*
5 lignes.	5 lignes.	7 lignes.

Nous allons transcrire et étudier le texte en divisant le travail à la demande des chapitres. La délimitation des chapitres est claire dès le premier examen. R. N. comporte d'abord la fin d'une collection de formules dont

[1] Cette dimension en hauteur de la feuille est un coefficient fixe du Moyen Empire (voir Borchardt dans *A. Z.*, 27 [1889], p. 118), conservé, comme on voit, dans certains livres de la première moitié de la XVIIIᵉ dynastie.

l'objet ressortira plus loin, qui remplissaient déjà toute la page précédente, et s'étendent jusqu'à la ligne 7, comprise. Avec la ligne 8 commence (⸢⸣ en rubrique) un formulaire de cadre tout différent, caractérisé par le retour fréquent du mot ⸢⸣, et d'un vocable ⸢⸣ qui ouvre chaque formule particulière; ce chapitre remplit R. N. 8-9, V. I entier et V. II 1-4. Au-dessous, page V. II, la ligne V. II *a* semble ne tenir à rien, après quoi nous avons le commencement d'un dernier chapitre où revient incessament le nom de ⸢⸣. Le livre dont nous avons un fragment était un recueil, dont nous apercevrons le caractère général en fin d'analyse.

Avant de nous engager dans le détail du texte, signalons que ce travail a bénéficié du concours de H. Sottas, principalement dans les domaines de la paléographie et de la philologie; c'est un agréable devoir d'exprimer à notre collègue les sentiments d'une amicale reconnaissance.

Section A (fin d'un chapitre) R. N. 1 à 7.

Nous indiquerons les passages en rouge, dans cette transcription, par un trait horizontal supérieur.

1 Dans la première moitié de la ligne, presque détruite, on rencontre . . . ⸢⸣ . . ., puis . . . ⸢⸣ . . ., puis ⸢⸣ . . . ⸢⸣

2 ⸢⸣

3 ⸢⸣

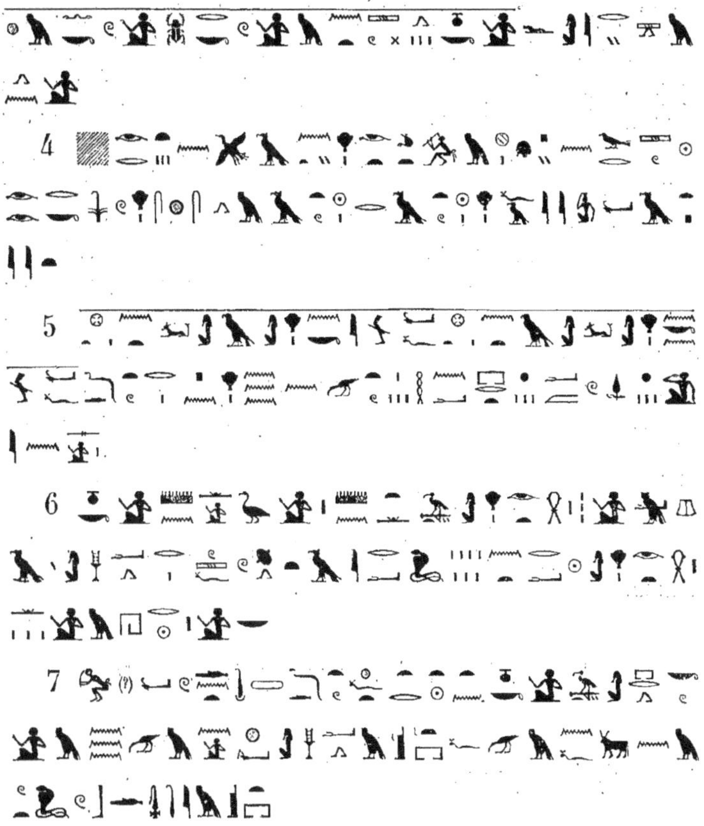

.....sauver(?) *Asheshek*[a], un tel fils d'une telle, pareillement.
— Cette formule est à dire sur.....

Moi(?), un tel fils d'une telle[b], je mords[c] celui qui passe à côté
de moi; je suis le fils de Set[d], il ne permet point que je le morde[e].
— Cette formule est à dire sur des excréments d'âne; mettre dans
le sein de la personne, avec une brindille(?) de perséa; chauffer;
moudre fin[f]; remplir l'œil avec cela[g].

Autre. — Je suis ignoré, j'ai pris existence parmi ceux qui bar-
botent[h], je suis un compagnon de Sebek[i]. J'ai cheminé..... Ce
qu'a fait celui qui cause la mort en la première fois de la veillée(?),
fais-le en courant d'instant en instant en portant un fardeau. La
ville de Set et d'Horus le tue, la ville d'Horus et de Set le tue. —
Cette formule est à dire sur une infusion de grains[j] et de semences
d'*amou*(?), à boire par la personne.

Moi, un tel fils d'une telle[b], Thot fait mes protections magiques;

Maga[k] se tient, la bouche écumante(?); les sept urœus de Re font mes protections magiques, en chacun de mes jours..... Considérable (*ayant du poids*) ce qui est dit à ce moment-là. Je suis Thot, je suis sorti de l'eau[l], j'ai trouvé *Khou*[m] se tenant en sa place, comme il avait trouvé le taureau de Mout brûlant en la place.

a. Le dieu *Asheshek* se rencontrera plus loin, même page, l. 9, dans les citations de divinités qui remplissent la *section B* du fragment de livre.

b. La formule « un tel fils d'une telle », qui paraît trois fois en ce chapitre, l. 1, 2, 6, est bien connue dans les recueils de magie médicale et de magie pure; elle tient lieu, dans le texte des grimoires, de la désignation du patient ou de l'intéressé, qui peut être n'importe quelle personne, dont on intercale le nom au cours de la lecture opérante. On voit immédiatement, par là, qu'ici nous avons un texte d'*usage commun*, des catégories magiques ou médicales habituelles.

c. — 𓂝𓁐 = 𓂝𓁐 — 𓂝𓁐, deux fois en cette ligne (voir *e* ci-après).

d. Certainement le crocodile *Maga*, d'après les mentions fréquentes du papyrus magique Harris et l'évocation explicite qui paraît plus loin, voir *k*. Voir d'ailleurs les notes *e* et *k* ci-après.

e. L'objet des formules commence à se dessiner : il est question d'une bête mordante, qu'une certaine influence empêchera de mordre, et l'on vient de faire allusion au crocodile (voir *d*). Il apparaît, de plus, que l'incantateur s'identifie, non à la divinité protectrice comme il a lieu d'habitude, mais à l'être redouté lui-même; la tournure de la phrase est extrêmement obscure, confondant pêle-mêle, *mordant* et *mordu*, l'animal dangereux et l'incantateur qui se protège; et l'incertitude s'aggrave de celle du premier mot, 𓂝𓁐(?), dont l'écriture serait peu normale et qui est partiellement détruit au papyrus. Il est certain, toutefois, que le procédé magique est bien, ici, celui de l'identification à l'ennemi; cela paraîtra plus clairement plus loin (voir *i*).

f. Orthographe très abrégée; plus souvent ⸺, ⸺, etc., aux formulaires médicaux et autres du Nouvel Empire. Touchant notre formule, les opérations qu'elle prescrit sont fort intelligibles : mettre les excréments, avec le végétal, au contact du corps de la personne, chauffer ensuite jusqu'à dessiccation, broyer les substances en un mélange pulvérulent et remplir, de la poudre, l'œil de la personne.

g. Avec *ces substances*; le pluriel à cause du caractère *multiple* d'une poudre.

h. C'est le mot ⸺ « éclabousser »; avec les déterminatifs × et ∧, on a ici la vision nette d'*éclabousser dans la fange, en marchant*. C'est le crocodile de tout à l'heure (notes *d, e*) qui reparaît, et le voici qui se précise nommément :

i. Le « compagnon de Sebek », le « barboteur » de *h* ci-dessus, est le crocodile de toute évidence. Il est parfaitement clair, ici, que l'incantateur se déclare identique à lui pour que cet être dangereux, trompé par la ruse de cette fraternité imaginaire, en ait son action paralysée; et cela achève d'expliquer, grâce à l'analogie, l'étrange phrase sur laquelle nous nous arrêtions tout à l'heure (*e*), où l'incantateur parle de lui-même, à quelques mots de distance, à la première et à la troisième personne : « Je suis le *fils de Set*... je mords ceux qui passent, mais il n'est pas possible que je *le* morde (que je morde *cet homme qui parle*). » Évidemment; dès l'instant que le *fils de Set*, le vrai, sur son banc de vase, entendra l'incantateur se dire son semblable, il ne pourra plus le mordre, car ce serait se mordre lui-même.

Remarquons bien, d'ailleurs, que dans l'esprit de cet artifice magique n'entre point l'idée d'assumer, ne serait-ce qu'un instant, une fraternité quelconque avec l'être dan-

Papyrus magique
(Collection M. Welti)

gereux; il s'agit simplement de le tromper; à portée de
ses oreilles, on crie : «ami!» exactement comme on chercherait à désarmer la vigilance d'un adversaire humain,
au cours d'opérations de guerre humaines.

j. 〰〰, *gmitou.*

k. Magou, Maga, Magai, toujours déterminé par le crocodile et toujours qualifié «fils de Set», est l'ennemi sans
cesse visé au papyrus magique Harris (II, 2-3, VI, 5, 8,
IX, 9). On a vu la première évocation du «fils de Set»
plus haut, voir note *d.* Cf., touchant le crocodile, *e, h, i.*

l. Thot sorti de l'eau est sans doute un précieux vestige
de la cosmogonie d'Hermopolis dans sa forme originale,
si souvent oblitérée par l'intrusion de Re, puis d'Amon, à
différentes époques du développement théologique. Nous
reviendrons à la question, par ailleurs, en une étude spéciale.

m. Le dieu *Khou* se retrouvera plus loin, dernière section, V. II, *c,* l. 4.

Le texte que nous avons traduit et annoté comme on
vient de le voir remplissait déjà la totalité de la page qui
précédait notre page R. N.; remarquer notamment 🜨 en
rubrique, seul groupe conservé à la fin de la ligne 8 de
cette page : «[*à boire,* ou bien telle chose à *faire,* etc.] par
la personne». Il reste du chapitre, en somme, les trois
dernières recettes-formules, entières, et la fin mutilée de
la précédente. A part la dernière de toutes, qui ne comporte qu'un procédé magique sans opération matérielle,
ces recettes spécifient qu'une récitation donnée sera faite
sur telle ou telle composition, à absorber ou à appliquer
de telle et telle manière. Pour quel résultat à obtenir ou
assurer? Cela était dit, évidemment, en tête du chapitre,
dont le début nous manque, et le chapitre est une collection de recettes visant toutes ce même objet de désigna-
tion-perdue. Cette composition d'ensemble est particuliè-

rement soulignée par le mot ⌣ «autre recette», qui
introduit la troisième de nos formules[1].

Déjà nous avons clairement aperçu, toutefois, de quoi
il est question. L'incantateur affirme qu'il est de la gent
des eaux (note *h*), qu'il est le congénère de Sebek (*i*),
c'est-à-dire le crocodile, qu'il est le fils de Set lui-même,
c'est-à-dire le crocodile Maga, et en cette qualité ne saurait être mordu (*d*, *e*); contre le crocodile Maga, plus
loin (*k*), il invoque la protection des grands magiciens
habituels, Thot et les sept uræus de Re. D'où il ressort
que notre chapitre est une collection de défenses contre
le crocodile, et qu'on l'éclairera utilement, sans doute,
en le conférant attentivement avec les différentes parties
du grand recueil dont l'objet exclusif est la *sécurité sur les
eaux infestées de crocodiles*, et qui remplit les neuf pages
du recto du papyrus magique Harris.

Ce livre célèbre est assez étudié, transcrit et traduit, à
cette heure, pour qu'un résumé en soit inutile. Notons,
au fil de la lecture, le titre (I, 1), les «incantations pour
repousser l'*immergé*»; dans l'hymne à Shou, une allusion
à la *barque solaire voguant paisiblement* (II, 1); puis le crocodile *Magou* adjuré par Anher de reculer (II, 2-3), après
quoi vient un hymne à Anher dans lequel la *navigation
paisible de la barque solaire* est évoquée (III, 1-3); la
remarquable invocation aux *dieux d'Hermopolis*, sollicités
d'éprouver la sécurité du fleuve, d'enfermer «celui qui
est en lui», et le «plongé», de ne pas le laisser paraître,
de boucher les trous et les issues (III, 6-7); dans le deuxième hymne à Amon-Re, l'allusion au *lac de Desdes* paisible (VI, 2), et l'appel contre toutes les bêtes dangereuses de la terre et de l'onde, mais tout particulièrement
le crocodile *Maga* (VI, 5-8). Immédiatement après cela,

---

[1] Aux papyrus médicaux du Nouvel Empire, on trouve fréquemment
des recettes en série nombreuse pour le traitement d'une maladie déterminée, la maladie parfois rappelée en cours de série, plus souvent chaque
recette introduite par les mots ⌣ ≋ • , dans la plupart des cas 
tout court. Au papyrus magique Harris, brochettes de formules intro-
duites chacune par ⌣ ‖ �

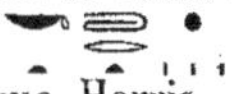

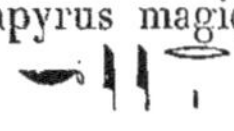

nous arrivons à un recueil de formules dont la similitude avec celles du nouveau fragment de livre est telle, que notre chapitre y trouve sa classification évidente et précise dans la grande famille documentaire.

Voici en effet (VI, 10 et suiv.) un livre de formules «pour incanter sur une eau quelconque». La première de ces formules dit ce qui suit : « OEuf de l'eau, semence de la terre! Essence des *Huit*, grand au ciel, grand dans l'autre monde! Résidant dans les nids, chef du *lac de Desdes!* Je suis sorti avec toi de l'eau, j'ai surgi avec toi de ton nid. Je suis Min de Koptos, je suis Min seigneur du pays de Koptos. — Cette formule est à prononcer sur un œuf en excréments; le mettre dans la main de l'homme, à l'avant de la barque; si *celui qui est dans l'eau* apparaît, le jeter (l'œuf) à l'eau. » Mettons à côté de cela la première des recettes complètement conservées de notre fragment (l. 2-3). De part et d'autre, un prononcé magique à effectuer sur une composition matérielle qu'on impose, plus ou moins simplement, au corps de «la personne» à préserver; et de part et d'autre encore, à notre fragment comme au petit recueil de *Harris* qui nous occupe, cette première recette suivie d'une «autre formule» (*Harris*, VII, 1-4; notre fragment, l. 3-5) conçue et ordonnée de la même manière. On ne peut se défendre, tout d'abord et sur le vu de notre seul document, du sentiment de quelque étrangeté, en présence de cette pharmacopée baroque, d'ordinaire employée en médecine, ici mise en œuvre dans une opération de protection contre les bêtes aquatiques; le procédé semblable et l'exposé complet de *Harris* nous éclairent, nous faisant voir l'homme sur la barque, porteur, en son œil, sur son corps ou dans sa main, du talisman matériel consacré par la formule.

Dans le détail, on relèvera l'analogie des «excréments d'âne» de notre nouveau texte, avec l'«œuf d'excréments» (▆ ') de la prescription du chapitre de *Harris*. Rappelons aussi que : «Je suis sorti avec toi de l'eau», de *Harris*, trouve sa correspondance, chez nous, dans : «Je suis Thot, je suis sorti de l'eau», à la dernière formule du chapitre (voir l'indication à ce sujet qui fait l'objet de la note *l* ci-avant). Ces mentions de l'*eau*, ces allusions à la surrection aquatique du dieu primordial ne sont pas fortuites; elles prennent rang, de manière extrêmement logique, parmi les évocations du *fleuve*, de l'*eau de Desdes*, du crocodile *Sebek* ou *Maga* et de la *navigation de la barque solaire*, qui remplissent et notre fragment, et le grand recueil de *Harris* d'un bout à l'autre.

Concluons, en fin d'analyse, que ce premier chapitre, dont notre fragment de livre conserve la fin, est un recueil de formules pour la protection contre le crocodile, extrêmement analogue, dans l'esprit, dans la composition et dans le mode de pratique des recettes, aux premières des formules « pour incanter sur toute eau » dont le papyrus magique *Harris*, à la fin de son livre, conserve la rédaction intégrale.

Section B, R. N. 8-9, V. I entier, V. II 1-4.

R. N. 8 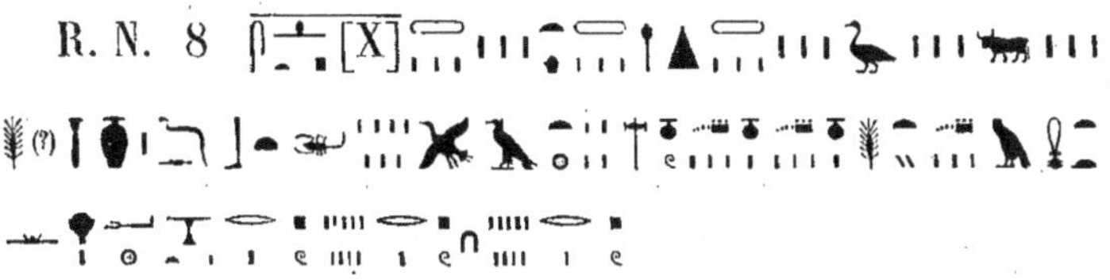

9 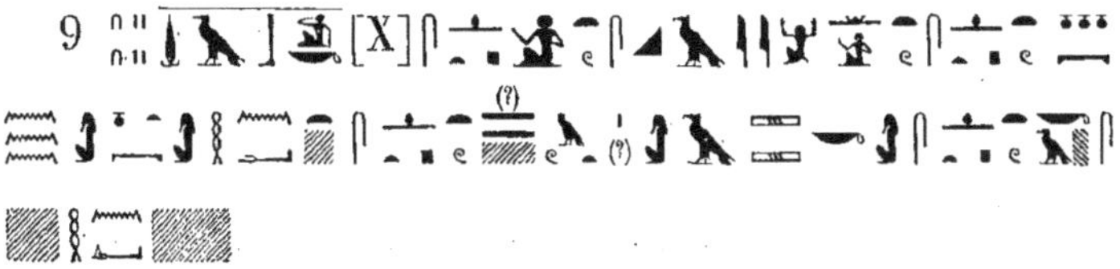

V. I. 1 Première moitié de la ligne détruite; on lit encore ......, puis ...... manque la fin de la ligne.

2 

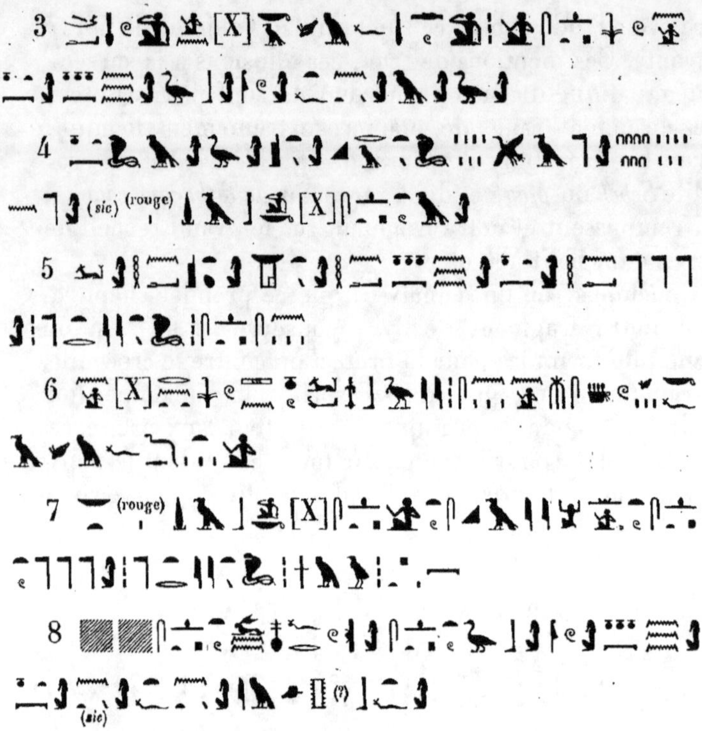

9 Ligne détruite en entier.

V. II. 1  manque le reste de la ligne.

2 
 manque la fin de la ligne.

3 
 manque la fin de la ligne.

4 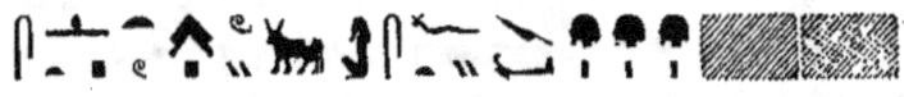 manque la fin de la ligne.

Apaiser X. . .[a]. — Pains ordinaires, 3; pains blancs, 3; volatiles, 3; bœufs, 3; épi (?), tige fleurie, vase[b], 1; scorpions, 7;

664 R. WEILL.

gâteaux ronds, 4, en farine de blé et aussi d'orge; [le tout] sur un autel; ou bien 9, ou bien 19, ou bien 24 [c].

Tu es hostile [d], X...[a] : je t'apaise, je t'exalte. T'apaisent Nou et Nout, avec....; t'apaisent...... et Asheshek [e]; t'apaisent...... avec.................... t'apaisent Shou et Tafnout....... [tous les dieux] et toutes les déesses qui sont dans Héliopolis et relèvent de Memphis. — [Ces paroles sont] dites sur l'autel.

Tu es hostile [d], X.....[a] Ma voix est juste pour X.....[a]; il lui faut entendre mes paroles. L'apaisent pour moi Nout, Nou, Geb, Shou, Tafnout, Horus fils de Nout, Horus fils d'Isis, les 7..... et les 77 dieux [f].

Tu es hostile [d], X....[a] T'apaisent Horus et Set, avec Isis et Nephthys, avec Nou et Nout, avec les dieux et les déesses qui apaisent pour moi X.....[a], parce qu'il est la terreur. Ils ouvrent pour moi ses oreilles, et il lui faut entendre tout ce que je dis.

Tu es hostile [d], X.....[a] : je t'apaise, je t'exalte. T'apaisent les dieux et les déesses qui sont dans le ciel; .... t'apaise Ounnofir; t'apaisent Geb, Shou, Nou, Nout, Tafnout, Am-khent-sebt-f [g].................................... ....je t'apaise, je t'exalte...................... l'adversaire(?) [h].

Tu es hostile [d], X.....[a] T'apaisent..................... .....t'apaisent Apis, le coupeur de têtes............

a. Tel est le titre du chapitre. Je rends par la lettre X, dans la transcription comme dans la traduction, un nom que je ne sais point expliquer, écrit par un seul signe que je ne connais point par ailleurs en hiératique. Le nom reparaît plusieurs fois par la suite du texte, après l'expression aux têtes de paragraphes, et même dans le corps des formules (V. 1. 3, 6, cf. la traduction). Il ressort du contexte et de tout l'ensemble que le nom désigne l'être contre lequel est prononcée l'incantation défensive; nous ne trouverons rien dans le texte qui fournisse un indice sur sa nature, et pouvons seulement supposer, par analogie avec la précédente section du livre, qu'il s'agit du crocodile encore ou d'un animal dangereux du même ordre.

b. Il semble que l'épi (?), la tige verte et le vase soient inséparables et constituent, dans l'énumération, un seul objet comptant pour une unité; du moins cette manière de comprendre rend-elle compte de certain chiffre des totalisations finales, voir *c* ci-après.

c. La signification de ces chiffres est quelque peu obscure. On remarque toutefois qu'en totalisant les nombres de la liste qui précède on trouve :

Pains ordinaires...........................	3
Pains blancs...............................	3
Volatiles..................................	3
Bœufs.....................................	3
Épi, tige verte et vase (voir *b* ci-dessus)....	1
Scorpions.................................	7
Gâteaux...................................	4
TOTAL..................	24

24 *objets*, soit le dernier des chiffres du texte. Pour trouver 19, il faudrait réduire la liste aux quatre premières mentions, par groupes de 3, soit 12, avec les 7 scorpions en plus; et l'on aurait 9, sans difficulté, avec trois seulement des premiers chiffres. Est-ce cela que l'écrivain veut dire? — En tout état de cause, il paraît impossible que tous les objets énumérés, s'ils sont réels, soient déposés sur l'autel, notamment les *trois bœufs*, voire les *trois volatiles*; il doit s'agir de représentations quelconques.

d. Sens à confirmer. H. Sottas me signale [hiéroglyphes] « combattants » (*Anastasi I*, xxiii, 9), et le qualitatif ϫ.ⲏⲃ = ὀξύς.

e. Le même dieu déjà rencontré au texte de la section précédente, l. 1 de la première page (note *a* de cette section).

f. Les nombres 7 et 77 se rencontrent fréquemment dans les textes magiques. Pour 7, outre les exemples qu'on trouve au présent document, noter, aux *Zaubersprüche* du papyrus de Berlin, plusieurs instructions pour confection d'amulettes, à nouer de nœud en nœud, jusqu'à ce

nombre, ou composées de pièces par séries de sept unités. Quant aux 77 dieux protecteurs invoqués ici, ils se
retrouvent au papyrus magique Harris, dans la fonction
de frapper le crocodile (VI, 6-7), et on trouve en outre,
au même recueil, parmi les formules «pour incanter sur
toute eau», une invocation à Khnoum dans laquelle on
dit à ce dieu qu'il possède «77 yeux et 77 oreilles»
(VII, 6). Aux *Zaubersprüche*, le chapitre final (xv, 4 et
suiv.) est celui «des 77 ânes qui sont dans le *lac de Desdes*». Bien longtemps après, je le note au passage dans
un recueil médico-magique du VIIIe siècle après J.-C.
visant les brûlures, les maux de ventre, l'accouchement
douloureux, etc., on trouve mention des 77 *psaumes*, des
7 noms de Marie et des *7 archanges*.

g. La transcription du nom paraît sûre, bien que le
dessin du signe où nous reconnaissons [⚊] soit un peu
anormal. Cette appellation divine, «celui à la tête de son
mur», est connue d'autre part, mais seulement sous des
orthographes du type [⚊]; c'est un titre de Khnoum,
[⚊] et [⚊], à Abydos et
Medinet-Habou[1], — cf. [⚊] au Livre des
Morts[2] — on le rencontre, sans savoir à quelle personne divine il appartient, au temple funéraire de
Sahourê[3], [⚊], et aux Pyramides[4], [⚊].
Les titres divins en [⚊][X][⚊] «à la tête de son X...»,
son *tombeau*, sa *cour*, ses *charges*, sa *terre*, sont assez
nombreux[5].

h. Voir note *d* ci-dessus.

[1] KEES, *Eine Liste memphitischer Götter* etc., dans *Rec. de travaux*,
27 (1915), voir p. 67, 71, 76.
[2] *Todt.* (Lepsius), chap. LVII, l. 5.
[3] BORCHARDT-SETHE, *Grabdenkmal des Sahure*, II, pl. 70 et p. 129.
[4] *Papi 367 = Pyr. 518 c*.
[5] SETHE, *loc. cit.*, dans *Grabdenkmal des Sahure*, à quoi joindre le
titre «à la tête de sa terre» au tombeau de Seti I, *LD*, III, 134 e = LEFÉ-
BURE, *Quatrième partie*, pl. XXV.

Le sens du chapitre, en résumé, son ordonnance et la plupart des détails de son texte sont parfaitement clairs. Un mot qui revient fréquemment, aux entrées de paragraphes (note *d*), est peut-être nouveau; et il subsiste une sorte d'énigme singulière, au cœur du sujet et en tous les points du texte, dans le signe inconnu, pareil à quelque abréviation d'une obscurité voulue, qui exprime la mention de l'ennemi contre lequel l'incantation est dirigée.

Section C, V. II. *a-b-c-d*.

Ce dernier chapitre, jugé défectueux, a été biffé au pinceau, en rouge, en un bariolage de longs traits fins mais nombreux, courant en tous sens. Ils ne gênent point la lecture sur le papyrus, mais venus en noir sur la photographie et recroisant partout les caractères du texte, ils rendent le déchiffrement difficile sur cette reproduction. Le lecteur voudra bien, ici, se référer de préférence à la transcription.

V. II. *a*. Ligne isolée, couvrant un espace relativement important en hauteur.

......je suis le *ciseau* (?), je suis l'*éventail* (?), je suis les trois ....(?), je suis *Hat-hor*, [ce château d'Horus dans lequel résident] Isis, Nephthys, Geb(?) et Nout.

Signes et sens, tout ici est énigmatique, et nous ne proposons que sous réserves l'explication du rébus constitué, à la fin, par le rectangle *hat* dont l'hôte principal est Horus et qui paraît enclore, dans les angles, les quatre divinités connues. Mais pourquoi le nom de Geb est-il remplacé par ces deux barres verticales? Signalons, toutefois, dans un papyrus peu connu du début de l'époque saïte, qui paraît comporter un recueil de formules où le dieu Shou intervient principalement pour la guérison des angines, suffocations, ou maux analogues, l'énoncé suivant[1] : «Il y a quatre maisons de vie; le maître est Osiris; les quatre maisons sont Isis, Nephthys, Geb et Nout. »

Dans la disposition de la page, cette ligne a graphiquement l'apparence d'être le titre du chapitre qui vient au-dessous et l'encadre à gauche. On ne saurait dire si cela fut bien l'intention de l'écrivain.

V. II. *b.* 1 [hiéroglyphes]

2 [hiéroglyphes]

3 [hiéroglyphes]

4 [hiéroglyphes]

5 Ligne détruite en entier.

c. 1 [hiéroglyphes]

2 [hiéroglyphes]

3 [hiéroglyphes]

4 [hiéroglyphes]

5 Ligne détruite.

d. 1 [hiéroglyphes]

2 [hiéroglyphes]

3 [hiéroglyphes]

[1] Birch, *Sur un papyrus magique du Musée Britannique,* dans *Revue archéologique,* 2ᵉ série, VII (1863); p. 6 du papyrus, l. 6-7.

4 [hiéroglyphes]

5 [hiéroglyphes]

6 [hiéroglyphes]

7 Ligne détruite.

Khnoumou peine pour moi en son ouvrage, afin que soit exécuté pour moi l'ouvrage de Khnoumou. Je ne permets pas qu'il fasse cela afin qu'opère(?)[a] pour moi la pensée de Khnoumou, opérant(?) pour.. nos bouches vers Khnoumou, qui ne donne point son appui(?)[b] à quiconque(?). Je suis Khou[c]...
....

a. Le mot, qui paraît tenir aux sens de *détermination, utilité*, a été considéré par Erman (*Ä. Z.*, 43, 1906, p. 16, emplois au conte du naufragé et au papyrus Prisse); noter l'orthographe très voisine de celle de notre texte dans *Todt.* (Naville), 148, 20.

b. Jeu de mots sur *Khnoumou* et *khnoum?*

c. Le dieu *Khou* déjà rencontré dans le texte de la *section A*, R. N., l. 7.

De l'objet du chapitre, il ne ressort, pour nous, que l'évocation de l'appui donné par le dieu Khnoumou à l'incantateur. Peut-être cela nous réfère-t-il, une fois de plus, au papyrus magique Harris, et dans ce recueil, à ce même livre des «formules pour incanter sur toute eau», dont la troisième (VII, 5-7) est une invocation à Khnoum que nous avons citée plus haut (section B, note *f*), pour le détail des «77 yeux et 77 oreilles» que possède ce dieu protecteur.

RÉSUMÉ ET COUP D'OEIL D'ENSEMBLE.

Des trois chapitres que conserve, plus ou moins complètement, le fragment de livre qui nous est parvenu,

le premier est une collection de recettes contre la menace
du crocodile, comportant chacune formule à dire sur
quelque préparation à appliquer ou à absorber, et très
caractéristiquement semblables aux recettes de même
objet qui se groupent au livre « d'incanter sur l'eau » du
papyrus magique Harris. Notre deuxième chapitre est une
longue incantation, en plusieurs strophes ou paragraphes,
à dire sur un autel garni d'un complexe assortiment
d'objets ou représentations d'objets; le but de l'opération
est la défense contre un ennemi dont nous ne savons pas
interpréter la mention et que l'on croirait volontiers être
le crocodile encore, par analogie avec ce qui précède et
en vertu du sentiment d'une certaine homogénéité d'ensemble, au document, dont on ne peut obtenir la démonstration mais qui paraît ressortir de la continuité graphique, de l'absence de toute démarcation entre un
chapitre et l'autre. Si l'idée de cette homogénéité est
admise, c'est également une incantation contre le crocodile qu'il faut reconnaître au troisième chapitre, celui de
Khnoum, étant noté d'ailleurs que Khnoum protecteur
fait le thème d'une des formules contre le crocodile du
livre précité « d'incanter sur l'eau », au papyrus magique
Harris.

Il paraît bien, en somme, que notre livre était un
recueil de chapitres — compositions de quelque étendue
ou collections de recettes brèves déjà groupées antérieurement — visant un même objet, la défense contre le
crocodile, ou sinon celui-là, des objets d'espèce très semblable. Et par les caractères essentiels de cet emploi et
de cette composition, le livre dont nous avons un lambeau
se laisse deviner comme un proche parent de cet autre
recueil, celui du papyrus magique Harris, au texte duquel nous avons été si souvent renvoyés, dans le détail,
en cours d'analyse. Notre manuscrit est notablement
antérieur, toutefois, d'après les observations sur sa localisation paléographique, consignées au début de la présente étude.

De quel livre perdu provient cette feuille déchirée,

fatiguée, longtemps conservée pliée en petits pans, après des aventures dont on ne saura jamais l'histoire? Le saccage des papyrus est une des plus attristantes opérations auxquelles donne lieu le «partage» des antiquités entre les barbares *trouveurs*, et dans nombre de cas cette monstrueuse fragmentation des manuscrits a été effectuée longtemps après la trouvaille. Ne reste-t-on point confondu que le papyrus magique Harris lui-même, vu et dessiné intact par Chabas avant 1860, ait été, à l'inventaire au British Museum après acquisition, trouvé spolié d'un large morceau, plusieurs colonnes manquantes au milieu de la feuille? Parfois des lambeaux dissociés se raccordent; la première page de tel papyrus connu du British Museum est au Louvre; un grand papyrus démotique à transcriptions grecques est partagé entre Londres et Leyde. Puisse le présent mémoire aider à reconnaître, en quelque collection, d'autres fragments du nouveau recueil magique du Nouvel Empire.

VIII

PHILOLOGIE ET PAPYROLOGIE

UN PAPIRO GRECO INEDITO

DELLA NUOVA RACCOLTA MILANESE,

DI

ARISTIDE CALDERINI.

Da qualche mese la R. Accademia scientifico-letteraria (Facoltà di lettere) di Milano è venuta in possesso di un manipolo notevole di papiri greci[1], che saranno pubblicati in successivi fascicoli sotto il nome di *Papiri Milanesi;* rispondendo all'appello dei Colleghi francesi la Scuola milanese è lieta di trascegliere fra la sua raccolta la primizia di uno dei suoi documenti inediti, affidandola come auspicio alla memoria di uno dei più grandi pionieri degli studî egiziani, nel quale l'Italia onora con riconoscenza anche il maestro e l'amico di Ippolito Rosellini.

Si tratta di un papiro (Inv. n. 2; 37 cm. $\times$ 15 cm.) proveniente da *Pathyris* (Tebaide) e svolto da noi nella parte superstite in istato di quasi perfetta conservazione; la scrittura, in inchiostro nero e brillante, sulla fibra giallo-chiara, è da un solo lato del foglio. L'intestazione con la data (l. 1-3) occupa 34 cm. 5; il resto, iniziandosi più addentro, tiene circa 33 centimetri. Una specie di *paragraphos* si trova alla fine del documento fra la l. 11 e la l. 12; essa è consueta in papiri di questa natura e di questo secolo; vedi p. es. 115ª P. Strassb. 81; 105ª P. Strassb. 88; 99ª P. Strassb. 90 ecc.

---

[1] I donatori munifici sono il cav. Riccardo Vita e il signor Diego Jacovelli del Cairo e il dott. Franco Castelli di Milano.

È certo che la colonna superstite era la prima dello scritto; seguiva probabilmente qualche altra riga, scritta forse in senso perpendicolare ad essa.

Il documento contiene il contratto di vendita che una donna, Θαῖβις, assistita dal fratello, che potrebbe anche essere il suo attuale marito, fa di 1/6 di palmeto a lei appartenente, ma assegnato al proprio figlio Πασῆμις. I compratori, Φῖβις è Ὧρος, sono fratelli di Πασῆμις e figli di uno stesso padre Νεχούτης; essi pagano in ragione di un' uguale terza parte, il che può significare, a giudizio anche del mio Collega prof. Pietro de Francisci, che per questo particolare, come per altro, mi ha assistito nello studio del papiro, che quel sesto del palmeto era già loro proprietà per l'altro terzo. Si può supporre, con grande probabilità, che la madre Θαῖβις avesse assegnato al figlio Πασῆμις, come forse agli altri due avuti da Νεχούτης, un sesto di un suo palmeto; venuto a morte Πασῆμις la proprietà di questa sesta parte sarebbe, per disposizione testamentaria, ritornata per 2/3 alla madre e per 1/3 ai fratelli, i quali ora, pagando alla madre il prezzo dei 2/3 mancanti, entrerebbero in assoluta proprietà del fondo; siccome poi l'appezzamento di terra, di cui è oggetto questo atto notarile, confina a settentrione e ad oriente con quello di Ὧρος, così si può pensare che un' altra sesta parte di palmeto fosse assegnata dalla madre anche a questo figlio e che Ὧρος desiderasse di ampliarla con tutto intïero il palmeto, già di proprietà del fratello.

La data del documento, chiaramente indicata dalla intestazione, è il 105 av. Cr.

Documenti di questa natura, provenienti da Pathyris e appartenenti circa alla stesso tempo furono pubblicati, come è noto, in B.G.U. IV., P. Amh. II, P. Grenf. I e II, P. Lond. III, P. Strassb.; cfr. *Aegyptus*, II (1921), p. 329-332 e *Rend. Ist. Lomb.*, s. II, vol. 54 (1921), p. 604 e seg.; altri documenti inediti della stessa provenienza sono presso il prof. Vitelli e saranno pubblicati nei volumi di relazione degli scavi della Missione Italiana in Egitto (cfr. *Aegyptus*, I (1920), p. 354-355).

(1) Βασιλευόντων Κλεοπάτρας καὶ βασιλέως Πτολεμαίου τοῦ
　　　ἐπικαλουμένου Ἀλεξάνδρου τοῦ υἱοῦ θεῶν Φιλομ[ητό]ρων

(2) ἔτους ιγ τοῦ καὶ ι ἐφ' ἱερείων καὶ ἱερειῶν καὶ κανηφόρου τῶν
　　　ὄντων καὶ οὐσῶν, μηνὸς Παῦνι ιη, ἐν Παθύρε[ι],

(3) ἐφ' Ἑρμίου τοῦ παρὰ Πανίσκου ἀγορανόμου.

(4) Ἀπέδοτο Θαῖβις Φίβιος Περσίνη ὡς (ἐτῶν) νη μέση μελί-
　　　χρω(s) μακροπρόσω(πos) εὐθύριν ὑπόσκνιφος μετὰ κυρίου
　　　τοῦ [ἑ]αυτῆς ἀδε[λφ]οῦ

(5) Παοῦς πρεσβύτερος Πατοῦτος τοῦ Φαγώνιος Πέρσου ὡς (ἐτῶν)
　　　λε μέσου μελίχρ(ους) ὑποκλαστοῦ μακροπροσώ(που) εὐθυ-
　　　ρίνου ἀ[σή]μου,

(6) ἀπὸ τοῦ ὑπάρχοντος αὐτῇ ἔδαφος Φοινικῶνος Φυομένων τοῦ
　　　ὄντος ἐν τῷ ἀπὸ ἀπηλιώ(του) μέρει Παθύρεως τὸ [ἐ]πί-

(7) βαλλον Πασῆμι Νεχούτου τῶι ἑαυτῆς υἱοῦ μέρος ἑκτόν, ἧς
　　　γείτονες, νότου τὸ μέρος Φοινικῶνος Πανερευ[..]s,

(8) βορρᾶ καὶ ἀπηλιά(του) Ὥρου τοῦ}του{ Νεχούτου, λιβὸς διῶρυξ
　　　ἢ οἳ ἂν ὦσι γείτονες πάντοθεν. Ἐπρίατο Φῖβις καὶ Ὡρο[s]
　　　κατὰ

(9) τῶν Νεχούτου τῶν ἐκ Θαίβιος τῆς Φίβιος ἴσην τρίτην μερίδα
　　　χαλκοῦ τάλαντα δύο δραχμὰς τετραχισχιλ[ί]ας.

(10) Προπωλήτρια καὶ βεβαιώτρια τῶν κατὰ τὴν ὠνὴν ταύτην
　　　πάντων Θαῖβις ἡ ἀποδομένη, οὓς ἐδέξαντο

(11) Φῖβις καὶ Ὧρος οἱ πριάμενοι.

(12) Ἑρμίας ὁ παρ(ὰ) Πανίσκου κεχρη(μάτικα)

L. 5, leggi Παοῦτος πρεσβυτέρου — l. 6, leggi ἐδάφους — l. 6, φυομένων per la eventuale correzione vedasi la nota — l. 7, leggi υἱῷ —
l. 10 leggi ἥν. Circa le anomalie di questi e degli altri scritti analoghi vedi
la nota in *Rend. Ist. Lomb.*, citata.

TRADUZIONE.

Regnando Cleopatra e il re Tolemeo soprannominato Alessandro,
figlio degli dei Filometori l'anno 13ª, che è anche il 10ª, sotto
i sacerdoti e le sacerdotesse e la canefora in carica, il mese Pauni,
(giorno) 18, a Pathyris, fungendo da agoranomo Ermias incaricato
da Panisco.

Vende Thaibis, figlia di Phibis, Persiana di anni 58, media,
pelle bruno-olivastra, dal viso lungo, dal naso dritto, vista debole,
col suo patrono, il fratello, Paus *senior*, figlio di Patus di Phagonis,
Persiano, di anni 35, medio, pelle bruno-olivastra, dai capelli
tagliati, dal viso lungo, dal naso dritto, senza contrassegni speciali,

dal fondo di palme... che le appartiene, esistente nella parte
orientale di Pathyris, la sesta parte spettante al figlio suo Pasemi,
figlio di Nechutes, di cui sono confinanti, a mezzogiorno la parte di
palmeto di Panereu[ ], a settentrione e ad oriente (quello) di Oro
di Nechute, ad occidente un canale, o quali siano d'ogni parte
i confinanti. Comprarono Phibis e Oro secondo un' uguale terza
parte (spettante) ai figli di Nechutes avuti da Thaibis figlia di
Phibis, (cioè) 2 talenti di bronzo e 4000 dramme.

Garante di ogni stipulazione di questa vendita (è) la venditrice
Thaibis, (garante) accettata dai compratori Phibis e Oro.

Io, Ermias, per conto di Panisco ho registrato (questo documento).

(1) Βασιλευόντων, ecc. : la formula non riappare
identica in nessuno dei documenti noti finora, neppure
in quelli redatti sotto la direzione dello stesso agoranomo :
cfr. p. es. 105ª P. Strassb. 88 : βασιλευόντων βασιλίσσης Κλ. ecc. Πτολεμαίου ἐπικαλουμένου (cfr. 102-1.ª
P. Grenf. I, 34); 103ª B.G.U. 997 : βασ. Κλ. καὶ Πτολ.
ἐπικαλ. Ἀλ. τοῦ υἱοῦ, ecc.; 101ª P. Grenf. II, 32 : βασ.
Κλ. καὶ Πτολ. ἐπικαλ. τοῦ υἱοῦ, ecc.

I re cui qui s'allude sono Cleopatra III e Tolemeo IX
Alessandro, suo figlio, ambedue chiamati θεοὶ Φιλομή-
τορες (cfr. BOUCHÉ-LECLERQ, *Hist. des Lagides*, II, p. 90);
la prima data, anno 13ª, è quella che si riferisce alla
salita al trono di Cleopatra III; la seconda, anno 10ª,
alla data della nomina a viceré di Cipro autonoma di
Tolemeo XI; il 18 Παῦνι corrisponde al 12 giugno; Pathyris nella Tebaide è l'attuale Gebelèn.

(2) Ἑρμίας assiste l'agoranomo Πάνισκος fin dal 106
av. Cr. (P. Amh. II, 48) e continuativamente fino al
98 av. Cr. (P. Grenf. II, 35; B.G.U. 1000); poi forse
lo stesso promosso più tardi al grado di ἀγορανόμος τῆς
ἄνω τοπαρχίας riappare nell' 89 e nell' 88 av. Cr.
(P. Lond. 1209, III, p. 20; 883, III, p. 21, P. Amh.,
II, 51); vedi FOGOLARI GUIDO, *Gli agoranomi di Pathyris-
Crocodilopoli (Tebaide)* in *Aegyptus*, II (1921), p. 327 e seg.,
cfr. *Philologus*, 63 (1905), p. 501 e seg.

(4) Il nome Θαῖβις non è frequente nei papiri : appare

in età Tolemaica solo in P. Petrie III, 59 c (2) 2 (lista di nomi); II, 281$_{16}$ = III, 661$_{16}$; Θα]ῖϐις Ὥρου, cfr. 1. 26, e l. V 23; inetà romana vedilo in II^p P. Lips. 84 II$_{15}$; IV$_{18}$: Ἑρμιόνη ἡ καὶ Θαῖϐις.

(4) Φῖϐις, nome comune a varî individui in ogni parte d'Egitto del II^a al IV^p; nel Patirite notiamo Πατοῦς Φίϐιος segnalato come possessore di terre a Pathyris in 115^a P. Strassb. 81$_{21}$; 114^a P. Strassb. 84$_{23}$ (vi si accenna alla comproprietà di suoi fratelli); 109^a P. Grenf. I, 27 (3); 99^a P. Strassb. 89$_6$; Πελαῖας Φίϐιος pur esso segnalato come proprietario di terreno; 145^a Pr. S. 5115$_6$; 110^a P. Grenf. II, 22$_2$; 99^a P. Strassb. 89$_7$; Κολλοῦθος Φίϐιος 99^a P. Strassb. 89$_7$; Πατσεοῦς Φίϐιος 98^a P. Grenf. II, 35$_8$; Ταθῶτις Φίϐιος che è detta Περσίνη e ha terreni anch'essa a Pathyris : 113^a B.G.U. 994 II$_{10}$; 111^a P. Strassb. 86$_{3,15}$: cfr. pure 96-5^p P. Lips. 104 = P. Grenf. II, 36$_8$ e forse 157^a P. Grenf. I, 11$_{23}$; nessuna prova che qualcuno di codesti Φῖϐις siano da identificarsi fra loro o col nostro; osservo solo che Ταθῶτις Φίϐιος è *persiana*, come è *persiana* la nostra Θαῖϐις e che l'età di Ταθῶτις è forse di due anni superiore a quella di Θαῖϐις (cfr. però circa l'indicazione dell' età quanto scrissi in *Rass. Ital. Lett. Class.*, 1920, p. 317 e seg.); sarebbero queste due figlie di un Φῖϐις e quindi sorelle?

(4) Περσίνη : circa i Πέρσαι di Pathyris abbiamo noi stessi recentemente (S. A. M., III [1920], p. 40 e seg.) raccolte tutte le testimonianze finora note; sono da aggiungere ora ai Πέρσαι e alle Περσίναι di Pathyris quelli di P. Strassb. 83, 84, 85, 86, 87, 88, 89; per la questione del valore etnico o meno delle parole vedi più recentemente *Archiv*, VI, p. 367 e seg; P. M. Meyer in *Zeitschr. f. Vergl. Rechtswiss.*, 1921, p. 266; von Woess, in *Zeitschr. f. Sav. Stiftung, Röm. Abt.*, 1921, p. 176 e seg.; p. 641 e seg.; Segré, in *Aegyptus*, III (1922), pp. 143 e seg.

(4) Sul valore e l'interpretazione dei connotali indicati

in queste rige e nelle seguenti vedrai CALDARA AL., *I connotali personali nei documenti d'Egitto dell' età greca e romana* che verrà pubblicato quanto prima negli *Studi della Scuola Papirologica* ed è ora in corso di stampa; cfr. HASEBROEK J., *Das Signalement in den Papyrusurkunden*, Heidelberg, 1921.

(5) Il caso di un fratello (forse qui marito?) che assiste come κύριος una donna si presenta relativamente poco frequente nei papiri; cfr. in generale MITTEIS, *Grund.*, p. 252 e seg.; MODICA, *Introd.*, p. 93 e seg.

L'esempio più antico oggi noto è quello del III[a] P. Frank. f. 3, dove la donna è, come qui, una *Persiana;* segue in ordine di tempo 106[a] P. Lips. 1_9 pure di Pathyris; 103-2[a] P. Grenf. I, 33 pure di Pathyris, 92[a] P. Tebt. 104_2 (una *Persiana*); 14[a] B.G.U., 1103_3; 13[a] B.G.U. 1107_4, 1147_3 tutti d'Alessandria (cfr. B.G.U. 1050_3, 1059_4); nel I sec. d. Cr. 18[p] P. Lond. 1168_3 (III, p. 136) (una *Persiana*); 58[a] P. Oxy. 268_4; I[p] B.G.U. 1048_4; nel II sec. d. Cr. : 117[p] P. Tebt. 385_5; 131[p] P. Fay. 32_9; 139-140[p] P. Cairo Pr. 31_{67}; 131[p] B.G.U. 645_6; 144[p] B.G.U. 729_5; 145[p] P. Lond. 178_{19} (III, p. 207); 151[p] B. G. U. 702_{11}; 166[p] P. Lond. 333_{12} (II, p. 199); 174[p] P. Tebt. 333_5; 187[p] P. Oxy. $172_{1\text{-}3}$; nel III sec. d. Cr. : 207[p] P. Oxg. 1706_{10}.

Si noti che in 151[p] B.G.U. 702_{11} la donna ha 45 anni e il κύριος fratello ne ha solo 40, caso analogo al nostro; e in 18[p] P. Lond. 1168 (III, p. 136) invece la donna ne ha 53 e il k. 70; si noti che con certezza talora il fratello κύριος è anche marito come in 125[p] P. Tebt. $379_{1\text{-}2}$; si noti pure che in 10[a] B.G.U., 1104_5 il κύριος di una donna è il figlio di un fratello.

(6) Boschi di palme a Pathyris non sono ricordati altrove.

(6) Altrove si parla della parte orientale di Pathyris : cfr. 88[a] P. Amh. II, 51_8 : ἐν τῶι ἀπὸ ἀπηλιώτου μέρει Παθύρεως.

(6) *φυομένων* : la concordanze tra *ἀμπελῶνος* e *φυο-μένων* può essere una delle tante che appaiono special-mente negli atti notarili firmati de *Ἑρμίας* (vedi la mia nota in *Rend. Ist. Lomb.*, cit. p. 606), rare peraltro in nessi di questo genere; oppure, la cosa mi pare più verosimile, può nascondere l'errore o l'abbrevazione di una formula analoga a quella che leggiamo in 104ᵃ P. Lips. 1₅ : *ἀμπελῶνα* (*sic*) *συνφύτου τοῦ ὄντος ἐν τῇ ταινίᾳ* Παθύρεως *καὶ πάντων τῶν φυομένων δένδρων;* 103ᵃ P. Grenf. II, 28₇₋₈ : *μερίδα ἀμπελῶ(νος) συνφύτου καὶ | τῶν φυομένων δένδρων*. Forse il notro testo poteva essere all'incirca : *ἀπὸ τοῦ — ἐδάφους φοινικῶνος* ‹*συνφύτου καὶ πάντων τῶν*› *φυομένων* ‹*δένδρων*› *τοῦ ὄντος*, ecc.; si può pensare che il copista abbia saltato una riga dell'ori-ginale. Per la *φυτεία φοινίκων* vedi 112ᵃ P. Amh. II, 31₈ (Pathyrite), cfr. *Archiv*, II, p. 119 e seg.; e circa l'uso del verbo *φύειν* nota ancora gli esempî seguenti : IIᵖ P.S.I., 697 (Teadelfia) : *ὅλου τοῦ κήπου σὺν τοῖς φυτοῖς φυο-μένοις πᾶσι* e 127ᵖ P. Flor. 20₂₀ (Teadelfia) : *σὺν τῷ φυησωμένωι | σίναπι.*

(6-7) *Θαῖϭις* : qui vende, come s'è detto nell'intro-duzione, una parte del palmeto spettante al figlio Πασῆ-μις; il caso è nuovo nei contratti di vendita di età tole-maica; di solito la formula *ἀπὸ τοῦ ὑπάρχοντος ἐδάφους* (opp. *ὑπαρχούσης οἰκίας* o simili) *τὸ ἐπιβάλλον μέρος*, si usa per affermare casi di *communio pro diviso*, la proprietà co lettiva di un oggetto, del venditore cioè e di altri e per distinguere poi in essa la parte spettante al venditore stesso e di cui il venditore dispone : si confronti p. es. 115ᵃ P. Strassb. 81₈,₂₆, cfr. 82₄; 113ᵃ P. Strassb. 85₁₆; 107ᵃ P. Strassb. 87₄,₁₂; 99ᵃ P. Strassb. 90₁₇; 98ᵃ P. Grenf. II, 35₅; 99-8ᵃ B.G.U. 1000₅. Cfr. anche il caso raro di 99ᵃ P. Lips. 2₇ con cui si cede, servendosi dello stesso formulario una parte di terreno soggetto a *communio pro indiviso.*

(7) Πασῆμις : codesto nome, rappresentato in varie parti d'Egitto anche in età romana, appare già a Pathyris

e dintorni in documenti contemporanei a questo con un
Πασῆμις Πετεχῶντος (155ª o. 144ª P. Meyer Ostr. 58₁)
e con un Π. Πάσιτος ad Hermonthis (112ª P. Meyer
Ostr. 4₃); inoltre a Pathyris c'è una γῆ Πασήμιος secondo
109ª B.G.U. 995 III₄₋₅; secondo 102ª P. Grenf. II, 29₄
un Παῆρις Πασήμιος fa un mutuo in Pathyris a Πετεαρ-
σεμθεύς; cfr. anche Wilck. Ostr. 1189 II₃ da Tebe.

(7) Πανερευ[..]ς : non credo ci sia da dubitare che
si tratti di un nome proprio, benchè io non abbia trovato
esémpî simili : cfr. solo un Πανερῶς (nominativo) IIᴾ
P. Lond. 899₇ (III, p. 208); e Πανε[... in 250-249ª
P.S.I., 368₃ (Philadelphia). Forse qui era Πανερεῦτ[ο]ς.

(7) Νεχούτης : codesto nome è caratteristico della
Tebaide, e non si trova probabilmente altrove; inoltre
appare finora esclusivo della età Tolemaica (l'unico esem-
pio del 109 d. Cr. è nella stele di Pathyris edita in
Archiv, II, p. 439, n° 44)[1]; Pathyris poi ha una tradi-
zione di nomi cosiffatti durante alcuni decennî; li dispongo
in ordine cronologico : 165ª (circa) P. Giss. 36₁₃; 37
II₁₃ : Νεχούθης Πατοῦτος, che è forse lo stesso di 127-6ª
Wilck. Ostr. 1621, 1622; circa la stessa età è anche in
P. Giss. 108₁₁₋₁₂ un Νεχούθης ἐπιστάτης di Pathyris.
Seguono : 129ª P. Grenf. I, 19₁₀₋₁₂ : Νεχούτης di Pa-
thyris; 118ª Pr. S. 5105₂ : Νεχούτης ὃς καὶ Εὔνομος
Πατσεοῦ(τος); 114ª P. Grenf. I, 25 I₅ : Σενσοῦχος f. di
Νεχούτης; 113ª P. Lond. 1204₁₇ (III, p. 11) : Ὧρος
f. di Νεχούτης; 111ª P. Lond. 218₂,₁₅ (II, p. 15-16) :
Νεχούτης Πετεαρσ[ ]Πέρσης τ. προσγρ.; 110ª P. Grenf.
II, 22₃,₆ : Ψενθώτης f. di Νεχούτης; 109ª P. Grenf. I, 29
III₈ : Πατῆς f. di Νεχούτης, Πέρσης; 105ª P. Grenf.
II, 24₆ : Ψεμμευχῆς; f. di Νεχούδης; 104-3ª P. Grenf. I,
31₃,₁₆ : Νεχούτης; 104-3ª P. Lips. 104₅ : Πανεβχοῦνις,
f. di Νεχούτης; 103ª B.G.U. 997 II₈ : Νεχούτης Πανεχά-
του = 101-100ª B.G.U. 998 I₈; II₅; 101ª P. Lond. 882
(III, p. 14) : Πετεαρσεμθεὺς f. di Νεχούτης; 99-8ª B.G.U.

---

[1] Nel Fayûm IIIª P. Petrie III 46 (1)₂₀ trovo un Νεχύθης ΣεμΦθέως,

999 $I_{4,10}$: Εὔνους ὃς καὶ Νεχούτης Πατσεοῦς Πέρσης τ. ἐπ. di 50 anni; 98ª P. Grenf. II, 35$_{4,6,10}$: Νεχούτης Σχώτου τοῦ Φιμήνιος ἱερεὺς Σούχου καὶ Ἀφροδίτης di 55 anni; 89ª P. Lond. 1209$_{11-17}$ (III, p. 20-21) : Νεχούτης Πετεαρσεμθέως Πέρσης τ. ἐπ. di anni 35. E uscendo da Pathyris troviamo a Crocodilopoli delle Tebaide (che pure fu unita a Pathyris) un Νεχούθης Σαραπίωνος in 99ª Pr. S. 428$_{7,9}$. In altri luoghi esclusivamente della Tebaide compare questo nome secondo i papiri : IIª P. Grenf. I, 44[2]$_6$; 134ª Wilck. Ostr. 1150; 100ª P. Lond. 676$_{10}$ (III, p. 15).

(8) τοῦ|του| : cfr. 107ª P. Strassb. 87$_{14}$: Ὥρου τοῦ τοῦ προγεγραμμένου Πατῆτος πρεσβ. υἱοῦ, dove il testo è esatto.

(8-9) Per la lettura κατὰ-ἴσης τρ. μερίδα mi sono servito degli esempî 107ª P. Grenf. II, 23 a$_{10ecc.}$: ἐπρίατο Πετεαρσεμθεὺς ecc. καὶ οἱ τούτου ἀδελφοί, ἑκάτερος κατὰ τὸ ἴσον μέρος χαλκοῦ (ταλάντων) ἐννέα.

(10) È la formula consueta della garanzia per l'evizione: cfr. MITTEIS, *Grundz.*, p. 188-189; MODICA, *Introd.*, p. 141 e seg.

QUELQUES REMARQUES
SUR LA SYNTAXE ÉGYPTIENNE,

PAR

M. W. GOLÉNISCHEFF.

Malgré un siècle déjà écoulé, depuis que la géniale découverte de Champollion nous a entrouvert la porte de l'étude des textes égyptiens, et malgré les efforts incessants que les disciples de l'immortel fondateur de l'Égyptologie ont faits, à sa suite, pour pénétrer les mystères de la langue égyptienne, il y a encore dans la grammaire de cette langue pas mal de points qui restent peu clairs et qui jusqu'à ce jour n'ont pu être expliqués d'une manière satisfaisante. C'est surtout la syntaxe égyptienne qui n'a pas suffisamment attiré l'attention des égyptologues, et c'est sur ce domaine que s'est peut-être le plus manifestée l'influence néfaste de l'école égyptologique qui a pris à tâche de démontrer que la langue égyptienne était une langue sémitique et que les règles de grammaire des langues sémitiques pouvaient naturellement lui être appliquées. Et pourtant, si les quelques points de ressemblance, qui réellement existent entre l'égyptien et les langues sémitiques, sont tout au plus suffisants pour nous amener à reconnaître que l'égyptien ait pu provenir de la même langue mère que celle qui, sans doute beaucoup plus tard, a aussi donné jour aux langues sémitiques, — combien grandes sont, toutefois, les différences entre l'égyptien et les autres descendants de cette langue proto-sémitique, dans laquelle bien des traits saillants des langues sémitiques n'ont pas dû encore s'être stabilisés au moment où la langue égyptienne est allée s'isoler, en gardant dans sa composition beaucoup de traits excessivement primitifs, qui ne se retrouvent plus ailleurs. Parmi ces particularités, il faut, en premier lieu, citer la présence dans la langue égyptienne de nombreuses racines d'une ou de deux syllabes et l'absence de système strictement trilitère, qui est si caractéristique des langues sémitiques, et que l'école allemande veut, contre toute évidence, retrouver dans l'ancien égyptien.

Ensuite, il faut relever les deux formes les plus usuelles du verbe égyptien, dans lesquelles la réunion d'une racine verbale avec son sujet se fait absolument de la même façon qu'elle se produit dans la combinaison entre un substantif et le génitif qui lui est annexé : dans les deux cas, ou bien les deux éléments constituants se suivent de près, ou bien la particule ⸺ est introduite entre eux. Il y a un tel archaïsme dans la structure de ces formes verbales, avec leurs racines verbales qui ressemblent à s'y méprendre aux racines formant des substantifs, qu'il est véritablement difficile de concevoir comment on a pu arriver à donner à ces formes le nom de « nouvelles flexions », tandis qu'on assignait le nom d'« ancienne flexion » à une forme du verbe qui, au fond, n'est qu'un participe et qui ne peut pas s'employer à l'instar des autres formes verbales pour désigner les modes personnels. Dans cette malheureuse question, c'est encore le sémitisme à outrance, avec lequel on a voulu traiter la grammaire égyptienne, qui a joué un rôle fatal, car rien, absolument rien, dans les inscriptions égyptiennes les plus anciennes, n'indique que les formes verbales, consistant de la racine suivie du sujet, aient fait leur apparition plus tard que d'autres formes réputées sans raison comme plus anciennes : c'est uniquement par des considérations erronées, tirées d'une prémisse vraie en elle-même, que l'on est arrivé à admettre cette classification en tous points fausse, mais bien conforme à l'idée préconçue sur le sémitisme de la langue égyptienne.

Si grâce à la brillante étude du professeur Erman qui,

le premier, mit un certain ordre dans les notions confuses qu'on avait avant lui des différents aspects du participe égyptien, nous avons pu réussir à reconnaître avec évidence que les terminaisons du parfait sémitique étaient les mêmes que celles qui se rencontrent dans le participe égyptien, la conclusion que ce savant crut devoir tirer de ce fait, toute logique qu'elle pouvait sembler de prime abord, n'était pourtant pas juste, car le participe égyptien ne devait rester qu'un participe et il n'avait aucun droit ni d'assumer le sens d'un parfait, ni même de figurer avec le sens d'un verbe au mode personnel.

Ne voyons-nous pas, au sein de la famille même des langues sémitiques, un phénomène assez analogue dans le verbe assyrien, qui, tout en empruntant la forme du second aoriste (l'imparfait) des autres langues sémitiques, se trouve toujours employé avec le sens du premier aoriste (le parfait)! Pareillement, malgré la grande ressemblance entre le participe égyptien et le premier aoriste sémitique, le sens des deux formes verbales, identiques d'apparence, *peut* ne pas avoir été le même dans les deux groupes de langues et il ne faut pas absolument identifier ces formes, de même qu'on ne peut pas dire que l'aoriste II, employé couramment par les Assyriens pour le parfait, *devait* nécessairement avoir le sens de l'imparfait, puisque ce n'est qu'avec ce sens qu'il se rencontre en hébreu, en arabe et dans les autres langues sémitiques!

En effet, l'étude des textes hiéroglyphiques et hiératiques nous apprend que les Égyptiens n'ont jamais employé leur participe comme un verbe au mode personnel, et les quelques exemples que Sethe a pu réunir dans son *Verbum*, vol. II, § 3 à 8, pour soutenir sa théorie de la plus ancienne conjugaison égyptienne, se laissent expliquer tout à fait autrement qu'il ne le fait. Sans entrer ici dans les détails, qu'il me soit permis de m'arrêter seulement un instant sur le fameux exemple, tiré des «Mémoires de *Sinouhe*» et qui, cité comme il l'est sans aucunes explications sur le contexte auquel il a été arraché, peut paraître assez concluant à ceux qui partagent les idées du professeur allemand. Je veux parler de l'expression [hiéroglyphes], que Sethe traduit par : «le pays dans lequel je suis né». Un court examen du texte, auquel cet exemple est emprunté (cf. *Sinouhe*, B, l. 159), nous fait voir que la phrase citée appartient au discours par lequel *Sinouhe* s'adresse à Dieu et si, avant la phrase en question, on rencontre les expressions [hiéroglyphes] et [hiéroglyphes] qui toutes deux ont le suffixe [hiéroglyphe] se rapportant à Dieu, comment ne pas voir dans [hiéroglyphes] le verbe [hiéroglyphes] «tu as fait naître», «tu as mis au monde», «tu as créé»[1], suivi du complément direct [hiéroglyphes] «moi»? La vraie traduction devrait, par suite, être : «la terre dans laquelle tu m'as fait naître».

Si, comme tout le fait présumer, le participe égyptien n'a jamais par lui-même figuré comme verbe fini, les terminaisons qu'il peut prendre selon la personne à laquelle il se rapporte, font de lui un participe pour ainsi dire conjugable, tel qu'il n'en existe pas dans les langues sémitiques, mais qu'il est impossible de ne pas admettre pour l'égyptien.

Encore un des nombreux torts qu'a faits aux études égyptologiques l'application du patron sémitique à la grammaire égyptienne, ce fut la facilité avec laquelle bon nombre d'égyptologues s'habituèrent à ne pas distinguer les formes verbales qui consistaient en la racine verbale *précédant* le sujet et celles qui se présentaient avec la racine verbale *après* le sujet. Car, étant arrivés à voir une forme personnelle de verbe dans ce qui n'était réellement qu'un participe, les partisans du sémitisme ont le plus souvent mélangé ces deux formes de verbe, en leur assignant à toutes les deux la même valeur, d'autant plus que la grammaire sémitique les autorisait à trouver le sujet de la phrase indifféremment mis avant ou après l'attribut.

[1] En ce qui concerne les exemples démontrant que le verbe [hiéroglyphes] peut s'employer, même lorsqu'on parle d'un dieu mâle procréant l'homme, ils sont assez nombreux et ne méritent pas d'être tous cités ici. Il suffit d'un seul, le nom propre ([hiéroglyphes]) qui signifie «Celui qui l'a mis au monde (s. c. le titulaire du nom) c'est *Râ*».

Mais dès qu'on se met à analyser en détail les textes égyptiens, on arrive facilement à reconnaître la différence qui existe en égyptien entre les propositions construites d'après la formule : verbe + sujet et celles qui consistent en : sujet + verbe, ou, pour s'exprimer plus exactement, en : sujet + participe. Tandis que c'est aux premières que revient le rôle de figurer, entre autres, comme propositions principales énonciatives (« Aussagesätze »), les secondes ne peuvent jamais être employées dans le même sens : elles sont le plus souvent circonstancielles, quelquefois optatives ou relatives, ou bien elles servent à former des propositions pour ainsi dire substantivées, qui peuvent en leur entier être envisagées soit comme sujet, soit comme compléments directs ou indirects, du ou des verbes de la proposition principale. L'erreur, qui jusqu'à présent a souvent été commise, de considérer une proposition consistant en un sujet suivi du participe, comme une proposition principale énonciative, a eu des suites funestes pour l'exacte compréhension des textes : on obtenait ainsi un nombre considérable de propositions principales, ce qui obligeait le traducteur à hacher le texte en une multitude de courtes phrases. C'était méconnaître le lien qui unissait ces phrases entre elles, alors que pour marquer la liaison l'égyptien avait justement recours à l'emploi alternatif de différentes formes verbales qui avaient le sujet mis tantôt après le verbe et tantôt avant un participe.

Le véritable sens des propositions, qui se composent d'un sujet, d'une préposition et d'un substantif (vrai ou dérivé d'un verbe), avait aussi été par trop souvent négligé et la proche parenté de ces propositions avec celles qui consistent en un sujet suivi du participe [1] n'a pas toujours

---

[1] La proposition de la forme : sujet + préposition + substantif (ou suffixe) paraît n'être au fond qu'une modification de la proposition : sujet + participe, car très probablement elle représente une proposition dans laquelle le participe non existant du verbe ⸢𓇋𓅱⸣ «être» a dû être omis. Comme les propositions de la forme : sujet + participe, prises dans le rôle de propositions circonstancielles, correspondent exactement à celles qui

été rigoureusement observée, ce qui a encore donné un nombre assez grand de propositions principales.

Enfin dans les propositions exprimées seulement par deux substantifs juxtaposés, la différence n'a pas suffisamment été sentie entre les deux cas : celui où le premier substantif est attribut, le deuxième sujet, et celui où le premier substantif est sujet, le deuxième attribut.

Dans tout ce chaos, qui ne peut être débrouillé que si on renonce à examiner la langue égyptienne à travers la grammaire sémitique, l'ordre doit uniquement venir de l'étude de la langue égyptienne en elle-même et par elle-même. Dans ce but, il faut, pour chaque cas spécial, réunir le plus possible d'exemples, qui, étudiés premièrement par séries et ensuite dans leur ensemble, peuvent seuls jeter de la lumière sur la vraie structure de la langue égyptienne. Mais, dans cette sorte de recherches, il ne faut surtout pas perdre de vue le contexte auquel les exemples se trouvent empruntés, car des bouts de phrases, comme celles qu'on rencontre, par exemple, dans un des récents ouvrages sur la proposition soit-disant nominale en égyptien, ne servent absolument à rien, et c'est presque *jurare in verba magistri* que d'accepter sans contrôle facile les traductions qui y sont proposées. L'exemple de *Sinouhe*, cité plus haut à propos de l'expression 〔hiéroglyphes〕, suffit pour montrer à quelle prudence on est tenu vis-à-vis d'exemples qu'au fond on ne peut même pas reconnaître comme tels!

Ainsi donc, la syntaxe égyptienne présente encore plus d'un point qui demande à être élucidé, avant qu'on arrive à saisir toutes les finesses qu'une langue assez riche en formes verbales, telle que l'égyptien, pouvait très probablement se permettre d'exprimer. Comme toutefois dans un court article il est absolument impossible de trai-

dans nos langues s'expriment également au moyen du sujet suivi d'un participe, les propositions consistant en : sujet + préposition + substantif (ou suffixe) doivent aussi, dans le cas où elles figurent comme propositions circonstancielles, être rendues par le sujet que suivent le participe « étant » et, ensuite, la préposition et le substantif, ou le pronom, régis par cette préposition.

ter avec détail de pareilles
questions et que, d'un autre
côté, l'auteur de ces lignes a
déjà amassé un assez grand
nombre d'exemples pouvant
éclaircir certaines parties de la
syntaxe égyptienne, il ne serait
peut-être pas déplacé de mettre
ici sous les yeux du lecteur du
moins quelques passages de
textes égyptiens qui serviraient
à démontrer clairement l'importance qu'il y a à observer
les différences dans la structure de chacune des parties
constitutives de la phrase égyptienne. Par la même occasion,
quelques autres questions intéressant la syntaxe égyptienne
pourront être soulignées et,
autant que possible, expli-
quées.

EXEMPLES.

I

A propos des dieux qui
président aux provisions de
bouche du roi défunt, il est
dit dans la pyramide d'*Ounâs*,
lignes 176 à 180 (K. Sethe,
Pyramidentexte, § 121 *a–d* et
§ 122 *a*) [voir ci-contre] :

Ils ont saisi (ou : ils saisiront)
et ils lui ont donné[1] (ou : ils lui

[1] Comme l'action exprimée par ☥
«donner [à l'occasion, une fois]»

donneront), ils ont pris (ou : ils prendront) et ils ont donné (ou :
ils donneront) le pain et la bière d'orge et de blé, parce qu'à
Ounâs c'est son père qui lui a accordé (ou plutôt : qui lui accorde
toujours, ordinairement), c'est *Râ* qui lui a accordé (ou : qui lui
accorde toujours) le pain et la bière d'orge et de blé, parce qu'il est
le taureau qui abat (ou : a abattu) le pays de *Kensit*, parce qu'aussi
Ounâs, en ce qui concerne les 5 plats au château — et ils sont 3 au
ciel auprès de *Râ*, et 2 sur terre auprès de la neuvaine des dieux,
— lorsqu'il [les] met de côté, il [les] met de côté, et lorsqu'il
[les] examine, il [les] examine (c'est-à-dire : lorsqu'il n'en veut
pas, il peut les écarter, les laisser de côté, et lorsqu'il tient à les
voir, il peut les voir).

Dans ces quelques phrases il y a plus d'une remarque
intéressante à faire au point de vue de la syntaxe. Ainsi,
au commencement du texte cité, nous rencontrons une
ellipse du complément direct (⸻) dans la première des deux propositions parallèles, dont chacune consiste en deux verbes à la troisième personne du pluriel
(⸻ et ⸻). Ensuite,
dans chacune des trois propositions consécutives commençant par ⸻ « parce que », nous avons le sub-
stantif-sujet régulièrement mis avant l'attribut, car ce
sont là des propositions substantivées servant à expliquer
le mot ⸻ « ce que ». Dans la première de ces propositions (⸻), le sujet ⸻ « son père » est relevé
par la particule ⸻ et a comme attribut le verbe ⸻ qui,
vis-à-vis de ⸻ , semble jouer le même rôle qu'a ordinairement un verbe à finale redoublée (de la forme ⸻),
comparativement à un verbe à finale simple (de la forme
⸻). Dans la seconde proposition, le sujet est un pronom indépendant de la troisième personne (⸻) qui,
muni d'un ⸻ à la fin, semble être une forme emphatique
du simple ⸻ . L'attribut ici est un substantif (⸻),

n'est pas la même que celle qui est ordinairement désignée par ⸻ « donner [habituellement, toujours] » et comme d'un autre côté nous n'avons
pas dans les verbes, employés ici, entre la racine verbale et le sujet la particule ⸻ , signe caractéristique du parfait, il se peut que tous ces verbes
indiquent des actions futures que les dieux, auxquels on s'adresse, devront
faire une fois, à une seule occasion, mais non pas d'une manière habituelle.

placé à la suite de son sujet. Enfin dans la dernière proposition, nous nous trouvons en présence d'une prolepse du sujet, qui, dans la suite, est repris par le pronom 𓅯, aussi affecté de la terminaison ◡. Celle-ci semble ici servir à différencier ce pronom du simple pronom 𓅯 qui se rencontre dans la proposition incidente commençant par ⚊ et signifiant «lorsqu'il... (verbe au présent)». Ces trois propositions, différentes en ampleur, mais dans les trois cas de structure foncièrement semblable, sont très intimement reliées entre elles par la conjonction 𓇋𓏛 qui, placée immédiatement après le sujet dans la deuxième et troisième propositions, joint ces deux propositions à la première.

Ensuite il faut relever la prolepse du complément indirect qui dans ⚊ ⬭(Ounâs)⬯ 𓏤𓈖𓏤◡𓈖�=⚊ se fait *avec* la répétition de la particule ⚊ du datif, tandis que, le plus souvent, dans de pareils cas la proposition est élidée devant le substantif mis en prolepse.

Enfin l'anticipation des mots 𓏤𓌉𓏤𓏏, dans la phrase, mérite la plus grande attention. Ici, les deux mots 𓌉 «orge» (= 𓏤𓂝 𓌉, voir Pyram., §761 : P. 18 = M. 20 = N. 119; ⲉⲓⲱⲧ T., ⲓⲱⲧ M ⲛ, hordeum) et 𓏤 «épeautre», «blé» (=] 𓏏 𓏤, voir Pyram., §2070 : N. 971, et aussi Pyram., §874 : M. 399 = N. 949; ⲃⲱⲧⲉ T., ⲃⲱ†, ⲃⲟ† M ⲛ, ὄλυρα, far) qui déterminent les mots 𓏏 et 𓏤𓏏, se suivent l'un l'autre, mais il est de toute évidence que ce n'est qu'à 𓏤𓏏 que doit être rapporté le mot 𓌉 «orge», car c'est bien l'orge qui sert à fabriquer la bière, tandis que 𓏤 «épeautre», «blé» ne doit tout naturellement s'appliquer qu'à 𓏏. Il se trouve donc que le premier des deux mots désignant la substance se rapporte au deuxième des deux mots déterminés et le deuxième mot indiquant la substance est à rapporter au premier des deux mots qui demandent à être définis. C'est une construction qui involontairement évoque la comparaison avec une équation $a : b = c : d$, dans laquelle $ad = bc$. Du reste une construction semblable se remarque encore en égyptien, lorsque, par exemple,

on mentionne deux produits, chacun d'un pays différent,
et qu'à côté on nomme ensemble les deux pays d'où pro-
viennent ces produits. Ainsi dans : ou dans : (voir Schiaparelli, *La geographia dell' Africa
orientale*, p. 63 et 61), il faut bien se garder de com-
prendre que le lapis-lazuli (, var.) et le minerai *mafek* (, var.) provenaient *simultanément*
des deux pays nommés, car d'après nombre d'autres
textes nous savons pertinemment que le pays
(et var.) fournissait *exclusivement* le lapis-lazuli, et le pays
 (et var.) *uniquement* le minerai (et var.).
(Pour ces textes, à consulter l'ouvrage cité de Schiaparelli, p. 57, 80-82 et 78-80; voir aussi Gardiner, dans
Journal of Egyptian Archaeology, IV, p. 37). Dans le premier exemple nous devons donc reconnaître que les mots
« lapis-lazuli et *mafek* de *Reshet* et *Tefrer* », signifient plus
exactement : « lapis-lazuli de *Tefrer* et *mafek* de *Reshet* »,
et que le second exemple, qui dans une traduction
littérale dit : « les pays *Reshet* et *Tefrer* te produisent le
lapis-lazuli et le *mafek*, qui sont en eux », doit plus exactement être interprété par : « le pays *Reshet* te produit
le *mafek* et le pays *Tefrer*, le lapis-lazuli (c'est-à-dire des
produits qui *respectivement* se trouvent dans chacun de ces
pays) »[1].

II

Papyrus Prisse, p. 4, l. 2, à p. 5, l. 4 :

(4, 2)

---

[1] C'est très probablement dans le même ordre d'idées que l'expression :
 « deux cœurs, en argent et or » (voir Sethe, *Zeitschrift
für äg. Sprache*, 1910, vol. XLVIII, p. 145) veut dire : « deux cœurs,
[dont le premier est] en or et [le second] en argent », et non pas « deux
cœurs, dont chacun est en partie travaillé en argent et en partie en or ».

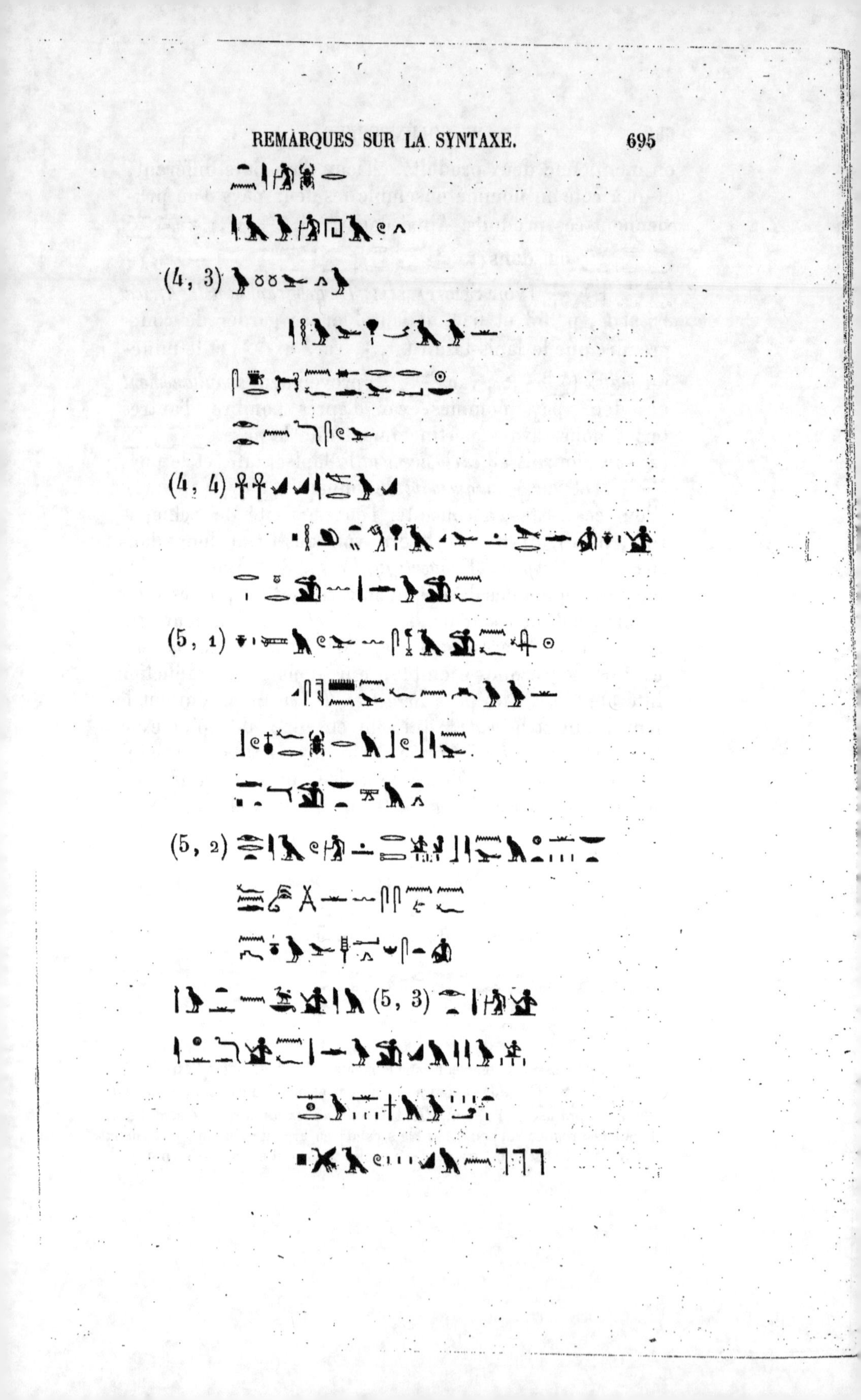

(4, 3)

(4, 4)

(5, 1)

(5, 2)

(5, 3)

(4, 2) Le gouverneur de la ville [de Thèbes] et vizir, *Ptaḥ-ḥotep*, dit : «O roi, mon maître, *puisque*[a] l'âge avancé se produit, la vieillesse arrive et (4, 3) le dépérissement vient; *puisque* — la faiblesse (de l'enfance[b]?) se renouvelant (ou simplement : apparaissant[c]) — celui qui se couche à cause[d] d'elle (sc. de la faiblesse) reste inerte[e] toute la journée; *puisque* les yeux se rapetissent et (4, 4) les oreilles deviennent sourdes; *puisque* — la vigueur faisant défaut à celui dont le cœur est fatigué[f] — la bouche se tait, sans qu'elle ait[g] (= sans qu'elle puisse prononcer) une [seule] parole et (5, 1) le cœur s'émousse sans qu'il ait[g] la souvenance d'hier; *puisque* — la souffrance (incessante?[h]) dans (litt. : de) l'ossature étant de longue durée (ou : extrême[i]) — tout ce qui est bon devient mauvais; *puisque* tout goût s'en va; (5, 2) *puisque* passer (litt. : faire) la vieillesse est pour les hommes mauvais sous tous les rapports; *puisque* le nez s'obstrue, sans qu'il ait[g] du souffle; *puisque* la débilité[j] est l'état normal[k] — *que soit ordonné*, au profit du serviteur ci-présent (5, 3), qu'un «soutien (litt. : bâton) de vieillesse» soit désigné (litt. : fait, créé) : puissé-je lui dire les paroles de ceux qui écoutent (= dédiées à ceux qui sont prêts à les écouter[l]), les propos d'autrefois, ceux que [même?] les dieux ont écoutés[l]! Puisse pareille chose (5, 4) t'être [aussi] faite [un jour]! Que la douleur(?) soit éloignée des mortels et que les «Deux Rives [du Nil] travaillent (= continuent à travailler) pour toi!»

ANNOTATIONS.

a. Toute l'introduction, motivant la prière que *Ptaḥ-ḥotep* adresse au roi, consiste uniquement en propositions circonstancielles, qui, pour la plupart, sont construites sur le modèle : substantif sujet + participe attribut; trois propositions seulement offrent la forme : substantif sujet + préposition + substantif (verbal ou autre) ([hiéroglyphes] , [hiéroglyphes] et [hiéroglyphes]). Comme le nombre de ces dernières est minime comparativement à celui des pro-

positions consistant en sujet + participe, il est très probable
qu'elles ne viennent qu'accidentellement interrompre la
trame fondamentale que l'auteur ancien avait adoptée
pour sa composition littéraire. Je crois, pour cette raison,
qu'il serait permis de voir dans ces trois propositions des
propositions circonstancielles *secondaires*, servant dans
chaque cas à ajouter un détail quelconque à la proposition qui les suit ou les précède.

b. Je ne puis me résoudre à voir une faute dans [hiéroglyphes]
[hiéroglyphes], que M. Dévaud propose de corriger en [hiéroglyphes].
Le mot, que je n'ai pas rencontré ailleurs, est distinctement écrit dans l'original et le sens s'en laisse assez facilement deviner par le contexte. Peut-être y aurait-il
quelque parenté entre ce mot et [hiéroglyphes] « enfant » —
appellation du soleil au premier jour de l'an (cf. BUDGE,
Dict., p. 76 *a*)?

c. Le mot [hiéroglyphes], dont le sens primitif est « être
neuf », peut bien signifier « apparaître comme quelque
chose de neuf » et non pas seulement : « apparaître de
nouveau », « se renouveler ».

d. La préposition [hiéroglyphe] a ici, ce me semble, le sens de
« à cause de », comme c'est, par exemple, le cas dans
l'expression : [hiéroglyphes] « à cause de la faim », dans
Urkunden des äg. Altert., IV, 665 (cf. BREASTED, *Ancient
Records*, II, 436 : « because of famine ») ainsi que dans
un assez grand nombre d'autres exemples.

e. Si inattendu que cela puisse paraître pour un mot
employé déjà à l'époque où fut écrit le traité de *Ptah-
hotep*, le verbe [hiéroglyphes] semble avoir son exact équivalent
dans l'arabe خَدَر signifiant « être engourdi (se dit des
membres du corps et des os عظم) », cf. KAZIMIRSKI, *Dictionnaire arabe-français*, 1ʳᵉ édit., vol. I, 544, 2ᵉ édit.,
p. 693.

f. La présence du signe [hiéroglyphe] s'explique assez naturellement, si on l'envisage comme déterminatif dans l'expres-

sion [hiéroglyphes]. Comme l'emploi d'un tel signe est
tout à fait facultatif, il a pu régulièrement être supprimé
dans les autres textes parallèles au papyrus Prisse.

g. C'est par le verbe «avoir» que nous devons traduire l'expression égyptienne construite, comme c'est le
cas ici, avec l'aide de la particule du datif [hiéroglyphe].

h. Il est très probable que l'on n'a pas à corriger ici
[hiéroglyphes] en [hiéroglyphes], car, bien que la forme habituelle
du mot [hiéroglyphes] n'ait qu'un seul [hiéroglyphe] radical, rien ne dit que
le même mot n'ait pu apparaître avec redoublement de
la finale, lorsque, par exemple, on voulait en renforcer
le sens. Il faudrait peut-être traduire [hiéroglyphes] par «douleur
intense» ou bien «douleur qui dure, qui ne cesse pas»?
Ce mot représente ici le sujet d'une proposition circonstancielle du modèle : substantif sujet + préposition + substantif, dans laquelle le génitif ([hiéroglyphes]) qui devait déterminer [hiéroglyphes], se trouve mis en prolepse, tandis que c'est le
suffixe [hiéroglyphe] qui le remplace après [hiéroglyphes]. En ce qui concerne la prolepse, il est à propos d'observer ici que,
contrairement à ce qui est le cas dans les langues sémitiques, elle ne sert pas toujours et uniquement à mettre
en vedette un substantif quelconque : souvent elle n'est
motivée que par le désir de voir un mot, ayant plusieurs
éléments qui le déterminent, séparé du reste de la proposition, afin de rendre plus compréhensible la structure
de celle-ci. D'autres fois, elle semble uniquement servir à
introduire un peu de variété dans le style. Il y a même
des exemples dans lesquels le mot qui à notre sens méri-
terait d'être relevé, ne se trouve pas en prolepse, tandis
que c'est justement un autre mot, moins important, qui y
est mis. Il faut aussi souligner que toute proposition
principale-énonciative (*Aussagesatz*), aussi bien que toute
proposition circonstancielle peut être construite avec prolepse soit du sujet, soit du complément direct, soit d'un
génitif, soit enfin de l'apposition.

i. Le mot [hiéroglyphes] signifie : 1° «longueur» et 2° «totalité».

j. Pour le sens de «débilité» assigné au mot [hiéroglyphes], à comparer le mot [hiéroglyphes] qui se rencontre dans *Sinouhe*, l. 169, avec le sens de «faible» (cf. Gardiner, *Notes on the story of Sinuhe*, p. 62).

k. Le mot composé [hiéroglyphes] consiste en deux substantifs verbaux «le rester debout» et «le rester assis» et semble signifier «la manière [constante] d'être», «l'état normal». La réunion des deux verbes à sens opposé, [hiéroglyphes] et [hiéroglyphes] se rencontre assez souvent dans le sens de : «être toujours», «se trouver constamment», «rester sur place» et, ensuite, «exister» (pour l'emploi simultané de ces deux verbes, à comparer : *Aeg. Inschr. aus den königl. Museen zu Berlin*, II, p. 175; *Pyram.*, § 214 *b* = Gauthier et Piéron, *Fouilles de Qattah*, p. 58; *Pyram.*, § 473 *b*; Pap. Prisse, p. 2, l. 7; Brugsch, *Thesaur.*, VI, p. 1344, l. 10; Junker, *Das Götterdekret über das Abaton*, p. 65; Lieblein, *Que mon nom fleurisse*, LIX; voir aussi Spiegelberg, dans le *Recueil XXIV*, p. 182-183).

l. Le verbe [hiéroglyphes] pouvant signifier : 1° «entendre», 2° «écouter», 3° «obéir», 4° «exaucer» et 5° «comprendre» (cf. le français : «entendre»), il est quelque peu embarrassant de définir le sens précis qu'ont ici les mots [hiéroglyphes] et [hiéroglyphes]. Aussi la traduction qui en a été proposée est loin d'être sûre.

III

Papyrus Ebers, pl. LXIX, l. 3-4 (à comparer *ibid.*, pl. LXIX, l. 9) :

[hiéroglyphes] (à lire sans doute [hiéroglyphe]) [hiéroglyphes]

[hiéroglyphes]

[hiéroglyphes]

Mon[1] fils Horus, comme il y a incendie dans le désert et —
qu'il y ait là de l'eau [ou] qu'il n'y ait pas là de l'eau — comme
de l'eau se trouve dans ma bouche et [tout] un Nil entre mes
cuisses, je suis venu[e] pour éteindre le feu! *Mot à mot* : Mon fils,
un incendie [étant] dans le désert, l'eau [étant] là, [ou] l'eau
n'[étant] pas là, l'eau [, par contre, étant] dans ma bouche et le
Nil [étant] entre mes cuisses, je suis venu[e?] pour éteindre le feu.

L'eau de la bouche, c'est-à-dire la salive, et le Nil
entre les cuisses, c'est-à-dire un flot d'urine, paraissent à
celui, ou à celle qui adresse ces paroles à Horus pouvoir
éteindre l'incendie dans le désert, même sans l'aide de
l'eau, si par hasard on en trouvait.

La traduction qui se rapproche le plus de la nôtre est
celle donnée par Joachim dans son livre sur le papyrus
Ebers (*Papyros Ebers, Das älteste Buch über Heilkunde*,
Berlin, 1890, p. 113); toutefois l'enchaînement des
courtes phrases de la formule magique n'a pas été tout à
fait bien observé et le pronom de la 1re personne du singulier a été partout, à tort, il me semble, remplacé par le
pronom de la 2e personne du singulier. Erman, dans sa
Chrestomathie égyptienne (éd. 1904), où il cite notre formule magique, croit pouvoir tourner la difficulté, que
paraissent lui présenter les mots : [hiéroglyphes], en
supposant que nous sommes en présence d'un dialogue.
Selon lui, quelqu'un vient annoncer à Isis : [hiéroglyphes]
et Isis, après avoir demandé : [hiéroglyphes] et reçu la réponse

[1] Il est très probable, presque sûr, que cette formule contient les
paroles adressées par Isis à son fils Horus. Aussi le suffixe de la première
personne, dont la forme hiératique répond régulièrement à [hiéroglyphe], doit-il
apparemment être lu [hiéroglyphe] dans notre texte. Dans tous les cas, le signe hiératique après [hiéroglyphe] (et plus bas après [hiéroglyphes]), bien que ressemblant à
un ⌐ et différant par sa forme du signe qui exprime ce suffixe dans
[hiéroglyphes] (pour : [hiéroglyphes]), ne doit pas être transcrit par ⌐, comme le
font Erman dans sa *Chrestomathie égyptienne* (p. 99), Schäfer dans la
Zeitschr. f. äg. Spr., 36, p. 129, et Wreszinski dans sa *Transcription du
papyrus Ebers* (p. 131, § 499), car le passage du papyrus Ebers (pl. LXIX,
l. 6), qui contient une variante de notre formule magique, nous renseigne
bien sur la vraie valeur du signe en question. Du reste, à la première
page du papyrus Ebers les deux différentes formes hiératiques du signe [hiéroglyphe]
se rencontrent à la *même* ligne : la ligne 5.

(10)

[hiéroglyphes], tient son petit discours sur les moyens qu'elle possède d'éteindre le feu. Cette explication, très ingénieuse en elle-même, ne peut nullement être soutenue si on envisage la forme du principal verbe dans le discours d'Isis. [hiéroglyphes], comme unique verbe dans la proposition principale-énonciative contenant le discours suivi de la déesse, ne peut être rendu que par un passé défini. Or, si Isis dit qu'elle est déjà arrivée, qu'elle est là, sa question et la réponse qu'elle reçoit se lient assez mal avec le fait accompli. Comment, en effet, supposer qu'Isis témoigne une certaine hésitation à venir en s'informant s'il y a ou non de l'eau sur le théâtre de l'incendie, quand elle-même, elle annonce sa présence sur les lieux du sinistre et s'apprête par ses propres moyens à éteindre le feu? L'hypothèse d'un dialogue doit donc être écartée. Ajoutons qu'il y a en outre une certaine difficulté à reconnaître partout des propositions principales-énonciatives dans ce que Erman, en s'inspirant de la syntaxe sémitique, nomme des propositions nominales (voir sa *Grammaire*, 3ᵉ édition, § 351 et suiv.).

IV

Lacau, *Stèles du Nouvel Empire*, nº 34001, et K. Sethe, *Urkunden des ägyptischen Altertums*, IV, 16/17 (épithètes du roi *Aâḥmes* de la XVIIIᵉ dynastie) [voir le texte page précédente] :

Maître des apparitions solennelles[1], *à l'amour durable;* [celui] auquel viennent les habitants du Sud, du Nord, de l'Est et de l'Ouest; [celui] qui est stable comme un maître qui a consolidé ses Deux Pays et qui a pris pour lui l'héritage de celui qui l'a engendré, pendant que l'humanité entière, que son illustre père lui avait

[1] Il n'est pas aisé de dire si l'expression [hiéroglyphes] doit ici être traduite par «couronnes», «diadèmes» ou par «les sorties en procession», «les apparitions solennelles», pendant lesquelles un roi se montrait à ses sujets ou un dieu à ses adorateurs. Sethe, dans sa publication, a fautivement lu [hiéroglyphe] au lieu de [hiéroglyphe], et Legrain, dans les *Annales du Service*, IV, p. 28, a dubitativement rendu ce signe par [hiéroglyphe] (?). Mais, bien que légèrement oblitéré, le [hiéroglyphe] se reconnaît assez facilement dans l'original.

donnée, s'est effacée [1] devant lui; [celui] à qui — après qu'il eut pris
les humains [2] et qu'il se fût emparé des mortels [2], les hommes [2]
adressent des adorations, la foule [disant] : «C'est notre maître!»,
les étrangers *Ḥa-nebtiou* [3] [disant] : «Soyons à son service!», [tous]
les pays [disant] : «Que nous soyons [toujours] à lui!»

La juste compréhension de ce texte n'est possible que
si l'on observe attentivement la construction des différentes propositions entrant dans sa composition. Des trois
épithètes, qui toutes se rapportent à l'épithète principale
⸺, les deux dernières abondent en détails
exprimés par de courtes propositions, qui s'enchevêtrent
les unes dans les autres. En voulant traduire toutes ces
propositions, ou du moins la plupart, par des phrases
principales, comme le fait encore Sethe dans sa récente
traduction du quatrième volume des *Urkunden*, on défi-
gure complètement la structure du texte et, en fin de
compte, il devient presque impossible de reconnaître
qu'il s'agit là d'épithètes, le texte prenant à tort l'aspect
d'un récit suivi.

V

Gardiner, *A stele in the Macgregor collection*, dans *The
Journal of Egyptian Archaeology*, vol. IV, p. 188-189, et
pl. XXXVII (le scribe ⸺, agenouillé, implore
le roi *Aāḥmes* et la reine *Aāḥmes-nofret-ari*, tous deux divinisés) :

(1) ⸺ (2) ⸺

<hr>

[1] Pour le verbe ⸺ avec ⸺..., dans le sens de «céder à...»,
«s'effacer devant...», à comparer *Pyram.*, § 554 b.

[2] Les mots «les humains», «les mortels», «les hommes» ne rendent
que par à-peu-près les expressions ⸺, ⸺
et ⸺, qui toutes sont parallèles entre elles.

[3] Les restes du déterminatif ⸺, relevé par M. Lacau après l'expression ⸺, se laissent reconnaître dans l'original. La copie de Sethe
est fautive en cet endroit. Legrain (*l. l.*) a dubitativement cru y voir le
signe ⸺.

Action d'adoration au roi victorieux et prosternement à l'épouse
divine : «J'adore vos belles faces (en ég. au singulier : votre belle
face); — soyez toujours gracieux vis-à-vis de moi!» [Ceci vient] de
la part du scribe Ari, qui dit : «N'appartient-il pas à vous[1] que *Râ*,
qui au fond ( ) connaît ce qu'il y a dans ma poitrine (litt. : dans
mon ventre) et qui scrute l'état de mon cœur, vienne à la voix de
celui qui l'appelle et se préoccupe de celui qui le sert (ou : le
révère)?»

Dans ce texte la proposition substantivée : ⊙ 𝄞 . . . . .
𝄞 . . . . . ▭ «le fait que Râ vienne et se préoccupe»,
forme le sujet du verbe et vient à sa suite, selon la
formule + sujet, employée régulièrement pour exprimer le présent, ou quelquefois le passé, du verbe dans
une proposition principale énonciative. Le verbe est
précédé de la particule interrogative , sur laquelle il
y a à consulter les intéressantes remarques de GRAPOW,
dans les *Göttingische gelehrte Anzeigen*, 1913, n° 12,
p. 746-747, et celles de GARDINER, dans les *Proceedings of
the Society of Biblical Archaeology*, vol. XXXV (1913),
p. 272-273, et vol. XXXVI (1914), p. 70. La préposition «à», venant à la suite de «être», donne à
ce verbe le sens de : «appartenir à... (quelqu'un)», et
ensuite : «dépendre de.... (quelqu'un)». Cf. *Pap. Harris
500*, verso, p. 1, l. 9; DARESSY, dans le *Recueil de trav.*,
t. XV, p. 56, l. 20; PIEHL, *Inscr. Hiérogl.*, 1ʳᵉ série,
pl. XII, col. 2-3; ERMAN, dans la *Zeitschrift für äg. Sprache*,
vol. XXXIII (1895), p. 20; G. MÖLLER, *Das Decret des*

---

[1] Question rhétorique qui, prise dans le sens d'une modeste supplique,
devrait très probablement se traduire : «Dépendrait-il [peut-être] de vous
que *Râ* vienne», etc. L'adorateur semble par ces mots invoquer les souverains défunts comme des saints, ou comme des intermédiaires entre lui et la
divinité, car c'est par leur intercession qu'apparemment il espère avoir les
faveurs du dieu *Râ*.

Amenophis, etc., l. 11; Maspero, dans la *Zeitschr. für äg. Spr.*, vol. XXI (1883), p. 65; Budge, *The Sarcophagus of Anχnesrānefrāb*, p. 90-91, l. 426-429; Daressy, dans les *Annales du Service*, t. XVIII (1917), p. 43; Naville, *Deir el Bahari*, III, pl. LVI et l. 1, p. 2; Maspero, *Sarcophages des époques persane et ptolémaïque*, I, p. 33; K. Sethe, *Urkunden*, IV, 1058, Erman, *Die Sphinxstele*, p. 8, l. 10, etc.

Dans les épithètes [hiéroglyphes], qui dans notre texte suivent le nom du dieu [hiéroglyphes], [hiéroglyphe] semble être un mot à part, très probablement une conjonction, ou une expression adverbiale, car il ne peut en aucun cas être considéré comme une terminaison du participe *masculin* [hiéroglyphe]. Il paraît rattacher ensemble les deux participes [hiéroglyphe] et [hiéroglyphe] : peut-être un tel rapprochement était-il nécessaire dans une proposition substantivée, pour bien indiquer au lecteur que les participes ainsi réunis n'étaient pas encore les attributs qu'on s'attendait à trouver, mais seulement de simples participes employés à l'instar des adjectifs comme qualificatifs du sujet ([hiéroglyphes]). Aussi plus loin dans la phrase, là où se rencontrent les deux participes attributs ([hiéroglyphe] et [hiéroglyphe]), la particule conjonctive [hiéroglyphe] fait-elle défaut. Or, si dans notre texte la particule en question a sa place après le premier des deux participes qu'elle relie entre eux, ailleurs, dans le cas de trois participes, c'est après le dernier qu'elle apparaît. Comparer les trois épithètes suivantes, dont chacune commence par un participe : [hiéroglyphes] « celui qui aide le faible [aux prises?] avec le fort », [hiéroglyphes] « celui qui protège la veuve privée de parents », [hiéroglyphes] « celui qui, *en outre* (?), réjouit les cœurs des dévots [et des (?)] vieillards » (*Urkunden des äg. Altertums*, IV, 1045). Peut-être le même mot sous la forme [hiéroglyphes] se rencontre-t-il dans les textes de la pyramide de Pépi II, au paragraphe 2071 c, où il est inséré entre un substantif et le génitif qui dépend de ce substantif ([hiéroglyphes]

⸺ [hiéroglyphes], etc.). D'autres exemples d'un mot [hiéroglyphe] dans les textes des pyramides sont : [hiéroglyphes] «qui donc (ou : «au fond») t'a fait cela?» (§ 1173) et [hiéroglyphes] [§ 819] (à comparer ces deux exemples chez ABEL, *Zur Tonverschmelzung*, p. 67 et 89). [hiéroglyphe], comme particule affirmative ou peut-être conjonctive, paraît se retrouver encore à la ligne 25 de l'hymne de *Merenptah* (LACAU, *Stèles du Nouvel Empire*, p. 58 et pl. XIX), dans une inscription de *Thoutmès Ier* (*Urkunden des äg. Altertums*, IV, 181, et dans le chapitre CXIII, 7, du *Livre des Morts* del'é dition Naville. (Pour le dernier exemple, qui se lit [hiéroglyphes], à comparer ABEL, *Zur Tonverschmelzung*, p. 80, où le mot [hiéroglyphes] est considéré comme forme primitive de la particule [hiéroglyphe]!) Un exemple rappelant celui-ci est : [hiéroglyphes] «celui qui fait vivre aussi bien les poissons de la rivière que les oiseaux du fond (?) du ciel» (ou plutôt : «celui qui fait vivre et les poissons....., et les oiseaux......»), *Hymne à Amon au Caire*, p. 6, l. 4-5 (à comparer PIEHL, dans la *Zeitschrift für äg. Sprache*, 1891 [vol. XXXIX], p. 52). Il n'est pas aisé de dire si le [hiéroglyphe] dans la stèle de Tombos, l. 3 ([hiéroglyphes]), a quelque chose à faire avec la particule [hiéroglyphes], des exemples cités plus haut? Par contre, le mot [hiéroglyphe] de l'Ostracon du Louvre 667+700, l. 7-8 ([hiéroglyphes] (8) [hiéroglyphes], cf. SPIEGELBERG, dans le *Recueil de travaux*, t. XVI, p. 31) semble bien être aussi une particule, affirmative ou autre, apparentée avec [hiéroglyphe] ou [hiéroglyphe]. Elle se trouve intercalée dans la forme verbale [hiéroglyphes] ⸺ peut-être écriture abusivement raccourcie pour [hiéroglyphes]?).

VI

Papyrus Anastasi, I, 19, 2-4 (cf. GARDINER, *Literary Texts*, p. 31) :

Traduction de M. Gardiner (l. l. p. 21*) : Thou hast [not] trodden the way to the M-g-r, (where) the sky is dark by day, and it is overgrown with cypresses(?) and oaks and cedars that reach the heavens; (where) lions are more plenteous than leopards and hyenas(?) and (it) is girt about with *Shosu* on < every > side.

Mais cette traduction ne me semble pas rendre exactement le sens de la phrase, parce que, à mon avis, la charpente : substantif sujet + préposition + substantif y est complètement méconnue.

Le sens général du texte me paraît être le suivant : « Tu n'as pas foulé le chemin vers un pays tel ou tel, parce qu'une multitude de choses telles et telles se trouvent sur le chemin de ce pays. »

La traduction littérale est : « Tu n'as pas foulé le chemin vers *Pa-Magaro* — dont le ciel est obscur (ou : avec le ciel obscurci) dans la journée, car il (*scil.* cet endroit) abonde en cyprès, en chênes et en cèdres qui atteignent le ciel — puisqu'une multitude de lions — [plus grande] que [celle] de léopards et de hyènes[1] — entourés de *Shasou* (= de brigands nomades), se trouve sur son chemin (c'est-à-dire sur le chemin qui mène à *Pa-Magaro*). »

[1] Ces mots veulent peut-être dire : « puisque des lions, des léopards et des hyènes, *les uns plus nombreux que les autres* », etc.

L'expression ⟦hiéroglyphes⟧ détermine ⟦hiéroglyphes⟧ absolument de la même manière que l'expression ⟦hiéroglyphes⟧ détermine le mot qui la précède dans ⟦hiéroglyphes⟧ du papyrus médical Hearst, 7, 4 : «poisson *âbdou*, la bouche [étant] pleine d'encens» = «poisson *âbdou*, dont la bouche est remplie d'encens». Il est à remarquer que dans aucun des deux cas, c'est-à-dire ni après ⟦hiéroglyphes⟧, ni après ⟦hiéroglyphes⟧, il n'y a de suffixe se rapportant au mot qu'on détermine. — La proposition ⟦hiéroglyphes⟧ *(sic)* est une expression circonstancielle de la forme ⟦hiéroglyphes⟧ (⟦hiéroglyphes⟧), qui, tout en se rapportant au substantif ⟦hiéroglyphes⟧, explique l'expression ⟦hiéroglyphes⟧. — Quant à la proposition ⟦hiéroglyphes⟧ de la forme ⟦hiéroglyphes⟧, elle ne peut être ici qu'une proposition relative («qui atteignent le ciel») se rapportant grammaticalement soit aux trois substantifs : ⟦hiéroglyphes⟧, ⟦hiéroglyphes⟧ et ⟦hiéroglyphes⟧ *(sic)*, soit aux deux derniers qui forment un seul groupe, soit même seulement au premier (⟦hiéroglyphes⟧), qui est aussi un substantif au pluriel.

Enfin dans les mots ⟦hiéroglyphes⟧ ⟦hiéroglyphes⟧ nous avons encore une proposition circonstancielle, mais cette fois du type : substantif sujet + préposition + substantif ⟦hiéroglyphes⟧ + ⟦hiéroglyphes⟧ «un grand nombre de lions..... [étant] sur son chemin» = «puisqu'un grand nombre de lions se trouvent sur son chemin»). Elle se rapporte à la principale proposition et indique par quoi est motivée l'impossibilité d'atteindre le pays de *Pamagaro*. Dans cette proposition circonstancielle se trouve incidemment introduite l'expression ⟦hiéroglyphes⟧, qui sert à déterminer le mot ⟦hiéroglyphes⟧ de l'expression ⟦hiéroglyphes⟧ («une multitude de lions, enclavés dans des *Shasou*, encerclés par des *Shasou*»).

VII

Papyrus Koller, p. 5, l. 1-4 (cf. GARDINER, *Literary Texts*, p. 48 et 42*) :

Souviens-toi du jour où on apportera les présents (ou : tributs), lorsque tu seras à passer par devant [le roi] sous la (= sa) fenêtre, (pendant que les courtisans en deux rangs devant Sa Majesté et les cheiks — les messagers de tous pays étrangers — étant [tous] debout et regardant avec curiosité examineront les présents) et que tu seras apeuré et tremblant, ta main devenue [tout à fait] faible : [alors] tu ne sauras pas si c'est la mort ou la vie qui est devant toi (= qui t'attend) et tu vas te mettre avec ferveur à prier tes dieux : « Délivrez-moi et préservez-moi sain et sauf [ne fût-ce que] cette seule fois ! »

Du point de vue syntaxique il faut reconnaître ici comme principales les trois phrases suivantes : la phrase du commencement, qui est de caractère exhortatif, et les deux phrases de la fin, qui servent à motiver la première. Entre ces deux dernières phrases et la phrase initiale, on rencontre deux propositions ([hiéroglyphes] et [hiéroglyphes]) qui se correspondent et dont la première est développée au moyen d'une proposition circonstancielle de la forme : deux sujets + [hiéroglyphes] (x et y... [hiéroglyphes]) qui, à son tour, contient une courte proposition relative ([hiéroglyphes]) se rapportant aux deux sujets de la phrase circonstancielle. La seconde des deux propositions temporelles est aussi accompagnée d'une proposition circonstancielle, mais cette dernière, construite sur le modèle : substantif sujet + [hiéroglyphes] ([hiéroglyphes]), ne vient qu'à sa suite.

C'est uniquement en tenant compte, dans la traduction de ce texte, des nuances que présente chaque proposition qui le compose, qu'on arrive à bien saisir l'idée de l'ancien auteur qui, sur un ton plus ou moins badin, veut décrire l'effroi dont est saisi un petit employé obligé, en présence du pharaon, de prendre part à une cérémonie solennelle au palais. Le pittoresque du petit tableau, esquissé non sans une certaine verve, disparaît complètement, si l'on persiste à vouloir couper le texte en une série de propositions uniformément énonciatives.

VIII

Stèle de Ptolémée I, satrape d'Égypte, l. 10-11 :

...(diverses épithètes d'Horus)...

Ils dirent en présence de sa Majesté : «O roi, *notre maître* — que Horus, fils d'Isis, fils d'Osiris, prince des princes, etc., ait chassé cet ennemi Xerxès de son palais en compagnie de son fils aîné, ce fait est connu (en égyptien : «c'est connu») [encore] aujourd'hui dans la ville de Saïs de la déesse *Neit*, auprès de la Divine Mère (=la déesse *Neit*)».

Ici la proposition substantivée : , etc., «le fait que Horus fils d'Isis, fils d'Osiris..... ait chassé cet ennemi Xerxès..... et son fils», est mise en prolepse. Elle est reprise plus loin, à la vraie place du sujet, par le pronom , ayant ici, comme souvent ailleurs, le sens de «ceci».

Les mots «dans la ville de Saïs de la déesse *Neit*, *auprès de la Divine Mère*», semblent très probablement faire allusion aux annales du temple de *Neit*, qu'au besoin on pouvait aller consulter, si on voulait se renseigner en détail sur quelque question de l'histoire d'Égypte.

Le Caire, 5 mars 1922.

A TACHYGRAPHICAL CURIOSITY,

BY

ARTHUR S. HUNT.

The papyrus which I here publish was among those purchased by Professor Grenfell during a visit to Egypt in the winter of 1919-1920. Since it contains, for me at any rate, various unsolved riddles, this first study of the text may perhaps be not inappropriately dedicated to the memory of the celebrated solver of riddles in whose honour the present volumes have been projected.

On the verso of the papyrus is part of a taxing-list, in itself of slight interest but valuable as a *terminus ad quem* for the text on the other side. This list is in ordinary cursive of, roughly, the middle of the third century : a date later than about 300 A. D. is not possible. The text on the recto, therefore, which is neatly written in small upright uncials, can hardly be subsequent to the first half of the third century, and I should prefer to place it near-er the beginning of the century than the middle. That so definite a limit can be fixed is fortunate, since ll. 24-25 of col. I might be held to imply a considerably later period; see the note *ad loc.*

On the recto parts of three columns are preserved, and there are exiguous remains of a fourth, which are too scanty to be worth reproduction but suffice to indicate that the matter of col. IV was analogous to that of cols. I-III. Of these, col. II is practically complete, except for the mutilation of a few words towards the end, and the total loss of, probably, the last three lines; and the remains of the two adjoining columns are considerable.

Their contents follow a uniform arrangement, consisting of a series of short sections, which are made up of three elements : (1) a word or phrase, which is given prominence by projection into the left margin (cf. e. g. P. Oxy. 1801) and is divided by means of a pair of double dots from any further letters in the same line, (2) a group of, normally, four words written one below another, and (3) in the margin to the left of these and immediately below the initial word or phrase, a clearly-drawn symbol. Presumably the symbol is the tachygraphic compendium of the preceding word or phrase, and this natural supposition is confirmed by e. g. II, 28, where the symbol which accompanies ὅμως οὖν is composed of two parts corresponding to known tachygraphic equivalents of ως and ουν (cf. WESSELY, *Ein System der altgr. Tachygraphie*, No. 8, 7, No. 2, II, 1). Some surprise may indeed be felt that collocations of the length of τῇ βουλῇ καὶ τῷ δήμῳ χαίρειν or κομισάμενός σου τὴν ἐπιστολήν (I, 1, 6) should be compressed into a single sign, and certainly the use of such more or less arbitrary symbols must have added greatly to the difficulties of the system; an analogy may however be found in another of Wessely's texts (*op. cit.*, No. 1), where apparently the tachygraphic equivalents of the phrases τύχη ἀγαθῇ, τύχη τῇ ἀγαθῇ, σὺν ἀγαθῇ τύχη are prefixed to a shorthand syllabary.

A correspondence between the initial phrase or word and the accompanying symbol may, then, be assumed without further demur; but what is their relation to the group of four words with which they are regularly associated? Of these words four kinds occur : (1) proper names, personal or geographical, (2) common names, mostly, but not always, in the nominative, (3) adjectives, (4) verbs, usually in the third person singular present indicative (? an aorist in I, 27). Sometimes a connexion can be readily traced throughout a group, e. g. I, 7-10, Τιτάν, πυραυγεῖ, φαεσφόρος, σελασφόρος, 35-38, σιβύνη, λάρναξ, κοῖλον, ὕπτιον, II, 5-8, Κροῖσος, Γύγης, Κόττος, Βριάρεως, and such sequences warrant the infer-

ence that a similar logical nexus lurks in those groups
where it is not so easily recognized. Mr. E. Lobel, to
whom I owe some useful suggestions on this text, recalls
Aristotle Περὶ μνήμης καὶ ἀναμνήσεως (p. 452 a 14):
ταχὺ ἀπ' ἄλλου ἐπ' ἄλλο ἔρχονται, οἶον ἀπὸ γάλακτος
ἐπὶ λευκόν, ἀπὸ λευκοῦ δ' ἐπ' ἀέρα, καὶ ἀπὸ τούτου ἐφ'
ὑγρόν, ἀφ' οὗ ἐμνήσθη μετοπώρου; cf. Themist., ad loc.,
who adds a rather more recondite chain: Ἀθῆναι, Λύκειον,
οἶκος Πλάτωνος, νεομηνία, συμπόσιον, Σωκράτης, τὸ
τυφθῆναι ὑπὸ Σωκράτους, λύρα. The purpose of our
groups, then, is no doubt mnemonic; but the mode of
their application to the tachygraphic symbols and expand-
ed equivalents remains entirely obscure. In a few instances the recurrence of a syllable is noticeable, e. g.
II, 1, μη-κε-τι and ει-κε-λος, II, 9, αχ-ρι and νεϐ-ρι-ς
(cf. I, 35, 40, III, 32); more often however there is no
such common element, and the key to the puzzle must
be sought elsewhere.

Another question to which I have found no satisfactory
answer is, on what principle were the symbols arranged?
Here and there an intelligible sequence is found; e. g.,
μέχρις is succeeded by ἄχρι and ὕπερθεν by ἄπωθεν, but
for the most part the order appears to be hazardous and
quite unsuited to a tachygraphic dictionary. Yet a further
problem arises in col. II, where below l. 16 there is an
elaborate coronis, as if to mark the end of a book, with
a title consisting of the letters ƐΡ enclosed in an orna-
mental border (cf. e. g. P. Oxy. 850, 21; 1011, 90-91).
The succeeding groups provide no obvious explanation of
this singular heading. In view of these various difficulties,
it may perhaps be suggested that the papyrus is a school
exercise-book in which more or less fortuitous collocations
would not be surprising. But that hypothesis is excluded
by the literary character of the hand, which is evidently
that of a practised, if not very accurate, scribe; and the
scale of the text negatives the supposition that a practised
scribe was merely amusing himself.

In the following transcript words have been divided

716   A. S. HUNT.

and capital initials added in the proper names, otherwise
the text is printed as it stands; the symbols have not
been reproduced, but the forms of these can be studied in
the accompanying facsimile (pl. XVI). Letters with dots
beneath them are to be regarded as doubtful. Some details of reading and other minor points are considered
in the commentary.

Col. I.

```
   [τ]η βουλη και τω δημω χαι
   [ρ]ειν      ακαμας
               μαρμαρα
               Νεστωρ
 5             Νεοπτολεμος
   [κο]μισαμενος σου την ε
   [πιστο]λην : : Τειταν
               πυραυγει
               φαεσφορος
10             σελασφορος
   [. . . . .]αντων : : αναινεται
               τανταλιον
               αγλαος
               [. . . . .] . ευς
15 [. . . . . .]θα επαν ουν
             ] Φαρετρα : : ρεπει
               κιστη
               σταθμος
   [. . . . . . .]περ : : χαρωπος
20             ζμαραγρει
               ηχει
               κομβος
   [. . . . . . :] : Οσειρις
               Διοσκορος
25             αρχερεσια[ζ]ει
               [. . .]τ . . .
   [. . . . . . . . . . . . . . . .]βεσε
               [            ]
               [ ·          ]
30             [            ]
```

Col. I (right)

```
   [                        ]
         [. . . . . . . . . .]ς
         [ ·                ]
               Περσεφο[νη]
35 [. . . . . .μ]εν ουν : : σιβυνη
               Λαρναξ
               κοιλον
               ϋπτιον
   [. . . . . . .]ρα : : Κοιρανος
40             κρεκει
               πασσει
               [σ]ποδον
   [. . . . . . :] : καυμα
               λοχαγος
45             [ξ]ηραινει
               [.] . της
   [. . . . . . ::] πτερον [  ]
      3 (?) lines lost.
```

Col. II.

```
   μηκετι : : εικελος
               ανωνυμος
               Συρος
               μορος
 5 μεχρι : : Κροισος
               Γυγης
               Κοττος
               Βριαρεως
   αχρι : : νεβρις
10             μανδρα
```

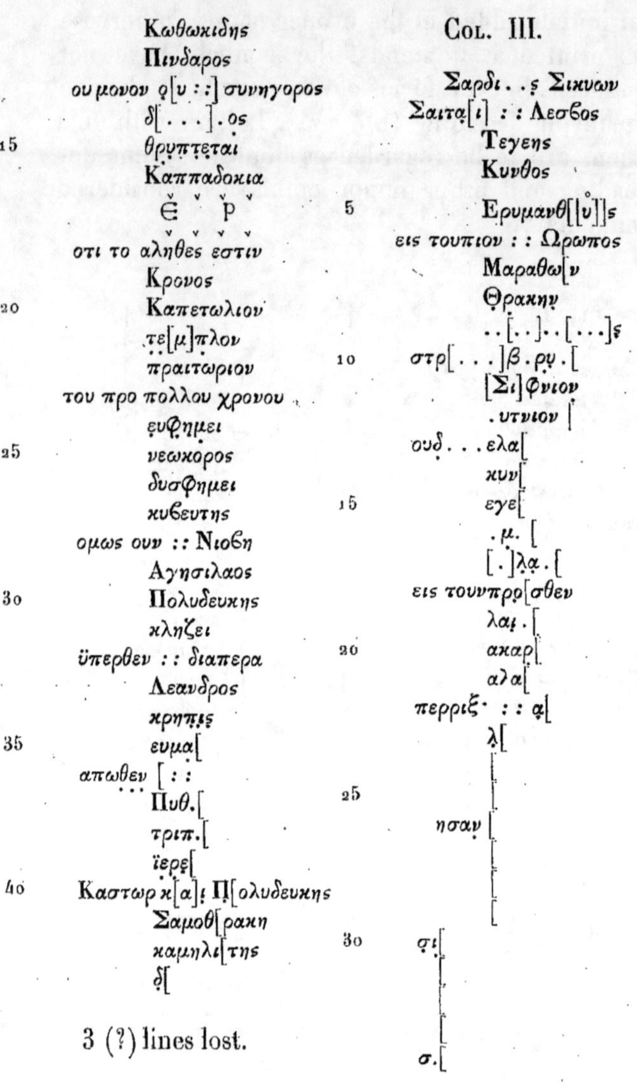

3 (?) lines lost.

1, 2-5. The idea of endurance is common to the first three words, but Νεοπτόλεμος is less evidently apposite. Possibly he merely forms a contrast of youth with age.

12. Perhaps Ταντάλιον, or τανταλ. may = ταλαντ. : but the reading is not at all certain.

16. As the text stands the group consists of three words instead of the usual four. Φαρέτρα however is not a term which would be expected in the phrase to be treated tachygraphically, and seems moreover incongruous with what remains of that phrase. It may therefore be suggested that the pair of dots is displaced, and that φαρέτρα should have been the first word of the group. Cf. III, 1, where two words have been written in a single line instead of being placed one below the other, and III, 10-12, where there may be a similar dislocation or omission.

20. Most of the letters are clear and those which are in doubt may be read with probability. Perhaps σμαραγεῖ, which is similar in sense to ἠχεῖ, was intended. Κόμβος looks incongruous, but may well have been inserted owing to its phonetic nearness to βόμβος.

24-25. L. ἀρχαιρεσιά[ζ]ει. From the combination of this word, which though not synonymous with could easily suggest αἱρεσιαρχεῖ, with Διόσκορος, it might at first sight be inferred that the well-known bishop of Alexandria who presided at the council of Ephesus in 449 is meant; but that hypothesis is at once excluded by the date of the papyrus (cf. introd.).

27. Perhaps ἔ]σβεσε, but the letters need not belong to a single word.

35. Owing to the length of this line the second vertical stroke of the N in σιβύνη is made to do duty as the first vertical of the H, as happens not infrequently in texts of a rather later date. This is more likely than that σιβυλη was written in error.

38. For the association of κοῖλος and ὕπτιος, cf. Arist., Meteor., I, 13, 12 (p. 350 a 10), κοίλην καὶ ὑπτίαν . . . ϖεριφέρειαν.

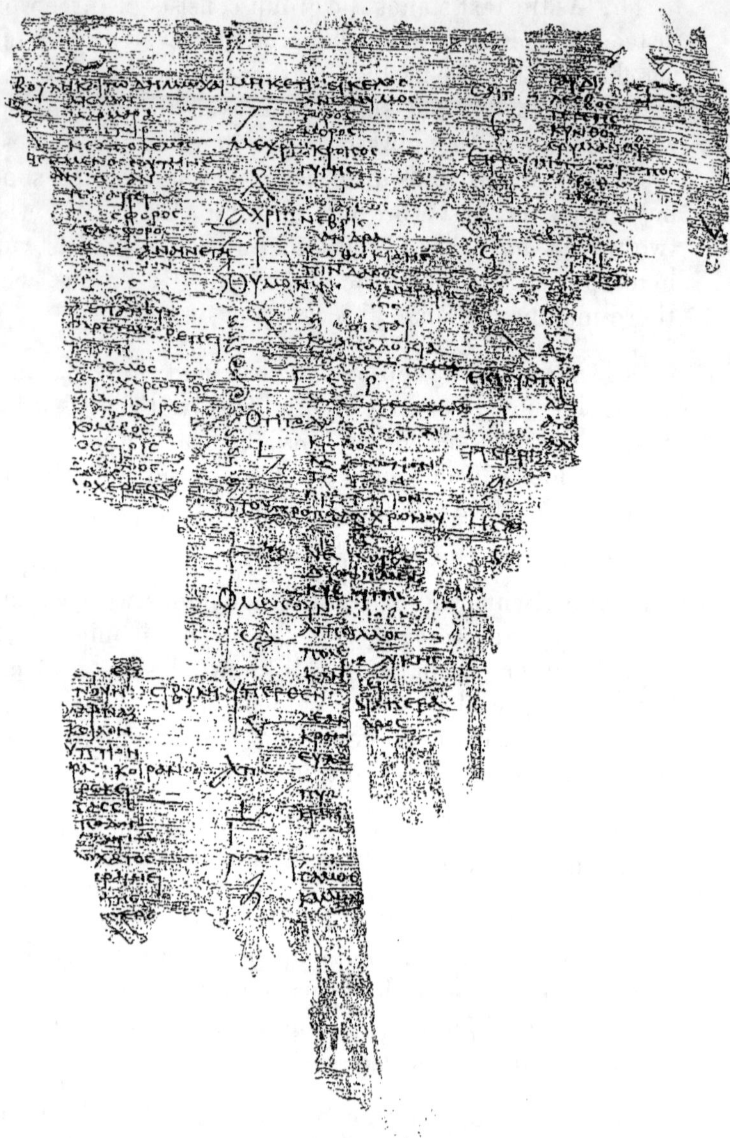

Papyrus Grenfell

39. That Κοίρανος is a proper name as indicated by κρέκει. Κοίρανος of Miletus or Paros is said to have been saved from drowning by a dolphin, and the similarity of this story to that of Arion suggests music. Πάσσει (« embroider »), in l. 41, is associated with the other sense of κρέκειν (« weave »), and the primary meaning of πάσσε leads not inaptly to σπόδον.

II, 5-8. The cohesion of this group depends on the alternative identification of Gyges as (1) the Lydian king, (2) the brother of Kottus and Briareus; cf. Hes., *Theog.*, 149, Κόττος τε Βριάρεώς τε Γύης (v. l. Γύγης) θ᾽, ὑπερή-φανα τέκνα.

11. L. Κοθ.

15. Θρύπτεται is a probable reading and is supported by Καππαδοκία, though why that province in particular was chosen as the representative of Asiatic effeminacy is not clear.

19-20. The Capitol is associated with Zeus rather than Cronus, who however as identified with Saturn was especially honoured in Rome, and according to Suidas the Capitol Σατούρνιον πρότερον ἐκαλεῖτο.

21. τε[μ]πλον : πέπλον is hardly possible, whereas the Latin word is commended by its two neighbours.

23. The surface of the papyrus is damaged in the middle of the symbol below this line, and the formation of the symbol remains in doubt; the two small half-circles may well have been connected by a longer curve, through which the horizontal stroke passed.

24-27. Here the connexion preceeds by way of contrast : εὐφημία characterises the guardian of holy places, while its opposite is typical of the gambler.

32 sqq. Λέανδρος appropriately follows διαπερᾷ, and κρηπίς, if that is the right reading (Κρήτης is less suit-

able), is not unintelligible (= quay?), though not quite
the word that would be expected.

37-39. τρίπους looks obvious between Πυθία or Πυθώ
and e. g. ἱερε[ῖον, but cannot be read. The π is followed
by a vertical stroke which would siut ρ, υ or ι, but if it is
υ, there is no room for an ο.

40-41. For the Dioscuri and Samothrace, cf. PLUTARCH,
Aemil. Paul., 23, διέπλευσεν εἰς Σαμοθράκην καὶ διαφεύ-
γων ἐπὶ τοὺς Διοσκούρους ἱκέτευεν; PHILO BYBL., Fr. 2, 11,
Διόσκουροι ἢ Καβειροὶ ἢ Κορύβαντες ἢ Σαμοθρᾷκες.

III, 1. The letter after Σαρδι was apparently κ or ν,
and Σαρδικός or Σαρδίνι[ο]ς could be read. Σικυών is presumably misplaced; cf. I, 16, n.

3-5. Τεγεης is a false form and Τεγε⟨άτ⟩ης is probably
to be read; cf. PAUSAN., VIII, 53. In any case the prominence of Apollo and Artemis at Tegea makes the transition to Cynthus easy, and this suggests the name of another hill also ending in -νθος. The correction in l. 5
may be by the original hand.

10-12. Only three lines instead of the normal mini-
mum of four have been given to this group, and perhaps
two words were mistakenly written in one line, as in III, 1
above. In l. 12, υτνιον is clear, and the preceding vestiges rather suggest α, but this gives no word; the repet-
ition of the syllabe -νιον is noticeable.

22. L. ϖέριξ. This word is followed by a high stop, in
addition to the usual double dots.

Oxford.

SUR LE 〰 (*N*) ÉGYPTIEN

DEVENANT ⲣ (*R*) EN COPTE,

PAR

M. PIERRE LACAU.

Le rapprochement établi par Spiegelberg[1] entre le mot 𓏤𓈖𓎛𓅱 *nmḥw* et le copte ⲣⲘϨⲉ (sah.) : ⲣⲉⲘϨⲉ (boh.) « libre » est extrêmement intéressant pour le sens. Nous avons là une étymologie qui éclaire d'un jour tout nouveau le terme égyptien si discuté. Mais au point de vue phonétique le rapprochement semble d'abord faire difficulté. En effet, un 〰 initial ne devient jamais ⲣ en copte : il correspond dans cette position soit à ⲗ : 𓈖𓏤 〰 ⲗⲁⲥ « langue », soit à ⲛ : 𓂝𓏤 〰 ⲛⲁⲩ « heure ». Il faut expliquer cette anomalie.

Spiegelberg, qui a bien vu la difficulté, propose la solution suivante. Il y aurait eu assimilation du *n* initial de *nmḥw* au *r* final du verbe *'r* dans l'expression *'r-nmḥw* qu'on rencontre en démotique[2] et qui se retrouve en copte sous la forme ⲣⲣⲘϨⲉ : ⲉⲣⲣⲉⲘϨⲉ « devenir libre ». Mais, en réalité, nous n'avons pas d'autre exemple d'une pareille assimilation régressive. Nous connaissons seulement le phénomène inverse : le ⲛ (article pluriel ou préposition) s'assimilant au ⲣ initial du mot qui le *suit*, exemple : ⲛⲣⲱⲘⲉ devenant ⲣⲣⲱⲘⲉ[3]. L'explication proposée demeure donc une simple hypothèse.

Sethe suggère une autre possibilité : le mot *nmḥw* aurait été décomposé, par étymologie populaire, en ⲣⲘ

---

[1] *Ä. Z.*, 53, 116.

[2] Griffith, *Rylands*, III, 2, V, 2 VI, 2, VII, 3 — *Corpus pap.* n° 7. Tous ces exemples dans des « contrats de servage ».

[3] Steindorff, *Kopt. Gram.*[2], § 50-51. Le phénomène est d'ailleurs restreint à certains textes anciens du dialecte sahidique.

(homme) et ϩⲉ [1]. Mais précisément l'expression *rmt-nmḥw* existe déjà en démotique [2]. Le correspondant copte serait régulièrement *ⲣⲙ̄ⲛⲙ̄ϩⲉ et l'on ne voit pas la vraisemblance d'une étymologie populaire [3].

En réalité, l'anomalie est purement apparente et nous sommes en présence d'un phénomène phonétique parfaitement régulier, que l'on peut formuler ainsi : « *Tout* n *placé devant* m *en syllabe non accentuée* (*précédant syllabe accentuée*) *passe à* r. » Nous allons observer ce même fait dans plusieurs mots.

I

ⲣⲙ̄ϩⲉ : ⲣⲉⲙϩⲉ =  *NMḤW.*

a. *Le* n *est en syllabe atone.* — Si le *n* initial est traité ici d'une façon spéciale, c'est qu'il occupe une position spéciale : il est en syllabe inaccentuée. Ce qui serait anormal, c'est que le *n* initial correspondît à *r* devant une voyelle accentuée. Dans cette position, il resterait *n*. Si le mot *nmḥw* = ⲣⲙ̄ϩⲉ était de la forme ⲥⲛ̄ⲧⲉ (= *sěnty*), comme le veut Spiegelberg, le traitement *n* = *r* serait incompréhensible. Mais dans ⲣⲙ̄ϩⲉ la première syllabe est certainement atone. Le mot, en effet, est un adjectif en ⲉ final du type ⲕⲁⲙⲉ, ⲧⲉϣⲉ, etc., et, dans ce type d'adjectif, l'accent est sur la finale en ⲉ. S'il était du type ⲥⲛ̄ⲧⲉ, la forme boheïrique serait *ⲣⲉⲙϩⲓ et non ⲣⲉⲙϩⲉ, cf. ⲥⲉⲛϯ (boh.). D'ailleurs, dans les deux dia-

(1) C'est l'étymologie proposée par Peyron dans son dictionnaire. Il cite même une forme ⲣⲙ̄ⲛ̄ϩⲉ (*Pap.* II, 87). Si cette forme est exacte, elle montre seulement que le scribe concevait bien ⲣⲙϩⲉ comme composé de ⲣⲙ̄ + ϩⲉ puisqu'il a séparé les deux mots par la préposition ⲛ̄. Il est normal que le mot ⲣⲙ̄ϩⲉ, une fois donné, ait été interprété ainsi, suivant l'analogie d'un très grand nombre de mots composés du même type; mais cette étymologie suppose l'existence du ⲣ initial dans ⲣⲙ; elle ne l'explique pas.

(2) Griffith, *Rylands*, XI, 2, XLI, 5, II, 14 — *Ostr. Strasb.* D, 384 (cité par Spiegelberg, *Ä. Z.*, 53, 117, note 1).

(3) Ce qui serait au contraire très admissible, c'est que le mot composé *rmt-nmḥw* = *ⲣⲙ̄ⲛ̄ⲙϩⲉ se soit réduit à *rmḥw* = ⲣⲙ̄ϩⲉ. Nous verrons tout à l'heure que la première syllabe de *nmḥw* est inaccentuée. Or, on sait que, dans les mots composés, les syllabes atones sont sujettes à des contractions violentes, cf. ⲣⲉϥ- = *rmt-iwf* = *rĕm-ĕf*; Steindorff, *Kopt. Gram*²., § 127.

lectes, le pluriel est ⲣⲙ̄ϩⲉⲉⲩⲉ : ⲣⲉⲙϩⲉⲩ [1]; c'est le pluriel normal des adjectifs en ⲉ final [2].

b. *Le* n *est suivi d'un* m. — Un *m* séparé d'un *n* par une voyelle accentuée n'a aucune action sur cet *n*, ainsi ⲛⲟⲙⲧⲉ : ⲛⲟⲙϯ. Au contraire, en contact direct et en syllabe inaccentuée, il provoque le passage de *n* à ⲣ. Il se peut, d'ailleurs, que le *n* en syllabe non accentuée passe également à *r* dans d'autres conditions [3], mais, dans le cas présent et dans *les mots qui vont suivre*, l'influence du *m* me paraît claire. Il faudrait, comme contre-épreuve, avoir des exemples de *n* en syllabe non accentuée demeurant *n* devant une autre consonne que le *m*. Je n'en ai pas [4].

La correspondance *nmḥw* = ⲣⲙ̄ϩⲉ est donc régulière et d'ordre phonétique. Voyons d'autres exemples du même passage de *n* à *r*.

II

ϩⲉⲣⲙⲁⲛ (SAH.) : ⲉⲣⲙⲁ̀ⲛ (BOH.) : ⲗⲉϩⲙⲉⲛ (AKH.) « GRENADE » =  *ÍNHM'N*.

Ce rapprochement a été proposé en même temps par

(1) Cf. les orthographes  (stèle de Dachel, *Rec. de Trav.*, 21, 14, l. 10) et  (*Ä. Z.*, 43, 29, l. 10, 18).

(2) Que le ⲉ final porte l'accent dans les adjectifs de ce type, cela est prouvé par les faits suivants : 1° le ⲉ final ne passe pas à ⲓ en bohéïrique et en fayoumique. Or, dans ces deux dialectes, tout *e* final non accentué devient *i*; 2° dans le mot ⲙⲛ̄ⲧⲣⲉ (sah.), ⲙⲉⲑⲣⲉ (boh.) «témoin», la syllabe *mt* (+ consonne) développe un *n* en sahidique (= ⲙⲛ̄ⲧ-) uniquement parce que cette syllabe est inaccentuée; 3° dans le mot ϩⲁⲧⲣⲉ : ⲁⲑⲣⲉ «jumeau» le ϩ initial tombe en boheïrique uniquement parce que la voyelle est atone, autrement il subsisterait; cf. ϩⲏⲕⲉ : ϩⲏⲕⲓ «pauvre».

(3) L'étymologie de ⲧⲟ : ⲧⲟⲓ (état construit ⲧⲣⲉ-) «fraction, partie» proposée par Sethe, *Von Zahlen*, 88, nous donnerait un exemple de *dnc* devenant ⲧⲣⲉ- à l'état construit. Au contraire, à l'état normal, on aurait chute de *n* devant l'accent.

(4) Dans la préposition ⲙⲛ̄- (métathèse récente de ⲛ̄ⲙ-) : ⲛⲉⲙ-, ⲛ̄ⲙⲙⲁ- : ⲛⲉⲙⲁ- «avec», le *n* devant *m* en syllabe inaccentuée ne devient pas *r*, parce que dans ce mot le *n* n'est pas primitif. Le mot hiéroglyphique est 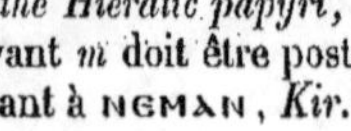, en démotique 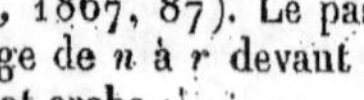 (Goodwin, *Essay on the Hieratic papyri*, 1858 et *Ä. Z.*, 1867, 87). Le passage de *r*(*l*) à *n* devant *m* doit être postérieur au passage de *n* à *r* devant la même lettre. Quant à ⲛⲉⲙⲁⲛ, *Kir.* 271, c'est le mot arabe نعمان.

Moldehnke [1] et par Loret [2] et depuis lors il a été admis
sans discussion [3]. Cette correspondance est tout à fait
exacte, mais à condition cependant d'être expliquée. Le ⲣ
copte, correspondant à un *n* ancien, doit paraître d'abord
anormal. Il est au contraire régulier, si l'on remarque
qu'il s'agit d'un *n* dans *une syllabe non accentuée*, exactement comme dans *nnḥw* : ⲣⲙ̄ⲥⲉ. L'accent est en effet sur
ⲙⲁⲛ.

Le mot se présente en égyptien sous des orthographes
assez différentes, mais qui peuvent se ramener à trois
types, comme le remarque Burchardt :

1°　[groupe hiéroglyphique] (tombeau d'Anna = *Urk.*, IV, 73);
　　[groupe hiéroglyphique] (*Ebers*, 19, 19/20);

2°　[groupe hiéroglyphique] (*Harris*, 36 a, 5);
　　[groupe hiéroglyphique] (*Harris*, 16 a, 10, etc.,
　　Anast., 4, 17,5);

3°　[groupe hiéroglyphique] (*Ebers*, 16, 16/17).

Le type n° 1 est clair et correspond au consonantisme
nḥmn (avec voyelle initiale de soutien c'est-à-dire vocalisée
ĕnḥmĕn. Le type n° 2 nous donne, pour *n*, la valeur *l*, le
groupe [hiéroglyphes] étant la graphie de *l* : ⲗ dans l'orthographe
syllabique. Est-ce une forme dialectale?

Mais ce qui est le plus étrange dans les groupes n° 2
et n° 3, c'est la finale [hiéroglyphes] où nous ne retrouvons
plus la valeur -ⲙⲁⲛ, que nous donne le copte. Sans doute
faut-il admettre, ici encore, une forme dialectale en *l* : ⲗ
final. On sait que le [hiéroglyphe] sert à représenter le *l*, dans des

---

[1] Dans *Études archéologiques dédiées à Leemans* (1885), p. 17.
[2] *Rec. de Trav.*, 7, 108 (1886); *Flore pharaonique* [2], p. 76.
[3] Je note cependant que Burchardt l'avait écarté : «mit רֻמְפוֹן : ⲋⲉⲣⲙⲁⲛ
hat dieses Wort nicht das geringste zu thun», *Die Altkananäischen Fremdwörter*, § 82 et 2ᵉ partie, n° 71.

conditions d'ailleurs à préciser [1], cf. ⌇ ⌇ , ⌇

⌇ , ⌇ = ⲔⲀⲀⲈ : ⲔⲈⲀⲒ.

En copte, les deux formes sahidique et bohéirique
ⲌⲈⲢⲘⲀⲚ : ⲈⲢⲘⲀⲚ sont éclairées d'une façon bien intéressante par leur correspondant akhmimique ⲀⲈⲌⲘⲈⲚ [2].
Il y a eu métathèse du ⌇ initial et du ⌇ qui le suit
dans les deux dialectes, sahidique et bohéirique. Le *n*, mis
en contact direct avec le *m* en syllabe non accentuée, a
subi le changement de *n* en ᴘ, que nous étudions en ce
moment. Ensuite le Ⲍ, ⌇ initial en bohéirique est tombé
régulièrement devant une voyelle non accentuée (comme
le Ⲍ venant de ⌇, cf. ⲌⲀⲦⲢⲈ : ⲀⲐⲢⲈ ; ⲌⲀⲐⲰⲢ : ⲀⲐⲰⲢ, etc.).
En akhmimique, au contraire, il n'y a pas eu de métathèse. Le *n* est resté à l'initiale et, n'étant pas en contact
avec *m*, il n'est pas passé à ᴘ. Mais il a subi une autre
transformation ; il est devenu Ⲁ, soit ⲀⲈⲌⲘⲈⲚ (en akhm.
Ⲁ accentué devient Ⲉ). Il s'agit, sans doute, d'une dissimilation due au *n* final [3].

Ce nom quadrilitère en égyptien est certainement
emprunté, comme la plante qu'il désigne [4]. Dans le
groupe sémitique, le grenadier porte un nom apparenté
à celui-ci et dont le vocalisme exceptionnel indique également un emprunt : (heb.) רמון (*rimmōn*) ; (aram.) *rummānā* ;
(syr.) *roumōnō* ; (arabe) *rummān*, رُمَّان ; (éth.) *rōmān* ;
(assyr.) *armannu*. L'ensemble de ces formes ne se ramène
pas à un ancêtre commun en sémitique ; il a dû y avoir
emprunt d'une langue sémitique à une autre. L'arabe [5]

---

[1] Erman, *Äg. Gram³.*, § 108, et Lacau, *Rec. de Trav.*, 35, § 108.

[2] Cette forme nouvelle nous est connue seulement depuis la publication
des petits prophètes akhmimiques de Vienne par C. Wessely, *Studien zur
Palæographie*, etc., *Duodecim prophetarum*, etc. : Joel 1, 12 ; Aggée 2, 20 ;
Zach. 12, 11.

[3] Il est difficile de préciser la cause du changement, car nous n'avons
pas en akhmimique d'autre exemple de pareille dissimilation. Nous ne
connaissons pas dans ce dialecte le correspondant de ⲢⲘⲌⲈ. S'il était de la
forme *ⲀⲘⲌⲈ, le changement serait dû au *m* et nous n'aurions pas affaire
à une dissimilation.

[4] De Candolle, *L'origine des plantes cultivées*, pense que le grenadier
est originaire de la Perse et du Sud du Caucase.

[5] Fraenkel, *Die aramäischen Fremdwörter*, p. 142.

et l'éthiopien[1] sont certainement des emprunts à l'araméen. Le berbère *armoun* semble bien aussi un emprunt.

On a admis généralement que le mot égyptien *nhmn* était emprunté au groupe sémitique. En réalité, les deux formes sont très différentes. La finale *mn* dénonce bien une origine commune, mais il est certain que la présence de ◻, *h* en égyptien, implique que le mot n'est pas emprunté au sémitique. Le *n* initial égyptien ne peut pas représenter non plus *r* sémitique. L'emprunt inverse n'est pas plus vraisemblable. La correspondance lettre pour lettre de *nhmn* = * *rhmn*, *rmmn* supposerait une assimilation de *h* à *m* en sémitique dont nous n'avons pas d'exemple. Il est vraisemblable que les deux mots sont bien apparentés, mais qu'ils ont été empruntés séparément par l'égyptien et le sémitique à une troisième langue, ou à deux autres langues (l'ayant empruntés elles-mêmes à une troisième), dans lesquelles les lois phonétiques auraient amené les modifications que nous constatons indirectement dans les emprunts[2].

Il faut citer ici une orthographe curieuse qui peut éclairer la question de l'emprunt. Sur un poignard trouvé par M. Loret à Saqqarah et bien daté du temps des Pasteurs, on trouve un nom propre orthographié ⟨hiéroglyphes⟩ ; le déterminatif montre que le propriétaire du poignard porte un nom de *plante*. Loret y a vu le « grenadier »[3]. Je crois qu'il a raison, mais il faut bien remarquer que ce nom doit se lire ici *nḥmn* et non pas *nhmn*, le signe ⟨signe⟩ ayant la valeur *ḥm* et non pas *hm*. Or, les deux valeurs *ḥ* et *h* sont normalement toujours distinctes en phonétique égyptienne. Il y a là une difficulté qu'on ne doit pas éluder.

---

[1] Nöldeke, *Neue Beiträge*, p. 42.

[2] C'est ainsi que plusieurs mots de civilisation (noms de métaux et de plantes) ont dû être empruntés séparément par le grec et le latin à une troisième langue qui pourrait être souvent le crétois, voir Meillet, *Mém. Soc. Linguistique*, 15, 161. La fleur du grenadier est figurée en Crète dans le Minoéen moyen III. Voir A. Evans, *The Palace of Minos*, fig. 354 a. Resterait à examiner la question de date.

[3] Loret, *Bulletin Institut Égyptien*, 1899, p. 97; Daressy, *Annales du Service*, 7, 118.

D'autre part, il serait vraiment étrange que deux noms
de plantes distinctes pussent différer seulement par la
valeur d'une lettre dans une racine quadrilitère : il doit
bien s'agir de la même plante et d'un simple doublet
orthographique. Si, comme nous l'avons vu, le nom
du grenadier est emprunté, la différence entre $ḥ$ et h
devient beaucoup moins surprenante : nous avons deux
transcriptions d'un même mot, qui pourraient n'être pas
exactement contemporaines, ou qui ont pu être faites
sur deux dialectes différents [1].

III

ꝒⲘⲞⲚⲦ (SAH.) : ⲈⲢⲘⲞⲚⲦ (BOH.) : (ερμωνθις) [2]
= ⌇ *ı̓wn-Mnt, ı̓n-Mnt* [3].

Cette étymologie du nom de la ville d'Erment a été
proposée il y a longtemps par Goodwin [4]. Elle a été
admise par Brugsch [5] et reprise par Griffith [6].

En réalité, le changement de n en ꝑ paraissait faire
difficulté parce qu'il était isolé et c'est sans doute ce qui
fit chercher dans une autre direction. Sethe a proposé de

---

[1] Remarquons que le mot *nḥmn* est employé comme nom propre.
Il peut donc s'agir d'un étranger ayant apporté son nom avec lui. De
plus les noms propres conservent souvent une forme archaïque. Le rapprochement fait par Burchardt (*Ä. Z.*, 5o, 8) avec le nom propre judéo-syrien
نَحْمَان ne tient pas compte du fait que le nom propre égyptien est un nom
de plante comme le montre le déterminatif.

[2] Le ω des transcriptions grecques représente un ŏ égyptien; cf. les
noms Αμωσις, Αμενωθης, dans lesquels la forme grammaticale indique
un o bref. Voir *Rylands*, III, 19o.

[3] Le w de *ı̓wn* disparaît en syllabe atone, cf. l'auxiliaire *ı̓w* = ⲉ- en
copte — ⌇ , CHAMPOLLION, *Notices*, I, 294 (= LEPSIUS, *Denkm.*,
IV, 6o, B), dans un texte du mammisi d'Erment; ⌇ , ⌇
dans BRUGSCH, *Géog.*, 193 et pl. 38, n° 871 : il cite ces deux formes
comme provenant d'Edfou, mais sans références précises.

[4] *Ä. Z.*, 1876, 86 : «*On the interchange of the letters* ⌇ *and* ⌇ *n.*
En réalité, les autres exemples dont il traite n'ont pas de rapport avec Erment.

[5] *Dict. Géog.*, 42; il renvoie à l'article de Goodwin.

[6] *Rylands*, III, 187, note 2. A propos du nom de mois ⲠⲀⲢⲘⲌⲞⲦⲠ,
il dit «*the ꝑ here is in some degree parallel to that in* ⲈⲢⲘⲞⲚⲦ,
ερμωνθις *from* '*n- mnt*».

voir dans ⲢⲘⲟⲛⲦ un dérivé d'un nom composé *⌷▨ ▲☉. Le *p* de *pr* aurait été pris pour l'article et serait tombé, le *r* final au contraire aurait été conservé en composition [1].

Mais remarquons que dans les noms géographiques ainsi composés avec le mot ⌷ *pr* «demeure» et le nom du Dieu local (et ces noms sont nombreux), il se produit exactement le phénomène inverse de celui supposé par Sethe, c'est-à-dire que le *r* tombe et que le *p* seul est conservé. Les transcriptions assyriennes [2], sémitiques, grecques et coptes (par conséquent d'époques diverses) [3] sont très claires :

	ASSYR.	GREC	COPTE.
⌷	......	βουβαστις [4]	ⲡⲟⲩⲃⲀⲥⲦⲉ [5] פיבסת
⌷	......	βουτω [4]	ⲡⲟⲩⲦⲟ [6]
⌷	pu-ši-ru	βουσιρις [4]	ⲡⲟⲩⲥⲓⲣⲉ
⌷	pu-nu-bu		
⌷	pi-šap-tu		
⌷	pi-in-ṭi-ṭi	Μενδης	
⌷	......		ⲡⲉⲘⲬⲉ
⌷	......		ⲡⲬⲱⲬ
⌷	......	ϖατουμος	פיתם
⌷	......	ϖαθυρις	

[1] Sethe, *Verbum*, I, § 242 et *Ä. Z.*, 50, 82 (1912).

[2] Ranke, *Keilschriftliches Material*, 32 et suiv.

[3] Évidemment le mode de composition aurait pu varier avec la date de formation du mot et nous pourrions avoir des noms de villes composés avec ⌷, *pr*, avant la chute du *r* final. En fait nous n'en avons pas.

[4] Le β pour π est dû ici au *ου* qui le suit; le nom de la divinité locale commence par une voyelle *ου*, forme réduite de *w* initial.

[5] Munier, *Annales Service*, 17, p. 150, l. 7, 24, 25.

[6] Pour ⲡⲟⲩⲦⲱ; le *o* est une orthographe fautive de ⲱ fréquente dans les scalæ coptes.

Une forme *[⊡] aurait donc donné *ⲡⲙⲟⲛⲧ et non ⲢⲘⲞⲚⲦ. Enfin ce complexe *pr-mnt* devrait être la désignation courante de la ville d'Erment aux basses époques. Or, il n'en est rien. Nous rencontrons au conraire dans le papyrus Casati (traduction grecque du papyrus démotique de Berlin 3.116) l'équivalence suivante :

Pap. Berlin 3.116, 4/25 : p ḥry Pe-te-wsr... nn-mnt =
Pap. Casati 9/6 : Φρι ϖετοσιριος ερμ (= ερμενθεως [1]*).*

L'équivalence [⊡] = ⲢⲘⲞⲚⲦ ne peut donc faire de doute.

IV

ⲠⲀⲢⲘⲜⲞⲦⲠ (SAH.)

= [⊡] *PN-'MNḤTP*, NOM DU SEPTIÈME MOIS.

L'étymologie est sûre comme l'a bien montré Erman [2]. Le nom du mois veut dire « celui d'Amenothes » [3]. On attendrait *ⲠⲀⲘⲚⲜⲞⲦⲠ (= *pa-amn-ḥŏtp*); d'où vient donc le *r*? Dans le dialecte sahidique nous avons affaire à une métathèse de *mn* devenant *nm* soit *panmḥotp*. Et *nm* en syllabe non accentuée a donné régulièrement *rm*, d'où les formes ⲠⲀⲢⲘⲜⲞⲦⲠ, ⲠⲀⲢⲘⲜⲞⲦ; ⲠⲀⲢⲘⲜⲀⲦⲠ, ⲠⲀⲢ-ⲘⲜⲀⲦ [4].

Mais cette métathèse n'est pas générale dans tous les

---

[1] GRIFFITH, *Ä. Z.*, 46, 133. Voir également le mot *'n-mnt* dans le même papyrus Berlin 3.116, 2/3, 10; 3/21, 22, 23. Cf. dans Berlin 3116, 6/13 le passage : *P-šr-Ḥns n pr-mnt nb mne* (?) (ce dernier mot est douteux) qui est traduit dans Casati 14/9 par Φρι ψευχωνσις εν τοις κερ^α (= κεραμιοις); cette localité est à déterminer, mais elle n'a rien à voir avec Erment qui figure au même papyrus comme équivalent de *'n-mnt*. L'épithète du dieu Montou suffisait à montrer qu'il ne s'agit pas d'Erment; cf. [⊡] (PLEYTE-ROSSI, Pap. Turin 55, 1) qui doit être le temple de Montou à Karnak.

[2] Sur les noms de mois voir ERMAN, *Ä. Z.*, 39, 128; BRUGSCH, *Ägypt.*, 359; GRIFFITH, *Rylands*, III, 185 et suiv.

[3] Cf. les noms de mois de même formation ⲠⲀⲞⲠⲈ = [⊡], ⲠⲀⲢⲘⲞⲨⲦⲈ = [⊡]; ⲠⲀϢⲞⲚⲤ [= ⊡]; ⲠⲀϢⲰⲚⲈ [= ⊡]; *Rylands*, III, 186.

[4] Voir de nombreuses variantes dans *Ä. Z.*, 39, 130 note 1 et dans *Rylands*, III, 187.

dialectes. C'est ainsi que nous rencontrons les deux formes ⲡⲁⲙⲛϩⲁⲧⲡ et ⲫⲁⲙⲉⲛⲁⲧⲡ [1] qui doivent appartenir à un dialecte différent du sahidique.

Il est malheureusement difficile de connaître les formes normales de chaque dialecte, parce qu'on s'est couramment servi dans toute l'Égypte des noms des mois employés à Alexandrie. Or, ces noms officiels eux-mêmes, que nous appelons boheïriques, sont en réalité des formes grecques, qui se sont fixées dans ce dialecte. Le phénomène est fréquent dans toutes les langues : des mots savants ou d'usage technique s'immobilisent, sans suivre une évolution conforme à la phonétique normale. Pour notre mois, le nom employé en boheïrique, ⲫⲁⲙⲉⲛⲱⲑ, ne peut pas être la vraie forme de ce dialecte; celle-ci ne comprendrait ni le ⲱ ni le ⲑ final et serait du type *ⲫⲁⲙⲉⲛⲟⲧⲡ; quant à ⲫⲁⲙⲉⲛⲱⲑ, c'est simplement la forme grecque. Elle nous montre seulement qu'à l'époque où le grec a transcrit le mot égyptien pris dans le dialecte de la capitale (fin du ivᵉ siècle), il n'y avait pas eu métathèse de ⲙⲛ en ⲛⲙ [2]. En fayoumique et en akhmimique, je n'ai aucun exemple du nom de ce mois. A quelle époque a eu lieu la métathèse *mn = nm* que nous constatons en sahidique? Nous n'en savons rien [3].

---

[1] Ces deux exemples sont cités par Crum dans Erman, *Ä. Z.*, 39, 130, note 1. J'ai vérifié sur les originaux. Le premier se rencontre sur une stèle d'Alexandrie n° 11.813 (= Botti, 175), dialecte sahidique, provenance inconnue, mais d'après le type de la décoration elle appartient sûrement à la série d'Erment. Le second exemple sur une stèle du Caire, *Cat. Gén.* 8.465, Erment, sahidique. Les deux formes sont empruntées à à un dialecte différent du sahidique, bien qu'elles soient employées dans deux textes sahidiques.

[2] De même, le nom du mois ⲙⲉⲭⲓⲣ est la forme grecque et non la forme boheïrique. Le ⲭ est anormal puisqu'en sahidique nous avons ⲙⲉϣⲓⲣ : quand le ⊙, *ẖ* devient ⸗, ϣ, il le devient dans les deux dialectes. ⲙⲉⲭⲓⲣ montre seulement qu'à la fin du ivᵉ siècle à Alexandrie le ⊙ n'était pas encore passé à ⸗.

[3] Il est intéressant de noter qu'à Éléphantine dans les papyrus araméens le mois est transcrit פמנחתפ (= *pmnḥtp*) sans métathèse (voir Griffith, *Rylands*, III, 418, citant Ed. Meyer, *Nachträge zur äg. chronol.*, 13, 16. — Cf. Sachau, *Aramäische Papyrus*, etc., n° 18, p. 75, l. 1, p. 74; n° 35, p. 128; n° 46, p. 141). Mais dans ces contrats d'époque persane

Voici donc quelques irrégularités qui rentrent dans l'ordre grâce à la constatation suivante : nm *devient normalement* ⲣⲙ *en syllabe inaccentuée;* ex. : ⲣ̄ⲙⲍⲉ, ⳉⲉⲣⲙⲁⲛ, ⲣ̄ⲙⲟⲛⲧ, ⲡⲁⲣ̄ⲙⲍⲟⲧⲡ.

Nous constatons une fois de plus toute l'importance de l'accent en égyptien : les consonnes dans les syllabes atones sont sujettes à des traitements très particuliers. C'est un fait que nous oublions souvent.

Ces discussions paraîtront moins longues si nous nous rappelons qu'en phonétique aucun détail n'est négligeable; toute loi pour avoir une portée générale exige l'explication de tous les cas particuliers, qui lui échappent en apparence.

on se sert probablement de la forme officielle courante des noms de mois (celle de la capitale) et nous n'avons là aucune indication certaine sur la forme vraie du dialecte égyptien d'Éléphantine.

PETITES NOTES

DE CRITIQUE ET D'EXÉGÈSE TEXTUELLES,

PAR

M. H. O. LANGE.

La science égyptologique, fondée par le génie de notre maître à tous, J. Fr. Champollion le Jeune, est arrivée à son âge mûr. Sur les fondements solidement établis par la perspicacité de l'initiateur, trois générations ont bâti, au commencement en tâtonnant et avec timidité, par divination heureuse et par des hypothèses souvent trop hardies. Mais, après un siècle de travail fécond et de collaboration internationale, nous pouvons serrer l'exégèse des textes égyptiens de plus près et parvenir à la solution d'énigmes, devant lesquelles nos prédécesseurs ont reculé. Qu'il me soit permis de consacrer ces petites notes à la mémoire du grand Français, fondateur de notre science.

Un fait, que nous avons toujours à considérer dans nos études sur les textes égyptiens, est l'inexactitude déplorable des scribes, qui ont sauté si souvent des signes et des mots, même des phrases entières, ou qui n'ont pas compris l'original, et, par conséquent, ont remanié le texte à tout hasard. C'est la cause de l'état déplorable de nos textes du *Livre des Morts*. Mais les textes littéraires eux aussi présentent beaucoup de difficultés, qui ne pourront être résolues sans avoir recours à des conjectures textuelles. Dans les notes suivantes j'espère que, çà et là, j'ai frayé le chemin à l'interprétation correcte de quelques passages obscurs.

Le *Papyrus Westcar*, texte assez clair et correct, a été

traité par M. Erman dans l'*editio princeps* [1] avec une méthode et une critique qui ont fait de cette publication
une édition modèle. Les années écoulées depuis lors
n'ont pu ajouter que très peu aux résultats établis par
Erman. Tout n'est pas clair encore, mais sauf pour les
lacunes assez grandes et très embarrassantes dans l'unique
manuscrit, qui ne seront comblées que par la découverte
d'un autre, les problèmes restants seront sans doute
éclaircis peu à peu.

Westcar, IV, 1 : nous trouvons la phrase [hieroglyphs] [hieroglyphs], que Maspero [2] traduit : «De grâce, ce
crocodile est terrifiant.» Erman n'avait pas osé traduire
les deux mots *śmwn* et *ḥз*; il désigne ce dernier comme
un *hapaxlegomenon*. Quant à *śmwn*, M. Gardiner [3] l'a
étudié et propose le sens «certainement, probablement».
[hieroglyphs] doit être le mot connu [hieroglyphs], dont le
scribe a omis la première lettre [hieroglyph], après [hieroglyph]. *nḥз* est
discuté par Gardiner [4], et le sens «terrible» semble assez
assuré. On peut donc traduire avec certitude : «Vraiment,
ce crocodile est terrible.»

Westcar, V, 1-7 : le magicien propose au roi de faire
une excursion sur le lac et de faire armer la barque;
il lui promet que son cœur sera réjoui par la vue des
efforts de l'équipage et des beautés de la rive. Alors le
texte continue : [hieroglyphs], etc.
Maspero [5] traduit : «Quant à moi, voici comment je
réglerai la vogue. Fais-moi apporter vingt rames en bois
d'ébène....., qu'on m'amène aussi vingt femmes...»
Il se trouve d'accord dans cette interprétation avec
Erman [6], qui traduit : «Ich aber werde meine (?) Fahrt
machen. Lass mir 20 Ruder bringen....., lass mir
20 Frauen bringen...»

---

[1] *Die Märchen des Papyrus Westcar*, I-II, Berlin, 1890.
[2] *Contes populaires*, 4ᵉ éd., p. 28.
[3] *Notes on Sinuhe*, p. 59 (= *Rec. de Trav.*, XXXIII, 82).
[4] *Admonitions*, p. 48.
[5] *Contes populaires*, 4ᵉ éd., p. 29.
[6] *Pap. Westcar*, I, p. 36.

Erman a parfaitement senti les incohérences de ce texte. Le possessif après *ḥnt* est étrange. Le magicien reste à terre et ne prend pas part à l'excursion sur le lac. Et, l. 13, il est dit : « On fit ce que Sa Majesté avait ordonné »; mais le roi n'avait pas donné d'ordres.

Ces difficultés disparaissent, si on suppose que le scribe a sauté une phrase, de celles qu'il a écrites maintes fois dans son texte. Si on interpose devant 𓏏𓏏𓏏 les mots 𓏏𓏏𓏏, tout s'explique; le roi suit la proposition du magicien et dit : « Certainement, je vais faire mon excursion; qu'on m'apporte vingt rames… qu'on m'amène vingt femmes… » Ainsi la phrase : « On fit ce que Sa Majesté avait ordonné » retrouve elle aussi son sens naturel. Je crois que cette conjecture rend au texte son ordre véritable.

Westcar, VII, 16 et suiv. : le prince Hardadef salue le vieux Didi qui repose au seuil de sa maison. Erman n'a pas donné une traduction suivie de la première partie de sa harangue. Maspero s'est inspiré des remarques de feu K. Piehl[1] et a donné une traduction assez forcée. D'abord la phrase, l. 19-20 : 𓏏𓏏𓏏 doit être un appel ou une salutation; Didi conclut son discours, l. 26 et suiv. de la même façon 𓏏𓏏𓏏. En ce qui concerne les mots * imꜣḫy pw* et *sꜣ nswt pw*, je les prendrais pour des vocatifs. La signification exacte de *nḏ-ḥrt* m'échappe, mais je crois que nous avons ici un impératif, et qu'il est, comme Erman l'a supposé, une formule de politesse. Dans ce qui suit, le prince fait ressortir la vigueur du vieillard : « Sa condition est celle d'un homme vivant, bien avant la vieillesse. » Le mot suivant 𓏏 (l. 17) doit, malgré la remarque d'Erman, être la particule, que notre scribe écrit toujours 𓏏𓏏, le déterminatif étant omis; elle introduit une proposition, que Maspero, à mon avis, a rendue d'une manière satisfaisante : « La vieillesse, c'est d'ordi-

____

[1] *Sphinx*, I, p. 74-75.

naire l'arrivée au port, c'est la mise en bandelettes, c'est le retour à la terre. » Ce qui suit doit exprimer la condition florissante du vieillard; je suis disposé à croire qu'après 𓏤 le suffixe verbal ⟶ a été sauté. *śḏr r sśp* est une expression, qui se trouve aussi dans le *Pap. Kahun*, I, 9-10 (ed. Griffith) : 𓏤 « qui fait reposer les hommes jusqu'à l'aube ». Alors la traduction de notre passage serait : « Tu reposes jusqu'à l'aube, exempt de douleurs, et sans qu'il y ait défaillance dans (ton) pouvoir de prophétiser. Mes compliments, ô vénérable homme ! » Le déterminatif après *ḫḫḫt* doit être corrigé en 𓀁; et *śryt* est, d'après une suggestion que m'a faite M. Moret, une forme du verbe 𓄿 dans la signification « prédire, prophétiser » (SETHE, *Urk.*, IV, 344, 350; *Stèle de Leide*, V, 7; *Pap. Petropol.*, 1116 A, 69 et 1116 B, 26). C'est justement comme prophète que Didi se distinguerait à la cour du Pharaon, en prédisant l'avènement de la nouvelle dynastie. Ainsi comprises, les paroles du prince sont flatteuses pour le vieillard : quoique très vieux, il ne connaît pas les maux de l'âge, il jouit de son sommeil la nuit, il est loin de l'heure lugubre de la mort.

Westcar, VIII, 3, on lit : « Qu'on me donne un caïque » 𓏤. Ici, il faut supprimer ⟶; ainsi on aura une proposition régulière au passif : « pour que puissent être transportés pour moi (mes) enfants et mes livres ». Erman veut corriger 𓏤 en 𓀀, mais 𓏤 se trouve, déjà à cette époque, comme conjonction copulative. *ḥrdw* sans possessif est, comme Erman l'a bien senti, un peu dur; je croirais bien que le possessif 𓀀 a été sauté.

Westcar, IX, 1 : le roi Khoufou est nommé 𓏤 d'après la transcription d'Erman. Je crois pouvoir constater dans le fac-similé la présence d'un ⊙ avant 𓏤. Ainsi se pose la question : quel substantif doit-on suppléer ici ? Je propose de lire 𓏤, le vieux mot pour « roi », qu'a étudié M. Sethe[1]. Il a trouvé le mot trois fois, *Pyr.* 814 c et LACAU, *Textes religieux*, 14, 4 et 15, 12. Seule l'inspection de l'original peut décider s'il existe des traces qui permettent cette lecture.

Westcar, IX, 19 : le roi dit [hiéroglyphes]. Ici aussi le texte est mutilé; [hiéroglyphes] signifie «prescrire, ordonner»; le scribe a sauté quelques mots après [hiéroglyphes], et on pourrait suppléer : «Qu'on ordonne aux [serviteurs de mener] Didi à la maison du prince Hardadef, pour y demeurer avec lui. »

Sinouhe B, 185-187 : le roi encourage Sinouhe à revenir en Égypte, en lui indiquant que la princesse Nofru, qu'il avait servie autrefois, est devenue à présent reine d'Égypte. La phrase décisive a été corrompue dans le manuscrit de Berlin [hiéroglyphes]. Gardiner dans son commentaire[2] n'a pas suggéré de correction probable. Maspero[3] croit que la vraie lecture est [hiéroglyphes] et traduit : «La bandelette de sa tête (son diadème) est parmi les royautés de la terre d'Égypte.» Ce me semble assez artificiel. Je préférerais voir ici le verbe *dhn*, déterminé par [hiéroglyphe], «faire avancer, promouvoir»; le plus souvent ce verbe se construit avec [hiéroglyphe], mais on trouve aussi la construction avec [hiéroglyphe], par exemple : [hiéroglyphes][4].

Dans le *Pap. Petropol.*, 1116 B, nous avons un texte des plus curieux. M. Gardiner l'a traité dans une étude brillante[5] et en a donné une traduction provisoire. Il y a des difficultés jusqu'à présent insolubles, mais comme c'est un texte qui était assez populaire et très en usage dans les écoles égyptiennes du Nouvel Empire, nous pou-

---

[1] *Ä. Z.*, 49, p. 21 et suiv.
[2] *Notes on Sinuhe*, p. 67.
[3] *Mém. de Sinouhit*, pl. IX et p. 15.
[4] SETHE, *Aeg. Urk.*, IV, 1208.
[5] *Journ. of Eg. Arch.*, I, p. 100 et suiv.

vons espérer qu'on trouvera un jour des matériaux qui pourront élucider les passages encore obscurs.

Pap. Petropol., 1116 B, 28-29 : dans la description des révolutions de la nature, le prophète dit : «le vent du Sud repoussera le vent du Nord» [hiéroglyphes], que Gardiner a rendu par « the sky shall not have one wind alone ». Mais l'ostracon Petrie, l. 2, donne [hiéroglyphes] ce qui est sans doute la vraie lecture. En Égypte, le vent du Sud est accablant et énervant, et ce serait un grand malheur si le vent frais du Nord ne rafraîchissait plus les hommes. Notre texte dit expressément « que le vent du Sud dominera ».

Pap. Petropol., 1116 B, 40-41 : le prophète décrit l'état du pays et des hommes dans la guerre : on sourira d'un sourire malade, on ne pleurera pas sur les morts, on ne passera pas la nuit en jeûnant à cause des morts, l'homme ne se souciera que de lui-même. Sans doute nous avons ici une allusion à l'usage de veiller auprès du mort en jeûnant et en pleurant, comme aujourd'hui en Orient. A ma connaissance, ce fait n'est pas mentionné autre part dans les textes.

Pap. Petropol., 1116 B. 47-48 : le prophète peint l'état bouleversé du pays : « Les biens d'un homme lui seront enlevés et donnés à un étranger. Je te présente le possesseur comme indigent, l'étranger comme content » [hiéroglyphes]. Gardiner traduit : « He who never was one who filled for himself, is one who is empty. » A mon avis cela ne donne pas de sens. Sans doute quelques mots ont été sautés après *tm ir*, et nous avons deux propositions, la première mutilée; l'autre [hiéroglyphes] se pourrait traduire par : « Celui qui pouvait se remplir (avait son plein), est vide. » Ainsi, nous restons dans la même série d'idées.

Pap. Petropol., 1116 B, 50-51 : nous avons trois propositions doubles : « Le pays est diminué, ses dominateurs sont multipliés. » [hiéroglyphes], « La quantité de blé est petite, le boisseau est grand. » La proposition intermédiaire a été traduite par Gardiner : « Lacking is any rich in his produce (?). » Il préfère avec raison la lecture de la tablette du Caire [hiéroglyphes] ; mais il me semble qu'il manque un substantif pour faire ressortir le parallélisme. En suppléant [hiéroglyphe], après *wš*, on aurait un parallélisme parfait : « L'homme est soumis aux privations, mais ses impôts sont grands. »

Gjentofte près Copenhague, Mars 1922.

LA
GRAMMAIRE DE CHAMPOLLION,

PAR

M. ÉDOUARD NAVILLE.

Le 10 mai 1831, ouvrant son cours dans la chaire qu'une ordonnance royale venait de créer pour lui, Champollion en annonçait le sujet par les paroles suivantes : « Ce sera par l'exposé approfondi des principes de la *Grammaire égyptienne* et des signes qui leur sont propres, que nous commencerons des leçons d'où leur sujet même bannit tout ornement. »

Sa santé très ébranlée ne permit au maître de donner son enseignement que pendant quelques mois. C'est à la Grammaire qu'il consacra ce qui lui restait de vie, et quand, sentant la mort approcher, il en mit une dernière fois les feuilles en ordre, après s'être assuré que rien n'y manquait : « Serrez-la soigneusement, dit-il à ses amis, j'espère qu'elle me servira de carte de visite à la postérité. »

Le 5 mai 1832 s'éteignait ce beau génie, moins de dix ans après que, dans la lettre à M. Dacier, il avait posé sûrement et définitivement les fondements de l'égyptologie. Il considérait, et avec raison, que sa Grammaire était le couronnement de son œuvre. C'est là, en effet, que nous pouvons le mieux reconnaître son intuition extraordinaire du sens d'un texte égyptien. Comme le disait le rénovateur des études égyptiennes en France, celui qu'on peut à juste titre appeler le père de l'égyptologie française d'aujourd'hui, E. de Rougé, quand il prenait possession de la même chaire : « Après avoir épuisé ses efforts pendant vingt années pour ajouter quelques pages à la grammaire de Champollion, quand l'esprit se recueille un instant et se retourne vers l'œuvre du maître, c'est alors qu'il apprécie dignement le génie des premières conquêtes, que l'admiration éclate, et salue le créateur de la science. »

La découverte capitale de Champollion étant celle du caractère phonétique de l'écriture égyptienne, il est naturel qu'il s'étende assez longuement sur l'écriture. Il explique ce que sont les hiéroglyphes sculptés et peints, et il distingue seize classes d'objets qu'ils figurent. Les hiéroglyphes qui formaient l'écriture primitive égyptienne, et qui étaient destinés en premier lieu à être gravés sur des monuments, subirent plusieurs simplifications; ce furent d'abord des hiéroglyphes linéaires; les caractères étaient réduits à un plus petit nombre de traits, tout en conservant le type et la forme de l'image. C'est l'écriture des papyrus, celle des livres.

Une seconde modification fut l'écriture *hiératique*, qui devrait proprement s'appeler tachygraphie hiéroglyphique. Champollion distingue dans la forme matérielle des signes hiératiques quatre séries selon leur degré d'éloignement de l'hiéroglyphe linéaire. Mais, comme le dit E. de Rougé qui, écrivant sa Grammaire, prend pour point de départ celle de Champollion, on peut suivre avec certitude la marche des écrivains des divers temps, et reconnaître ainsi la modification graduelle de l'écriture, sans admettre avec Champollion que certains signes hiératiques n'aient avec les hiéroglyphes que des rapports arbitraires. Une troisième simplification est l'écriture démotique. Champollion la mentionne sans cependant s'y arrêter.

Analysant les différents genres de caractères, Champollion signale d'abord les caractères mimiques ou figuratifs, qui présentent à l'œil une image plus ou moins fidèle et détaillée. Puis ceux qu'il appelle tropiques ou symboliques, au moyen desquels on peignait les idées «par des images d'objets physiques ayant des rapports

prochains ou éloignés, vrais ou supposés avec les objets
des idées qu'il s'agissait de rendre graphiquement». Ces
caractères seraient formés par quatre méthodes différentes. E. de Rougé ne voit pas grande utilité pratique
à cette classification. Du reste le nombre de ces caractères est moins grand que Champollion ne le croyait,
ainsi la plante ⚘ n'est pas à proprement parler le symbole de l'Égypte du Nord. Ce signe se lit *meh* ou *mehi*,
qui veut dire le Nord.

La troisième classe de caractères, et la plus importante, ce sont les caractères phonétiques qui représentent en réalité, non des idées, mais des sons. La méthode
phonétique procédait par la notation des voix et des arti-
culations exprimées isolément au moyen de caractères
particuliers, et non par la notation des syllabes. La série
des signes phonétiques constitue un véritable alphabet et
non un syllabaire. Ces caractères sont produits par l'imitation d'un objet physique dont le nom en langue égyptienne parlée avait pour initiale la voix ou l'articulation
qu'il s'agit de noter; ainsi ⟨ serait la lettre initiale du mot
ⲀⲔⲈ hampe de roseau, ou ⲞⲔⲈ, et serait la voyelle vague
a ou *o*. Parmi ces caractères, on le voit par cet exemple,
il y a des voyelles qui n'ont pas plus de fixité que dans
les alphabets phénicien, hébreu et arabe, et qui sont souvent omises, quand elles sont médiales, mais qui n'en
sont pas moins des voyelles. Toutes ces lettres seraient
donc nées par le principe de l'acrophonie.

Ici se manifeste la première divergence entre Champollion et ses successeurs. E. de Rougé[1] dit que le principe de l'acrophonie, probable en lui-même, ne peut pas
être démontré pour nous aujourd'hui, pour une grande
partie de l'alphabet. Il admet l'existence de signes syllabiques. Champollion aurait reconnu à plusieurs signes
une valeur phonétique syllabique, mais il les nomme
signes initiaux.

En résumé, un texte hiéroglyphique pourrait être lu

[1] *Chrestomathie égyptienne*, I, p. 16-17.

comme certains textes chinois, présentant un mélange continu de caractères phonétiques et idéographiques. C'est là, je le répète, la découverte capitale de Champollion, le fondement de la science égyptologique, la base solide sur laquelle tous ses successeurs ont élevé leurs constructions.

Tous sont d'accord sur ce point fondamental; les divergences se sont manifestées et existent encore quant à la nature des caractères. La première porte sur l'existence de caractères syllabiques. Déjà Lepsius, dans sa lettre à Rosellini, soutient qu'on a commencé la décomposition des mots par des syllabes, et il ajoute que l'état syllabaire pur n'est qu'un état transitoire; de la syllabe on a passé à la voyelle et à la consonne. Nous avons vu que Rougé ne peut pas se ranger à l'idée de Champollion, et qu'il affirme «que la méthode hiéroglyphique comprend un alphabet et un syllabaire». C'est l'opinion qu'après lui ont soutenue tous les grammairiens. Suivant Brugsch, les signes phonétiques sont ou une simple lettre alphabétique, ou une syllabe composée de deux ou trois lettres. Renouf est encore plus catégorique. Il soutient que l'égyptien n'a à proprement parler pas d'alphabet, mais n'a qu'un syllabaire, tous les caractères alphabétiques ayant d'abord été des syllabes. M. Loret enseigne que les caractères phonétiques sont alphabétiques ou syllabiques. Même M. Erman, dans la dernière édition de sa Grammaire, parle de caractères qu'on nomme syllabiques. Il semble donc que les égyptologues soient unanimes sur ce point.

Mais dernièrement M. Sethe, suivi par M. Gardiner, a soutenu que les grammairiens faisaient erreur en affirmant l'existence de signes syllabiques composés de deux consonnes entre lesquelles est une voyelle : parce qu'un signe syllabique peut être vocalisé différemment; la voyelle n'est pas la même suivant l'emploi de ce signe, suivant les mots dont il fait partie. Les deux grammairiens s'appuient surtout sur la syllabe ⸺ qui leur paraît une preuve décisive. Or, il y a à faire remarquer que presque jamais, sauf dans les cartouches, ▬ n'est employé comme syllabique pur. Il est toujours accompagné de ce qu'on nomme le signe complémentaire ▬ ce qui prouve qu'à l'habitude, ▬ n'est pas un signe composé de deux consonnes. Il ne paraît pas douteux que, quand il est seul, il a la lecture *men*, mais partout ailleurs il peut avoir d'autres voyelles. Nous ne voyons donc absolument aucune raison de rejeter l'opinion que l'écriture se compose d'un alphabet et d'un syllabaire.

Après cela, Champollion décrit la représentation des noms communs d'après les diverses catégories de signes qu'il a distinguées. Ce sont d'abord ceux qui sont purement figuratifs, dont il cite un grand nombre; il traduit ces signes par leurs noms en copte, et pour la plupart ces noms diffèrent peu de la lecture phonétique qui en a été reconnue. Il passe de là à ceux qu'il a appelés symboliques ou tropiques, puis à ceux qui sont écrits en caractères purement phonétiques. Il transcrit ces mots en lettres coptes, il met à côté le mot copte correspondant, et il constate entre ces deux lectures quelques variations, qui proviennent du vague ou de la suppression totale de certaines voyelles, et d'autres changements qui ont pu se produire au cours des siècles. Il devait nécessairement se trouver en face de mots écrits avec des caractères syllabiques, mais comme il n'en admet pas l'existence, il appelle ces mots *phonétiques abrégés*, la forme complète ayant les compléments phonétiques.

Champollion insiste beaucoup sur les déterminatifs et sur le but et l'emploi de ces signes. C'est là un point qui a peu préoccupé les grammairiens. Brugsch n'en parle pas. Renouf en constate l'existence sans en expliquer l'usage. Erman dit seulement qu'ils sont destinés à faciliter la lecture. Seul M. Loret examine l'emploi du déterminatif, et il arrive à une conclusion semblable à celle de Champollion. Celui-ci avait d'emblée saisi la raison d'être du déterminatif: « A la suite du mot écrit en signes phonétiques un caractère additionnel déterminait à la fois l'acception du mot et sa prononciation elle-même, en

indiquant ainsi d'une manière indirecte les voyelles à
suppléer dans la lecture du mot[1]. » D'après M. Loret,
les déterminatifs ont pour but de discerner les divers sens
d'une même racine. Il nous semble évident, ainsi que
nous le développions dans un travail récent, que l'un des
rôles du déterminatif, et peut-être le plus fréquent, est
d'enseigner la prononciation du mot, d'être un indicateur
phonétique. Dans un mot dont la vocalisation est incertaine, il la fait connaître, et très souvent aussi il indique
la fin du mot.

Champollion distingue les déterminatifs d'espèce figu-
rative et tropique, puis ceux de genre, dont suivant lui
un certain nombre supplée à l'inhabileté des scribes, et
les dispense de tracer des caractères figuratifs; il montre
aussi leurs équivalents hiératiques. Il en cite un grand
nombre et fait des listes de mots qui ont ces déterminatifs.
Ces listes donnent la forme du mot en hiéroglyphes et en
hiératique, la transcription en caractères coptes telle que
Champollion l'avait reconnue, la traduction par le mot
copte correspondant, et le sens en français. Sans doute, la
transcription n'est pas toujours celle qui en a été déterminée depuis; plusieurs des caractères ont une valeur
autre que celle qu'il leur assignait, mais les traductions
copte et française sont en général parfaitement justes, le
sens a été bien reconnu, et aussi la forme hiératique des
caractères.

Après la représentation des noms communs avec leurs
déterminatifs, Champollion passe à celle des noms propres, et il décrit en détail toutes les diverses figures qui
peuvent être données à une divinité, suivant qu'elle est
représentée complète, ou simplement avec les traits ou les
insignes qui la font reconnaître, puis viennent les animaux
sacrés et les noms d'hommes, ceux des rois, des pays,
des lieux, des nations étrangères.

On pourrait s'étonner de ce que le tiers du volume de
la Grammaire soit consacré uniquement à l'écriture. Mais

---

[1] *Gramm.*, p. 71.

il faut se rappeler que Champollion a été le premier à arriver au véritable déchiffrement de l'écriture. C'est par là qu'il fallait nécessairement commencer. Jusqu'à lui, toute inscription égyptienne était un livre fermé. Que signifiaient ces signes bizarres représentés de diverses manières? On en avait donné les solutions les plus fantastiques. Qui se serait figuré qu'une oie 𓅬 n'était autre chose que la syllabe *si* ou *sa* et que, dans le texte où elle se trouvait, il n'était pas question de l'oiseau; que ce n'était pas un symbole, mais simplement une syllabe, le mot *fils?* C'est là ce qu'il importait d'exposer clairement: la valeur phonétique de ces signes, les différentes manières de les écrire, en colonnes verticales ou en lignes horizontales, la direction qu'on donnait à ces signes, les simplifications qu'ils avaient subies, l'emploi de ces signes dans la formation des mots, les déterminatifs, les signes muets. Tout cela est, sans doute, fort réduit dans les grammaires de nos jours, dont les plus détaillées donnent le tableau de la valeur phonétique des signes. Mais pour Champollion, c'était la nouveauté que personne n'avait présentée avant lui, et dont il a à montrer toute l'organisation. Comme il l'appelle lui-même, c'est un système qu'il révèle, ce n'est pas un fait isolé, et l'on comprend qu'il était nécessaire de le développer jusque dans les détails.

Si maintenant nous considérons ce que cent ans de travaux ont ajouté ou corrigé à son système, nous constaterons que rien n'a été changé à la base : les hiéroglyphes se lisent, ils ont une valeur phonétique. Sans doute, un grand nombre de ses lectures ont été corrigées, mais la principale divergence a porté sur l'existence des caractères syllabiques qui ne sont pas de simples caractères initiaux.

Une autre divergence plus grave est venue de l'école allemande qui n'admet pas de voyelles dans l'alphabet, et qui fait des lettres que Champollion, et à sa suite tous les égyptologues non affiliés à l'école allemande, avait reconnues comme voyelles, 𓇌, 𓄿, ⸗, 𓂝, 𓏭, des consonnes pareilles à celles des langues sémitiques א ע ו.

Suivant ce principe, aucun mot égyptien ne commence-
rait par une voyelle, et si l'on trouve en copte des mots
dans ce cas, c'est qu'ils ont tous perdu la consonne initiale.

Je ne veux pas revenir ici sur ce que j'ai développé
ailleurs [1]. Ce principe de l'école allemande me paraît
erroné. Les écrivains qui ont adopté pour l'égyptien
populaire l'écriture copte, c'est-à-dire l'alphabet grec
augmenté de six lettres, auraient donc volontairement
laissé de côté cinq consonnes, tandis qu'ils ont bien su en
ajouter six qui n'existaient pas en grec. Puis en copte,
c'est-à-dire dans la langue populaire, ces cinq lettres sont
invariablement représentées par des voyelles simples et
des diphtongues, et l'on ne voit pas trace de ces soi-disant
consonnes. Il est certain, ainsi que l'avait déjà reconnu
Champollion, que le son des caractères-voyelles n'a pas
de fixité, et que souvent aussi les voyelles médiales des
mots sont omises. Les voyelles sont vagues dans toute la
force du terme, comme le dit E. de Rougé, c'est-à-dire
qu'un même signe répond à des sons différents.

C'est là un point qui nous paraît d'une grande importance pour la lecture des mots égyptiens, et que nous
avons soutenu depuis bien des années. Il faut séparer nettement le signe d'avec sa prononciation, qui peut être différente suivant les cas et suivant les temps. Par exemple
l'𓄿 pour ne citer que des noms propres, qui à l'époque
de la XVIIIᵉ dynastie est un *a* dans la transcription du
nom de Taanach, sous les Ptolémées dans le nom d'Ἀπολ-
λωνίδης est à la fois l'A initial et l'Ω médial. Il en est de
même dans les langues modernes; en anglais l'*a* ou l'*i* ont
des prononciations variées; même en français l'*e* sonne
tout différemment suivant la place où il est, ou lorsqu'il
forme des diphtongues. Nous l'indiquons souvent par un
accent. Mais quand la lettre est un oiseau, comment
marquer cette différence dans la prononciation? On ne
peut pas lui ajouter un bec ou une patte. Le signe reste

____

[1] *L'évolution de la langue égyptienne*, p. 8 et suiv.

fixé, mais le son varie. Il y a des voyelles en égyptien ;
ces voyelles sont vagues. Encore sur ce point Champollion avait vu juste. Nous ajouterions seulement qu'il y a
des diphtongues.

Dans ce qui est proprement la grammaire, Champollion donne encore une grande place à la représentation
graphique. Ainsi pour le pluriel des noms, où il a bien
reconnu que ¦, ⁞ en était le signe, mais il n'en donne
pas la valeur phonétique ⧫¦ ou ⧼¦ qu'il n'admet que pour
les noms écrits phonétiquement. Les pluriels par tripli-
cation tels que ⟨⟨⟨, ⸫⸫, il les appelle pluriels
figuratifs, symboliques ou primitifs, mais il ne les lit pas.
⚺⚺⚺ ou ⚺¦, c'est pour lui ⲢⲀⲚⲢⲰⲘⲈ. Il traduit le
pluriel par l'article copte. C'est, du reste, ce qu'il fait
dans presque toute sa Grammaire. Il explique le mot
égyptien par le mot copte correspondant.

Comme le déchiffrement tient toujours une large place
dans ses travaux, il expose en détail la manière de rendre
les nombres cardinaux et ordinaux, en hiéroglyphes et
en hiératique, où ces nombres sont rendus par de vrais
chiffres ainsi que les signes spéciaux qui servent à la notation des jours du mois, aussi bien en hiératique qu'en
démotique. A ma connaissance, personne après lui n'a
traité d'une manière aussi complète ce sujet qui ne tient
qu'une petite place dans les nouvelles grammaires. Seul
Brugsch a ajouté aux signes usuels d'autres qu'il a trouvés
dans les inscriptions de basse époque. Champollion avait
écrit un mémoire spécial : *Sur les signes employés par les
anciens Égyptiens à la notation des divisions du temps
dans leurs trois systèmes d'écriture.* Il en donna lecture
à l'Académie en mars 1831. Il mourut un an après.
Alors on ne retrouva dans son cahier que les vingt et
une dernières pages du manuscrit, le commencement
avait disparu, et ce ne fut qu'en mars 1840 qu'on
retrouva par hasard les trente-huit premières pages
que l'Académie s'empressa de publier. Mais le chapitre
de la Grammaire sur les nombres est beaucoup plus
développé.

Le chapitre des pronoms est particulièrement riche,
il décrit d'une manière complète tous les genres de pronoms et leurs emplois. Il ne manque pas de nous donner
la forme hiératique de chacun, ce que nous trouvons inutile. Mais il ne faut pas oublier qu'il est le premier à faire
connaître les pronoms de la langue égyptienne inconnue
jusqu'à lui. Les travaux de ses successeurs n'ont que peu
modifié ce qu'il expose. Ils ont surtout simplifié sa liste
et reconnu dans ce qu'il donne comme un pronom distinct
une forme simple précédée d'une préposition. Ainsi, dans
l'exemple suivant, c'est à tort qu'il indique ⲁⲡ comme
étant le pronom féminin de la seconde personne. Ce n'est
que la préposition ⲁⲁⲁ qui précède l'article féminin.
(Lepsius, *Todt.*, 163, 13)
« C'est lui l'esprit du grand corps qui est à Saïs, de Neith »
et non « lui est l'esprit toi le grand corps ». Ici Champollion a été induit en erreur par le copte ⲚⲦⲞ auquel il
assimile ⲁⲡ.

Mais le point le plus important sur lequel nous diffé-
rons de Champollion, c'est sur la lecture des pronoms
affixes au masculin comme au féminin; ainsi
ne sont d'après lui que des abréviations des articles
possessifs, d'où il résulte qu'en transposant dans la prononciation les deux parties du mot écrit, et en suppléant
l'article, on doit lire ⲡⲉϥⲥⲓ et Ⲧⲉϥⲥⲓ. Il faudrait donc
admettre une divergence complète entre la langue parlée
telle que nous la rend le copte, et la langue écrite, divergence qui subsiste en partie en démotique, où l'usage de
l'article est cependant beaucoup plus fréquent. Sur ce
point, les successeurs n'ont pas suivi le maître.

Dans toute grammaire, la partie essentielle, c'est le
verbe : le mot qui affirme l'existence d'une personne suivant ce qu'elle fait ou ce qu'elle éprouve (Littré), le mot
qui exprime l'état de l'âme quand elle agit ou pâtit (Con-
dillac). Le verbe est donc un mot qui exprime une idée
mobile et variable, tandis que le substantif est le nom
d'être désigné par l'idée de sa nature, de sa substance;
c'est donc une idée absolument fixe. Y a-t-il en égyptien

des formes spéciales qui expriment les variations par lesquelles passe le verbe? C'est là ce que Champollion va
rechercher.

Mais auparavant, comme toujours, il est obligé de
commencer par le déchiffrement. Comment les verbes
étaient-ils écrits? Après avoir parlé du verbe substantif
exprimé par ce qu'il appelle le verbe abstrait ▪ 𓆓, le
copte ⲡⲉ, lequel est invariable, il dit que, comme dans
presque toutes les langues anciennes, le verbe abstrait
est sous-entendu dans les propositions simples. Cependant
il est souvent rendu par 𓅭, 𓂝 ou même 𓈖. Les verbes
attributifs sont divisés en trois classes : mimiques, symboliques et phonétiques. Mais ce que Champollion n'avait
pas encore reconnu, c'est que ces trois classes n'existent
pas; ce ne sont que des manières différentes d'écrire le
même mot. Il n'y a pas de verbe qui s'écrive uniquement
par un caractère figuratif. Ce caractère a une valeur
phonétique qui pourra à l'occasion être rendue par des
caractères alphabétiques. Ainsi le signe 𓀃, qui signifie
«louer, glorifier», que Champollion traduit par le copte
ⲧⲉⲱⲩ, peut être écrit — 𓏏 𓀃, 𓂋 𓀃, où le signe 𓀃
n'est plus que le déterminatif du mot *dua*, qui est la lecture du signe. Suivant les cas, le mot «louer» peut être
écrit, ou par le signe figuratif seul, qui se lira *dua*, ou
par les signes alphabétiques qu'il suivra comme déterminatif; le verbe *dua* appartiendrait donc, suivant Champollion, à la première et à la troisième classes; en réalité,
ces classes n'existent pas; ce ne sont que des variétés
d'orthographe.

Il en est de même des verbes qu'il nomme symboliques.
Voici par exemple le signe 𓅨, qui remplace par métaphore le verbe 𓊽 𓊽 ⲃⲟⲩⲃⲟⲩ «rayonner, resplendir,
briller». Aussi il traduit la phrase bien connue, «la couronne blanche et la couronne rouge brillent sur ta tête
en forme de Pschent». Et pourtant, dans un autre exemple,
il citait le signe avec sa lecture 𓏏 𓅨, qu'il lisait ⲧⲱⲙⲧ
et traduisait par «est stupéfaite». Le signe 𓅨 était bien
pour lui un déterminatif, puisqu'il ne le lit ni ne le tra-

duit, et il n'a pas reconnu que les signes alphabétiques qui le précèdent en sont la lecture.

Dans ce cas-ci, Champollion se rattache encore à ses prédécesseurs; il ne lit pas, il interprète. Il n'applique pas encore complètement sa grande découverte : les hiéroglyphes ont une valeur phonétique, ce sont des phonèmes. Dans ce cas, il en reste aux idées si généralement adoptées avant lui, que les hiéroglyphes sont des symboles. Il n'a pas encore mesuré toute l'étendue de sa découverte, qui pour nous maintenant est la vérité élémentaire : tout hiéroglyphe a une valeur phonétique, laquelle peut être exprimée par des caractères alphabétiques. Tout hiéroglyphe se lit, et n'est muet que s'il est employé comme déterminatif.

Après avoir longuement décrit les déterminatifs des verbes, comme il l'avait fait pour les substantifs, Champollion en vient à la conjugaison. Y a-t-il des formes qui correspondent aux temps et aux modes, et quelles sont-elles? et il en énumère un certain nombre auxquelles il donne les noms usuels dans les grammaires des langues indo-européennes ou sémitiques. Mais il fait précéder toute sa description de la conjugaison par ces mots : « Il n'est point rare de rencontrer dans les textes hiéroglyphiques des verbes des trois espèces employés sans recevoir aucune marque de temps ni de personne. » Cela revient à dire que pour ces mots la conjugaison n'existe pas, et même qu'on ne peut pas appeler ces mots des verbes, car, ce qui caractérise les verbes, c'est que la forme varie selon les personnes et les temps.

Il n'y a pas de formes verbales en égyptien, de formes qui soient rigoureusement liées à une personne ou un temps, et dont l'emploi soit nécessaire. Cela vient de ce que l'égyptien ne distingue pas les différents genres de mots; une même racine, un même groupe pourra être un nom, un adjectif ou un verbe, sans subir aucune modification suivant qu'il est l'un ou l'autre. Les idées exprimées dans nos langues par les formes de temps et de modes sont rendues par des pronoms, des particules ou des auxiliaires, mais ces pronoms et ces particules sont les mêmes pour les noms et les adjectifs et, pour ce qui est des auxiliaires, le verbe qui en dépend peut aussi bien être considéré comme un nom dont il a la forme.

Voici d'abord l'indicatif qui est formé par les pronoms simples ajoutés sans aucune marque particulière au groupe exprimant le verbe, comme s'ils eussent été réellement des pronoms affixes. Ici Champollion déclare à nouveau qu'il y a désaccord entre l'écriture et la prononciation de tous les âges, où le pronom précède le verbe. Qu'on prononce d'une manière ou de l'autre, on ne peut pas appeler cela une forme verbale; ainsi ☥ ⬚ ⬚ «tu vis» peut être aussi bien «ta vie». Le contexte seul fait connaître si ☥ ⬚ est un verbe ou un nom.

Le passé se forme avec les mêmes pronoms précédés de la lettre ⬚. Mais ici encore nous devons constater que les finales ⬚, ⬚, ⬚ ont bien d'autres usages que de marquer le passé. C'est en particulier la manière usuelle d'exprimer le datif. Nous considérons même que le datif est l'origine de la marque du passé. L'acte accompli est la propriété de celui qui en est l'auteur : ⬚ ⬚ «le dire est à toi, il te reste», et cela est si vrai que nous aussi nous marquons le passé par un auxiliaire indiquant la possession : j'*ai* dit, tu *as* dit.

Le futur s'exprime par le verbe auxiliaire ⬚ prenant les marques de la personne et suivi de la préposition ⬚ signifiant «pour». Mais, admettant même que ⬚ soit un verbe auxiliaire et non pas une particule, le verbe devant lequel il se place n'est modifié en rien, c'est la racine pure et simple; on ne peut donc pas dire qu'il y ait une forme verbale pour le futur. On pourrait ajouter à celui qu'indique Champollion d'autres moyens d'exprimer l'idée du futur, par exemple celui qui vient d'être indiqué pour le passé, le pronom affixe précédé de ⬚ ou la préposition ⬚, suivant le verbe.

On pourrait faire des remarques analogues pour les autres temps déterminés par Champollion, et à plus forte raison pour les modes. Ainsi le subjonctif est formé par le verbe ⌐, un auxiliaire précédant un verbe suivi des pronoms affixes, lequel est censé au mode subjonctif. Ce mode n'est pas dans le verbe lui-même, il n'est que dans la traduction; ⌐ «accorde que je voie» peut aussi bien se traduire par un infinitif : «accorde-moi de voir». peut aussi bien être «je vois», l'indicatif, que «je voie», le subjonctif. Il en est de même d'une autre forme du subjonctif, ⌐, précédant le verbe, où des pronoms , , , marquent le subjonctif. La construction seule de la phrase peut le faire reconnaître.

En résumé, Champollion a parfaitement reconnu le sens des formes qu'il énumère pour le verbe égyptien et c'était pour lui le but essentiel de ses recherches : arriver à comprendre ce que voulaient dire les inscriptions hiéroglyphiques; mais, préoccupé de l'idée de reconstituer une grammaire sur le modèle de celles des langues sémitiques ou indo-européennes, il n'a pas formulé la conclusion qui ressort pourtant avec évidence de ce qu'il nous présente, et qui s'imposera d'emblée au premier de ses successeurs, Birch : le verbe, en égyptien, ne change pas sa racine verbale; il est conjugué par des préfixes et des affixes, et à l'aide de verbes auxiliaires abstraits ou substantifs accompagnés de prépositions. Bunsen, qui, dans son grand livre sur l'Égypte, résume la Grammaire de Champollion, en a tiré la conclusion plus générale à laquelle conduit l'œuvre du maître : l'égyptien ne distingue pas par la forme le nom, l'adjectif et le verbe.

Après avoir étudié les trois catégories de mots qui sont les parties essentielles du langage, le nom, l'adjectif et le verbe, il ne restait plus qu'à faire connaître ceux qui servent à les relier entre eux, ceux qui indiquent le rapport d'un mot à un autre, ce qu'il appelle les particules, qui comprennent les prépositions, les conjonctions, les adverbes et les interjections. C'est par là que se termine la Grammaire. Les prépositions sont traitées très longuement; ici encore, comme dans tout le livre, le sens en est déterminé exactement; ce qui manque ou ce qui est imparfait, c'est la lecture. Trop souvent encore, au lieu

de la valeur phonétique du mot, nous en avons l'explication par le copte. Ainsi, pour la préposition 〔hiéroglyphe〕, le sens
en a été reconnu : « comme, de la même manière que »,
mais non la valeur phonétique, qui, suivant lui, doit être
ϣⲉ, comme le prouve suffisamment le mot 〔hiéroglyphes〕 ϣⲉⲩ
ou ϣⲁⲩ, qui veut dire « un chat ». Ce n'est qu'après
lui qu'on a reconnu que le chat se disait aussi 〔hiéroglyphes〕
ou 〔hiéroglyphes〕, et qu'ainsi la lecture du signe était *ma*.

Souvent il ne distingue pas le déterminatif, dont il fait
un mot à part; ainsi dans 〔hiéroglyphe〕, ⊙ signifie « le jour »; il lit
ce groupe ⲍⲁϩⲛϩⲟⲟⲩ « un grand nombre de jours ». Mais
il est bien possible que s'il avait pu pousser plus loin ses
études, il se serait corrigé lui-même. Ainsi, à propos de la
préposition 〔hiéroglyphe〕, qu'il lit ϩⲓⲣⲁⲧⲛⲉ, dans une note au
crayon il dit que 〔hiéroglyphe〕 pourrait n'être qu'un déterminatif.

Il croit quelquefois reconnaître des prépositions dans
des mots qui s'expliquent tout autrement. Ainsi, dans cette
phrase : 〔hiéroglyphes〕, il considère 〔hiéroglyphe〕 comme étant la
préposition ⲛ̄ⲥⲁ « après, régnant après son père », tandis
que ce n'est que le pronom de la 3ᵉ personne : « son père
l'a élevé au trône ». 〔hiéroglyphes〕 est interprété à contre-sens
par « devant » et non « derrière ». Mais ces erreurs ou ces
imperfections ne sont que des exceptions; l'ensemble des
mots invariables qu'il appelle des particules est bien établi
et presque complet.

Il remarque que les conjonctions sont fort peu nombreuses et souvent omises. C'est le cas aussi en hébreu;
les phrases se succèdent sans aucune marque de liaison
ou de rapport; il n'y a guère que la conjonction *et* qu'on
rencontre; encore lie-t-elle des mots plus souvent que
des propositions, qui sont dans l'ordre paratactique. Les
conjonctions, qui sont déjà si nombreuses en grec et en
latin, n'existent pas en égyptien. Il n'y a pas de mots
pour exprimer *mais*, *quoique*, *cependant*, et pourtant ces
nuances existent; elles ressortent de l'ordre des phrases
et devraient, à mon sens, être indiquées dans nos traductions.

Arrivé à la fin de la Grammaire et jetant un coup d'œil

sur l'ensemble, on ne peut qu'être stupéfait de la grandeur de cette construction, que le génie a su élever par un travail d'un si petit nombre d'années. Ce n'est pas seulement l'écriture dont nous devons le déchiffrement à Champollion, c'est la reconstitution de toute la langue sur des principes auxquels ses successeurs ont apporté quelques modifications, mais dont les bases ont été solidement établies et ont permis un riche développement.

Que l'on se reporte un instant au point de départ. Pour presque tous ses prédécesseurs, les hiéroglyphes étaient des symboles qu'il fallait interpréter. C'est Champollion qui le premier a montré et prouvé d'une manière certaine que ces figures si variées, et souvent si bizarres, étaient des caractères de diverse nature et qui devaient être lus. Et encore il ne suffisait pas de découvrir par des noms propres que ■ était un p et ◢ un k; ce qui ressortait de cette découverte, ce n'était pas un alphabet fixe servant à écrire des mots avec une orthographe invariable. Pour chaque phonème ou chaque articulation il y avait des signes homophones, puis un grand nombre de signes étaient polyphones. Il n'y avait donc pas une seule manière d'écrire un mot, en sorte qu'il n'y avait pas d'orthographe au sens où nous l'entendons. Il s'agissait de retrouver le même mot sous des apparences diverses, quelquefois un caractère figuratif seul, d'autres fois un mélange de caractères figuratifs et de caractères alphabétiques; d'autres fois des caractères alphabétiques, ou du moins qui jouent le rôle des caractères alphabétiques, car ce sont aussi des figures, mais qui sont devenues une lettre ou une syllabe ouverte, une consonne suivie d'une voyelle. A cela il faut ajouter des caractères qui restent muets, les déterminatifs, qui servent seulement à indiquer la prononciation des autres. Tout cela forme un ensemble très complexe et très différent de ce que sont les écritures à alphabets amorphes comme sont les alphabets sémitiques, dont on veut toujours rapprocher l'égyptien. Aucune écriture connue, sauf peut-être en quelque mesure le chinois, ne pouvait servir de guide à Champollion, ni le mettre sur la voie. C'est l'intuition du génie qui lui a fait découvrir le vrai.

Une fois l'écriture déchiffrée et ses formes variées reconnues, pour la reconstitution de la langue, le copte, que Champollion possédait parfaitement, lui a été d'un grand secours et cela se comprend. Le copte est fort utile pour l'intelligence de l'ancien égyptien. On est trop enclin à le considérer comme une forme tardive et dégénérée de la langue littéraire, qui est celle des textes hiérogly-phiques. Sans doute nous ne le connaissons que depuis l'ère chrétienne, mais il ne faut pas oublier que le copte est la langue populaire, les quatre patois ou dialectes qu'on parlait en Égypte à cette époque. Or il est clair qu'ils ne sont pas nés à ce moment-là. Les Sahidiens, les Fayoumites le parlaient probablement depuis des siècles, et parallèlement à cette langue populaire il y avait une langue littéraire écrite. Il en est de même de nos jours.

Ses successeurs ont-ils beaucoup ajouté à la Grammaire de Champollion? Sans doute, ils ont déterminé avec exactitude la lecture d'un grand nombre de signes, ils ont reconnu le sens de beaucoup de mots que Champollion ignorait encore. Mais je cherche en vain le principe nou-veau que les successeurs ont ajouté aux travaux du maître, ou les règles auxquelles ils auraient trouvé que la langue était assujettie. Champollion essaie de faire la gram-maire sur le plan des langues indo-européennes ou sémi-tiques, dans lesquelles les formes sont d'un usage constant et nécessaire; mais il nous dit que ce qu'il donne comme la forme du passé, la forme ☥, la première personne pré-cédée de la préposition ⎯⎯, peut être aussi celle du futur, et aussi le datif. Ce n'est donc pas une forme verbale dont l'emploi est obligatoire pour exprimer le passé, comme serait en grec l'aoriste ou le parfait. On peut voir, par ce que Champollion dit du verbe, ce qu'est le caractère général de la grammaire; c'est l'analyse, c'est l'indication du sens qu'a telle forme qu'il a rencontrée dans les textes.

Ses successeurs sont partis du même principe; d'abord Birch, puis Rougé, dont l'« abrégé grammatical est une analyse serrée des diverses formes, destinée en premier lieu à en faire connaître le sens ». Il arrive à la même conclusion que Champollion : dans la forme écrite, il n'y a aucune différence entre le nom, l'adjectif et le verbe. Tous les grammairiens qui leur ont succédé, Brugsch, Rossi, Loret, sont aussi arrivés à la même conclusion, que Renouf a formulée nettement, quand il nous dit que l'égyptien est un des stages les plus simples et les plus élémentaires du langage; le mot est invariable et ne subit aucun changement. Il n'existe ni conjugaisons ni déclinaisons. Le verbe n'a ni temps, ni modes, ni voix.

Formulé ainsi d'une manière plus tranchante, le principe d'où partait Champollion, l'analyse, reste encore le vrai. La grammaire, le livre, pour employer encore l'expression de Renouf, n'est qu'un inventaire des formes par lesquelles les Égyptiens rendaient leurs idées, mais il n'y a nulle part de règles fixes. Aussi la tâche du grammairien qui étudie l'égyptien est fort différente de celle qui est imposée à celui qui étudie le grec ou le latin. Pour l'égyptologue, c'est la recherche de l'idée que traduit telle forme, mais ce n'est nullement la fixation de la loi qui impose une certaine forme ou un certain mot pour rendre cette idée. Puisque les formes spéciales n'existaient pas, comment les Égyptiens s'y prenaient-ils pour rendre l'idée du passé ou du futur; et puisqu'ils ne connaissaient pas les conjonctions, comment exprimaient-ils les rapports des idées? C'est sur ce principe que devrait être fondée la grammaire égyptienne, c'est le développement de celui de Champollion, auquel nous restons fidèle.

Il est vrai que depuis quelques années l'école allemande prétend renverser ce principe et faire de l'égyptien une langue sémitique en décadence, dont la forme plus régulière et plus parfaite a existé, on ne sait ni où ni quand. Nous nous sommes élevé ailleurs contre cette conception de l'égyptien, qui s'appuie sur de savants travaux, dont on ne peut qu'admirer la vaste documentation. Mais il m'est impossible d'en accepter la base, cette langue égyptienne mère supposée, dont celle que nous connaissons n'est que la fille dégénérée. La langue qu'on nous présente est un réseau de formes théoriques qui seraient les formes réelles, tandis que celles que nous avons sous les yeux ne sont que des apparences (*scheinbar*). Cette construction imposante, tout à fait artificielle, n'est pas la vraie langue égyptienne que le génie de Champollion nous a fait connaître.

IX

BIBLIOGRAPHIE DE CHAMPOLLION

ESSAI DE BIBLIOGRAPHIE

DE

CHAMPOLLION LE JEUNE

(1790-1832)

PAR

M. SEYMOUR DE RICCI.

L'Égyptologie et les égyptologues attendent encore la publication d'une bibliographie sérieuse de leur science : les anciens répertoires de Jolowicz [1] et du prince Ibrahim Hilmy [2] ne sont, ni commodément conçus, ni établis avec la précision qu'on demande aujourd'hui aux ouvrages de cette sorte. L'immense fichier établi par M. Capart au musée de Bruxelles, l'incomparable bibliothèque du musée du Caire et les répertoires qu'en dresse M. Munier, combleront un jour cette grave lacune. En attendant, que l'on me permette, après l'*Esquisse* que j'ai donnée pendant la guerre dans la *Revue archéologique* [3], d'ébaucher ici la bibliographie des travaux de Champollion le Jeune.

Les éléments de cette bibliographie, le lecteur averti les trouvera au bas des pages du remarquable et pieux

---

[1] Jolowicz, *Bibliotheca aegyptiaca* (Leipzig, 1858, in-8°) et suppl. (*ibid.*, 1861, in-8°).

[2] Ibrahim Hilmy, *The Literature of Egypt and the Soudan* (Londres, 1886-1888, 2 volumes in-4°).

[3] S. de Ricci, *Esquisse d'une bibliographie égyptologique*, dans *Revue archéologique*, t. VI (1917), p. 197-212 et 374-391 ; t. VII (1918), p. 158-176 ; t. VIII (1918), p. 150-165. Tirage à part (Paris, Leroux, 1918, in-8°), 67 pages.

monument élevé à la gloire de Champollion par Mlle Hartleben [1]. Je manquerais à tous mes devoirs si je ne signa-
lais ici tout ce que je dois à ses patientes recherches;
mais Mlle Hartleben ne prétend, ni être bibliographe,
ni avoir donné une bibliographie définitive de son cher
Champollion, et l'on nous saura peut-être gré d'avoir
présenté à nouveau, sous une forme plus systématique,
le résultat de recherches assez longues et assez ardues.

C'est dans l'ordre chronologique que cette bibliographie est disposée; bien entendu, je désespère d'avance
d'être complet. Je n'ai cherché à enregistrer ni les innombrables articles de journaux étrangers à l'Égyptologie
proprement dite, ni les publications isolées de lettres et
de billets de Champollion. Cela eût gonflé le volume de
cette note, sans ajouter beaucoup à son intérêt scientifique.

Il ne suffit pas de décrire des livres; il faut encore dire
aux travailleurs où ils peuvent les consulter.

Presque tous sont à la Bibliothèque Nationale et j'ai
indiqué partout les cotes de ce riche dépôt; mais on en
trouvera également un bon nombre à la Bibliothèque de
l'Institut, à la Sorbonne, au Musée Guimet, au Musée du
Caire, au Musée du Cinquantenaire à Bruxelles, dans
la bibliothèque Wilbour au Musée de Brooklyn, dans la
riche bibliothèque de mon ami A. H. Gardiner, à Londres,
et dans celle, plus modeste, mais non moins ambitieuse,
de Seymour de Ricci.

1808.

1. Réponse à un article de Coupé sur les Pyramides et sur l'emplacement de Thèbes, dans *Annales du département de l'Isère*, 17 juillet 1808.

L'article de Coupé avait paru dans le *Journal des arts*, 14 avril
1808, p. 228.

---

[1] H. HARTLEBEN, *Champollion, sein Leben und sein Werk* (Berlin,
Weidmann, 1906, 2 volumes in-8°), xxxii–593 et 636 pages et portraits.
— Au tome II, p. 597-603, Mlle Hartleben a tenté la bibliographie de
Champollion. Cet essai et ma propre collection de livres de Champollion
ont été la base de mon travail.

2. Sur une élégie de Firdousi, dans *Annales du département de l'Isère*, 7 août 1808.

3. Sur la littérature rabbinique, *ibid.*, 30 septembre 1808. Non signé.

1809.

4. Réponse à Millin sur l'âge du temple de Dendera, dans un journal parisien de janvier 1809 qu'a vainement tenté de retrouver Mlle Hartleben (t. I, p. 116).

1810.

5. Discours d'ouverture du cours d'histoire de l'Académie de Grenoble. (Grenoble, Peyronard, 1810, in-4°.)

Je n'ai pas réussi à voir cette plaquette; le discours fut prononcé le 30 mai 1810.

6-7. *A Monsieur le Rédacteur des Annales...*, dans *Annales du département de l'Isère*, n°s 128 et 129 (26 et 28 octobre 1810).

Deux notes signées C. S. (*Cuique suum*), sur la destruction de la bibliothèque d'Alexandrie.

1811.

8. *Des Arabes et des monuments*, dans *Annales du département de l'Isère*, 3 mars 1811.

Article non signé, mais dont une partie du manuscrit nous est parvenue.

9. *Observations sur le catalogue des manuscrits coptes du Musée Borgia à Velletri, ouvrage posthume de Georges Zoega*, dans *Magasin encyclopédique*, 1811, t. V, p. 284-317, et tirage à part (Paris, Sajou, 1811, in-8°), 36 pages. [Bibl. Nat., Q. 7660.]

10. *L'Égypte sous les Pharaons ou recherches sur la géographie, la religion, la langue, les écritures et l'histoire de l'Égypte avant l'invasion de Cambyse.* (Grenoble, J.-B. Peyronard, 1811, in-8°), IV-67 pages. [Bibl. Nat., O^5 a. 464.]

Tiré à 30 exemplaires.

Cette brochure n'est pas autre chose qu'un tirage à part de l'introduction du volume *L'Égypte sous les Pharaons* publié en deux tomes, en 1814; elle était composée dès octobre 1810.

On en trouvera un compte rendu par S(ilvestre) de S(acy), dans le *Magasin encyclopédique*, 1811, t. III, p. 196-201.

Noter que les pages 51-67, contenant le *Tableau analytique de la géographie de l'Égypte sous les Pharaons*, ne se trouvent que dans ce tirage à part et manquent dans l'édition de 1814.

11. Les pages 336-365 du tome I ont été tirées à part sous le titre : ⲘⲈⲘϤⲓ, Μεμφιϲ, *Memphis*. (Grenoble, Veuve Peyronard, s. d. [1811], in-8°), 31 pages. [Bibl. Nat., O³ a. 603.]

12. De même les pages 199-219 du même tome I ont été tirées à part sous le titre *Thèbes*. (Grenoble, Veuve Peyronard, s. d., in-8°), 24 pages.
Je n'ai pu rencontrer cette plaquette.

1814.

13. *L'Égypte sous les Pharaons ou recherches sur la géographie, la religion, la langue, les écritures et l'histoire de l'Égypte avant l'invasion de Cambyse. Description géographique.* (Paris, De Bure, [juillet] 1814, 2 vol. in-8°), xxvi-379 et 437 pages, plus une carte. [Bibl. Nat., O³ a. 18.]
C'est en somme une géographie de l'Égypte copte.
Analyse par de Hammer, *Magasin encyclopédique*, 1815, t. III, p. 187-194.
Pour une première édition de quelques portions, cf. *supra*, à l'année 1811.

1815.

14. *Lettre sur les odes gnostiques attribuées à Salomon, adressée à M. Grégoire*, dans *Magasin encyclopédique*, 1815, t. II, p. 383-392 et tirage à part. (Paris, Sajou, 1815, in-8°), 12 pages. [Bibl. Nat., Hp. 760.]
Sur des portions du manuscrit de la Pistis Sophia, traduites par Woide et publiées par Munter.

15. Articles politiques divers publiés en mai et juin 1815 dans les *Annales du département de l'Isère*.

1817.

16. *Observations sur les fragments coptes (en dialecte baschmourique) de l'Ancien et du Nouveau Testament, publiés par M. W. F. Engelbreth à Copenhague*, dans *Annales encyclopédiques*, 1818, t. I, p. 350-361, et tirage à part. (Paris, Le Normant, 1818, in-8°), 16 pages. [Bibl. Nat., A. 8367.]

1818.

17. *Observations sur la brochure intitulée «La mission à Grenoble».*
(Grenoble, Veuve Peyronard, 1818, in-8°), 20 pages. [Bibl. Nat.,
Ld⁴. 4336.]

1820.

18. *Attention, article 1 !* (Grenoble, Peyronard et Paris, Sajou,
mai 1820, in-8°.)
Je n'ai pas réussi à voir cet opuscule.

1821.

19. *De l'écriture hiératique des anciens Égyptiens.* (Grenoble, Bara-
tier frères, 1821, in-fol.), 7 pages et 7 planches en lithographie.
[Bibl. Nat., X. 904 et Rés. X. 22.]
Recueil extrêmement rare. Les planches sont numérotées I, II,
II A, III, IV, V, plus un tableau général (plié) des signes hiéroglyphes et hiératiques.
Le texte analyse avec une extrême exactitude les rapports entre
l'écriture monumentale et celle des papyrus. Il est faux que Champollion ait jamais cherché à détruire les exemplaires de cet ouvrage.

1822.

20. *De l'obélisque égyptien de l'île de Philae,* dans *Revue encyclopédique,* t. XIII (1822), p. 512-521 et tirage à part sous le titre :
Observations sur l'obélisque égyptien de l'île de Philae. (Paris, Smith,
1822, in-8°), 11 pages. [Bibl. Nat., O³ a. 290.]
Cet article nous montre exactement où en était Champollion,
dans son travail de déchiffrement, au mois de mars 1822.

21. *Lettre à M. le rédacteur de la Revue encyclopédique relative
au zodiaque de Dendéra,* dans *Revue encyclopédique,* t. XV (1822),
p. 232-239 et tirage à part. (Paris, Lanoë, 1822, in-8°), 8 pages.
[Bibl. Nat., O³ a. 416.]
Cette lettre, en date du 25 juillet 1822, contient des observations sur un mémoire de Biot (Académie des Sciences, 15 et
22 juillet, Académie des Inscriptions, 19 juillet 1822), dans lequel
ce savant croyait pouvoir attribuer au zodiaque de Dendérah la date
de 716 av. J.-C.

22. *Extrait d'un mémoire relatif à l'alphabet des hiéroglyphes
phonétiques égyptiens,* dans *Journal des Savants,* 1822, p. 620-628,
cf. p. 701.

Extrait de la *Lettre à M. Dacier*, décrite ci-après; cet extrait fut rédigé par Champollion lui-même et semble avoir paru quelques jours avant la *Lettre à M. Dacier*.

23. *Lettre à M. Dacier, secrétaire perpétuel de l'Académie royale des Inscriptions et Belles-Lettres, relative à l'alphabet des hiéroglyphes phonétiques employés par les Égyptiens pour inscrire sur leurs monuments les titres, les noms et les surnoms des souverains grecs et romains.* (Paris, Didot, [octobre] 1822, in-8°), 52 pages et 4 planches en lithographie. [Bibl. Nat., X. 6531.]

Ce mémoire fut communiqué à l'Académie des Inscriptions le 27 septembre 1822. (Aimé Champollion-Figeac assure qu'il en fut fait une première impression en lithographie.)

On en trouve des comptes rendus dans la *Revue encyclopédique*, t. XV (1822), p. 640, t. XVI (1822), p. 226; et enfin, sous le titre : *Écriture hiéroglyphique des Égyptiens*, dans le même recueil, t. XIX (1823), p. 767-769.

Une réimpression est sous presse. (Paris, Geuthner, 1922, in-8°.)

1823.

24. Compte rendu de Letronne, *Recherches pour servir à l'histoire de l'Égypte* (Paris 1823, in-8°), dans *Revue encyclopédique*, t. XVIII (1823), p. 572-583.

25. *Réponse* [aux observations de M. Valeriani relatives à la découverte de l'alphabet phonétique], dans *Revue encyclopédique*, t. XXI (1823), p. 225-228.

26. *Panthéon égyptien, collection des personnages mythologiques de l'ancienne Égypte, d'après les monuments, avec un texte explicatif* par M. J.-F. Champollion le Jeune et les figures d'après les dessins de M. L.-J.-J. Dubois. (Paris, Didot, 1823-1825, 15 livraisons, in-4°.) [Bibl. Nat., O³ a. 233.]

Il existe quelques exemplaires sur papier vélin de format grand in-4°.

Un prospectus parut en juin 1823 et fut reproduit en partie dans le *Journal des Savants*, 1823, p. 442-443.

Il est très difficile de savoir exactement combien de planches ont paru. Un des exemplaires les plus complets que j'aie vus est celui de l'Institut, contenant 88 planches, chacune avec un ou plusieurs feuillets de texte.

Ces planches portent les numéros : 1, 2, 2 *bis*, 2 *ter*, 2 *quater*, 2 *quinquies*, 3, 3 *bis*, 3 *ter*, 3 *ter*, 4, 5, 6, 6 *bis*, 6 *quater*, 6 *quater*, 6 *quinquies* A, 6 *quinquies*, 6 *sexies*, 6 *septies*, 7, 7 A, 7 B, 8, 8, 10, 11, 12, 13, 14 A, 14 B, 14 C, 14 D, 14 E, 14 E, 14 F,

14 F *bis*, 14 F *ter*, 14 H, 15, 15 B, 15 C, 16, 17, 17 A, 17 B,
17 C, 17 D, 18, 18 A, 19, 19 A, 20, 20 A, 20 A, 20 B, 21, 22, 23,
23 A, 23 D, 23 E, 24, 24 D, 24 E, 25, 25 A, 26, 26 A, 26 B,
26 C, 27, 27 A, 28, 28 A, 28 B, 30, 30 A, 30 B, 30 C, 30 E,
30 F, 30 G, 36, 37, 38, 39, 39 A, 40.

Les livraisons 1-4 (24 planches) du *Panthéon* sont analysées par
A. (sans doute Champollion ou son frère), dans *Bulletin Férussac*,
t. I (1824), p. 54-56; les livraisons 5-6, par le même A., *ibid.*,
p. 117-118; les livraisons 7-8, par A. M., *ibid.*, t. II (1824),
p. 167-177.

1824.

27. *Bulletin des sciences historiques, antiquité, philologie, septième
section du Bulletin universel des sciences et de l'industrie*, publié sous la
direction de M. le baron de Férussac. (Paris, 1824-1828, 10 volumes in-8°.)

Ce Bulletin, connu et cité sous le nom de *Bulletin Férussac*, fait
suite au tome unique (1823) du *Bulletin général et universel des an-
nonces et des nouvelles scientifiques*. En tête de la liste des collabora-
teurs de ces 10 volumes, figure la mention: « Rédacteurs principaux:
MM. Champollion-Figeac et Champollion jeune.»

28. *Notice sur l'ouverture de deux momies appartenant à M. Cailliaud*,
dans *Bulletin Férussac*, t. I (1824), p. 45-49.

Extrait du *Moniteur*, 23 décembre 1823, accompagné (p. 45,
note 1) d'une note non signée, mais certainement de Champollion,
sur les inscriptions de la momie de Cailliaud.

29. *Lettres à M. le duc de Blacas d'Aulps, premier gentilhomme de
la Chambre, pair de France, etc., relatives au Musée royal égyptien
de Turin. Première lettre. Monuments historiques.* (Paris, Didot, 1824,
in-8°), 109 pages et pl. I-III. [Bibl. Nat., J. 17278.]

30. *Lettres à M. le duc de Blacas... Seconde lettre. Suite des monuments historiques.* (Paris, Didot, 1826, in-8°), 167 pages et pl. IV-
VIII, VIII *bis*, IX-XVI. [Bibl. Nat., J. 17278.]

Les pages 93-109 du tome I et les pages 130-165 du tome II,
contiennent une *Notice chronologique des dynasties égyptiennes de
Manéthon*, par Champollion-Figeac.

La troisième lettre ne fut jamais publiée.

Les lettres I et II sont analysées par A. M., *Bulletin Férussac*,
t. II (1824), p. 255-261 et t. VIII (1826), p. 37-42.

31. Analyse de Cailliaud, *Voyage à Méroé...*, dans *Bulletin Férussac*, t. I (1824), p. 36-39, 105-108, 218-220; t. II (1824),
p. 245-249; t. VII (1827), p. 416-420.

Le premier de ces articles, vraisemblablement de Champollion, est signé F., le second est signé en toutes lettres, le troisième des lettres J. F. C.; les deux derniers sont signés C(hampollion)-F(igeac) et sont donc du frère aîné.

32. *Précis du système hiéroglyphique des anciens Égyptiens, ou recherches sur les élémens premiers de cette écriture sacrée, sur leurs diverses combinaisons, et sur les rapports de ce système avec les autres méthodes graphiques égyptiennes.* (Paris, Treuttel et Würtz, 1824, 2 volumes in-8°), XVI-410 et 45 pages, 32 planches en lithographie. [Bibl. Nat., Rés. X. 2617-2618.]

Analyse, par l'auteur, du *Précis du système hiéroglyphique*, dans *Bulletin Férussac*, t. I (1824), p. 77-85; compte rendu par Silvestre de Sacy, dans *Journal des Savants*, 1825, p. 141-154, reproduit dans *Bulletin Férussac*, t. III, (1825), p. 364-371 et 426-434 et dans la *Revue encyclopédique*, t. XXVII (1825), p. 112-127.

Pour la seconde édition du *Précis*, cf. à l'année 1828.

33. Analyse de Letronne, *Recherches pour servir à l'histoire de l'Égypte...*, dans *Bulletin Férussac*, t. I (1824), p. 161-169.

34. [Note sur F. A. W. Spohn], dans *Bulletin Férussac*, t. I (1824), p. 189.

Cette note, signée B., doit être de Champollion ou de son frère.

35. *Voyages et acquisitions faites à Mexico*, dans *Bulletin Férussac*, t. I, (1824), p. 237-239.

Cette note, signée J. F. C., est rédigée d'après la *Gazette littéraire de Londres*, du 10 janvier 1824.

36. *The hieroglyphics on the Egyptian mummy belonging to the Literary and Philosophical Society of Newcastle decyphered*, dans *Newcastle Magazine*, t. III (1824), p. 92-93 et planche en lithographie. — Cf. P., *Bulletin Férussac*, t. I (1824), p. 353-354.

37. *Antiquités égyptiennes*, dans *Bulletin Férussac*, t. II (1824), p. 18-20.

Extrait de sa lettre de Turin, du 14 juin 1824. Sur la collection Drovetti, à Turin. Cette même note a paru dans la *Revue encyclopédique*, t. XXII, (1824), p. 767-768 et tirage à part. (Paris, Bignoux, 1824, in-8°), 3 pages. La lettre est imprimée in-extenso dans *Bibl. ég.*, t. XXX (1909), p. 19-21.

38. J. J. Champollion-Figeac, *Supplément aux observations sur les coudées égyptiennes découvertes dans les ruines de Memphis*, dans *Bulletin Férussac*, t. II (1824), p. 20-23.

Contient de longs extraits d'une lettre de Champollion, du

3o juin 1824, qui est imprimée in-extenso dans *Bibl. ég.*, t. XXX
(1909), p. 22-25.

39. *Papyrus égyptiens*, dans *Bulletin Férussac*, t. II (1824),
p. 297-3o3 et tirage à part sous le titre : *Papyrus égyptiens histo-*
riques du musée royal de Turin. (Paris, Fain, 1824, in-8°),
8 pages. [Bibl. Nat., O³ a. 271.]

Extrait de deux lettres de Champollion sur les papyrus de la collection Drovetti; elles sont datées de Turin le 3o octobre et le 6 novembre 1824 et sont publiées in-extenso dans *Bibl. ég.*, t. XXX,
(1909), p. 77-89.

40. *Antiquités égyptiennes*, dans *Bull. Férussac*, t. II (1824),
p. 34o-341.

Courte analyse d'une lettre du 23 novembre 1824, publiée
intégralement dans *Bibl. ég.*, t. XXX (1909), p. 94-97.

41. *Lettre à M. Letronne sur l'expression phonétique de Pété-*
menon et de Cléopâtre, dans les hiéroglyphes de la momie rapportée
par M. Cailliaud (Paris, Bobée, 1824, in-8°), 8 pages. [Bibl. Nat.,
O³ a. 202.]

A paru aussi dans Letronne, *Observations critiques et archéologiques*
sur l'objet des représentations zodiacales qui nous restent de l'antiquité.
(Paris, Boulland, 1824, in-8°), p. 111-118.

42. *Notice sur les résultats historiques tirés des connaissances actuelles*
sur le système graphique des anciens Égyptiens. (Paris, 1824, in-8°.)

Brochure signalée par A. Champollion-Figeac (*Les deux Cham-*
pollion, p. 96), mais dont je n'ai pu rencontrer d'exemplaire. Il en
existerait un manuscrit presque entièrement de la main de Champollion-Figeac.

43. En 1824 la maison Didot annonça par un prospectus, reproduit en partie dans le *Bulletin Férussac*, t. II (1824), p. 114-
118, une édition des œuvres complètes de Fréret, publiée par
Champollion-Figeac, avec l'assistance de Champollion le Jeune et
d'Abel Rémusat. Le tome I, paru en 1825, contient des éclaircissements par Champollion-Figeac seul.

1825.

44. Inscriptions d'un obélisque érigé à la villa Médicis pour les
fêtes du sacre de Charles X. Ces inscriptions, composées par Champollion, furent lithographiées sur une feuille volante offerte aux
invités de l'ambassadeur de France. (Cf. *Bulletin Férussac*, t. IV,
1825, p. 5-6.)

Nous n'avons pas vu d'exemplaire de cette feuille, qui est re-produite en fac-similé dans *Bibl. ég.*, t. XXX (1909), planche à la page 224.

45. *Catalogo de' papiri egiziani della Biblioteca Vaticana e notizia più estesa di uno d'essi con breve previo discorso e con susseguenti riflessioni.* (Rome, coi tipi Vaticani, 1825, in-4°), VIII-78 pages et 3 planches. [Bibl. Nat., Q. 1859.]

Traduit en italien par Angelo Mai, dont le nom figure souvent dans les catalogues comme auteur de ce travail.

Analysé dans le *Bulletin Férussac*, t. III (1825), p. 448 et par M., *Revue encyclopédique*, t. XXIX (1825), p. 589.

Le texte français original aurait également vu le jour (Rome, 1826 et Leipzig, 1828). Mais nous ne l'avons pas rencontré.

Traduction allemande par D. L. E. Bachmann, *Die ägyptischen Papyrus der Vaticanischen Bibliothek* (Leipzig, Hinrichs, 1827, in-4°), VI-30 pages et 3 planches.

46. *Lettre à Monsieur Z****, dans *Memorie romane d'antichità e belle arti*, t. I (1824), appendice, et tirage à part. (Rome, Contedini, 1825, in-8°), 11 pages. [Bibl. Nat., O³ a. 204.]

Lettre en date du 15 juin 1825, réimprimée sous le titre *Écritures égyptiennes*, dans *Bulletin Férussac*, t. IV (1825), p. 85-92, et tirage à part. (Paris, Fain, 1825, in-8°), 8 pages. [Bibl. Nat., O³ a. 205.] C'est une réponse aux attaques de Lanci, *Osservazioni sul bassorilievo fenico-egizio...*, 1825.

47. *Explication de la principale scène peinte des papyrus funéraires égyptiens*, dans *Bulletin Férussac*, t. IV (1825), p. 347-356, et tirage à part. (Paris, Fain, 1825, in-8°), 10 pages. [Bibl. Nat., O³ a. 254.].

Traduction française d'un extrait de son catalogue des papyrus du Vatican; description de la pesée des âmes dans le *Livre des morts*.

1826.

48. Analyse de H. Salt, *Essay on Dr. Youngs's and Mr. Champollion's phonetic system of hieroglyphics...*, dans *Bull. Férussac*, t. V (1826), p. 6-13 et tirage à part. (Paris, Fain, 1826, in-8°), 8 pages. [Bibl. Nat., O³ a. 438.]

49. Analyse d'Ausonioli, *Opuscules archéographiques*, dans *Bulletin Férussac*, t. V (1826), p. 164-170.

Note signée A. M. — Ausonioli est un pseudonyme de Goulianof.

50. *Rapport à Son Excellence le duc de Doudeauville, ministre de la maison du roi, sur la collection égyptienne nouvellement*

acquise par l'ordre de Sa Majesté à Livourne, dans *Bulletin Férussac*, t. V (1826), p. 373-382 et 445-454 (cf. *ibid.*, p. 283-285) et tirage à part. (Paris, Fain, mai 1826, in-8°), 22 pages (le titre du tirage à part porte «*M. le duc*...»). [Bibl. Nat., O³ a. 187.]

51. *Zodiaque d'Esné*, dans *Bulletin Férussac*, t. VI (1826), p. 232-233.

Extrait d'une lettre du 20 août 1826; celle-ci est publiée in-extenso, dans *Bibl. ég.*, t. XXX (1909), p. 379-383.

52. *Note sur une inscription hiéroglyphique communiquée par M. Gell*, dans *Le Moniteur universel*, 8 septembre 1826.

53. *Lettre à M. le duc de Blacas d'Aulps, premier gentilhomme de la Chambre, pair de France, etc., sur le nouveau système hiéroglyphique de MM. Spohn et Seyffart.* (Florence, G. Piatti, 1826, in-8°), 23 pages. [Bibl. Nat., O³ a. 417.]

Cette lettre, datée de Naples, le 7 septembre 1826, est réimprimée dans le *Bulletin Férussac*, t. VI (1826), p. 308-319 et tirage à part. (Paris, Fain, 1826, in-8°), 12 pages. [Bibl. Nat., X. 34579]; elle est analysée par Silvestre de Sacy, *Journal des Savants*, 1827, p. 602-604.

54. *Notice sur un bas-relief faisant partie de la collection d'antiquités égyptiennes de M. Salt acquise par Sa Majesté le roi de France.*

Le manuscrit autographe fut donné par Mme Zenobia Cherubini Rosellini à Emilio Teza.

Le texte français n'a jamais été publié, mais il en a paru une traduction italienne : *Notizia sopra un basso rilievo* ... dans l'*Antologia*, t. XXII, n. 66 (1826), p. 21-34, et tirage à part. (Florence, Pezzati, 1826, in-8°), 16 pages.

Cette traduction est de Rosellini.

55. *Explication d'une stèle égyptienne représentant un Sesostris enfant.* (Livourne, 1826, in-8°), 1 planche.

Je n'ai pas vu ce travail qui doit être le même que le précédent.

1827.

56. *Note sur deux planches du tome V (Antiquités) de la Description de l'Egypte*, dans *Bulletin Férussac*, t. VII (1827), p. 44-49.

Signale l'inexactitude avec laquelle sont reproduits les hiéroglyphes.

57. Analyse de Klaproth, *Lettre sur la découverte des hiéroglyphes acrologiques.* (Paris 1827, in-8°), dans *Bulletin Férussac*,

t. VII (1827), p. 289-299, et tirage à part (Paris, Fain, 1827,
in-8°), 11 pages. [Bibl. Nat., O³ a. 418.]

58. Analyse de Passalacqua, *Catalogue raisonné des antiquités
découvertes en Egypte.* (Paris, 1826, in-8°), dans *Bulletin Férussac*,
t. VII (1827), p. 384-389.
Collection acquise par le roi de Prusse.

59. *Aperçu des résultats historiques de la découverte de l'alphabet
hiéroglyphique égyptien*, dans *Bulletin Férussac*, t. VII (1827),
p. 409-416 et 466-478, et tirage à part. (Paris, Fain, 1827, in-8°),
20 pages. [Bibl. Nat., O³ a. 206.]

60. *Extract of a Letter from Mr. J. F. Champollion to the Rev.
G. A. Browne, Trinity College, Cambridge, on the subject of the name
inscribed on the lid of a sarcophagus, brought by Mr. Belzoni from one
of the royal sepulchres at Thebes, and presented by him to the University
of Cambridge*, dans *Transactions of the Royal Society of literature*,
t. I (1827), p. 218-222.
Cette lettre est datée du 3 juin 1823. Des portions en ont été
reproduites dans la *Revue britannique*, avril 1827, n. 22.
Il s'agit du couvercle, conservé à Cambridge, du sarcophage de
Ramsès III aujourd'hui au Louvre.

61. *Notice descriptive des monuments égyptiens du Musée Charles X,
seconde division.* (Paris, Crapelet, 1827, in-12), VIII-166 pages.
[Bibl. Nat., V. 34361.]
Une partie du brouillon autographe est au musée du Louvre,
(vieux fonds et don de Seymour de Ricci).
Analysé par N(estor) Lh(ôte), *Revue encyclopédique*, t. XXXVI
(1827), p. 784-785; par L. R., *Bulletin Férussac*, t. IX (1828),
p. 135-140 et t. X (1828), p. 162-167.
Les exemplaires non vendus furent remis en vente vers 1850,
avec un papillon sur la couverture indiquant que les numéros des
objets avaient été changés.

62. *Notice sur le papyrus hiératique et les peintures du cercueil de
Pétaménoph*, dans F. Cailliaud, *Voyage à Méroé*, et tirage à part.
(Paris, Imprimerie royale, 1827, in-8°), 36 pages et 1 planche.

1828.

63. SALLIER, *Sur une découverte de Champollion dans des papyrus
égyptiens.* (Aix, 1828, in-8°), 7 pages. [Extrait des procès-verbaux
(manuscrits) de la Société académique d'Aix, séance du 2 août 1828.]
Cet article de Sallier, possesseur des papyrus auxquels son nom

est resté attaché, est entièrement fondé sur des notes de Champollion ; on en trouvera des extraits dans le *Journal des Savants*, 1828, p. 504 et suiv.

64. *Précis du système hiéroglyphique des anciens Egyptiens, ou recherches sur les éléments premiers de cette écriture sacrée, sur leurs diverses combinaisons, et sur les rapports de ce système avec les autres méthodes graphiques égyptiennes, seconde édition revue par l'auteur, et augmentée de la lettre à M. Dacier relative à l'alphabet des hiéroglyphes phonétiques employés par les Egyptiens sur leurs monuments de l'époque grecque et de l'époque romaine.* (Paris, Imprimerie Royale, 1828, 2 volumes in-8°), xxiv-468 et 48 pages et 52 planches en lithographie. [Bibl. Nat., X. 6352-6353.]

Dans mon exemplaire, les planches sont numérotées I-XX, XX, 1-21, A-K.

La planche 10 a été lithographiée deux fois, avec des différences.

65. *Voyage de M. Champollion le Jeune en Egypte*, dans *Bull. Férussac*, t. X (1828), p. 273-279.

Publication de sa lettre du 18-29 août 1828.

66. *Égypte, voyages scientifiques*, dans *Revue encyclopédique*, t. XLIII (1829), p. 222-227 ; t. XLIV (1829), p. 496-503 et t. XLV (1830), p. 738-741.

Extraits de lettres diverses de Champollion sur son voyage d'Égypte.

1829.

67. Lettre publiée dans l'*Antologia* de Florence, t. XXXIV (1829), p. 122.

68. *Lettres de M. Champollion le Jeune, écrites pendant son voyage en Égypte, en 1828 et 1829* (Paris, Firmin Didot, 1829, in-8°).

Cette première édition demeura inachevée et on n'en connaît que quelques exemplaires incomplets. Le mien s'arrête à la page 36 ; celui de l'Institut, à la page 168 ; celui de la Bibliothèque nationale (O³ a. 24) va jusqu'à la page 184. Selon le catalogue de la vente Hase (1864), il n'en aurait pas été imprimé davantage.

1830.

69. Lettre à l'*Aviso de la Méditerranée*, datée du 15 janvier 1830. Signalée par Hartleben.

1831.

70. Collège de France, cours de M. Champollion le Jeune, dans *Le Temps*, 6 juin 1831, n° 596.

Résumé assez détaillé d'une leçon de Champollion.

71. *Monuments de l'Égypte et de la Nubie, d'après les dessins exécutés sur les lieux sous la direction de Champollion-le-Jeune et les descriptions autographes qu'il a laissées.* (Paris, Firmin-Didot, 1835-1845. 4 vol. in-fol), 507 planches. [Bibl. Nat., O³ a. 39.]

Voici le détail des planches que contient l'exemplaire bien complet de la Bibliothèque d'Art et d'Archéologie de l'Université de Paris :

Tome I : 111 planches, savoir 1-100, plus 16 *bis*, 38 *bis*, 53 *bis*, 54 *bis*, 55 *bis*, 57 *bis*, 57 *ter*, 58 *bis*, 91 *bis*, 91 *ter* et 96 *bis*.

Tome II : 121 planches, savoir 101-200 [168 chiffré par erreur 167], plus 101 *bis*, *ter*, *quat.*, 122 *bis*, 122 *bis* [*], 139 *bis*, 139 *ter*, 145 *bis*, *ter*, *quat.*, *quinq.*, *sex.*, *sept.*, *oct.*, 148 *bis*, 148 *ter*, 149 [*], 150 [*], 150 *bis*, 150 *ter* et 191 [*].

Tome III : 109 planches, savoir 201-300 [pas de planches 296], plus 214 *bis*, 214 *ter*, 220 *bis*, 230 *bis*, 252 *bis*, 272 *bis*, *ter*, *quat.*, *quinq.*, 294 *a*.

Tome IV : 166 planches, savoir 301-446 [pas de planches 332], plus 327 *bis*, 331 *bis*, 348 *bis*, 349 *bis*, *ter*, *quat.*, 363 [*], 377 *bis*, *ter*, *quat.*, 381 *bis*, 381 *ter*, 393 [*], 403 *bis*, 404 [*], 428 *bis*, *ter*, *quat.*, 437 *bis*, *ter*, *quat.*

La plupart de ces planches ont également servi pour l'illustration de Rosellini, *I monumenti dell' Egitto e della Nubia* (Pise, 1832-1844. 3 vol. in-fol., 400 planches).

L'ouvrage commença à paraître dès 1831 et un prospectus en 25 pages in-8° fut distribué en septembre de cette année (cf. *Journal des Savants*, 1831, p. 443-444; un exemplaire de ce prospectus est à la Bibliothèque d'Art et d'Archéologie).

Le tome I est daté de 1835, le tome II de 1845, le tome III de 1845 et le tome IV de 1845.

Pour le texte, cf. *infra* à l'année 1844.

1833.

72. *Lettres écrites d'Égypte et de Nubie en 1828 et 1829.* (Paris, Firmin Didot, 1833, in-8°), XVI-472 pages et 7 planches en lithographie. [Bibl. Nat., O³ a. 25.]

Première édition complète de ces lettres dont une portion avait été imprimée, mais non publiée, dès 1829 (cf. *supra*, n° 68).

Traduction allemande, d'après l'édition de 1833, par Eug. von Gutschmid : *Briefe aus Aegypten und Nubien, geschrieben in den Jahren 1828 und 1829* (Quedlinburg, Basse, 1835, in-8°).

Le volume français de 1833 contient, outre les 31 lettres écrites d'Égypte à Champollion-Figeac, le *Mémoire sur un projet de voyage littéraire en Égypte présenté au Roi en 1827* et les deux pièces suivantes :

Notice sommaire sur l'histoire d'Égypte, rédigée à la demande de Mehemet Ali et qui lui fut remise par Champollion à Alexandrie le 29 novembre 1829. Réimprimée par H. Hartleben, *Bibl. ég.*, t. XXXI (1909), p. 427-443. C'est la première notice dans laquelle les constructeurs des pyramides et les Amenemhat sont mis à leur vraie place historique.

Note pour la conservation des monuments de l'Égypte, remise à Mehemet Ali, à la même occasion et réimprimée, *ibid.*, p. 443-448.

Enfin la correspondance échangée en novembre 1828 par Champollion avec le *mamour* de Tahta.

73. *L'obélisque de Louqsor transporté à Paris, notice historique, descriptive et archéologique sur ce monument, par M. Champollion-Figeac, avec la figure de l'obélisque et l'interprétation de ses inscriptions hiéroglyphiques, d'après les dessins et les notes manuscrites de Champollion le Jeune.* (Paris, Firmin Didot, 1833, in-8°), XI-92 pages et 2 planches. [Bibl. Nat., Lk⁷. 7563.]

1836.

74. *Grammaire égyptienne ou principes généraux de la langue sacrée égyptienne appliquée à la représentation de la langue parlée ..., publiée sur le manuscrit autographe par l'ordre de M. Guizot, ministre de l'Instruction publique.* (Paris, Firmin Didot, 1836, in-fol.), VIII-XXIII-555 pages. [Bibl. Nat., X. 902.]

Cet ouvrage fut publié par les soins de Champollion-Figeac, d'après les deux manuscrits de la Bibliothèque nationale. L'achevé d'imprimer est daté de mars 1841.

On peut y joindre :

DUJARDIN, *Les hiéroglyphes et la langue égyptienne, à propos de la Grammaire de M. Champollion le Jeune.* (S. l. n. d., in-8°), 16 pages.

DE SAULCY, *Les hiéroglyphes et la langue égyptienne à propos d'une critique de la Grammaire de Champollion, par le docteur Dujardin,* dans *Revue archéologique,* t. I (1844), p. 341.

75. *Obélisque égyptien de Paris, d'après les dessins faits à Louqsor, en 1829, par Champollion le Jeune.* (Paris, Firmin Didot, [1836], in-fol.), placard lithographié. [Bibl. Nat., Lk⁷. 7577.]

Publié par les soins de C(hampollion)-F(igeac).

1837.

76. *Elementa linguae aegyptiacae vulgo copticae quae auditoribus suis*

in patrio Athenaeo Pisano tradebat Hippolytus Rosellinius. (Rome,
Fr. Archini, 1837, in-4°), xvi-136 pages et 1 planche.

Publié d'après le manuscrit de Rosellini par les soins d'A. M. Ungarelli : ce n'est pas autre chose que la traduction en latin d'une
grammaire copte de Champollion le Jeune rédigée en 1816 et que
Rosellini avait copiée à Paris en 1827-1828 sur le manuscrit de
l'auteur. Cela a été démontré par Champollion-Figeac, *Notice sur
deux grammaires de la langue copte récemment publiées en Italie et sur la
grammaire copte manuscrite de Champollion le Jeune*, dans *Revue de
bibliographie analytique*, t. III (1842) et t.-à-p. (Paris, Dondey-
Dupré, 1842, in 8°), 15 pages.

1841.

77. *Dictionnaire égyptien en écriture hiéroglyphique publié, d'après
les manuscrits autographes et sous les auspices de M. Villemain, par
M. Champollion Figeac.* (Paris, Firmin Didot frères, 1841, in-fol.),
xxxvi-487 pages en autographie. [Bibl. Nat., X. 903.]

Le manuscrit autographe de Champollion est à la Bibliothèque
nationale.

78. *Réponse de M. Champollion le Jeune à la lettre de M. le baron
Guillaume de Humboldt*, dans J. L. Ideler, *Hermapion* (Leipzig,
1841, in-4°), appendix, p. 76-80.

Lettre en date du 12 février 1825 relative à deux papyrus de la
collection Minutoli. Elle est réimprimée dans *Bibl. ég.*, t. XXX
(1909), p. 144-166.

L'autographe est à la Bibliothèque royale de Berlin.

79. Lettre à Nicolas Patrick Wiseman, en date du 23 mai 1827,
publiée dans N. Wiseman, *Discours sur les rapports entre la science
et la religion révélée.* (Paris, Sapia, 1841, 2 vol. in-8°), t. II,
p. 59-61.

Elle est réimprimée dans Hartleben, *Champollion*, t. II, p. 577.

1842.

80. *Mémoire sur les signes employés par les anciens Egyptiens à la
notation des divisions du temps dans leurs trois systèmes d'écriture*,
dans *Mém. Acad. Inscr.*, t. XV, 1 (1842), p. 73-136, 6 planches
en lithographie, et tirage à part (Paris, Didot, 1841, in-4°).

Ce mémoire avait été lu à l'Académie le 18 mars 1831;
le 4 avril 1831, l'auteur en avait lu un résumé à l'Académie des
Sciences; ce résumé est publié à la suite du Mémoire (p. 135-136)
avec une note de Champollion-Figeac.

81. Aloysius Maria UNGARELLI, *Interpretatio obeliscorum Urbis ad Gregorium XVI Pontificem Maximum.* (Rome, 1842, 2 vol. in-fol.).

Cet ouvrage (sur lequel on consultera une lettre d'Ungarelli lui-même, *Intorno l'opera sugli obelischi di Roma, al ch. avv. Fea,* dans *Bulletino dell' Instituto di corrispondenza archeologica,* 1834, p. 159-160; et une longue analyse par A. M. Migliarini, *Annali dell' Instituto di corrispondenza archeologica,* t. XIII, 1842, p. 161-182) fut vivement critiqué par Champollion-Figeac, *Revue de bibliographie analytique,* t. III (1842), p. 648-666; il se plaignait de l'ampleur des emprunts fait par Ungarelli aux copies et traductions inédites de Champollion le Jeune; la défense d'Ungarelli fut entreprise, en termes mesurés, par Migliarini, *Petite incursion sur le domaine de la littérature égyptienne qu'on peut ajouter à la Notice de M. J. J. Champollion-Figeac, etc.,* dans *Bullettino dell' Instituto di corrispondenza archeologica,* 1843, p. 26-32.

82. Dans son analyse (citée plus haut) du livre d'Ungarelli sur les obélisques de Rome, A. M. Migliarini publie, *Annali dell' Instituto,* t. XIII, 1842, p. 174-176, une traduction (que lui avait remise Champollion) de l'obélisque des jardins Boboli, à Florence.

1844.

83. *Monuments de l'Égypte et de la Nubie, notices descriptives conformes aux manuscrits autographes rédigés sur les lieux par Champollion le Jeune.* (Paris, Firmin Didot, 1844-1889. 2 vol. pet. in-fol.), 917 et II-724 pages en autographie.

Les six premières livraisons du tome I (p. 1-600) avaient paru dès avant 1848; la publication, longtemps abandonnée, fut reprise en 1869 sous la direction d'Emmanuel de Rougé par Gaston Maspero, qui y consacra tout son temps d'octobre 1869 à la fin de 1875. Il acheva le tome I, p. 601-917, en y insérant les nombreuses portions du ms. de Champollion omises par le premier éditeur et autographia en entier de sa main le tome II. Le titre et les tables de ce dernier volume ne furent livrés au public qu'en 1889.

Les pages 689-720 du tome II renferment des inscriptions diverses tirées des papiers de Champollion.

Les imperfections des premiers fascicules de la publication avaient été signalées en termes assez vifs par Ephrèm POITEVIN, *Lettre à M. Alfred Maury sur les manuscrits de Champollion le Jeune,* dans *Revue archéologique,* t. X (1853), p. 350-353.

1854.

84. Ephrèm POITEVIN, *Recettes médicales pour les maladies cutanées, traduites d'un fragment égyptien en dialecte thébain par J. F. Champollion*

le Jeune, dans *Revue archéologique*, t. XI (1854), p. 333-342 et t.-à-p.
(Paris, Leleux, 1854, in-8°). [Bibl. Nat., Te[114] 33.]

Traduction, tirée des papiers de Champollion, du ms. sahidique
Borgia 278.

1855.

85. Neuf lettres de Champollion à Young sont publiées dans
Thomas Young, *Miscellaneous works* (Londres, 1855, 4 vol. in-8°),
t. III, p. 62-66, 238-240, 243-251, 255-257, 366-369 et 432-433.

1857.

86. J. J. CHAMPOLLION-FIGEAC, *Observations sur un passage de l'introduction à l'étude des hiéroglyphes de M. Birch*, dans *Revue archéologique*, t. XIV (1857), p. 591-594.

Publie un extrait du *Mémoire sur les écritures égyptiennes* lu par
Champollion le Jeune à la Société des Sciences et Arts de Grenoble
le 7 août 1810. Le manuscrit de ce mémoire fut donné en 1865
par Emmanuel Teisseire à Aimé Champollion-Figeac (*Chroniques
dauphinoises*, t. I, 1880, p. 303-304).

1858.

87. *Lettres écrites d'Italie*, dans *Revue archéologique*, t. XV (1858),
p. 242-249.

Texte de quatre lettres à son frère (31 mai 1824, 14 juin 1824,
30 juin 1824 et 22 mars 1825).

1868.

88. *Lettres écrites d'Égypte et de Nubie en 1828 et 1829. Nouvelle
édition*. (Paris, Didier, 1868, in-8°), II-397 pages, 3 planches et
1 plan. [Bibl. Nat., O³ a. 25 A.]

Édition publiée par les soins de sa nièce Zoraïde Chéronnet-
Champollion.

1873.

89. [Lettre au chevalier Bartholdy] publiée par Étienne Chara-
vay, dans *Revue des documents historiques*, t. I, n° 4 (Paris, juillet
1873, p. 52-53 et pl.) avec un fac-simile lithographié.

Cette lettre, écrite de Rome le 30 mai 1825, a fait d'abord partie de la collection d'autographes de Gauthier-Lachapelle (sa vente,
Paris, 10 mai 1872, p. 37, n° 298); dès 1873, elle se trouvait

chez Alfred Bovet (sa vente, Paris, 19 juin 1884, p. 300-301, n° 827 et facs.); elle est republiée *Bibl. ég.*, t. XXX (1909), p. 218-219.

90. Aimé CHAMPOLLION-FIGEAC, *Chroniques dauphinoises et documents inédits relatifs au Dauphiné pendant la Révolution* (Vienne, Savigné, 1880-1881. 2 vol. in-8°.)

Contient (notamment t. II, p. 384-402) de nombreux extraits de lettres de Champollion à son frère.

1884.

91. Emilio TEZA, *Lettre di F. Champollion ad Ipp. Rosellini ed a Leopoldo II di Toscana*, dans *Atti del R. Instituto veneto di scienze lettere ed arti*, VI° série, t. II (1884), p. 1499-1541 et t.-à-p. (Venise, Antonelli, 1884, in-8°), 43 pages. [B. N., O³ a. 1142.]

Publie dix lettres de Champollion (toutes sauf deux à la Bibliothèque de l'Université de Pise).

I. A Léopold II de Toscane, 5 octobre 1826.

II. A Rosellini, [9] octobre 1826. — L'autographe était chez la veuve de Rosellini.

III. A Rosellini, 20 novembre 1826.

IV. A Rosellini, 29 janvier 1830. — Autographe dans l'ancienne collection Teza.

V. A Rosellini, 1ᵉʳ avril 1830.

VII. A Rosellini, 20 septembre 1830.

IX. A Rosellini, 18 mai 1831.

X. A Léopold II, 14 mai 1831.

XI. A Rosellini, 7 septembre 1831.

XII. A Rosellini, 20 novembre 1831.

Sur les dossiers d'où sont tirées ces lettres, cf. E. TEZA, *Boll. della Società geogr. italiana*, 2° série, t. IX (1884), p. 109.

1887.

92. Aimé CHAMPOLLION-FIGEAC, *Les deux Champollion, leur vie et leurs œuvres, leur correspondance archéologique relative au Dauphiné et à l'Égypte, étude complète de biographie et de bibliographie, 1778-1867, d'après des documents inédits.* (Grenoble, X. Drevet, 1887, in-8°), 243 pages et 2 portraits.

Contient de nombreux extraits de lettres inédites de Champollion.

1897.

93. L. DE LA BRIÈRE, *Champollion inconnu.* (Paris, Plon, 1897, in-16), 204 pages.

Contient de nombreux extraits de lettres de Champollion, beaucoup de ses poésies et le texte de sa parodie en vers du *Bajazet* de Racine (1814).

94. *Deux leçons d'histoire professées à la Faculté des Lettres de Grenoble en 1810*, dans *Annales de l'Univ. de Grenoble*, t. IX (1897), p. 524-556.

1903.

95. Les manuscrits de Champollion existant à Florence ont été recherchés et publiés par Astorre *Pellegrini, Autografi di Champollion a Firenze*, dans *Bessarione*, 2ᵉ série, t. V (1903), p. 22-37 et 187-205, et t.-à-p. (Rome, Salviucci, 1903, in-8°), 37 pages.

Il y publie (je renvoie au tirage à part) :

P. 14-15. Lettre à Migliarini, 30 juillet 1825. — Autographe à Florence, Biblioteca nazionale.

P. 16-17. Lettre à l'abbé Zannoni, 25 juillet [1826]. — Autographe à l'Archivio des Galeries de Florence, filza XLVIII, ins. 20.

P. 18. Lettre à G. B. Niccolini, 12 avril 1830. — Autographe dans l'Archivio dell' Accademia fiorentina di Belle Arti, filza 19, ins. 10.

P. 19-37. Extraits du catalogue de la collection Nizzoli. — Autographe en 156 ff. à Florence, Archivio delle Gallerie.

1905.

96. Astorre PELLEGRINI, *Lettere inedite di Champollion*, dans *Bessarione*, 2ᵉ série, t. IX (1905-1906), p. 247-259.

Texte de deux lettres inédites du 10 novembre 1826 et du 16 janvier 1828, adressées à une femme de lettres de Livourne, Angelica Palli; elles font partie d'un curieux dossier de trente lettres de Champollion, conservé chez la petite-fille de la destinataire, Mᵐᵉ Sofia Bargellini, de Livourne.

1906.

97. Herminie HARTLEBEN, *Champollion, sein Leben und sein Werk*. (Berlin, Weidmann, 1906, 2 vol. in-8°), xxxii-593 et 636 pages, portraits et 1 planche.

Contient d'innombrables extraits de travaux publiés et inédits de Champollion, notamment dans l'appendice, t. II, p. 567-596.

1909.

98. *Lettres de Champollion le Jeune recueillies et annotées* par H. HARTLEBEN. *Tome premier : lettres écrites d'Italie.* (Paris, Leroux, 1909,

in-8°), ix-445 pages et portraits (= *Bibliothèque égyptologique*, t. XXX).
Lettres et journaux de Champollion... Tome deuxième : lettres et jour-
naux écrits pendant le voyage d'Égypte. (Paris, Leroux, 1909, in-8°),
vii-490 pages et 2 portraits (= *Bibliothèque égyptologique*, t. XXXI).

Précieux recueil édité avec un soin admirable par Mlle Hartleben,
presque entièrement d'après les autographes conservés à Vif, près
de Grenoble, chez les héritiers de Champollion-Figeac.

1915.

99. Lettre à Nestor L'Hôte, datée de Turin, le 26 février 1825;
publiée par Seymour de Ricci, *Comptes Rendus Acad. Inscr.*, 1909,
p. 506-507.

L'autographe est à la Bibliothèque nationale, dans le tome IX des
papiers de Nestor L'Hôte (ms. fr. 20,402), f. 71.

Cette lettre avait échappé aux recherches de Mlle Hartleben.

100. H. R. Hall, *Letters of Champollion le Jeune and of Seyffarth
to Sir William Gell*, dans *Journal of Egyptian archaeology*, t. II
(1915), p. 76-87, pl. VIII-XI.

Texte de deux lettres à Sir William Gell, l'une du 4 février 1826,
l'autre du 12 septembre 1827, avec trois beaux fac-similés des
autographes (conservés au British Museum).

APPENDICE.

Les manuscrits de Champollion furent achetés à sa famille par
l'État français (loi du 24 avril 1833) pour la somme de 50,000 francs;
mais un certain nombre de manuscrits de Champollion lui avaient
été dérobés, avant sa mort, par Salvolini qui en tira la matière
d'ouvrages publiés sous son propre nom.

Après la mort de Salvolini (février 1838), ces manuscrits furent
offerts en vente par sa famille. Charles Lenormant reconnut leur
origine frauduleuse et en négocia la restitution. Les détails de cette
histoire sont narrés par Champollion-Figeac, *Notice sur les manuscrits
autographes de Champollion le Jeune perdus en l'année 1832 et retrouvés
en 1840.* (Paris, Didot, mars 1842, in-8°), 47 pages et 1 planche.

Ceci nous oblige à enregistrer ici, à la suite des ouvrages de Champollion, les travaux suivants, qui ont vu le jour sous le nom de
Francesco Salvolini et dont une partie, plus ou moins considérable,
paraît avoir été empruntée aux manuscrits de Champollion :

Analyse grammaticale de différents textes anciens égyptiens. (Paris,
Dondey-Dupré, s. d., in-8°), 4 pages.

Ce prospectus de l'ouvrage publié en 1836 parut, dès 1832, en
tête des exemplaires du premier des deux opuscules suivants :

Des principales expressions qui servent à la notation des dates sur les monuments de l'ancienne Égypte d'après l'inscription de Rosette. [Deux] *Lettres* à M^r *l'abbé Costanzo Gazzera.* (Paris, Dondey-Dupré, 1832-1833. 2 vol. in-8°), 35 et 66 pages, planches et figures.

Cf. *Riflessione di* Cataldo Jannelli *Accademico Ercolanese su due lettere del Sig. Fr. Salvolini intorno ai geroglifici cronografici degli Egizi* (Naples, 1834, in-8°).

Lettre à M. Champollion-Figeac sur les hiéroglyphes de l'obélisque de Louqsor, dans *L'Europe littéraire,* 1834, et tirage à part .(Paris, Dupré, 1834, in-8°), 8 pages.

Spécimen de quelques corrections à l'édition de différents textes hiéroglyphiques qui ont paru dans la première livraison de l'ouvrage : Les Monuments de l'Égypte et de la Nubie, d'après les dessins exécutés sur les lieux sous la direction de Champollion le Jeune. (Paris, Dondey-Dupré, 1835, in-4°), 14 pages, 15 planches.

Campagne de Rhamsès le Grand (Sésostris) contre les Schèta et leurs alliés, manuscrit hiératique égyptien appartenant à M. Sallier, à Aix-en-Provence. Notice sur ce manuscrit. (Paris, Dondey-Dupré, 1835, in-8°), 124 pages et 2 planches en lithographie.

Analyse grammaticale raisonnée de différens textes anciens égyptiens. T. I. Texte hiéroglyphique et démotique de la Pierre de Rosette. (Paris, Dondey-Dupré, 1836, in 4°), xxxii-256 pages et 26 planches en lithographie.

Cf. Dujardin, *De l'interprétation des hiéroglyphes : Analyse de l'inscription de Rosette par M. Salvolini,* dans *Revue des Deux Mondes,* 1837, et t.-à-p. (Paris, 1837, in-8°), 22 pages; Hoskins, *Examen critique de l'ouvrage intitulé : «Analyse grammaticale. . . . »* (Paris, Rouvier, 1838, in-8°), 90 pages.

Traduction et analyse grammaticale des inscriptions sculptées sur l'obélisque égyptien de Paris, suivie d'une notice relative à la lecture des noms de rois qui y sont mentionnés. (Paris, Dondey-Dupré, 1837, in-4°), v-130 pages et 6 planches en lithographie.

TABLE DES PLANCHES.

TABLE DES MATIÈRES

PAR ORDRE ALPHABÉTIQUE DES AUTEURS.

BEREND (W.), **Principaux monuments du Musée égyptien de Florence**, 1ʳᵉ partie, stèles, bas-reliefs et fresques, illustr. de nombr. fig. et de 10 pl. hors texte. P., 1882, petit in-fol. br...................... **35 fr.**

CAPART (J.), **Le centenaire du déchiffrement des hiéroglyphes par Champollion**, 1922, in-8°, 20 pages................... **2 fr.**

CATTAUI BEY (A.), **Champollion et le déchiffrement des hiéroglyphes**, 1922, in-8°, 20 pages et 1 pl..................... **3 fr. 50**

Cinquantenaire de l'École pratique des Hautes Études. Mélanges publiés par les directeurs d'études de la section des Sciences historiques et philologiques. 1921, in-8°, 504 pages et 2 phot...................... **60 fr.**
> Contient entre autres : JOUGUET (P.), Petit supplément aux archives de Zénon. — LÉVY (I.), Divinités égyptiennes chez les Grecs et chez les Sémites. — MORET (A.), La profession de foi d'un magistrat sous la XIIᵉ dynastie. — SCHEIL (V.), Deux cylindres solaires. — SOTTAS (H.), «Non solum sed etiam» en égyptien. — WEILL (R.), Kamès de Thèbes, Les rois thébains, les Asiatiques en Egypte et la dynastie des Apopi à la veille du Nouvel Empire.

Études égyptologiques, 12 livraisons in-4° par P. Pierret, Lefébure, Guieysse, etc............................ **288 fr.**

GUIEYSSE (P.), **Rituel funéraire égyptien**, chapitre LXIV, textes comparés, traduction et commentaires d'après les papyrus du Louvre et de la Bibliothèque Nationale, 1876, in-4°...................... **30 fr.**

LEGRAIN (abbé L.), **Le temps des rois d'Ur.** Recherches sur la société antique d'après des textes nouveaux, 1912, in-8°, et album de 57 pl. et 1 carte. **45 fr.**

MARIETTE-PACHA (A.), **Dendérah**, description générale du grand temple de cette ville. Tomes I à IV et supplément, 1860-1875, 5 vol. in-fol. demi-toile, contenant 166 pl.............................. **600 fr.**

———— **Le Sérapéum de Memphis**, publié d'après le ms. de l'auteur par G. Maspero. Tome I, in-fol., accompagné de fig. sur bois dans le texte, deux grandes cartes, un atlas de six pl., 1882................. **75 fr.**

———— Supplément au tome I, 1883...................... **7 fr. 50**

MASPERO (Gaston), **Hymne au Nil**, publié et traduit d'après les deux textes du Musée britannique, 1868, in-4°...................... **9 fr.**

———— **Mémoire sur quelques papyrus du Louvre**, 1875, in-4°, avec 13 pl. **30 fr.**

MASPERO (Jean) [*mort au champ d'honneur*], **Organisation militaire de l'Égypte byzantine**, 1912, in-8°...................... **6 fr.**

———— **Histoire des patriarches d'Alexandrie**, depuis la mort de l'empereur Anastase Iᵉʳ jusqu'à l'invasion des Arabes (518-641). In-8°...... (*Sous presse.*)

Mélanges d'archéologie égyptienne et assyrienne, tomes I à III (tout ce qui a paru). 1872 à 1878, 3 vol. in-4°...................... **45 fr.**

SCHEIL (V.) de l'Institut, avec collaboration de GAUTHIER (J.-Et.), **Annales de Tukulti Ninip II, roi d'Assyrie (889-884)**, 2 héliogr., 8 pl.... **11 fr. 25**

———— **Le Prisme S d'Assaraddon, roi d'Assyrie (681-668)**, in-8°. **7 fr. 50**

Société de Linguistique de Paris. Mémoires, tome XXII, fasc. 6, **8 fr.** — Bulletin, tome XXII, fasc. 2...................... **16 fr.**

WEILL (R.), **La presqu'île du Sinaï.** Étude de géographie et d'histoire, 1909, in-8°, 9 cartes.......................... **22 fr. 50**